www.ingramcontent.com/pod-product-compliance
Lightning Source LLC
LaVergne TN
LVHW091627070526
838199LV00044B/973
9788198277176

اسلام اور احیائے اسلام

انتخاب و ترتیب
اشعر نجمی

Bright Books

© Ashar Najmi

Islam Aur Ahya-e-Islam
by Ashar Najmi
Bright Books, Thane, India
1st Edition : November 2024
ISBN: 978-81-982771-7-6

اس کتاب کا کوئی بھی حصہ مصنف یا ناشر کی پیشگی اجازت کے بغیر کسی بھی وضع یا جلد میں کلّی یا جزوی، منتخب یا مکرر اشاعت یا بہ صورت فوٹو کاپی، ریکارڈنگ، الیکٹرانک، میکنیکل یا ویب سائٹ پر اَپ لوڈنگ کے لیے استعمال نہ کیا جائے۔ نیز اس کتاب پر کسی بھی قسم کے تنازعہ کو نمٹانے کا اختیار صرف ممبئی کی عدلیہ کو ہوگا۔

Bright Books

Mira Road East, Dist. Thane, India
nidabattiwala@gmail.com

فہرست

سوال تو اٹھیں گے!	05	اشعر نجمی
اسلامی تاریخ: ایک جائزہ	15	مبارک علی
اسباب اشاعت اسلام	22	ریوبن لیوی
سنی اسلام کا سیاسی پس منظر	68	راشد شاز
اسلام کا شیعی قالب	82	راشد شاز
فکر اسلامی: بند دروازے پر دستک	90	خالد تھتھال
اسلام میں سماجی درجات	117	ریوبن لیوی
کیا نظریے کا احیا ممکن ہے؟	157	مبارک علی
محمد ابن عبدالوہاب: تصویر کا دوسرا رخ	160	نتانا جے ڈیلونگ
تجدید پسندی سے پہلے کی اصلاحی تحریکیں	199	فضل الرحمٰن
تجدید پسندی اور اسلامی معاشرہ	219	فضل الرحمٰن
برصغیر کی اسلامی تحریکیں	243	مبارک علی
مذہبی تحریکات کے تجزیاتی مطالعے میں مسائل	257	خالد مسعود
اسلام پر صوفی ازم کے اثرات	272	جولین بالڈک
احیائے اسلام اور بھاگتے بھوت کی لنگوٹ	290	فرنود عالم

سوال تو اٹھیں گے!

اشعر نجمی

سوال! جی ہاں ہمارا وجود سوالوں پر ہی قائم ہے۔ پیدائش سے لے کر موت تک ہم سوالوں کے گہوارے میں ہی سانسیں لیتے ہیں۔ سوالوں کو اپنی زندگی سے ایک بار نکال کر دیکھیے، آپ کی زندگی بے معنی اور خود آپ پر بوجھ بن جائے گی۔ سوالوں کی نوعیت مختلف ہو سکتی ہے لیکن کوئی سوال معمولی نہیں ہوتا۔ مجھے لگتا ہے کہ پوری تہذیب انسانی سوال پر کھڑی ہے۔ میں کون ہوں؟ تم کون ہو؟ ابر کیا چیز ہے؟ ہوا کیا ہے؟ یہ کیوں چلتی ہے، پھر کیوں رک جاتی ہے؟ سورج مشرق ہی سے کیوں نکلتا ہے؟ اگر زمین گھوم رہی ہے تو پھر ساکت کیا ہے؟ جس طرح خاموشی آوازوں کی مرشد ہے، اسی طرح سوال، جواب کا باپ ہے۔ سوال کی نوعیت و معیار ہی وہ 'ڈی این اے' ہے جو ہمارے علمی شجرے کا پتہ دیتا ہے۔ سوال وہ پیمانہ ہے جس سے ہماری ذہانت، غبابت اور سوچ کی گہرائی یا اس کی سطحیت کو فوراً ناپا جا سکتا ہے۔

جواب معمولی ہو سکتا ہے مگر سوال معمولی نہیں ہوتا۔ ذرا سوچیے، یہ سوال بظاہر کتنا معمولی اور احمقانہ ہے کہ سیب نیچے کی طرف ہی کیوں گرتا ہے، اوپر کیوں نہیں جاتا؟ مگر اس ایک سوال نے کشش ثقل کا مسئلہ حل کر کے ایک فلکیاتی جہان کھول دیا۔ دوسرا معمولی سوال: جب سب انسانوں کے خود کا رنگ ایک سا ہے، دماغ کا حجم یکساں ہے، کرۂ ارض بھی سب کا ساجھا ہے، مرنا بھی سب کو ہے تو پھر یہ اونچ نیچ اور طبقاتی تقسیم کی فارسی کیا ہے؟ اس ایک سوال نے کارل مارکس پیدا کر دیا۔ تیسرا سوال: کیا تشدد بڑی طاقت ہے یا عدم تشدد؟ اس سوال کا جواب گاندھی، مارٹن لوتھر کنگ اور نیلسن منڈیلا کی صورت میں موجود ہے۔ ایسے ہی بے شمار معمولی سوالوں کے بطن سے جنم لینے والے غیر معمولی جوابوں کے درمیان ایک معصوم سوال کی کلکاری سنائی دیتی ہے کہ جب انسان کو عقل دی گئی ہے تو پھر اسے ایک تصور یا نظریے کی زنجیر میں تا قیامت کیسے جکڑا جا سکتا ہے اور اسے مختلف انداز میں سوچنے سے کیسے روکا جا سکتا ہے؟ اس ایک سوال نے روشن خیالی کے تصور و تحریک کو جنم دیا۔

اب اس کے برعکس ان معاشروں کو بھی دیکھ لیں جنھوں نے سوالوں کو افیم چٹا کر سلا دیا ہے اور 'مستند ہے میرا فرمایا ہوا' کے گرد کولہو کے بیل کی طرح گھومنے کو ارتقا سمجھ رہے ہیں؛ وہاں کس طرح نسل در نسل تابعدار ذہنی غلاموں کی سپلائی جاری ہے تاکہ علم و آگہی کے خزانے پر سانپ بن کر بیٹھے پنڈتوں، عالموں اور حکمرانوں کا کروفر برقرار رہے اور یہ بھی دیکھ لیجیے کہ وہاں کس طرح سوال کی سیڑھی پر چڑھ کر تشکیک کے میدان میں کودنے کے بجائے دوسروں کا علم کرائے پر لے کر اپنا علم ثابت کرنے کا بازار گرم ہے۔ دراصل ایسا معاشرہ سوالوں سے ڈرتا ہے، اس سے بھاگتا ہے چونکہ سوال ایٹم سے زیادہ طاقتور ہے، اسی لیے بادشاہ سوال سے ڈرتا ہے، ریاست سوال سے کانپتی ہے۔ سوال تقدس اور دبدبے کو خاک میں ملانے کی صلاحیت رکھتا ہے، اسی لیے مدرسے، اسکول، کالج اور جامعہ میں سوال پوچھنے والے طالب علم کو بدتمیز، پراگندہ ذہن، گمراہ اور جانے کیا کیا کہا جاتا ہے، تبھی تو سوال کو 'توہین' اور 'گستاخی' کے زمرے میں ڈال کر سوال کنندہ کو گولی مار کر اس کی لاش کا مثلہ کیا جاسکتا ہے۔

تاریخ فلسفہ کے طالب علم جانتے ہیں کہ یقین کے موسموں کا اختتام ہمیشہ تشکیک اور بے یقینی پر ہوا ہے۔ یقین کے دور کے جوابات کا مقدر سوال بن جاتا ہے۔ مثال کے طور پر یونان میں ارسطالیسی عقل پرستی کا زور رواقیت اور کلبیت پر ٹوٹا۔ اس کے قرون وسطیٰ کا دور تیقن نشاۃ ثانیہ اور خردافروزی پر ختم ہوا۔ دور جدید کا آغاز ہوا اور آج دور جدید کے اوہام کے خلاف مابعد جدید فکر برسرپیکار ہے اور ان قضیات کے بخیے ادھیڑ دیے گئے جن پر فلسفۂ جدید کی عمارت قائم تھی۔ معاصر تنقید نے روایتی سوچ کی بنیادوں پر ایسا وار کیا ہے جیسا کوپرنیکس (۱۴۷۳۔ ۱۵۴۳ء) نے روایتی ہیئت کے مرکزی تصورات پر کیا تھا۔ دور جدید میں روایتی فکر پر ہونے والی حالیہ تنقید کہیں زیادہ کاری ہے۔ جس طرح کوپرنیکس کے بعد ہم کائنات کو روایتی انداز میں نہیں دیکھ سکتے، ویسے ہی مابعد جدید فکر میں اٹھائے گئے سوالات کے بعد تاریخ اور مذہبی زبان کے مسئلے کو روایتی نظر سے دیکھنا ناممکن ہوگیا ہے۔

فکری تحریکوں کی تاریخ سے ہمیں یہ بھی سبق ملتا ہے کہ جب آپ ایک طرز کے نظریات پھیلانے کی کوشش کرتے ہیں تو اس کے مخالف نظریات بھی اتنی تیزی سے پھیلنا شروع ہوجاتے ہیں۔ جنھیں یہ واضح بات سمجھ نہ آئے، انھیں عصری عمرانیات اور سماجی نفسیات کا مطالعہ کرنے میں دیر نہیں کرنی چاہیے۔

معاصر ماہر سماجی نفسیات و عمرانیات مائیکس ویبر (۱۸۶۴۔۱۹۲۰ء) اپنی زندگی بھر کی تحقیق کی روشنی میں بتاتا ہے کہ مغرب میں جان کیلون (۱۵۰۹۔ ۱۵۶۴ء) کے دور میں کلیسا کی جگہ بازار نے لے لی۔ اس کی وجہ جان کیلون کی مذہبی تعلیمات کا بے لچک ہونا اور ہر ایک کو راسخ مسیحی بنانے کا تبلیغی جنون تھا۔ مذہبی تاریخ کے طالب علم جانتے ہیں کہ جان کیلون نے سولھویں صدی میں اپنی بے لچک تبلیغی تعلیمات مغرب کے طول و عرض تک پہنچائیں اور علم معاشیات کا جنم بھی اسی دور میں ہوا۔ کیلون کے دور میں علم معاشیات کا جنم کچھ عجیب

سا لگتا ہے (کیوں کہ مسیحیت کے ہاں بازار کلیسا کی ضد ہے) لیکن اس سے یہ واضح ہوتا ہے کہ جب آپ کسی ایک شے کو مصنوعی انداز میں تقویت دینے کی کوشش کرتے ہیں تو اس کی ضد کو اس سے زیادہ تقویت دے رہے ہوتے ہیں۔ جب کیلون کے خدائی فوجدار لوگوں کو ہانک ہانک کر کلیسا لے جانے کی کوشش کر رہے تھے تو اس کا نتیجہ کیا نکلا؟ مائیکس ویبر لکھتا ہے: ''مسیحی زاہدوں نے جان کیلون کی تعلیمات کی 'روشنی' میں عبادت گاہوں کو خدا حافظ کہا اور وہ بازار میں آ گئے۔''

مائیکس ویبر کے علاوہ فوکویاما اس سلسلے میں لاطینی امریکہ کی مثالیں پیش کرتا ہے، جہاں مذہبی جبریت اسی نوعیت کی تبدیلی کا باعث بنی اور معاشیاتی شماریات کے ماہر بریڈ فورڈ ڈی لانگ ۱۸۷۰ء کی دہائی میں کلیسا سے لوگوں کی بے رغبتی کی وجہ مذہبی جبر کے نتیجے میں لوگوں میں ذاتی تحریک (self-motivation) میں کمی بتاتا ہے۔

دوسری طرف، برٹرینڈ رسل کا کہنا تھا کہ دنیا کے لیے سب سے بڑا مسئلہ ناسمجھوں اور انتہا پسندوں کا ضرورت سے زیادہ پُراعتماد اور دانشمندوں کا شکوک میں مبتلا ہونا ہے۔ سنجیدہ مذہبی رہنماؤں کو اگر مذہب کی بقا کی فکر ہے تو انھیں یہ انتظام کرنا ہوگا کہ متشکک ہی سہی، اگر ایک مذہب میں دانش مند لوگوں کی تعداد معقول اور قیادت ان کے ہاتھ میں رہے تو کٹر پن پیدا نہیں ہوتا کیوں کہ تشکک ہمیشہ بتاتا رہتا ہے کہ ایک کے علاوہ متبادل زاویے اور جوابات موجود ہیں۔ یہی وجہ ہے کہ مفکرین لاکھ اختلافات کے باوجود ایک دوسرے کو قتل نہیں کرتے کیوں کہ ہر مفکر جزوی طور پر سہی، کہیں نہ کہیں شکوک کا شکار ضرور ہوتا ہے اور یہی شک اسے تحقیق و تفکر پر اُکساتا ہے۔

اس کے برعکس اگر مذہب بے لچک انتہا پسندوں کی جاگیر بن جائے تو اس کے زوال کا سفر شروع ہو جاتا ہے، کیوں کہ وہ لوگ اس سے دور ہوتے چلے جاتے ہیں جن کی توانائیاں بازوؤں اور ٹانگوں کی بجائے دماغ کا رُخ کرتی ہیں۔ پھر ان نظریات کا تحفظ کرنے والے وہی لوگ بچتے ہیں جو ہاتھا پائی، دشنام گوئی اور جدال وقتال میں تو مشاق ہوتے ہیں لیکن علمی وفکری میدانوں میں اس کا دفاع نہیں کر سکتے۔ احساس شکست انھیں ہتھیار اٹھانے پر مجبور کرتا ہے۔ وہ یہ سمجھنے سے قاصر ہوتے ہیں کہ نظریات کا دفاع اگر کیا بھی جا سکتا ہے تو ہتھیاروں سے ہرگز نہیں۔ انتہا پسند مذہب کا وہ نادان دوست ہے جو اس کی شہ رگ خود کاٹ دیتا ہے۔ ایسے میں مذہب کے لیے سب سے بڑا چیلنج یہی ہے کہ وہ تشکک کے شکار دانشمندوں کی آوازوں پر بھی سنجیدگی سے کان دھرے، ان آوازوں کو 'دائرے' سے خارج نہ کرے اور اس آواز کی روشنی میں مذہب کے دامن میں وسعت لائے۔ اختلاف رحمت سمجھا جاتا ہے اور شک کا اظہار کرنے کا موقع بعض مذہبی حضرات اپنے مذہب کے حق میں سائنسی دلائل یہ سوچ کر پیش کرتے ہیں کہ سائنس حتمی علم ہے لیکن سائنس بھی مسلسل آگے بڑھنے کے لیے تشکک کی گنجائش رکھتی ہے۔ مثال کے طور پر نظری طبیعات میں لہر اور ذرے کی دُوئی

(wave-partical duality) پر آج بھی بات ہو رہی ہے۔ اس کے علاوہ سائنسی نظریات پر عظیم سائنسی فلسفی کارل پوپر (۱۹۰۲-۱۹۹۴ء) کے 'اصول تفریق' (Principal on demarcation) کا اطلاق ہوتا ہے، یعنی گہری سے گہری چھان پھٹک کے باوجود صرف وہ نظریہ سائنسی کہلائے گا جسے غلط ثابت کرنے کا امکان موجود ہو۔ سائنس کو جب پرانے سے بہتر نظریہ مل جاتا ہے تو سائنس دان پرانے نظریے کی موت پر ماتم نہیں کرتے بلکہ جشن مناتے ہیں کہ سائنس ایک قدم اور آگے نکل گئی۔ اس کے علی الرغم مذہب میں جو شخص دلائل اور حوالوں سے پرانے نظریات کو رد کرے، اسے فوراً دائرے سے باہر نکال دیا جاتا ہے اور اسے اس کی بھاری قیمت ادا کرنی پڑتی ہے چونکہ یہاں تشکک کے 'گرے ایریا' (Grey Area) کی گنجائش نہیں ہوتی۔

مذہب کی تاریخ میں یہ ایک اہم سوال رہا ہے کہ کیا مذاہب اپنی خالصیت اور ابتدائی تعلیمات کو بدلتے ہوئے حالات اور نئے لوگوں میں تبدیلیٔ مذہب کے بعد ان کو برقرار رکھ سکتے ہیں؟ اور کیا مذاہب بھی وقت کے ساتھ ساتھ بدلتے رہتے ہیں؟ اور نئی اقوام اور برادریوں کے تبدیلیٔ مذہب کے بعد ان کی رسوم و رواج اور ثقافتی اقدار و اداروں کو اپنے میں ضم کرتے رہتے ہیں؟ اگر ایسا ہے تو پھر یہ مذاہب اپنی خالصیت کو کھو دیتے ہیں اور ان کی تعلیمات وقت کے تقاضوں کے تحت بدلتی رہتی ہیں۔ اس لیے ہر مذہب کے علما میں یہ بحث رہتی ہے کہ کیا مذہب کو بدلنا چاہیے یا معاشرہ کو تبدیل کر کے اسے مذہب کے سانچہ میں ڈھالنا چاہیے۔ یہ کشمکش اور تصادم ہر مذہب کے اندر ہے اور رہے گا۔

کیرن آرم اسٹرانگ خدا کے بارے میں بدلتے انسانی تصورات کا احاطہ کرنے والی ان کی مشہور کتاب 'خدا کی تاریخ' میں لکھتی ہیں کہ لوگ خدا کے حوالے سے عملیت پسند (pragmatic) واقع ہوئے ہیں، یعنی ہر دور میں انھیں خدا کے کسی 'ورکنگ ماڈل' کی ضرورت رہی ہے، ایسا ماڈل جو روح عصر سے متصادم نہیں بلکہ ہم آہنگ ہو۔ کیرن کے اس قول کو ہم اپنے ہاں کے تجدد پسندوں کے نظریوں میں بخوبی تلاش کر سکتے ہیں بلکہ ان تحریکوں کا محرک قرار دے سکتے ہیں۔ ہم اگر اس سلسلے میں تاریخ کا ایک مجموعی جائزہ لیں تو اس نتیجہ پر پہنچنے میں قطعی کوئی دشواری نہیں ہوتی کہ جو نظریہ یا تصور روح عصر سے ہم آہنگ نہ ہو، اجتماعی شعور اس کا وہی حشر کرتا ہے جو سمندر مردہ مچھلی کا کرتا ہے۔ مثلاً یورپ میں، جہاں ثقافتی بوقلمونی تھی، اسے ختم کر کے اس کی جگہ صرف ایک کلچر کو رائج کرنے کی کوشش کی۔ تیسری عیسوی صدی میں جب عیسائیوں کی تعداد بڑھی تو اس بات کی مخالفت شروع ہوئی کہ انھیں رومی کھیل کود اور تہواروں میں شرکت نہیں کرنی چاہیے، کیوں کہ اس سے عیسائیت کمزور ہو جائے گی اور وہ رومی کلچر میں ضم ہو جائے گی۔ لیکن بہت جلد عیسائیت نے تاریخ سے یہ سبق سیکھ لیا کہ مذہب اپنی ابتدائی بنیاد کو زیادہ عرصہ تک برقرار نہیں رکھ سکتا؛ زمانہ کی تبدیلی، معاشرہ کی خواہشات، ضروریات اور تقاضے اسے بھی بدلتے رہتے ہیں۔ اس لیے جو مذاہب اپنے بنیادی ڈھانچہ میں تبدیلی نہیں

لاتے وہ جامد ہو کر مردہ ہو جاتے ہیں لیکن جو مذاہب تبدیلی کا ساتھ دیتے ہیں، وہ معاشرے مؤثر رہتے ہیں۔ لہٰذا، بعد کے عرصے میں عیسائیت کو تبلیغ کے دوران یہ مسئلہ پیش آیا کہ کیا قدیم مذاہب اور ان کے ماننے والوں کے رسوم و رواج کو اسی طرح سے رہنے دیں یا انھیں عیسائی مذہب اختیار کرنے کے بعد جڑ سے اکھاڑ پھینکیں؟ ایک زمانہ تھا جب مسیحی یورپ میں بائبل کا نفاذ چاہتے تھے اور پھر صلیبی جنگوں میں اٹلی سے لے کر فرانس، برطانیہ، جرمنی، سویڈن اور پھر شمالی یورپ کے آخری ملک فن لینڈ تک مذہب کے نام پر خون بہایا گیا جسے آج بھی خود یورپ والے اسے 'سیاہ دور' سے تعبیر کرتے ہیں۔ لیکن بدلتے زمانے کے تھپیڑوں سے انھوں نے امن کا سبق ایسے سیکھا کہ پاپائے روم نے بائبل کے پرانے عہدنامہ پر جوں کا توں چلنے سے منع کر دیا اور یہاں تک کہہ دیا کہ اب مسیحی کو انجیل میں بتائے ہوئے مسیحی سے زیادہ اچھا مسیحی بننا ہے۔

تاریخ میں یہ روایت رہی ہے مورخین اور مذہب کے ماننے والے، اپنے اور دوسروں میں فرق اور امتیاز قائم کرتے رہے ہیں۔ مثلاً یونانی اپنے ہمسایوں کو 'باربیرین' (Barbarians) کہتے تھے، جس کا مطلب تھا کہ وہ لوگ جو یونانی زبان میں اظہار خیال نہ کر سکتے تھے یا ہکلا کر بولتے تھے۔ عرب اپنے ہمسایوں کو عجمی کہتے تھے، یعنی 'گونگا'۔ یہ فرق زبان کے یا تہذیبی لحاظ سے تھا، مگر بعد میں قوموں میں دوری کا ایک سبب مذہب بن گیا۔ یہودی خود کو 'خدا کی پسندیدہ مخلوق' کہتے ہیں، لہٰذا ان کے مذہب میں نہ تو تبلیغ ہے اور نہ کسی کی شمولیت کی دعوت ہے، یہ اعزاز پیدائشی طور پر ملتا ہے۔ عیسائیوں نے بھی اس فرق کو کبھی پیگن (Pagan) کہہ کر اور کبھی ایمان سے گمراہ کہہ کر، غیر عیسائیوں کو علیحدہ مخلوق بنا دیا۔ مسلمانوں کے نزدیک کافر و مشرک وہ لوگ ہیں جو صراط مستقیم سے بھٹکے ہوئے ہیں۔ اسی فرق، دوری اور علیحدگی کی بنیاد پر قوموں اور نسلوں کے تعلقات ایک دوسرے سے بنتے اور بگڑتے ہیں۔ یا تو ان سے بالکل علیحدگی اختیار کر لی جاتی ہے یا ضرورت کے تحت تھوڑے بہت سماجی رشتے قائم کر لیے جاتے ہیں۔

اس تناظر میں دیکھیں تو علم ہوتا ہے کہ 'بنیاد پرستی' کا کوئی مذہب نہیں ہے بلکہ یہ مذہب کی تشریح کرنے کا ایک طریقہ ہے۔ کسی مخصوص مذہب پر یقین رکھنے سے کوئی فرد بنیاد پرست نہیں بن جاتا بلکہ وہ بنیاد پرست اس وقت بنتا ہے جب ایک خاص طریقے سے 'عمل' کرتا ہے۔

یہ ایسے تصورات ہوتے ہیں جو ہمارے والدین، اسکول ٹیچر، مذہبی علما، میڈیا کے ذریعے ہمارے ذہن میں ڈالے جاتے ہیں۔ وقت کے ساتھ ساتھ ہم ان خیالات کا ماخذ بھول جاتے ہیں کہ یہ کب اور کہاں ہمارے دماغ میں اسٹور کیے گئے تھے۔ یوں ہم ان خیالات کو اپنی جاگیر سمجھنے لگتے ہیں اور یہ لاشعوری طور پر ہماری شخصیت سازی میں اپنا کردار ادا کرتے ہیں۔ بچپن میں کی گئی برین واشنگ پتھر کی لکیر کی طرح ہوتی ہے۔ یہی وجہ ہے کہ ہمارے معاشرے میں اچھے خاصے پڑھے لکھے لوگ بھی سوچنا چھوڑ چکے ہیں اور دل و دماغ کی تمام کھڑکیوں اور دریچوں کے پٹ بند کر چکے ہیں جہاں سے تازہ ہوا آنے کی امید کی جا سکتی تھی۔ مثلاً

مسلمانوں میں خود کو افضل قوم قرار دینے کی ایک دیرینہ روایت قائم ہے۔ یہ وہ غلط سوچ ہے جو بچپن ہی سے ان کے ذہنوں میں ڈال دی جاتی ہے، یعنی ہر مسلمان یہ سمجھتا ہے کہ وہ باقی کی دنیا میں رہنے والے انسانوں سے افضل ہے اور اس بڑے پن کی بنیاد صرف ایک ہے اور وہ ہے 'مسلمان ہونا'۔

ایک بار ایک دوست نے بتایا کہ اس کے محلے میں ایک مخبوط الحواس شخص کبھی کبھار دکھائی دیتا تھا جو خود کو 'مغل اعظم' سمجھتا تھا۔ شاید فلم 'مغل اعظم' دیکھنے کے بعد پاگل ہوا تھا یا پھر اس کی یادداشت میں اس فلم کا تاثر اور اس کے مکالمے محفوظ رہ گئے تھے۔ بہر حال، وہ جب بھی محلے میں نمودار ہوتا، بچوں کی ایک پلٹن اس کے پیچھے چل پڑتی۔ کبھی وہ خود کو حالت جنگ میں محسوس کر کے اپنی سپاہ کو مختلف احکامات جاری کرتا رہتا، کبھی اپنے بیٹے شہزادہ سلیم کی بغاوت پر اس کو لعن طعن کیا کرتا۔ بچے اسے مغل اعظم کہا کرتے، اسے چھیڑتے اور جب وہ ان کے پیچھے دوڑتا تو اس کو پتھر مارا کرتے۔ وہ اکثر زخمی ہو کر پتہ نہیں کہاں چلا جاتا اور بہت دنوں تک دکھائی نہ دیتا۔

کافی عرصے بعد جب اس کا گزر محلے سے ہوتا تو پھر وہی تماشہ دہرایا جاتا۔ ایک روز بچوں کی سنگباری کے جواب میں اس نے جب ان کی طرف پتھر اُچھالا تو وہ کچھ زیادہ ہی بھاری بھرکم پتھر تھا جو ایک کمسن بچے کے سر پر جا لگا، اس کا سر پھٹ گیا اور وہ بیہوش ہو گیا۔ اس حادثے کے بعد اس پاگل کی لوگوں نے پہلے تو اچھی طرح پٹائی کی، پھر اسے پولیس کے حوالے کر دیا۔ اپنی پٹائی کے دوران بھی وہ اپنے تیموری شان کے قصے سناتا رہا اور اپنی نامعلوم فوج کو یلغار کا حکم دیتا رہا۔ لوگوں کا چونکہ غصہ اتر چکا تھا، وہ اس کی باتوں پر ہنسنے لگے۔ پولیس نے اسے پاگل خانے بھیج دیا۔

فرض کیجیے، ایسی ہی کسی حرکت کے بعد وہ پاگل قومی تشخص یا ملی عقائد کی عظمت کا اعلان کرنے لگتا یا ان کی عظمت کو لاحق کسی خطرے کا اعلان کر دیتا تو شاید انھی بہت سے لوگوں میں سے، جنھوں نے اس کی خوب اچھی طرح مرمت کر ڈالی تھی، اس کے ہمراہ اس کے نعروں کا جواب پورے جوش و خروش اور ایمان کی بھرپور توانائیوں کے ساتھ دیتے اور وہ بچہ جو اس پاگل شخص کے پتھر کی ضرب سے زخمی ہو کر بیہوش ہو گیا تھا، اسے 'اسلام دشمن' قرار دے دیا جاتا۔ پھر وہ کچھ ہوتا جو شاید آپ کے اور میرے لیے اب نیا نہیں رہا۔

لہٰذا 'مغل اعظم' کی طرز کے پاگلوں یا نفسیاتی مریضوں کا علاج یہ ہوتا ہے کہ ایسے تمام حقائق جو ان کی یادداشت سے محو ہو گئے ہیں، ان کو بار بار یاد دلایا جائے، چونکہ ان مریضوں کا شعور حقائق پر توجہ مرکوز نہیں کرتا اور وہ محض اپنی عظمت کا اعلان کرتا رہتا ہے۔ لہٰذا، انھیں بتایا جائے کہ تم مغل اعظم نہیں بلکہ ایک عام آدمی ہو اور دنیا بھر کے لوگ تمھارے حکم کے منتظر نہیں ہیں اور نہ ہی انھیں تمھاری ان بے سروپا باتوں میں کوئی دلچسپی ہے۔

یہ تو ایک انفرادی معاملہ تھا، لیکن اگر کسی قوم کی مجموعی نفسیات حالت کچھ اسی طرز کی ہو جائے تو پھر اس کا علاج شاید ناممکن ہو جاتا ہے، یعنی پھر یہ ہوتا ہے کہ جو لوگ (چاہے وہ اسی قوم کے فرد ہوں اور پوری خلوص نیتی

کے ساتھ) قوم یا ملت کے ایسے کسی مرض کی نشان دہی کرتے ہیں اور علاج تجویز کرتے ہیں تو پوری قوم ہی ایسے لوگوں کی دشمن بن کر ان کی جان کے درپے ہوجاتی ہے۔

ابھی کچھ دنوں قبل ہی ذاتی دشمنی کے سبب ایک دو رُکنی حلقے نے مجھ پر بھی 'توہین' کا الزام جڑ دیا اور بقول روِش کمار 'وہاٹس ایپ یونیورسٹی' میں اسے وائرل کرنے کی کوشش کی گئی، مقامی اردو اخباروں میں اپنے 'بے چہرہ سفیروں' کو بھیج کر اسے عوامی رنگ دینے کی کوشش کی گئی، فیس بک پر 'قتل مرتد' کا فرمان جاری کیا گیا وغیرہ وغیرہ۔ پاکستان ہوتا تو شاید میں یہ تحریر رقم کرنے کے لیے زندہ ہی نہ بچتا چونکہ ذاتی دشمنی کو ٹھکانے لگانے کے لیے ابھی ہندوستان میں تعزیرات پاکستان کی شق ۲۹۵ (سی) کی طرح کوئی قانون نہیں ہے اور نہ ہی ہندوستان کے مسلمان نسبتاً اس سطح پر پہنچے ہیں جہاں وہ اللہ کے اس واضح انتباہ کو فراموش کر چکے ہوں کہ:

> اور جب ان کے پاس امن یا خوف کی کوئی خبر پہنچتی ہے تو اسے پھیلانا (شیئر کرنا) شروع کر دیتے ہیں اور اگر اسے رسولؐ اور اپنے میں سے صاحبانِ امر تک پہنچاتے تو اس (خبر کی حقیقت) کو جان لیتے جو ان میں تحقیق کرنے والے ہیں۔ (سورۃ النساء: ۸۳)

> اے ایمان والو! اگر کوئی فاسق تمھارے پاس کوئی خبر لے کر آئے تو اس کی تحقیق کر لیا کرو، ایسا نہ ہو کہ تم نادانستہ کسی قوم کا نقصان کر بیٹھو پھر تمھیں اپنے کیے پر نادم ہونا پڑے۔ (الحجرات: ٦)

معاملہ بس اتنا تھا کہ میرے کسی ہم نام (سید امجد حسین) نے سوشل میڈیا میں کوئی دل آزار کتاب لکھ کر شیئر کی اور اس کتاب کو حاسدین نے اس نام کی رعایت سے میرے گلے میں 'گستاخی' کی تختی لٹکا کر اس کی تشہیر کردی اور یوں میری راہ مسدود کرنے کی کوشش کی۔ گویا مجھے ایک 'گستاخ' کے ہم نام ہونے کی سزا دی جارہی تھی۔ ظاہر ہے ایسا سازشی طبقہ یہ بخوبی جانتا ہے کہ اس طرح کے سنگین ترین الزام کو کسی پر عائد کرنے کے لیے تصدیق اور ثبوت کی ضرورت نہیں ہوتی، صرف لفظ 'توہین' بھیڑ کو مشتعل کرنے کے لیے کافی ہے۔ اب کسے فرصت کہ وہ یہ غور کرے کہ سید امجد حسین نام کے کتنے لوگ اس دنیا میں اور کتنے سوشل میڈیا میں پائے جاتے ہیں۔ اس لیے اب دعا کیجیے کہ آپ کا کوئی ہم نام 'گستاخ' نہ نکل آئے۔ خیر، اس معاملے کو طول دینا مقصد نہیں ہے کہ سازشیوں کے نام اور ان کے مقاصد بے نقاب ہو چکے ہیں۔ لیکن اس واقعے سے ایک خطرے کی گھنٹی کی آواز آپ کو صاف سنائی دے گی کہ کل تک جس طرح پاکستان میں توہین اسلام اور توہین رسالت کے جھوٹے الزام لگا کر اپنی ذاتی رنجشوں اور محدود مفادات کو ٹھکانے لگایا جاتا رہا ہے، آج ہندوستان میں بھی وہی کھیل کھیلنے کی کوشش کی جارہی ہے۔ ایسا گھناؤنا کھیل کھیلنے والے نہ صرف معاشرے کے ماتھے پر کلنک ہوتے ہیں بلکہ اسلام اور پیغمبرؐ اسلام کی امیج پوری دنیا کے سامنے مسخ کرنے کا باعث بھی بنتے ہیں۔ یہی

وجہ ہے کہ جب پاکستان میں اس طرح کے جھوٹے الزامات کا سلسلہ بڑھا تو وہاں کے کچھ علماء نے حکومت سے مطالبہ کیا کہ توہین رسالت کا الزام جھوٹا ثابت ہونے پر الزام لگانے والے پر بھی حد جاری ہونی چاہیے اور اسے وہی سزا ملنی چاہیے جو شاتم رسولؐ کی مقرر ہے۔

دوسری جانب، کچھ لوگوں کے رجحان اور کچھ واقعات کو دیکھ کر اندازہ ہوتا ہے کہ اب صرف مقدس کتاب یا مقدس مذہبی شخصیات پر ہی تنقید کرنا 'گستاخی' نہیں سمجھی جاتی بلکہ آپ مذہب سے جڑی کسی بھی شخصیت کی زندگی اور نظریات پر کوئی مدلل تنقید نہیں کر سکتے، مذہبی جماعتوں، مسالک اور فرقوں کا محاسبہ نہیں کر سکتے، آپ ان کے لٹریچر کا تنقیدی تجزیہ نہیں کر سکتے۔ آپ کسی ایسے سیاسی لیڈر کے خلاف منہ نہیں کھول سکتے، جو مذہبی قیادت کا بھی دم بھرتا ہو اور جس کی غیر اخلاقی قسم کی تقریریں آپ کو پسند نہ ہوں، آپ مسلمانوں کی تاریخ، مغلوں اور سلاطین کے ظلم و جبر کو نمایاں نہیں کر سکتے۔ آپ 'مسلم پرسنل لا' پر سوال نہیں اٹھا سکتے، جو اکیسویں صدی میں کسی بھی طرح سے مطابقت نہیں رکھتے۔ گویا 'گستاخی' یا 'توہین' ایسی 'فائر وال' (Firewall) ہو جو سوالوں کی رسائی روکنے کے کام آتی ہے، بالکل اسی طرح جس طرح ہمارے وزیر اعظم نریندر مودی نے اپنی گزشتہ پانچ سالوں کی کارکردگیوں پر سوال اٹھانے والوں کے لیے 'دیش دروہی' کی فائر وال اختراع کی ہے۔

جیسا کہ آغاز میں کہا جا چکا ہے کہ ہر بدلتے ہوئے دور میں مذاہب کی خالصیت اور ابتدائی تعلیمات کی جانب مراجعت کا رویہ عام رہا ہے۔ مثلاً ہندوستان میں سوامی دیانند سرسوتی نے 'ویدوں کی طرف لوٹ چلو' (Back to Vedas) کا نعرہ لگایا۔ مختصر یہ کہ مذاہب کی ارتقائی تاریخ ہمیں بتاتی ہے کہ ہر مذہب میں احیائی تحریکوں کا جنم ہوتا رہا؛ کبھی اصلاحی تو کبھی تجدیدی اور کبھی عسکری توانائی کے ساتھ کوششیں ہوتی رہیں کہ یا تو متعلقہ مذہب میں نئی تبدیلیوں کے لیے گنجائشیں پیدا کی جا سکیں یا پرانی روایات کو نئی زندگی دی جا سکے تا کہ زوال پذیر، فرسودہ اور مضمحل معاشرے کو حیات نو مل سکے۔ لیکن سوال اٹھتا ہے کہ کیا کبھی یہ خواب شرمندۂ تعبیر ہو پایا؟

جہاں تک احیائے اسلام کا تعلق ہے تو اس بارے میں ہم نے اب تک اردو زبان میں جو کچھ پڑھا ہے، وہ زیادہ تر ایسا بیانیہ ہے جو عقیدت اور ارادت مندی کے ساتھ لکھا گیا ہے جس کا انداز مدافعانہ، اور مخالفین کے جواب میں عموماً معذرت خواہانہ رہا ہے۔ اس موضوع پر اب تک خالص معروضی، تجزیاتی اور تنقیدی انداز میں کم ہی کسی نے لکھا ہے۔ لہٰذا ممکن ہے کہ اردو قارئین کو بعض مضامین کے اسلوب غیر مانوس محسوس ہوں لیکن ایسی تمام تحریریں معلوماتی اور تعبیری بنیادوں پر ایستادہ ہیں جو بعض جگہ اشاراتی حوالوں اور بعض جگہ واضح حوالوں سے مزین ہیں۔ معلوماتی سے یہاں مراد حالات و واقعات کا ایک سیدھا سادا لیکن مربوط بیان ہے جو اسلامی اداروں اور اسلام کی فکری اور روحانی تنظیموں اور تحریکوں کی نشو و نما سے متعلق ایسے حالات سامنے لاتا

ہے جو قارئین کی نظر سے عموماً اوجھل رہتے ہیں۔ تعبیری سے مراد وہ تجزیاتی، فکری اور تنقیدی اسلوب بیان ہے جس سے مصنفین غیر متوازن آراء اور بعض امور میں مقبول عام غلط فہمیوں کا ازالہ کرتے نظر آتے ہیں، ممکن ہے کہ بعض مقام پر تعبیری بیانہ سے اجنبیت محسوس ہو، لیکن ایسا صرف اس لیے ہے کہ اردو میں اس طرح کے موضوعات پر اب تک اختلاف رائے کو شجر ممنوعہ تصور کیا جاتا ہے۔

یہاں اس غلط فہمی کا ازالہ بھی ضروری ہے کہ اس یک موضوعی شمارے کی اشاعت کا مقصد کسی بھی مذہب کے پیروکاروں کی دل آزاری یا انھیں غلط قرار دینا نہیں ہے بلکہ انفرادی رائے قائم کرنے کی حوصلہ افزائی کرنا ہے چونکہ کسی بھی موضوع سے متعلق مروجہ تشریحات سے مختلف رائے قائم کرنا ہر فرد کا حق ہے۔ اختلاف رائے فطرت کا قانون ہے۔ اس قانون کو ایک حدیث رسولؐ میں ان الفاظ میں بیان کیا گیا ہے؛ 'اختلاف امتی رحمۃ'۔ اختلاف رائے کا اظہار ہمیشہ تنقید (criticism) کی صورت میں ہوتا ہے جس کا مقصد کسی موضوع کا مختلف و متضاد زاویۂ نظر سے مطالعے کا آغاز کرنا ہوتا ہے۔ اس طرح کا آزادانہ تبادلۂ خیال ذہنی ارتقا کا لازمی تقاضہ ہے۔ ہم اس شمارے میں شامل کسی بھی تحریر کو حرف آخر نہیں سمجھتے، لہٰذا قارئین کے اختلاف رائے کا بھی خیر مقدم ہے۔

یہ بھی واضح کردوں کہ اگرچہ اس خاص شمارے کا تعلق بلاتفریق ہر مذہبی رویے سے ہے لیکن چونکہ مسلم معاشرے سے میرا نامیاتی اور براہ راست تعلق ہے، میں اسی معاشرے میں پیدا ہوا، اسی میں پرورش پائی، یہیں شعور کی منزلیں سَر کیں، یہیں سماجی مشاہدے اور تجربے سے گزرا، یہیں رشتے اور تعلقات استوار ہوئے، یہیں دشمن اور دوست پیدا ہوئے، یہیں سنبھلا بھی اور ٹھوکر بھی کھائی، ظاہر ہے یہ معاشرہ دوسرے مذہبی معاشرے کے مقابلے میں میری رگوں میں خون بن کر دوڑتا ہے۔ اس معاشرے سے میرا صرف نامیاتی ہی نہیں بلکہ جذباتی تعلق بھی ہے۔ میرا معاشرہ سرفراز ہوتا ہے تو مجھے خوشی ہوتی ہے اور اگر یہ بیمار ہوتا ہے تو تشویش ہوتی ہے۔ مثل مشہور ہے کہ جس کے گلے میں جو ڈھولک پڑا ہوتا ہے، وہ اسے ہی بجاتا ہے۔ مجھے لگتا ہے کہ میرے معاشرے کی فکر 'ریورس آرڈر' (Reverse Order) پر چل رہی ہے تو ظاہر ہے کہ میں ہر اس فکر پر تنقید ہی نہیں سخت تنقید کروں گا جو میرے معاشرے اور قوم پر منفی اثرات مرتب کرے اور اس کی ترقی کی راہ میں رکاوٹ بن جائے۔ یہ کام ہر عہد میں دردمند اور زمانہ شناس حضرات نے کرنے کی کوشش کی، طریقہ کار مختلف ہوسکتا ہے، سمت مختلف ہوسکتی ہے لیکن یہ کام کبھی 'خواب آور' گولی کھلا کر نہیں کیا گیا بلکہ تنقید کے آلۂ جراحی سے انجام پایا، چونکہ تنقید آپ کو خود احتسابی پر آمادہ کرتی ہے اور اپنی صفوں کو سیدھی کرنے کی ترغیب دیتی ہے۔

اس میں شک نہیں کہ دوسرے معاشرتی افکار پر بھی نظر ثانی کی ضرورت ہے، فکر جس نوعیت کی بھی ہو اس کا محاسبہ کیا جانا چاہیے ورنہ وہ پتھرا جاتی ہے۔ لہٰذا اس شمارے میں 'دوسروں' پر بھی بات کی گئی ہے لیکن ظاہر

ہے میری توجہ خاص اپنے معاشرے پر ہی رہی ہے، اس کی بنیادی وجہ بتا چکا ہوں لیکن کچھ اور بھی ہیں۔ مثلاً عیسائی، یہودی اور ہندو فکر پر تنقید اور اس کی اصلاح یہودیوں، عیسائیوں اور ہندوؤں کی ذمہ داری ہے نہ کہ ہماری۔ حالاں کہ ہمیں یہ اعتراف بھی کرنا ہوگا کہ آج کی عیسائی فکر یورپ کی تجدیدی تحریک کا ہی نتیجہ ہے جس نے اس پر تنقید کے دروازے اس طرح کھول دیے جو بعض اوقات اس کی مقدس کتاب اور اس کے خدائی مصادر تک پر تشکیک تک پہنچ جاتی ہے مگر نہ تو نقادوں پر کفر کا فتویٰ لگایا گیا اور نہ ان کے گلے میں 'توہین' کی تختی لٹکا کر انھیں جسمانی اذیت دی گئی جیسا کہ ماضی میں اُس معاشرے میں ہوتا رہا تھا۔ عیسائی مذہب، عام طور پر ایک ذاتی مذہب اور عقیدے کی شکل اختیار کر گیا ہے جو نہ ہی حکومت کے معاملات میں دخل اندازی کرتا ہے اور نہ ہی لوگوں کو روزمرہ زندگی پر دخل انداز ہوتا ہے۔

پھر ہمیں یہ بھی نہیں بھولنا چاہیے کہ آج دنیا ایک گلوبل گاؤں کا روپ دھار چکی ہے اور اس گاؤں کی پنچایت میں جو مقدمہ اس وقت 'ٹاک آف دی ٹاؤن' ہے، وہ بھی بے شک اسلام اور مسلمان ہی ہیں۔ ایسا اسلام کی تقریباً ڈیڑھ ہزار سالہ زندگی میں پہلی مرتبہ ہوا ہے کہ اسے پوری بنی نوع انسان کی عوامی عدالت کے کٹہرے میں کھڑا ہونا پڑا ہے اور بدقسمتی ملاحظہ کیجیے کہ اس مذہب پر یہ کڑا وقت غیروں کی وجہ سے نہیں بلکہ اس کے اپنے نام لیواؤں کی وجہ سے آیا ہے۔ اس مقدمے کا اہم ترین حصہ جو دنیا اس وقت ڈسکس کر رہی ہے، وہ بھی کردار ہی ہے؛ ایک مسلمان کا انفرادی اور پھر اجتماعی کردار۔

نوٹ: اس اداریے کو تصنیف کی بجائے تالیف سمجھا جانا چاہیے کہ اسے تیار کرنے میں متعدد کتابوں اور مضامین سے استفادہ کیا گیا ہے بلکہ بعض مقام پر مستعار لیا گیا ہے۔ ان مصنفین کے اسمائے گرامی حسب ذیل ہیں۔

۱۔ کیرن آرم اسٹرانگ
۲۔ مشیر الحق
۳۔ ڈاکٹر مبارک علی
۴۔ ثاقب اکبر
۵۔ خالد احمد
۶۔ خالد مسعود
۷۔ وسعت اللہ خان

اسلامی تاریخ: ایک جائزہ

مبارک علی

تاریخ نویسی

اسلامی تاریخ نویسی وقت کے ساتھ بدلتی رہی ہے۔ اس تبدیلی کے پس منظر میں اسلامی سماج کی تبدیلی اور پھیلاؤ کو دخل تھا۔ تاریخ کے اس تسلسل کو سمجھنے کے لیے مورخ اس کو کئی ادوار میں تقسیم کر دیتے ہیں تاکہ ہر دور کی تاریخ، اس کے رجحانات اور اس عہد میں ہونے والی تبدیلیوں کو سمجھا جا سکے۔

مثلاً اسلام سے پہلے کی تاریخ، دراصل عرب قبیلوں کی تاریخ تھی، اسے 'الایام' کہا جاتا ہے۔ اس میں ہر قبیلہ کی تاریخ اور اس کے رسم و رواج کو بیان کیا گیا ہے۔ جو افراد تاریخ کو محفوظ رکھنے اور پھر اسے بیان کرنے کا کام کرتے تھے، انھیں 'راوی' یا 'اخباری' کہا جاتا تھا۔ چونکہ ہر قبیلہ اپنے رسم و رواج اور عادات پر فخر کرتا تھا، اس لیے یہ روایات اس کی شناخت اور شخصیت کو ابھارنے کا کام کرتی تھیں۔

جب اسلام کا پھیلاؤ ہوا، فتوحات ہوئیں، نئے لوگ مذہب اسلام میں داخل ہونا شروع ہوئے تو اس کے ساتھ ہی تاریخ نویسی میں اضافہ ہوا۔ لہٰذا ایک نئے اسلوب کی ابتدا ہوئی جو 'وقائع' کہلاتا تھا، اس میں ایک سال میں ہونے والے اہم واقعات کو درج کر لیا جاتا تھا۔ اب واقعات میں اہم شخصیتیں بھی ابھر کر سامنے آئیں جن کا فتوحات میں اہم کردار تھا۔

لیکن جب واقعات تیزی سے بدلنا شروع ہوئے، فتوحات کے بعد حکومت کا استحکام ہوا، انتظامیہ کی بنیاد پڑی، نئے لوگ اور ان کے کلچر سے آگہی ہوئی تو تاریخ میں نئے موضوعات آنا شروع ہوئے، اب تاریخ میں ماضی کی تشکیل شروع ہوگئی۔ لہٰذا 'طبقات' کے نام سے جو تاریخیں لکھی گئیں، ان میں دس سال کے واقعات کو جمع کر دیا جاتا تاکہ ایک مدت کے بارے میں تاریخی حقائق سامنے آئیں اور ان کی مدت سے

تاریخی عمل کو سمجھا جا سکے۔

جب اسلامی دنیا میں خاندانی حکومتیں قائم ہونا شروع ہوئیں، خاص طور سے امیہ خاندان کے بعد عباسی آئے اور ان کے زوال کے بعد مشرق و مغرب میں حکمراں خاندان ابھرے تو انھوں نے اب خاندانی تاریخیں لکھنی شروع کر دیں، چونکہ یہ تاریخیں درباری مورخ لکھتے تھے، اس لیے ان میں شاہی خاندان کے بارے میں تعریف و توصیف ہوتی تھی؛ اس وجہ سے ان کا دائرہ محدود ہے۔

جب اہل یورپ نے اسلامی تاریخ لکھنا شروع کی تو انھوں نے اپنے نقطۂ نظر سے اس کو مختلف نام دیے، مثلاً اس تاریخ کو 'سارا سینس' (Saracens) کہا جس کے بارے میں کہا جاتا ہے کہ یہ لفظ یا تو 'شرق' سے نکلا ہے یا 'صحرا' سے یا 'سارا' سے۔ جب عربوں نے اسپین فتح کیا تو ان لوگوں کے لیے اہل یورپ نے 'مورز' (Moors) کی اصطلاح استعمال کی، خیال کیا جاتا ہے کہ شاید یہ 'موئزی' سے نکلا ہے جو مراقش کی بگڑی شکل ہے۔

کچھ مغربی مورخوں سے اسے 'محمڈن ہسٹری' لکھنا شروع کر دیا، جو بعد میں 'مسلم ہسٹری' یا 'اسلامی ہسٹری' کے ناموں سے مقبول ہوئی۔ کچھ مورخ اسلامی اور مسلم میں فرق کرتے ہیں، ان کے نزدیک اسلامی تاریخ رسولؐ اللہ اور خلفائے راشدین تک تھی، اس کے بعد چونکہ اسلام کی روح کا خاتمہ ہو گیا اور ایک ایسی تاریخ شروع ہوئی جس کا اسلام سے تعلق نہیں تھا، اس لیے یہ مسلم تاریخ ہے۔

جب موجودہ دور میں عرب نیشنل ازم ابھرا، تو تاریخ کو مذہب سے جدا کر کے اس حوالے سے دیکھا گیا۔ اس کا نتیجہ یہ ہوا کہ اسے اسلامی یا مسلمانوں کی تاریخ کے بجائے 'عربوں کی تاریخ' کا نام دیا گیا۔ جب مسلمان ملکوں میں قومی ریاست کا قیام عمل میں آیا تو اس کے بعد ہر ملک نے اپنی تاریخ کو ملک کے نام سے موسوم کرنا شروع کر دیا، جیسے مصری تاریخ، عراقی تاریخ یا شام کی تاریخ۔

قومی ریاست کی تاریخ کی خاص بات یہ ہے کہ اس میں انھوں نے اسلام سے قبل کی تاریخ کو بھی شامل کر لیا ہے اور اپنے پرانے ماضی پر فخر کرتے ہیں، جیسے مصری، قدیم تاریخ اور تہذیب کو اپنا کر اس میں اسلام کی آمد کو ایک تسلسل کے ساتھ شامل کر لیتے ہیں، یہی عراقیوں کا ہے جو قدیم میسوپوٹامیہ کی تہذیب کو اُجاگر کر کے اس پر فخر کرتے ہیں۔

جدید تاریخ نویسی میں اسلامی، یا مسلمانوں کی تاریخ کو عباسی عہد تک لایا جاتا ہے جو کہ کلاسیکل عہد ہے، اس کے بعد مشرق وسطیٰ عربوں کی یا قومی ریاستوں کی تاریخ ہے۔ ہندوستان میں مسلمان خاندان کی حکومت کو اس سے علیحدہ کر کے دیکھا جاتا ہے، یہی صورت انڈونیشیا اور ملائشیا کی ہے۔

اسلام سے پہلے عرب

سیاسی طور پر مورخ اس کا جائزہ لیتے ہیں، اسلام سے پہلے عرب کن ہمسایہ ملکوں کے حصار میں تھا۔ اس کے پڑوس میں دو بڑی سلطنتیں تھیں؛ بازنطینی اور ساسانی۔ ان کے علاوہ ایتھوپیا یا حبشہ اور یمن کی سلطنتیں تھیں، جب کہ عربیہ میں کوئی ریاست نہیں تھی بلکہ یہاں قبائل تھے اور ہر قبیلہ اندرونی نظم وضبط کے لیے خاص رسم و رواج رکھتا تھا، جس پر قبیلہ کا ہر فرد عمل کرتا تھا۔ ریاست کے نہ ہونے کی وجہ سے یہ کسی ایک حکمراں کے ماتحت نہیں تھے اور ان کی زندگی میں آزادی اور خود مختاری تھی۔ چونکہ یہ صحرا میں رہتے تھے اور غذا کی تلاش میں پا بہ رکاب رہتے تھے، اس لیے ان کی زندگی خانہ بدوش کی تھی۔ خانہ بدوش چونکہ متحرک رہتے تھے، اس لیے ان کے پاس سامان بھی کم ہوتا تھا۔ ان کی زندگی کے لوازمات بھی بہت کم ہوتے تھے، ان کا سب سے بڑا سرمایہ اونٹ اور مویشی ہوتے تھے۔ خانہ بدوشی کی اس حالت کی وجہ سے انھوں نے کوئی بڑی تہذیب پیدا نہیں کی اور نہ ہی تاریخی یادگاریں چھوڑیں۔ ان کی روزمرہ کی زندگی محدود تھی اور اظہار کا سب سے بڑا ذریعہ عربی زبان تھی، جس کی وجہ سے اس عہد میں عربی شاعری کو ترقی ہوئی۔

فتوحات کی وجوہات

مورخین کے لیے، اس وجہ سے یہ تعجب کی بات ہے کہ ان بکھرے ہوئے قبائل کو جب ایک کنفیڈریشن میں شامل کیا گیا اور انھیں ایک ریاست کے ماتحت کیا گیا تو ان کی وہ توانائی جواب تک آپس کی لڑائیوں اور زندگی کی بقا کے لیے تھی، مجتمع ہو کر اس قدر طاقت سے ابھری کہ اس نے فتوحات کا نہ ختم ہونے والا سلسلہ شروع کر دیا۔ عربوں کی ان ابتدائی فتوحات کا تجزیہ کرتے ہوئے مورخین نے اس کی کوئی وجوہات بتائی ہیں۔

ان وجوہات میں اولیت اس بات کی تھی، عرب قبائل متحد ہو گئے تھے، ان میں فوجی مہارت اور جنگجویانہ صلاحیتیں تھیں، کیوں کہ ایک تو وہ آپس میں لڑتے رہتے تھے، وہ ہمسایہ سلطنتوں کی فوج میں بھی شامل تھے، اس لیے ان کو فوجی تجربہ تھا۔ جسمانی طور پر یہ چاق و چوبند تھے، کیوں کہ ان کی غذا سادہ ہوتی تھی اس لیے صحت مند اور صحراؤں کی مشکلات کا مقابلہ کرنے کی سکت رکھتے تھے۔ اسلام نے ان میں مذہبی جذبہ و جوش بھی پیدا کر دیا تھا۔ جہاد کی اسپرٹ نے ان میں یہ ہمت پیدا کر دی تھی کہ طاقتور سے طاقتور کا مقابلہ کیا جا سکے۔

جب یہ حملہ کرتے تھے، وہ اس قدر اچانک اور مؤثر ہوتا تھا کہ دشمن اس کی توقع نہیں کرتا تھا۔ ان اچانک حملوں کی وجہ سے وہ شہریوں کو ملنے والی امداد سے محروم کر دیتے تھے اور ان کے لیے اس کے علاوہ اور کوئی راستہ نہیں رہتا تھا کہ وہ ہتھیار ڈال دیں۔

ان کی حرکت اور حملوں میں اونٹ نے ان کا ساتھ دیا، کیوں کہ اس جانور میں صحراؤں میں سفر کرنے کی عادت تھی۔ سامان اٹھانا اور تیز رفتاری کے ساتھ چلنا، اس نے انھیں دشمنوں پر فوقیت دی۔

مورخوں نے یہ سوال بھی اٹھایا ہے کہ آخر عربوں کو اپنے وطن سے نکلنے اور دوسرے ملکوں کی فتح کی

ضرورت کیوں پیش آئی، ان کی وجوہات کو تلاش کرتے ہوئے ایک بات یہ کہی جاتی ہے کہ عرب میں خشک سالی کا دور دورہ تھا، اس لیے یہ لوگ زرخیز زمینوں اور سہولت کے ساتھ غذا کے حصول کی تلاش میں تھے۔ اس کے علاوہ فتوحات کے نتیجہ میں مال غنیمت کا حصول بھی ان کے لیے عرب سے باہر نکلنے کا ایک سبب تھا۔ اپنے ہمسایہ ملکوں کی زرخیز زمینوں اور ان کی دولت کو کچھ تو تاجروں کی زبانی سنا تھا اور کچھ نے اس کا مشاہدہ کیا تھا، اس لیے وہ اپنی مالی مشکلات کا حل ان فتوحات میں تلاش کرنا چاہتے تھے۔

فتوحات میں مشرق وسطیٰ کے سیاسی و معاشی اور سماجی حالات نے بھی ان کا ساتھ دیا۔ بازنطینی اور ساسانی سلطنتیں ایک دوسرے کے خلاف جنگوں کی وجہ سے جو ۵۴۰-۶۲۰ء کے دورانیہ میں ہی فوجی لحاظ سے تھک گئیں تھیں، پھر ان کو مزید کمزور کرنے میں پلیگ اور مختلف وبائی بیماریوں نے حصہ لیا۔ اس لیے دونوں سلطنتیں اندرونی طور پر اس قابل نہیں رہی تھیں کہ بیرونی حملوں کا دفاع کر سکیں۔ صورت حال یہ ہوگئی تھی کہ سیاسی عدم استحکام کی وجہ سے شہر کے رہنے والوں کو اپنے حکمرانوں پر اعتماد نہیں رہا تھا۔ ان کا مطالبہ یہ تھا کہ ان پر کم ٹیکس لگائے جائیں اور ان کی حفاظت کی جائے، کیوں کہ حکومتیں ان دونوں باتوں میں ناکام ہوگئی تھیں، اس لیے شہروں کے رہنے والے فاتحین سے امن کے معاہدے کر کے خود کو ان کے حوالے کر رہے تھے۔ اس کے مقابلے میں دیہاتوں میں زمینداروں کا تسلط تھا، ان کو شہروں سے کوئی دلچسپی نہیں تھی اور ان کا مفاد اپنی جائیداد کے تحفظ میں تھا، اس لیے ان لوگوں نے بھی حملہ آوروں کا مقابلہ نہیں کیا۔ شام اور عراق کے لوگ چونکہ عربی بولنے والے تھے، اس لیے جب عرب حملہ آور آئے اور انھوں نے فتح حاصل کر لی تو انھوں نے اپنی وفاداری کو تبدیل کر لیا اور فاتحین کے ساتھ ہو گئے۔

پہلا دور

جب عرب فاتحین نے ابتدائی فتوحات کیں، اس دوران وہ شہروں سے باہر چھاؤنیوں میں رہے، جن میں بصرہ، کوفہ اور فسطاط قابل ذکر ہیں۔ انھوں نے اس دوران مفتوحہ لوگوں سے کم سے کم تعلقات رکھے اور خاص طور سے زراعت اور کاشتکاری کو بالکل اختیار نہیں کیا، کیوں کہ جنگجو لوگ اگر زراعت اختیار کر لیتے تو ایک جانب تو ان کا رشتہ زمین سے جڑ جاتا اور ان کی متحرک زندگی ختم ہو جاتی، دوسرے اس کا اثر ان کی جنگجویانہ صلاحیتوں پر ہوتا۔ لہٰذا مفتوحہ ممالک کو تسلط میں رکھنے کے لیے اس پالیسی کو اختیار کیا کہ زمینداروں اور امرا سے معاہدے کیے جائیں اور ان کی زمینوں کو ان کے پاس ہی رہنے دیا جائے تاکہ ان کی حالت کسی طرح سے متاثر نہ ہو، اور وہ نئی صورت حال میں معاون رہیں۔ عام لوگوں پر جزیہ عائد کیا گیا، اس طرح سماج میں اہل اسلام اور ذمیوں کے درمیان فرق کو قائم رکھا گیا۔

دوسرا دور

امیہ اور عباسیہ خاندان کے دورِ حکومت میں آہستگی کے ساتھ تبدیلیاں آنا شروع ہوئیں، اس دور میں مفتوحہ لوگوں کے ساتھ میل جول اور اشتراک بڑھا۔ جو ایران کی فتح کے بعد وہاں آباد ہو گئے تھے، انھوں نے فارسی زبان اور کلچر کو اختیار کر لیا۔ زمینوں پر قبضے کے بعد یہ بڑے جاگیردار بن گئے، فوجی ملازمتوں کو خیر باد کہہ دیا اور ایک ایسے سماج کی تشکیل کی کہ جس میں درجہ بندی تھی، یعنی امیر و غریب، مراعات یافتہ و غیر مراعات یافتہ۔

امیہ دورِ حکومت (۶۶۱-۷۶۰ء) کے دوران ۱۴ خلفا اقتدار میں آئے۔ انھوں نے دمشق کو اپنا دارالخلافہ مقرر کیا، سیاسی طور پر اس عہد میں جو تبدیلی آئی، وہ قبائلی سماج سے اب مسلمان جاگیردارانہ سماج میں تبدیلی تھی۔ لیکن اب تک سیاست پر عربوں کا تسلط تھا لیکن دمشق کو مرکزیت ملنے کے بعد مکہ و مدینہ کے اشراف کی اہمیت ختم ہو گئی۔ اب فوج اور حکومت میں نئے قبائلی رہنما سامنے آئے۔ امیہ دور میں بازنطینی طریقۂ حکومت سے بہت کچھ حاصل کیا گیا اور ان کی رہنمائی بھی مل گئی۔

فتوحات کے ساتھ ساتھ اس عہد میں بیت المقدس میں مسجد اقصیٰ کی تعمیر ہوئی اور مفتوحہ علاقوں میں لاتعداد مساجد تعمیر کرائی گئیں، جن سے اسلام کا مذہبی اور سیاسی غلبہ کا اظہار رہوا۔ لیکن امیہ شام میں رہتے ہوئے کمزور ہوتے چلے گئے، کیوں کہ عربوں کی فتح کے بعد اس کا تعلق بازنطینی سلطنت اور اس کے علاقوں سے ٹوٹ گیا تھا جس نے اس علاقہ کی تجارت کو متاثر کیا، اس نے لوگوں کی معیشت پر اثر ڈالا۔

اس کے مقابلہ میں ایران اور عراق کے شہر معاشی طور پر خوش حال ہونا شروع ہو گئے، ان کی آبادی میں بھی اضافہ ہوا، کیوں کہ ان کے تجارتی راستے محفوظ ہو گئے تھے۔ اس لیے عراق اور ایران کے شہروں میں امیہ حکوت کے خلاف نئی نئی جماعتیں ابھریں جن میں شیعہ اور موالی قابلِ ذکر ہیں۔ ان کی سیاسی سرگرمیوں کا مرکز خراسان کا علاقہ بن گیا۔ اس لیے اس جگہ سے امیہ حکومت کے خلاف بغاوت کی ابتدا ہوئی، عباسی انقلاب کو کامیاب بنانے والا ابو مسلم خراسانی تھا جس کی فوج میں اکثریت غیر عربوں کی تھی۔

عباسی دورِ حکومت (۷۶۰-۱۲۶۸ء) میں ۳۷ خلفا برسرِ اقتدار آئے۔ اس کو کچھ مؤرخین انقلاب کا نام دیتے ہیں، کیوں کہ امیہ حکومت کے خاتمہ اور عباسیوں کے اقتدار میں آنے سے مسلمان سماج میں انقلابی تبدیلیاں آئیں۔ چونکہ اس انقلاب کی کامیابی میں ایرانیوں کر بڑا حصہ تھا، اس لیے اب تک عربوں اور ایرانیوں یا غیر عربوں میں جو تفریق اور امتیاز تھا، اس نے اس کا خاتمہ کر دیا۔ کامیابی کے بعد ایرانی خاص طور سے بیوروکریسی یا انتظامیہ پر قابض ہو گئے۔ انھوں نے خلیفہ کو ساسانی شہنشاہ بنا کر عباسی دربان میں قدیم ایرانی رسم و رواج اور آداب کو روشناس کرایا۔ خلیفہ اور انتظامیہ کی اس طاقت و اختیار کے آگے علما کی حیثیت

کمزور ہوگئی اور وہ حکومت کے تابع ہو گئے، اب خلیفہ جس قسم کا فتویٰ چاہتا تھا، ان سے لیا کرتا تھا۔ انھیں حکومت میں عہدے دے کر ایک طرح سے انھیں اس کا ایک حصہ بنالیا گیا تھا۔

دوسری اہم تبدیلی عباسی دور میں دارالخلافہ کی تبدیلی تھی، بغداد کا نیا شہر منصوبہ بندی کے ساتھ تیار ہوا جو خلافت کے استحکام، امپریل پھیلاؤ اور معاشی خوش حالی کو ظاہر کرتا تھا۔ (اس وقت عباسی خلافت کو دنیا کی دوسری سلطنتوں کے مقابلہ میں زیادہ ریونیو ملا کرتا تھا) ایک بڑی امپائر جس میں کئی مذاہب کے لوگ ہوں، اس میں رواداری کی پالیسی کو اختیار کیا جاتا ہے۔ اس کے استحکام اور مقبولیت کے لیے ضروری ہوتا ہے کہ اس میں علما، فضلا، سائنس دانوں اور کاریگروں کی سرپرستی ہو۔ جب حکومت کی آمدنی زیادہ ہوتی ہے تو اس صورت حال میں محلات، قلعے، یادگاریں تعمیر کی جاتی ہیں۔ لہٰذا عباسی دور کا بغداد علم وفن اور کلچر کا مرکز بن گیا۔ روشن خیالی اور رواداری نے دوسرے مذاہب کے لوگوں کو مواقع دیے کہ وہ بھی ترقی میں برابر کا حصہ لیں۔

لیکن جب عباسی خاندان سیاسی طور پر زوال پذیر ہونا شروع ہوا، تو اس کے نتیجہ میں وسط ایشیا اور شمالی افریقہ یا مغرب میں جانشین ریاستیں ابھرنا شروع ہوئیں جو تھیں تو خود مختار مگر برائے نام خلیفہ کو تسلیم کرتی تھیں۔ یہ تمام ریاستیں اپنا دارالسلطنت رکھتی تھیں، ان کا اپنا سلطان تھا جو دربار رکھتا تھا اور عباسی ادب آداب کو اختیار کرتا تھا لیکن اس کے باوجود یہ تمام ریاستیں اور ان کے شہر ایک دوسرے سے ملے ہوئے تھے۔ سیاسی آزادی کے باوجود تجارتی اور کلچرل طور پر یہ ایک دوسرے سے جڑے ہوئے تھے، اس نے ایک مسلم دنیا کی تشکیل کی۔

مسلم دنیا کی تشکیل

امیہ اور عباسی خلافت کے دوران فتوحات ہوئیں، ان فتوحات نے مسلمانوں کی سیاسی طاقت وقوت کو پھیلایا، فتوحات کا یہ سلسلہ ان کے بعد بھی جاری رہا، جانشین سلطنتوں کے حکمرانوں نے شمالی افریقہ اور وسط ایشیا میں ان کو جاری رکھا۔ امیہ اور عباسی خاندانوں کو زوال ہوا تو ان کی جگہ طاہری، صفاری اور غزنوی خاندان ابھرے۔ ایک امپائر ٹوٹی تو اس کی جگہ دوسری امپائر نے لے لی۔

امپائر کی تشکیل میں جس پالیسی کو اختیار کیا گیا، وہ یہ تھا کہ مقامی امرا اور زمینداروں کا تعاون حاصل کیا جائے، ان کی مراعات کو برقرار رکھا جائے اور انتظامی ڈھانچے میں زیادہ تبدیلی نہ کی جائے۔ سماج میں جو مختلف مذاہب یا لسانی جماعتیں ہیں، ان میں رابطہ رکھا جائے۔ ایسی اصلاحات نہ کی جائیں، جن کی وجہ سے لوگوں میں بے چینی پھیلے، لوگوں پر ٹیکسوں کا زیادہ بوجھ بھی نہ ہو لیکن بغاوتوں کو سختی سے کچلا جائے تاکہ سیاسی استحکام متاثر نہ ہو اور لوگ سیاسی طور پر خود کو محفوظ سمجھیں۔

کلچرل لحاظ سے ان علاقوں کو ملانے میں تجارت کا اہم کردار رہا۔ بحر روم، بحر ہند، خلیج فارس اور بحر احمر

کے سمندری راستوں پر مسلمانوں کا قبضہ ہو گیا تھا، سمندری راستوں کے محفوظ ہونے کی وجہ سے تاجروں کی آمدورفت بڑھ گئی اور مسلمانوں کے ماتحت علاقوں میں تجارت اور کاروبار خوب پھیلا۔ محفوظ راستوں کی وجہ سے سیاحوں کی آمدورفت بھی بڑھی، لہٰذا تجارت اور سیاحت دونوں نے کلچرل طور پر علاقوں کو آپس میں ملایا۔ آپس میں ملانے کا ایک ذریعہ سکہ بھی تھے۔ سونے و چاندی کے یہ سکے اب ہر جگہ قبول کر لیے جاتے تھے۔ اس نے معیشت کو بھی ایک کرنے میں مدد دی۔

خوش حالی اور دولت کے اظہار کا ایک ذریعہ نئے شہروں کی آبادی اور ان کا ایک دوسرے سے تعلق ہوتا ہے۔ شہروں نے مسلم دنیا کو بنانے میں اہم حصہ لیا۔ بغداد، سامرہ، بصرہ، دمشق، تیونس، قرطبہ اور بعد میں قاہرہ وہ اہم شہر تھے جو سیاست و تجارت اور کلچر کے مراکز تھے۔ بندرگاہوں میں بصرہ اور سیراف اہم بندرگاہیں تھیں۔ سمندری اور خشکی کے راستوں اور تجارت کے پھیلاؤ کی وجہ سے زراعتی پیداوار منڈیوں میں آنے لگی: کھجور، خربوزہ، گنّا اور دوسرے پھل تمام منڈیوں میں دستیاب ہونے لگے۔ صنعت میں لوہے کے اوزار، کپڑا اور کاغذ کی صنعت کو فروغ ہوا۔ عمارتوں میں مساجد، قلعے، محلات، باغات، کاروان سرائے اور بازاروں کی تعمیرات ہوئیں۔ مغرب کے رہنے والے لوگ عربی اور مشرق والے فارسی زبان بولنے لگے۔ ۱۰ سے ۱۱ ویں صدی میں خراسان میں مدرسہ کی ابتدا ہوئی، بعد میں سلجوقی وزیر نظام الملک طوسی (۱۰۶۳۔ ۹۲ء) نے مدرسہ نظامیہ کی بنیاد ڈالی۔ صوفیا کے سلسلوں میں نویں صدی میں خانقاہ کا ادارہ وجود میں آیا اور ۱۳ اور ۱۴ ویں صدیوں میں صوفیا کے مزارات زیارت گاہیں بن گئیں۔

اسلامی دنیا کی اس تشکیل نے دنیا کو دو حصوں میں تقسیم کر دیا: 'دارالاسلام' اور 'دارالحرب'، یعنی ایک وہ دنیا جہاں مسلمان آباد تھے اور دوسری وہ جو غیر مسلموں پر مشتمل تھی۔

[بشکریہ 'تاریخ کے نئے زاویے'، تاریخ پبلی کیشنز، لاہور، ۲۰۱۲ء]

اسباب اشاعت اسلام

ریوبن لیوی

ترجمہ: مشیر الحق

لیوی کی جس کتاب کا یہ اردو ترجمہ پیش خدمت ہے، اسے اسلام کے سماجی مطالعہ میں بہت وقیع جگہ حاصل ہے۔ یہ کتاب نصف صدی قبل سے پہلے پہل دو حصوں میں طبع ہوئی تھی لیکن دوسرے ایڈیشن کے موقع پر خود مصنف نے ان دونوں حصوں کو یکجا کر کے نئے مواد کے اضافہ کے ساتھ موجودہ شکل میں شائع کیا۔ جس وقت یہ دوسرا ایڈیشن شائع ہوا تھا، اس وقت سے آج کے حالات میں خاصا فرق آ چکا ہے اور عالم اسلام میں بڑی بڑی تبدیلیاں پیش آ چکی ہیں۔ یہی وجہ ہے کہ قارئین کو کہیں کہیں ایسا محسوس ہوگا کہ جو بات کہی جا رہی ہے، وہ حقیقتاً ماضی کی داستان زیادہ ہے، حال کی آئینہ دار کم۔ اس حیثیت سے کتاب پر دراصل نظر ثالث کی ضرورت تھی لیکن یہ کام مترجم کا نہیں ہے۔ وہ حواشی میں اشارات تو کرسکتا ہے لیکن متن میں کسی قسم کی تبدیلی نہیں کرسکتا۔ واقعات کے علاوہ مطالعہ کے دوران قارئین ایسے مواقع سے بھی دوچار ہوں گے جہاں مصنف کا اظہار بیان مسلمانوں کے فکری اور اعتقادی میلانات سے بہت حد تک مختلف ہوگا۔ اس کے اسباب دوسرے ہیں، اور ان کے لیے ہمیں مختصراً مستشرقین کے مزاج کو سمجھنا ہوگا۔ مسلمانوں کے لیے اسلام ایک صرف طرز حیات ہی نہیں بلکہ عقیدہ اور ایمان بھی ہے۔ اسی پر وہ نجات اُخروی کو منحصر سمجھتے ہیں۔ اصولی طور پر مسلمان یہ عقیدہ رکھتے ہیں کہ قرآن وسنت کی حرف بہ حرف پیروی کیے بغیر وہ صراط مستقیم پر قائم نہیں رہ سکتے۔ اگر ان کے عمل اور عقیدہ میں کہیں فرق نظر آتا ہے تو وہ عقیدہ کی توجیہ کرنے کے بجائے اپنے سر بے عملی کا الزام لے لینا کہیں زیادہ مناسب سمجھتے ہیں۔ اس طرح مسلمانوں کے نقطۂ نظر سے اسلام کو پرکھنے کا معیار ان کا اپنا عمل نہیں، بلکہ قرآن وسنت

کی تعلیمات ہیں۔ اس کے برعکس غیر مسلم محققین مسلمانوں کے عمل کو اصول موضوعہ کے طور پر تعلیمات سے بھی زیادہ اہمیت دیتے ہیں۔ وہ یہ سمجھتے ہیں کہ اسلام کی تشریحات کو صدر اول کی متون کے بجائے مسلمانوں کے عمل میں تلاش کرنا چاہیے اور اسی نقطۂ نظر کے مطابق وہ اسلام کا مطالعہ کرتے ہیں۔ یہی وجہ ہے کہ ان کے اور مسلمانوں کے نکالے ہوئے نتائج میں اکثر و بیشتر فرق ہوتا ہے۔ مستشرقین کے اس نقطۂ نظر سے ہمیں بھلے ہی اختلاف ہو، لیکن یہ امر واقعہ ہے اور اسے اگر ہم اس کتاب کے مطالعہ کے دوران ذہن میں رکھیں تو اکثر جگہوں پر ہمیں ان سوالات کے جوابات خود بخود ملتے چلے جائیں گے جو مصنف کے نکالے ہوئے نتائج سے ذہنوں میں پیدا ہوں گے۔......

اس موقع پر ایک عام قاری یہ سوال کرسکتا ہے کہ کسی ایسی کتاب کے ترجمہ کی ضرورت ہی کیا تھی جس کا مصنف عقیدتاً اسلام کا ہم مسلک نہیں ہے۔ یہ سوال اپنی اہمیت کے باوجود علمی دنیا میں نظر انداز کردیے جانے کے قابل ہے، کیوں کہ کسی بھی سماج کا مطالعہ صرف اس کے عقیدہ کی روشنی ہی میں نہیں کیا جاسکتا۔ سماج کا بننا اور بگڑنا بہت حد تک تاریخی وامل کا بھی رہین منت ہوتا ہے۔ مسلم سماج بھی اس تاریخی شکست وریخت کے مرحلے سے گزرا ہے اور اس تاریخی سفر کی جس قدر مربوط داستان زیر نظر کتاب میں ملتی ہے، اس سے واقف نہ ہونا دراصل اپنی علمی تہی مائگی میں مگن رہنے کے مرادف ہوگا۔ (مترجم)

Prof. Ruben Leuey کیمبرج یونیورسٹی میں فارسی کی درس وتدریس سے منسلک رہ چکے ہیں، جب کہ مترجم ڈاکٹر مشیر الحق جامعہ ملیہ اسلامیہ، دہلی کی شعبہ اسلامیات سے وابستہ رہنے کے علاوہ کشمیر یونیورسٹی میں وائس چانسلر کے فرائض انجام دے چکے ہیں۔ ۱۶ پریل ۱۹۹۰ء کو سری نگر میں انھیں ان کے پرسنل سکریٹری کے ساتھ کچھ تخریب پسندوں نے اغوا کیا اور ۱۱۰ پریل ۱۹۹۰ء کو ان کی لاش ملی۔ مشیر الحق متعدد کتابوں کے مصنف ہیں۔

لیوی کی متذکرہ کتاب کا پہلا ایڈیشن دو جلدوں میں علی الترتیب ۱۹۳۱-۱۹۳۳ میں 'The Sociology of Islam' کے عنوان سے شائع ہوا تھا۔ اسی مواد پر بدلے ہوئے حالات کے تقاضے کے مطابق نظر ثانی کر کے اسے ۱۹۵۵ء میں نئے سرے سے مرتب کیا گیا، جس کا مشیر الحق صاحب نے اردو ترجمہ کر کے قارئین کے سامنے پیش کردیا۔ اس کتاب سے ہم اس شمارے میں دو مضامین شریک اشاعت کررہے ہیں۔ (مرتب)

تاریخ یہ بتاتی ہے کہ مکہ کے سابق تاجر اور شتربان محمدؐ بن عبداللہ نے ۴۰ برس کی عمر میں سب سے پہلی بار ۶۱۰ء میں یہ اعلان کیا تھا کہ انھیں 'رویائے صادقہ' نظر آتے ہیں۔ سب سے پہلا خدائی حکم جوان کے کانوں میں پڑا، وہ پڑھنے (اقرا) کا تھا۔ (۱) اس کے بعد وحی کا سلسلہ قائم ہوگیا جس میں مشرکانہ عقائد اور جاہلانہ رسوم کو چھوڑنے کی تاکید کی جانے لگی۔ اس طرح ایک اچھی اور صحیح زندگی گزارنے کا پیام آپؐ اپنے اہل وطن کو دینے لگے۔ نئے مذہب کا بنیادی نقطہ یہ تھا کہ اللہ کے علاوہ کوئی دوسرا معبود نہیں ہے، اگر چہ مکہ کی عبادت گاہوں میں اللہ بھی بحیثیت ایک دیوتا کے اجنبی نہ تھا۔ لیکن اس نئے پیغام کے بعد اسے یکتا اور اعلیٰ تسلیم کرنا ضروری ہوگیا تھا۔ محمد (صلعم) کے ابتدائی فرمودات سے یہ بھی ظاہر ہوتا ہے کہ وہ اپنے کو اللہ کا ترجمان اور اس سلسلۂ نبوت کی آخری کڑی کہتے تھے جس کا سلسلہ حضرت عیسیٰ، موسیٰ، ابراہیم اور دوسرے رسولوں سے ہوتا ہوا پہلے انسان حضرت آدم تک جا پہنچتا ہے۔ اس طرح خدا کی وحدانیت اور محمدؐ کی رسالت کا اقرار امت محمدیہ کا عقیدہ قرار پایا۔ آج بھی مسلمانوں کی جانچ اسی عقیدہ پر ہوتی ہے۔ زمین وآسمان کی تمام چیزیں قادر و علیم اللہ کی اطاعت کرنے پر مجبور ہیں۔ (۳) یہی اطاعت جسے عربی زبان میں 'اسلام' کہتے ہیں، رسول اللہ کی تعلیم کی روح ہے۔ ہر وہ شخص جو اس طرح اللہ کی اطاعت کرتا ہے، وہ 'مسلمان' کہلاتا ہے۔

ابتدا میں غالباً مصلحت کے پیش نظر محمد صلعم نے اپنے پیغام کو صیغۂ راز میں رکھا اور صرف اپنے گھر والوں کو رازدار بنایا۔ یہاں اولین نو مسلم آپ کے مرید اور شاگرد تھے۔ کہا جاتا ہے کہ آپؐ نے تین برس تک اسلام کے راز کو راز ہی رکھا۔ پھر بھی اس دوران نوجوانان مکہ کی ایک تعداد آپ کے ہاتھ پر اسلام لے آئی۔ اگر چہ ان لوگوں کی اکثریت سماج کے کمزور طبقہ سے تعلق رکھتی تھی لیکن اس کے ساتھ ساتھ بعض صاحب حیثیت اشخاص مثلاً آپؐ کے ہونے والے خسر حضرت ابو بکر بھی اسلام لے آئے۔

اس بات کا قطعی فیصلہ کرنا آسان نہیں ہے کہ آنحضرت صلی اللہ علیہ وسلم ابتداً یا بعد میں بھی اپنے پیغام کو عرب کے حدود کے باہر پہنچانے کا ارادہ رکھتے تھے یا نہیں۔ خود آپؐ کے اپنے فرمودات کی شہادت اس بارے میں کچھ مبہم اور متناقض ہے تاہم دونوں نقطہ ہائے نظر کی تائید میں اہم شخصیتوں کو پیش کیا جا سکتا ہے۔ (۳) بہر حال آنحضرت صلی اللہ علیہ وسلم کے بارے میں جو یہ روایت مشہور ہے کہ آپؐ نے اپنے زمانہ کی معلوم دنیا کے حکمرانوں کے پاس قاصدوں کے ذریعہ اسلام کا پیغام بھیجا تھا (۴)، اسے بہت حد تک بعد کی ایجاد کہا جا سکتا ہے۔ (۵) بظاہر ایسا معلوم ہوتا ہے کہ ابتدائے رسالت میں خود آپؐ کو بھی اسلام کے عالمی مذہب بن جانے کا امکان نظر نہ آتا ہوگا۔ اس وقت زیادہ سے زیادہ آپؐ یہ چاہتے رہے ہوں گے کہ آپؐ کے اہل وطن حق اور وحی کی صداقت کو تسلیم کرلیں۔ بہر حال آپؐ کی طرف سے پیام رسالت کا عوامی اعلان ہوتے ہی قبیلہ قریش نے کھلم کھلا مخالفت شروع کر دی، چونکہ ابھی تک یہی لوگ کعبہ کے مجاور تھے جہاں ہر سال ہزار ہا ہزار اشخاص زیارت کے لیے آیا کرتے تھے۔ اس لیے آنحضرتؐ کی دعوت میں قریش کو اپنے مفاد کے لیے

ایک بڑا خطرہ دکھائی دے رہا تھا۔ قریش سے اپنی نبوت کو منوانے اور نتیجتاً قبیلہ کی سرداری حاصل ہونے کے سلسلے میں آپ کی کوششیں کچھ کامیاب نہ رہیں اور ۶۲۲ء میں آپ کو مجبور ہو کر مکہ سے ہجرت کرنی پڑی۔ چند گنے چنے مسلمانوں کے ساتھ آپؐ نے شہر یثرب میں پناہ لی۔ یثرب جو بعد میں مدینہ کے نام سے مشہور ہوا، مکہ سے شمال کی طرف تقریباً ۱۱ دن کی کاروانی مسافت پر واقع ہے۔ آنحضرتؐ کی دعوت میں ہجرت کو ایک نمایاں مقام حاصل ہے اور مسلمانوں نے اس واقعۂ ہجرت کو اس کی اہمیت کے پیش نظر اسلامی تاریخ کا نقطۂ آغاز تسلیم کر کے اسے اور بڑھایا ہے۔ (۶)

مدینہ میں محمد صلی اللہ علیہ وسلم کی رسالت کو فوری اور عمومی قبولیت حاصل ہوئی، جس کے نتیجہ میں آپ کو مذہبی اقتدار کے ساتھ ساتھ سیاسی قوت بھی حاصل ہوتی گئی۔ جمہوری مزاج رکھنے والے سیدھے سادے لوگوں کے درمیان آپ کی دونوں حیثیتوں سے قبولیت کو غیر معمولی واقعہ نہیں کہا جا سکتا۔ اصولی طور پر کوئی شخص تبدیل مذہب پر مجبور نہ تھا۔ حد یہ ہے کہ جس وقت آپ اپنی حیثیت کو جبراً تسلیم کرا سکتے تھے، اس وقت بھی مدینہ کا ہر شخص آپؐ کی تعلیمات کو تسلیم کرنے یا نہ کرنے میں آزاد تھا۔ آپؐ کی دعوت کی حیثیت بالکل تبلیغی تھی اور دیکھتے ہی دیکھتے بہت سارے لوگ آپ کے پیغام کے قائل ہو گئے، لیکن مدینہ اور اس کے نواح میں بسنے والے یہودیوں کی طرف سے مزاحمت ہوتی رہی۔ اس مزاحمت کا سبب کسی حد تک یہودیوں کے اس احساس برتری میں پوشیدہ تھا کہ وہ ایک ایسے شخص کو کس طرح تسلیم کرلیں جو ان کے خیال میں خود یہودیوں اور عیسائیوں سے سن سنا کر بائبل کے واقعات کو توڑ مروڑ کر پیش کرتا تھا۔ ان کا دعویٰ یہ تھا کہ واقعات کا اصل اور صحیح ماخذ ان کے پاس موجود ہے لیکن محمدؐ نے ان پر صحف سماوی میں تحریف کا الزام لگایا۔ جب ان باتوں کا کوئی اثر نہ نکلا تو آپؐ نے انھیں تہ تیغ یا جلاوطن کر کے خطرہ کو ہمیشہ ہمیشہ کے لیے ختم کر دیا۔ (۷) جب آپؐ کو کچھ فوجی طاقت حاصل ہو گئی تو آپ کفار مکہ کے خلاف اٹھ کھڑے ہوئے، اس کے پیچھے کچھ تو انتقامی جذبہ تھا جس کی وجہ سے آپؐ نے مسلمانوں کو 'اللہ کی راہ میں لڑنے' پر اُبھارا (۸) اور کچھ اپنی حیثیت کو منوانے اور مضبوط کرنے کے لیے بھی ضروری تھا کہ آپؐ مکہ کی روایتی عبادت گاہ پر قبضہ کرلیں۔ آپؐ کی کوششیں کامیاب ہوئیں۔ اگرچہ بعد میں مدینہ کے علاوہ کئی ایک دوسرے شہر خلافت اسلامیہ کے مرکز کی حیثیت سے نمایاں ہوئے لیکن مکہ کو آج تک اسلام کے روحانی مرکز کی حیثیت حاصل ہے۔ محمد صلعم کی کامیابی اور ان کی روز افزوں مذہبی بالادستی کے نتیجہ میں عرب کے مختلف جنگجو قبائل میں اس وقت تک کے تسلیم شدہ قرابت داری کے معیار کے بجائے ایک دوسرا نازک مگر مضبوط ترین رشتہ وجود میں آ گیا۔ ابھی تک لوگ باہم خون کے رشتہ سے بندھے ہوئے تھے، اب اس میں اسلام کا بھی اضافہ ہو گیا جو خون کے رشتہ سے بھی زیادہ محیط اور مؤثر تھا۔

۶۳۲ء میں جب آنحضرت صلی اللہ علیہ وسلم کی وفات ہوئی تو تقریباً پورا عرب آپؐ کے جھنڈے تلے آ چکا تھا۔ مستثنیات میں یہودی اور تھوڑے سے عیسائی اور آتش پرست (موبد) تھے جنھیں آپؐ نے اس شرط

پر حلقہ اسلام سے باہر رہنے کی اجازت دے دی تھی کہ وہ جزیہ ادا کر کے آپؐ کی سیاسی سیادت کو تسلیم کر لیں۔ لیکن اس کے ساتھ ساتھ آپؐ نے ان کا اور دوسرے تمام غیر مسلموں کا مکہ میں ہمیشہ ہمیشہ کے لیے داخلہ ممنوع قرار دے کر انھیں مسلمانوں کی اجتماعی زندگی سے بے دخل کر دیا۔(۹)

امت کی ہدایت اور رہبری کی خاطر اللہ تعالیٰ کی طرف سے محمد صلی اللہ علیہ وسلم پر وقتاً فوقتاً جو وحی آتی تھی، اسے آپ کی وفات کے بعد کتاب کی شکل میں قرآن کے نام سے جمع کر دیا گیا۔ رسول اللہ صلعم کے خیالات و مقاصد سے واقفیت حاصل کرنے کے لیے قرآن ہی بنیادی ماخذ ہے۔ اگر چہ حالات کے تحت بعض مسائل میں ایک سے زائد احکامات ملتے ہیں لیکن نئے حکم کے ساتھ ساتھ آپ کے منسوخ کردہ احکامات کو بھی قرآن میں محفوظ کر لیا گیا ہے۔(۱۰) قرآن ان مسائل پر، جو فوری اہمیت کے حامل نہ تھے یا آپؐ کے سامنے پیش نہیں آئے تھے، زیادہ روشنی نہیں ڈالتا۔ اس قسم کا ایک مسئلہ یہ ہے کہ آیا اسلام تمام عالم کے لیے تھا یا وہ صرف عرب والوں کے لیے آیا تھا۔ اہل کتاب کو جزیہ کی ادائیگی کے بعد اپنے مذہب پر باقی رہنے کی اجازت سے تو یہی معلوم ہوتا ہے کہ آپؐ کے خیال میں جزیرہ نمائے عرب میں بھی تمام لوگوں کو مسلمان ہو جانا ممکن نہ تھا۔ اس کے علاوہ اسلام میں مکہ کو جو اہمیت حاصل ہے وہ بھی معنی خیز بات ہے۔ ابتداً جزیرہ نمائے عرب کے باہر لوگوں کی نظروں میں مکہ کی کوئی اہمیت نہ تھی، اس لیے کعبہ کو بیت المقدس (یروشلم)(۱۱) کے بجائے نماز کے لیے قبلہ مقرر کرنے سے بھی یہی ظاہر ہوتا ہے کہ آنحضرتؐ کا رجحان عرب ہی کی طرف تھا۔ بہر حال اس مسئلہ کو خواہ کسی طرح بھی دیکھا جائے، واقعہ یہ ہے کہ اسلام نہ صرف عرب کے باہر پھیلا بلکہ عرب کو مذہب اسلام میں ایک اہم مقام بھی حاصل ہوا۔ اس اہمیت کا ایک سبب تو خود مکہ ہے اور دوسرا عربی زبان ہے جو صرف قرآن کی زبان نہیں بلکہ پوری دنیا کے مسلمانوں کی عبادتی زبان ہے۔ درحقیقت مسلمانوں کے نزدیک عربی نے اس طرح متبرک زبان کی حیثیت اختیار کر لی جیسے عبرانی زبان یہودیوں کے لیے ہے، اور قوم و وطن کے اختلاف کے باوجود دنیا کے تقریباً تمام مسلمانوں نے اپنی مقامی زبانوں کے عربی رسم الخط کو اختیار کر لیا۔ ۱۹۲۸ء تک جب کہ ترکی نے سرکاری طور سے اپنی زبان کے لیے عربی کے بجائے لاطینی رسم الخط اختیار نہیں کیا تھا، یہ کہا جا سکتا تھا کہ شامی عیسائیوں کو چھوڑ کر عربی رسم الخط کا استعمال کسی شخص یا قوم کے مسلمان ہونے کی پہچان تھی۔

آنحضرتؐ کی حیات میں اسلام عرب کے باہر تک نہیں پہنچا تھا۔ مؤرخین (۱۲) بتاتے ہیں کہ ۸ ہجری/ ۶۲۹ء میں آپ نے ایک سفارت شام میں بھیجی تھی۔ اگر چہ بلا ثبوت یہ بات تسلیم کر لی گئی ہے کہ آپ نے سفیروں کو شہنشاہ ہرقل کے پاس اسلام کی دعوت لے کر بھیجا تھا لیکن درحقیقت اس سفارت کا مقصد ابھی تک پورے طور سے واضح نہیں ہو سکا ہے۔ سفیر شہید کر دیے گئے اور ان کے خون کا بدلہ لینے کے لیے شہنشاہ کی عرب رعایا کے خلاف جو فوج بھیجی گئی، اسے غزوۂ موتہ میں شکست ہوئی۔ اس شکست کا انتقام لینے کے لیے

ایک دوسری فوج تیار ہی کی جارہی تھی کہ (۸ جون ۶۳۲ءکو) آنحضرتؐ کی وفات ہوگئی۔ اسلام کے ڈھالے ہوئے رشتہ میں چونکہ محمد صلی اللہ علیہ وسلم کی ذات ایک بہت مضبوط کڑی کی حیثیت رکھتی تھی، اس لیے آپ کے اوجھل ہوجانے کا مطلب شکست و ریخت تھا۔ نو مسلم بدوی قبائل نے جن پر اسلام کا اثر ابھی پورے طور سے نہیں ہو پایا تھا، ہر طرف بغاوت شروع کردی اور بہت سے لوگ رسالت کے جھوٹے دعویداروں کے ساتھ ہو لیے۔ (۱۳) مدینہ، مکہ اور پڑوسی شہر طائف کی وفاداری برقرار رہی لیکن وہاں کے لوگوں کے سامنے بھی مناسب لیڈر کی تلاش کا مسئلہ سر اٹھائے کھڑا تھا۔ امت مسلمہ جس شخص کے سامنے جھک سکتی تھی، وہ عمرؓ تھے لیکن مہاجر ہونے کے باعث ان کا شمار اہالیان مدینہ میں نہیں ہوتا تھا اور مدینہ کے لوگ اصرار کر رہے تھے کہ خلافت کی ذمہ داری ان کے کسی شخص کو سونپی جائے۔ ایسے موقع پر حضرت عمرؓ نے جو صورت حال پر قابو پانے کی صلاحیت رکھتے تھے، اپنے بجائے حضرت ابوبکرؓ کو آگے بڑھا دیا اور ان کے ہاتھ پر لوگوں سے بیعت کرا کے مہاجرین اور انصار میں مصالحت کرادی۔ اس طرح حضرت ابوبکرؓ آنحضرتؐ کے جانشین کی حیثیت سے پہلے خلیفہ مقرر ہوئے۔

شام پر چڑھائی کرنے کے لیے جو دستہ تیار کیا گیا تھا، اسے کام میں لانے کی ذمہ داری اب خلیفہ کے سر تھی۔ اس دستہ کا بہترین مصرف تو یہ ہوتا کہ اسے باغی قبائل کی سرکوبی کے لیے بھیجا جاتا لیکن خلیفہ نے لوگوں کے مشورہ کے خلاف اسے وہیں جانے کا حکم دیا جہاں رسول اللہ صلی اللہ علیہ وسلم اسے بھیجنا چاہتے تھے۔ اس طرح وہ دستہ جسے تعداد کے لحاظ سے ایک حملہ آور جتھا کہنا چاہیے، شام کی سرحدوں پر بسی ہوئی شہنشاہ روم کی عرب رعایا کے خلاف تیزی سے پیش قدمی کر کے فوراً ہی واپس آ گیا۔ چونکہ حضرت ابوبکرؓ باغی قبائلیوں کو دبانے اور ان پر اسلامی قوانین نافذ کرنے میں مشغول تھے، اس لیے جنگی لحاظ سے اس دستہ کی مدینہ میں موجودگی ضروری تھی۔ (۱۴) مدینہ کے پے در پے حملوں کے بعد اگرچہ حضرت ابوبکرؓ شورش پسندوں کو دبانے میں کامیاب ہو گئے لیکن انھیں فوری طور سے مسلمانوں کے اس استحکام کو واپس لانے میں کامیابی نہ مل سکی جو عرب میں آنحضرت صلعم کی زندگی کے آخری دنوں میں نظر آتا تھا۔ یہ بات اس وقت جا کر حاصل ہوئی جب خلیفہ نے پڑوسی علاقوں میں فوجی دستے بھیجنے شروع کیے۔ اس طرح ایک طرف تو فوجیوں کی خواہش جنگ کو تسکین ہوئی، دوسری طرف ان کی سابقہ خدمات کا معاوضہ مال غنیمت کی شکل میں انھیں دیا جانے لگا۔ ان دستوں کو ایسے دلچسپ اور پُر منفعت کام کے لیے باہر جاتے دیکھ کر بہت سارے باغی قبائل بھی وفاداری پر آمادہ ہو گئے۔ ملک کے تین اطراف پیش قدمی کرنے کے لیے بحری وسائل نقل وحمل کی قطعاً ضرورت نہ تھی۔ شمال میں بازنطینی اور فارس کے صوبے واقع تھے جو اپنے مرکز سے اتنی دور تھے کہ زیادہ نقصان کا خطرہ لیے بغیر ان پر آسانی سے حملہ کیا جا سکتا تھا۔ ساتھ ہی ساتھ اتنے دولت مند تھے کہ وہاں سے کافی مال غنیمت ملنے کی توقع کی جا سکتی تھی۔ سب سے پہلا حملہ ۶۳۳ء (۱۲ھ) میں حضرت سیف اللہ خالد بن ولید کی ماتحتی میں

قریب ترین علاقہ، عراق عربی پر کیا گیا جو اس وقت حکومت فارس کا ایک صوبہ تھا۔ دریائے فرات کے کنارے کئی ایک متمول شہر آباد تھے، انھیں میں ایک شہر حیرہ بھی تھا جو بشپ (اسقف) کے حلقۂ اقتدار میں تھا اور عیسائیوں کی ایک بڑی آبادی وہاں رہتی تھی۔ معمولی سی مدافعت کے بعد تقریباً سب ہی نے شکست تسلیم کرلی اور آئندہ کے حملوں سے محفوظ رہنے کی خاطر سالانہ ٹیکس دینا منظور کرلیا۔ اس سلسلے میں عہد شکنی کا جو انجام ہوا، اسے ہم آگے چل کر بیان کریں گے۔ جس وقت خالدؓ بن ولید کی فوجیں فرات کے ساحلی علاقوں میں نقل و حرکت کررہی تھیں، اسی وقت خلیفہ اول حضرت ابوبکرؓ نے تقریباً ۷ ہزار قبائلیوں پر مشتمل ایک فوج فلسطین اور شام کے خلاف بھیجی۔ وہ قبائلی زیادہ تر جنوبی عرب سے آئے تھے اور میدان جنگ میں اپنی بیوی بچوں کو بھی ساتھ لے گئے تھے، گویا وہ لڑنے کی نیت سے نہیں بلکہ وہاں مستقل طور سے بسنے کے لیے گئے تھے۔ (۱۵) ہر سنگ راہ اور بازنطینی فوجوں کی مضبوط مدافعت کے باوجود عربی فوج دشمنوں کی صفوں کو چیرتی پھاڑتی بحر گلیلی بلکہ اس کے آگے تک جا پہنچی۔ وہاں رومی سپہ سالار کے ہاتھوں شکست کا منھ دیکھنا پڑا اور اس شکست کی خبر مدینہ اس وقت پہنچی جب حضرت خالدؓ عراق سے واپس آچکے تھے، انھیں فوراً نئی کمک کے ساتھ اسلامی فوج کی مدد کے لیے فلسطین کے محاذ پر بھیج دیا گیا۔ ان کی آمد سے شکست خوردہ فوجیوں کی ہمت بندھ گئی اور انھوں نے نئے سرے سے وادئ اردن کی طرف پیش قدمی کی جس میں انھیں اب کی بار بہت ہی معمولی مدافعت کا سامنا کرنا پڑا۔

اگرچہ شامیوں کی شکست میں حضرت خالد کی جنگی صلاحیتوں کو بہت بڑا دخل ہے لیکن یہ بات بھی نظر انداز نہیں کی جاسکتی کہ شہری آبادی کے برخلاف دیہاتوں کے رہنے والے عیسائی اپنے اوپر حملہ آوروں کی نسل سے تعلق رکھتے تھے، اس وجہ سے ان سے قربت محسوس کرتے تھے۔ ان عربوں نے اگرچہ عیسائیت قبول کرلی تھی لیکن درحقیقت وہ پورے طور سے عیسائی عقیدہ کو اپنا نہیں سکے تھے۔ علاوہ ازیں باہم رقیب کلیساؤں کی فلسفیانہ موشگافیوں کے باعث جو کسانوں اور دہقانوں کی فہم سے بالاتر تھیں، یہ لوگ حملہ آور مسلمانوں کی گود میں چلے گئے۔ حملہ آور ان کی زبان سے ملتی جلتی زبان بولتے تھے اور جو نیا مذہب لائے تھے، وہ بظاہر ان سے عقیدہ کی کسی بڑی تبدیلی کا مطالبہ بھی نہیں کرتا تھا۔ پھر یہ بات بھی تھی کہ اس نئے مذہب کو قبول کرلینے کے بعد انھیں سابقہ جبری ٹیکسوں اور سرکاری استحصال سے بہت آسانی کے ساتھ نجات مل سکتی تھی۔

سیاسی نقطۂ نظر سے بھی عربوں کی اطاعت گزاری صرف آقا کی تبدیلی کے مرادف تھا، اور چونکہ رومن طریق حیات اور عقائد وخیالات کا شامیوں پر بہت معمولی اثر تھا، اس لیے تبدیلی کو قبول کرنے میں انھیں کوئی خاص جدوجہد نہیں کرنی پڑی۔

مارچ ۶۳۵ء میں جب حضرت ابوبکرؓ کے بعد حضرت عمرؓ خلیفہ ہوئے تو حضرت خالدؓ بن ولید دمشق کی دیواروں تک جا پہنچے، جس نے چھ ماہ کے محاصرہ کے بعد ہتھیار ڈال دیے۔ دمشق کی شکست کے بعد حملہ آوروں

کے لیے شام کی تمام راہیں کھل گئیں۔ لیکن خاص فلسطین جسے بحری سہولتوں کے باعث بازنطینی مرکز سے مدد پہنچ سکتی تھی، رومی اقتدار ہی میں رہا۔ ۶۳۶ء میں رومیوں عرب اور دمشق کے درمیان مسلمانوں کے وسائل نقل و حمل میں رخنہ پیدا کرنا چاہا مگر ان کی یہ کوشش کامیاب نہ ہوسکی۔ اس سال کے ماہ اگست میں یرموک (۱۶) کے ساحل پر رومیوں کو سخت شکست ہوئی اور مسلمانوں کے لیے فلسطین تک کا راستہ صاف ہوگیا۔ رومی فوجی چھاؤنیاں یکے بعد دیگرے اڑتی چلی گئیں اور یروشلم کی محافظ فوج کی مدافعت کے باوجود ۶۳۶ء کے ختم ہونے سے پہلے ہی فلسطین کو بھی پوری طرح شکست ہوگئی۔

شامی علاقے میں جنگ کے ساتھ ساتھ عرب حملہ آوروں کے بڑے بڑے دستے دوسری سمتوں کی طرف بڑھ رہے تھے۔ ۶۳۷ء میں عرب کے مشرقی شہر عمان سے ایک بحری دستہ تھانہ (بمبئی) کی طرف گیا۔ اگلے پچاس برسوں میں ہندوستان پر ہونے والے دوسرے حملوں کی طرف اس حملے میں بھی تھوڑے سے مال غنیمت کے سوا اور کچھ حاصل نہ ہوا۔ حضرت عمرؓ نے اسے اتنی شدت سے ناپسند کیا کہ انھوں نے دستہ کی واپسی پر اس کے سپہ سالار کو ایک خط میں لکھا کہ اگر دستے کے کچھ لوگ اس جنگ میں کام آگئے ہوتے تو پھر سپہ سالار کے رشتہ داروں میں سے اتنے ہی لوگوں کو قصاص میں جان کی قربانی دینی پڑتی۔

ایران میں صورت دوسری تھی، مسلمانوں کی پہلی کامیابی کے بعد دریائے فرات پر ۶۳۴ء میں عرب اور ایرانی فوجوں کی دوبارہ مڈبھیڑ ہوئی۔ اس مرتبہ مثنیٰ کی سپہ سالاری میں آنے والے حملہ آوروں کو اگرچہ ایرانی فوجوں کے ہاتھوں شکست اٹھانی پڑی لیکن یہ شکست عارضی ثابت ہوئی، کیوں کہ حضرت عمرؓ کے حکم سے کیے گئے کئی ایک حملوں کے بعد ایک فاتحانہ حملہ کوفہ کے قریب بویت نامی مقامی پر اکتوبر ۶۳۵ء میں کیا گیا۔ اس فتح سے مسلمانوں کا اعتماد پھر سے بحال ہوگیا۔ اسی سال عراق کے جنوبی حصہ میں دریائے دجلہ اور فرات کے سنگم پر اُبلّا نامی (۱۷) قصبہ پھر مسلمانوں کا قبضہ ہوگیا، اس طرح ایرانیوں کے لیے فارس کے صوبہ سے کمک حاصل کرنے کا امکان ختم ہوگیا۔ یرموک کے مقام پر بازنطینیوں کی شکست کے بعد مسلمان فوجیوں کی ایک خاصی بڑی تعداد کسی دوسری جگہ خدمت کے لیے موجود تھی۔ حضرت عمرؓ نے ان میں سے بہتوں کو فرات کے مشرقی علاقوں میں لڑتی ہوئی مسلم فوجوں کی مدد کے لیے روانہ کردیا۔

ان کا پہلا کام تو شہر حیرہ کو دوبارہ فتح کرنا تھا جس نے پہلے مسلمان فاتح سیف اللہ خالدؓ بن ولید کے ساتھ کیے ہوئے عہد نامہ کو توڑ دیا تھا۔ اس کامیابی کے بعد قادسیہ کا مضبوط ترین ایرانی قلعہ بھی مسلمانوں کے لیے کھل گیا؛ اور دیکھتے دیکھتے سلوقیہ اور طیسیفوں کے جڑواں شہر (۱۸) مدائن تک جو ایرانیوں کا سرمائی دارالسلطنت تھا، راستہ صاف ہوگیا۔ جولائی ۶۳۷ء میں مدائن کو شکست ہوئی اور مسلم سپہ سالار کو یہ شہر ملحقہ علاقوں پر حملہ کرنے کے لیے فوجی نقطۂ نظر سے بہت ہی مناسب نظر آیا۔ بہرحال حضرت عمرؓ نے جو جنگی معاملات میں اپنی صوابدید پر پورا بھروسہ رکھتے تھے، مدائن کو دشمن علاقہ کے بہت اندر ہونے کے باعث

فوجی نقل وحرکت کا مرکز بنانے کے لیے غیر مناسب سمجھا اور عرب سرحد کے قریب ایک دوسرے مقام کو چھاؤنی بنانے کا حکم دیا۔ اس ترکیب سے رسل ورسائل کا راستہ بہت حد تک مختصر ہوگیا اور آپ نے سختی سے ہدایت کردی کہ اس کے بعد سے دجلہ کے مشرق میں مزید فوجی کاروائی نہ کی جائے۔

مذکورہ بالا حکم میں دجلہ کے کنارے کنارے شمال کی طرف بڑھنے کی کوئی ممانعت نہیں تھی۔ اس کا نتیجہ یہ نکلا کہ ۶۴۱ء تک پورا مغربی عراق اور موصل تک میسوپوٹامیہ کا علاقہ مسلمانوں کے ہاتھ میں آگیا اور ان کی فوجیں آرمینیا تک پہنچ گئیں۔ وہاں مسلمان بس منقولہ جائدادوں ہی کو لوٹ سکے، کیوں کہ آرمینیا والوں نے نہ صرف اپنی مذہبی آزادی، جاگیرداری کے ادارے اور نظام زمین داری کو بچائے رکھا بلکہ حملہ آوروں سے مدافعت بھی کرتے رہے۔ لیکن اس موقع پر بھی ان کے سماجی نظام نے جس کی رو سے ہر خاندان ایک علیحدہ اکائی ہوتا تھا، انھیں متحد ہونے سے روکے رکھا اور اس طرح عربوں کو اندر گھس آنے کا موقع مل گیا۔ انھیں وجوہات کی بنا پر میسوپوٹامیہ کے دوسرے علاقوں کے لوگ بھی عربوں کے سامنے جھکنے پر مجبور ہو گئے جنھوں نے مفتوحہ علاقوں کے باشندوں کو ان کے قدیمی مذاہب آتش پرستی، عیسائیت یا بت پرستی پر باقی رہنے کی اجازت دے رکھی تھی۔

کا قفقاز اور طوروس کے درمیانی علاقہ کی بقیہ پٹی کے لوگوں نے بخوشی اسلام قبول کرلیا اور وہاں پر مذہب بہت تیزی سے پھیلا لیکن آرمینیا کی طرح طوروس کے مغربی علاقے میں بھی دشواریوں کا سامنا کرنا پڑا۔ غالباً بازنطینی علاقے سے قربت کے باعث ایشیائے کوچک کے باشندوں کو حملہ آوروں کا مقابلہ کرنے کی ہمت پڑی۔ بہرحال ایک زمانے سے یونانی اقتدار میں رہنے کے باعث یہاں کے لوگ نئے آقا کی ماتحتی میں آنے پر بخوشی راضی نہیں ہوئے۔ ایشیائے کوچک پر پہلا حملہ ۲۰ھ (۶۴۱ء) (۱۹) میں ہوا، جس میں کچھ تھوڑا سا مال غنیمت ہاتھ آیا۔ اگلے چند برسوں تک مسلسل حملے ہوتے رہے اور ہر حملے میں فاتحین تھوڑا تھوڑا آگے بڑھتے رہے۔ یہاں تک کہ ۶۵۲ء میں عرب فوجیں قسطنطنیہ کے سامنے آ کھڑی ہوئیں لیکن مسلم فوجی چوکی انطاکیہ سے کبھی بھی آگے نہیں بڑھی، جہاں پر امیر معاویہؓ (۶۶۱-۶۸۰ء) نے ایک ایرانی محافظ دستہ تعینات کردیا تھا۔ اور باوجودیکہ ایشیائے کوچک کے قلب میں مسلمان فوجوں نے کئی سردیاں گزاریں، بلکہ ایک موقع پر تو انھوں نے سمرنا پر حملہ بھی کیا لیکن اس پورے علاقے پر ان کا اقتدار غیر مستقل ہی رہا۔ جہاں تک مستقل قبضہ کا تعلق ہے، اگلے چند برسوں تک حالات میں نہ تو کوئی خاص ترقی ہوئی اور نہ ہی قسطنطنیہ پر ۷۱۷ء میں خلیفہ سلیمان کے بھائی مسلمہ کی چڑھائی تک کوئی قابل ذکر حملہ ہوا۔

ایشیائے کوچک سے گزر کر مختلف شہروں کو فتح کرتے ہوئے عرب سپہ سالار نے سردیوں کے زمانے میں اپنی فوجیں رومی علاقے میں پہنچادیں اور اس طرح میسوپوٹامیہ سے خلیفہ کی بھیجی ہوئی امدادی فوج کے سہارے دارالسلطنت پر حملہ کردیا۔ اس کے ساتھ ساتھ ایک بحری بیڑہ بھی عمر ابن ہبیر کی قیادت میں مغرب کی

طرف سے آیا تا کہ درہ دانیال اور باسفورس کی راہ کو روک سکے۔ اس بیڑے نے فوجیوں کو آبنائے کے یورپی کنارے پر اتارنے میں بڑا کام کیا، جہاں مسلمہ نے اس خیال سے شہر کا پوری طرح محاصرہ کر رکھا تھا کہ اگر براہ راست حملہ سے شہر پر قبضہ نہ ہو سکا تو وہاں کے لوگ بھوک پیاس سے بیتاب ہو کر ہتھیار ڈال دیں گے۔ اگرچہ محاصرہ کے دوران انھیں مصر اور شام کے بحری بیڑہ کی مدد حاصل تھی لیکن ان کی اپنی بری فوج فتح کے لیے کافی نہیں تھی۔ ان کے بیڑے کو دشمن کی آتشیں کشتیوں نے ناقابل فہم اور ہیبت ناک اور بارودی آگ سے تباہ کر دیا۔ اس پر ستم یہ ہوا کہ سخت ترین سردی کے باعث خوراک اور لباس کی قلت ہوگئی جس کی وجہ سے ان کے ہزاروں سپاہی جاں بحق ہو گئے۔ محاصرہ تیرہ مہینوں تک باقی رہا، حتیٰ کہ نئے خلیفہ عمر بن عبدالعزیز (۷۱۷-۷۲۰ء) نے ناامید ہو کر واپسی کا حکم دے دیا۔ گبن کا بیان ہے کہ ایشیائی علاقوں اور ماورائے ارض روم کے اوپر بغیر کسی تاخیر اور چھیڑ چھاڑ کے عرب سواروں کا حملہ ہوا، لیکن بیتنیا کے کنارے ان کی ایک فوج کا قلع قمع ہو گیا اور جو بیڑہ باقی رہ گیا تھا، وہ آگ اور طوفان کی نذر ہو گیا۔ کل ۵ بادبانی کشتیاں اس ناقابل یقین شکست کی داستان سنانے کے لیے اسکندریہ کی بندرگاہ تک پہنچ سکیں۔ (۲۰)

بازنطینی سلطنت یا ایشیائے کوچک کو عرب فتح نہ کر سکے، ویسے وقت آجانے پر دوسرے مسلمانوں کا ان علاقوں پر قبضہ ضرور ہوا۔ دسویں صدی (عیسوی) میں پے در پے تین بازنطینی جنرلوں نسی فورس فوکاس، زِمسکس اور لسبی لیوث نے انھیں شام اور ایشیائے کوچک کے مختلف شہروں سے پسپا ہو جانے پر مجبور کر دیا تھا۔ نویں صدی ہجری کا مؤرخ بلاذری اپنی کتاب 'فتوح البلدان' (۲۱) میں لکھتا ہے کہ عمرؓ اور عثمانؓ کے زمانے میں انطاکیہ اور اس کے مثل دوسرے شہر جنھیں ہارون الرشید کے زمانے میں عواصم ('دفاع' یا مضبوط مراکز) کہا جانے لگا تھا، شام کی شمالی سرحد کا کام دیتے تھے۔ اس سلسلے میں وہ مزید لکھتا ہے کہ ''مسلمان جس طرح آج تارسوس کے پار والے علاقوں پر حملہ کرتے رہتے ہیں، اسی طرح وہ اس وقت مذکورہ بالا سرحدوں سے آگے بڑھ کر چڑھائی کیا کرتے تھے۔ اسکندرونہ (اسٹس کے مطابق اسکندریہ) اور تارسوس کے درمیان اسی قسم کے رومی قلعے اور اسلحہ خانے موجود تھے جن سے آج مسلمان دوچار ہیں۔'' دسویں صدی کے بازنطینی سپہ سالاران بعض 'مضبوط مراکز' سے جو حضرت عمرؓ کے زمانے سے عربوں کے قبضہ میں چلے آرہے تھے، مسلمانوں کو نکال باہر کرنے میں کامیاب ہو سکے لیکن سلجوقیوں کی آمد کے بعد یہ علاقے دوبارہ مسلمانوں کے قبضہ میں آگئے۔

ایشیائے کوچک کے مسلم علاقوں کے بیان میں ہم تقریباً تین صدیاں آگے بڑھ گئے ہیں، اس لیے ہمیں اب دوسرے علاقوں کی طرف توجہ کرنی چاہیے۔ شمالی ایران کے علاقوں میں پیش قدمی کے سلسلے میں حضرت عمرؓ نے بہت ہی محتاط پالیسی اختیار کی تھی، انھوں نے مدائن پر کامیاب حملہ کے بعد اپنی فوجوں کو فرات کے علاقے میں واپس بلوا لیا تھا۔ اس کا اثر یہ ہوا کہ ایرانیوں نے بہت سخت جوابی حملہ کیا اور حضرت عمرؓ کو یہ سوچنے پر مجبور ہونا پڑا کہ آیا انھیں بالکل ہی پیچھے ہٹ جانا چاہیے یا آگے بڑھ کر مفتوحہ علاقوں کی حفاظت کا

انتظام کرنا چاہیے۔ دشمن کو کچلنے اور مسلمانوں کی عزت کو بچانے کا صرف یہی راستہ رہ گیا تھا کہ وہ ایران پر فوجی حملہ دوبارہ شروع کردیں۔ خود ان کے فوجیوں کی دلی خواہش نے بھی انھیں یہی فیصلہ کرنے میں مدد پہنچائی اور انھوں نے فرات میں تعینات فوج کو پیش قدمی کرنے کا حکم دے دیا۔ اس کے ساتھ ساتھ انھوں نے بصرہ کے گورنر کو دریائے کارون سے سیراب ہونے والے خوزستان پر جو خلیج فارس کے دہانے پر واقع تھا، حملہ کرنے کو کہا۔ گورنر نے عمان سے ایک فوجی دستہ خلیج کے پار فارس کے ساحلی جزیروں پر قبضہ کرنے اور ملک پر حملہ کرنے کے لیے روانہ کیا۔ یہ دونوں منصوبے کامیاب رہے اور جزیرہ ابرکوان کے ساتھ ساتھ ملک کے کئی ایک شہروں مثلاً توآج، سابور، اصطغر اور ارّجان پر قبضہ ہوگیا۔

شمال کی طرف عراق میں کوفہ کی فرات چھاؤنی میں متعین فوجوں کے ذریعہ بابل سے خراسان جانے والی شاہراہ سے ہوکر ایران پر فوجی پیش قدمی کی رفتار تیز کی گئی اور ۶۴۰ء میں حلوان شہر پر قبضہ ہوگیا۔ اس کے بعد آہستہ آہستہ عرب حملہ آور شاہراہ خراسان کے ساتھ ساتھ آگے بڑھتے گئے، یہاں تک کہ وہ کوہ بیستون (جس پر دارا کے مشہور کتبات کھدے ہوئے ہیں) سے گزر کر نہاوند کے میدان میں داخل ہوگئے۔ یہ جگہ الوند پہاڑ کے میدان میں واقع تھی اور اس کے ذریعے جنوب مغرب میں واقع ہمدان کی سڑک کی حفاظت ہوتی تھی۔ یہاں پر عربوں کا مقابلہ ان تمام ایرانی افواج سے ہوا جنھیں شاہ فارس یزدگرد سوم جمع کرسکتا تھا۔ یزدگرد کی فوجوں کی فرات کے کنارے قادسیہ کے میدان میں عربوں کے ہاتھوں پہلے ہی شکست ہوچکی تھی اور دارالسلطنت مدائن کے ہاتھ سے نکل جانے کے بعد اسے معلوم ہوگیا تھا کہ اگر اس نے پوری قوت سے حملہ کو نہ روکا تو نتیجہ کیا ہوگا۔ نہاوند کے میدان میں اس کی پوری سلطنت کا فیصلہ ہونے والا تھا، اس وجہ سے اس نے سلطنت کے کونے کونے سے ان تمام مردوں کو اپنی فوج میں بھر لیا تھا جو میدان جنگ کے قابل تھے۔ یہ لوگ مجبوراً جنگ میں شریک ہوئے تھے، اس وجہ سے تعداد کے اعتبار سے عربوں سے بہت زیادہ ہونے کے باوجود، بے دلی سے لڑے اور بآسانی ان حملہ آوروں سے شکست کھا گئے جو ہرے بھرے ملک کو لوٹنے کے لیے بیتاب تھے اور ایرانیوں سے مذہبی اور نسلی اختلافات کے باعث دلی نفرت کرتے تھے اور انھیں بے نام و نشان کردینا چاہتے تھے۔ یزدگرد کی دشواریاں اس وجہ سے اور بھی بڑھ گئی تھیں کہ دوسری طرف سے خوزستان کے علاقہ پر بصرہ کے گورنر ابوموسیٰ اشعری کی سرکردگی میں عرب جیالوں نے دھاوا بول دیا تھا، اسی وجہ سے نہاوند کے میدان میں دونوں فوجوں کی مڈبھیڑ ہوئی تو ایرانی فوجیں شکست کھا کر بھاگ کھڑی ہوئیں اور انھیں کے ساتھ ساتھ خوفزدہ بادشاہ بھی فرار ہوگیا۔

بہرحال، ایران رقبہ اور آبادی کے اعتبار سے اتنا بڑا ملک تھا کہ اسلامی فوجوں کے لیے اسے فوراً مطیع کرنا مشکل تھا۔ اس کے علاوہ چھوٹے چھوٹے مقامی حکمران اور قدیم پارسی مذہب کے پروہتوں کا لوگوں پر اتنا زیادہ اثر تھا کہ اسے ایک ہی جھٹکے میں ختم نہیں کیا جاسکتا تھا۔ خلیفہ حضرت عمرؓ نے اس بات کو فوراً ہی محسوس

کرلیا اور نہاوند کی جنگ کے بعد ایران کو باقاعدہ مطیع کرنے کی فوری کوشش نہیں کی۔ اس کے بجائے انھیں یہ مناسب معلوم ہوا کہ مفتوحہ علاقے کو تقسیم کر کے کوفہ اور بصرہ میں متعین فوجی سپہ سالاروں کی نگرانی میں دے دیں۔ اب یہ ان کی ذمہ داری تھی کہ وہ شکست خوردہ ایرانیوں پر نظر رکھیں، ان سے خراج وصول کریں اور اگر ممکن ہو تو اپنے علاقہ میں اضافہ بھی کریں۔ اس وقت بڑے پیمانے پر لوگوں میں تبدیلیٔ مذہب بھی نہیں ہوا۔ اگرچہ آتش پرستوں کو اہل کتاب ہونے کی رعایت پہلے سے حاصل نہ تھی لیکن ان کی تعداد کے پیش نظر انھیں اس رعایت سے محروم بھی نہیں کیا جا سکتا تھا، اس لیے ایک زمانہ تک جزیہ نے انھیں تبدیلیٔ مذہب سے بچائے رکھا۔ اس کے باوجود بہت سارے لوگ اپنی ذاتی مصلحتوں کے باعث یا موبد پروہتوں کے ظلم و ستم سے تنگ آکر مسلمان ہو گئے۔ ایسے لوگوں کی تعداد رفتہ رفتہ بڑھتی ہی گئی۔ اس طرح دسویں بلکہ گیارہویں صدی (عیسوی) تک پہنچتے پہنچتے پورا ایران مسلمان ہو گیا۔

اگرچہ فوری طور پر پورے ملک کو عرب کی مرکزی حکومت کے تحت لانا ممکن نہ تھا، تاہم ایران پر فوجی تسلط آہستہ آہستہ بڑھتا ہی گیا۔ نہاوند کی جنگ کے بعد کوفہ کے حکام کے فرستادہ سپہ سالار نے شاہراہ خراسان کی طرف پیش قدمی جاری رکھی اور الوند کے سلسلہ کو جسے آج کل درّہ آباد کہا جاتا ہے، پار کر کے اس نے ہمدان اور رُۓ ایسے اہم شہروں پر قبضہ کر لیا۔ اس کے حملہ نے مواصلات کے اصلی راستہ سے پرے شمال اور شمال مغرب کے علاقوں کی طرف رخ کیا۔ اس طرح ۶۴۳ء میں اس نے صوبہ آذربائیجان پر حملہ کیا اور قزوین کے مقام پر دیلمیوں کی ایک فوج کو جو اس کی پیش قدمی کو روکنے کے لیے بحر قزوین کے جنوبی کناروں سے آئی تھی، منتشر کیا اور آرمینیا میں اِریوان اور ارارات پر حملہ کیا۔

۶۴۴ء میں ایک ایرانی النسل عیسائی نے شمالی ایران پر حملہ آور مسلم فوج کے جنرل کے خلاف اپنی درخواست کے نامنظور ہو جانے کے بعد حضرت عمرؓ کو شہید کر دیا، لیکن اشاعت اسلام پر نہ تو خلفا کی تبدیلی اثر انداز ہوئی اور نہ ہی مقبوضہ علاقوں میں بار بار ہونے والی بغاوتوں کا کچھ اثر پڑا۔ ایران کا مشرقی علاقہ حضرت عثمانؓ کے عہد میں ان مسلم فوجوں نے فتح کر لیا جو وقتاً فوقتاً بصرہ سے بھیجی جاتی تھیں اور جنھیں وہیں سے ہدایتیں دی جاتی تھیں۔ خراسان کے وسیع و عریض صوبے میں یکے بعد دیگرے بڑے بڑے شہر شکست کھاتے چلے گئے اور ۶۵۲ء تک ہرات، نیشاپور، بادغیس اور سرخس پر قبضہ ہو گیا اور صوبہ سیستان بھی زیر نگیں آگیا۔ دو سال بعد فاریاب، جوزجان اور تخارستان سرنگوں ہو گئے۔

مقبوضہ علاقوں میں زراعی اراضی دو قوانین کے تحت تھی۔ جہاں باشندوں نے پُرامن طور پر شکست تسلیم کر لی تھی، وہاں انھیں زمین اپنے ہی قبضہ میں رکھنے کی اجازت دے دی گئی تھی۔ ایک دانشمندانہ فیصلہ کے تحت کسی مسلمان سپاہی کو یہ اجازت نہیں تھی کہ وہ ذاتی طور سے مفتوحہ علاقے کا کوئی حصہ اپنے قبضے میں رکھے۔ قدیم مالکوں کو اجازت تھی کہ وہ خراج اور جزیہ کی ادائیگی پر زمین اپنے ہی قبضہ میں رکھیں، وہ اپنی

جائیداد ایک دوسرے کے ہاتھ فروخت بھی کر سکتے تھے لیکن یہ جائیداد کوئی فاتح مسلمان نہیں خرید سکتا تھا۔ اس کے برعکس جن شہروں کے باشندے بذریعہ جنگ مطیع کیے جاتے تھے، وہاں قاعدہ یہ تھا کہ ان کی زمینیں مسلمانوں کے عمومی مفاد کے لیے بحق سرکار ضبط کر لی جاتی تھیں لیکن کوئی مسلمان ان زمینوں پر انفرادی قبضہ نہیں کر سکتا تھا۔ ان زمینوں پر اصل باشندے ہی پیداوار کا ایک حصہ دینے کی شرط پر کاشتکاری کرتے تھے لیکن وہ یہ زمین کسی اور کو بیچ نہیں سکتے تھے۔ مفتوحہ باشندوں پر صرف یہ پابندی تھی کہ اگر وہ ایک بار اسلام قبول کر لیں تو پھر وہ اپنے پرانے عقیدہ کی طرف رجوع نہیں کر سکتے تھے۔ ارتداد کا مطلب تھا موت۔

جیسا کہ پہلے بتایا جا چکا ہے فاتحین کو ہر جگہ یکساں کامیابی نہیں ملی۔ بعض بعض جگہوں پر فوج کشی کے ساتھ ساتھ مصلحت آمیزی کا سہارا بھی لیا گیا۔ بعض ایرانی مرزبانوں علاقائی زمین داروں کو ٹیکس ادائیگی کی بنیاد پر بلکہ اگر ان میں سے کوئی مضبوط حیثیت کا مالک ہوتا تو ٹیکس کی ادائیگی کے بغیر بھی، یہ حق دیا گیا کہ وہ اپنے علاقہ پر قدرے ترمیم کے ساتھ اپنی خودمختاری برقرار رکھیں۔ سرکاری طور پر فوجی حملوں کے علاوہ چھوٹی موٹی لڑائیاں ہر وقت ہی ہوتی رہتی تھیں۔ عرب قبائل لوٹ مار کی غرض سے اپنی مرضی سے بھی لڑائیاں کرتے رہتے تھے۔ دارالخلافہ سے دور ہونے کے باعث عرب جنرل اس بات کی پرواہ کیے بغیر کہ ان کے جانے کے بعد نیم مطیع علاقوں پر کیا گزرے گی، بہت حد تک آزادی کے ساتھ اپنا دباؤ مشرق کی طرف بڑھاتے رہتے تھے۔ ۶۶۱ یا ۶۶۲ء میں خاندان بنوامیہ کے بانی امیر معاویہؓ کے خلیفہ ہونے کے بعد کابل پر پہلی بار مسلمان فوج کشی میں بلخ بھی مسلمانوں کے تسلط میں آ گیا۔

یہ جاننے کے لیے کہ حملہ آوروں کی قسمت میں اُتار چڑھاؤ بھی آتا رہتا تھا، ذہن میں رکھنا چاہیے کہ ۶۴۰ء کے بعد چار سال کے جنگی وقائع خراسان میں مسلسل نمودار ہونے والی بغاوتوں سے بھرے ہوئے ہیں۔ اس کے ساتھ ہی مقامی طور پر اتنی زبردست مخالفتیں بھی ہوتیں کہ کچھ دنوں کے لیے پیش قدمی رک جاتی۔ اگرچہ اسے ثابت کرنے کے لیے کوئی دستاویز موجود نہیں ہے لیکن اس کا امکان ہے کہ عارضی طور پر عرب فوجوں کو ان علاقوں کی طرف پسپائی اختیار کرنی پڑی ہو جن پر ان کا مکمل قبضہ تھا۔ بہر حال ۶۴۴ء تک انھوں نے پھر اتنی قوت اکٹھی کر لی کہ وہ باغیوں کو شکست دے سکیں اور اپنی پیش قدمی جاری رکھ سکیں۔ غزنی پر قبضہ ہو گیا اور ایک سال بعد کابل پر زیادہ فیصلہ کن حملہ ہوا جس کے نتیجے میں بارہ ہزار افراد نے اسلام قبول کر لیا۔ تاہم خراسان کی حیثیت ایک ایسے علاقہ سے زیادہ نہ بڑھ سکی جو مسلسل حملوں کا نشانہ ہو۔ زیاد بن ابیہ کی کوششوں کے باوجود جو بصرہ اور خراسان پر یکساں قوت کے ساتھ حکمرانی کرتا تھا، خراسان پوری طرح مطیع نہ ہوا۔

مسلمان رہنماؤں کو عرب کے مغرب میں مصر کی دولت اور اس کے قابل تسخیر ہونے کا شروع ہی سے احساس تھا۔ اس پر پہلی فرصت میں فوج کشی ناگزیر تھی۔ شام کی طرح مصر کے باشندے بھی رومی حکومت اور اس کے مذہبی تشدد سے کسی طور چھٹکارا پانے کے لیے بیتاب تھے۔ لہٰذا جب انھیں مسلمانوں کی پیش قدمی کی

خبر ملی تو انھوں نے چین کا سانس لیا اور کوئی خاص زحمت نہیں ہوئی۔ مسلمان حملہ آور عمرو بن العاصؓ کی کمان میں تھے جنھوں نے سلیشیا میں شہر قیساریہ کے محاصرہ کا کام اپنے لڑکے کو سونپ دیا تھا اور خود مصر کی کنجی فراما (Pelusium) پر ساڑھے تین ہزار سواروں کی فوج سے حملہ کر دیا تھا، وہاں بازنطینی توپ خانہ نے مقابلہ کیا لیکن جلد ہی وہ شہر فتح ہو گیا۔ یہ بات قطعی طور پر معلوم نہیں ہے کہ عمرو بن العاصؓ جو کچھ کر رہے تھے، آیا اس میں انھیں خلیفہ حضرت عمرؓ کی رضامندی حاصل تھی یا نہیں۔ ایک روایت کے مطابق خلیفہ نے عمرو بن العاصؓ کو ایک نسبتاً آسان فتح حاصل کرنے کے لیے اجازت کے بغیر اپنی چوکی چھوڑنے پر تنبیہ کی تھی۔ یہ رویہ حضرت عمرؓ کے چوکنے رہنے کی پالیسی کے عین مطابق تھا۔ لیکن ایک دوسری روایت یہ بھی ہے کہ مصر پر پیش قدمی کرنے کے لیے خود حضرت عمرؓ نے واضح حکم جاری کیا تھا۔ بہرحال فراما کے مقام پر ایک عارضی رکاوٹ کو ختم کرنے کے بعد مسلمانوں کی چھوٹی سی فوج مصر کا ملک پار کرتی ہوئی دریائے نیل کے اس مقام تک پہنچ گئی جس کا نام خود اس نے فسطاط رکھا تھا اور جواب قدیم قاہرہ ہے۔ وہاں دس سے بارہ ہزار افراد پر مشتمل ایک مسلمان فوج ان کی کمک کو پہنچ گئی اور انھوں نے عین الشمس کے مقام پر رومیوں کو آخری شکست دے کر دریائے نیل کے نیچے نیچے چلتے ہوئے ۶۴۱ء میں دارالسلطنت اسکندریہ کو فتح کر لیا۔

خلیفہ کی طرف سے مصر کے جنرل کے پاس بھیجے جانے والے چند خطوط جنھیں طبری نے نقل کیا ہے، مصر اور دوسرے ممالک کو فتح کرنے کے سلسلے میں مسلمانوں کے رویہ پر کافی روشنی ڈالتے ہیں۔ ان خطوط کی عمومی صداقت پر شبہ کرنے کی کوئی وجہ نہیں ہے۔ اگر ان میں سے ایک خط جو حضرت عمرؓ کی طرف منسوب ہے، واقعتاً ان کا نہ بھی ہو، جب بھی اس کی تحریر حضرت عمرؓ کی اس پالیسی کے عین مطابق ہے جو ہمیں معلوم ہے۔ عرب کمانڈر کے ایک سوال کے جواب میں کہ کیا انھیں اسکندریہ کے گورنر کی جانب سے اسکندریہ کے قیدیوں کے بدلے میں خراج کی پیشکش قبول کر لینی چاہیے، حضرت عمرؓ نے اپنے جنرل کو پیشکش قبول کرنے کی ہدایت کی۔ انھوں نے لکھا کہ میں مال غنیمت پر خراج کو ترجیح دیتا ہوں، کیوں کہ مال غنیمت باہمی تقسیم کے بعد بہت جلد غائب ہو جاتا ہے۔ لیکن اس کے ساتھ انھوں نے اپنے جنرل کو یہ شرط عائد کرنے کی ہدایت بھی کی کہ اسکندریہ کے عیسائی قیدیوں کو جو مصر کی اکثریت کی طرح نسلاً قبطی تھے، اسلام قبول یا رد کرنے کا موقع دیا جائے۔ اگر وہ اسلام قبول کر لیں تو ان کے ساتھ تمام معاملات میں مسلمانوں کی طرح سلوک کیا جائے۔ دوسری صورت میں وہ عیسائیوں کی طرح خراج ادا کریں۔ جنرل نے خط کے جواب میں تعمیل حکم کی اطلاع دی اور ساتھ ہی اپنے اور اپنے ساتھیوں کے اس وقت کے تاثرات بیان کیے جب قیدی یہ فیصلہ کر رہے تھے کہ آیا وہ اپنے پرانے عقیدہ پر قائم رہیں گے یا نیا دین اختیار کریں گے۔ انھوں نے لکھا کہ جب کوئی قیدی مسلمان ہونے کا فیصلہ کرتا تو عرب اس سے بھی زیادہ مسرت کے ساتھ نعرے بلند کرتے جس کا مظاہرہ انھوں نے خود اسکندریہ کی فتح کے موقع پر کیا تھا اور جب کوئی عیسائیت پر قائم رہنے کا فیصلہ کرتا تو وہ اتنے افسردہ اور غضب

ناک ہوتے جیسے خود کوئی مسلمان دشمنوں سے مل گیا ہو۔(۲۲)

مسلمانوں کے پڑوس میں رہنے والے بہت سے قبطی اسلام کی جانب ایک طرف مالی ادائیگیوں اور دوسری طرف سماجی کمتری کے احساس سے بچنے کے لیے راغب ہوئے، اس میں وقت گزرنے کے ساتھ ساتھ اضافہ ہوتا گیا، تاہم مصر زیریں کے رہنے والوں کی اکثریت نویں صدی عیسوی تک عیسائی تھی۔ چودھویں صدی کے وسط تک اس صورت حال میں تبدیلی آچکی تھی اور ۱۹۴۷ء کی مردم شماری کے مطابق مصر کے ایک کروڑ نوے لاکھ سے زائد باشندوں میں سے دس لاکھ سے بھی کم افراد قبطی تھے۔

مغرب کی جانب شمالی افریقہ کے ریگستان اور بحر روم کے درمیانی علاقہ میں مسلمانوں کو کسی مزاحمت کا سامنا نہیں کرنا پڑا۔ پنٹاپولیس (موجودہ قیروان) کے بربر باشندے، جن کا مذہب اس وقت تک ارواح پرستی (Animism) کے مرحلہ میں تھا، اپنی تہذیب اور فکر میں ان شہروں کے یونانی آبادکاروں سے بالکل الگ تھے۔ ان کے لیے کوئی فاتح ایک دوسرے سے بہتر یا بدتر نہ تھا۔ انھوں نے بغیر کسی قابل ذکر کشمکش کے مسلمانوں کی شرائط کو تسلیم کرلیا۔ اگرچہ بعض شہروں کے، مثلاً ۶۴۲ء میں عمرو بن العاصؓ کے ہاتھوں فتح ہونے والے شہر برقا کے چند باشندوں کو جزیہ ادا کرنے کے لیے بچوں کو بیچنا پڑ گیا۔ ۶۴۳ء میں عمرو بن العاصؓ نے طرابلس کا محاصرہ کیا، جو اگلے سال فتح ہوگیا۔ اس کے فوراً بعد خلیفہ حضرت عمرؓ کی وفات کی وجہ سے وہ پابندی بھی ختم ہوگئی جو انھوں نے مغرب کی جانب مسلمانوں کے آگے بڑھتے چلے جانے پر لگائی تھی۔ ۶۴۷ء میں اور اس کے اگلے سال مسلمان حملہ آور شمالی افریقہ اور وڈان پہنچنے میں کامیاب ہوگئے اور اس کے بعد بیس سال کے اندر اندر پنٹاپولیس مکمل طور پر مسلمان باشندوں کا شہر بن کر رہ گیا۔ یونانی نوآبادیوں پر مسلسل حملے ہوتے رہے اور مسلمان شمال اور مغرب کی جانب پوری قوت سے آگے بڑھتے رہے۔ ۶۷۵ء میں انھوں نے قیروان کا شہر آباد کیا جہاں سے ایک خونریز جنگ کے بعد ۶۸۱ء میں افریقیا کے شہر پر (جسے مسلمان مہدیہ کہتے تھے) قبضہ ہوگیا۔ اس کے بعد مسلمان صرف شدید مزاحمتوں کو روکنے کے لیے قدم اٹھاتے تھے۔ اس خطہ کے، جو اب تیونس کے نام سے معروف ہے، بربر باشندوں نے جن کی اکثریت کے بارے میں کہا جاتا ہے کہ وہ عیسائی یا یہودی تھے، مسلمان حملہ آوروں کا پوری دل جمعی سے مقابلہ کیا اور مشہور ہے کہ ان میں سے جن لوگوں پر اسلام زبردستی مسلط کیا گیا، انھوں نے بارہا اپنا پرانا مذہب اختیار کیا۔(۲۳) قیروان کی ایک بغاوت اس کی صحیح مثال ہے۔ وہاں ایک بربر کاہنہ نے مسلمانوں کے خلاف نفرت کی ایسی فضا پیدا کردی تھی کہ انھیں کچھ دنوں کے لیے شہر سے، جسے تباہ کردیا گیا تھا، نکلنا پڑا۔(۲۴) لیکن اس کاہنہ کی کامیابی محض ایک قلیل عرصہ تک باقی رہی، اور جوں ہی مسلمانوں کی مدد کو باہر سے کمک پہنچ گئی، انھوں نے اس کاہنہ اور اس کے ساتھیوں کو شہر سے نکال کر دوبارہ اس پر قبضہ کرلیا۔ قیروان پر پہلی بار قبضہ کرنے کے بعد قرطاجہ (جس پر ۶۸۷ء تک قبضہ نہیں ہوسکا تھا) پہنچنے میں بارہ برس لگ گئے اور وہاں کے باشندے سسلی یا اسپین بھاگ گئے۔

شمالی افریقہ پر فوجی قبضہ میں ۷۰۸ء کو ایک تاریخی اہمیت حاصل ہے۔ اسی سال موسیٰ بن نصیر نے جو شمالی افریقہ کے گورنر مقرر کیے گئے تھے، اس علاقہ پر پہلی بار حملہ کیا جس کے لیے انھیں مقرر کیا گیا تھا۔ اب عرب جنگجو اسلام کو صرف جنگ اور فتح کا ایک وسیلہ نہیں سمجھتے تھے بلکہ ان کے نزدیک اسلام کے معنی اس سے بہت زیادہ تھے۔ لہٰذا جب موسیٰ بن نصیر نے اپنے آزاد کردہ غلام طارق ابن زیاد کو طنجہ کا گورنر مقرر کیا تو ان کی فوج کے ساتھ جو تقریباً پوری کی پوری بربروں پر مشتمل تھی، انھوں نے ایک عالم کو بھی بھیجا تا کہ وہ اس علاقہ کے باشندوں کو قرآن اور اسلام کی تعلیمات سے آگاہ کر سکیں۔ (۲۵) اس علاقہ پر ایک بار قبضہ ہو جانے کے بعد اس پالیسی کا اثر اتنا دیرپا اور مضبوط ثابت ہوا کہ شمالی افریقہ راسخ العقیدہ مسلمان ملکوں کی صف میں شامل ہو گیا اور اب اسے یہی حیثیت حاصل ہے۔

ہم اپنے بیان میں جس دور تک پہنچ گئے ہیں، اس وقت تک عرب حملہ آوروں نے چند استثنائی واقعات کے علاوہ اپنے حملوں کو ان علاقوں تک محدود رکھا تھا جن میں انھیں بحری سفر نہیں اختیار کرنا پڑتا تھا۔ وہ اچھے ملاح نہیں تھے اور نہ ان کے پاس بحری سفر کے وسائل موجود تھے لیکن ان کمزوریوں کے باوجود اگر انھیں کوئی معقول فائدہ نظر آتا تو وہ چھوٹے موٹے بحری سفر اختیار کرنے سے بھی نہیں ہچکچاتے تھے۔ اس طرح ۳۲ھ (مطابق ۶۵۲-۳ء) میں روڈس کے جزیرۂ پر فوج کشی ہوئی اور دارالحکومت پر حملہ نے یونانی سلطنت کی بنیادیں ہلا دیں۔ اس کے بعد تقریباً آٹھ سال تک (۶۷۳ء تا ۶۸۰ء) اس جزیرہ پر ایک مسلمان آبادی قائم رہی جسے ضروریات زندگی شام سے پہنچتی تھیں اور جو بازنطینیوں کی آنکھوں میں ایک کانٹے کی حیثیت رکھتی تھی۔ (۲۶) یہاں سے بازنطینیوں کے جہازوں پر بحری حملے ہوتے اور انھیں اپنے اڈّوں سے الگ کر دیا جاتا تھا۔ چونکہ اس آبادی کی حفاظت بہت مشکل اور مسلمان حکمرانوں کے لیے ہمیشہ پریشانی کا باعث بنی رہتی تھی، لہٰذا اسے ختم کر دیا گیا۔ جس سال روڈس پر پہلی بار حملہ ہوا، اسی سال سسلی کے ساحل پر بھی حملہ ہوا۔ ۴۵ھ (مطابق ۶۶۵ء) میں دوبارہ حملہ ہوا جس میں کہا جاتا ہے کہ مسلمان سرقوسہ تک گھس گئے جہاں سے وہ بڑی تعداد میں قیدی اور گرجا گھروں سے سونے اور چاندی کے بُت لے گئے۔ (۲۷) اس سے بھی پہلے ۲۷ھ (مطابق ۶۴۷-۸ء) میں قبرص پر حملہ ہوا اور ۶۵۳ء میں جب شامی ساحلوں کی مسلمان آبادیوں پر حملہ کرنے میں قبرصیوں نے یونانی حملہ آوروں کی مدد کی تو خلیفہ معاویہ نے بارہ ہزار افراد پر مشتمل ایک توپ خانہ جزیرہ قبرص پر متعین کر دیا۔

موسیٰ بن نصیر نے جس سال (۷۰۸ء) شمالی افریقہ کے مغربی علاقہ میں بربروں کے خلاف فوج کشی کی، اسی سال انھوں نے (جزیرہ) میورقہ کے خلاف بھی ایک کامیاب لشکر بھیجا۔ (۲۸)

اسی وجہ سے ان کے اس رویہ پر کوئی تعجب نہیں ہونا چاہیے کہ جب وہ اس جگہ پہنچے جسے اب آبنائے جبل الطارق کہتے ہیں، تو جزیرہ نمائے اسپین و پرتگال پر ان کی فوج کشی کے ارادہ میں کوئی تبدیلی نہیں ہوئی۔

اندلس کے ساحل پر پہلی حملہ آور فوج ۷۱۰ء میں بھیجی گئی تھی۔ یہ فوج اپنے ساتھ جو مال غنیمت لائی، اس سے دل اتنے بڑھ گئے کہ اگلے ہی سال موسیٰ بن نصیر نے اپنے آزاد کردہ غلام طارق بن زیاد کی سرکردگی میں ایک اور بڑی فوج بھیجی۔ مقامی حکمرانوں کے درمیان آپس کے جھگڑوں اور پادریوں کی غیر اخلاقی حرکتوں سے اندلس اتنا کمزور ہو چکا تھا کہ وہاں قیادت کا مکمل فقدان تھا، لہٰذا حملہ آوروں کو بہت معمولی مزاحمت کا سامنا کرنا پڑا اور وہ اندلس میں دور تک گھس گئے۔ ان کی پیش قدمی کو ٹولیڈو (طلیطلہ) کے حکمراں رذریق کی معمولی مزاحمت (۲۹) نہ روک سکی۔ مسلمانوں نے چند برسوں میں پہاڑی صوبوں کے علاوہ پورے جزیرہ نما کو روند کر رکھ دیا۔

۷۱۹ء کے سال نے مسلمانوں کو گال (سیپٹیمانیا) کے جنوبی حصہ میں جوق در جوق آتے اور فرقشونہ اور نربونہ کے شہروں پر قبضہ کرتے ہوئے دیکھا۔ ۷۳۰ء میں ادینون کی شکست کے بعد اس کے نئے گورنر عبدالرحمٰن نے پورے گال کو فتح کرنے کا ارادہ کیا اور گیرون کی سمت فوج بھیج کر برڈیل پر قبضہ کر کے فتح کا سلسلہ شروع کیا۔ وہاں سے اس نے ٹورس پر قبضہ کرنے کے ارادے سے لوائر کے پار پیش قدمی کی۔ یہاں (پین ڈی ہیرسٹال) کے بیٹے چارلس (المعروف بہ ہمیر) نے پوائسٹرس اور ٹورس کے درمیان ایک مقام پر اس کا مقابلہ کیا (۳۰) اور ۷۳۲ء میں عبدالرحمٰن کو ایسی فیصلہ کن شکست دی کہ اس کے بعد فرانس فتح کرنے کے لیے مسلمانوں کی جانب سے پھر کوئی کوشش نہیں ہوئی۔ عام طور پر یہ کہا جاتا ہے کہ ٹورس کی جنگ کا نتیجہ یہ ہوا کہ عربوں کو ملک فرانس سے مستقل طور پر نکال دیا گیا لیکن حقیقت یہ ہے کہ انھوں نے کچھ دنوں تک نربونہ پر قبضہ رکھا اور اس کے گورنر نے ۷۳۴ء میں دریائے رونہ کو پار کرنے، شہر آرلس کو برباد کرنے اور اونیوں پر دوبارہ قبضہ کرنے میں کامیابی حاصل کی۔ مؤرخ مقری کے بیان کے مطابق لنگویڈاک نے عربوں نے اپنے قدم رونہ کے کنارے پر مضبوطی کے ساتھ جما لیے اور نربونہ سے انھوں نے ڈافائن کے علاقہ میں متعدد حملے کیے، جس میں انھوں نے بہت سے گرجا گھر بھی مسمار کر دیے۔ ۷۳۹ء کے بعد روز کے دوسرے کنارے پر مسلمانوں کے حملہ کی کوئی اطلاع نہیں ملتی لیکن نربونہ مسلمانوں کے قبضہ میں رہا پھر قبضہ ہونے کے کوئی بیس سال بعد مقامی باشندوں نے مسلمانوں کے خلاف بغاوت کی، ان کے توپ خانہ کے افراد کو قتل کر دیا اور اپنے ملک سے بیرونی قبضہ کو ہمیشہ ہمیشہ کے لیے ختم کر دیا، اگرچہ اسپین کے حملے اس کے بعد بھی جاری رہے۔ (۳۱)

مغرب میں مسلمانوں کی آخری آماجگاہوں کا ذکر کرنے کے بعد ہم پھر یہ دیکھنے کے لیے مشرق کی جانب رجوع کرتے ہیں کہ وہاں فوج اور اسلامی عقائد کی وجہ سے کیا ترقیاں ہوئیں۔ ہم پہلے بیان کر چکے ہیں کہ خراسان کے صوبہ میں ان کی کامیابی نشیب و فراز سے خالی نہ تھی۔ حقیقت یہ ہے کہ اس صوبہ پر عرب نہ تو پوری طرح قبضہ کرنے اور یہاں کے باشندوں کو رام کرنے میں اور نہ یہاں کی سرحدوں کا مستقل تعین کرنے میں کبھی پوری طرح کامیاب ہوئے، کیوں کہ جس فوج کے ذریعہ وہ یہاں قبضہ رکھتے تھے، اسے بار بار جیحون

کے دوسرے طرف کے ترکوں کے یا غیر مطمئن ایرانیوں کے حملوں کو روکنے کے لیے طلب کرلیا جاتا تھا لیکن خود ترک بھی مشکلات سے آزاد نہیں تھے۔ دراصل اسلام لوگوں کی پرانی وفاداریوں کو کاٹنے یا انھیں بدل دینے کے لیے آیا تھا اور جن لوگوں نے نئے مذہب کو قبول کرلیا تھا، وہ اپنے خونی رشتہ داروں یا قدیم نیم جاگیردار زمین داروں اور آقاؤں کے بجائے اپنے دینی بھائیوں کی مدد کے لیے ہمیشہ تیار رہتے۔ تاہم پرانی وفاداریوں کے رشتے بھی اتنے مضبوط تھے کہ بہت سے لوگ اسلام قبول کرنے پر تیار نہ ہوئے اور مسلمان اپنے بنائے ہوئے مضبوط قلعوں کے باہر اعتماد کے ساتھ نقل وحرکت میں پوری طرح اس وقت تک کامیاب نہ ہوسکے جب تک نیشاپور، مرو اور ہرات کے شہروں پر ان کا قبضہ مضبوط نہیں ہوگیا اور ان شہروں کو مسلم تعلیمات کے ابتدائی مدارس کی حیثیت نہیں حاصل ہوگئی، لیکن اس کے باوجود انھیں جن خطرات کا سامنا تھا، وہ معمولی نہ تھے۔ انھیں ہر وقت اپنے مواصلاتی ذرائع پر گہری نظر رکھنی ہوتی تھی۔ معقول حفاظتی تدابیر کے بعد امیر خراسان الحکم ۴۷ھ (مطابق ۶۶۷ء) میں اپنے صوبہ کے جنوب مشرق کی جانب واقع خور پر حملہ اور بحر ارال کے جنوب میں خوارزم (خیوا) کے خلاف فوج کشی کرسکا۔ دو سال بعد بلخ پر قبضہ ہوگیا جو اس وقت اس سمت میں مسلم مہمات کی آخری سرحد دریائے جیحون پر واقع ہونے کی وجہ سے ماوراء النہر کے علاقہ پر فوج کشی کا مرکز بن گیا۔ ان دنوں ماوراء النہر کا علاقہ حسب ذیل پانچ حصوں پر مشتمل تھا۔ اپنے دو دارالحکومتوں؛ بخارا اور سمرقند سمیت صغد، جیحون کے ڈیلٹا پر مشتمل خوارزم، خوارزم کے جنوب مشرق جانب بالائی جیحون پر واقع سغانیان، دریائے سیحون پر واقع فرغانہ اور بحر ارال میں دریا کے دہانہ پر واقع شاش۔ (۳۲)

جیحون کے دوسری طرف پہلا حملہ ۶۷۱ء میں ہوا جس کے بعد بار بار حملے ہوتے رہے لیکن خراسان میں سلم بن زیاد کی گورنری (۶۸۱ - ۳ء) سے پہلے مسلمان ماورء النہر کے علاقہ میں جاڑے کے دوران کبھی ٹھہرنے میں کامیاب نہیں ہوسکے۔ اپنے مرکز سے اس قدر دور مختلف جگہوں پر فوج کشی میں مسلمانوں کی دشواریاں بڑی حد تک طبعی نوعیت کی تھیں۔ حملہ آور فوجیوں کی اکثریت شدید سردی کے مصائب سے آشنا نہ تھی اور اپنے حملوں میں انھیں زیادہ دشواری ان گرم کپڑوں کے لادنے میں پیش آتی تھی جو اس موسم کے لیے ضروری تھے۔ بخارا میں انھیں پہاڑی علاقوں میں لڑنا پڑتا تھا اور مسلمان اس علاقہ کے لیے جنگی طریقوں سے بھی آگاہ نہ تھے۔ کسی حد تک ان مہموں میں شریک عربوں کے آپس کے قبائلی اختلافات بھی ان کی پیش قدمی میں مانع ہوتے تھے۔ لیکن دوسری طرف اس علاقے کے حکمراں اور عوام کے باہمی اختلافات کا فائدہ بھی مسلمانوں کو پہنچتا تھا۔ یہاں عوام اپنی نسل، زبان اور طرز زندگی کے لحاظ سے عام طور پر ایرانی تھے، جب کہ حکمراں ترک نسل سے تعلق رکھتے تھے جن کا آبائی وطن دریائے سیحون کے مشرق میں تھا اور جو محض خراج وصول کرنے کے لیے اس علاقے میں آئے تھے۔ (۳۳) مسلمان حملہ آوروں کو اقتدار پر قبضہ جمانے کے لیے بیشتر اوقات انھیں لوگوں کے خلاف صف آرا ہونا پڑا۔ اس صورت حال کے پیش نظر یہ سمجھنے میں کوئی دشواری

نہیں ہوگی کہ مسلمان حملہ آوروں کو کسی متحدہ محاذ کا مقابلہ کیوں نہیں کرنا پڑا۔ دراصل ان کا مقابلہ ایسی چھوٹی چھوٹی طاقتوں سے ہوا جو خود آپس میں نبرد آزما رہتی تھیں۔ اس کے باوجود جہاں تک اشاعت اسلام اور مسلم سلطنت کی توسیع کا تعلق ہے، ابتدا میں ان کی نوعیت بہت معمولی تھی کیوں کہ ترکوں کی طرح عرب بھی مستقل نوعیت کے کاموں کے مقابلہ میں مال غنیمت میں زیادہ دلچسپی رکھتے تھے۔

ماوراء النہر کے علاقہ میں مسلمانوں کی حیثیت مستحکم کرنے کے سلسلہ میں کسی اور شخص کے مقابلہ میں قتیبہ ابن مسلم گورنر خراسان (متعینہ ۷۰۵ء) نے سب سے زیادہ دلچسپی لی۔ یہ انھیں کی شخصیت تھی جس نے اس علاقہ میں مسلمانوں کی قوت کو مستقل طور پر مستحکم کر دیا۔ انھوں نے حضرت عمرؓ کے اس قانون کو عام طور پر ختم کر دیا جس کے تحت مفتوحہ علاقہ میں صرف مسلمان ہی ہتھیار لے کر چل سکتے تھے۔ انھوں نے اپنی فوج میں مفتوحہ علاقہ کے جنگجو افراد کو بھی بھرتی کیا۔ علاوہ ازیں انھوں نے مقامی حکمرانوں کو بھی اجازت دے دی کہ وہ جب تک خراج دیتے رہیں، اپنے عہدہ پر قائم رہیں؛ شرط صرف یہ تھی ہر ریاست کی نگرانی قتیبہ کا مقرر کیا ہوا ایک افسر کرے گا۔ مختلف الاضلاع میں گورنر نے عربوں کی آبادیاں قائم کیں جو عرب اور مسلم طرز حیات کا مرکز بن گئیں لیکن ان آبادیوں میں مقامی لوگوں کو بھی کسی قدر آزادی کے ساتھ اپنے افسروں کے تحت رہنے کی اجازت تھی۔ ان بستیوں میں زیادہ اہم سمرقند، خوارزم اور بخارا کی بستیاں تھیں جہاں مسلمانوں کی مضبوط فوج بھی رہتی تھی۔ عربوں نے اس حد تک رواداری کا مظاہرہ نہیں کیا کہ وہ مجوسیوں کے آتش کدوں کو چھوڑ دیتے، بلکہ انھوں نے تمام کے تمام آتش کدے تباہ کر دیے۔ دوران جنگ پیکانڈ پر حملے (۷۰۶ء) سے عربوں کو بہت فائدہ پہنچا۔ یہ ایک بازار والا حصہ تھا جس میں اسلحوں کا ذخیرہ تھا، اور عربوں کی حالت یہ تھی کہ ان میں سے چند ہی پوری طرح سامان جنگ سے لیس ہوتے تھے۔ مادی فوائد کے علاوہ اس فتح سے مزید جدوجہد کے لیے بھی دل بڑھ گئے اور ترکوں کی شدید مخالفت کے باوجود جدوجہد جاری رہی۔ اس امر کو فراموش نہیں کرنا چاہیے کہ عراق کا قابل اور پُرعزم گورنر حجاج، جس کے سامنے قتیبہ ذمہ دار تھا، اس دور دراز کی جنگ کا بغور مطالعہ کر رہا تھا۔ اس نے اپنے جنرل کا دل بڑھانے کے لیے اپنے پورے اثر و رسوخ کو استعمال کیا۔ بہر حال بخارا پر قتیبہ کا پہلا حملہ پسپا کر دیا گیا اور وہ دریائے جیحون کے کنارے مرو کے شہر میں واپس آ گیا۔ اگلی کوششوں میں قتیبہ کا سامنا صغد کے حکمراں سے ہوا جو بخارا کے بادشاہ کی مدد کو آیا تھا لیکن عرب جنرل نے اپنے عزم و اعتماد کے سہارے جسے حجاج کے احکام نے پختہ تر کر دیا تھا، آخر کار ۷۰۹ء میں فتح حاصل کر لی اور صغدانیوں نے آزادانہ طور پر صلح کر کے خراج دینا قبول کر لیا۔

۷۱۱ء میں جس سال اسپین پر حملہ ہوا، قتیبہ نے فارس کے آخری مشرقی صوبہ سیستان پر فوج کشی کی۔ اسی جگہ اسے سینکڑوں میل دور کے علاقہ خوارزم کے بادشاہ کی جانب سے مدد کی اپیل موصول ہوئی جس پر اقتدار کے بھوکے خود اس کے چھوٹے بھائی نے حملہ کر دیا تھا۔ عرب جنرل نے یہ طویل فاصلہ طے کیا اور اپنی

مرضی کی شرائط پر کامیاب مدد دینے کے بعد وہ ایک دوسری مہم پر روانہ ہوگیا۔ اس بار یہ مہم صغدانیوں کے خلاف تھی، جو دشمنی پر مستقبل کمر بستہ رہتے تھے۔ اسے امید تھی کہ وہ ان پر اچانک جا پڑے گا اور ان کی دفاعی لائن کو توڑتا ہوا ان کے دارالحکومت میں سمرقند میں داخل ہوجائے گا، لیکن اس کی توقعات مکمل طور پر پوری نہ ہوئیں، کیوں کہ اگرچہ وہ شہر پر ایک سخت حملہ کرنے اور ایک بہت بڑا خزانہ حاصل کرنے میں کامیاب ہوگیا لیکن اسے شدید مزاحمت کا سامنا بھی کرنا پڑا جس میں اس کے بہت سے آدمی مارے گئے، کسی حد تک اس مدافعت میں شاش اور فرغانہ کے بادشاہوں کا بھی ہاتھ تھا، جن کے علاقے سیحون کے دوسرے طرف واقع تھے۔ سمرقند پر دھاوے کے بعد جن شرائط پر صلح ہوئی تھی، ان کے باوجود ان بادشاہوں کے معاندانہ فعل کو قتیبہ نے کبھی فراموش نہیں کیا اور اس فکر میں رہے کہ اولین فرصت میں اس کا بدلہ لیں۔ اس کا موقع انھیں ۷۱۳ء میں مل گیا جب مسلمانوں نے پہلی بار سیحون کو پار کیا۔ انھوں نے ان دونوں دشمن بادشاہوں کے علاقوں کو روندکر کے رکھ دیا اور بعض مسلمانوں کے بارے میں کہا جاتا ہے کہ وہ نہ صرف کاشغر تک پہنچ گئے بلکہ چین کے اندر بھی داخل ہوگئے۔

مؤرخ طبری (۳۴) جو اس بیان کے لیے سند ہیں، کہتے ہیں کہ جب قتیبہ چینی سرحدوں پر پہنچے تو خاقان چین نے اپنے ایک پیغام کے ذریعہ ان سے درخواست کی کہ وہ بارہ معزز مسلمانوں کا ایک وفد اس کے پاس بھیجیں تاکہ وہ اس کے سامنے اسلام کی تشریح کرسکیں۔ اگر طبری کے بیان پر اعتماد کیا جائے تو خاقان چین نے جس انداز میں اس وفد کی پذیرائی کی، اسے کسی بھی لحاظ سے دوستانہ نہیں کہا جاسکتا، کیوں کہ اس نے وفد کو اس دھمکی کے ساتھ واپس کردیا کہ اگر اس کے علاقہ پر کوئی حملہ ہوا تو حملہ آوروں کے لیے اس کے نتائج بھیانک ہوں گے۔ بہر حال صورت کچھ بھی ہو، یہ بات یقینی ہے کہ فارس کی جانب سے چین پر حملہ کی کوئی کوشش نہیں کی گئی اور قتیبہ نے جس جگہ تک یلغار کی، وہ وسطی ایشیا میں مسلمانوں کے حملہ کی آخری حد تھی۔ اس کے فوراً ہی بعد نئے خلیفہ نے خراسان میں اپنی مرضی کا گورنر مقرر کردیا۔ قتیبہ نے اپنی جگہ چھوڑنے سے انکار کیا اور دربار خلافت کے خلاف بغاوت کردی۔ اس کے نتیجہ میں جنگ ہوئی اور انھیں زندگی سے ہاتھ دھونا پڑا۔

جس طرح ان علاقوں میں، جہاں لوگوں نے مسلمانوں کے ابتدائی حملے کے وقت عام طور سے اپنا مذہب تبدیل نہیں کیا تھا، تقریباً اسی طرح خراسان اور ماوراء النہر کے علاقوں میں ابتداً قتیبہ کی فوج کشی سے بھی اشاعت اسلام کو کوئی خاص فائدہ نہیں پہنچا۔ دراصل مذہب کی اشاعت کے لیے طاقت کے بجائے دوسرے ذرائع کا استعمال ضروری تھا۔ چنانچہ ہم دیکھتے ہیں کہ اموی خلیفہ عمر بن عبدالعزیز (۷۱۷-۲۰ء) نے، جو ایک پُرعزم مسلمان تھے، نومسلمانوں کو جزیہ سے معاف کردیا تھا۔ انھوں نے خراسان میں اپنے گورنر جراح کو لکھا، ''جو شخص نماز میں مکہ کی طرف رخ کرے، اس کا جزیہ معاف کردو۔'' جزیہ سے بچنے کا یہ اتنا آسان طریقہ تھا کہ آبادی کا ایک بڑا حصہ جوق درجوق مسلمان ہونے لگا جس سے مالیات پر بہت برا اثر پڑا۔ جراح

نے نومسلموں کے بارے میں اس آسانی کی اطلاع دیتے ہوئے تجویز پیش کی کہ کسی شخص کے مسلمان ہونے کا ثبوت یہ ہونا چاہیے کہ وہ ختنہ کرانے کے لیے آمادہ ہو۔ لیکن عمر بن عبدالعزیز نے اس تجویز کو رد کر دیا اور لکھا، ''اللہ نے محمدؐ کو اس لیے بھیجا تھا وہ لوگوں کو اسلام کی طرف بلائیں، ختنہ کی طرف نہیں۔'' (۳۵) جراح نے اس کے باوجود جب اپنی رائے پر اصرار کیا اور لکھا کہ خراسان والوں کی صرف تلوار ٹھیک رکھ سکتی ہے، تو عمر بن عبدالعزیز نے انھیں گورنری سے ہٹا دیا۔ (۳۶)

عقیدہ اور خزانہ کے درمیان ایک ایسی ہی چپقلش ۷۲۸ء میں پیدا ہوئی جب خلیفہ ہشام کے تحت خراسان کے گورنر اشرس بن عبداللہ نے یہ فیصلہ کیا کہ ماوراء النہر کے لوگوں کو اسلام قبول کرنے کے لیے جزیہ کی معافی کے ذریعہ آمادہ کیا جائے۔ اس طریقہ کے نفاذ کے بعد وہاں مسلم مبلغین اس قدر کامیاب ہوئے کہ نہ صرف مالیاتی افسروں نے جن کو ملنے والی مراعات کا انحصار اس رقم پر ہوتا تھا، صدائے احتجاج بلند کی بلکہ خود مقامی سردار (دہقان) بھی اس احتجاج میں شریک ہو گئے، کیوں کہ انھیں اندیشہ تھا کہ اگر اسلام مضبوطی کے ساتھ اس علاقے میں داخل ہو گیا تو مقامی افراد پر ان کا اثر ورسوخ کم ہو جائے گا۔ مالیاتی افسروں کے احتجاج سے خود گورنر بھی اس رائے سے متفق ہو گیا، چونکہ فارس میں عرب فوج کا انحصار مقامی آمدنی ہے، لہٰذا اگر جزیہ اسی طرح معاف ہوتا رہا تو جلد ہی عرب فوجی فاقہ کشی پر مجبور ہو جائیں گے۔ غرضیکہ کچھ ہی دنوں بعد گورنر نے ان تمام لوگوں پر خراج یا زرعی ٹیکس دوبارہ نافذ کر دیا جو پہلے اس کی ادائیگی کرتے تھے، خواہ انھوں نے ختنہ کرایا ہو یا نہ کرایا ہو۔ پالیسی میں اس تبدیلی کی بنا پر بڑے پیمانہ پر بغاوت ہوئی جس کے نتیجہ میں چند برسوں کے لیے دبوسیا اور سمرقند کے چھوٹے سے علاقے کے علاوہ پورے ماورء النہر سے مسلمانوں کا اقتدار اٹھ گیا۔ کھوئے ہوئے علاقے میں سے کچھ علاقہ مسلمانوں نے دوبارہ حاصل کر لیا۔ اگرچہ یہ فتح اموی خلیفہ ہشام کے لیے نہ تھی جو ان دنوں دمشق پر حکمرانی کر رہا تھا، بلکہ ۷۳۴ء میں (نبی اکرمؐ کے خاندان کی ایک شاخ کے لوگ، یعنی علوی) ہشام کے خلاف بغاوت میں اٹھ کھڑے ہوئے اور یہ وعدہ کر کے عام لوگوں کی ہمدردیاں حاصل کر لیں کہ ذمی افراد (اس جگہ عموماً مجوسی) کے ساتھ کیے ہوئے وعدے پورے کیے جائیں گے، مسلمانوں پر جزیہ نہیں لگایا جائے گا اور کسی پر ظلم نہیں کیا جائے گا۔

جب ایک بار حملہ آوروں کے قدم اس علاقے میں جم گئے تو رفتہ رفتہ اس کی یہ حیثیت ختم ہو گئی کہ اسے خزانہ بھرنے کے لیے مال غنیمت کا ایک ذریعہ سمجھا جائے۔ عراق میں کوفہ اور بصرہ، اور مصر میں فسطاط (قدیم قاہرہ) کی طرح ماوراء النہر کے بڑے شہروں بخارا اور سمرقند میں بھی علما اور فقہا موجود تھے اور جلد ہی وہاں فقہ و ادب کے مدرسے قائم ہو گئے تا کہ جو لوگ قرآن پاک کو صحیح طور پر سمجھنا چاہتے ہوں، ان کی تشفی ہو سکے۔ رفتہ رفتہ ان مدارس نے ایک ایسے مرکز کی حیثیت اختیار کر لی ہے جس سے اسلام کو قوت حاصل ہوئی اور اس کی وجہ سے آہستہ آہستہ مقبوضہ علاقے کے لوگ حلقۂ اسلام میں داخل ہوتے گئے۔

جب تک خلفائے بنوعباس اپنی گرفت خلافت پر مضبوط کرتے، مسلم فتوحات کی پہلی طاقتور لہر مدھم پڑ گئی۔ جلد ہی مقبوضہ علاقے کے بڑے حصے کے لوگوں نے یہ محسوس کرلیا کہ ان کا علاقہ دارالخلافہ بغداد سے بہت دور واقع ہے اور وہ انجام کی فکر کیے بغیر خلیفہ کی حکم عدولی کر سکتے ہیں۔ اس طرح خلافت کے دور دراز علاقوں؛ فارس، اسپین اور شمالی افریقہ میں جن غاصبوں کو فوجی مدد مل سکی، وہ خود مختار بادشاہ بن بیٹھے، تاہم فارس میں خلیفہ سے برائے نام اظہار وفاداری کا سلسلہ جاری رہا۔ اس کا نام مسجدوں میں جمعہ کے خطبوں میں لیا جاتا اور سکوں پر اس کا نام کندہ ہوتا؛ لیکن اس وفاداری کا یہ مطلب نہیں تھا کہ خلیفہ کو خراج دیا جائے یا مقامی دلچسپی کے کسی مسئلہ میں اس سے رہنمائی حاصل کی جائے۔

بغداد میں خلیفہ کے دنیوی اقتدار کے زوال کی وجہ بحیثیت مجموعی اسلام کی قوت میں کوئی کمی نہیں ہوئی، بلکہ اس کے ماننے والوں کی تعداد میں اضافہ ہی ہوتا رہا۔ ساتھ ہی ساتھ مسلم اقتدار میں داخل ہونے والا علاقہ بھی رفتہ رفتہ بڑھتا جارہا تھا، یہاں تک کہ سولہویں اور سترہویں صدی عیسوی میں یہ قبضہ اپنے عروج پر پہنچ چکا تھا، اگرچہ اس اثنا میں ان فائدوں کے ساتھ ساتھ مسلمانوں کے علاقے اور افراد دونوں ہی ضمن میں کچھ نقصانات بھی ہوئے۔

بحر روم کے جزائر میں مسلمانوں کا عروج وزوال اس امر کی ایک عجیب مثال ہے کہ سیاسی صورت حال کا مسلمانوں کی تعداد پر کیا اثر پڑا۔ روڈس، سسلی، قبرص اور میورقہ پر حملوں کا بیان پہلے ہی ہو چکا ہے۔ کریٹ پر عبداللہ قیس نے ۵۴ھ (مطابق ۶۷۴ء) میں حملہ کیا تھا اور اس جاڑے کے پورے موسم میں وہ وہیں رہا۔ اس کے بعد بھی مسلمان وقتاً فوقتاً اس جزیرہ پر حملہ کرتے رہے۔ یہاں تک کہ ۲۱۰ھ (مطابق ۸۲۵ء) میں اسپینی مسلمانوں کے ایک گروہ نے قرطبہ میں ایک اموی خلیفہ الحکم کے خلاف ایک ناکام بغاوت کے بعد وہاں پناہ لی اور وہاں کے باشندوں کو مطیع کرلیا۔ یہ جزیرہ ۹۶۱ء تک مسلمانوں کے قبضے میں رہا، اس کے بعد (قیصر روم) نقفور فوکاس نے اسے دوبارہ بازنطینیوں کے لیے حاصل کرلیا۔ اس کے بعد سات سوسال کے عرصے میں بیشتر اوقات یہ جزیرہ عیسائیوں کے قبضہ میں رہا، یہاں تک کہ ۱۶۴۵ء اور ۱۶۶۹ء کے درمیان ترک حملہ آوروں نے اسے دوبارہ اسلام کے لیے فتح کرلیا، تاہم یہاں کے کچھ لوگ اپنے عیسائی مذہب پر قائم رہے۔ مسلم افراد میں ترک ہمیشہ سب سے زیادہ متحرک رہے ہیں؛ خواہ وہ دینی اعمال میں کچھ پیچھے بھی رہے ہوں تاہم وہ اپنے عقائد میں انتہائی پختہ اور اسلام کے نام پر جہاد کرنے میں سب سے آگے تھے۔ غالباً یہی سبب تھا کہ ابھی کچھ دنوں پہلے تک انھوں نے حکمرانی میں عمدہ صلاحیت کا مظاہرہ نہیں کیا، نتیجتاً محکوم عوام کو خواہ وہ ان کے ہم عقیدہ ہو یا دوسرے مذہب سے تعلق رکھتے ہوں، ان کے ہاتھوں بڑی تکلیفیں اٹھانی پڑیں۔ کریٹ کے باشندے بھی اس بدانتظامی کے اثرات سے مستثنیٰ نہ تھے۔ ۱۸۲۱ء میں جب یونانیوں نے ترک اقتدار کے خلاف بغاوت کی، Sfakiot کی پہاڑیوں کی سرکردگی میں کریٹ کے غیر مسلم باشندے بھی ان کی ہمدردی

میں مسلمانوں کے خلاف اٹھ کھڑے ہوئے۔ اس بغاوت کو کچلنے میں ترکوں کی کوشش ناکام ہوگئی۔ آخر کار جب امن قائم ہوا تو دس سال (۱۸۳۰-۴۰ء) کے عرصہ کے لیے یہ جزیرہ مصر کے محمد علی کی حکومت کو منتقل کر دیا گیا۔ کچھ دنوں بعد یہ پھر ترکوں کو واپس مل گیا جن کے قبضہ میں یہ اگست ۱۹۲۰ء تک رہا۔ معاہدہ سیوائے کے مطابق یہ جزیرہ دوبارہ پرانے مالکوں یعنی یونانیوں کو لوٹا دیا گیا۔ حکمران کی تبدیلی کے ساتھ ساتھ غالب مذہب بھی بدلتا رہا اور اب اس جزیرہ کے باشندوں کی بڑی اکثریت غیر مسلم ہے۔

اس قسم کے واقعات کے ایک سلسلہ کی وجہ سے قبرص، جس پر پہلی بار ۲۷ھ (۶۴۷ء) میں حملہ ہوا تھا، ۹۶۶ء تک مسلمانوں کی تاخت وتاراج کا شکار رہا۔ حتیٰ کہ نقفور فوکاس نے اسے دوبارہ حاصل کرلیا۔ قسمت کے اُلٹ پھیر نے اسے بازنطینیوں کے قبضہ سے نکال دنیشیا والوں کے ہاتھوں میں ڈال دیا جو ۱۵۷۱ء میں اسے ترکوں کے حوالے کرنے پر مجبور ہوگئے۔ یہاں بھی ترکوں کی حکومت اس سے بہتر نہیں تھی جس کا ذکر کریٹ کے سلسلے میں ہو چکا ہے۔ آخر کار ۱۸۷۸ء میں سلطان عبدالحمید ثانی کے ساتھ ایک معاہدہ کی رو سے انتظامی اغراض کے لیے قبرص انگلستان کے حوالے کر دیا گیا جس نے ۵ نومبر ۱۹۱۴ء کو ترکوں کے خلاف اعلان جنگ کے قطعی طور پر جزیرہ کو سلطنت برطانیہ میں ضم کرلیا۔ مسلم آبادی کا تناسب اس جزیرہ پر سے ترکوں کی دستبرداری کے بعد خاصا گھٹ گیا اور نتیجتاً ۱۹۴۶ء کی مردم شماری کے مطابق یہاں مسلمانوں کی آبادی مجموعی آبادی کے پانچویں حصے سے کم ہی نکلی۔

مغرب کی جانب صقلیہ (سسلی) کا جزیرہ ۶۲۵ء سے ۶۷۰ء تک مصر کے مسلمانوں کے حملہ کا مرکز بنا رہا، اگرچہ سرقوسیہ خراج گزار ہوگیا تھا لیکن ۸۲۶ء تک جزیرہ سسلی رومی سلطنت کے سامنے اظہار وفاداری کرتا۔ اسی سال خود یوفی میس کو بھی جس نے رومی اقتدار کے خلاف علم بغاوت بلند کیا تھا، شمالی افریقہ کے اسپینی مسلمانوں نے پیچھے دھکیل دیا۔ انھوں نے بلرم کو اپنی نقل وحرکت کا مرکز بنایا اور اگلے پچاس برس کے اندر رفتہ رفتہ جزیرہ کے مغربی حصہ کو گھٹا دیا۔ سرقوسیہ سے عیسائیت اور قیصر کے ساتھ جذبۂ وفاداری اور بازنطینیوں کے مذہب اور زبان کو ہمیشہ ہمیشہ کے لیے رخصت کرنے میں خاصا وقت لگا۔ درحقیقت یہ کام ۹۶۲ء میں پورا ہوا جب تاؤرمینا کے زوال کے بعد یہ جزیرہ مکمل طور پر مسلمان ہوگیا۔ (۳۷) بعدازاں اٹلی پر حملہ کے لیے یہ ایک موزوں مرکز بن گیا۔ قلوریہ اور کیمپانیا کے شہروں کے خلاف ہسپانوی اور بربر فوجیوں کو لانے لے جانے میں بلرم سے چلنے والے جہاز شمالی افریقہ میں بسرت اور تیونس کے جہازوں سے جنگ کرتے۔ اگر مسلمان فوجیوں کو کوئی متحدہ قیادت میسر ہوتی تو اس امر میں شبہ کی بہت کم گنجائش ہے کہ پورے اٹلی پر ان کا قبضہ ہوگیا ہوتا۔ بہرحال جو بھی ہو، سسلی کے امرا اپنی آزادی پر اصرار کرتے رہے، جب کہ ہسپانوی مسلمانوں نے بغداد کے خلفا سے وفاداری کا قلادہ پہلے ہی اپنے گلے سے اتار پھینکا تھا۔ لہٰذا گبن کے الفاظ میں، ''فتح وکامرانی نے مسخ ہوکر مسلسل غارت گری کی شکل اختیار کرلی تھی۔'' (۳۸) یوں اٹلی عارضی قبضہ سے بھی بچ گیا۔ سسلی پر مسلمانوں

کا قبضہ 'راجر آف نارمنڈی' کی آمد تک باقی رہا۔ اس وقت سے اس جزیرہ کا غالب مذہب عیسائیت ہے۔

مالٹا بھی مسلمانوں کے سامنے تقریباً اسی وقت سرنگوں ہوا جب سسلی پر ان کا قبضہ ہوا لیکن سسلی کے مقابلے میں مالٹا پر مسلمانوں کی گرفت زیادہ مضبوط تھی اور وہاں ان کا اثر پختگی کے ساتھ قائم ہو گیا۔ اب تک مالٹا کی زبان عربی زبان ہی کی ایک شاخ ہے۔ مالٹا ۱۰۹۰ء میں مسلمانوں کے قبضے سے اس وقت نکل گیا جب نارمنوں نے اسے فتح کر لیا لیکن تیرہویں صدی کے وسط تک انھیں وہاں رہنے کی اجازت مل گئی تھی۔ (۳۹)

بحر روم کے جزائر میں، جو روایتی طور پر یورپ میں شامل ہیں، اسلام کی تاریخ کا ایک سرسری مطالعہ کرنے کے بعد یہ دیکھنا چاہیے کہ فرانس سے مسلمانوں کے اخراج کے بعد یورپ میں اسلام نے عام طور پر کیا صورت حال پیش کی۔ مفتوحہ علاقوں پر قبضہ قائم رکھنے میں ان کی ناکامی کا بڑا سبب ان کی عددی اقلیت کا علاوہ یہ تھا کہ انھوں نے ہمیشہ اسپین کے جنوب کو اپنا مرکز سمجھا۔ اسپین کا معاملہ یہ تھا کہ مسلمانوں کو اگر جزیرہ نمائے اسپین اور پرتگال میں کہیں صحیح کامیابی نصیب ہوئی، جو کسی حد تک پائدار بھی تھی تو وہ وہیں تھی، ورنہ اس کے علاوہ پورے جزیرہ نما میں کسی جگہ بھی وہ اس اموی خاندان کی (جسے دمشق کے اموی خاندان کے ایک رکن نے قائم کیا تھا) عمدہ صلاحیتوں کا مظاہرہ نہ کر سکے، جو ۷۵۶ء سے ۱۰۳۱ء تک تقریباً تین سو سال تک قرطبہ پر حکمرانی کرتا رہا۔ اس خاندان نے اپنی سلطنت میں رقبہ کی کمی کے نقص کو اپنے کارناموں سے بدرجہ اتم پورا کر دیا۔ خاص طور سے عبدالرحمان ثالث کے زمانہ میں جو ۹۱۲ء میں سریر آرائے سلطنت ہوا، امویوں کی یہ سلطنت بڑی خوش حال ہو گئی تھی۔ ''زراعت، صنعت، تجارت، علوم وفنون سب ہی نے بڑی ترقی کی......اپنی پانچ لاکھ کی آبادی، اپنی تین ہزار مسجدوں، اپنے عالیشان محلوں، اپنے ایک لاکھ تیرہ ہزار مکانوں، اپنے تین سو حماموں اور اپنی اٹھائیس مضافاتی بستیوں پر مشتمل شہر قرطبہ اپنے رقبہ اور خوب صورتی میں صرف بغداد سے پیچھے تھا۔'' (۴۰)

شمالی اسپین اور قسطالیہ میں مفتوحہ علاقے پر قبضہ فوجی چوکیوں کے ذریعہ قائم رکھا گیا تھا۔ ان علاقوں میں مسلمان کبھی کبھی اندلس اور بلنسیہ کے ایسے پُرامن حالات سے دوچار نہ ہو سکے...... ۷۵۱ء سے بادشاہ الفانسو نے جلیقیوں کی معیت میں اسپینی مسلمانوں کو نکالنے کے لیے جوابی اقدامات کیے۔ الفانسو مسلمانوں کو قدیم قسطالیہ، لیون، استوراس اور جلیقیہ کے صوبوں سے نکالنے میں کامیاب ہو گیا۔ دسویں صدی عیسوی کی ابتدا میں مسلمان ایک بھرپور کوشش کے باوجود ان صوبوں کو دوبارہ حاصل کرنے میں کامیاب نہ ہو سکے۔ طلیطلہ اور نوارا کے عیسائیوں کی مدد سے مسلمانوں کو پیچھے دھکیلنے کا کام جاری رہا، یہاں تک کہ دسویں صدی کے شروع میں لیون کے الفانسو سوم کی کوششوں سے، جس کا ۹۱۰ء میں انتقال ہو گیا، مسلمانوں کو جنوب میں دریائے دویرہ تک اور دوسری سمت میں وادی آنہ تک دھکیل دیا گیا۔

شمالی اسپین کے بارے میں یہ نہیں سمجھنا چاہیے کہ وہاں کے قدیم باشندوں اور مسلمانوں کے درمیان

ہمیشہ جھگڑا ہی رہتا تھا۔ اس کے برخلاف ان کے باہمی تعلقات خوشگوار تھے اور اکثر ان میں باہمی شادیاں ہوتی تھیں۔ کلیسا کا زور شروع ہونے سے پہلے بہت سے عیسائی خطاب یافتہ امرا نے تو اسلام بھی قبول کر لیا تھا جس کا سبب حکمت عملی بھی کہی جا سکتی تھی اور معاشی مفاد بھی، کیوں کہ مسلمان ہونے کا مطلب تھا ٹیکس کے بوجھ میں کچھ کمی۔ اسپینی کلیسا کے اثرات بڑھ جانے کے بعد ہی مسلمانوں کے رویہ میں سختی پیدا ہوئی اور مذہبی اختلافات نے ان دونوں گروہوں کے درمیان جو اسپین کو اپنا وطن سمجھتے تھے، نسلی اختلاف کو جنم دیا۔ اسپینی مسلمانوں کی پیش قدمی جتنی تیز تھی، پسپائی اتنی ہی سست تھی۔ جب تک امویوں کا زوال نہیں ہوا، اس وقت تک مسلمانوں میں اتنی کمزوری پیدا نہیں ہوئی تھی کہ اسپین کے عیسائی انھیں ملک بدر کر دینے کی امید بھی کر سکتے۔ لیکن ۱۰۸۵ء میں لیون اور قسطالیہ کے الفانسو ششم کے زیر کمان عیسائیوں نے طلیطلہ پر دوبارہ قبضہ کر لیا جس کا مسلمانوں نے بڑا سوگ منایا۔ مسلمانوں کو یہ نقصان کسی فوجی شکست کے ذریعہ نہیں بلکہ ایک معاہدہ کے ذریعہ ہوا تھا جو عیسائی بادشاہ اور خاندان عبادی کے ایک رکن اور اشبیلیہ کے حکمراں یحییٰ کے درمیان کیا گیا تھا۔ یحییٰ وہ شخص تھا جو امویوں کے زوال کے بعد اقتدار پر قابض ہو گیا تھا۔ معاہدہ کی شرائط کے مطابق یحییٰ کو طلیطلہ کے بدلے میں بلنسیہ ملنا تھا لیکن قبل اس کے کہ معاہدہ کی اس شق پر عمل ہوتا، شمالی افریقہ کا ایک امیر یوسف ابن تاشفین المرابطی اپنے عزائم کے ساتھ افق پر نمودار ہوا۔ اسے عبادی حکمراں نے عیسائی دستبرد کے خلاف اپنی مدد کے لیے بلایا تھا لیکن یوسف جس خاندان کی مدد کے لیے آیا تھا، اس کی کمزوری کو محسوس کرتے ہی اس نے ۱۰۹۰ء میں خود تخت پر قبضہ کر لیا اور عیسائیوں کے خلاف جنگ کا رخ اپنے مفاد میں موڑ دیا۔ اگلے بارہ برس میں اس نے طلیطلہ کے علاوہ جو مستقلاً عیسائیوں کے قبضہ میں رہ گیا، اسپین کے اس پورے علاقہ پر قبضہ کر لیا جو اسپینی مسلمانوں کے پاس تھا۔ ۱۱۰۲ء میں اس نے بلنسیہ فتح کر لیا۔ اسپین کا جو علاقہ مسلمانوں کے پاس تھا، وہ اب شمالی افریقہ کا صوبہ بن گیا جہاں سے اس علاقے کے قریبی تعلقات تھے اور جہاں سے ۱۱۴۵ء اور ۱۱۵۰ء کے درمیان موحدین خاندان کے افراد مرابطیوں کو تخت سے اتار پھینکنے کے لیے آئے تھے۔ انھوں نے صرف مرابطیوں کو شکست نہیں دی بلکہ اس سے بھی آگے بڑھ کر اس علاقے کے ایک بڑے حصہ پر اسلامی حکومت قائم کر دی جسے ان کے پیشروؤں سے قسطالیہ، ارغون اور پرتگال کے عیسائی بادشاہوں نے چھین لیا تھا۔ ان کی مسلسل کامیابی سے پوپ (الملقب بمعصوم ثالث) کو ایسا خطرہ پیدا ہوا کہ اس نے 'کافروں' کے خلاف جہاد کا اعلان کر دیا۔ موحدین عیسائیوں کی متحدہ طاقت کا مقابلہ نہ کر سکے اور ۱۲۱۲ء میں واقع لاس نیواس ڈی ٹولوسا کی جنگ میں انھیں پسپائی اختیار کرنی پڑی۔

جزیرہ نمائے اسپین و پرتگال (آئبریا) کا وہ علاقہ جو کوہ مورنیا سے ہوتا ہوا لزبن سے برشلونہ تک پھیلے خطہ کے شمالی حصہ میں واقع تھا، اب مسلمانوں کے قبضہ سے آزاد کرایا جا چکا تھا۔ اس کے بعد مسلمانوں کا تسلط اشبیلیہ، قرطبہ، جیان، غرناطہ اور بلنسیہ تک محدود رہ گیا۔ (۴۱) ان کے آپس کے اختلافات سے اسپین والوں کی

فتوحات کا دائرہ وسیع سے وسیع تر ہوتا گیا اور ۱۲۳۸ سے ۱۲۶۰ء کے درمیان قسطالیہ کے فرنانڈو ثالث اور ارغون کے جیمس اول متحدہ طور پر بلنسیہ، قرطبہ، اشبیلیہ اور مرسیہ کے اضلاع حاصل کرنے میں کامیاب ہو گئے اور اب مسلمانوں کے پاس صرف غرناطہ کا صوبہ رہ گیا جو جبل الثلج کے علاقے اور ساحل سمندر پر المریہ سے جبل الطارق تک مشتمل تھا۔ ان حالات میں اس امر کے باوجود کہ دوسرے ایسے صوبوں سے مسلمانوں کو اب بھی مدد مل رہی تھی جو برائے نام عیسائی تھے لیکن اس حقیقت کو فراموش نہیں کر سکتے تھے کہ ابھی کچھ ہی دنوں پہلے انھوں نے اسلام قبول کر لیا تھا، اب مسلمانوں کے لیے زیادہ دنوں تک اپنی آزادی کو بحال رکھنا آسان نہ تھا۔ قسطالیہ کے عیسائی بادشاہ نے مسلمانوں کے بچے کھچے صوبوں پر بھی اپنا اثر جما لیا جہاں اب مسلمانوں کا اقتدار ایک سایہ سے زیادہ حیثیت نہ رکھتا تھا۔ فرڈی ننڈ اور ازابیلا کی شادی اور ارغون اور قسطالیہ کی حکومتوں کے اتحاد کے بعد مسلمانوں کا برائے اقتدار رہنے کا بھی کوئی امکان باقی نہ رہا۔ ۱۴۹۲ء میں اسپین میں آخری مسلم دارالحکومت غرناطہ پر بھی عیسائیوں کا قبضہ ہو گیا اور وہاں کے بادشاہ ابو عبداللہ کو افریقہ بھیج دیا گیا۔ اس کی مسلمان رعایا کی اکثریت یہ راستہ اختیار نہ کر سکی اور اسے مجبوراً اسپین میں رہنا پڑا اور عیسائی بادشاہ سے اظہار وفاداری کرنا پڑا۔ ان کی ایک خاصی بڑی تعداد مجبوراً یا اپنی مرضی سے عیسائی ہو گئی لیکن جن لوگوں نے مجبوراً اپنے مذہب کو تبدیل کیا، وہ ظاہری طور پر تو عیسائی ہو گئے لیکن پوشیدہ طور سے اپنے پرانے مذہبی عقائد اور طریقوں پر عمل کرتے رہے۔ ان لوگوں کو 'موز' (Moriscoes) کہا جاتا تھا۔ جزیرہ نمائے اسپین و پرتگال سے اسلام قطعی طور پر اس وقت رخصت ہوا، جب ۱۶۱۰ء میں ان پوشیدہ مسلمانوں کو بھی خارج البلد کر دیا گیا۔ (۴۲)

یورپ کے مغربی حصہ میں اسلام کا اثر جوں جوں کمزور ہوتا گیا، اسی قدر براعظم کے دوسرے کنارے پر جہاں عثمانی ترک فتوحات پر فتوحات حاصل کر رہے تھے، مسلمان مضبوط ہوتے گئے۔ اس امر کو صحیح طور پر سمجھنے کے لیے ہمیں کچھ پیچھے کی طرف یعنی کوئی تین چار سو سال پہلے اور براعظم ایشیا کے دور دراز علاقہ فارس کے دوسری طرف کے حالات کو دیکھنا ہوگا۔ یہاں جوں جوں خلیفہ کا اقتدار کمزور پڑا، مختلف مسلم سلطنتیں نمودار ہونے لگیں جو خلیفہ سے آزادی حاصل کرنے کے علاوہ اقتدار کی خاطر آپس میں دست بگریباں رہتی تھیں۔ دسویں صدی کے آخر میں ہمیں سامانیوں کی سلطنت نظر آتی ہے جو خراسان کے ایک بڑے حصہ پر حکومت کر چکے تھے لیکن اب خود ان کی اپنی رعایا پر ان کی گرفت ڈھیلی پڑ رہی تھی۔ سبکتگین نے اپنی فوجی صلاحیتوں کا مظاہرہ کر کے آزادی حاصل کر لی تھی اور اس علاقہ کے ایک بڑے حصہ پر قبضہ جما لیا تھا۔ اس کی سلطنت کا وارث اس کا بیٹا محمود ہوا جس نے شروع میں اپنے باپ کی طرح سامانیوں سے وفاداری برقرار رکھی لیکن یہ نوجوان سپہ سالار فوجی صلاحیتوں میں اپنے باپ سے بھی آگے تھا۔ زیادہ دن نہیں گزر پائے تھے کہ اس نے اپنے مقبوضات میں کافی اضافہ کر لیا۔ اس کا علاقہ ہندایرانی سرحد کے دونوں طرف واقع تھا اور اس نے اپنے آقاؤں سے بھی چھٹکارا حاصل کر لیا تھا۔ اب وہ ذاتی طور پر بادشاہ بن چکا تھا۔ اس نے غزنی میں، جو موجودہ

افغانستان میں واقع ہے، اپنا دارالحکومت قائم کر کے ہندوستان پر مسلسل حملے شروع کردیے جس کی وجہ سے اس کا نام تاریخ اسلام میں مشہور ہے۔ اس کی فتوحات کے نتیجے میں پنجاب مستقل طور پر اسلامی حکومت میں شامل ہوگیا اور گجرات کی سلطنت مسلمان حملہ آوروں کے محکوم ہوگئی۔

شمال کی جانب محمود نے کشمیر کو فتح کرلیا اور ماوراء النہر کو بھی اپنے دوسرے مقبوضات میں شامل کرلیا۔ دریائے جیحون کے پار اس علاقہ میں ترکوں کا ایک اور خاندان یعنی سلجوقی جو اصلاً وسطی ایشیا کے صحرائے کرغیز کے باشندے تھے، محمود کے عہد حکومت میں منظر عام پر آئے۔ ترکمان قبیلہ کے لوگوں کے ساتھ جن پر انھیں اقتدار حاصل تھا، سلجوقی وسط ایشیا سے چل کر ان دنوں ماوراء النہر کے علاقے میں آئے تھے، جب یہاں اسلام اپنے ابتدائی مرحلہ میں تھا۔ ان لوگوں نے پورے جوش وخروش کے ساتھ اسلام قبول کرلیا تھا، سامانیوں اور محمود کے درمیان آویزش میں جو محمود پر ترکستان کے الک خانیوں کے حملے سے اور پیچیدہ ہوگئی تھی، سلجوقیوں نے بھی حصہ لیا اور فائدہ اٹھایا۔ ۱۰۳۰ء میں غزنوی سلطان (محمود) کے انتقال سے سلجوقیوں کو ایک اور موقع مل گیا اور انھوں نے غزنی کے سلطان مسعود کو اس کے باپ کے علاقوں؛ خراسان، ماوراء النہر اور فارس کے دوسرے صوبوں سے نکال دیا۔ مسعود کے ہاتھوں میں صرف ہند فارس کی سرحد کا مشرقی علاقہ رہ گیا اور مغرب کی جانب سلجوقیوں کا قبضہ ہوگیا، حتیٰ کہ ۱۰۵۵ء میں ان کا سردار طغرل بیگ بغداد میں داخل ہوگیا اور اس نے کمزور خلیفہ سے، جس کی وفاداری کا وہ دم بھرتا تھا، سلطان کا خطاب حاصل کرلیا۔ (۴۳)

طغرل بیگ کے گروہ نے اس علاقے پر قبضہ کرلیا تھا جس کے باشندوں کی اکثریت اسلام قبول کرچکی تھی۔ ایشیائے کوچک میں سلطان الپ ارسلاں کی سرکردگی میں ترکمانوں کے ایک اور گروہ نے رومی علاقہ پر حملہ کیا۔ ملازکرد کی جنگ (۱۰۷۱ء) میں انھوں نے بازنطینی فوج کو شکست دے کر جس نے ان کی پیش قدمی کی مزاحمت کی تھی، رومی شہنشاہ قیصر دیوجانس کو گرفتار کرلیا۔ گبن کے الفاظ میں اس کا نتیجہ یہ نکلا کہ "اس تباہ کن دور میں روم کے ایشیائی صوبوں کو ہمیشہ ہمیشہ کے لیے قربان کردیا گیا" (۴۴) اور ایشیائے کوچک کا راستہ کھل گیا۔ ۱۰۷۴ء اور ۱۰۸۱ء کے درمیان سلیمان ابن قتلمش ایشیائے کوچک کے وسط میں روم (قونیہ) کی مضبوط حکومت قائم کرنے میں کامیاب ہوگیا جو اب تک مسلم اقتدار کے تحت چلی آرہی ہے۔

سلیمان نے جو حکومت قائم کی تھی، وہ اس کے بعد دو صدیوں کے دوران ٹکڑے ٹکڑے ہوگئی جس کے بعض حصوں پر کچھ دنوں کے لیے پہلی صلیبی جنگ کے سورماؤں یا بازنطینی حکمرانوں کی عیسائی فوجوں نے فتح حاصل کرلی۔ بقیہ حصوں کو مختلف دعویداروں نے آپس میں بانٹ لیا جن میں ایک عثمانی امیر ارطغرل تھا۔ اسے اس کے قبیلہ کو جنگ میں سلجوقی سلطان کیقباد ثانی (۱۲۴۵-۵۴ء) کی مدد کرنے پر گرمیان میں قدیم ایسکی شہر کے نزدیک ایک چھوٹی سی جاگیر انعام کے طور پر ملی تھی۔ یہ جاگیر بڑھتی اور پھیلتی رہی، یہاں تک کہ ۱۳۰۸ء میں فارس کے مغلوں نے پورے مغربی ایشیا کو روند ڈالا اور تمام آزاد ریاستوں کو ختم کر کے اپنے پیچھے

تباہی اور بربادی کا صرف نشان چھوڑ دیا لیکن عثمانی ترکوں نے اپنے میں سنبھلنے کی صلاحیت برقرار رکھی اور ۱۳۲۶ء میں ارطغرل کا جانشین عثمان جس کے نام پر موروثی سلطنت قائم ہوئی، دوبارہ اپنی حکومت قائم کرنے میں کامیاب ہوگیا۔ اس کے بیٹے اورخان نے اپنی سلطنت بروسا تک پہنچا دی اور نیقیہ کے شہر پر بھی دوبارہ قبضہ کرلیا جسے پہلی صلیبی جنگ میں عیسائیوں نے مسلمانوں سے چھین لیا تھا۔

اب اسلام اپنی آٹھویں صدی کے وسط میں پہنچ گیا۔ یہ وقت وہ تھا جب مغربی یورپ میں اسلامی مقبوضات گھٹ کر غرناطہ کی سلطنت تک رہ گئے تھے لیکن مشرقی یورپ میں مسلمانوں نے اس نقصان کا بدلہ لے لیا اورخاں کا بیٹا مراد اول ۱۳۶۰ء میں تخت نشین ہوا۔ اس سے تین سال پہلے عثمانی پرچم یورپ میں درّہ دانیال کے پار تک لہرا چکا تھا اور بازنطینی شہنشاہ فلولوجس شکست تسلیم کر چکا تھا۔ ۱۳۷۱ء میں مرتسا کی جنگ جیت کر مراد نے تھریس، بلغاریہ، مقدونیہ اور سربیا کے بڑے حصوں سمیت بلقان کے جنوب میں تقریباً پورے ملک پر قبضہ کرلیا۔ اس کامیابی کے بعد مراد نے اپنا دارالحکومت ایشیا سے یورپ منتقل کر دیا اور بروسا کے بجائے ادانہ دارالسلطنت بنایا جو نوے سال تک عثمانیوں کا دارالحکومت رہا۔ ۱۳۸۶ء تک اس کے جنرلوں نے مغرب میں دریائے دردر تک اور شمال میں سربیا کے علاقے میں نیش تک اور بلغاریہ میں مونستر تک کا علاقہ فتح کرلیا۔ ۱۳۸۹ء میں کوسوو کی جنگ میں شکست کے نتیجہ میں سربیا والے اپنی حکومت کے بچے کھچے حصہ سے بھی محروم ہو گئے۔ اسی سال مراد کا انتقال ہوگیا اور حکومت اس کے بیٹے بایزید اول کے ہاتھوں میں آئی جو 'یلدرم' (یعنی بجلی کا کڑکا) کے نام سے مشہور ہے۔ یلدرم نے اپنے باپ کی فتوحات کا سلسلہ جاری رکھا۔ ڈینوب کے کنارے بلغاریہ کے شمالی حصہ پر اس نے حملہ کیا اور اس قلعہ کو مسمار کر دیا جس نے دریا پار ہنگری کے علاقہ میں اس کی پیش قدمی میں مزاحمت پیدا کی تھی۔

اگرچہ اس کے خلاف جنگ کو عیسائیوں نے جہاد کا درجہ دے دیا تھا لیکن اس کی پیش قدمی پر کوئی اثر نہیں پڑا اور آخر کار اس نے ۱۳۹۶ء میں نکوپولس کی جنگ میں صلیبیوں کو شکست دے دی۔

اس کے بعد یونان پر حملہ کرنے میں بایزید کے لیے کوئی رکاوٹ نہ رہی جسے اگلے تین برسوں میں اس نے اپنی سلطنت کا حصہ بنا لیا لیکن یہاں اسے اپنی فتوحات کا سلسلہ روک کر پیچھے ہٹنا پڑا، کیوں کہ اب اسے اپنی زندگی کے سب سے خوفناک دشمن کا مقابلہ کرنا تھا۔ یہ دشمن تاتاری خون آشام جنرل تیمور لنگ تھا جو اپنے گروہ کے ساتھ فارس کے علاقہ سے ہوتا ہوا ترکی کے صوبہ اناطولیہ میں داخل ہوا اور اسے تاراج کر ڈالا۔ معمولی سی جدوجہد کے بعد اس نے ۱۴۰۲ء میں انگورہ (انقرہ) کی جنگ میں بایزید کو شکست دی اور اسے قیدی بنا لیا۔ بایزید کو پنجرے میں رکھ کر ساتھ ساتھ لیے پھرنے والی تیمور کی کہانی بہت مشہور ہے لیکن غالباً اس میں کوئی صداقت نہیں ہے۔ (۴۵)

تیمور کی یلغار نے ایک سے زیادہ سلطنتوں کو غارت گری کا نشانہ بنایا لیکن ترکی اس میں شامل نہیں

ہے۔ اگلی نصف صدی میں ترکی نے پھر اپنی عجیب وغریب طاقت کا مظاہرہ کیا اور ۱۴۵۳ء میں سلطان محمود ثانی نے دوبارہ قسطنطنیہ کو فتح کر کے اسلامی حکومت کا حصہ بنالیا۔ باوجود ان متعدد کوششوں کے جو ترکوں کو وہاں سے نکالنے کے لیے وقتاً فوقتاً ہوتی رہیں، حتیٰ کہ موجودہ زمانہ میں بھی ایسی کوششیں ہوئیں، ترک اب بھی قسطنطنیہ پر قابض ہیں جو یورپ میں اسلامی سلطنت کی عظیم الشان یادگار کے طور پر باقی ہے۔

بازنطینی روم پر فتح یورپ میں اسلامی اقتدار کی جانب ایک قدم کی حیثیت رکھتی ہے۔ ۱۴۷۵ء میں کریمیا کو اسلامی سلطنت میں شامل کرلیا گیا اور جزائر ایجن ترک علاقے کا ایک حصہ بن گئے۔ اسی طرح کچھ دنوں کے لیے اوٹرانٹو پر مشتمل اٹلی کا علاقہ بھی ترکی مقبوضات میں شامل رہا۔ سلیمان اعظم (۱۵۲۰-۶۶ء) کی سرکردگی میں عثمانیوں نے مغرب کی جانب اور آگے قدم بڑھایا اور وہ عیسائی یورپ میں بہت اندر تک گھس گئے۔ ۱۵۲۱ء میں انھوں نے بلغراد پر قبضہ کرلیا اور 'موہاکس کی تباہی' (۱۵۲۶ء) کے بعد جس میں ''مٹھی بھر غیر مسلح کسانوں پر مشتمل بڑی عجلت میں تیار کی ہوئی ایک مختصر فوج'' کے ہمراہ ہنگری کے شاہ لوئی نے سلیمان کو بھاری اور انتہائی منظم فوج کا مقابلہ کرنے کی کوشش کی تھی، ہنگری عثمانی سلطنت کا ایک چھوٹا سا صوبہ بن کر رہ گیا۔ (۴۶) تاہم ایک طویل محاصرہ (۱۵۲۹ء) کے باوجود ویانا حملہ آوروں کے مقابلہ میں مضبوطی کے ساتھ صف آرا رہا۔ ۹ سال بعد سلیمان نے ٹریویسا کے باہر ایک سمندری جنگ میں پوپ، عیسائی بادشاہ اور وینیس کے صدر کی متحدہ قوت کو شکست دے دی۔ سلیمان نے اسپین والوں کو شمالی افریقہ سے بھی مار بھگایا، جہاں انھوں نے بزعم خود مسلم علاقوں پر قبضہ کر رکھا تھا۔

یورپ میں سلیمان نے جو علاقہ فتح کیا، اس پر کوئی سو سال تک مسلمانوں کا قبضہ باقی رہا، اور تیس سالہ جنگ کو ختم کرنے والے معاہدۂ ویسٹفالیا کے بعد یورپ کے نقشہ پر ترکوں کے مقبوضات میں وہ علاقہ شامل رہا جو کریمیا کے ایشیائی کنارے سے ویانا تک پھیلا ہوا ہے۔

ایسا شاید ہی کبھی ہوا ہو کہ ترکوں نے اپنی نو مفتوحہ رعایا پر جبراً اسلام کو ٹھونسا ہو۔ عام طور پر وہ ایک روادار آقا کا سلوک کرتے تھے لیکن وہ اپنے عیسائی رعایا کو اپنے سے کمتر ضرور سمجھتے تھے۔ تاہم ہنگری کے علاوہ جہاں مسلمانوں کا قبضہ محض فوجی نوعیت کا تھا اور اسلام کو وہاں کبھی کوئی مستقل حیثیت حاصل نہیں ہوئی؛ ترکوں کے تمام مقبوضہ علاقوں کی رعایا کی کثیر تعداد نے یا تو سیاسی مصلحتوں کی بنا پر یا عقیدہ کی بنیاد پر اسلام قبول کرلیا۔ حقیقت یہ ہے کہ بوسنیا، بلغاریہ اور البانیہ کے لوگ جو ابتدا میں عیسائی تھے، اسلام قبول کرتے ہی اپنے عقیدہ میں اس قدر پختہ ہو گئے کہ خونی رشتے کے باوجود اپنے قدیم ہم مذہبوں سے نمایاں نظر آنے لگے۔

یہ توقع غلط تھی کہ یورپی ممالک بغیر کسی جدوجہد کے دشمنوں کے آگے سرنگوں ہو جائیں گے۔ مقبوضہ علاقوں میں اگر مذہبی اختلافات نہ بھی ہوتے جب بھی ترکوں کی نااہل انتظامیہ بغاوت کے مواقع فراہم کرتی رہتی۔ دراصل ترکی کی مرکزی حکومت اپنے فوجی جھگڑوں میں اس طرح پھنسی ہوئی تھی کہ وہ مفتوحہ علاقوں پر

پوری توجہ نہیں دے پاتی تھی اور معاملات کو ان مقامی افسروں کے سپرد کر دینے پر مجبور تھی جو سلطان اور اس کی بدقسمت رعایا کو نقصان پہنچا کر دولت کمانے میں مشغول تھے۔ سینٹ گوتھرڈ کے مقام پر آسٹریا کے ہاتھوں ترکوں کی شکست (۱۶۶۴ء) کے بعد سب سے پہلے ہنگری نے ترکوں کی غلامی کا جوا اپنے کاندھوں سے اتار پھینکا۔ اس کے بعد پولینڈ کے جان سوبیسکی نے ویانا کا محاصرہ کیا جس میں ترکوں نے اپنی پوری جدوجہد کے باوجود شکست کھائی اور انھیں پاڈولیا سے نکلنا پڑا۔ (اس کے بعد ترکوں کو مسلسل کئی شکستیں ہوئیں۔ ۱۶۸۴ء میں آسٹریا کامیاب ہو گیا۔ ڈالمیشیا میں ایک قومی بغاوت کے بعد آسٹریا نے ڈینوب کے بھی بہت قلعے چھین لیے اور نیش بھی اس کے ہاتھوں میں آ گیا۔)

جن دنوں شمال میں ترک آسٹریا کا مقابلہ کر رہا تھا، انھیں دنوں جنوب سے بھی وینیشیا والے ان پر مسلسل حملے کر رہے تھے۔ آخر کار وینیشیا والوں نے یونان پر کامیابی کے ساتھ حملے کیے اور ۱۶۸۶ء میں موریا اور ایک سال بعد پائیریس اور اتھینز کو بھی ان کی مضافاتی بستیوں کے ایک بڑے حصے سمیت فتح کر لیا۔ ۱۶۹۸ء میں ڈینوب کے کنارے کارلوٹز میں اور ۱۷۱۸ء میں پیسا رووٹز کے مقام پر ایک جانب آسٹریا اور وینس اور دوسری جانب ترکی کے درمیان جو معاہدے ہوئے، ان کی رو سے ترکی ہنگری کے بقیہ علاقوں کے ساتھ وینیشیا، سربیا اور بوسنیا کے بڑے حصوں کو بھی خالی کرنے پر مجبور ہو گیا، تاہم اس کے بدلے میں اسے وینیشیا والوں سے موریا دوبارہ واپس مل گیا۔

آسٹریا کے ساتھ جنگ نے ترکوں پر یہ واضح کر دیا کہ یورپ میں مزید پیش قدمی کا سختی کے ساتھ مقابلہ کیا جائے گا اور یہ کہ اگر اسے اپنے یورپی مقبوضات پر قبضہ باقی رکھنا ہے تو اسے مستقبل میں دفاعی حیثیت پر قانع ہونا پڑے گا۔ زیادہ دن نہیں گزرنے پائے کہ ترکی کو روس سے بھی طاقت آزمائی کرنی پڑی، حالاں کہ ان دونوں ملکوں کے درمیان ایک برائے نام صلح کی کیفیت چل رہی تھی۔ روسیوں نے ایزوف کے نزدیک بہت سے قلعوں پر قبضہ کر لیا اور کریمیا پر حملہ کر کے اس قلعہ بند شہر کو بھی فتح کر لیا۔ اس اچانک جنگ کا خاتمہ معاہدۂ بلغراد (۱۷۳۹ء) کے بعد ہوا جس کی رو سے ایزوف کو تباہ کر دیا گیا۔ بہر حال، اس جنگ میں ترکی کو اس سے کہیں زیادہ فائدہ ہوا جتنا وہ نقصان اٹھا چکا تھا۔ بلغراد، سربیا اور بوسنیا اور ویلیشیا کے بہت سے حصے اسے دوبارہ مل گئے۔ جیسا کہ توقع تھی یہ شرائط روس کو پسند نہ تھیں اور وہ انھیں ختم کر دینے کے لیے موقع کی تلاش میں تھا لیکن یہ موقع اسے تیس سال سے پہلے نہ مل سکا، جب ترکی کے احتجاج کے باوجود کیتھرائن دوم پرشیا کے فریڈرک اعظم کے ساتھ پولینڈ کی تقسیم پر راضی ہو گئی۔ نتیجتاً ترکی کو حملہ کرنا پڑا لیکن اس بار جنگ کا نتیجہ مسلمانوں کے حق میں نہ نکلا اور انھیں کریمیا روسیوں کے حوالے کرنا پڑا۔ ساتھ ہی ساتھ قسطنطنیہ میں عیسائیوں کی حفاظت کے جس حق کا روس بہت دنوں سے خواہش مند تھا، وہ بھی اسے مل گیا۔ اس کے بدلے معاہدہ کینارجی (۱۷۷۴ء) کی رو سے کریمیا اور بیسرابیا میں تاتاری مسلمانوں کی آزادی کی ضمانت دی گئی اور

ویلیشیا، مولداویا، بیسرابیا اور جارجیا کے وہ بہت سے علاقے جو پہلے ترکوں سے چھین لیے گئے تھے، دوبارہ اس کی سلطنت میں شامل ہو گئے۔ ترکی پر ایک دوسرے حملے کے بعد معاہدہ جیسی (۱۷۹۲ء) کی رو سے اس کی مشرقی سرحد دریائے دینسٹر کے کنارے تک محدود ہوگئی۔

انیسویں صدی کی ابتدا میں صورت حال کا خلاصہ ان الفاظ میں بیان کیا جا سکتا ہے کہ یورپ میں ترکی کی سلطنت (۱) آیونی جزائر کے علاوہ موجودہ حکومت یونان اور (۲) بلغاریہ، البانیہ اور یوگوسلاویہ کی موجودہ حکومتوں سمیت اس پٹی پر جو یورپی ترکی کے نام سے معروف ہے، مشتمل تھی۔ اس کے علاوہ ڈینوب کی دوسری جانب مولداویا اور ویلیشیا ترکی کی سرپرستی تسلیم کرتے تھے۔ مجموعی رقبہ تقریباً دو لاکھ اڑتیس ہزار مربع میل تھا اور آبادی ۸۰ لاکھ افراد پر مشتمل تھی۔ (۴۷) اس کے بعد یکے بعد دیگرے کئی جنگوں اور ہر جنگ کے بعد معاہدوں کے نتیجے میں یہ رقبہ گھٹتا ہی چلا گیا۔ اس تمام زمین میں سے، جو یورپ میں کبھی اس کے قبضے میں تھی، اب (۱۹۵۵ء) ترکی کے پاس مشرقی تھریس مع اس کے دارالحکومت ادانہ اور قسطنطنیہ نیز ایجن کے جزائر میں سے صرف امبروس اور ٹینی ڈوس باقی رہ گئے ہیں۔ (۴۸) بقیہ جزائر کا ایک بڑا حصہ یونان کو مل چکا ہے۔ (۴۹) یونان میں مسلمانوں کی تعداد بہت گھٹ گئی ہے، جس کا ایک بڑا سبب ۱۹۲۲ء کے مدانیا کنونشن کی رو سے انتقال آبادی ہے۔ ہیلاس بھی تقریباً پورے کا پورا عیسائی اور یورپی ہو گیا ہے۔

یورپ میں تاریخ اسلام کے مذکورہ بالا جائزہ سے یہ نظر آئے گا کہ اسلام کے سپاہیوں کی پیش قدمی دو بڑی لہروں کی شکل میں ہوئی جو بہت جلد سیلاب کی صورت اختیار کر گئی۔ پھر اس سیلاب کا اُتار بہت آہستہ آہستہ ہوا۔ ان دونوں لہروں نے اپنے نشانات چھوڑے لیکن یہ دونوں نشانات مختلف تھے۔ اسپین میں ایک مسلمان بھی باقی نہ رہا لیکن مسلمانوں کی بنوائی ہوئی عمارتیں اور اسپینی زبان میں عربی کے اثرات مسلم سلطنت کی عظیم الشان قوت کی یادگار کے طور پر باقی ہیں۔ مشرقی یورپ میں ترکی اقتدار کے آثار ابھی بھی ان بڑی بڑی آبادیوں میں دیکھے جا سکتے ہیں جو تا حال پورے جوش و جذبہ کے ساتھ اسلام سے چمٹے ہوئے ہیں۔ ابتدائی ترک بڑے جوشیلے لوگ تھے اور اپنے مذہب میں غلو کی حد تک ایمان رکھتے تھے۔ ان کے مفتوحہ ممالک کی رعایا نے جلد یا بدیر اسلام قبول کر لیا۔ اس تبدیلیٔ مذہب کا سبب کچھ تو مصلحت پسندی تھا اور کچھ یہ کہ وہ غالب قوم کے جذبۂ ایمانی سے متاثر تھے۔ کبھی کبھار مذہب کی تبدیلی کے لیے دباؤ بھی استعمال کیا گیا جیسے ینے چری کے معاملہ میں جو سب کے سب اصلاً عیسائی والدین کی اولاد تھے۔ (۵۰)

یورپ میں جو مسلمان اب بھی باقی رہ گئے ہیں، ان کی اکثریت ترکی یا ترکمان اور تاتاریوں کی مخلوط نسل سے تعلق رکھتی ہے اور مملکت روس کی رعایا ہے۔ ان کی اکثریت بحر قزوین سے بحر ازوف کے درمیان کرغیز قزاق کے میدانوں میں رہتی ہے۔ بہت سے لوگ کچھ دنوں پہلے تک کریمیا کے جزیرہ نما اور قفقاز کے علاوہ قازان اور نبرگ اوفا اور دوسرے شہروں میں بھی رہتے تھے۔ (۵۱) لیتھوانیا میں تاتاری نسل کے پولش

بولنے والے کچھ مسلمان بھی رہتے ہیں۔ ان کے آباواجداد نے جو سنہرے گروہ کے نام سے مشہور ہیں، تقریباً ۱۲۴۰ء میں چنگیز خاں کے پوتے باتو کی سرکردگی میں اس علاقہ کو فتح کرلیا تھا جو زیریں اور وسطی وولگا سے سیراب ہوتا تھا۔ اس دریا پھر انھوں نے ایک مہم کے بعد جس کے دوران وہ نوف گراد اور ماسکو میں داخل ہوگئے تھے، کریکو کو نذرِ آتش کردیا تھا اور پسٹ کو محصور کرلیا تھا، اپنا دارالحکومت سرائے آباد کیا۔ (۵۲) ۱۲۷۲ء میں انھوں نے اسلام قبول کیا اور جب سے اب تک انھوں نے اپنے عقیدہ کی حفاظت کی ہے اور تاتاری زبان کو ترقی دے کر کسی حد تک اپنے قومی جذبہ کو برقرار رکھا ہے۔ تاہم خانہ بدوشوں کے علاوہ ان سب کے بود و باش اور غور و فکر پر سلاوی لوگوں کی چھاپ نظر آتی ہے۔ وہ نام بھی روسی طرز کے رکھتے ہیں اور روسی زبان بولتے یا سمجھتے ہیں۔ (۵۳)

بعض مختصراً 'اصلاح شدہ' گروہوں مثلاً بابیوں، بہائیوں اور تحریک احمدیہ کے ماننے والوں کے علاوہ یورپ میں اسلام ایک جگہ رک گیا ہے، یا زیادہ صحیح الفاظ میں پسپا ہو رہا ہے۔ سیاسی اقدامات سے قطع نظر معلوم ایسا ہوتا ہے کہ محمد رسول اللہ صلعم کے عقائد ان لوگوں کے ذوق پر پورے نہیں اترتے جو یونانی اور رومی ضابطوں میں پلے بڑھے ہیں۔ ان ضابطوں میں ان لوگوں کو ایک ایسی لچک دکھائی دیتی ہے جس سے انھیں بدلتے ہوئے حالات کے مطابق کیا جاسکتا ہے۔ موجودہ اسلام کا دعویٰ یہ ہے کہ وہ روزمرہ کی زندگی کے معمولی معمولی افعال کو بھی منضبط کرتا ہے، یہ عقیدہ ایک طرف ان ملکوں کے لوگوں کے لیے تقریباً ناقابل قبول ہے جہاں فرد کو سماجی اخلاقیات میں انتخاب کا موقع اور غور و فکر میں آزادی حاصل ہے۔ دوسری طرف ان ملکوں میں بھی یہ عقیدہ آسانی سے بار نہیں پاسکتا جہاں اسلامی عقائد مقامی یا ملکی روایات یا نظریات کے مخالف ہوں۔

دوسرے ملکوں مثلاً ایشیا اور افریقہ میں حالات بہت حد تک مختلف ہیں، یہاں لوگوں کی اکثریت مذہبی قیادت کے سامنے سرتسلیم خم کردیتی ہے۔ یہاں اسلامی ضوابط کی سختی لوگوں کی سادگی سے مطابقت رکھتی ہے اور یہیں ہمیں اسلام اپنی پوری قوت کے ساتھ کارفرما نظر آتا ہے۔ ان ملکوں کے لوگ فکر و تحقیق کے بہت زیادہ عادی نہیں ہیں اور رسم و رواج کی پابندی ہی کو مقصد و منتہا سمجھتے ہیں۔ یہاں کے تمام لوگ مسلمان نہیں ہیں لیکن یہاں جو لوگ بھی ایک بار اسلام سے متعارف ہوجاتے ہیں، وہ سختی کے ساتھ اس سے منسلک ہوجاتے ہیں اور اس کی تبلیغ و اشاعت کرنے لگتے ہیں۔ مسلمانوں کا سب سے بڑا گروہ ان دنوں پاکستان (بشمول بنگلہ دیش: مترجم) ہندوستان اور انڈونیشیا میں نظر آتا ہے۔

ان علاقوں میں یہ نیا عقیدہ نسبتاً بعد میں پہنچا۔ عربوں کی ابتدائی مہمیں لوٹ مار سے زیادہ حیثیت نہیں رکھتی تھیں۔ ان مہموں کے نتیجے میں بہت ہی کم نئے علاقوں یا نئے مسلمانوں کا اضافہ ہوا۔ جب خراسان بھی فتح ہوگیا تو مسلمان فوجوں کو ہندوستان میں داخل ہونے کا موقع ملا اور انھیں اس میں کوئی زیادہ دشواری پیش نہیں آئی۔ اس علاقہ میں، جیسا کہ پہلے بیان کیا جاچکا ہے، غزنوی سلطنت کی بنیاد پڑی جس کی ابتدا سبکتگین نے کی

اور تعمیر اس کے بیٹے محمود نے۔ پنجاب کو اپنی سلطنت میں ضم کرنے کے بعد اس نے تبدیلئ مذہب کا سلسلہ شروع کیا جس کے نتیجہ میں وہاں کی تقریباً نصف آبادی ہندو سے مسلمان ہوگئی۔ تبدیلئ مذہب پر ہندو مندروں مثلاً متھرا (۱۰۱۸ء) اور سومناتھ (۱۰۲۴ء) میں محمود کی بت شکنی کے کارناموں کا بہت کم اثر پڑا۔ لیکن حقیقت یہ ہے کہ بت شکنی کی یہ کہانیاں جو مسلمانوں کی تاریخ میں داخل ہوگئی ہیں، اکثر و بیشتر وضعی اور جعلی ہیں۔ تاہم اس نے پنجاب میں مسلمان تاجروں کو یہ موقع فراہم کیا کہ وہ جگہ جگہ گھومیں پھریں، اپنے سامان فروخت کریں اور ساتھ ہی ساتھ اپنے مذہب کا تعارف کرائیں۔ کشمیر اور گجرات پر اس کے حملوں کے بہت کم اثرات ہوئے اور اس کی وفات (۱۰۳۰ء) کے بعد جلد ہی لوگ ان اثرات کو بھول گئے۔ اس نے جو سلطنت قائم کی تھی، وہ بھی اس کے بعد بہت دنوں تک قائم نہ رہی۔ ۱۰۳۷ء اور ۱۰۴۵ء کے درمیان سلجوقیوں نے فارسی اور ماوراء النہر کے علاقوں پر قبضہ کرلیا۔ اس سے بھی زیادہ نقصان اس وقت ہوا جب افغانستان کے غوری خاندان نے، جس سے خود محمود نے سلطنت چھینی تھی، ۱۰۶۱ء میں غزنی پر حملہ کر کے اسے نذر آتش کر دیا۔ کافی اُتھل پتھل کے بعد غوریوں نے اپنے مقبوضات کو اور بڑھالیا اور اس خاندان کا ایک رکن محمد غوری ۱۱۷۵ء میں ہندوستان میں داخل ہوا اور سندھ اور ملتان کو زیر کرلیا۔ اس کے بعد اس نے لاہور پر قبضہ کرلیا جہاں اس نے بچے کھچے غزنیوں کا قلع قمع کر دیا جنھوں نے وہاں پناہ لے رکھی تھی۔ پھر محمد غوری نے چوہان راجپوتوں اور ان کے حلیفوں کے خلاف پیش قدمی کی۔ شروع شروع میں تو انھوں نے محمد غوری کا مقابلہ کیا لیکن ۱۱۹۲ء میں تھانیسر کے مقام پر ان تمام راجپوت راجاؤں کو شکست ہوئی جو شمالی ہندوستان کو بچانے کے لیے اکٹھا ہوئے تھے۔ اس شکست کے نتیجہ میں وہ تمام علاقہ محمد غوری کے قبضہ میں آ گیا۔ اب پشاور سے خلیج بنگال تک کا پورا علاقہ مسلمانوں کے قبضہ میں آ چکا تھا۔ ۱۱۹۳ء میں دہلی کو دارالحکومت بنایا گیا جہاں محمد غوری کے مختصر عرصۂ حکومت کے بعد غلام خاندان سلاطین دہلی کے نام سے سریر آرائے حکومت ہوا۔ کچھ ہی دنوں میں سلاطین نے جنوب میں وندھیا پہاڑ تک کے علاقہ پر قبضہ کرلیا۔

دکن اور جنوبی ہندوستان میں مسلمانوں کی فتوحات کا سلسلہ ان خلجی ترکوں نے شروع کیا جو ۱۲۹۰ء میں خاندان غلاماں کے بعد تخت نشین ہوئے۔ سب سے زیادہ ترقی علاؤالدین نے کی لیکن وہ بھی مخالفین کے کچلنے کے لیے سخت ترین قوانین نافذ کرنے کے باوجود چند ہندوؤں سے زیادہ کسی کو تبدیلئ مذہب پر آمادہ نہ کرسکا۔ علاؤالدین ہی کے تحت گجرات پورے کا پورا اسلام کے زیر اثر آ گیا لیکن بنگال میں مسلمانوں کی تعداد بڑھانے میں سینکڑوں برس لگ گئے۔ یہاں مسلمانوں کی حیثیت شہنشاہ اکبر (۱۵۵۶-۱۶۰۵ء) سے پہلے مستحکم نہ ہوسکی۔ سیلون میں اسلام کی اشاعت بڑی سست رفتاری سے ہوئی لیکن اب وہاں چار لاکھ سے زیادہ مسلمان ہیں جن کی اکثریت مدراس باسیوں سے تعلق رکھتی ہے۔

مسلمانوں کی فتوحات کا دور گزر جانے کے بعد ان کی آبادی میں ہندوؤں کی نسبت بہت زیادہ اضافہ

ہوا۔ برطانوی حکومت کی جانب سے اس ملک کو ہندوستان اور پاکستان میں تقسیم کیے جانے سے پہلے گیارھویں صدی کی ابتدا میں آنے والے فاتحین، آبادی میں قدرتی اضافے، مقامی لوگوں کے قبول اسلام اور باہر سے دوسرے مسلمانوں کی آمد کی وجہ سے ۱۹۴۱ء میں مجموعی آبادی کا تقریباً ایک چوتھائی تھے۔ جو صوبے مغربی ایشیا کے قریب تھے، جہاں سے اسلام آیا تھا، یا وسطی ایشیا کے قریب جہاں کی پُر جوش آبادی نے اسلام کو قبول کیا اور اس کی نشر و اشاعت میں حصہ لیا، واقع تھے وہاں جنوبی اور مشرقی صوبوں کی نسبت زیادہ تیزی کے ساتھ اور زیادہ مکمل طور پر اسلام چھا گیا۔ لہٰذا ۱۹۲۱ء کی مردم شماری کے مطابق مغربی صوبہ اور بلوچستان میں مسلمانوں کی آبادی ۹۰ فیصد سے زائد، کشمیر میں ۷۵ فیصد سے زائد اور پنجاب میں ۵۰ فیصد سے زائد تھی، جب کہ آسام میں اس کے برعکس کیفیت یہ تھی کہ وہاں تین سو افراد میں صرف ایک مسلمانیپال کے پہاڑی علاقے مسلمانوں کے حملے سے الگ ہی رہے۔ غالباً اس کی وجہ یہ تھی کہ ہمالیہ کے علاقوں میں جنگی دشواریاں اور سردی کی شدت مسلمان حملہ آوروں کے لیے خاصی ہمت شکن تھیں۔ اس کے باوجود تبت میں بہت سے مسلمان خاندان موجود ہیں جو لاسا اور دوسرے شہروں میں آباد ہیں۔ ان میں سے بعض چینی نسل سے تعلق رکھتے ہیں اور بدھوں کے لیے قصائیوں کا کام کرتے ہیں۔ دوسرے مسلمان خاندان جو تعداد میں نسبتاً زیادہ ہیں، کشمیر سے آئے ہیں اور مختلف قسم کی تجارت اور دکانداری سے اپنی روزی کماتے ہیں۔ (۵۵) پامیر کے پلیٹو پر بھی اسماعیلی فرقہ کے کچھ افراد موجود ہیں اور اگر سوویت پریس کا اعتبار کیا جائے تو آغا خاں کے یہ نمائندے ان کے پیروؤں سے واجبات وصول کرنے کے لیے ۱۹۵۲ء میں اس علاقہ میں داخل ہوئے تھے۔ (۵۶)

ملایا اور دوسرے بڑے قریبی جزیروں یعنی سماٹرا، جاوا اور بورنیو میں اسلام ہندوستان ہی سے گیا تھا۔ اس کی شہادت اس حقیقت سے ملتی ہے کہ ملایا میں رائج عربی کے حروف تہجی کی شکل وہی ہے جو ہندوستان اور ایران میں پائی جاتی ہے۔ اس کے علاوہ ملایا کی ملت اسلامیہ میں وحدت الوجود اور تصوف کے وہ عناصر موجود ہیں جو ہندوستان یا فارس میں اسلام کے ساتھ تو مخصوص ہیں لیکن ان سے قدیم الخیال عرب نا آشنا ہیں۔ (۵۷) بہرحال اس قسم کے آثار پائے جاتے ہیں جن سے پتہ چلتا ہے کہ عرب تجار ملاکا کے ساحل پر غالباً نویں صدی عیسوی ہی میں پہنچ گئے تھے۔ (۵۸) اور جب مارکو پولو سماٹرا پہنچتا ہے، جسے اس نے جاوا صغیر کا نام دیا ہے (۵۹) تو اس نے شمالی ساحل کے بہت سے ساحلی شہروں میں مسلمان پائے تھے جنھیں ان عرب تاجروں نے مسلمان کیا تھا جو مسلسل اس علاقے میں آتے جاتے رہتے تھے۔ (۶۰) تقریباً ۱۳۴۶ء میں مراکش کے سیاح ابن بطوطہ نے ہندوستان اور چین کے درمیان اپنے سمندری سفر میں یہ دیکھا کہ جزیرہ کے دارالحکومت سمترا (جو بعد میں سماٹرا کے نام سے مشہور ہوا) کے باشندے مسلمان تھے۔ (۶۱) ۱۴۰۹ء کے چینی وقائع نگار بھی یہی لکھتے ہیں کہ ملاکا کے ملائی باشندے مسلمان تھے۔ ملاکا سے اسلام جوہور اور اچین میں پہنچا جہاں سے سترہویں اور اٹھارویں صدی میں یہ سماٹرا کے ساحلی شہروں اور اندرونی علاقوں میں پھیل گیا۔

ابتدائی دور کے مسلمانوں کے بعد سب سے پہلے جو مسلمان اور مبلغ جاوا میں آئے، ان کا نام مولانا ملک ابراہیم تھا۔ (۶۲) ۱۴۱۹ء میں ان کا انتقال گریسک نامی مقام پر ہوا جہاں وہ آباد ہو گئے تھے۔ ان کا نام ایک قدیم عمارت پر اب تک محفوظ ہے۔ اپنے بعد آنے والے تاجروں کی طرح ان کا تعلق بھی جنوبی عرب میں حضر موت سے تھا۔ اس جزیرہ میں اسلام کی اشاعت زیادہ تر وہیں کے آئے ہوئے تاجروں کی غیر رسمی تبلیغی سرگرمیوں کا نتیجہ تھی۔ اشیائے خوردنی کی قلت کے باعث وہ لوگ اپنے اصلی وطن سے نکل پڑے اور جاوا اور دوسرے قریبی جزیروں مثلاً بوتنیو اور سلیبس میں آباد ہو کر انھوں نے چھوٹی چھوٹی جاگیریں قائم کرلیں جہاں بہت تیزی کے ساتھ ان کا عقیدہ پھیل گیا۔ سترہویں صدی عیسوی کی ابتدا میں اس علاقہ میں دلندیزی آکر آباد ہوئے اور دسمبر ۱۹۴۹ء تک عنان حکومت انھیں کے ہاتھوں میں رہی جس کے بعد انڈونیشیا کو ایک جمہوریہ بنا دیا گیا اور ایک مسلمان اس کا صدر رہا۔ تقریباً آٹھ کروڑ کی آبادی میں اکثریت اسلام کے پیروکاروں کی ہے۔ ملایا کے تمام ملائی مسلمان ہیں۔ (۶۳)

وسطی ایشیا میں پہلی صدی ہجری کے خاتمہ پر قیتبہ ابن مسلم اور ان کے عرب مجاہد ساتھیوں نے اسلام کا جو بیج بویا تھا، وہ بعد میں ایک تناور درخت کی شکل اختیار کر گیا۔ اسلامی عقیدہ جلد ہی اس علاقہ میں راسخ ہو گیا جو بعد میں ترکستان کے نام سے مشہور ہوا اور خیوا (خوارزم)، بخارا، سمرقند، فرغانہ اور چین کی سرحدوں پر بلکہ اس سے بھی پرے بہت سے شہروں پر مشتمل تھا۔ (۶۴) چنگیز خاں کے تحت منگول حملہ آور بھی مسلمانوں کے دلوں سے اسلامی عقیدہ کو متزلزل کرنے میں ناکام رہے، نتیجتاً کچھ ہی دنوں بعد مسلمان خواتین کا ایک طبقہ ابھر کر سامنے آگیا اور ۱۸۷۳ء تک اس نے اپنا اقتدار باقی رکھا، پھر زار روس کے ہاتھوں انھیں شکست ہوئی۔ سوشلسٹ روس کی جمہوری حکومت کے وسطی ایشیا میں مسلم علاقہ کو پانچ جمہوریتوں یعنی ازبکستان، کازخستان، ترکمنستان، تاجکستان اور کرغیز میں تقسیم کر دیا گیا۔ ایک چھٹی ریاست آذربائیجان بھی ہے۔ خود روس ہی میں کئی تسلیم شدہ مسلم علاقے آزاد جمہوریہ بشکیریا میں موجود ہیں جس کا دارالسلطنت اوفا میں ہے اور اس میں شمالی قفقار کا ضلع واقع ہے۔

چونکہ سوویت پالیسی کا بنیادی مقصد یہ ہے کہ ریاست کو وفاداری کا واحد محور اور ریاست کے قوانین کی زندگی کا واحد رہنما بنایا جائے، اس لیے ظاہر ہے کہ اسلام کے ساتھ اس پالیسی کی کشمکش ہوتی ہے، کیوں کہ مسلمانوں کی جمہوری ریاستوں کے دیہی اور زرعی علاقوں میں اسلام ایک مضبوط اور دیرپا حیثیت کا حامل ہے۔ سوویت اخبارات بطور خاص رمضان اور مسلمانوں کے دیگر تہواروں اور بزرگان دین کے مزاروں کی زیارت اور تعدد ازدواج کو اپنی تنقید کا نشانہ بناتے رہتے ہیں۔ قدیم خانہ بدوشوں کے علاقوں اور اضلاع میں جو شروع میں صنعتی اور 'روسی' شکل اختیار کر گئے (مثلاً باکو اور اشکاباد)، وہاں کی نوجوان نسل تیزی کے ساتھ اسلامی معاملات سے نابلد ہوتی جا رہی ہے۔

شمالی اور مشرق بعید کے ایشیا میں اسلام زیادہ مضبوطی کے ساتھ اختیار نہیں کیا گیا ہے کیوں کہ یہ علاقے خاصے دشوار گزار اور ناقابل رسائی ہیں۔ یہاں تھوڑے سے مسلمان تاتاری حملہ آوروں مثلاً تیومن کے شیبانی خان کی نسل سے موجود ہیں جو نسبتاً بعد کی تاریخوں میں مسلمان ہوئے تھے، اب ازبک کے نام سے زیادہ مشہور رہیں۔ ابتدائی دور میں ہی تبدیلیٔ مذہب کے باوجود خانہ بدوش کرغیزی آٹھویں صدی کے وسط تک قدیم شامنی مذہب (۶۵) پر بھی قائم رہے اور اس وقت تک ان کا سلام برائے نام تھا جب تک قازان سے تاتاری ملاؤں نے، جنھیں عموماً سیاسی اسباب کی بنا پر روس نے بھیجا تھا، وہاں مسجدیں نہ بنالیں۔ اس کے بعد وہاں اسلامی عقیدہ کو زیادہ سختی کے ساتھ اختیار کیا گیا۔

چین کے بعض علاقوں میں مسلم پروپیگنڈے کو زیادہ کامیابی حاصل ہوئی، حالاں کہ بیرونی مداخلت سے چینیوں کی نفرت نے اس راہ میں بڑی مزاحمت بھی پیدا کی۔ قیاس یہ ہے کہ اس ملک میں اسلام ابتدا میں ان تاجروں کے ذریعہ آیا جو ہانگ چوفو (کانسو) کے دور دراز ساحل سے لگے لگے سمندری راستے کے ذریعے آئے تھے۔ یہ تاجر زیادہ اندرونی علاقوں میں نہیں گئے جہاں اسلام کا پہلا تعارف غالباً وسطی ایشیا کے ان ترکوں نے کرایا تھا جن سے چینیوں کا نسلی تعلق تھا۔ خود ترکوں نے بھی ۹۶۰ء تک بڑی تعداد میں اسلام قبول نہیں کیا تھا (۶۶)، جب کہ ان کے بہت سے قبیلوں نے اسلام کے آرتھوڈاکس عقیدہ کے بجائے اسلامی تصوف کی کسی نہ کسی قسم کو اختیار کرلیا تھا۔ ان مسلموں نے اپنا عقیدہ چین کے اندرونی علاقہ تک پہنچا دیا۔ (۶۷) اگرچہ وہ شامانی عقیدہ کا پیرو تھا، لیکن اسے کسی مذہب سے حقیقتاً کوئی دلچسپی نہ تھی اور نہ کسی کے تبدیل مذہب میں وہ کسی قسم کی مزاحمت پیدا کرتا تھا۔ اس طرح اگرچہ تبلیغ اسلام کے لیے راہ ہموار تھی اور چین کے تمام صوبوں میں مسلمان پائے بھی جاتے تھے لیکن انھیں صرف مغرب اور شمال یعنی کانسو، سنکیانگ (چینی ترکستان)، شینسی، چہلی اور ینّان میں کسی حد تک زیادہ کامیابی ہوئی۔

معلوم ایسا ہوتا ہے کہ چینی سلطنت میں اشاعت اسلام کی ابتدا یُنّان ہی سے ہوئی، کیوں کہ یہیں پر قبلائی خاں (کُبلا خان: ۱۲۶۰ - ۹۴ء) نے ایک مسلمان کو جو پیغمبرؐ اسلام کے خاندان سے تعلق رکھنے کا دعویٰ کرتے تھے، اور سید اجّل کہلاتے تھے، اپنا گورنر بنا کر بھیجا تھا۔ سید اجّل اور ان کے بیٹے نصیر الدین غالباً اسلام کے سرگرم مبلغ تھے کیوں کہ یہاں بہت سے لوگ ان کے اثر سے اس عقیدہ کے پیرو ہو گئے۔

ایسا معلوم ہوتا ہے کہ بعض مسلمان برادریاں منگول یُوان کے آخری اور مِنگ خاندان کے ابتدائی عہد میں (یعنی چودھویں صدی کے آخری نصف کے درمیان) یہاں آباد ہو گئی تھیں۔ یہ سلسلہ ۱۹۳۹ء تک جاری رہا جب کہ ریلوے کے بہت سے مسلمان ملازمین یہاں آکر بس گئے۔ اندرونی منگولیا میں بعض مسلمان برادریاں ان قدیم چینیوں کی نسل سے تعلق رکھتی ہیں جنھوں نے اس مانچو قانون کی خلاف ورزی کی تھی جس کے تحت دیوار عظیم کے پار جانا منع تھا۔ بعد میں انھوں نے اپنے ساتھ آنے والے مسلمانوں کا مذہب اختیار

کرلیا تھا۔آج چین میں مسلمانوں کی صحیح تعداد کا تعین نہیں کیا جاسکتا لیکن کہا جاتا ہے کہ وہ پوری آبادی کا تقریباً نواں حصہ ہیں۔(۶۸)

اگرچہ چینی مسلمان اپنے ان ہم وطنوں سے جو دوسرے مذاہب کے پیرو ہیں؛ لباس، ظاہری شکل و صورت اور مزاج میں بہت مختلف ہیں (۶۹) اور ایک زمانہ سے وہ دوسری جگہوں کے مسلمانوں سے کٹ کر رہ گئے ہیں لیکن چین میں اسلام کو کبھی بھی ملکی مذہب کی حیثیت حاصل نہ ہوسکی۔(۷۰) چین میں مسلمانوں کے دو خاص فرقے ہیں؛ 'قدیم' اور 'جدید'، ان میں سے جدید لوگ اپنے عقیدہ پر زیادہ سختی کے ساتھ عمل پیرا ہیں۔

جاپان میں اسلام کو زیادہ کامیابی حاصل نہیں ہوئی اور غالباً انھیں اسباب کی بنا پر جو دوسرے لوگوں کے لیے بیان کیے گئے ہیں، یہاں مسلم نظریات کو زیادہ مقبولیت نہیں ملی۔اس سلطنت میں تھوڑے سے جو مسلمان پائے جاتے ہیں وہ عموماً جاوا سے آئے ہوئے تارکین وطن ہیں۔

ایشیا کے بعد مسلمانوں کی سب سے بڑی تعداد افریقہ میں ہے جہاں ان کی تعداد گزشتہ دنوں میں تیزی سے بڑھتی رہی ہے۔دوسری جگہوں کی طرح یہاں بھی اشاعت اسلام کا سبب کوئی منظم تبلیغی مشن کی سرگرمی نہیں بلکہ ان مسلمان سیاحوں اور تاجروں کی رضا کارانہ کوششیں تھیں جن کا اصل مقصد تو تجارت ہوتا تھا لیکن اپنے کاروبار کے سلسلے میں وہ جن لوگوں سے ملتے ، ان سے اپنے عقیدہ کے بارے میں گفتگو شروع کردیتے تھے۔خاص طور پر مقامی عورتوں سے شادی کے ذریعہ بھی مذہب پھیلتا ہے جو اپنے بچوں کے ساتھ ان خاموش حملہ آوروں کا مذہب قبول کرلیتی ہے۔

پہلی صدی ہجری سے جب مصریوں اور بربریوں نے اسلام قبول کیا، اب تک درپیش سیاسی حالات اور طبعی دشواریوں کے مطابق تیز یا سست رفتار سے اشاعت اسلام کا سلسلہ جاری ہے۔نیل کے کنارے اسلام بڑی تیزی سے اسوان تک پھیل گیا، لیکن بعض اسباب کی بنا پر اس سے آگے اسلام کے نفوذ میں کافی وقت لگا، اگرچہ مصر کے گورنر عبداللہ بن سعد نے ۳۱ھ (۶۵۱ء) ہی میں نوبیا پر حملہ کردیا تھا جس کے باشندے چھٹی صدی عیسوی میں عیسائی ہو گئے تھے۔جب عربوں نے مصر پر حملہ کیا تو وہ عیسائی عقیدہ کے پیرو تھے۔کچھ مال غنیمت حاصل کرنے اور ڈنگولا کے مقام پر بعض گرجا گھروں کو مسمار کرنے کے علاوہ مسلمانوں نے کچھ زیادہ کام نہیں کیا؛ خواہ اس کا سبب عربوں کی تبلیغی سرگرمی کی کمی ہو یا عیسائیت پر سوڈانیوں کا محکم یقین، بہرحال چودھویں صدی میں بھی جب ابن بطوطہ ان لوگوں کے پاس پہنچا ہے تو وہ اپنے عیسائی عقیدہ کے ساتھ مضبوطی سے چمٹے ہوئے تھے۔(۷۱) پندرھویں صدی کی ابتدا تک بھی عربوں نے اپنی فتوحات کا دائرہ اسوان اور آبشار اول کے آگے تک نہیں پہنچایا تھا۔

مشرقی افریقہ کے ساحل پر اسلام پہلے ہی پہنچ چکا تھا۔عرب سے قربت کے باعث ابتدا ہی سے جزیرہ نمائے عرب کے تجار کو اس جگہ سے ایک کشش سی تھی اور مکہ کے ابتدائی مسلمانوں میں سے بعضوں نے اپنے ہم

وطنوں کے ظلم وستم سے بچنے کے لیے حبشہ میں پناہ لے رکھی تھی۔ یہ بات ناگزیر تھی کہ جلد یا بدیر یہ ملک مسلمانوں کی توجہ کا باعث بنے۔ دسویں صدی تک مسلمان یہاں کافی تعداد میں آتے رہے اوران کی سادہ طرز رہائش ان مقامی باشندوں کی دلچسپی کا باعث بنتی رہی جو برائے نام عیسائی مذہب سے تعلق رکھتے تھے۔ بعض اوقات سرداران قبیلہ بھی اسلام کی جانب کھنچ جاتے تھے۔ اگرچہ وہاں کے حکمراں مختلف طریقوں سے عیسائیت کو مستحکم کرنے اور اسلام کے اثر ورسوخ کو کم کرنے کی کوشش کرتے رہتے تھے۔ ان دونوں عقیدوں کے درمیان کشمکش ناگزیر تھی۔ یہ کشمکش بطور شاہ امید اصیھوں (۱۳۱۴-۴۴ء) کے دور حکومت میں خوفناک شکل اختیار کرگئی۔ بادشاہ نے عیسائیت کوان لوگوں پر دوبارہ نافذ کرنے کی کوشش کی جو اسے ترک کر چکے تھے، اس کے ساتھ اس نے اپنے دشمنوں کے مذہب کو سمندر پار پھینکنے کی کوشش بھی کی۔ تاہم ساحل کے ایک حصے میں جسے اب اریٹیریا کہتے ہیں، ادل نامی ایک مضبوط مسلمان سلطنت قائم ہوگئی جس کے بادشاہ نے حبشہ والوں کی جدوجہد کی سخت مزاحمت کی، لیکن اس میں اسے بہت زیادہ کامیابی نہیں ہوئی۔ (۷۲) کچھ دنوں کے لیے اسلام کو پسپائی ضرور ہوگئی تھی لیکن اس حد تک اسے پھر طاقت حاصل ہوگئی کہ چھٹی صدی میں ادل کے مسلمان بادشاہ نے حبشہ پر حملہ کردیا اور بہت سے لوگوں کو مسلمان بنالیا۔ اس کے بعد سے اسلام کو مسلسل ترقی ہوتی رہی ہے، اگرچہ حکمراں ہمیشہ عیسائی رہے۔ بعض معاشرتی اسباب کی بنا پر بہت سے سرداروں نے بھی اسلام کو ترک کردیا۔ صومالیہ (سومالی لینڈ) کی آبادی میں مسلمانوں کی اکثریت ہے۔ اریٹیریا اور ہرار کے صوبے میں وہ تقریباً نصف ہیں۔ گلاسداما میں وہ تقریباً ایک تہائی ہیں لیکن خاص حبشہ (ابی سینیا) کی آبادی میں مسلمانوں کا تناسب صرف دس فیصد ہے۔ (۷۳) بعد کے زمانہ میں عام لوگوں میں اسلام پھیلنے کے جو اسباب بیان کیے جاتے ہیں، ان میں سے ایک یہ ہے کہ عیسائی پادری بدچلن اور بے علم ہوگئے تھے اور دوسرے یہ کہ چرچ نے بہت بڑے علاقہ سے اپنا قبضہ اٹھالیا تھا، لہٰذا وہ خیراتی سرگرمیوں کو پورا نہیں کرسکتا تھا۔ علاوہ ازیں سرکاری ملازمتوں میں بھی عیسائیوں کے مقابلہ میں مسلمانوں کی برتری کے باعث لوگ ان کی زیادہ عزت کرتے تھے۔ اس بنا پر بھی بہت سے لوگ سرکاری مذہب کے بجائے اسلام کی طرف مائل ہوگئے۔ (۷۴) آج قبطی پادریوں کی شمولیت کے ذریعہ عیسائی چرچ میں جو اصلاح ہورہی ہے، اس کی وجہ سے مستقبل کی صورت حال میں تبدیلی ہوسکتی ہے لیکن ابھی تک تو اسلام ہی کا اثر ونفوذ اس ملک میں بڑھتا رہا ہے۔ (۷۵)

افریقہ کے ایک قریبی حصہ یعنی سوڈان میں ہم دیکھتے ہیں کہ یہاں پہلی بار پندرھویں صدی میں نیل کے کنارے کنارے چل کر خانہ بدوش عربوں نے اسلام کو نیگرو آبادی میں متعارف کرایا۔ مغرب کی جانب وہ چاڈ کی جھیل تک بڑھ گئے جب کہ زنجبار، ممباسا، مزمبیق اور دوسری جگہوں سے عرب تاجروں نے استوائی افریقہ میں اپنی راہ ہموار کی۔ مصری سوڈان میں حامی بولنے والے نسبتاً اعلیٰ خوبیوں کے حامل قبائل نے جو نیل اور بحر احمر کے درمیان شمالی اور وسطی صوبوں میں آباد تھے، اسلام سے متعارف ہوتے ہی اسے قبول کرلیا۔

عربی بولنے والے قبائل کی طرح ان میں بھی اسلامی تہذیب تیزی سے پھیل رہی ہے اور اسلام اور عربی زبان کا علم نیل اور اس کے معاون دریاؤں تک پھیلتا جا رہا ہے۔ (۷۶)

سوڈان میں اور مغرب کی جانب اس خطے میں جو صحارا اور بالا گنی اور کیمرون کے ساحل کے درمیان واقع ہے، اسلام کا تعارف خارجیت کی ابتدائی اور افتراقی شکل میں بربری سفیروں کے ذریعہ ہوا، حالاں کہ خود بربروں نے گیارہویں صدی عیسوی تک اسلام کے لیے کسی خاص جوش وجذبہ کا مظاہرہ نہیں کیا۔ ابتدائی مسلم حملہ آوروں مثلاً عقبہ اور موسیٰ ابن نصیر کی کوششوں کا بنیادی مقصد حملہ آور فوج کے لیے تحفظ حاصل کرنا اور خلیفہ کا بیت المال بھرنا تھا۔ جیسا کہ پہلے بتایا جا چکا ہے بربروں نے حملہ آور مسلمانوں کو پسپا کرنے کی بارہا کوششیں کیں اور اگر ان میں اتحاد ہوتا تو شاید وہ کامیاب بھی ہو جاتے لیکن ہوا یہ کہ مسلمان وہاں قائم رہے اور ان کا دین پورے شمالی افریقہ میں پھیل گیا۔ عوامی روایت یہ ہے کہ بحر روم اور اٹلانٹک کے درمیانی زاویہ (جدید مراکو) میں وہاں کے مقامی لوگ نسبتاً ابتدا ہی میں علوی بزرگ اور حکمراں ادریس دوم (متوفی ۸۲۸ء) کے توسط سے جنھوں نے شہر فیض کی بنیاد رکھی، اسلام سے متعارف ہو گئے تھے۔ (۷۷) لیکن حقیقت یہ ہے کہ اس علاقہ میں اسلام بارہویں صدی عیسوی میں پھیلا، جب جنوب اور مغرب کے علاقوں میں بربر مقامی آبادی پر چھا گئے جس کا نتیجہ یہ ہوا کہ شمال مغربی سوڈان کے صحارائی علاقوں کے تقریباً تمام حبشی باشندوں نے حملہ آوروں کا مذہب قبول کر لیا اور مسلمان ہو گئے۔ (۷۸) اس علاقہ میں جو اب فرنچ سوڈانی علاقہ ہے؛ ماریطانیہ، فولا اور تورتیج کے رہنے والے تمام کے تمام لوگ اسلام کے پیرو ہیں، اگرچہ نیگرو سوڈان میں ابھی حال حال تک اپنے قدیم مذہب 'مظاہر پرستی' پر قائم تھے۔ بہرحال اگر ضلع وار حساب کیا جائے تو یہ کہا جا سکتا ہے کہ ماریطانیہ، سینگال اور فرانسیسی گنی کے لوگوں کی اکثریت مسلمان ہے اور بالائی وولٹا کے علاقہ کے لوگ مظاہر پرست ہیں۔ فرنچ مغربی افریقہ میں اسلام ابھی تک اپنی پوری قوت کے ساتھ نہیں پھیلا ہے، وہاں کی صرف ایک تہائی آبادی مسلمان ہے لیکن یہ بڑے جوشیلے اور متحرک لوگ ہیں اور جو آثار پائے جاتے ہیں۔ ان کے مطابق یہ طے شدہ امر ہے کہ قدیم مذاہب کے ماننے والوں میں سے جلد ہی بڑی تعداد اسلام قبول کر لے گی۔

نائیجیریا میں اسلام پندرھویں صدی میں داخل ہوا اور اب وہ اس شمالی حصہ کا مذہب ہے جو ہوسا تہذیب اور زبان کا مالک ہے۔ کانو کے علاوہ بہت سے ہوسا قبیلے کے لوگ شروع میں پوری طرح مسلمان نہیں ہوئے تھے۔ ۱۸۰۴ء میں فرقہ قادریہ کے ایک پیرو عثمان فوضی نے وہاں کے لوگوں کے اندرونی اختلافات سے فائدہ اٹھایا اور اعلان جہاد کر کے شمال کی جانب بے دینوں پر حملہ کر دیا۔ ان کی کامیابی کے نتیجہ میں فولا قبیلہ مسلمان ہوا اور پھر بہت سارے قبائل مسلمان ہوتے چلے گئے۔ عثمان فوضی کا مقبرہ جو سوکوٹو میں واقع ہے، فرقہ قادریہ کے مقامی پیروؤں کے نزدیک ایک مقدس زیارت گاہ کی حیثیت رکھتا ہے، بہرحال اس ملک میں اب

بھی اپنے پرانے مذہب کو ماننے والے بے شمار افراد موجود ہیں۔ ہوسا زبان مغربی افریقہ کے مشرقی حصہ کی عام زبان ہے اور اس وجہ سے بھی وہاں اسلام کی اشاعت میں آسانی ہوئی ہے۔ ہوسا اور فولا قبائل کے لوگ جو شمالی حصے میں بٹے ہوئے ہیں، تقریباً سب کے سب مسلمان ہیں اور ان دو قبائل اور کنوریوں کے ذریعہ پورے کا پورا شمالی نائیجیریا اور اس سے ملحق فرانسیسی علاقہ جو بربر اور نیگرو نسل کی مخلوط آبادی پر مشتمل ہے، اب مسلمان ہو گیا ہے۔ لیکن جنوبی نائیجیریا میں ایبو قبیلہ نے اسلام سے بے توجہی کا مظاہرہ کیا ہے۔(۷۹)

کوہستان کے منڈے علاقہ میں بھی، جہاں فولا قبیلہ کا ایک حصہ پایا جاتا ہے، تقریباً یہی صورت حال ہے۔ اس قبیلہ کے لوگ مینڈنگو قبیلہ کے ساتھ مل کر جو بنٹو نسل سے تعلق رکھتے ہیں اور مغربی افریقہ کے دوسرے حصوں میں بھی پائے جاتے ہیں؛ اس علاقہ میں اسلام کے بڑے کامیاب مبلغ ثابت ہوئے ہیں۔ اب وہاں کے قدیم باشندوں میں اسلام بڑی تیزی سے پھیل رہا ہے۔(۸۰)

افریقہ میں اشاعت اسلام کے اسباب ان اسباب سے زیادہ مختلف نہیں ہیں جن کی بنا پر اسلام دوسری جگہوں پر پھیلا یعنی قدیم باشندے جن کی تہذیب اور معاشرت کمتر درجے کی تھی، نو وارد مسلمانوں کی ثقافتی، سیاسی اور فوجی برتری ماننے پر آسانی سے آمادہ ہو گئے اور اس طرح انھوں نے مسلمانوں کے معاشرتی اور مذہبی معتقدات کو اپنا لیا۔ مثلاً ایک یہی مثال لیجیے کہ جاوا کی طرح افریقہ میں بھی مکہ سے واپس آنے والے حاجیوں کی عدیم المثال عزت کی جاتی ہے جسے دیکھ کر دوسروں کا بھی حج کرنے کو جی چاہتا ہے۔ سپاہی اور تاجر مقامی باشندوں میں شادی بیاہ کرتے ہیں اور اپنے بیوی بچوں کو دائرہ اسلام میں داخل کر لیتے ہیں۔ اسی بنا پر مقامی قبیلوں کے لوگوں میں بھی قبولیت اسلام کا جذبہ ابھرتا ہے، کیوں کہ وہ تعدد ازدواج کو جنسی تقاضوں کی خاطر کے ساتھ دیسی عائلی زندگی کے لیے بھی ضروری سمجھتے ہیں۔ یہ بھی اسلام کے حق میں ایک سبب ہے کہ وہ تبدیل مذہب کرنے والوں کو ان کے پرانے قبائلی تعلق سے جدا نہیں کرتا۔ جیسا کہ ہم پہلے بتا چکے ہیں کہ وہ ان کی سماجی حیثیت کو نہ صرف باقی رکھتا ہے بلکہ اسے اور بھی بلند کرتا ہے۔ دوسرے فوائد کے علاوہ اسلام قبول کرنے کے بعد بسا اوقات غلامی سے بھی نجات مل جاتی ہے۔ اس طرح اسلام ان لوگوں کو ایسی زندگی مہیا کر کے جو اگرچہ کئی لحاظ سے آسان تو نہیں ہے، تاہم سادہ اور واضح ضرور ہے، ان گنجلک دشواریوں سے نجات دلاتا ہے جو قبائلی تہذیب کا خاصہ ہوتی ہیں۔ اس طرح اسلام ان میں اعتماد اور عزت نفس کا جذبہ پیدا کرتا ہے جس کے نتیجہ میں ان کے اندر اپنے عقیدہ پر غیر متزلزل فخر و امتنان کی وہ کیفیت پیدا ہو جاتی ہے جو ایک مسلمان ہی کا حصہ ہے۔

حوالے اور حاشیے:

ا۔ 'اقراء' کے معنی ہیں 'پڑھو'۔ اسی لفظ کی مناسبت سے مجموعۂ وحی کو 'قرآن' (پڑھی جانے والی چیز)

کہتے ہیں۔

۲۔قرآن، سورہ ۳، آیت ۷۷ (اس کے بعد قرآنی آیات کے حوالے اس طرح دیے جائیں گے: ۷۷/۳)

۳۔ F. Buhl نے Islamica (جلد ۲، ۱۹۳۹ء) میں ان روایات کی چھان بین کی ہے اور نتیجہ یہ نکالا ہے کہ ابتدا میں اسلام کو عالمی مذہب کے طور پر پیش کرنے کا کوئی تصور نہیں تھا۔ (''مسلمانوں کے نقطہ نظر سے جو قرآن واحادیث کی واضح تعلیمات اور تاریخ اسلام کے مطالعہ پر مبنی ہے، مصنف کا مذکورہ بالا خیال صحیح نہیں ہے۔قرآن بہت ہی وضاحت کے ساتھ کہتا ہے کہ اسلام کا پیغام تمام عالم کے لیے ہے اور محمد صلعم کو تمام دنیا کے لیے رحمت بنا کر بھیجا گیا ہے۔خود آنحضرتؐ نے اپنی حیات طیبہ ہی میں مختلف سلاطین وقت کے پاس اسلام قبول کرنے کے لیے خطوط بھیجے تھے۔اس سے بھی ظاہر ہوتا ہے کہ خود آنحضرتؐ اسلام کے پیغام کو کسی علاقے کے لیے محدود نہیں سمجھتے تھے۔'': مترجم)

۴۔طبری (لیڈن، ۱۸۷۹۔۱۹۰۱ء)، جلد ۱ ص ۱۵۵۹۔

۵۔(از مترجم) مصنف کا یہ کہنا خود 'ایجاد بندہ' کی ایک مثال ہے، کیوں کہ اس نے اس بات کا کوئی ثبوت نہیں پیش کیا کہ سلاطین وقت کے نام آنحضرتؐ کی طرف سے بھیجے گئے خطوط جن کے عکس شائع ہو چکے ہیں، یقینی طور پر جعلی ہیں۔

۶۔ہجرت کا واقعہ ۱۵ جولائی ۶۲۲ء کو جمعرات کے دن پیش آیا تھا۔سن ہجری کی ابتدا دوسرے دن سے ہوئی، اس طرح (ہجرت اگرچہ یکم محرم کو نہیں ہوئی تھی لیکن حساب کی خاطر) ۱۶ جولائی ۶۲۲ء برابر ہے یکم محرم الحرام ۱ھ کے۔ہجری سن قمری ہوتا ہے اور اس میں ۳۵۴ دن ہوتے ہیں۔

۷۔(نوٹ از مترجم) آنحضرتؐ کے ہاتھوں مدینہ کے یہودی کی نام نہاد 'تہہ تیغی' کے بارے میں مشہور روایات کے تنقیدی مطالعے کے لیے برکات احمد کی انگریزی کتاب 'محمد اینڈ دی جیوز' ملاحظہ ہو۔اس میں مصنف نے روایات کا تجزیہ کرکے یہ بتانے کی کوشش کی ہے کہ یہودیوں کا مبینہ انجام حقیقت سے زیادہ افسانہ کی حیثیت رکھتا ہے۔اس کتاب کا اردو ترجمہ مشیر الحق کے قلم سے بعنوان 'رسول اکرم اور یہود حجاز' (مطبوعہ مکتبہ جامعہ، دہلی) ملاحظہ ہو۔

۸۔قرآن، ۲۴۵/۲۔

۹۔ایضاً، ۲۹۔۲۸/۹۔

۳۔(نوٹ از مترجم) ''چونکہ مستشرقین عام طور سے قرآن شریف کو آنحضرت صلی اللہ علیہ وسلم کی تصنیف سمجھتے ہیں، اس لیے مصنف نے اظہار بیان کا ایسا پیرایہ اختیار کیا ہے جس سے ظاہر ہوتا ہے کہ خود آنحضرت صلی اللہ علیہ وسلم حالات کے تقاضوں سے مجبور ہو کر قرآن میں ردو بدل کیا

کرتے تھے، حالاں کہ بات اسلامی نقطۂ نظر سے صحیح نہیں ہے۔ دراصل یہ تبدیلیاں خود اللہ تعالیٰ کی طرف سے ہوتی تھیں۔ قرآن کے بارے میں مستشرقین کا نقطۂ نظر ابھی تک مسلمانوں کے عقیدہ کے مطابق تو نہیں ہوا ہے لیکن اس میں تدریجاً تبدیلی آرہی ہے اور بعض لوگ قرآن کو لفظاً لفظاً تو نہیں لیکن بڑی حد تک غیر انسانی سرچشمہ سے نکلا ہوا کلام سمجھتے ہیں۔ اس رجحان کے لیے ملاحظہ ہو، ولفریڈ کینٹویل اسمتھ کا اردو مجموعۂ مضامین، مرتبہ مشیر الحق (مطبوعہ مکتبہ جامعہ، دہلی)

۱۱۔ مسلمانوں کے لیے (مکہ اور مدینہ کے بعد) یروشلم دوسرا سب سے بڑا مقدس شہر ہے۔ کہا جاتا ہے کہ بیت المقدس ہی سے آنحضرت صلعم معراج کے لیے تشریف لے گئے تھے۔ (قرآن ۲/۱۵) اکثر و بیشتر مسلمانوں کا یہ عقیدہ بھی ہے کہ یہیں سے قیامت کے دن صور اسرافیلؑ کی آواز اٹھے گی۔ (قرآن ۴۱/۵۰) (نوٹ از مترجم) ''اس آیت میں اس قسم کا اشارہ تو ملتا ہے کہ قیامت کے دن ایک آواز سنائی دے گی لیکن بیت المقدس یا یروشلم کی طرف کوئی اشارہ نہیں ہے۔''

۱۲۔ طبری، جلد ۱، ص ۱۶۱۰۔

۱۳۔ ان جھوٹے دعویداروں میں ایک شخص مسلمہ تھا جسے بطور حقارت (مسیلمہ: چھوٹا مسلمہ) کہا جاتا ہے۔

۱۴۔ طبری، جلد ۱، ص ۱۸۵۱۔

15. A. Von Kremer, Die Herrschenden Deen Des Islam, 1868, p.325.

۱۶۔ دریائے اردن کی ایک مشرقی معاون ندی جو بحر گلیلی کے قریب اس سے ملتی ہے۔

۱۷۔ اس کے قریب ۶۳۸ء (۱۷ھ) میں حضرت عمرؓ نے بصرہ کا شہر آباد کیا تھا۔

۱۸۔ (از مترجم) اب اس پورے علاقے کو مدائن کہتے ہیں۔ یہ علاقہ بغداد کے جنوب میں واقع ہے اور سلمان پاک کہلاتا ہے۔

۱۹۔ طبری، جلد ۱، ص ۲۵۹۴۔

20. Decline And Fall, Ed. J Bury, VI, p.9.

21. Ed. De Goeje, 1866, p.163.

۲۲۔ طبری، جلد ۱، ص ۲۵۸۲ مسلسل۔

۲۳۔ دیکھیے ابن خلدون، 'العبر'

۲۴۔ ابن خلدون کا بیان ہے کہ وہ ایک یہودن تھی (کتاب مذکور کا فرانسیسی ترجمہ، ص ۲۰۸)

۲۵۔ ابن الاثیر، (حالات ۸۹ ہجری)

۲۶۔طبری، جلد ۲، ص ۱۵۸۔

27. Caetani, Chronographia Islamica, A.H.45.

۲۸۔ابن الاثیر، جلد چہارم، ص ۴۲۷۔

۲۹۔ابھی کچھ دنوں پہلے تک مؤرخین اس روایتی نقطہ نظر کو صحیح سمجھتے تھے جس کے مطابق میدان جنگ 'وادی اللذۂ' کے کنارے واقع تھا۔ حالیہ تحقیقات نے ثابت کردیا ہے کہ جنگ کا مقام کچھ اور زیادہ جنوب کی طرف 'لاجنڈا' کے گرنے کے مقام پر تھا۔ دیکھیے کیمبرج میڈیویل ہسٹری، جلد دوم، باب ۱۶ اور ۱۲۔

۳۰۔ان شہروں کے درمیان ۷۰ میل کا فاصلہ ہے لیکن اب تک جنگ کے صحیح مقام دریافت کرنے کی کوئی کوشش نہیں ہوئی ہے۔

۳۱۔فرانس میں مسلمانوں کے بارے میں ملاحظہ ہو؛ M. Reinaud کی کتاب، مطبوعہ پیرس، ۱۸۳۶ء. Invasions Des Sarrazins En France.

32. Strange, Lands of the Eastern Caliphate, (Cambridge, 1905), p.443.

33. J welhausen, Das Arabische Reich, p.261.

۳۴۔طبری، جلد ۱، ص ۱۲۷۵ مسلسل۔

۳۵۔طبری، جلد دوم، ص ۱۳۵۴۔

۳۶۔بلاذری، 'فتوح البلدان'، ص ۴۲۶۔سرکاری مطالبات اور عقیدہ کے درمیان مفاہمت پیدا کرنے کے سلسلے میں حضرت عمر بن عبدالعزیز نے جو طریقے اختیار کے، انھیں جاننے کے لیے Arabica (مطبوعہ لیڈن، ۱۹۵۵، صفحات ۱ تا ۱۶۰ میں ایچ۔اے۔گبن کا مضمون ملاحظہ ہو۔)

۳۷۔ابن الاثیر، حالات ۲۰۱ ہجری نیز حالات ۳۵۱ ہجری۔

۳۸۔اٹلی پر بھی حملے ہوتے رہے تھے۔۸۴۶ عیسوی میں افریقی ساحل سے جہازوں کا ایک بیڑا مسلمان فوجیوں کو لے کر طبریہ ہوتے ہوئے روم میں داخل ہوا اور سینٹ پیٹر سمیت بہت سے گرجا گھر اس نے تاراج کردیے۔گائی آف اسپولیٹو (Guy of Spoleto) نے حملہ آوروں کو مار بھگایا، لیکن تین سال بعد اغلبی بادشاہ محمد اول (۸۴۰-۵۶ء) نے سردانیہ سے جہازوں کا ایک بیڑا بھیج کر دوسرا حملہ کیا۔ بیڑے نے روم سے سولہ میل دور لنگر ڈالا اور فوجیوں کو اتارنے کی تیاری شروع کردی۔ پوپ لیو چہارم کی کوششوں سے بحری جنگ کے قابل ریاستوں کا ایک متحدہ محاذ عجلت سے تشکیل دیا گیا۔اس طرح مدافعین نے جن کی مدد ایک سمندری طوفان سے بھی ہوگئی، اوستیا (Ostia) کے مقام پر مسلمان بیڑے کو واپس ہونے پر مجبور کردیا۔ دیکھیے

گبن کی کتاب Decline and Fall، مرتبہ Bury، جلد ۲، صفحات ۴۰ مسلسل

40. R. Dozy, Spanish Islam, Tr, Stokes (London, 1913), pp.445f.

۴۱۔ جزائر بلاسین میورقہ منورقہ اور یابسہ کی تاریخ اسپین کے اسی عہد کی تاریخ سے وابستہ ہے۔ امیر الحسن المجاہد نے جو ۴۰۷ھ (۱۰۱۶ء) میں دانیہ کے شہر پر قابض تھا (ابن الاثیر، جلد نہم، ص ۴۰۵) ان جزیروں پر یلغار کی اور ان پر قبضہ کرلیا۔ یہ قبضہ اس وقت تک برقرار رہا جب ارغون کے جیمس اول نے میورقہ کو فتح کرلیا۔ اگلے تین چار برسوں میں دوسرے جزیرے بھی عیسائیوں نے واپس لے لیے۔ جزائر بلاسین ہی سے المجاہد کی سرکردگی میں سردانیہ پر مسلمانوں کا آخری بڑا حملہ ہوا جس میں عیسائی فوج کے ایک بڑے حصے کو ہلاک کرکے المجاہد نے جزیرہ پر قبضہ کرلیا۔ (ابن الاثیر، ایضاً)

۴۲۔ اسپین میں مسلمانوں کی تفصیلی تاریخ کو لین پول کی کتاب Moors in Spain اور ڈوزی کی کتاب Spanish Islam۔

۴۳۔ سلجوقیوں کی تاریخ کے ایک عمدہ خلاصہ کے لیے دیکھیے لین پول کی کتاب Muhammadan Dynasties (صفحات ۱۴۹ مسلسل)۔

44. Decline and Fall, Ed. Bury, VI, 240.

45. E.G. Brown, Persian Literature Under Tartar Doninion (Cambridge, 1920), p.198.

46. The Turkish Letters of Ogier Ghislin Busbecq; Tr. Forster (Oxford, 1927), p.27.

47. W. Miller, The Ottoman Empire (Cambridge, 1936), 16.

۴۸۔ ۱۹۵۰ء میں یورپی ترکی کی آبادی سولہ لاکھ چھبیس ہزار دوسو انتیس تھی۔

۴۹۔ کچھ جنگی اور سیاسی نشیب وفراز کے بعد یہ جزائر معاہدہ لاسین (۲۴ جولائی ۱۹۲۳ء) کی رو سے اٹلی کے حوالے کردیے گئے تھے اور قتل روز و......سمیت ان جزائر پر اٹلی کے قبضہ کو بعد میں بڑی طاقتوں نے تسلیم کرلیا تھا۔ ان جزائر میں کچھ مسلم مدارس باقی رہ گئے تھے لیکن دوسرے فرقوں کی طرح مسلمانوں کے مدارس باقی رہ گئے تھے لیکن دوسرے فرقوں کی طرح مسلمانوں کے مدارس میں بھی ہر ہفتے چار گھنٹے اطالوی زبان کی تعلیم ضروری تھی (دی ٹائمس، ۲۰ مئی ۱۹۲۹ء)۔ ۱۹۴۷ء میں یونان نے دوبارہ الجزائر کو اٹلی سے واپس حاصل کرلیا۔

۵۰۔ یورپی ترکی میں جو مسلمان ہیں، ان کے علاوہ مسلمانوں کی کثیر تعداد بلغاریہ (۱۴ فیصد ترک اور پوماکس، اگرچہ ۱۹۵۱ء میں ایک لاکھ ساٹھ ہزار ترک وہاں سے نکال دیے گئے تھے)، یوگوسلاویہ (۱۲ فیصد جن کی اکثریت بوسنیا میں ہے)، رومانیہ اور البانیہ (۶۸ فیصد) میں ہے۔ اس کے برعکس جارجیا والے ہمیشہ عیسائی رہے ہیں۔

۵۱۔ اس کتاب کے پہلے ایڈیشن چھپنے کے بعد روس میں کافی انتقال آبادی ہوا ہے۔ والگا کے کنارے قازان سے چھپنے والے متعدد عربی، ترکی اور فارسی اخبارات اب بند ہو چکے ہیں۔

52. Lane-Poole, Mohammadan Dynasties, p.208.

۵۳۔ یورپ میں اسلام قبول کرنے والا سب سے آخری گروہ کا کیسس کے انجازیوں کا ہے جو ۱۹۰۵ء کے اعلان رواداری تک نسلاً مسلمان ہونے کے باوجود برائے نام عیسائی تھے۔ ملاحظہ ہو ٹی، ڈبلو، آرنلڈ کی کتاب مطبوعہ لندن۔

۵۴۔ یہ نکتہ خالی از دلچسپی نہ ہوگا کہ اسی سبب سے امریکہ کی نیگرو آبادی میں مسلمانوں کے پروپیگنڈہ کو خاصی حد تک کامیابی حاصل ہوئی۔ (دیکھیے 'مسلم ورلڈ'، ۱۹۲۶ء، ص ۲۶۳۔ نیز 'امریکہ کے کالے مسلمان'، از مشیر الحق، مکتبہ جامعہ، دہلی ۱۹۷۰ء)

55. H. Landon, Nepal, II, P.24. Sir Charles Bell, People of Tibet (Oxford, 1928), p. 217.

56. A. Bennigsen , In: L'Afrique Et L'Asie (1925-53)

۵۷۔ ابن بطوطہ کی؛ جو تقریباً ۱۳۴۶ء میں ساحل ساٹرا پر آیا تھا، ایسے بہت سے لوگوں سے ملاقات ہوئی تھی جن کے نام ایرانی تھے مثلاً دولاسا (دولت شاہ؟) سید الشیر ازی اور تاج الدین الاصفہانی۔

58. H. Yule, Cathay And The Way Thither (London, 1913), I, 127.

(۵۹) مارکو پولو کا 'عظیم جاوا' غالباً وہی جزیرہ ہوگا جسے ہم جاوا کہتے ہیں۔ ابن بطوطہ نے اس کا نام مُل جاوا لکھا ہے۔

(نوٹ نمبر ۶۱ میں ابن بطوطہ کا مذکورہ بلا سفرنامہ جلد چہارم، ص ۲۳۹ ملاحظہ ہو۔)

60. Travels, Ed. H. Yule (London, 1903) II, 284.

61. Voyages D'Ibn Batoutah, IV, 229.

63. Winstedt, The Malays (London, 1950) p.33ff.

64. Barthold, Turkestan, (London, 1928), p.180.

(٦٥) سائبریا کا ایک مذہب جس میں پدارواح کے اثرات انسانی زندگی پر پڑے رہتے ہیں۔
٦٨۔ ابن الاثیر، جلد ہشتم، ص ٣٩٦۔ نیز بارتھولڈ کی کتاب مذکور، ص ٢٥٥۔

68. China Handbook, 1953-54.

(٦٩) وہ بعض پیشوں کو زیادہ پسند کرتے ہیں، مثلاً تیز رفتاری سے سفر کرنے کے لیے گھوڑے پالنا۔ ان میں کچھ سرائے کے مالک بھی ہیں اور دروازے پر پانی کا گھڑا لٹکاتے ہیں جو اس بات کا نشان ہے کہ وہ مسلمان ہیں۔ یہ لوگ سور کا گوشت نہیں کھاتے۔

(٧٠) ١٩٣١ء تک عربی سے براہ راست چینی زبان میں قرآن پاک کا مکمل ترجمہ نہیں ہوا تھا۔

71. Voyages, IV, 396.

72. G.K. Rein, Abessinien (Berlin, 1918), I, 41.

73. J.S. Trimingham, Islam in Ethopia (Oxford, 1952), p.15.

74. Arnold, Preaching of Islam, 1913, pp.117ff.

75. Rein, Abessinien, I, 422.

(٧٦) سوڈان کی آبادی تقریباً اسی لاکھ ہے جس کی اکثریت مسلمان ہے۔ جنوب کے نیگرو عموماً بت پرست ہیں۔

(CF. Annuaire Du Monde Musslman, 1955, p.280)

(٧٧) ایضاً، ص ٢٥٠۔

78. D. Westermann, Islam in the Sudan, International Review of Missions, I, (1912), 618-53.

79. Annuaire Du Mussulman, IV, 344.

80. H.C. Luke, A Bibliography of Sierra Leone (Oxford, 1925); K.L. Little, The Mende of Sierra (London, 1951).

[بشکریہ 'اسلامی سماج'، ترقی اردو بیورو، نئی دہلی، جنوری، مارچ ١٩٨٧ء]

سُنّی اسلام کا سیاسی پس منظر

راشد شاز

ڈاکٹر راشد شاز کا تعلق ہندوستان سے ہے۔ وہ شمالی ہند کے ایک مذہبی گھرانے میں پیدا ہوئے، ان کے چچا محمد حسنین سید جماعت اسلامی کے بانیوں میں شامل تھے۔ سیاسی وابستگیوں کی بنا پر ۱۹۷۷ء میں ان کے خاندان کے تقریباً سب مردوں کو جیل کی صعوبتیں برداشت کرنی پڑیں۔ بعد میں جب سیاسی دباؤ میں کمی ہوئی اور حالات بہتر ہوئے تو راشد شاز کو تعلیم کے لیے علی گڑھ بھیج دیا گیا جہاں سے انھوں نے انگریزی ادب میں پی ایچ ڈی کی ڈگری حاصل کی۔ دوران تعلیم وہ رسالہ 'تجدید' کے مدیر بھی رہے۔ پی ایچ ڈی کے بعد راشد شاز عربی اور اسلامی تعلیم کے لیے سوڈان چلے گئے۔ ۱۹۹۴ء میں راشد شاز نے 'ملی ٹائمز انٹرنیشنل' جاری کیا۔ ڈاکٹر شاز نے اردو میں تقریباً بیس کتابیں تحریر کی ہیں۔ زیر نظر دو متواتر مضامین ان کی معروف ترین کتاب 'ادراک زوال امت' کے ایک باب کی تلخیص پر مشتمل ہے۔

سنّی اسلام کے سیاسی اور سماجی محرکات کی نشاندہی سے پہلے لازم ہے کہ ہم ایک بار پھر بعض بنیادی تاریخی حقائق کو اپنے دل و دماغ میں تازہ کرلیں۔ سنی اسلام کا مروجہ تصور جہاں خلفائے اربعہ کو تقدیسی تاریخ کا حصہ سمجھا جاتا ہو، جہاں فقہائے اربعہ کو تشریح و تعبیر کے ناگزیر اساطین کے طور پر قبول کرلیا گیا ہو اور جہاں صحاح ستّہ کے مجموعوں کو عہد رسولؐ کے مستند اور حتمی وثیقے کے طور پر دیکھا جاتا ہو اور سب سے بڑھ کر جہاں تابعین، تبع تابعین اور اقوال سلف کی تائید کے بغیر دین کی فہم کو غیر مستند سمجھا جاتا ہو، کسی ایسے سنّی اسلام کا وجود اسلام کی ابتدائی تین صدیوں میں نہیں پایا جاتا۔ اس میں شبہ نہیں کہ کبار صحابہ کی صفوں میں سیاسی اور پالیسی امور میں اختلاف کے سبب ابتدائے عہد میں جمل اور صفین کی خانہ جنگیاں عمل میں آچکی تھیں۔ مسلمانوں کا باہمی اختلاف شہادت حسینؓ کے المناک حادثہ کو جنم دینے کا باعث بنا تھا۔ ابن زبیر کی نو سالہ خلافت کے دور

میں حلقۂ آل بیت کے مختلف خروج اور پھر عہد اموی اور عباسی میں اس تحریک کا تسلسل بھی اس حقیقت کی غمازی کرتا تھا کہ امت میں مسئلہ خلافت پر گہرے اور غیر مندمل اختلافات پائے جاتے ہیں۔ دوسری طرف تشریح و تعبیر کے حوالے سے جبر وقدر کی بحث اور پھر عہد مامون میں خلق قرآن کے پُر جوش مناقشوں نے بھی امت کے باہمی اختلاف فکر ونظر پر مبینہ شہادت قائم کردی تھی۔ لیکن ان تمام اختلاف فکر ونظر کے باوجود دین کا اجتماعی قالب ناقابل تقسیم سمجھا جاتا تھا۔ مسلمان اپنے تمام اختلاف فکر ونظر کے باوجود الجماعۃ تھے کہ تب اہل سنت والجماعۃ یا سنّی اسلام کی تشکیل عمل میں نہیں آئی تھی۔

عباسی دعوت، جس نے آگے چل کر سنّی اسلام کا قالب تیار کیا، سیاسی اور نظری ہر دو سطح پر ابتدا سے ہی ایک مخمصہ کا شکار تھی۔ آل عباس احیائے دین کے نعرے کے ساتھ منظر عام پر آئے تھے۔ کوفہ کی مسجد میں تقریب حلف برداری کے موقع پر پہلے عباسی خلیفہ ابوالعباس السفاح (۷۴۹۔۷۵۴ء) نے اپنی تقریر میں بنو امیہ اور بنو مروان کو خوب خوب صلوٰتیں سنائی تھیں اور اس خیال کا اظہار کیا تھا کہ ان کی بداعمالیوں اور ظلم و جبر کے سبب خدا نے ان پر راتوں رات ایسا عذاب بھیجا کہ ان کا جاہ وحشم زدن میں قصۂ پارینہ بن گیا۔ (۱) بعد کے عباسی خلفا بھی اپنے سیاسی جواز کے ثبوت میں بنوامیہ کی بے اعتدالیوں اور ان کے ظلم و جبر کا دل کھول کر تذکرہ کرتے رہے۔ (۲) عباسی دعوت کا اموی مخالف ہونا قابل فہم ہے اور یہ بات بھی سمجھنا مشکل نہیں کہ الرضا من آل محمدؐ کے جلو میں چلنے والی تحریک آل بیت کی مخالف بھی نہیں ہوسکتی۔ آل عباس کا یہی وہ مخمصہ تھا جس نے انھیں ایک پیچ کی راہ اختیار کرنے پر مجبور کیا۔ عباسی پروپیگنڈے کے مطابق بنوامیہ جو دشمن اسلام تھے، اب تہہ تیغ کیے جاچکے تھے، وہ مقابلے کے میدان سے پوری طرح باہر تھے۔ اب استحکام خلافت کے بعد ان کا مقابلہ علوی طالبی آل بیت سے تھا جن کی طرف سے چھوٹے بڑے خروج کا سلسلہ مسلسل جاری تھا۔ بغض معاویہؓ اور حب علیؓ کے درمیان ایک نئے راستے کی تلاش نے بالآخر آل عباس کو تصور آل بیت میں تبدیلی پر مجبور کیا۔ اسی عہد میں ابن عباس کا نیا فکری اور سیاسی عنصر اس discourse میں شامل ہوا۔ ابن عباس کی ماورائی تصویر اسی عہد میں مرسوم ہوئی۔ روایتوں کے ذریعہ انھیں تفقہ فی الدین کی اس بلند چوٹی پر فائز کیا گیا جہاں کبار صحابہ کا فہم بھی ان سے بہت پیچھے رہ گیا۔ حتیٰ کہ ان سے قرآن کی پہلی تفسیر بھی منسوب ہوگئی۔ اس طرح وحی ربانی پر آل عباس نے اپنی تعبیراتی گرفت مضبوط کردی۔ بنوامیہ کی مخالفت اور آل بیت کی حمایت کے بین بین عباسیوں کی اسٹریٹیجک معتدل فکری نے ان کے لیے خلافت کا نظری جواز فراہم کردیا۔

اس خیال کا ہم پہلے بھی اظہار کرچکے ہیں کہ عباسی دعوت بنیادی طور پر ایک شیعی تحریک تھی جو محبان آل بیت کے سہارے مختلف بلاد وامصار میں زیر زمین سرگرم تھی۔ ابتداً اسے ہاشمیہ تحریک کے تسلسل کے طور پر دیکھا جاتا تھا۔ تحریک کے زعما میں یہ خیال عام تھا کہ ابوہاشم نے مرتے وقت عباسی خانوادے کے محمد بن علی کو تحریک سے ان کی گہری وابستگی کے سبب اس تحریک کی قیادت سونپ دی تھی اور ان اسرار وعلوم پر بھی مطلع

کر دیا تھا جو انھیں راست محمد بن حنیفہ سے منتقل ہوئے تھے۔ ہاشمیہ تحریک کی کمان گو کہ ابتدا سے ہی آل عباس کے خانوادے میں رہی، البتہ اس تمام عرصہ میں عباسی امام ابراہیم کی حیثیت امام مستور کی رہی جو عراق اور خراسان میں تحریک کی خفیہ کمان کرتے رہے۔ اس دوران انھیں مسلسل علوی ائمہ کی مسابقتوں کا سامنا کرنا پڑا۔ انھی ایام میں جب امام ابراہیم حمیمہ میں روپوش تھے، ایک ایسا واقعہ پیش آیا جس نے تحریک آل بیت کی سمت اور شناخت کو بدل کر رکھ دیا۔ حلقۂ آل بیت کے مجوزہ امام زید بن علی کا خروج بری طرح ناکام ہوگیا۔ ابھی ان کی شہادت کی خبر تازہ ہی تھی کہ ان کے صاحبزادے یحییٰ بن زید کو جزجان (خراسان) میں اموی گورنر نصر بن سیار الکنعانی کے عہد میں قتل کر دیا گیا۔ اخبار العباس کی ایک روایت کے مطابق حکومت نے صرف یحییٰ کے قتل پر اکتفا نہ کیا بلکہ ان کی لاش کو عرصہ ہائے دراز تک صلیب پر آویزاں رکھا، یہاں تک کہ ان کی لاش کا رنگ متغیر ہوگیا۔ (۳) اس دلخراش واقعہ نے خراسان اور دور دراز کے علاقوں میں عوامی بے چینی کی ایک عمومی کیفیت پیدا کردی۔ (۴) کہتے ہیں کہ خراسان کا کوئی ایسا شہر نہ تھا جہاں لوگوں نے اظہار غم وغصہ کے لیے سیاہ لباس نہ پہن رکھا ہو۔ خراسان میں یحییٰ آل بیت کی آخری علامت کے طور پر دیکھے جاتے تھے جن سے یہ توقع تھی کہ وہ اموی نظام جبر کی بساط لپیٹ سکیں گے۔ اب ان کی شہادت کے بعد علوی شیعوں کی تمام تر ہمدردیوں اور امیدوں کا مرکز حمیمہ کے امام مستور قرار پائے۔ تحریک ہاشمیہ کو محبان آل بیت کی عمومی ہمدردی اور پُر جوش تعاون حاصل ہوجانے کے سبب دیکھتے دیکھتے عباسی دعوت اچانک ایک عظیم الشان اور غلغلہ انگیز تحریک میں تبدیل ہوگئی۔ عرصہ تک اہل خراسان اس نشاط افزا احساس میں جیا کیے کہ الانصاران، الاوس والخزرج نصرۂ النبی فی اول الزمان و اهل الخراسان نصرۂ وراثتهٗ فی آخر الزمان۔ (۵) آل عباس کا سیاہ پرچم ان ہی خراسانیوں کی دین تھی جو یحییٰ بن زید کی موت پر کچھ نہ کر سکنے کی کسک لیے توابون کی سی ذہنی کیفیت میں جیتے تھے اور جنھوں نے مسلم بن عقیل کی قیادت میں بالآخر اموی حکومت کے فی الفور زوال کی حتمی بنیاد رکھ دی تھی۔ علوی آل بیت اپنے اس دعوے میں حق بجانب تھے، جیسا کہ نفس ذکیہ نے منصور کو تحریر کردہ اپنے ایک خط میں لکھا تھا کہ، آل عباس دراصل علوی آل بیت کی عوامی مقبولیت اور ہمدردی کے سہارے ہی برسر اقتدار آئے تھے۔ البتہ استحکام خلافت کے بعد آل عباس کو اس بات کا شدت سے احساس ہوتا گیا کہ ان کے لیے تحریک ہاشمیہ کے حوالے سے اپنے سیاسی استحقاق پر جواز فراہم کرنا counter productive ہوسکتا ہے۔ کیسانیہ اور ہاشمیہ تحریک کے قائد کی حیثیت سے اولاً تو ان کے لیے یہ باور کرانا مشکل ہوتا کہ علوی آل بیت کی موجودگی میں اقتدار پر ان کا بلا شرکت غیر قبضہ کسی الٰہی اسکیم کا حصہ ہے۔ ثانیاً ہاشمیت پر غیر معمولی اصرار سے علوی علمبرداروں کا دعویٰ مزید مضبوط ہوتا، بالخصوص ایک ایسی صورت حال میں جب سیادت کی گفتگو (discourse) صلاحیت اور لیاقت کے بجائے نص کی بنیادوں پر چل نکلی ہو۔ اس نزاکت کے پیش نظر عباسیوں نے خود کو تحریک ہاشمیہ کا تسلسل قرار دینے کے بجائے خلافت پر راست اپنے

دعویٰ اور استحقاق کا اعلان کر دیا۔

نفس ذکیہ کے خروج کے بعد ایک نئے متبادل کی تلاش ابن عباس کے متبادل کی شکل میں جلوہ گر ہوئی اور یہیں سے عباسی اور علوی راستے الگ ہو گئے۔(٦) رفتہ رفتہ آل عباس کی شیعی تحریک سے تشیع کا رنگ ہلکا ہونے لگا۔ عباسیوں کے لیے آل بیت کی محبت اور تفضیل آل علیؓ کی روایتیں اسی حد تک قابل اعتنا تھیں جب تک کہ یہ روایتیں علویوں کو سیاسی اقتدار سے دور رکھ سکیں۔ ایک ایسے متوازن سیاسی نظریہ کی تشکیل میں کچھ تو آل عباس کے نئے تراشیدہ حوالے سے مدد ملی اور کچھ کمی عہد اموی کی طرف ایک معتدل رویہ کی تشکیل کے ذریعے پوری ہوئی۔ گاہے گاہے عباسی خلفا امیر معاویہؓ کی انتظامی بصیرت اور اسلامی امپائر کی تشکیل میں ان کے کلیدی رول کا بزبان تحسین ذکر کرتے پائے گئے۔(٧) اس طرح حب علیؓ کا متوازن اظہار جسے سیاسی مخمصہ کہیے یا strategic love، آل عباس کی سیاسی شخصیت کا حصہ بن گیا۔

ابن عباس جنھیں آگے چل کر سنّی فکر میں ایک علمی حوالے کے طور پر متعارف ہونا تھا، خلیفہ مہدی کے عہد میں سیاسی discourse کا حصہ بنے۔ خلیفہ منصور کے مکتوب بنام نفس ذکیہ میں اس نئے سیاسی رویے کی پہلی آہٹ سنائی دیتی ہے اور پھر اس کی بازگشت مہدی سے لے کر مامون تک ہر دور میں بآسالیب مختلف سنی جاسکتی ہے۔ کہا جاتا ہے کہ مامون نے ایک بار آٹھویں امام علی الرضا سے پوچھا کہ امت کی قیادت کے لیے آپ خود کو کس طرح سزاوار سمجھتے ہیں؟ اگر یہ حوالہ علیؓ کی قرابت کا ہے تو رسول اللہ کے وصال کے وقت آپؐ کے دوسرے زیادہ قریبی ورثا زندہ تھے۔ اور اگر یہ استحقاق فاطمہؓ کے حوالے سے ہے تو پھر حسنؓ اور حسینؓ کی موجودگی میں علیؓ کا اس منصب پر قابض ہو جانا گویا ان کے حقوق غصب کرنے کے مترادف ہے۔ کہا جاتا ہے کہ علی الرضا سے اس اعتراض کا کوئی جواب نہ بن پڑا اور وہ خاموش رہے۔(٨) استحکام خلافت کے بعد آل عباس نے وارث رسولؐ کی حیثیت سے اپنے پروپیگنڈے کی مہم تیز کر دی۔ کہا گیا کہ رسول اللہ کے وصال کے وقت ان کے سب سے قریبی عزیز ان کے چچا عباس موجود تھے، سو ان کی موجودگی میں خلافت کی وراثت کسی اور کو منتقل نہیں ہو سکتی۔ بعض روایتوں نے آل عباس کے اس دعویٰ کے حق میں یہ دلیل دی کہ رسول اللہ نے اپنی زندگی میں نہ صرف یہ کہ اپنے چچا عباس کو وارث قرار دیا تھا بلکہ ان کے حق میں وصیت بھی کر دی تھی؛ **هذا عمّی و بقیت آبائی**۔(٩) ام سلمیٰ سے منسوب ایک روایت کے ذریعے اس حقیقت کو ذہن نشین کرنے کی کوشش کی گئی کہ خلافت آل عباس کا ازلی اور ابدی حق ہے۔ ام سلمیٰؓ کہتی ہیں کہ ہم لوگ رسول اللہ کی مجلس میں تھے اور اس بات پر بحث چل رہی تھی آیا آگے چل کر خلافت پر آل فاطمہ متمکن ہوں گے۔ رسول اللہ نے یہ سن کر فرمایا کہ آل فاطمہؓ کبھی بھی خلافت حاصل نہ کر پائیں گے۔ یہ منصب تو ہمارے چچا کے بیٹوں کے لیے مخصوص ہے، یہاں تک کہ وہ اسے مسیح کو سونپ دیں گے؛ **حتیٰ یسلمو نها الی المسیح**۔ اسی قبیل کی ایک اور روایت میں رسول اللہ سے یہ قول منسوب کیا گیا کہ آپؐ نے فرمایا تھا کہ عباسؓ میرے وصی اور وارث

ہیں۔(۱۰) تفضیل عباسؓ کا یہ سلسلہ یہیں نہ رکا بلکہ ایک منسوب الی الرسول قول میں یہ بھی کہا گیا کہ رسولؐ اللہ نے فرمایا تھا کہ اللہ نے مجھے ابراہیمؑ کی طرح اپنا دوست بنایا۔ جنت میں میرا مقام ابراہیمؑ کے مقابلے میں ہوگا اور ہمارے چچا عباسؓ کو خدا کے ان دوستوں کے درمیان جگہ ملے گی۔(۱۱) گو کہ اس قسم کی زیادہ تر روایتیں علمائے حدیث کے نزدیک موضوعات کے قبیل سے تھیں۔ البتہ ان روایتوں سے اس بات کا بخوبی اندازہ لگایا جا سکتا ہے کہ آل عباسؓ جب ایک تیسرے راستے کی تلاش میں نکلے تو انھوں نے کسی طرح اپنے سیاسی استحقاق پر جواز لانے کے لیے عباسی حوالے کا ہر ممکنہ استعمال کیا۔ حتیٰ کہ شیعی حدیث کِسا جو اب تک فاطمی آل بیت کے استحقاق پر دلیل لاتی تھی، اس کا عباسی ورژن بھی وجود میں آ گیا۔ ترمذی نے ابن عباسؓ کے حوالے سے یہ روایت نقل کی ہے کہ رسولؐ اللہ نے ایک دن عباسؓ اور ان کی آل اولاد کو اپنے ہاں طلب کیا۔ ابن عباسؓ کہتے ہیں کہ عباسؓ آئے ہم لوگ بھی ان کے ساتھ تھے۔ رسولؐ اللہ نے ہم سب لوگوں کو ایک ہی چادر کے اندر ڈھک لیا اور دعا فرمائی کہ یا اللہ! عباسؓ اور ان کے بال بچوں کے سارے گناہ بخش دے اور خلافت کو ان کے سلسلۂ نسب میں باقی رکھ۔

آل بیت کی فضیلت کے وہ تمام حوالے جو اب تک علوی خانوادے کا شرف امتیاز سمجھے جاتے تھے، آل عباسؓ نے ان پر استحقاق قائم کرنے کی کوشش کی۔ آیت تطہیر اور آیت مودہ کی شیعی تعبیرات کو اپنے حق میں استعمال کیا اور اس خیال کی وسیع پیمانے پر نشر و اشاعت کی کہ قرآن چونکہ اہل بیت پر نازل ہوا ہے، اس لیے اہل بیت کی تعبیر ہی مستند ہو سکتی ہے۔ رہے ابن عباسؓ تو انھیں، جیسا کہ روایتوں میں دعویٰ کیا گیا، اللہ نے فہم قرآن سے خاص طور سے نوازا تھا اور رسولؐ اللہ نے تو خاص طور پر ان کے تفقہ فی الدین کے لیے دعا فرمائی تھی؛ **الھم فقه فی الدین و علمه التاویل**۔ یہ تھا وہ تیسرا متبادل جو عباسیوں نے استحقاق خلافت کے لیے ابن عباسؓ کی ماورائی تصویر کے ذریعے فراہم کرنے کی کوشش کی۔

ہمارے خیال میں ابن عباسؓ کی یہ تصویر اخبار العباس کی پیدا کردہ ہے جو آل عباسؓ کی سیاسی ضرورتوں کے سبب خلافت پر اپنے استحقاق کے لیے تشکیل دی گئی تھی۔ اخبار العباس کے صفحات میں ابن عباسؓ ورثۂ نبوت کے ایک ایسے امین کے طور پر ہمارے سامنے آتے ہیں جو بلا خوف لومتہ ولائم معاویہؓ اور یزید کی سرزنش کرتے ہیں۔ وہ نازک موقعوں پر ائمۃ الجور کے سامنے آل رسولؐ کے سیاسی استحقاق پر دلیل لاتے ہیں اور اپنے اس غیر مصالحانہ سیاسی نقطۂ نظر پر کبھی پردہ ڈالنے کی ضرورت محسوس نہیں کرتے۔ حالاں کہ اخبار العباس کی یہ تراشیدہ تصویر اصل تاریخی تصویر سے میل نہیں کھاتی۔ اول تو یہ بات سمجھ میں نہیں آتی کہ کبار صحابہ کرام کی موجودگی میں، جن میں ابوبکرؓ اور علیؓ جیسے السابقون الاولون بھی ہیں اور وہ اصحاب نبیؐ بھی ہیں جنھیں والذین معہٗ کے حلقۂ خواص میں شامل ہونے کا شرف حاصل ہے، آخر ابن عباسؓ کو قرآن مجید کے لازوال شارح کی حیثیت سے قبول کیے لینے کا کیا سبب ہے؟ اس کی وجہ اس کے علاوہ اور کیا ہو سکتی ہے کہ آل

عباس اپنی سیاسی ضرورت کے تحت ابن عباسؓ کے مقام جلیل سے فائدہ کشید کرنا چاہتے تھے۔ رہا آل عباس کا یہ دعویٰ کہ انھوں نے وارث نبوت کی حیثیت سے ہمیشہ نظام جبر کے خلاف اپنی جدوجہد جاری رکھی تا آنکہ یہ انقلابی تحریک خلافت عباسی کے قیام پر منتج ہوئی تو تاریخی اعتبار سے یہ مفروضہ بھی درست نہیں ہے کہ آل عباس کی اموی مخالف تحریک میں شرکت محمد بن علی کے زمانے سے ہوئی ورنہ اس سے پہلے آل عباس امویوں کے شریک وسہیم رہے اور ان کے اقتدار سے بھرپور فائدہ اٹھاتے رہے۔ ابن عباسؓ جو حضرت علیؓ کے عہد میں بصرہ کے گورنر رہے، حضرت علیؓ کی شہادت کے بعد معاویہؓ اور حسنؓ کے مابین صلح کرانے میں آپ نے کلیدی رول انجام دیا اور اس خدمت کے عوض انھیں بعض روایتوں کے مطابق، بصرہ کے سرکاری خزانے سے نوازا گیا۔ آگے چل کر جب عبداللہ بن زبیرؓ اور یزید کے درمیان خلافت کے مسئلہ پر معرکہ آرائی ہوئی تو اس موقع پر انھوں نے امویوں کا ساتھ دیا بلکہ خود اخبار العباس کی ایک روایت کے مطابق ابن عباسؓ نے اپنی موت کے وقت اپنے لڑکوں کو یہ وصیت کر دی تھی کہ وہ ابن زبیرؓ سے وابستہ ہونے کے بجائے عبدالملک کے پاس چلے جائیں اور وہ اگر انھیں اپنے مستقر کے انتخاب کا اختیار دیں تو الشراط کی پہاڑیوں کو اپنا مسکن بنائیں کہ بنو امیہ کے بعد شراط پر ایک ایسے خاندان کی حکومت قائم ہوگی، جو عز وشرف میں اہل بیت میں سب سے بڑھ کر ہوگی، اور یہ تم لوگ خود ہوگے۔ (۱۲)

آل عباس کے روایت سازوں نے اگر ایک طرف ایسی روایتوں کی کثرت سے تشہیر واشاعت کی جس میں حضرت عباسؓ کو رسول اللہؐ کے حقیقی وارث اور امت مسلمہ کے قائد کے طور پر پیش کیا گیا تھا تو دوسری طرف علوی خانوادے کی توقیر گھٹا دینے کی بھی منصوبہ بند کوشش کی گئی۔ مثال کے طور پر کہا گیا کہ علیؓ کے والد ابوطالب نے حالت کفر میں وفات پائی جب کہ عباسؓ نہ صرف یہ کہ اسلام کی دولت سے مالا مال ہوئے بلکہ انھیں رسول اللہؐ کی مشاورت میں شرکت کا شرف بھی حاصل رہا۔ (۱۳) ایک کافر چچا کو مومن چچا پر فوقیت نہیں دی جا سکتی۔ رہا علیؓ کی علوئے مرتبت یا وصایتہؑ کا معاملہ تو اگر اس میں کچھ حقیقت ہوتی تو امامت ابوبکرؓ اور عمرؓ کے ہاتھوں میں نہ جاتی، جب کہ واقعہ یہ ہے کہ ارباب شوریٰ نے عثمانؓ کو علیؓ پر ترجیح دی (۱۴) اور یہ کہ علویوں کے دعوے کو اگر صحیح بھی تسلیم کر لیا جائے تو کیا یہ حقیقت نہیں کہ حسنؓ نے اپنے حق امامت کو معاویہؓ کے ہاتھوں کب کا بیچ دیا؛ **فان کان لکم فیھا شیئ فقد بیعتموہ و أخذتم ثمنہ**۔ (۱۵) ایک ایسے وقت میں جب آل بیت کا خون ارزاں تھا، یہ عباسی دعوت کے نقیب ہی تھے جنھوں نے آل بیت کی تحریک کو قوت بخشی، ان کے دشمنوں سے انتقام لیا اور اس بات کو عملی طور پر ثابت کر دکھایا کہ ورثۂ رسولؐ کی حفاظت کے وہ ہر طرح اہل ہیں۔ نفس ذکیہ کی بغاوت کچل دینے کے بعد خراسانیوں کے درمیان منصور نے جو خطبہ دیا تھا، اس میں نہ صرف یہ کہ اس نے اپنے آپ کو آل بیت کے محافظ کی حیثیت سے پیش کیا بلکہ علویوں کے استحقاق خلافت کی سخت نکیر بھی کی۔ منصور نے خود کو عباسیوں کے گارجین، آل بیت کے محافظ اور ورثۂ نبوت کے امین کے طور پر

پیش کیا۔(۱۶) عباسی پروپیگنڈے اور تراشیدہ روایتوں کی کثرت اشاعت سے رفتہ رفتہ عامتہ الناس کو اس بات پر یقین آنے لگا کہ خلافت آلِ عباس کا آسمانی حق ہے بلکہ راوندیہ جیسے بعض غلو پسند گروہ تو عباسی خلفا کو خدائی صفات سے متصف سمجھنے لگے۔(۱۷) معتدل حلقوں میں بھی السلطان ظل اللہ کی گونج سنائی دینے لگی۔ عباسی خلفا نے اپنی تقدس مآبی پر اصرار کے سبب عام لوگوں سے ملنا جلنا بہت کم، بلکہ بڑی حد تک ترک کر دیا۔ آخری عباسی خلیفہ معتصم باللہ کے عہد میں تو صورت حال یہ ہوگئی تھی کہ محل کے جھروکے سے ایک طویل ریشمی آستین لٹکی ہوتی جسے لوگ خلیفہ کی آستین سمجھ کر بوسہ دیتے اور اسی پر اکتفا کرتے۔(۱۸) خلیفہ کی تقدس مآب آستین تو اب قصہ پارینہ ہوئی، البتہ السلطان ظل اللہ من اھانہٗ اھان اللہ کے الفاظ آج بھی توپ کاپی سرائے (استنبول) کے صدر دروازے پر منقش ہیں اور سنّی فکر کے بحران پر ماتم کناں بھی۔

سیاسی نزاع کے اس ماحول میں جہاں ہر فریق خلافت پر اپنے دعویٰ کے حق میں تعبیر و تاویل اور تراشیدہ روایتوں کا سہارا لینا سیاسی اسٹریٹجی کا حصہ سمجھتا، اگر آلِ عباس نے بھی یہی سب کچھ تو انھیں مطعون نہیں کیا جاسکتا۔ لیکن مصیبت یہ ہے کہ آلِ عباس کی سیاسی سرپرستی میں کوئی پانچ سو سالوں تک ہمارے شعور جمہور کی تربیت ہوتی رہی ہے، بلکہ بعد کے دنوں میں جب عباسی خلافت علامتی طور پر مصر میں منتقل ہوئی اور پھر ترک عثمانیوں نے اسے مزید پانچ سوسالوں تک سہارا دیے رکھا، جب بھی نظری اعتبار سے یہ سب کچھ اسی عباسی خلافت کا تسلسل تھا۔ گویا سوادِ اعظم کا سنّی اسلام جن بنیادوں پر عہد عباسی میں منقح ہوا، ان ہی خطوط پر مختلف ادوار میں ضمنی اضافوں اور تغیرات کے ساتھ اس کا فکری سفر جاری رہا۔ ہمارے لیے دعوت عباسیہ اور اس کے تسلسلات کی تفہیم اس لیے ضروری ہے کہ اسلام کو آلِ عباس کی سیاسی تعبیرات سے الگ کیے بغیر نہ تو رسالۂ محمدیؐ کا واقعی ادراک ہوسکتا ہے اور نہ ہی ہم پر یہ حقیقت منکشف ہوسکتی ہے کہ سنّی اسلام جسے آج ہم دین کا مستند ترین ایڈیشن سمجھے بیٹھے ہیں، اس کی تشکیل و تکمیل میں کتنا حصہ تاریخ کا ہے اور کتنا وحیٔ ربانی کا۔

اہل سنت والجماعت

ایک طرف استحقاق خلافت کے لیے مختلف گروہوں کا سیاسی پروپیگنڈہ تھا اور دوسری طرف اجنبی مآخذ سے آنے والی جبر و قدر، خیر و شر، ذات و صفات اور حادث و قدیم جیسی کلامی بحثوں نے تشتت فکری کی کیفیت پیدا کر رکھی تھی۔ جیسا کہ گزشتہ اسباق میں ہم اس بات کا تذکرہ کر آئے ہیں منہج کلامی کے زیر اثر فقہ و تعبیر کے اختلاف نے بھی ایک فکری بھونچال کی کیفیت پیدا کر دی تھی۔ تیسری صدی کے اختتام تک فقہا و محدثون اتنے مختلف حلقوں بلکہ باضابطہ مکاتب فکر بٹ گئے کہ عام انسانوں کے لیے یہ فیصلہ کرنا مشکل ہوگیا کہ حق کس کے ساتھ ہے۔ اگر سیاسی مقاصد کے لیے روایات بن سکتی تھیں، اگر طالبی، عباسی اور فاطمی داعیان خلافت روایات کے سہارے اپنی مزعومہ سطوت پر دلیل لا سکتے تھے تو کوئی وجہ نہ تھی کہ دوسرے چھوٹے مقاصد کے لیے روایتیں وجود میں نہ آتیں۔ مصیبت یہ تھی کہ روایات کو بسا اوقات وحی کی کلید کے طور پر دیکھا جاتا جس

سے رفتہ رفتہ یہ خیال عام ہونے لگا کہ حدیث کی حیثیت قرآن پر قاضی اور فیصلہ کن ہے۔ آگے چل کر شافعی کے عہد میں سنت قولی کو سنت فعلی پر ترجیح دینے کے سبب صورت حال مزید سنگین ہوگئی۔ نوبت بہ ایں جا رسید کہ فقہا و محدثین کا ہر حلقہ اپنی اپنی پسندیدہ روایات کے سہارے ایک نئی تعبیر دین کا نقیب بن گیا۔ صورت حال کی سنگینی کا کسی قدر اندازہ عمر بن عبدالعزیزؒ کی چشم فراست نے کیا۔ انھوں نے روایات کے اس بڑھتے سیلاب پر بند باندھنے کے لیے ثقہ روایتوں کی تجمیع کی سرکاری سطح پر پہلی باضابطہ مہم چلائی۔ لیکن اس سے پہلے کہ عمر بن عبدالعزیزؒ کی تجدیدی مساعی برگ و بار لاتی، آپؒ اس دار فانی سے کوچ کر گئے۔ پھر ان کے بعد امویوں میں کوئی ایسا صاحب علم اور روشن دماغ حکمراں پیدا نہ ہوا جو مسلم ذہن کی تشتت فکری کے سد باب کے لیے کوئی ٹھوس قدم اٹھاتا۔ یہاں تک کہ عباسی خلیفہ منصور کا عہد آیا اور اس نے اسلام کے ایک متفقہ قالب کی تشکیل کا ذکر مالک بن انس سے کیا جو ان دنوں امام دارالہجرۃ کی حیثیت سے مدینہ کے علمی افق پر بڑی تیزی سے نمایاں ہو رہے تھے۔ منصور بذات خود اہل علم میں سے تھا۔ وہ ایک ہم سبق کی حیثیت سے مالک بن انس سے پہلے سے واقف تھا۔ اس کا خیال تھا کہ فقہی روایات و آثار کا ایک مستند مجموعہ اگر مرتب ہو سکے تو اس سے مسلمانوں کی انتشار فکری پر بند باندھنے میں بڑی مدد مل سکتی ہے۔ اس کے خیال میں یہ کام یا تو وہ خود انجام دے سکتا تھا یا امام مالک کسی ایسے منصوبہ کو عملی جامہ پہنانے کی اہلیت رکھتے تھے۔ منصور نے اپنی ایک ملاقات میں امام مالک کو یہ پیشکش بھی کی تھی کہ وہ مؤطا کو سرکاری فقہی قانون کی حیثیت سے تمام بلاد و امصار میں رواج دینا چاہتے ہیں۔ منصور بوجوہ اپنے اس اقدام سے باز رہا، البتہ اس کی ایما پر فقہی آثار و روایات کا پہلا مرتب مجموعہ امت کے ہاتھوں میں آگیا۔ یہ اور بات ہے کہ متفقہ اسلام یا سبیل المومنین کے قیام کی یہ خواہش اس مجموعے سے پوری نہ ہوسکی۔ علمائے محدثون کی سماجی علو مرتبت کے آگے خلفائے جبروت کی ایک نہ چلی اور چلتی بھی کیسے، جب ہر روایت کے بالمقابل ایک دوسری روایت موجود تھی اور علمائے آثار کو اپنی اپنی روایتوں کی صحت پر اصرار بھی تھا۔ ایک ایسے خلیفہ کے لیے جس نے بزور بازو اقتدار حاصل کیا ہو، علمائے آثار سے ٹکر لینے کے بجائے دانش مندانہ حکمت عملی یہی تھی کہ وہ ان کی حمایت حاصل کرے۔ امام مالک جنھوں نے ابتداً منصور کی بیعت کو بسبب جبر ناجائز بتایا تھا اور جس کے سبب وہ تادیب کا شکار بھی ہوئے تھے، جلد ہی ریاستی مراعات کے مستحق قرار پائے۔ اسلام کے متفقہ قالب کے تعمیر کی کوشش منصور کے عہد میں کسی فیصلہ کن نتائج تک نہ پہونچ سکی۔ دوسری صدی کے خاتمہ تک فقہا و محدثون اس بارے میں کوئی حتمی رائے قائم نہ کر سکے کہ فہم و تعبیر میں عقل کو اولیت دی جانی چاہیے یا نقل کو۔ فکر و نظر کے اقتباسات نے اہل الرائے اور اہل الحدیث کے مابین لاطائل بحثوں کو جنم دیا۔ شافعی کی 'کتاب الام' اس تشتت فکری کی بڑی حد تک آئینہ دار ہے جہاں اس عہد کے علمی افق کو کم از کم علمائے آثار کے نقطۂ نظر سے متصور کیا جا سکتا ہے۔

مسلم ذہن کے اس بحران میں حادث اور قدیم کی بحثوں نے ایک نئی دھماکہ خیز جہت کا اضافہ کر دیا۔

یہ بالکل ہی اجنبی جہت (paradigm) تھی جہاں ذات وصفات کی بحث ایک نئے فکری بحران کا باعث بنی تھی۔ مامون ان حکمرانوں میں سے تھا جس نے کتاب وسنت کے علاوہ فلسفہ کا بھی اعلیٰ ذوق پایا تھا۔ مسلمانوں کے نظری تشتت کے بارے میں وہ اپنے ہم عصر علما کے مقابلے میں کہیں زیادہ آگاہ تھا۔ پھر اگر وہ خود کو اس منصب کا سزاوار سمجھتا تھا کہ وہ اسلام کے متفقہ قالب کی نہ صرف تشکیل کرے بلکہ اسے مصلحت عامہ کی خاطر بزورنافذ بھی کردے تو یہ کچھ عجب نہیں۔ لیکن مامون کی مشکل یہ تھی کہ وہ دانش یونانی کو علوئے فکری کی منتہیٰ ومعراج سمجھ بیٹھا تھا۔ وہ خلق قرآن کے مسئلہ کو ایک اجنبی اور نامانوس paradigm میں فیصل کرنا چاہتا تھا۔ کارتجدید کے جوش میں اسے اس بات کا احساس نہ رہا کہ اس کا یہ سوال کہ قرآن مخلوق ہے یا قدیم، دراصل ایک ایسے مخبوط paradigm سے عبارت تھا جس میں پوچھنے والا اس سوال پر اصرار کرتا ہے کہ اسے بتایا جائے کہ دہلی سے لندن تک کی مسافت کئے سیر ہے۔

عہد مامون کو ہماری فکری تاریخ میں پہلے سنگ میل کی حیثیت حاصل ہے جہاں باضابطہ سرکاری سرپرستی میں ایک متفقہ اسلام کا منشور مرتب کرنے کی کوشش کی گئی۔ مامون تحریک اعتزال کا پروردہ تھا۔ وہ ان بحثوں سے واقف تھا جو اس عہد کے عیسائی اور مسلم متکلمین کے مابین ذات وصفات کے حوالے سے جاری تھیں۔ اہل کلیسا عیسیٰ کلمۃ اللہ کو قدیم اور ازلی مان کر شرک کی راہ پر چل نکلے تھے۔ مسلمان علما میں یہ موضوع زیر بحث تھا کہ قرآن مجید جو کلام اللہ ہے، صفت ذات ربی ہے سو اگر صفت، ذات کا حصہ یا توسیعہ ہے تو اسے بھی خدا کی طرح قدیم ہونا چاہیے۔ لیکن ایسا سمجھنا تعدد قدما پر دلالت کرتا تھا جس سے اس بات کا اندیشہ تھا کہ مسلمان بھی اہل کلیسا کی طرح شرک کے راستے پر جانکلیں گے۔ تو کیا قرآن مخلوق ہے؟ معتزلی اسی نقطۂ نظر کے علمبردار تھے لیکن مصیبت یہ تھی کلام اللہ اگر خالق کی صفت ہے تو اسے مخلوق کیسے قرار دیا جاسکتا تھا؟ اس مخمصہ نے فلسفہ اور سنت کے حامیوں کے مابین ایک بڑی معرکہ آرائی کو جنم دیا۔ مامون کے پاس ریاست کی قوت تھی۔ وہ خلیفۂ وقت کی حیثیت سے اپنا فریضۂ منصبی سمجھتا تھا کہ لوگوں کو تعدد قدما کے ممکنہ خطرے سے نجات دلائے۔ اس نے بغداد کے نائب السلطنت اسحاق بن ابراہیم کے نام اپنے مکتوب میں اس احساس کا اظہار کیا کہ مسلمانوں کا سواد اعظم ایسے لوگوں پر مشتمل ہے جو نور بصیرت سے محروم ہیں اور توحید وایمان سے ناآشنا۔ ان لوگوں نے اللہ اور اس کے نازل کردہ قرآن کو برابر کا درجہ دے رکھا ہے۔ وہ یہ سمجھ بیٹھے ہیں کہ قرآن قدیم ہے، ازل سے ہے، خدا نے اسے خلق نہیں کیا۔ حالاں کہ آیت قرآنی باسالیب مختلف اس بات کی شہادت دے رہی ہے کہ خدا نے قرآن خلق کیا ہے، مثلاً 'انا جعلناہ قرانا عربیا (۴۳:۳)۔ قرآن کی دوسری آیتوں میں بھی جعل سے خلق کی طرف اشارہ مقصود ہے، مثلاً الحمد اللہ الذی خلق السمٰوٰت و الارض و جعل الظلمات و النور۔ (۶:۱) خدا کا یہ فرمانا کہ قرآن میں ایسے واقعات بھی شامل ہیں جو اس کے نزول سے پہلے کے ہیں تو یہ بھی اس امر پر دال ہے کہ قرآن کسی خاص وقت میں تخلیق یا نازل کیا گیا۔ اس سے پہلے

وہ موجود نہ تھا۔(۱۹) جیسا کہ ارشاد ہے؛ **كذالك نقص عليك من انباء ماقد سبق ۔**(۲۰:۹۹) اس کے علاوہ قرآن مجید کا لوح محفوظ میں ہونا بھی اس خیال پر دلالت کرتا ہے لوح قرآن کا احاطہ کیے ہوئے ہے اور جو شے محدود ہو، جس کا احاطہ کیا جا سکے وہ مخلوق ہی ہو سکتی ہے۔ **'لا یاتیه الباطل من بین یدیه و ما من خلفه** (۴۱:۴۲) بھی اسی خیال کا عکاس ہے کہ قرآن مجید کا کم از کم امکانی طور پر اول و آخر موجود ہے جو اس کے محدود اور مخلوق ہونے پر دلالت کرتا ہے۔(۲۰) رہے وہ لوگ جو قرآن مجید کو قدیم مانتے تھے تو مامون کے نزدیک توحید اور ایمان کے شعور سے پوری طرح محروم تھے۔ ایسے لوگوں کی امانت، عدالت اور قول وفعل لائق اعتبار نہ تھے اور اس لیے انھیں حکومت کی اہم ذمہ داریاں بھی نہیں سونپی جا سکتی تھیں۔(۲۱)

سچ پوچھیے تو خلق قرآن کی بحثوں نے مامون اور ان کے مخالفین کو ایک یکساں مخمصہ سے دوچار کر رکھا تھا۔ کلام اللہ کو قدیم قرار دینا اگر تعدد قدما کے حوالے سے شرک کا راستہ کھولتا تھا تو اسے مخلوق قرار دیے جانے سے خدا کے کلام کی عظمت وجلالت جاتی رہتی تھی۔ معتزلہ کے لیے اگر اس موقف سے دستبرداری توحید سے دستبرداری کے مترادف تھا تو علمائے سنت کے لیے قرآن کو مخلوق قرار دینا کلام اللہ کی بے توقیری سے عبارت تھا۔ احمد بن حنبل نے اس کے غیر مخلوق ہونے پر اپنا اصرار برقرار رکھا۔ وہ ہر سوال کے جواب میں یہی کہتے رہے کہ قرآن مجید کلام الٰہی ہے۔ ابن الاحمر ابن البکاء الاکبر نے قرآن کو ساختہ اور محدث تسلیم کر لیا۔ دلائل کی زد میں آکر وہ یہ بھی کہہ بیٹھے کہ قرآن مجعول ہے۔ تو کیا مجعول مخلوق نہیں ہوتا اور اس طرح قرآن مخلوق نہ ہوا؟ ابن البکاء الاکبر نے کہا کہ میں مخلوق تو نہیں کہہ سکتا، ہاں یہ کہہ سکتا ہوں کہ وہ مجعول ساختہ ہے۔(۲۲) عقل اور نقل، اعتزال اور سنت کے مابین ہونے والی یہ معرکہ آرائی مامون کے عہد میں تو کسی حتمی نتیجہ کو نہ پہنچ سکی، ہاں یہ ضرور ہوا کہ سرکاری سطح پر ایک متفقہ عقیدے کی تشکیل اور اس کے نفاذ کی خواہش بالآخر متوکل کے عہد میں علمائے حدیث کی سبقت کی شکل میں ظاہر ہوئی۔ اعتزال پر سنت نے فتح پائی اور احمد بن حنبل کو عین سرکاری سرپرستی میں اسلام کے عوامی منشور کی تدوین کا شرف حاصل ہوا۔ آگے چل کر اہل سنت والجماعت کا عقیدہ ان ہی خطوط پر منقح ہوا جس کی بنیاد ابن حنبل ڈال گئے تھے۔

متوکل کے عہد میں حکومت کی پالیسی میں اچانک تبدیلی واقع ہوئی۔ حکومت کو شاید اس بات کا اندازہ ہو گیا تھا کہ وہ علمائے آثار کی حمایت اور شرکت کے بغیر کسی متفقہ اسلامی قالب کی تشکیل نہیں کر سکتی۔ ابن حنبل جو اب تک حکومت کے زیر عتاب رہے تھے، زبردست استقامت کے سبب علمائے حق کی علامت کے طور پر دیکھے جانے لگے تھے۔ اس واقعہ نے نہ صرف ان کے قد وقامت میں اضافہ کیا تھا بلکہ ان کی قربانیاں علمائے آثار کی مقبولیت میں اضافہ کا سبب بن گئی تھیں۔ دوسری طرف مرقد حسینؓ پر محبان آل بیت کا ہجوم بڑھتا جاتا تھا جہاں پس پردہ ایک خوفناک سیاسی تحریک کی آبیاری ہو رہی تھی۔ متوکل کے لیے بیک وقت بہت سے محاذ کا کھولنا مناسب نہ تھا۔ دوسری طرف مروجہ معتزلی عقیدے کی ترویج واشاعت سے بھی کسی مفید نتیجہ کی امید جاتی

رہی تھی۔ سومتوکل نے زوال زدہ تحریک اعتزال کا قائد بنے رہنے کے بجائے خود کو محی السنہ کی حیثیت سے پیش کرنا مناسب جانا۔ اس نے اگر ایک طرف مرقد حسینؓ کی مسماری کے احکامات جاری کیے تو دوسری طرف شیخین اور امہات المومنین کے خلاف سبّ وشتم کو قابل تعزیر جرم قرار دیا۔ (۲۳) عیسائیوں اور یہودیوں کے لیے امتیازی نشان مقرر ہوئے۔ ان کے لیے عوامی جلسوں میں صلیب نکالنے کی ممانعت ہوئی اور اقوام غیر کی نو تعمیر شدہ معابدے کے انہدام کے احکام جاری ہوئے۔ حتیٰ کہ عیسائیوں سے تعلیم حاصل کرنا بھی جرم قرار پایا۔ (۲۴) احمد بن حنبل جو کچھ تو اپنی کبرسنی اور کچھ اپنی ثابت قدمی کے سبب علمائے آثار کے عزت و وقار کی علامت بن گئے تھے، خلیفہ متوکل کے مشیر خاص قرار پائے۔ حکومت میں ابن حنبل کی مشاورانہ شمولیت سے اگر ایک طرف علمائے آثار کو اسلام کی ریاستی قالب کی تشکیل میں شرکت کا موقع ملا تو دوسری طرف خلیفہ نے گویا اصولی طور پر یہ بات تسلیم کر لی کہ وہ مامون اور اس کے پیشروؤں کی طرح ایسا امام نہیں جس کے ہاتھوں میں مذہبی اور سیاسی اقتدار کا ارتکاز ہو۔ ابن حنبل کی شمولیت بھی گویا اس موقف کا اظہار تھا کہ علما خلیفۂ جبر کے تمام تر انحرافات کے باوجود اس وقت تک اس کے خلاف خروج کو جائز نہیں سمجھیں گے جب تک کہ وہ بعض بنیادی شرائط کی پاسداری کرتا رہے؛ مثلاً جمعہ، عیدین اور حج کا اہتمام بجا لائے۔ اگر ایسا ہوتا رہے تو مسلمانوں پر لازم ہوگا کہ وہ حکومت کے خلاف تلوار نہ اٹھائیں اور اسے زکوٰۃ و عشر کی رقم ادا کرتے رہیں۔ (۲۵) انھوں نے اس خیال کا بھی اظہار کیا کہ ایک قریشی خلیفہ کے خلاف کسی کو خروج کا اختیار نہیں ہے۔ خلیفہ کو اپنے نائب کی نامزدگی کا حق بھی حاصل ہے اور یہ کہ بعد کے خلفا چونکہ راشدون خلفا کے ضمن نہیں آتے، اس لیے امت کو ان کے مثالی نظائر یا احکام کا پابند نہیں کیا جا سکتا اور یہ کہ غلبہ یا استیلاء سے قائم ہونے والی خلافت فتنہ، خانہ جنگی یا خروج کے لیے جواز نہیں بن سکتی۔

اب تک دین و ریاست کی ثنویت سے مسلمان نا آشنا تھے۔ علما و خلفا کے مابین ہونے والے ٹکراؤ پر بسا اوقات دین و دنیا کی دھوپ چھاؤں یا ثنویت کا مبہم احساس اگر پایا بھی جاتا تو کسی کے حاشیۂ خیال میں بھی یہ بات نہ آتی کہ بحرانی اور عبوری دور کی دینی تعبیر کو کبھی اسلام کے مستند قالب کی حیثیت مل سکتی ہے۔ اب حکومت میں ابن حنبل کے مشاورتی شرکت نے مسلم معاشرے میں چرچ اور ریاست کی تقسیم کی راہ ہموار کر دی۔ خلیفہ کے لیے یہ ضروری نہ رہا کہ وہ امام المسلمین کی حیثیت سے غایب شرع کا شناور بھی ہو کہ اب یہ کام شیخ الاسلام کا سمجھا جاتا تھا جس کی پہلی باضابطہ علامت کے طور پر ابن حنبل منصۂ شہود پر آئے تھے۔ ابن حنبل کی نظری اصلاحات نے اہل السنت والجماعت والآثار (۲۶) کے نام سے ایک ایسے فرقہ کی بنیاد رکھی جو اپنی وسعت قلبی کے سبب متضاد اور متخالف رویوں کے قبول و جذب کی غیر معمولی صلاحیت کا حامل تھا۔ مجسمہ ہوں یا مشبہ، معتزلی ہوں یا اشعری، علمائے کلام ہوں یا علمائے آثار، فقہائے ظاہر ہوں یا خلفائے باطن؛ ان سبھوں کے لیے اس نئے نظری خیمہ میں پناہ کا وافر امکان پایا جاتا تھا۔ خود نظام وقت کے لیے بھی ایسے علما اور ان کے متبعین میں بڑی

78
اسلام اور احیائے اسلام

کشش تھی جو خلیفۂ وقت کو نماز، روزے کی شرط پر پالیسی امور میں کھلی چھوٹ دے دیں۔ اس کے انحراف عملی اور فکری پر اس سے کوئی اعراض نہ کریں۔ منحرف اور غاصب قرشی خلیفہ کے اتباع کو اپنا دینی فریضہ جانیں۔ کہنے کو تو یہ اہل السنت والجماعت والآثار کا گروہ تھا لیکن فی الواقع اس میں الجماعت کی کوئی خو بو نہ تھی کہ یہاں متضاد اور متحارب فقہی گروہوں کو بیک وقت برحق تسلیم کرلیا گیا تھا۔ ہر گروہ کا یہ دعویٰ تھا کہ حق صرف اس کے ساتھ ہے۔ اجتماعیت کی یہ مصنوعی تشکیل اور متفقہ قالب کی تلاش کی یہ خواہش ہر قدم پر ایک نئی نظری مصالحت کی طالب تھی۔ الجماعت کی تشکیل میں کبھی تاریخ کو از سرِ نو لکھنے کی کوشش کی گئی تو کبھی تاریخ کو تقدیس کا مرتبہ عطا کیا گیا۔ تب جا کر کہیں اسلام کا یہ عوامی قالب تیار ہوا جسے آج ہم اہل السنت والجماعت کا نام دیتے ہیں، جس کے منجمد تاریخی بیانات کو گزرتے وقتوں کے ساتھ عقیدے کی سی حیثیت حاصل ہوگئی ہے۔

حواشی:

(۱) طبری، ج ۷، ص ۱۵۵، ذیل واقعات ابوالعباس السفاح۔

(۲) مامون (۸۱۳-۸۳۳) اور معتضد (۸۹۲-۹۰۲) کے عہد میں امیر معاویہؓ کی کردار کشی کی باقاعدہ مہم چلائی گئی۔ طبری میں منقول ایک روایت کے مطابق ایک بار رسولؐ اللہ نے ابوسفیان کو معاویہؓ اور ان کے بیٹے یزید کے ساتھ گدھے پر سوار دیکھا۔ فرمایا، خدا کی لعنت ہو ان سواروں پر۔ ایک روایت میں یہ بھی کہا گیا کہ ایک بار رسولؐ اللہ نے معاویہؓ کو کتابت وحی کے لیے طلب فرمایا، وہ اس وقت کھانا کھا رہے تھے، اس لیے حکم کی تعمیل نہ کر پائے۔ راوی کہتا ہے کہ رسولؐ اللہ نے فرمایا کہ خدا اس کا پیٹ کبھی نہ بھرے؛ چنانچہ ان روایتوں کے مطابق معاویہؓ ہمیشہ بھوک میں مبتلا رہتے تھے۔ کہا کرتے تھے خدا کی قسم میں کبھی اس لیے کھانے سے ہاتھ نہیں روکتا کہ میرا پیٹ بھر چکا ہوتا ہے بلکہ مجھے اس لیے رکنا پڑتا ہے کہ میرے پاس کھانے کو مزید کچھ نہیں ہوتا۔ کہنے والوں نے یہ بھی کہا کہ اس پہاڑی درّے سے ایک شخص ظاہر ہوگا جسے روز آخر ہماری امت سے الگ اٹھایا جائے گا۔ راوی کے مطابق دیکھنے والوں نے دیکھا کہ اس درّے سے نکلنے والے شخص معاویہؓ تھے بلکہ ایک روایت میں تو یہاں تک کہا گیا کہ جب تم میرے منبر پر معاویہؓ کو پاؤ تو اسے قتل کردو۔ (طبری، ج ۷، ص ۵۳-۵۸)

مزید ملاحظہ کیجیے صحیح مسلم میں ابن عباس کی یہ روایت (نمبر ۲۶۰۴): **عن ابن عباس رضی اللہ عنہ ان النبی صلی اللہ علیہ وسلم قال لہ اذھب و ادع لی معاویۃ قال فجئت فقلت ھو یا کل قال ثم قال لی اذھب فادع لی معاویہ قال فجئت فقلت ھو یا کل فقال لا اشبع اللہ بطنہ۔**

(۳) اخبار عباس کی روایت کے مطابق یحییٰ بن زید کی شہادت ۱۲۵ھ میں عمل میں آئی۔ تب سے ابومسلم خراسانی کے ظہور تک ان کا جسد خاکی صلیب پر خشک ہوتا رہا۔ ملاحظہ کیجیے، اخبار

العباس (اخبار الدوله العباسیه و فیه اخبار العباس وولده)، بیروت، ۱۹۷۱ء، ص ۲۴۲-۲۴۴؛ مزید دیکھیے، مقاتل الطالبین لعلی بن حسین ابولفرج الاسفہانی، قاہرہ، ۱۹۴۹ء، ص ۱۵۲-۱۵۸۔ سرائے پل (افغانستان) میں ان کا مزار آج بھی مرجع خلائق ہے۔

(۴) اہل خراسان کے لیے یحییٰ کی شہادت سانحۂ کربلا سے کم نہ تھی۔ انھیں اس بات کا بڑا قلق ہوا کہ ان کے ملک میں خاندان رسالت کا چشم و چراغ اس طرح بے بسی اور اذیت ناکی سے شہید کیا جائے۔ یحییٰ کی مصلوب لاش بھی اہل خراسان کو مستقل دعوت مبارزت دیتی رہی، ان حالات میں ابومسلم خراسانی کے ظہور نے ایک عمومی بغاوت کی کیفیت پیدا کردی جو بالآخر حکمرانی کے خاتمے کا سبب ہوئی۔

ملاحظہ کیجیے؛ اخبار العباس، ص ۲۸۸؛ مزید دیکھیے، ابن خلدون، کتاب العبر و دیوان المبتداء و الخبر، بیروت، ۱۹۵۷ء، ص ۲۲۳۔

(۵) ملاحظہ کیجیے: رسائل الجاحظ الا بوعثمان عمرو بن بحر الجاحظ، قاہرہ، ۱۹۶۴ء، ص ۱۵؛ مزید دیکھیے: معجم البلدان لشہاب الدین یاقوت بن عبداللہ الرومی، لیپزگ، ۱۸۶۶-۱۸۷۳ء، ج ۲، ص ۴۱۳۔

(۶) ابتداً عباسی دعوت اس خیال سے غذا حاصل کرتی تھی کہ ان کے بزرگ محمد بن علی کو ابوہاشم نے دعوت آل بیت کی کمان سونپ دی تھی۔ محمد بن علی کے صاجزادے نے ۱۲۵ھ میں اپنے والد کے انتقال کے بعد امام المسلمین کی حیثیت سے خفیہ طریقہ سے اپنی دعوت کو منظم کیا۔ بارہ نقباء پر مشتمل ایک کمیٹی تشکیل دی گئی جس نے خراسان کے علاقوں کو اپنی سرگرمیوں کا مرکز بنایا۔ کہا جاتا ہے کہ محمد بن علی جب تک زندہ رہے، ان کا قیام حمیمہ میں رہا۔ خراسان کے اہم داعی بھی اپنے قائد کی اصل شناخت سے ناواقف رکھے گئے۔ امام ابراہیم کی اصل شناخت پر بھی عرصہ تک ابہام کا پردہ پڑا رہا۔ یہاں تک کہ ابومسلم خراسانی کی سبک رفتار کامیابیوں نے سیاسی صورت حال کو یکسر بدل کر رکھ دیا، بالآخر حالات کی کمان ابوسلامہ کے ہاتھوں میں آئی۔ امام کے غیاب میں انھیں ویزر آل محمدؐ کی حیثیت حاصل ہوگئی۔ لیکن مصیبت یہ ہوئی کہ کوفہ کے عین سقوط سے پہلے امام ابراہیم نے حران میں امویوں کی قید میں داعیٔ اجل کو لبیک کہا۔ امام ابراہیم کی موت سے عباسی دعوت کا نظری منظرنامہ یکسر بدل کر رہ گیا۔

(۷) مثال کے طور پر خلیفہ منصور معاویہؓ کی سیاسی بصیرت کا قائل تھا۔ چونکہ معاویہؓ کی حیثیت عامتہ المسلمین کے لیے ایک کاتب وحی اور صحابی کی تھی، اس لیے اموی حکومت کی سخت تنقید کے باوجود آل عباس کے لیے معاویہؓ کے خلاف لب کشائی میں احتیاط لازم تھی۔ یہی وجہ ہے کہ مامون اور معتضد کے علاوہ دوسرے عباسی خلفا کے عہد میں معاویہؓ کے خلاف لاف وگزاف کا سلسلہ حد اعتدال میں نظر آتا ہے۔

(۸) کتاب عیون الاخبار لا بومحمد عبداللہ بن مسلم بن قتیبہ، قاہرہ، ۱۹۲۵-۱۹۳۰ء، ص ۱۴۰، ۱۴۱۔

(۹) کتاب انساب الاشراف لاحمد بن یحییٰ بن جابر البلاذری، مرتب محمد باقر المحمودی، بیروت، ۱۹۷۷ء، ج ۳، ص ۵۔

(۱۰) کتاب الموضوعات لابوالفرج عبدالرحمٰن بن علی بن الجوزی، مدینہ، ۱۳۸۶، ج ۲، ص ۳۱، مزید دیکھیے: حوالہ ۷، ادراک جلد ۲۔

(۱۱) حوالہ مذکور، ص ۳۲: مزید دیکھیے۔ بلاذری انساب، ج ۳، ص ۵۔

(۱۲) اخبار العباس، ص ۱۳۱۔

(۱۳) ملاحظہ کیجیے: کتاب المنمق فی اخبار القریش لا بوجعفر محمد بن حبیب، حیدرآباد، ۱۹۶۴، ص ۲۸-۳۱؛ مزید ملاحظہ کیجیے: بلاذری، انساب، ج ۳، ص ۵۔

(۱۴) تاریخ طبری، لائڈن، ۱۸۷۹-۱۹۰۱ء، ج ۳، ص ۲۱۳۔

(۱۵) طبری، ج ۳، ص ۲۱۴۔

(۱۶) ملاحظہ کیجیے: مروج الذہب و معاون الجوہر لعلی بن حسین بن علی المسعودی، بیروت، ۱۹۶۵-۱۹۶۶ء ج ۳، ص ۳۰۰، ۳۰۱۔

(۱۷) کتاب مقالات الاسلامیین لعلی بن اسمٰعیل الاشعری، استنبول، ۱۹۲۹، ص ۲۱؛ مزید دیکھیے: مسعودی، مروج الذہب، ج ۳، ص ۲۳۶۔

(۱۸) خواجہ عباداللہ اختر، خلافت اسلامیہ، لاہور، ۱۹۵۱ء، حصہ اول، ص ۱۰۰۔

(۱۹) ملاحظہ کیجیے: بغداد کے نائب السلطنت اسحاق بن ابراہیم کے نام مامون کا پہلا فرمان/ مکتوب، مورخہ ربیع الاول ۲۱۸ھ (محولہ: ابوزہرہ، امام احمد بن حنبل، لاہور، ۱۹۹۱ء، ص ۱۱۵-۱۱۸)۔

(۲۰) نائب السلطنت کا بغداد اسحاق بن ابراہیم کے نام مامون کا تیسرا خط۔ (محولہ: ابوزہرہ، حوالہ مذکور، ص ۱۲۰-۱۲۴)

(۲۱) حوالہ مذکور۔

(۲۳) محولہ: ابوزہرہ، امام احمد بن حنبل، ص ۱۲۹۔

(۲۴) طبری، ج ۱۱، ص ۲۴۱۔

(۲۵) طبری، ج ۱۱، ص ۴۹۔

(۲۶) کتاب السنہ، ص ۳۵۔

[بشکریہ 'ادراک زوال امت'، ملی پبلی کیشنز، نئی دہلی، ۲۰۰۵ء]

اسلام کا شیعی قالب

راشد شاز

اسلام کی ابتدائی تین صدیوں تک شیعہ سنّی الگ الگ مستقل دین کی حیثیت سے منقح نہ ہوئے تھے۔ گو کہ مسلمانوں میں سیاسی دھڑے بندیوں کی ابتدا خلافت عثمانی کے بعد ہی شروع ہوگئی تھی لیکن مسلمانوں کے تمام باہمی متحارب گروپ اپنے تمام تر اختلافات کے باوجود خود کو ایک ہی رسالۂ محمدیؐ کے حامل سمجھتے تھے۔ حتیٰ کہ کلامی موشگافیوں اور فقہی اختلافات کے باوجود کسی کے حاشیۂ خیال میں بھی یہ بات نہ آتی تھی کہ یہ سب کچھ آنے والے دنوں میں دین کے الگ الگ قالب کے قیام پر منتج ہوگا۔ شیعہ، سنّی اور وہ جو خوارج کہلائے؛ ان سب کی نمازیں اور اذانیں ایک تھیں۔ وہ سب مشترکہ طور پر ایک ہی مسجد میں، ایک ہی امام کے پیچھے نمازیں پڑھتے تھے۔ حتیٰ کہ آل بیت کے وہ افراد جو آگے چل کر شیعوں کے نزدیک ائمہ معصومین کی حیثیت سے دیکھے گئے، وہ بھی اپنے عہد میں مسلم معاشرے میں کچھ اس طرح گھلے ملے رہے جیسے دوسرے جلیل القدر افراد۔ عباسی خلافت کے قیام کے بعد مسلمانوں کے متحدہ سیاسی منشور کے طور پر خطبۂ جمعہ میں بڑی انقلابی نوعیت کی تبدیلیاں کی گئیں جس کا مفصل تذکرہ ہم آگے کریں گے۔ البتہ عہد عباسی میں شیعان علیؓ اور آل بیت کے مدعیان کی تالیف قلب کا خاطر خواہ نظم نہ ہوسکا۔ اس محرومی نے شیعان علیؓ کے سیاسی موقف میں مزید سختی پیدا کی۔ چوتھی صدی کے آغاز پر فاطمی خلافت کے ظہور اور پھر عین قلب عراق میں آل بویہ کے عروج نے شیعیت کو ایک مستقل مذہبی قالب اختیار کر لینے کا سامان فراہم کر دیا۔ ابن حجر نے خیر القرون قرنی کی تشریح میں لکھا ہے کہ تبع تابعین میں سے آخری شخص جس کا قول مقبول ہے، وہ ہے جو ۲۲۰ھ تک بقید حیات رہا۔ اس کے بعد بقول ان کے، بدعات کا دور دورہ ہوا اور حالات یکسر بدل کر رہ گئے۔ (۱) عام طور پر محدثین کا یہ خیال ہے کہ ابن حنبل کے عہد تک اسلام کا متحدہ قالب بڑی حد تک باقی تھا۔ ہمارے خیال میں اس عہد کو ہم ۲۹۷ھ تک وسعت دے سکتے ہیں بلکہ اس سے بھی آگے کہ جب فاطمی خلافت قاہرہ کے سیاسی منظر نامے پر طلوع ہوئی اور اسے اپنے نظری جواز کے لیے دین کے قدرے مختلف قالب

کی ضرورت محسوس ہوئی تو اس کے ردعمل کے طور پر سنی اسلام کے خدوخال بھی متعین کیے جانے لگے۔ اسی دوران پھر شیعوں کو وہ گروہ جو حسن عسکری کی وفات کے بعد حالات سے کبیدہ خاطر تھا اور جس کے افراد مختلف علاقوں میں خروج کرتے اور کبھی کبھی کسی چھوٹے سے علاقے پر قابض ہو جاتے، انھیں ایک نئی نظری جدوجہد کی ضرورت محسوس ہوئی۔ اسی دور میں آل بیت کے حلقے سے کچھ ایسی علمی کاوشیں سامنے آئیں جس نے بہت جلد شیعہ اسلام کا ایک علیحدہ قالب ترتیب دے ڈالا۔

شیعہ اسلام کے تمام بڑے اساطین چوتھی صدی میں طلوع ہوئے۔ اسی دور میں ان کی تمام بنیادی کتابیں لکھی گئیں۔ اس سے پہلے شیعوں اور سنیوں کی الگ الگ دینی کتابوں کا کوئی تصور نہ پایا جاتا تھا۔ عالم اسلام میں التباسات فکر ونظر کی جو آندھی چل رہی تھی، اس کے دونوں ہی شکار تھے۔ صحاح ستہ کے مجموعے جو تیسری صدی میں مرتب ہوئے، ان کی حیثیت دونوں فرقوں کے اجتماعی سرمایے کی ہے۔ صحاح ستہ اور احادیث کی دوسری متداول کتابوں میں جو تیسری صدی یا اس کے کچھ بعد مرتب ہوئیں، ایسی بہت سی روایتیں موجود ہیں جو بنیادی طور پر شیعی نقطہ نظر کی حامل ہیں۔ اس کی وجہ یہی ہے کہ تیسری صدی کے آخر تک ان دو فرقوں کی کتابیں مشترکہ تھیں اور روایتوں کے ان مجموعوں کو دین کے حتمی تعبیری قالب کی حیثیت حاصل نہیں تھی ورنہ یہ کیسے ممکن ہوتا کہ **من کنت مولاہ فعلی مولاہ** کی حدیث کے باوجود مسلمانوں کا کوئی گروہ حضرت علیؓ کو خلیفہ بلافصل تسلیم کرنے سے انکاری ہوتا (۲) یا صحیح مسلم میں خمرۂ نماز اور حدیث متعہ کی موجودگی کے باوجود ان امور کو اپنے لیے لائق عمل نہ سمجھتا۔ بخاری میں کوئی چھ جگہوں پر مختلف انداز سے اس بات کا تذکرہ موجود ہے کہ آنحضرتؐ نے جب بستر مرگ پر وصیت لکھوانا چاہی تو حضرت عمرؓ نے یہ کہہ کر انھیں اس ارادے سے بعض رکھا کہ **حسبنا کتاب اللہ**۔ شیعہ نقطۂ نظر کی پُرزور وکالت کرنے والی اس حدیث کی بخاری میں موجودگی اس بات کا بین ثبوت ہے کہ جس وقت صحاح ستہ کے مجموعے مرتب ہو رہے تھے، مسلمان اپنے تمام تر التباسات فکری کے باوجود امت واحدہ تھے جن کا علمی سرمایہ مشترکہ تھا۔ (۳)

چوتھی صدی کی ابتدا تک نہ صرف یہ کہ شیعہ اور سنّی ایک مشترکہ علمی سرمائے کے حامل تھے بلکہ دونوں حلقوں کے علمائے کرام ایک دوسرے سے اکتساب فیض کو معمول کی بات سمجھتے؛ کہ تب ان سیاسی امور پر مختلف نقاط نظر کا پایا جانا مذہبی شناخت کا حوالہ نہیں بن پایا تھا۔ ابن حجر نے ایسے علمائے حدیث کی ایک طویل فہرست فراہم کی ہے جو تھے تو سنّی شناخت کے حامل لیکن انھوں نے الباقر سے حدیثیں روایت کیں، ان کے شاگرد رہے یا ان کی علمی مجلسوں کی رونق تھے۔ ابو اسحٰق السّبیعی، عمرو بن عبداللہ (متوفی ۱۲۸ھ)، العراج (متوفی ۱۴۰ھ)، شہاب زہری (متوفی ۱۲۴ھ)، عمرو بن دینار (متوفی ۱۲۶ھ)، عبدالرحمٰن بن العمر والاوزاعی (متوفی ۱۵۷ھ)، عبدالملک ابن جریج (متوفی ۱۵۰ھ)، سلیمان بن مہران العمش (متوفی ۱۴۸ھ)، مکحول بن راشد (متوفی ۱۱۵ھ) جیسے معروف نام اس فہرست میں شامل ہیں جن میں الزہری، الاوزاعی، ابن جریج، العمش وغیرہ سنّی فکر کے

اساطین میں شمار ہوتے ہیں۔ (۴) ذہبی نے بھی ایسے علما کے نام شمار کرائے ہیں جو اہل سنت کے لیے معتبر سمجھے جاتے ہیں اور جن کا علم الباقر کے مدرسۂ فکر کا مرہون منت ہے۔ ذہبی کے مطابق ربیعہ الرائے (متوفی ۱۳۶ھ)، مرّہ بن خالد ابونعیم الاسفہانی (متوفی ۱۳۶ھ)، عطا بن ابی رباح (متوفی ۱۱۴ھ)، جابر الجوفی (متوفی ۱۲۸ھ) اور آبان بن تغلیب (متوفی ۱۴۱ھ) جیسے محدثین کا باقر سے اکتساب فیض تاریخی بنیادوں پر ثابت ہے۔

جیسا کہ ہم نے ذکر کیا، اس عہد میں شیعہ سنّی علما کا ایک دوسرے سے اکتساب فیض کرنا، باہم ایک دوسرے کی مجلسوں میں بیٹھنا یا شاگردی اختیار کرنا معمول کی بات سمجھی جاتی تھی۔ جہاں ان حضرات کی زبانیں ایک دوسرے کی توصیف میں کھلتیں، وہیں ایک دوسرے کے لیے ناروا جملے بھی ان کی زبانوں سے نکل جاتے۔ عطا بن ابی رباح، جو اہل سنت کے بہت بڑے محدث ہیں، الباقر کے خاص شاگردوں میں تھے جن کے بارے میں ایک بار الباقر نے کہا تھا کہ مناسک حج کے سلسلے میں اس وقت عطا سے بڑا کوئی عالم نہیں۔ (۵) دوسری سنّیوں کے اساطین میں حسن بصری سے باقر کی معاصرانہ چشمک تھی۔ وہ انھیں سخت ناپسند کرتے بلکہ ایک موقع پر تو باقر نے حسن بصری کو محرف لکلام اللہ تک کہہ دیا تھا۔ (۶) جعفر اپنے زمانے میں شیعوں کے امام منصوص کے بجائے ایک جلیل القدر عالم کی حیثیت سے دیکھے جاتے تھے، جن کے حلقۂ درس سے وابستگی اہل علم کے لیے باعث افتخار تھا۔ ابوحنیفہ النعمان (متوفی ۷۶۷) جن سے آگے چل کر فقہ حنفی کا دبستان منسوب ہوا اور مالک ابن انس (متوفی ۷۹۵) جن سے فقہ مالکی منسوب ہے، جعفر صادق کے حلقۂ ارشاد سے باقاعدہ وابستہ تھے۔ گویا جعفر کے عہد تک شیعہ سنّی نظری سرحدیں واضح نہیں ہو پائی تھیں اور نہ ہی انھیں امام منصوص نہ ماننے سے کسی کا ایمان باطل ہوتا تھا۔

وہ لوگ بھی جو تفضیل علیؓ کے قائل نہیں تھے، علمائے اہل بیت سے اخوت واحترام سے پیش آتے کہ تب شیعہ یا سنّی ہونا ایک تاریخی سیاسی مسئلہ پر نظری مؤقف کا اظہار تھا اور بس۔ اسے عقیدہ کا مسئلہ نہیں بنایا گیا تھا جس کی بنیاد پر علیحدہ فرقوں کا قیام عمل میں آسکے۔ کہا جاتا ہے کہ الحکم بن عتبہ (متوفی ۱۱۳ھ) جو ایک مشہور محدث تھے، اپنے علم وفضل اور کبرسنی کے باوجود جب الباقر کی مجلس میں آتے تو ان سے اتنی محبت اور احترام سے ملتے جیسے شاگرد استاد سے ملتا ہو۔ اس کا ایک سبب تو الباقر کی علمی حیثیت تھی اور دوسرا سبب اہل بیت سے ان کا تعلق۔ (۷) ابن حجر نے 'تہذیب' میں لکھا ہے کہ محمد بن المنکدر، الباقر کی شان میں رطب الیسان رہتے۔ ان سے منقول ہے کہ انھوں نے علی بن الحسین سے بڑھ کر کسی اور کو نہیں دیکھا اور اگر دیکھا تو ان کے صاحبزادے الباقر کو۔ (۸) زہری (متوفی ۱۲۴ھ) جو شیعہ رجحان کے حامل تھے اور جن کے اصحاب اہل بیت سے خوشگوار تعلقات پر تاریخ کے صفحات شاہد ہیں، امویوں کے سرکاری مولوی رہے۔ زہری سے باقر کی روایتیں منقول ہیں اور وہ اس بات پر فخر کرتے ہیں کہ ان کی تربیت الباقر کے والد زین العابدین کی مجلسوں میں ہوئی۔ (۹)

آج ہم جنھیں شیعہ فکر کے اساطین میں شمار کرتے ہیں اور جن کے سرشیعی انحراف فکری کا الزام عائد کیا جاتا ہے، ان کی بے شمار روایتیں اہل سنت کی قدیم کتب میں موجود ہیں۔ مثال کے طور پر الباقر اور ان کے صاحبزادے

جعفر الصادق کی روایتیں موطا امام مالک (۱۰)، تاریخ طبری (۱۱)، مسند احمد (۱۲) اور الرسالہ شافعی (۱۳) جیسے معتبر سنّی مآخذ میں موجود ہیں، اور سب سے بڑی بات یہ ہے کہ مسند احمد جو اہل سنت کے نزدیک حدیثوں کا سب سے بڑا مجموعہ ہے، اس میں غدیر خم کی روایت موجود ہے۔

اہل سنت کی قدیم کتب روایات میں الباقر کی صرف روایات ہی نہیں ملتیں بلکہ بسا اوقات الباقر سنیوں کے لیے ماخذ حدیث کی حیثیت بھی رکھتے ہیں، یعنی ایسی حدیثیں بھی موجود ہیں جن کا سلسلہ الباقر پر جا کر ختم ہو جاتا ہے۔ مثلاً 'موطا' میں کم از کم دو روایتیں (۱۴) الباقر سے ہی شروع ہوتی ہیں، جب کہ چار روایتیں (۱۵) الباقر نے جابر بن عبداللہ سے روایت کی ہیں اور دو روایتیں (۱۶) تو ایسی ہیں جن کو الباقر نے راست حضرت علیؓ کی سند پر بیان کیا ہے۔ اسی طرح شافعی کے 'الرسالہ' (۱۷) میں کم از کم ایک روایت ایسی موجود ہے جس کا سلسلہ الباقر پر جا کر ختم ہو جاتا ہے۔ کچھ یہی حال مسند احمد (۱۸) کی بعض روایات کا ہے جو یا تو الباقر پر ختم ہوتی ہیں یا ان کے توسط سے ان کے والد علی زین العابدین (۱۹) تک جا پہنچتی ہیں۔ ان حقائق سے اس بات کا بآسانی اندازہ کیا جا سکتا ہے کہ اپنے عہد میں الباقر محدث اور فقیہ کی حیثیت سے اہل سنت کے حلقے میں بھی اسی طرح مقبول تھے اور یہ بات بھی سمجھ میں آتی ہے کہ تب فرقوں کی شناخت واضح نہیں ہوئی تھی۔

جعفر الصادق (متوفی ۷۶۵) کے عہد تک شیعیت محض ایک سیاسی تحریک تھی جو مختلف اساطیری روایتوں اور فضائل و مناقب سے فطری غذا ضرور حاصل کرتی تھی، البتہ باضابطہ مسلک یا مذہب کی حیثیت سے اس کے خدو خال واضح نہیں ہوئے تھے۔ (۲۰) کیسانیہ، جو ابن حنفیہ کو اپنا پیشوا مانتے تھے، مختار اور عبداللہ بن معاویہ کی بغاوتوں میں کلیدی رول ادا کر چکے تھے، بلکہ بڑی حد تک عباسی دعوت کے محور و مرکز تھے۔ دوسری طرف نفس ذکیہ اور حسنی سلسلہ کے متبعین تھے۔ گویا اہل بیت کے حوالے سے جو لوگ استحقاق حکومت کی مہم چلا رہے تھے، ان کی قیادت اصحاب سیف ائمہ کے ہاتھوں میں تھی۔ جعفر صادق نے اپنی جلالت علمی کے سبب تلوار کے بجائے قلم کا میدان اپنے لیے منتخب کیا۔ اس سے ایک بڑا فائدہ یہ ہوا کہ دوسرے علوی سلسلوں کے مقابلہ میں وہ نظام وقت کے راست ٹکراؤ سے بچ گیا۔ گویا اب تک شیعہ جو کچھ بزور بازو نہ کر پائے تھے، جعفر کے pacifism اور جلالت علمی نے اسے کر دکھایا۔ اسی عہد میں یہ خیال پہلی بار سامنے آیا کہ ائمہ مامورین کا سلسلہ بذریعہ نص ہے۔ ایک امام کے بعد یہ سلسلہ دوسرے کو منتقل ہو جاتا ہے۔ خواہ وہ اپنے اس حق پر اصرار کرے یا نہ کرے۔ وثوق کے ساتھ یہ کہنا مشکل ہے کہ آیا جعفر خود نص کے موجد ہیں۔ البتہ ایک ایسے عہد میں جب علویوں کو خلافت کا potential candidate سمجھا جاتا ہو اور جب ان کے خلاف تلواریں بے نیام ہوں، سابقہ سیاسی تجربوں کے پیش نظر امامت کو مسند رشد تک محدود کرنا ایک قابل فہم بات ہے۔ پھر ایک ایسے عہد میں جب اہل حق کے لیے سیاسی مسائل پر زبان کھولنا مشکل ہو گیا ہو، اس کا امکان ہے کہ رشد و ہدایت پر اپنے استحقاق کو باقی رکھنے کے لیے نص کا فلسفہ سامنے لایا گیا ہو اور اس کا بھی امکان ہے کہ حساس امور پر خاموشی یا تقیہ کے سبب دوسروں کو اس کا موقع ملا ہو کہ وہ

خانوادۂ علوی میں امامت کے استحقاق کو منصوص من اللہ امر بتائیں۔ البتہ یہ بات وثوق سے کہی جاسکتی ہے کہ نص کا تصور اس عہد میں منقح نہ ہوا تھا۔ خود جعفر کے عہد میں جو لوگ نفس ذکیہ کے گرد جمع تھے، وہ اس لیے تو تھے کہ جعفر اپنی امامت پر کسی نص سے جواز نہیں لاتے تھے۔

یہ خیال کہ ائمہ منصوص کا تصور جعفر کے عہد میں متشکل نہیں ہوا تھا، ایک ایسی بدیہی حقیقت ہے جس پر خود جعفر کے بعد کی نسلیں گواہ ہیں۔ کہا جاتا ہے کہ جعفر نے اپنی زندگی میں اسماعیل کو نامزد کیا تھا۔ لیکن اسمٰعیل کی جواں سال موت کے سبب انھیں موسیٰ کو نامزد کرنا پڑا۔ بعض لوگ جعفر کی زندگی میں ہی یہ کہہ کر ان سے الگ ہوگئے کہ جعفر کو ایک ایسے شخص کو نامزد نہیں کرنا چاہیے تھا جو مستقبل میں ان کی نمائندگی سے قاصر ہو۔ بالفاظ دیگر جس امام کو اتنی بھی خبر نہ ہو کہ اس کا صحیح نمائندہ کون ہوسکتا ہے، اس کی کیا اتباع کی جائے۔ ابتداً اس حق پر عبداللہ نے اپنا استحقاق ثابت کیا۔ البتہ عبداللہ کی موت کے بعد موسیٰ کو منصب امامت پر فائز ہونے کا موقع ملا۔ (۲۱) نو بختی نے جو واقعات نقل کیے ہیں، اس سے بھی اس بات کا عندیہ ملتا ہے کہ باقر کے عہد تک شیعی اماموں کا تصور خاندانی حوالے سے محض سیاسی استحقاق کا تھا۔ نہ تو اس کی کوئی باقاعدہ دینیات مرتب ہوئی تھی اور نہ ہی اسے امر منصوص سمجھا جاتا تھا۔ (۲۲) بلکہ خود شیعہ تاریخی مصادر سے یہ بات پایۂ ثبوت تک پہنچتی ہے کہ گیارہویں امام حسن العسکری کی موت کے بہت بعد تک بارہ منصوص ائمہ کی کوئی فہرست نہیں پائی جاتی تھی۔ (۲۳) شیعوں کے وہ تمام عقائد جن پر آج شیعہ مسلک کی عمارت قائم ہے، مثلاً بارہ منصوص اماموں کا من جانب اللہ مامور ہونا، امام غائب کے سلسلے میں غیبت کبریٰ کا تصور، آل بیت کا فاطمی خانوادے تک محدود ہونا یا یوم عاشورہ کی مروجہ رسومات اور زیارت قبور انبیا کو دین کا حصہ سمجھنا؛ ان تمام باتوں کی خود جعفر صادق کو مطلقاً ہوا نہ لگی تھی۔ اگر یہ عقیدہ واقعتاً من جانب اللہ ہوتا تو بارہ اماموں کی فہرست جعفر صادق کے عہد میں ضرور گردش کر رہی ہوتی۔ جعفر کے پُرجوش شاگرد ہشام بن حکم (متوفی ۱۸۵ھ) جو سماجی منظر نامے پر ائمہ معصومین کی پُرزور تبلیغ کرتے نظر آتے ہیں، ان کے ہاتھوں میں بھی بارہ اماموں کی کوئی فہرست نظر نہیں آتی۔ اس کے برعکس ہم دیکھتے ہیں کہ آل بیت رسولؐ کے حوالے سے ہاشمیوں اور مطّلبیوں کی مختلف شاخوں سے لوگ اپنے آپ کو پیش کر رہے ہیں۔ تو کیا شیعیت کی تعمیر کا تمام کام آل بویہ کے عہد میں انجام پایا؟ تاریخی مصادر سے اس سوال کا جواب اثبات میں بھی فراہم ہوتا ہے اور نفی میں بھی۔ اس میں شبہ نہیں کہ آل بویہ کا عہد شیعیت کی علیحدہ مذہبی تشخص کے لیے کلیدی اہمیت کا حامل ہے، البتہ جن اجزا سے اس عہد میں شیعیت کا خرمن فکر تشکیل پایا، وہ منتشر حالتوں میں مسلم معاشرے میں پہلے سے موجود تھے۔ شیعیت کسی نئے مذہب کی تشکیل سے عبارت نہ تھی جس کے لیے کوئی خاص داعی تاریخ کے کسی لمحے میں ایک نئی دعوت کا اعلان کرتا بلکہ سیاسی اور فکری انتشار کے عہد میں یہ ایک نئے فکری قلعے کی تعمیر کی کوشش تھی۔ چوتھی صدی کا عہد عالم اسلام میں نظری خیموں کی تعمیر کا عہد ہے۔ اسی عہد میں بوجوہ مسلمانوں کی فرقہ بندیوں کو دینی شناخت عطا ہوئی۔ سنّی، فاطمی اور شیعی اسلام کے علیحدہ علیحدہ خیمے اسی عہد میں قائم ہوئے۔ پھر کوئی وجہ نہیں کہ ہم شیعی اسلام کو تو تاریخ

کا پروردہ بتائیں اور دین کے دوسرے تاریخی قالب اور ان کے انحراف پر ہماری جبینیں شکن آلود نہ ہوں۔

تعلیقات وحواشی:

(۱) فتح الباری، ج ۴، ص ۴

(۲) یہ کہنا تو مشکل ہے کہ من کنت مولاہ فعلی مولاہ کی روایت پہلی بار کب سامنے آئی کہ خود شیعی ماخذ میں غدیر خم کا پہلا اظہار بزبان علیؓ کوفہ کی اس مسجد میں ہوا جب حضرت علیؓ نے ان اصحاب کو اس قول کی تصدیق کے لیے جمع کیا تھا (المفید، ارشاد ترجمہ ہووارڈ ص ۳۹۳)۔ رہا یہ دعویٰ کہ لفظ وصی کا تذکرہ صفین اور جمل کی جنگوں میں سنائی دیتا ہے، تو واقعہ یہ ہے کہ ابومخنف کی 'کتاب الجمل' سے پہلے اس دعویٰ کا اظہار کسی اور نے نہیں کیا۔ ابومخنف نے 'کتاب الجمل' میں اور نصر بن مزاحم کی 'کتاب الواقعۃ الصفین' میں حضرت علیؓ سے ایسے اشعار منسوب کیے ہیں جن میں ان کی زبانی مقام وصی پر ان کے دعویٰ کا اظہار ہوتا ہے۔ بعض لوگ یہ بھی کہتے ہیں کہ عہد عثمانؓ میں عبداللہ بن سبا نے اس خیال کی اشاعت شروع کر دی تھی ہر نبی کا ایک وصی ہوتا ہے اور محمدؐ کے وصی علیؓ ہیں۔ تاریخی مصادر میں عام طور پر عبداللہ بن سبا کے گرد سرّیت کا ہالہ قائم ہو گیا ہے، بعض لوگ اسے ایک خیالی کردار تصور کرتے ہیں۔ بعض لوگ یہ بھی کہتے ہیں کہ عبداللہ بن سبا کے نام سے عمار بن یاسر متحرک تھے جو اپنے عہد میں السودہ کے لقب سے بھی جانے جاتے تھے۔ مزید تفصیل کے لیے دیکھیے: علی الوردی، واعظ السلاطین، بغداد ۱۹۵۴ء۔

۲۰ ۳ھ میں 'الکافی' کی ترتیب سے پہلے روایتوں کے مجموعے تمام فرقوں کی مشترکہ میراث سمجھے جاتے تھے اور ان میں سبھوں کو اپنے مطلب کی روایتیں مل جاتی تھیں؛ خواہ وہ جمع بین الصلوتین کا معاملہ ہو یا ہاتھ کھول کر نماز پڑھنے کی بات۔ مصنف ابن ابی شبیہ میں ایک بات ہے جس میں ان لوگوں کا بیان ہے جو ہاتھ چھوڑ کر نماز پڑھتے تھے۔ یہ وہی ابن ابی شبیہ ہیں جنھیں بخاری ومسلم کی استادی کا شرف حاصل ہے اور جن کے بیان کے مطابق مکہ میں عبداللہ بن زبیر، مدینہ میں سید بن مسیب، بصرہ میں حسن بصری اور ابن سیرین اور کوفہ میں ابراہیم نخعی ان لوگوں میں تھے جو ہاتھ کھول کر نماز پڑھا کرتے تھے۔ رہا شیعوں کے ہاں جمع بین الصلوٰتین کا معاملہ تو ترمذی میں یہ روایت موجود ہے کہ آنحضرتؐ نے مدینہ میں، جہاں نہ بارش تھی نہ جنگ کا خوف، نہ سفر اور بیماری کا عذر، آپؐ نے ظہر اور عصر کی نمازیں یکجا پڑھائیں۔

(۴) الذہبی، تاریخ الاسلام، ج ۴، ص ۲۹۹۔

(۵) ابن سعد، طبقات، ج ۵، ۴۵۔ ۳۴۴۔ مزید یکھیے: ابونعیم، حلیۃ الاولیاء، ۱۰ مجلدات، قاہرہ، ۳۸۔ ۱۹۳۲، ج ۳، ص ۳۱۱۔

(۶) کہا جاتا ہے کہ جب باقر تک یہ خبر پہنچی کہ حسن بصری قرآن مجید کی آیات؛ قل لا اسئلکم

علیہ اجراً الا المودۃ فی القربیٰ (۲۳:۴۲) کی تفسیر یہ بتاتے ہیں کہ اس کا مطلب خدا کی اطاعت کے ذریعہ اس کے قرب کا حصول ہے نہ یہ کہ اہل بیت کی قربت تو باقر اس بات سے بہت برہم ہوئے ، یہاں تک کہ انھوں نے حسن بصری کو المحرف لکلام اللہ تک کہہ ڈالا ۔ (القاضی النعمان، دعائم الاسلام، ج ا ص ۸۴)

(۷) ابونعیم، حلیۃ الاولیا، ج ۳، ص ۱۸۶، حوالہ مذکور۔

(۸) ابن حجر، تہذیب التہذیب، حیدرآباد، ۹-۱۹۰۷ء، ج ۱۰ ص ۳۵۰۔

(۹) ابن سعد، طبقات، ج ۵، ص ۱۵۸۔ مزید دیکھیے: مسند احمد، ج ۳، روایت نمبر ۸۳-۱۸۸۲۔

(۱۰) مؤطا امام مالک، دو مجلدات، مرتب: محمد فواد عبدالباقی، الجزائر، ۱۹۵۱ء، حدیث نمبر ۴۰، ۴۴، ۱۰۷، ۱۲۷ اور ۱۳۱۔

(۱۱) تاریخ طبری، ۱۰ مجلدات، قاہرہ، ۶۹-۱۹۶۷ء، ج ۲ ص ۴۱۰، ۴۴۶ اور ۴۸۵؛ ج ۳، ص ۳۷ اور ۲۱۲: ج ۵ ص ۳۴۷، ۳۴۹، ۳۵۱: ج ۷، ص ۱۸۱، ۲۰۸ اور ۵۶۹۔

(۱۲) مسند ابن حنبل، مرتب: احمد محمد شاکر، قاہرہ، ۱۹۴۹ء، ج ا، حدیث نمبر ۵۷۶: ج ۲، حدیث نمبر ۵۹۷، ۶۰۱، ۶۰۵، ۶۸۸: ج ۳، حدیث نمبر ۱۸۳۳، ۲۰۸۱: ج ۴، حدیث نمبر ۲۱۵۳ اور ۲۲۸۴۔

(۱۳) رسالہ الشافعی، مرتب: احمد محمد شاکر، قاہرہ، ۱۹۷۹ء، حدیث نمبر ۱۱۸۲، ۱۲۴۵۔

(۱۴) مؤطا امام مالک، مرتب: عبدالوہاب عبداللطیف، ۲ مجلدات، قاہرہ، ۱۹۶۷ء، ج ا، حدیث نمبر ۴۰ اور ۴۴۔

(۱۵) حوالہ مذکور، حدیث نمبر ۱۰۷، ۱۲۶، ۱۲۷ اور ۱۳۱۔

(۱۶) حوالہ مذکور، ج ا، حدیث نمبر ۱۵۸، ج ۲، حدیث نمبر ۱۷۔

(۱۷) رسالہ الشافعی، حوالہ مذکور، حدیث نمبر ۱۱۸۲، ۱۲۴۵۔

(۱۸) مسند ابن حنبل، مرتب: احمد محمد شاکر، ج ۳، حدیث نمبر ۲۰۸۱، ج ا، حدیث نمبر ۵۷۶۔

(۱۹) حوالہ مذکور، ج ۲، حدیث نمبر ۶۰۱، ۶۸۸۔

(۲۰) اصول الکافی میں اس قسم کی روایتیں موجود ہیں جو جعفر الصادق کو شیعیت کے مؤسس کے طور پر پیش کرتی ہیں۔ مثال کے طور پر ایک مشہور روایت ہمیں اس امر پر مطلع کرتی ہے کہ جعفر سے پہلے شیعہ مناسک حج اور اس کے حلال وحرام سے واقف نہ تھے۔ اس امر میں وہ دوسروں کے محتاج تھے لیکن جعفر کے بعد لوگ ان کے محتاج ہو گئے۔ حتیٰ صار الناس یحتاجون الیھم من بعد ما کانوا یحتاجون الی الناس۔ اس قسم کی روایتوں سے بآسانی اندازہ لگایا جا سکتا ہے

کہ ابتدائی عہد کے مسلمان، بشمول پنجتن، ایک ہی شرع ومنہاج پر عامل تھے۔

(۲۱) ائمہ کی فہرست سے عبداللہ کا نام اس وقت غائب ہوگیا جب ۱۲ کی گنتی canonize ہوئی۔ نوبختی نے فرق الشیعہ میں اس بارے میں تفصیل سے کلام کیا ہے۔

(۲۲) نوبختی کے فرق الشیعہ کے مطالعہ سے اس بات کا اندازہ ہوتا ہے کہ اثناعشری فرقہ کی شناخت دراصل ایام غیبت کی پیداوار ہے۔ اس سے پہلے کسی شیعی تاریخی ماخذ میں اثناعشری فرقہ کی اصطلاح نہیں ملتی۔ نوبختی کی کتاب فرق الشعیہ اور القمی کی کتاب 'المقالات والفرق' جن کی حیثیت ابتدائی شیعی ماخذ کی ہے اور جن کی تالیف کا زمانہ غیبت پر کوئی ربع صدی گزرنے کے بعد کا ہے، یہ دونوں کتابیں اس بارے میں بالکل خاموش ہیں کہ ایام غیبت کب ختم ہوں گے؟ یا یہ کہ ائمہ کی کل تعداد کتنی ہوگی؟ بارہ اماموں کے عقیدے کی بنا اولاً کلینی کی روایتوں نے رکھا اور پھر ابن بابویہ اور شیخ مفید نے اس کی تعبیر وتشریح کا فریضہ انجام دیا۔

(۲۳) سال ۲۶۰ھ میں حسن العسکری کے وصال کے بہت بعد تک ان کے متبعین کے لیے اثنا عشری کی اصطلاح سنائی نہیں دیتی۔ کوئی نصف صدی اس ابہام میں گزر گئی کہ گیارہویں امام کی موت کے بعد امامت کا سلسلہ کیوں کر جاری رہ پائے گا۔ جیسا کہ ہم دوسری جگہ تذکرہ کر چکے ہیں، حامیان اہل بیت کوئی بیس مختلف گروہوں میں بٹ گئے تھے۔ ان کی اکثریت قطعیہ کہلاتی تھی یعنی وہ لوگ جن کا سلسلہ امامت ٹوٹ گیا ہو۔ کوئی نصف صدی کے عرصے میں ایسی روایتیں گردش کرنے لگیں جو بارہ اماموں کی بابت کلام کرتی تھیں۔ غالباً سب سے پہلے جس شخص نے اثناعشری کی اصطلاح کو تاریخ کی کتابوں میں محفوظ کیا، وہ مورخ مسعودی ہے جو خود بھی شیعی نقطہ نظر کا حامل تھا۔ ہمارے خیال میں مسعودی کے آخری ایام تک اس اصطلاح کو قبولیت عاملہ مل چکی تھی۔ یہی وجہ ہے کہ جہاں مسعودی کی 'مروج الذہب' اس اصطلاح سے خالی ہے، وہیں اس کی آخری تصنیف 'التنبیہ والاشراف' میں یہ اصطلاح پہلی بار سنائی دیتی ہے۔ واضح رہے کہ بارہ ائمہ کی حدیثیں اس سے پہلے ہی 'الکافی' میں مرتب ہو چکی تھیں جس کی ترتیب کا سال تقریباً ۳۲۰ھ ہے، جب کہ 'التنبیہ الاشراف' کا سال تصنیف اغلباً ۳۴۴ھ ہے۔

[بشکریہ 'ادراک زوال امت'، ملی پبلی کیشنز، نئی دہلی، ۲۰۰۵ء]

فکر اسلامی: بند دروازے پر دستک

خالد تھتھال

جو قومیں یا تہذیبیں بدلتے وقتوں کی مناسبت سے نئے سماجی، سیاسی و سائنسی نظریات اور ڈھانچوں کا تجربہ کرتی ہیں اور بدلتے وقت کے تقاضوں اور اپنے تجربات سے اخذ کردہ نتائج کی بنیاد پر اپنے آپ کو نئے سانچوں میں ڈھالنے کی جرأت کرتی ہیں، وہی قومیں زندہ رہتی ہیں۔ اس کے برعکس جو قومیں اپنے مخصوص فرسودہ عقائد، نظریات و رسومات کی زنجیروں سے بندھے رہنے کو ترجیح دیتی ہیں، وہ اپنے ارتقائی مراحل طے نہ کرنے کی وجہ سے باقی اقوام کے مقابلے میں بہت پیچھے رہ جاتی ہیں۔ ایسی اقوام یا معاشروں کا حال پریشان کن اور مستقبل مبہم ہونے کی وجہ سے ان کے لیے ماضی کے قصے کہانیوں میں پناہ لینے کے علاوہ کوئی اور چارہ نہیں رہتا۔ آج کے وقتوں میں کچھ ایسا ہی حال مسلم اقوام کا ہے جن کے پاس ماضی کے سچے جھوٹے افسانوں پر فخر کرنے کے علاوہ کچھ نہیں بچا۔

> ہم مسلمانوں کو ایک نیا مرض لاحق ہو گیا ہے جس کو اسلاف پرستی کہتے ہیں...... ان حضرات نے آفت برپا کر دی ہے، کوئی مسلمانوں کی علمی دولت کو شمار کرتا ہے، کوئی تمدنی خوبیاں گنواتا ہے، کوئی ہمارے مدارس اور یونیورسٹیوں کی فہرست تیار کرتا ہے، کوئی ہمارے یونانی کتابوں کے ترجموں کا حساب دیتا ہے، کوئی اندلس کی حکومت کا زور دکھاتا ہے، کوئی ہارون و ماموں کی شان بیان کرتا ہے۔ (نواب عماد الملک بلگرامی کا علی گڑھ ایجوکیشنل کا خطاب؛ 'اقبال کا علم الکلام'، سید علی عباس جلالپوری)

ماضی پرستی کے مارے مسلمان جہاں اسلام کو ایک ایسا مذہب قرار دیتے ہوئے فخر کا پہلو ڈھونڈتے ہیں جو دنیا میں سب سے تیزی سے پھیل رہا ہے وہیں انھیں مسلمانوں کی زبوں حالی کا بھی احساس ہے جو ان کے نزدیک 'دشمنان اسلام' کی سازشوں کا نتیجہ ہے۔

بد قسمتی سے اُمت مسلمہ ابھی تک 'دشمنان اسلام' کا صحیح طور پر تعین نہیں کر سکی۔ عرب ممالک میں دشمنان اسلام سے مراد صرف یہودی یعنی آل ابراہیم ہیں۔ ان کی فہرست میں ہندوؤں کا اندراج اسلام دشمن کے طور پر نہیں ہے۔ اسی وجہ سے عرب ممالک کے ہندوستان کے ساتھ نہ صرف اچھے تعلقات ہیں بلکہ ہندوؤں کو ابوظہبی میں مندر تعمیر کرنے کی اجازت تک بھی دی جا چکی ہے۔ لیکن پاکستان میں یہود کے علاوہ ہندو بھی دشمنان اسلام کی فہرست میں جگہ پاتے ہیں۔ عرب مسلمانوں کے نزدیک یہودی رات دن مسلمانوں کو دنیاوی اور دینی طور پر نقصان پہنچانے کے لیے سازشیں کرتے ہیں، اور ادویات اور خوراک میں کینسر پیدا کرنے والے اجزا شامل کر کے مسلمان ممالک کو برآمد کرتے ہیں، اور پاکستان میں دشمنان اسلام پولیو کے قطروں میں ایسے اجزا شامل کر کے پاکستان بھیج رہے ہیں جن سے مسلمانوں کی آئندہ نسلیں مزید اولاد پیدا کرنے کے قابل نہ رہیں۔

ایک عشرہ پہلے مسلم دنیا کی آبادی کا ایک چوتھائی اور دوسرا بڑا مذہب ہونے کا بڑے فخر سے اعلان کرتے تھے اور جس رفتار سے افزائش آبادی کے عفریت نے مسلمان ممالک کو اپنے شکنجے میں جکڑ لیا ہے، چند عشروں بعد اس دھرتی پر چلنے والا ہر تیسرا انسان مسلمان اور تعداد کے لحاظ اسلام دنیا کا سب سے بڑا مذہب ہو گا۔ اقوام متحدہ کی ۲۰۱۱ء کی رپورٹ کے مطابق پاکستان میں شرح پیدائش تمام مسلمان ممالک کے مقابلے میں سب سے زیادہ ہے۔ جہاں دوسرے ممالک میں آبادی گھٹ رہی ہے، وہیں مسلمان ممالک میں آبادی بڑھ رہی ہے۔ ایک حالیہ رپورٹ کے مطابق جہاں مغربی ممالک میں فی خاندان بچوں کی پیدائش کی اوسط شرح ایک اعشاریہ سات فیصد ہے، وہیں مسلمان ملک نائیجیریا میں یہ شرح سات اعشاریہ ایک فیصد ہے۔

اسلام کے مغرب میں تیزی سے پھیلنے کو ایسے پیش کیا جاتا ہے، گویا مغربی ممالک میں لوگ دھڑا دھڑ اسلام قبول کر رہے ہیں۔ حالانکہ حقیقت یہ ہے کہ اسلام قبول کرنے والوں میں ننانوے فیصد تعداد لڑکیوں کی ہے جو کسی مسلمان مرد سے شادی کی خاطر اسلام قبول کرتی ہیں۔ شادی کی خاطر کیے گئے اسلام کی کیا اہمیت ہے، اس کی واضح مثال جمائما گولڈ اسمتھ ہیں جنھوں نے عمران خان سے شادی کی خاطر اسلام قبول کیا لیکن جوں ہی شادی ختم ہوئی تو اسلام بھی ہوا ہو گیا۔ رہ گئے باقی اسلام قبول کرنے والے، ان کی حقیقت جاننے کے لیے 'یوٹیوب' پر ایک امریکی امام کا نوحہ سنا جا سکتا ہے جن کے بقول امریکہ میں اسلام قبول کرنے والوں کی تین چوتھائی تعداد پہلے تین سالوں کے اندر ہی اسلام چھوڑ جاتی ہے۔

مسلمان ممالک کی مانند باقی کرۂ ارض پر بھی مسلمانوں کی بڑھتی ہوئی تعداد کی واحد وجہ مسلم خواتین کی زرخیزی ہے، لیکن اسلام کے پھیلاؤ کے اس اہم ترین عنصر کو اگر نظر انداز بھی کر دیا جائے، پھر بھی مغربی اخبارات میں چھپے ہوئے جائزے اسلام کا تیزی سے پھیلنے کے دعوے کا منھ چڑاتے نظر آتے ہیں جن کے مطابق اس وقت مذہب چھوڑنے والوں کی تعداد دنیا میں سب سے آگے جا رہی ہے۔ الحاد کی اس لہر نے

مسلمان معاشروں کو بھی اپنی لپیٹ میں لیا ہوا ہے۔ اس وقت مذہب چھوڑنے والوں کی تعداد عیسائیت اور اسلام کے ماننے والوں کے بعد تیسرے نمبر پر آتی ہے۔ اور کہا جا رہا ہے کہ مذہب بیزاری اور مذہب چھوڑنے کی رفتار اگر دنیا میں یوں ہی جاری رہی تو خدا کو نہ ماننے والی آبادی شاید چند عشروں بعد اسلام کو تیسرے نمبر پر دھکیل دیں گے۔

عجیب بات یہ ہے کہ جب اسلام کو دنیا کو دوسرا بڑا مذہب قرار دیا جاتا ہے تو اس وقت شیعہ کافر، سُنّی کافر، اسماعیلی کافر کے نعروں کو یکسر نظر انداز کرنے کے علاوہ احمدیوں کو بھی اسلام کے کھاتے میں ڈال دیا جاتا ہے۔ اس کی مثال ایسے ہی ہے جیسے اردو کو دنیا کی بڑی زبانوں میں ایک ہونے کا دعویٰ ثابت کرنے کے لیے پاکستان کے ہر شہری اور مغربی ممالک میں مقیم تمام پاکستانیوں کی زبان اردو بتائی جاتی ہے؛ بلکہ ہندی اور اردو کو بھی ایک ہی زبان ٹھہراتے ہوئے اردو کو دنیا کی چوتھی بڑی زبان قرار دیا جاتا ہے۔

اگر اسلام کے تیزی سے پھیلنے کے دعوے کو من وعن قبول بھی کر لیا جائے تو اہم بات یہ ہے کہ اب تلواروں، تیروں اور نیزوں کا زمانہ نہیں رہا جہاں جنگ میں لشکر کی تعداد فیصلہ کن کردار ادا کرتی تھی۔ آج کی دنیا میں تعداد کی بجائے استعداد کی اہمیت ہے، اور یہی وجہ ہے کہ اسرائیل جیسے چھوٹے ملک نے تمام عرب ممالک کو نکیل ڈالی ہوئی ہے۔

۲

مسلمان اقوام کی زبوں حالی کا احساس حال کی پیداوار نہیں ہے۔ اس کا ذکر سید جمال الدین افغانی نے دو صدی سے بھی پہلے یہ کہہ کر کیا تھا؛ ''کیا یہ پوچھنے کی اجازت ہے کہ دنیا کو اتنا لمبا عرصہ منور کرنے والی شمع جو اسلامی تہذیب نے جلائی تھی، وہ ایک دم سے کیوں بجھ گئی اور یہ دوبارہ کیوں نہیں جلی؟ اور عرب دنیا اس وقت کیوں گھٹا ٹوپ اندھیروں میں بھٹک رہی ہے؟''

گو علمائے دین اور عام مسلمانوں کے نزدیک مسلمانوں کی زبوں حالی اور باقی اقوام سے پیچھے رہ جانے کی وجہ دین سے دوری اور احکامات الٰہی سے منہ موڑنا ہے لیکن اگر کسی قوم کی علمی و معاشی پستی کی یہ وجہ درست ہوتی تو مغربی اقوام کا مسلمانوں سے زیادہ برا حال ہوتا جہاں مذہب تقریباً ختم ہو چکا ہے۔

مسلمانوں کے دیگر اقوام کے مقابلے میں پیچھے رہ جانے کی سب سے اہم وجہ آگے دیکھنے کی بجائے پیچھے ساتویں صدی کی جانب مراجعت ہے۔ جنت کے حصول اور حوروں سے بغلگیر ہونے کی خواہش اس قدر شدت اختیار کر چکی ہے کہ جدید علوم خصوصی طور پر سائنس جیسے دنیاوی علم سے شغف تقریباً نہ ہونے کے برابر ہے۔ سائنس کا علم امتحان پاس کرنے کے بعد مناسب ملازمت کے حصول کے لیے کیا جاتا ہے اور ویسے بھی سائنس کی ہماری نصابی کتابوں سے جس انداز سے علم کا ڈنک نکال دیا جاتا ہے، اس کی ایک جھلک دیکھنے کے لیے ڈاکٹر پرویز ہود بھائی کی کتاب 'مسلمان اور سائنس' کے یہ اقتباس ہی کافی ہیں:

انسٹیٹیوٹ فار پالیسی سٹڈیز' نے سائنسی نصابی کتابوں کے سلسلے میں جو گائیڈ لائن دی، اس کے مطابق امتحانی سوال کو 'اگر کوئی جانور کھانا نہ کھائے تو کیا ہوگا' کی بجائے یوں پوچھنا چاہیے کہ 'اگر اللہ کسی جانور کو کھانا نہ دے تو کیا ہوگا؟' یا اگر ہائیڈروجن اور آکسیجن آپس میں مل جائے تو پانی بنتا ہے کی بجائے یوں پڑھایا جائے کہ اگر ہائیڈروجن اور آکسیجن آپس میں ملیں تو اللہ کی رضا سے پانی بنتا ہے۔ یعنی سوال میں علت و معلول کے رشتے کو رد کرتے ہوئے اسے خدائی مداخلت کا نتیجہ قرار دیا جائے، کیوں کہ علت کا تعلق معلول سے جڑنے سے یہ تاثر ابھرتا ہے کہ تبدیلی کی وجہ اللہ نہیں بلکہ معروضی قوتیں اور توانائی ہے اور ایسی سوچ سے یہ خدشہ رہتا ہے کہ مبادا یہ سوچ الحاد کی طرف نہ لے جائے۔

راقم کو بھی پاکستان میں سائنس کی تعلیم کے حوالے سے طبیعات کی نصابی کتاب کا انگریزی زبان میں ایک صفحہ پڑھنے کی سعادت نصیب ہوئی جس میں طبعیات کی یوں تعریف کی گئی:

قادر مطلق اللہ نے اربوں سال پہلے صرف ایک لفظ 'ہو جا' کہہ کر دنیا کو تخلیق کیا اور یوں کائنات وجود میں آ گئی۔ پھر اس کو چلانے کے لیے چند اصول اور قوانین وضع کیے۔ اپنی تخلیق سے لے کر آج تک ہر ذرہ انھی قوانین کے مطابق چل رہا ہے۔ ان اصولوں کو قوانین فطرت کہا جاتا ہے۔ بیشک وہ انسانی آنکھ سے اوجھل اور پُر اسراریت لیے ہوئے ہیں۔ ہمارا نظام شمسی اس کائنات بیکراں کا ایک حصہ ہے جو مادہ سے بننے کی وجہ سے ایک مادی وجود ہے۔ انسان اللہ کی بہترین مخلوق ہے جسے اس نے بہت سی خوبیوں سے نوازا ہے جن میں ایک خوبی قوانین فطرت کو بے نقاب کرنا ہے۔

اس کے علاوہ ایک بار پاکستان سے اردو میں چھپی چارلس ڈارون کی کتاب 'اصل الانواع' بھی پڑھنے کا اتفاق ہوا، جس کا ابتدائیہ کم از کم سو صفحات پر مشتمل تھا جس میں بھرپور کوشش کی گئی تھی کہ اس کتاب کو جھوٹا ثابت کر دیا جائے اور یوں پڑھنے والا 'گمراہی' سے بچ جائے۔

علمی و فنی کارنامے انھی علاقوں میں واقع ہوتے ہیں، جہاں معاشی خوشحالی اور سیاسی استحکام ہو۔ بھوکے شخص کو علم و فن کی آبیاری کرنے سے زیادہ پیٹ بھرنے کی فکر ہوتی ہے۔ عباسی دور تک عرب ایک وسیع و عریض علاقے پر قابض ہو جانے کے بعد مقبوضات کے خراج، لگان اور دیگر ذرائع سے ایک مخصوص علاقے میں خوش حال معاشرہ تخلیق کر چکے تھے؛ چنانچہ مقبوضہ علاقوں کے صاحبان علم و فن لوگ بغداد کی جانب کھنچے چلے آئے۔

جب عربوں نے ایران، شام، مصر، شمالی افریقہ اور ہسپانیہ کے ملک فتح کیے تو ان قدیم تمدنوں کی علمی، فنی، سیاسی اور اقتصادی روایات ان کو ورثے میں ملیں۔ ان تمدنوں کو انسان

> کے زمانۂ جاہلیت سے تعبیر کرنا اس بات پر دلالت کرتا ہے کہ ہمارے مؤرخین تاریخ تمدن سے نا آشنا ہیں یا شاید انھیں اس بات کا اندیشہ ہے کہ ان تمدنی روایات کا ذکر کیا گیا تو مسلمانوں کے کارنامے ماند پڑ جائیں گے۔ ('اقبال کا علم الکلام')

یہ عجمی فاضل علم وفن سے معمور بڑی تہذیبوں کے وارث تھے جو عربوں کی فتوحات کے نتیجے میں عربوں کے حصے میں آئے۔ ان عجمیوں کے علمی وفنی کارناموں کو اسلام کے کھاتے میں ڈالا گیا۔ حالاں کہ تاریخ ہمیں بتاتی ہے کہ سوائے ایک آدھ استثنیٰ کے، سائنس اور فلسفہ میں اپنے علمی اور فنی کارناموں کے حوالے سے نمایاں وہ لوگ تھے، جنھیں عرب حقارت سے 'موالی' اور موالیوں کی اولاد کہا کرتے تھے۔ اور پھر انھی موالیوں کے علمی وفنی کارناموں کا سہارا لے کر 'اسلام کا زریں دور' کی اصطلاح گھڑی گئی اور 'علم مومن کی کھوئی ہوئی میراث ہے' جیسے بے بنیاد اور کھوکھلے دعوے تخلیق ہوئے۔

> وہ چیز جسے ہم 'عرب تمدن' کے نام سے یاد کرتے ہیں، اپنی ایجاد، اصولی ساخت، یا اہم نسلی خصوصیات، کسی اعتبار سے عربی نہ تھا۔ اس میں عربوں کا خالص حصہ لسانیات اور کسی حد تک الٰہیات میں تھا، ورنہ عربی خلافت کے تمام زمانے میں علم وتہذیب کے نمایاں مشعل بردار شامی، مصری، ایرانی وغیرہ نظر آتے ہیں جو یا مسلمان ہو گئے تھے یا یہودی اور نصرانی رہے اور عربوں کی حکومت میں اس طرح کی خدمات انجام دیں، جیسے فاتح رومیوں کے زیر نگین آ کر یونانیوں نے کی تھیں۔ عرب کے اسلامی تمدن کی تہہ وہ ارامی اور ایرانی تمدن تھا جس پر یونانیت کا رنگ چڑھا ہوا تھا اور جس نے خلافت کے زیر سایہ فروغ پایا اور زبان عربی کو اظہار کا ذریعہ بنایا۔ دوسرے معنی میں اسے ابتدائی سامی تمدن کا منطقی سلسلہ کہنا چاہیے جس کا آغاز بہت پہلے 'ہلال خصیب' میں ہوا تھا اور اہل اشوریہ، بابل، فنیقیہ، ارامی اور یہودیوں نے اسے ترقی دی تھی۔ ('تاریخ ملّت عربی'، فلپ حتّی)

جیسے علم وفن کا کوئی مذہب نہیں ہوتا، اسی طرح ان عجمی سائنسدانوں اور فلسفیوں کی علمی خدمات کا تعلق بھی ان کے عقیدے سے نہیں جوڑا جا سکتا۔ اگر واقعی اسلام ہی ان کے علمی کارناموں کی وجہ ہوتا تو سرزمین حجاز جو اسلام کا گھر تھا، وہاں کم از کم ایک فلسفی یا سائنسدان تو ضرور پیدا ہونا چاہیے تھا، جب کہ وہاں صرف عبدالعزیز بن عبداللہ بن باز جیسے 'سائنسدان' ہی پیدا ہوئے جنھوں نے ۱۹۸۲ء میں 'جریان الشّمس والقمر والسکون الارض' نامی کتاب لکھی، جس کے مطابق زمین ساکن ہے اور سورج زمین کے گرد چکر لگاتا ہے، اور جو اس کے برعکس سمجھتا ہے وہ ملحد اور سزا کا حقدار ہے۔ کہا جاتا ہے کہ عبداللہ بن باز نے ڈاکٹر عبدالسلام کو بھی اس موضوع پر مناظرہ کرنے کی دعوت دی لیکن عبدالسلام نے اس دعوت کو نظر انداز کر دیا۔

عربوں کا علم وفن سے کس قدر تعلق تھا، اس کے متعلق ابن خلدون لکھتے ہیں: ''عرب تہذیب وتمدن

کے دشمن ہیں، اور دنیائے اسلام میں اہل عجم علوم وفنون کے حامل ہوئے ہیں۔'' اسی بات کی بازگشت ہمیں سعودی شوریٰ کونسل کے ایک اصلاح پسند رکن ابراہیم البولیحی کے بیان میں بھی سنائی دیتی ہے جو ابن رشد، ابن الہیثم، ابن سینا، الرازی، الکندی، الخوارزمی، اور الفارابی جیسے ناموں کی فلسفہ اور سائنس کے میدان میں خدمات کے حوالے سے کہتے ہیں:

> ان خدمات میں ہمارا کوئی ہاتھ نہیں ہے، اور ان غیر معمولی لوگوں کا تعلق عرب ثقافت سے نہیں بلکہ یونانی ثقافت سے تھا۔ وہ ہمارے مرکزی دھارے سے باہر تھے۔ ہم نے ان کے ساتھ بیرونی عناصر جیسا سلوک کیا۔ چنانچہ ہم ان پر فخر کرنے میں حق بجانب نہیں ہیں، کیوں کہ ہم نے انھیں رد کیا اور ان کے خیالات کے خلاف محاذ آرا رہے۔ اس کے برعکس یورپ نے ان سے سیکھا اور ان کے علم کے سے فائدہ اٹھایا کیونکہ یہ یونانی ثقافت کی توسیع تھی جو مغربی تہذیب کی بنیاد ہے۔

☆

> لندن سے سعودی امداد سے شائع ہونے والے رسالے نے کھل کر یہ الزام تراشی کی کہ ابن الہیثم اور اس کی مانند دیگر مسلمان عقلیت پسندوں نے جو کچھ کیا، وہ 'یونانی نظریات کا قدرتی اور منطقی نتیجہ تھا' اس لیے یہ کوئی تعجب خیز بات نہیں ہے کہ وہ (ابن الہیثم) مذہب سے منکر کافر سمجھا جاتا تھا اور مسلم دنیا اس کو تقریباً کلی طور پر فراموش کر چکی ہے۔
>
> ('مسلمان اور سائنس'، پرویز ہود بھائی)

مسلمانوں کا علم و ہنر یا علم دوستی سے کس قدر واسطہ تھا، اس کا اندازہ اسلام کے ابتدائی زمانے کے متعلق ابن خلدون کے اس بیان سے بخوبی ہوتا ہے:

> جب اسلام کا ظہور ہوا اور مسلمانوں نے جا کر ایران فتح کیا، تب بھی وہاں بہت سی کتابیں پائی گئیں۔ اور سعد بن ابی وقاص رضی اللہ عنہ نے خلیفہ ثانی عمرؓ بن خطاب کو لکھا کہ ان کتابوں کا کیا کیا جائے؟ کیا ان کا مسلمانوں کو بانٹنا مناسب ہے؟ آپؓ نے جواب میں لکھا کہ ان کتابوں کو دریا میں ڈال دو کیوں کہ اگر یہ کتابیں رشد و ہدایت سے بھرپور ہیں تو ہمیں ان کی ضرورت نہیں کیوں کہ ہمارے پاس قرآن مجید موجود ہے اور اگر ان کتابوں میں ضلالت و گمراہی موجود ہے تو ان کو دریا میں ڈال دینا مناسب ہے۔ چنانچہ ایسے ہی کیا گیا۔ اس لیے پارسیوں کے علوم ہم تک نہیں پہنچے۔

ابن رشد کے پیشتر امام غزالی بغداد کے مدرسۂ نظامیہ میں بیٹھ کر فلسفہ کی جان توڑ تردید کر چکے تھے اور ان کی 'تہافت الفلاسفہ' چار دانگ عالم میں مقبولیت حاصل کر رہی تھی، ملک میں چاروں طرف یہ خبریں برابر

پھیل رہی تھیں کہ آج فلاں مقام پر فلسفہ کی کتابیں نذر آتش کردی گئیں، آج فلاں فلسفی کا اثاثۂ کتب برباد کیا گیا، آج فلاں فلسفی کو حکومت کے عہدے سے معزول کردیا گیا، غرض فلسفہ چاروں طرف سے مصائب کا شکار بنا ہوا تھا۔ بعد کے وقتوں میں علم و فلسفہ کے ساتھ مسلمانوں کا کیا رویہ تھا، اس کے متعلق جامعہ عثمانیہ حیدرآباد کے پروفیسر مولانا محمد یونس انصاری اپنی کتاب 'ابن رشد، سوانح عمری، علم کلام اور فلسفہ' میں یوں رقمطراز ہیں:

> ۱۱۵۰ء میں خلیفہ مستنجد کے حکم سے بغداد میں ایک مشہور قاضی کا کتب خانہ اس بنا پر برباد کیا گیا کہ اس میں فلسفہ کی کتابیں خاص کر ابن سینا کی تصنیفات اور رسائل اخوان الصفا کی جلدیں موجود تھیں۔ شیخ عبدالقادر جیلانی مشہور صاحب سلسلہ کے بیٹے الرکن عبدالسلام ایک صوفی منش اور فلسفیانہ مذاق کے بزرگ تھے اور اپنے مذاق کی کتابیں بھی بے حد جمع کیں تھیں۔ دشمنوں نے مشہور کردیا کہ یہ بے دین ہیں اور صفات باری تعالیٰ کے منکر ہیں۔
>
> یہ الزام اس زمانہ میں بہت سخت تھا، کیونکہ مذہب تعطیل معتزلہ اور باطنیہ کی وجہ سے بدنام تھا۔ جس شخص پر تعطیل کا الزام قائم ہوتا وہ معتزلی سمجھا جاتا تھا یا باطنی اور یہ دونوں فرقہ اس زمانہ میں کفر کا سرچشمہ خیال کیے جاتے تھے چنانچہ یہ بیچارے بھی اس جرم میں دھر لیے گئے اور ان کی کتابوں کی جانچ شروع ہوئی، ان کے ہاں فلسفہ کی گمراہ کن کتابوں کا انبار لگا تھا، فرد قرارداد جرم ثابت ہوگئی۔ خلیفہ ناصر نے حکم دیا کہ بمقام رحبہ ان کتابوں کا ڈھیر لگا کر اس میں آگ لگا دی جائے۔ ابن المارستانیہ جو شاہی ہسپتال کے طبیب اور محدث تھے، اس خدمت پر مامور ہوئے کہ اپنے سامنے ان کتابوں کو نذر آتش کریں، یہ بہت بڑے خطیب تھے اور مشہور خطیب عبکری سے صلاح لیتے تھے۔ ایک بڑا منبر ان کے لیے مہیا کیا گیا اور اس پر بیٹھ کر انھوں نے وعظ کرنا شروع کیا، وعظ میں عبدالسلام کو بہت برا کہا اور فلسفہ کی کتابوں کی بے حد مذمت کی۔

یہودی حکیم یوسف سبتی کا بیان ہے کہ ''میں اس وقت تجارت کے سلسلہ میں بغداد آیا ہوا تھا، چنانچہ اس رسم کتب سوزی کا تماشا دیکھنے کی غرض سے میں بھی باہر نکلا۔ میں نے خود اپنی آنکھوں سے دیکھا کہ ابن الہیثم کی ایک کتاب ابن المارستانیہ کے ہاتھ میں ہے جسے وہ چاروں طرف گھما گھما کر دکھا رہے ہیں اور یہ کہتے جاتے ہیں کہ: 'اے لوگو، یہی کتاب کفر کا سرچشمہ ہے، یہی کتاب فتنہ کا باعث ہے'، یہ کہہ کر انھوں نے کتاب کے ٹکڑے ٹکڑے کرکے اسے آگ میں جھونک دیا۔ یوسف کہتا ہے کہ ابن المارستانیہ کے ان جملوں پر مجھے بے حد غصہ آیا اور میں نے دل میں کہا: 'یہ شخص پرلے درجے کا جاہل ہے، علم ہیئت کو کفر سے کیا واسطہ، یہ علم تو ایمان کو اور ترقی دیتا ہے، اس رسم کے ختم ہونے کے بعد عبدالسلام قید خانہ میں ڈال دیے گئے۔''

عبدالسلام کے سر سے دستار فضیلت اتار لی گئی۔ ان کا مدرسہ جس میں وہ تعلیم دیتے تھے،

ابن الجوزی کو دے دیا گیا۔قید سے رہائی کے بعد عبدالسلام نے اپنے گناہوں کی توبہ کی۔

☆

اقلیدس (جیومیٹری) علوم الاوائل کا حصہ تھی اور اس نے راسخ العقیدہ دماغوں کو پریشان کر رکھا تھا۔ اقلیدسی اشکال سے وہ خصوصاً پریشان ہوتے تھے۔ایک مقدمہ میں ایسی کتاب کا مالک، جس میں اقلیدسی اشکال تھیں، مرتد قرار دیا گیا۔ایک اور مثال اس کٹر مذہبی شخص کی ہے جو نجوم وفلکیات پر ابن الہیثم کی کتاب میں بنی اشکال دیکھ کر ڈر گیا تھا۔اس نے شبہ کیا کہ یہ شکلیں بے حیائی کی ترغیب خاموش آفت اور اندھی بدبختی کی نمائندہ ہیں۔ریاضی کی تجریدی سوچ کئی راسخ العقیدہ دماغوں کے لیے تکلیف دہ تھی۔فرہنگ نویس ابوالحسین ابن فارس نے تجریدیت پر تنقید کرتے ہوئے ان غیر عرب دانشوروں پر نکتہ چینی کی جو 'اعداد، خطوط اور نقاط کے ذریعے اشیا کی ماہیت سمجھنے کا دعویٰ کرتے ہیں'۔ان لوگوں کی معقولیت میں نہیں سمجھ سکتا۔سچ تو یہ ہے کہ وہ ایمان کو کمزور کر کے ایسے حالات پیدا کرتے ہیں جن سے خدا کی پناہ مانگنی چاہیے۔'

('مسلمان اور سائنس'، پرویز ہود بھائی)

تاریخ گواہ ہے کہ پرانی تہذیبیں دریاؤں کے کنارے پیدا ہوئیں۔عرب ایک خشک ترین صحرائی علاقے سے تعلق رکھتے تھے۔خشک سالی کے نتیجے میں غربت اور خوراک کی کمی عام تھی۔ پانی کے چشموں اور نخلستانوں کے حصول کے لیے آپس میں لڑتے رہتے تھے۔کسی دوسرے قبیلے پر حملہ کر کے ان کے مال و اموال اور عورتوں کو اٹھا لانا ایک معمول کی بات تھے۔

۳

جب تک اسلام سرزمین حجاز تک محدود تھا، تب تک اسلام کو اپنی صداقت کے لیے کسی بھی منطقی استدلال کی ضرورت نہیں تھی۔ان کی مقدس کتاب میں کسی بات کا درج ہونا ہی صداقت کا سب سے بڑا ثبوت تھا۔لیکن بازنطینی سلطنت کے علاقے فتح کرنے کے بعد اسلام کا واسطہ برتر تہذیبوں سے پڑا، جہاں انھوں نے دیکھا کہ عیسائی اپنی دین کی سچائی کے لیے فلسفیانہ دلائل و منطق سے کام لیتے ہیں۔اس کے علاوہ یونانی فلسفے سے آشنا غیر مسلموں نے بھی اسلام قبول کیا جنھوں نے اپنے عقیدے کے دفاع کے لیے فلسفیانہ دلائل کا استعمال کیا۔یوں آٹھویں اور نویں صدی میں عربی میں یونانی فلسفے سے نئے نئے تصورات آئے جن کی ادائیگی کے لیے عربی زبان میں نئے الفاظ تخلیق ہوئے۔اسلامی عقائد اور یونانی منطق سے علم الکلام وجود میں آیا جس کا مقصد مذہبی عقائد کو دلیل و منطق سے ثابت کرنا تھا۔

مامون رشید نے اپنے دورِ حکومت میں 'بیت الحکمت' نامی ادارہ قائم کیا جس میں پارسی، یہودی،

ہندو، عیسائی اور صابی مترجمین ملازم تھے جنھوں نے فیثا غورث، افلاطون، ارسطو، بقراط، اقلیدس، فلاطینوس اور جالینوس جیسے یونانی علما کے علاوہ سوشروتا، چاراکا، آریہ بھٹ اور برہما گپت جیسے ہندوستانی علما کی کتابوں کے تراجم کیے۔ مامون کے دربار سے منسلک نسطوری عیسائی حنین بن اسحاق ترجمے کے حوالے سے ایک درخشاں ستارے کی مانند تھا۔ حنین نے نہ صرف خود یونانی، فارسی اور سریانی زبانوں سے ترجمے کیے، بلکہ اپنے بیٹے اسحٰق اور بھتیجے جیش سمیت دیگر لوگوں کو بھی ترجمے کا فن سکھایا۔ ایک اور ماہر ترجمہ حران کے صابئی مذہب سے تعلق رکھنے والا ثابت بن قرۃ تھا۔ ان کے علاوہ قسطا ابن لوقا، یوحنا بن البطریق، یوحنا ابن ماسویہ اور ابو بشر و یحییٰ بن عدی نامی دو نسطوری راہب بھی ترجمان کے طور پر ملازم تھے۔ گو حنین نے کئی موضوعات پر کتابیں بھی لکھیں لیکن اس کا اہم کام تراجم ہی سمجھا جاتا ہے۔ ترجمے کی اسی صلاحیت کی وجہ سے اسے 'شیخ المترجمین' کہا جاتا تھا۔ حنین نے ارسطو، افلاطون کی کتابوں کے علاوہ جالینوس کی کتاب کا 'کتاب الی اغلقن فی شفا الا امراضٔ' کے نام سے ترجمہ کیا۔

یونانی اور ہندوستانی علوم کے تراجم سے جو فکری تحریک پیدا ہوئی، اسے 'اسلامی فلسفہ' کا نام دیا جاتا ہے۔ یہ وہ وقت ہے جب مسلمانوں میں علم و عقلیت پرستی کی روایت کا آغاز ہوتا ہے۔ اس عقلیت پسندی نے دو مکاتب فکر کو جنم دیا، جنھیں قدریہ اور جبریہ کہا جاتا ہے۔ دونوں مکاتیب فکر انسان کا اپنے افعال پر اختیار کے علاوہ انسانی عقل کی مدد سے حقیقت تک پہنچ پانے یا معذوری کو بیان کرتے تھے۔ کیا انسانی عقل حقیقت کا ادراک و احاطہ کر سکتی ہے؟ اسی سوال کے جواب کے گرد دو مکاتیب فکر کی یہ جنگ آج بھی جاری ہے۔

قدریہ کا ماخذ لفظ قادر ہے۔ ان کے مطابق انسان اپنے افعال و اعمال پر قادر ہے، اسی اختیار کی وجہ سے ان افعال کی ذمہ داری بھی انسان پر عائد ہے۔ اپنے افعال پر قادر ہونے کی وجہ سے روز محشر انسان اپنے اعمال کی مناسبت سے سزا و جزا کا حقدار ٹھہرایا جائے گا۔ قدریہ کے بقول اگر ہم اس بات کے برعکس مانیں کہ انسان اپنے افعال پر قادر نہیں ہے تو پھر ان افعال کی ذمہ داری بھی انسان پر عائد نہیں ہوتی اور نہ ہی اسے سزا یا جزا کا حق دار ٹھہرایا جا سکتا ہے۔

اس نظریے کے برعکس جبریہ کا کہنا تھا کہ خدا قادر مطلق ہے، اس کی مرضی کے بغیر کوئی پتہ بھی نہیں ہل سکتا۔ انسان کے اپنے افعال پر قادر ہونے کے دعوے سے اللہ کے قادر مطلق ہونے کے تصور کو زک پہنچتی ہے۔ انسان کا اپنے افعال و اعمال پر قادر ہونے کا دعویٰ ایسے ہی ہے جیسے پودوں کا پیدا ہونا، بڑھنا، پھل پھولوں کا آنا جس میں ان پودوں کی مرضی یا اختیار شامل نہیں ہوتا بلکہ سب کچھ اللہ کی مرضی سے ہو رہا ہوتا ہے۔ جبریہ کو اپنے نظریے کی تائید قران کی کئی آیات سے حاصل تھی۔

تو جس شخص کو خدا چاہتا ہے کہ ہدایت بخشے اس کا سینہ اسلام کے لیے کھول دیتا ہے اور جسے چاہتا ہے کہ گمراہ کرے اس کا سینہ تنگ اور گھٹا ہُوا کر دیتا ہے گویا وہ آسمان پر چڑھ رہا

ہے۔(سورہ الانعام: آیت ۱۲۵)

☆

اور جسے اللہ بھٹکا دے اس کے لیے تم کوئی ولی مرشد نہیں پا سکتے۔(سورہ الکھف: آیت ۱۷)

قرآن کے علاوہ اسی موضوع پر کئی احادیث بھی ہیں جن کے مطابق رسولؐ اللہ کا ارشاد ہے کہ جب بچہ اپنی کوکھ میں پینتالیس دن کا ہو جاتا ہے تو فرشتے اللہ سے پوچھتے ہیں کہ یہ صحیح راہ پر ہوگا یا گمراہ؟ پھر وہ جواب لکھ لیتے ہیں۔ پھر وہ پوچھتے ہیں کہ یہ لڑکا ہوگا یا لڑکی؟ وہ جواب لکھ لیتے ہیں۔ اسی طرح اس کے افعال، پیشہ، دولت اور موت کا وقت لکھ لیتے ہیں۔ پھر وہ کاغذ کو لپیٹ لیتے ہیں اور پھر اس میں نہ کمی ہوتی ہے اور نہ اضافہ۔

قرآن وحدیث کے علاوہ خلیفہ راشد عمرؓ بن خطاب کا واقعہ بھی جبریہ کے نظریہ کی تائید کرتا ہے جس کا ذکر علامہ واقدی کی 'فتوح الشام' میں کچھ یوں ہے:

> یروشلم فتح ہونے کے بعد ابوعبیدہ بن جراح کی درخواست پر عمرؓ بن خطاب یروشلم پہنچے تو نماز فجر کے بعد انھوں نے لشکر اسلامیہ سے خطاب کیا اور تقریر کے دوران انھوں نے قران کے سورہ الکھف کی آیت: ۱۷ کا حوالہ دیتے ہوئے کہا:
>
> ''مَن يَهْدِ اللّٰهُ فَهُوَ الْمُهْتَدِ وَمَن يُضْلِلْ فَلَن تَجِدَ لَهُ وَلِيًّا مُّرْشِدًا؛ جسے اللہ تبارک وتعالیٰ ہدایت بخشتے ہیں وہی ہدایت پر ہے اور جسے وہ گمراہ کرتے ہیں اس کے لیے تو کوئی راہ بتانے والا نہیں پائے گا۔'' کہتے ہیں کہ جس وقت آپ نے آیت تلاوت فرمائی تو ایک پادری جو یہاں بیٹھا ہوا تھا کھڑا ہو گیا اور کہنے لگا اللہ کسی کو گمراہ نہیں کرتا، اس نے پھر مکرر کہا تو آپ نے مسلمانوں سے فرمایا ''اس کی طرف دیکھتے رہو اگر اس نے پھر یہی کہا تو اس کی گردن اڑا دو۔'' پادری آپ کے اس قول کو سمجھ گیا اور خاموش ہو رہا اور آپ نے پھر تقریر شروع کر دی۔

جبریہ نظریات کو چونکہ قرانی آیات کی سند حاصل تھی، اس لیے وہ نہ صرف اپنے وقتوں میں بلکہ اب بھی قبول عام کا درجہ رکھتے ہیں۔ کسی کام میں کامیابی یا ناکامی کو آج بھی خدائی فیصلہ سمجھا جاتا ہے اور اس فیصلے کو بدلنے کے لیے دعائیں کی جاتی ہیں۔ کرکٹ مقابلوں؛ خصوصاً پاکستان و بھارت کے مقابلے سے پہلے اللہ سے امداد طلب کرنے کی غرض سے پاکستانی مساجد کی رونق دیدنی ہوتی ہے۔ عرب افواج میں یہ تصور عام ہے کہ ان کا پھینکا ہوا گولہ تب ہی نشانے پر لگے گا جب اللہ ایسا چاہے گا۔ چنانچہ ۲۰۰۶ء میں لبنان کی حزب اللہ کے رہنما نے اسرائیل کے ساتھ جنگ میں کامیاب دفاع کو خدائی فتح قرار دیا۔ ''ہمارے پاس سیٹلائٹ نہیں ہیں لیکن اللہ ہمارے میزائیلوں کی رہنمائی کرتا ہے کیوں کہ اللہ، اس کے فرشتے اور مہدی ان کی حفاظت کر رہے تھے، جب اسرائیلی میزائل پھینکنے کا ارادہ کرتے تھے تو سفید گھوڑے پر بیٹھا ایک نوارنی شخص ان کے ہاتھ کاٹ

دیا کرتا تھا۔'' کچھ ایسی ہی باتیں ہمارے ہاں بھی پاک بھارت کی ۱۹۶۵ء کی جنگ کے وقت زبان زد عام تھیں کہ چونڈہ کے محاذ پر سفید گھوڑوں پر سوار نورانی ہیولے ان کی مدد کر رہے تھے۔ کفار کے خلاف جنگ میں مسلمانوں کی جانب سے خدائی مداخلت کا ذکر دورِ رسالت میں جنگ کے وقت قرآن میں بھی ملتا ہے۔

تم لوگوں نے ان (کفار) کو قتل نہیں کیا بلکہ خدا نے انھیں قتل کیا۔ اور (اے محمد) جس وقت تم نے کنکریاں پھینکی تھیں تو وہ تم نے نہیں پھینکی تھیں بلکہ اللہ نے پھینکی تھیں۔ (سورہ الانفال، ۱۷)

دوسری صدی ہجری میں قدریہ کے خیالات معتزلہ کی شکل میں ایک مربوط اور منظم مکتبہ فکر کی شکل میں سامنے آئے۔ گو معتزلہ کا آغاز بنواُمیہ کے دور میں ہو چکا تھا لیکن ان کو عروج بنو عباس خصوصاً مامون الرشید کے زمانے میں نصیب ہوا۔ معتزلہ خیالات کے بانی واصل بن عطا تھے جو حسن بصری کے شاگردوں میں سے تھے۔ حسن بصری کے خیالات کے مطابق مسلمان گناہ کرنے کے بعد بھی مسلمان رہتا ہے لیکن واصل کو اس سے اختلاف تھا۔ اس کے بقول گناہ کرنے کے بعد مسلمان نہ مسلمان رہتا ہے اور نہ وہ کافر ہوتا ہے۔ واصل بن عطا اسی اختلاف کی وجہ سے حسن بصری سے علیحدہ ہو گئے، اور اس اعتزال (علیحدہ ہونا) کی وجہ سے وہ اور ان کے ساتھی معتزلہ کہلائے۔ واصل اور ان کے ساتھیوں کو معتزلہ کا لقب مخالفین نے دیا تھا، جب کہ وہ اپنے آپ کو 'اہل التوحید والعدل' کہلاتے تھے۔ معتزلہ میں واصل کے علاوہ دیگر اہم نام عمرو بن عبید، ابراہیم النظام، محمد الجبائی، ابوالحسین بصری، عمرو بن بحر جاحظ، بشر بن الموتمر وغیرہ ہیں۔ اگر چہ معتزلہ کا بیشتر لٹریچر تباہ ہو گیا ہے لیکن اُردن کی ایک لائبریری میں عبدالجبار بن احمد نامی ایک معتزلی کی کتاب مکمل حالت میں مل چکی ہے جس سے معتزلہ کے خیالات سے کافی آگاہی ہوتی ہے۔ معتزلہ عقائد کے پانچ بنیادی ستون تھے۔

(۱) التوحید: توحید گو ہر مسلمان کے عقیدے کا لازمی جزو ہے لیکن معتزلہ اسے عام مسلمانوں کے عقیدے کے علاوہ دوسرے اجزا کو بھی توحید کا حصہ گردانتے تھے۔ معتزلہ کے بقول اللہ کی خصوصیات جو ننانوے ناموں میں بیان کی گئی ہیں، وہ اللہ کا جوہر ہیں اور اللہ کی ذات سے علیحدہ ان کا کوئی وجود نہیں ہے، کیوں کہ ان کو اللہ سے علیحدہ ماننے سے توحید پر زد پڑتی ہے۔ توحید کے ہی حوالے سے معتزلہ قرآن کو قدیم کی بجائے حادث گردانتے تھے۔ ان کے بقول قرآن یا تو خالق ہے اور یا مخلوق، چونکہ یہ خالق نہیں ہے، لہٰذا یہ مخلوق ہے، اس لیے یہ دعویٰ ناقص ہے کہ قرآن ازل سے لوح محفوظ پر درج تھا۔ قرآن کو اپنے وقتوں کی ضرورت کی مناسبت سے نازل کیا گیا تھا۔ معتزلہ اپنے دعوے کے ثبوت کے طور پر کہتے تھے کہ کسی بھی کلام سے پہلے متکلم کا ہونا ضروری ہے۔ اگر قرآن اللہ کا کلام ہے تو کلام کو متکلم کے بعد وجود میں آنا لازم ہے۔ اگر اس عقیدے کو مان لیا جائے کہ قرآن بھی ہمیشہ سے موجود تھا تو اس سے شرک کا ارتکاب ہوتا ہے، کیوں کہ اس سے اللہ کے وحدانیت کے دعوے پر زد پڑتی ہے۔ ان کا مزید کہنا تھا کہ قرآن میں جن تاریخی واقعات کا ذکر

ہے تو کیا یہ پہلے سے طے کر دیا گیا تھا کہ حالات وواقعات یوں برپا ہوں گے۔ایسی صورت میں انسانی افعال کے آزاد ہونے کی گنجائش نہیں بچتی۔

(۲) العدل: انسان آزادارادے اوراپنے افعال پر اختیار کا مالک ہے اوراسی آزادی کے تحت وہ گناہ وثواب کا ارتکاب کرتا ہے۔اللہ کسی کو گمراہ یا گناہ کرنے پر آمادہ نہیں کرتا۔عبدالجبار کے بقول ''یہ کیسے ممکن ہے کہ اللہ کسی انسان کے اندر خطاوارانہ رویوں کو جنم دینے کے بعد انھیں سزادیتے ہوئے کہے کہ تم ایمان کیوں نہیں لائے۔اس کی مثال تو گویا یوں ہے کہ کسی آقا نے غلام کو کوئی کام کرنے کا حکم دیا اور پھر اسے اسی کام کو کرنے کی سزادی۔معتزلہ کے بقول اللہ کے لیے یہ ممکن نہیں ہے کہ وہ ناانصافی سے کام لے۔اللہ سوائے خیر کے کچھ نہیں کرتا۔ان کے نزدیک دنیا میں جو بھی برائی ہوتی ہے اس کا ذمہ دار انسان ہے، جس کے لیے وہ قران کی اس آیت کو پیش کرتے تھے:

خدا تو لوگوں پر کچھ ظلم نہیں کرتا لیکن لوگ ہی اپنے آپ پر ظلم کرتے ہیں۔(سورہ یونس، آیت ۴۴)

عبدالجبار کے بقول، اللہ کسی بھی غیر اخلاقی کام میں ملوث نہیں ہوسکتا۔اس کے تمام افعال اخلاقی طور پر درست ہیں۔وہ اپنے اصولوں کی خلاف ورزی نہیں کر سکتا۔خدا نے قتل سے اس لیے منع کیا کیوں کہ یہ ایک بُرا فعل ہے۔یہ اس لیے بُرا نہیں ہے کہ خدا نے اس سے منع کیا ہے۔اگر چہ انسانی عقل وحی کے مقام تک نہیں پہنچ سکتی لیکن انسانی عقل اچھائی اور برائی کو جانچ سکتی ہے۔وحی صرف حقیقت کو آشکار کرتی ہے، یہ کسی چیز کو اچھا یا برا نہیں بناتی۔

(۳) الوعد والوعید: زندگی ہر امیر وغریب کے لیے ایک امتحان ہے جس میں کامیاب یا ناکام رہنے کا فیصلہ روز محشر کو ہوگا۔اللہ عادل ہے، لہٰذا نکوکاروں کے نیک افعال کی جزا اور گناہگاروں کو ان کے گناہوں کی سزا جاری کرنا اللہ تعالیٰ پر واجب ہے، اللہ تعالیٰ کسی کو معاف نہیں کر سکتا، نہ کسی گناہگار کی توبہ قبول کر سکتا ہے، اور روز محشر کوئی کسی کی شفاعت نہیں کر سکے گا۔اللہ پر لازم ہے کہ انسان کو ان بُرے اعمال کی سزا دے جو اس نے اپنے آزادارادے اور مرضی سے کیے ہیں۔

(۴) المنزلۃ بین المنزلتین: ایک مسلمان جو کسی گناہ کبیرہ کا ارتکاب کرتا ہے، وہ مسلمان نہیں رہتا لیکن کافر بھی نہیں ہوتا کیوں کہ اس نے اللہ کے وجود کا انکار نہیں کیا ہوتا۔وہ کافر اور مسلمان کے درمیان کی منزلۃ بین منزلتین کی حالت میں ہوتا ہے۔اگر کوئی مسلمان قتل یا زنا جیسے گناہ کبیرہ کا ارتکاب کرتا ہے اور مرنے سے پہلے توبہ نہیں کرتا تو وہ ایک فاسق کی موت مرتا ہے۔اس کا نہ جنازہ پڑھنا جائز ہے اور نہ ہی اسے مسلمانوں کے قبرستان میں دفن کیا جانا چاہیے۔روز محشر اس کا ٹھکانہ جہنم ہوگا لیکن اس کی سزا کافروں سے کم ہوگی کیونکہ وہ اللہ کے وجود سے منکر ہو کر نہیں مرا تھا۔

(۵) الامر بالمعروف والنہی عن المنکر: اس کا تعلق انسانی معاشرے کو اخلاقی طور پر بہتر بنانے اور معاشرتی انصاف قائم کرنے سے ہے۔ عبدالجبار کے مطابق جو لوگ دینی فرائض کی ادائیگی سے کوتاہی برتتے ہیں۔ انھیں ان کی ادائیگی کی تلقین کرنا فرض ہے، جب کہ دیگر اچھے کاموں کی تلقین کرنا نفل کی مانند ہے۔ لیکن اخلاقی طور پر برے اعمال سے روکنے کی کوشش فرض ہے تا کہ ایک ایسی منزل پر پہنچا جا سکے جہاں شر کے مقابلے میں خیر کا دور دورہ ہو۔ اللہ کا فرمان ہے کہ اگر مسلمانوں کی دو جماعتیں آپس میں لڑ پڑیں تو انھیں روک کر امن کا قیام عمل میں لایا جائے۔ اگر ایک جماعت ظلم کا ارتکاب کر رہی ہے تو اس کے خلاف ہتھیار اٹھائے جائیں۔ لہٰذا ضروری ہے کہ معاشرے سے برائی کا خاتمہ کرنے کے لیے مناسب اقدامات کیے جائیں تا کہ ایک عادلانہ معاشرہ قائم ہو سکے۔

☆ ان کے مطابق، قبر کا عذاب، منکر و نکیر، دجال وغیرہ کی کوئی حقیقت نہیں ہے۔ کراماً کاتبین جن کا کام انسان کے گناہوں یا نیکیوں کو درج کرنا بتایا جاتا ہے، ان کا کوئی وجود نہیں ہے۔ ایک علیم اللہ کو اپنی مخلوق کے افعال کا حال جاننے کے لیے فرشتوں کی مدد کی حاجت درکار نہیں ہے۔

☆ غصہ ہونا یا خوش ہونا انسانی صفات ہیں، جو بدلتی رہتی ہیں۔ انھیں اللہ سے منسوب کرنے کا مطلب یہ ہوا کہ خدا بھی بدلتا رہتا ہے۔ اللہ کے ہاتھ، پیر، ناک یا آنکھیں نہیں ہیں، اور نہ ہی وہ کسی تخت پر بیٹھا ہوا ہے۔ اللہ سے ایسی صفات منسوب کرنا مناسب نہیں ہے جو انسانوں میں پائی جاتی ہیں۔ اللہ صورت و شکل سے بالاتر ہے، لہٰذا انسانی آنکھ اللہ کو قیامت کے روز بھی نہیں دیکھ پائے گی۔

☆ عبادت کرنے کا فائدہ صرف عبادت گزاروں کو ہوتا ہے۔ کوئی اپنی عبادت کا ثواب دوسرے تک منتقل نہیں کر سکتا اور نہ ہی کسی کے گناہوں یا نافرمانی کی سزا کسی دوسرے کو دی جاسکتی ہے۔

☆ فی زمانہ دوزخ و جنت کا کوئی وجود نہیں ہے۔ انھیں روز محشر تخلیق کیا جائے گا، اور پھر ہر کسی کو اپنے افعال کے حساب سے جنت و دوزخ میں بھیجا جائے گا۔ معراج کے وقت رسولﷺ کا سفر یروشلم تک کا تھا۔ وہ اللہ کو ملنے ساتویں آسمان پر نہیں گئے اور نہ ہی ان کی ملاقات اللہ سے ہوئی کیوں کہ انسانی آنکھ اللہ کو نہیں دیکھ سکتی۔

☆ اجتہاد کا دروازہ ہمیشہ کھلا رہنا چاہیے تا کہ کوئی ایسی صورت حال پیش آ جائے جس کا حل قرآن سے نہیں ملتا تو مجتہد رہنمائی کر سکیں۔

☆ بیماری کا لاحق ہونا خدائی عذاب کی نشانی نہیں بلکہ ان کا علاج ممکن ہے۔ اللہ صرف اپنی مخلوق کے لیے خیر چاہتا ہے اور وہ کبھی غیر منصف نہیں ہو سکتا۔ وہ انسان پر اسی قدر بوجھ ڈالتا ہے جس قدر بوجھ وہ اٹھا سکے اور اسی قدر سزا دیتا ہے جو وہ برداشت کر سکے۔

☆ معتزلہ کے بقول اللہ نے ان چیزوں کو برا کہا ہے جو واقعی بری ہیں اور ان چیزوں کا اچھا کہا جو واقعی اچھی ہیں۔ کسی چیز کا اچھا یا برا ہونا ان کے جوہر میں موجود ہے۔ اخلاقیات ایک معروضی شے ہے۔ انسانی

ارادے کی آزادی بھی معتزلہ کے نزدیک خدائی انصاف تھا۔

جہاں قدریہ کی اگلی شکل معتزلہ تھی اسی طرح جبریہ کا اگلا پڑاؤ 'اشعریہ' فرقہ تھا۔ 'اشعریہ' کا لفظ اس کے بانی ابوالحسن الاشعری کے نام سے ماخوذ ہے جو خود چالیس سال کی عمر تک معتزلہ خیالات کے حامی رہ چکے تھے۔ ان کے بقول انھیں خواب میں رسولؐ اللہ کی زیارت نصیب ہوئی اور رسولؐ اللہ نے انھیں حکم دیا کہ وہ عقلیت پسندی کو چھوڑ کر قران وحدیث کا دفاع کریں۔ چنانچہ انھوں نے اعلان کیا:

> جو مجھے جانتا ہے، اسے پتہ ہے کہ میں کون ہوں اور جو نہیں جانتا وہ سن لے کہ میں ابوالحسن علی الاشعری ہوں جو اس بات کا حامی تھا کہ قران مخلوق ہے، انسانی آنکھ اللہ کو نہیں دیکھ سکتی۔ اور مخلوق اپنے اعمال کی خالق ہوتی ہے۔ میں اپنے معتزلہ خیالات پر پشیمانی کا اظہار کرتا ہوں، میں ان آراء کو رد کرتا ہوں اور اب معتزلہ کے شر اور بدبختی کو آشکار کروں گا۔

اشعریوں کے نزدیک اللہ قادر مطلق ہے۔ چنانچہ انسان اپنے افعال پر قادر اور بااختیار نہیں ہوسکتا کیوں کہ اگر ہم انسان کے قادر اور بااختیار ہونے کے دعوے کو قبول کرلیں تو اس سے اللہ کے قادر مطلق ہونے کے دعوے پر زد پڑتی ہے۔ اگر کسی فعل کے واقع ہونے کی وجہ انسان ہے تو پھر اللہ قادر مطلق کیسے ہوسکتا ہے۔ اللہ علت اولیٰ ہے اور علت اولیٰ ہی واحد علت ہے۔ اشعری کے بقول جو کچھ بھی ہو رہا ہے، اس کے پیچھے خدائی رضا کام کررہی ہے۔ اگر اس وقت ہم ایک پودا دیکھ رہے ہیں تو اگلے لمحے بھی وہ پودا ہی رہے گا یا نہیں، اس کا انحصار اللہ کی مرضی پر ہے۔ یہ کہنا کہ پودے کا پودا رہنا اس کے جوہر میں شامل ہے، یہ شرک ہے۔ ہم دیکھتے ہیں کہ ہر روز سورج مشرق سے طلوع ہوتا ہے اور مغرب میں غروب ہوتا ہے، لیکن یہ ممکن ہے کہ کل اس کے برعکس ہو، کیونکہ اس کا انحصار اللہ کی مرضی پر ہے۔

اشعریوں کو نزدیک قرآن مخلوق نہیں بلکہ یہ ازل سے لوح محفوظ پر تھا۔ قرآن ذی روح اور ذی شعور ہے۔ اس کی زبان ہے جس سے یہ روز محشر اپنے قارئین کی شفاعت کرے گا۔ قرآن کے مخلوق یا قدیم ہونے اور انسانی افعال میں انسانی اختیار کے دعوے کو امام بخاری نے تین فقروں میں ہی نپٹا دیا۔ ''قران اللہ کا کلام ہے، انسانی افعال تخلیق ہیں، اس معاملے کی تحقیق کفر ہے۔''

اشعریوں کے نزدیک کوئی چیز حرکت نہیں کرتی۔ یہ حرکت اصل میں ایک واہمہ اور فریب نظر ہے۔ اللہ تعالیٰ ایک جگہ پر اس چیز کو تباہ کرتا ہے اور دوسرے ہی لمحے اس کو دوسری جگہ تخلیق کرکے اس کا ظہور کردیتا ہے۔ تباہی اور دوبارہ تخلیق کا یہ سلسلہ جاری رہتا ہے جس سے ہمیں اس چیز کی حرکت کا واہمہ ہوتا ہے۔

اشعریوں کو سب سے زیادہ چڑ معتزلہ کے اس دعوے سے تھی کہ انسانی عقل خیر وشر میں تمیز کرسکتی ہے۔ اشعریوں کے بقول اس کا مطلب یہ ہوا کہ انسان وحی کے بغیر حقیقت تک رسائی حاصل کرسکتا ہے۔ اور اگر یہ سچ ہے تو اللہ کو قران نازل کرنے کی کیا ضرورت تھی؟

اشعریوں کے بقول نیک و بد یا خیر وشر کا پیمانہ دین ہے۔ دنیاوی اخلاق کا کوئی ایسا پیمانہ نہیں جس کی پابندی کرنا اللہ پر لازم ہے۔ اشعری کے بقول اللہ کی مثل سب سے بڑے شہنشاہ کی مانند ہے جو اپنے افعال کے سلسلے میں آزاد ہوتا ہے۔ کوئی بھی اس سے بڑا نہیں ہوتا، جو اسے (کچھ کرنے) کی اجازت دے یا تلقین کرے، اسے تنبیہ کرے، اسے منع کرے یا اس کے لیے کسی قسم کی حدود کا تعین کرے کہ اسے کیا کرنا چاہیے۔ اشعریوں کے نزدیک عدل کا کوئی معروضی پیمانہ نہیں ہے۔ اللہ کی مرضی ہی عدل ہے۔ اشعریوں کو معتزلہ کا یہ دعویٰ بھی قبول نہ تھا کہ اللہ اپنی مخلوق کے ساتھ صرف بھلائی کرتا ہے اور اس کے الٹ نہیں کرتا۔ ایسے دعوے اشعریوں کے نزدیک قادر مطلق کی آزادی اور قدرت پر قدغن ظاہر کرتے ہیں۔ اشعری فخر الدین رازی کے مطابق ''ہمارے مذہب کے مطابق یہ ممکن ہے کہ گناہگار اور منکر کو اللہ جنت میں بھیج دے اور نکوکاروں اور عبادت گزاروں کو جہنم میں بھیجے اور اسے ایسا کرنے سے کوئی نہیں روک سکتا۔''

> وہ جسے چاہتا ہے معاف کرتا ہے اور جسے چاہتا ہے سزا دیتا ہے زمین اور آسمان اور ان کی ساری موجودات اس کی مِلک ہیں، اور اسی کی طرف سب کو جانا ہے۔ (سورہ المائدہ: ۱۸)

☆

> کیا تم جانتے نہیں ہو کہ اللہ زمین اور آسمانوں کی سلطنت کا مالک ہے؟ جسے چاہے سزا دے اور جسے چاہے معاف کردے، وہ ہر چیز کا اختیار رکھتا ہے۔ (سورہ المائدہ: ۴۰)

اللہ کو عادل یا غیر عادل کے زمرے میں نہیں رکھا جا سکتا ہے، وہ خیر وشر کے تصورات سے ماورا ہے۔ اللہ کی ذات پر نہ تو کوئی سوال اٹھایا جا سکتا ہے، نہ اسے کسی انسانی پیمانے پر تولا جا سکتا ہے اور نہ ہی اس پر کسی قسم کی کوئی اخلاقی قدغن عائد کی جا سکتی ہے کیوں کہ اس کی ذات اور رضا ہی خیر و اخلاق کا پیمانہ ہے۔ امام شافعی کے نزدیک عدل کا مطلب ہی اللہ کے احکام پر چلنا ہے۔ احمد بن حزم نامی اشعریہ کے مطابق:

> کچھ بھی خیر نہیں ہے سوائے اس کے اللہ نے اسے خیر ٹھہرایا ہے اور کوئی بھی شر نہیں ہے سوائے اس کے اللہ نے اسے شر ٹھہرایا ہے۔ اپنے جوہر کے حوالے سے دنیا میں کچھ بھی اچھا یا برا نہیں ہے بلکہ جسے اللہ نے خیر ٹھہرایا اس پر عمل کرنے والا نکوکار ہوگا۔ اور اسی طرح جس فعل کو اللہ نے شر ٹھہرایا ہے اسے کرنے والا بدکار ہوگا۔ ہر چیز کا انحصار اللہ کے حکم پر ہے، اسی وجہ سے اگر ایک کام ایک وقت خیر ٹھہرتا ہے تو کسی اور وقت میں وہ شر کہلائے گا۔

سقراط کے مشہور سوال، ''کیا خداؤں کو نیک افعال اس لیے پسند ہیں کہ وہ نیک افعال ہیں یا وہ اس لیے نیک افعال ہیں کہ خداؤں نے انھیں پسند کیا ہے''، اشعریوں نے اس کا جواب یوں دیا کہ کوئی کام بُرا اس لیے ہے کہ اسے اللہ نے بُرا قرار دیا ہے اور اچھا اس لیے ہے کہ اسے اللہ نے اچھا قرار دیا ہے۔ یعنی قتل کو اللہ نے اس لیے بُرا قرار نہیں دیا کہ یہ اپنے طور پر ایک بُرا فعل ہے، بلکہ قتل اس لیے بُرا فعل ہے کہ اسے اللہ نے بُرا کہا

104
اسلام اور احیائے اسلام

ہے۔ چنانچہ اچھائی وہ ہے جسے اللہ نے اچھا قرار دیا ہے اور برائی وہ ہے جسے اللہ نے برا کہا ہے۔ اللہ اگر کسی فعل کی اجازت دیتا ہے تو وہ اخلاقی ہے اور اللہ اگر کسی فعل سے منع کرتا ہے تو وہ غیر اخلاقی ہے۔ اگر ایک چیز آج اچھی ہے تو وہ کل برائی بھی تصور کی جاسکتی ہے۔ اللہ کی ذات ہی طے کرتی ہے کہ کون سا فعل کب اچھا ہے اور کب بُرا ہے۔

> تمھیں جنگ کا حکم دیا گیا ہے اور وہ تمھیں ناگوار ہے ہوسکتا ہے کہ ایک چیز تمھیں ناگوار ہو اور وہی تمھارے لیے بہتر ہو اور ہوسکتا ہے کہ ایک چیز تمھیں پسند ہو اور وہی تمھارے لیے بری ہو اللہ جانتا ہے، تم نہیں جانتے۔ (البقرہ:۲۱۶)

مامون الرشید کے دور میں علم وفن کی بہت سر پرستی کی گئی۔ یہی وہ زمانہ ہے جسے عربوں کا سنہری دور کہا جاسکتا ہے۔ مامون کے زمانے میں ہی پہلا اور آخری عرب فلسفی یعقوب الکندی منظر عام پر آیا جسے مامون نے بیت الحکمت کا سربراہ مقرر کیا۔ مامون چونکہ معتزلہ خیالات کا حامی تھا، اس نے معتزلہ عقائد کی اشاعت اور قبولیت کے لیے اسے سرکاری سطح پر نافذ کرنے کی کوشش کی۔ مخالفین کو انتہائی مشکلات کا سامنا کرنا پڑا جن میں امام احمدؒ بن حنبل جیسا مشہور نام بھی شامل ہے جنھیں قرآن کو مخلوق تسلیم نہ کرنے پر قید و بند کا سامنا کرنا پڑا۔ امام حنبل کو جعفر المتوکل کے زمانے میں رہائی نصیب ہوئی۔

مامون الرشید کے بعد معتصم باللہ اور واثق باللہ کے زمانے تک معتزلہ کو عروج حاصل رہا، لیکن جعفر المتوکل کے اقتدار سنبھالنے کے بعد جلد ہی سب کچھ الٹا ہوگیا۔ بیت الحکمت بند کر دیا گیا۔ معتزلہ کو دربار اور تمام اہم عہدوں سے ہٹا دیا گیا۔ معتزلہ خیالات کا حامل ہونے کی سزا موت ٹھہری۔ کتب فروشوں کو حکم دیا گیا کہ وہ کلام، جدل اور فلسفے کی کتابیں نہیں بیچیں گے۔ کتب نویسوں سے حلف لیا گیا کہ وہ فلسفے کی کوئی کتاب تحریر نہیں کریں گے۔ فلسفہ اس قدر مطعون ٹھہرا کہ اسے دینی دعوؤں کی حمایت میں استعمال کرنا بھی قبول نہ کیا گیا۔

ابن حنبل کے نزدیک دین کو الٰہیات کی ضرورت نہیں ہے، چونکہ خدا نے انسان کو ہدایت بھیجی ہے، لہٰذا ہمیں سوچنے کی ضرورت نہیں ہے۔ جب اللہ نے قرآن کے ذریعے اور نبیؐ نے اپنی سنت کے ذریعے ہمیں تمام ضروری معلومات دے دی ہیں، تو کسی اور طرف دیکھنا قطعی غیر ضروری ہے۔ ان کے نزدیک قرآن علم الکلام کی اجازت نہیں دیتا۔ لہٰذا مذہب کی حمایت میں الٰہیات کے دلائل استعمال کرنے والے اہل سنت میں سے نہیں خواہ وہ بے شک اس سے سنت پر ہی پہنچیں۔ اگر کوئی ایسی باتوں کے متعلق بحث کرے جو رسولؐ نے نہیں کی تو وہ غلطی پر ہے۔ کہا جاتا ہے کہ احمدؒ بن حنبل نے ساری عمر تربوز اس لیے نہیں کھایا کہ انھیں کوئی ایسی روایت نہیں مل سکی کہ نبیؐ نے تربوز کھایا ہو۔

یعقوب بن اسحاق الکندی نے ریاضی، طبیعیات، فلسفہ، ہیت، موسیقی، طب اور جغرافیہ جیسے علوم پر

اعلیٰ پائے کی کتب تحریر کیں۔ یونانی و سریانی زبانوں پر مہارت رکھنے کے علاوہ انھیں پہلا عرب فلسفی ہونے کا اعزاز بھی حاصل تھا۔ انھوں نے مذہب اور فلسفے کے درمیان مصالحت پیدا کرنے کی غرض سے درمیانی راہ اختیار کرتے ہوئے کہا کہ فلسفے اور وحی میں کوئی اختلاف نہیں ہے۔ ان کے بقول وحی کے ذریعہ ملنے والا سچ اور فلسفیانہ سچ ایک ہی ہیں۔ سائنسی اور فلسفیانہ علم اسلام کی نفی نہیں کرتا، بلکہ یہ مذہب کے عین مطابق ہے۔ الکندی نے فلسفے و منطق کی مدد سے قرآن کی تشریح کرنے کے علاوہ اللہ کو علت اولیٰ قرار دیا، اور قرآن و مذہب کی تشریح و تعبیر عقل و دلائل سے کی؛ لیکن چونکہ وہ بھی معتزلی تھے، لہٰذا جب معتزلہ پر زندگی تنگ ہوئی تو اس سے الکندی بھی نہ بچ پائے۔ ان کی تمام کتابیں ضبط کر لی گئیں۔ مقدمہ چلانے کے بعد انھیں ساٹھ کوڑوں کی سزا دی گئی۔ جب ہر کوڑے پر کندی درد سے چیختے تھے تو مجمع خوشی سے نعرے لگاتا تھا۔ اس کے بعد کندی کو بغداد سے جلاوطن کر دیا گیا۔ ساٹھ سالہ بوڑھا فلسفی اپنی یہ بے عزتی برداشت نہ کرسکا اور ڈپریشن کا شکار ہو کر جلد ہی چل بسا۔ اور پھر ایک وقت ایسا بھی آیا کہ مصر میں حکم صادر ہوا کہ جس کے گھر میں الکندی کی کوئی کتاب پائی گئی، تو نہ صرف اس کا گھر بلکہ اس سے متصل چالیس گھر بھی مسمار کر دیے جائیں گے۔

علامہ مقری لکھتے ہیں: ''جب یہ کہا جاتا تھا کہ فلاں شخص فلسفہ پڑھتا ہے تو عوام اس کو زندیق کہنے لگتے تھے اور اگر اس نے کسی شبہ میں لغزش کھائی تو قبل اس کے بادشاہ کو اس کی خبر پہنچے، اس کو پتھر مارتے تھے یا آگ میں جلا دیتے تھے۔'' ('اقبال کا علم کلام'، علی عباس جلالپوری)

معتزلہ کی بیخ کنی سے مسلمانوں کو کس قدر علمی زوال کا سامنا ہوا، اس کے متعلق مصری تاریخ دان احمد امین کہتے ہیں: ''اگر معتزلہ روایات آج تک جاری رہ پاتیں تو مسلمانوں کی تاریخ اس سے بالکل مختلف ہوتی جو اس وقت ہے۔'' جرمن مستشرق ایڈورڈ سخاؤ کے مطابق مسلمانوں کے گلیلیو، کیپلر اور نیوٹن جیسے نابغے پیدا کرنے والی قوم ہونے میں واحد رکاوٹ اشعری اور غزالی ثابت ہوئے۔

معتزلہ سے نفرت کا آج بھی یہ عالم ہے کہ پرویز ہود بھائی کی 'مسلمان اور سائنس' کے مطابق کویت میں ۱۹۹۳ء میں ایک کانفرنس ہوئی جس کا مقصد عربوں کے ہاں سائنس اور ٹیکنالوجی کے راستے کی رکاوٹیں دور کرنا تھا۔ سعودی مندوبین کا موقف تھا کہ اسلامی سائنس پر توجہ دی جائے، کیوں کہ خالص سائنس معتزلہ رجحانات پیدا کرتی ہے۔ سائنس کو معتزلہ سے بچانے کی کوشش کے نتیجے میں، 'اسلامی سائنس' جو شکل لے رہی ہے اس کی جھلک ہمیں مصر کے مفتی ڈاکٹر علی جمعہ کے اس بیان سے نظر آتی ہے کہ مکھی کے دونوں پروں کو پانی میں ڈبو کر پینے سے ایڈز کے مرض سے شفا ملتی ہے۔

خلافت بغداد کے علاوہ سلجوقی سلطان الپ ارسلان کی وزیر نظام الملک نے اشعریوں کی حمایت کی ٹھانی۔ یوں اشعریوں کے نظریات کو ریاستی سرپرستی حاصل ہوگئی۔ نظام الملک نے ۱۰۶۷ء میں بغداد میں نظامیہ نام سے مدرسہ شروع کیا۔ بعد میں ایسے مدرسوں کی تعداد آٹھ تک پہنچ گئی، امام غزالی نے نیشاپور کے

مدرسہ نظامیہ سے تعلیم حاصل کی اور بعد میں بغداد کے مدرسہ نظامیہ کے مہتمم اعلیٰ بنے۔ امام غزالی کو نظام الملک کی سرپرستی حاصل تھی، اور یہ نظام الملک ہی تھے جنھوں نے امام غزالی کو'زین الدین' اور'حجت الاسلام' کے خطاب دیے۔ ریاستی مدد سے جلد ہی عرب دنیا میں معتزلہ کا صفایا کر دیا گیا۔ الغزالی نے مسلمانوں میں عقلی تحریک کے تابوت میں آخری کیل ٹھونک دی۔ جہاں اشعریوں نے ریاستی سرپرستی کی مدد سے مذہب کے حوالے سے معتزلہ کو لتاڑا تھا، وہیں امام غزالی نے فلسفے اور سائنس پر حملہ کیا۔

شبلی نعمانی اپنی کتاب'الغزالی' میں فرماتے ہیں؛

> غزالی نے مذہب اشعری کی تائید و نصرت میں بہت سی کتابیں لکھیں اور معتزلہ کی تکفیر و تفسیق کی چونکہ اس وقت عباسیوں کی سلطنت برائے نام رہ گئی تھی اور سلجوقیہ وغیرہ کی وجہ سے مذہبی آزادی بالکل باقی نہ رہی تھی۔ اشعری مذہب کے رواج کیساتھ اعتزال کو جبراً مٹانے کی کوشش کی گئی۔ معتزلیوں پر بڑا ظلم کیا جاتا تھا اوران کو اپنے خیالات کے اظہار کی جرأت نہیں ہوسکتی تھی۔ محمد بن احمد جو بہت بڑے معتزلی عالم گزرے ہیں ۴۷۸ھ میں انتقال کیا، پچاس برس تک گھر سے باہر نہیں نکل سکے۔ علامہ زمخشری جن کی تفسیر کشاف گھر گھر پھیلی ہوئی ہے چونکہ معتزلی تھے اپنے ملک میں چین سے نہیں رہ پاتے تھے، مجبوراً مکہ چلے گئے۔

ابو حامد الغزالی ایک سخت گیر قسم کے روایتی مسلمان تھے، جن کے بقول انسانی عقل اللہ کے مقرر کردہ سچ تک رسائی حاصل کرنے سے معذور ہے۔ امام غزالی کا کہنا ہے کہ انسانی عقل اخلاقی اصول تک رسائی نہیں پاسکتی، کیونکہ وہ اپنی خودغرضی کی غلام ہوتی ہے۔ صحیح رہنمائی صرف وحی سے ملتی ہے۔ اچھائی وہ ہے جو اللہ کی رضا ہے اور برائی وہ ہے جو اس کی رضا کے خلاف ہے۔ لہٰذا انسانی عقل قوانین صرف اس کی خودغرضی کا اظہار ہیں۔ ان کے نزدیک جو باتیں فلسفی کرتے ہیں، اگر یہ سچ ہوتیں تو پیغمبروں کا وحی کے ذریعے ان کا پتہ ہوتا اور چونکہ ایسا نہیں ہے اس لیے میں اسے رد کرتا ہوں۔

امام غزالی نے اپنے دلائل سے'ثابت' کیا کہ علت اور معلول کا آپس میں کوئی تعلق نہیں ہے اور جو نظر آتا ہے وہ اللہ کی مرضی کی وجہ سے ہے۔ ہر فعل کی علت اللہ کی ذات ہے اور اس کے حکم کے بغیر کچھ بھی واقع نہیں ہوسکتا۔ چنانچہ اسی بنیاد پر انھوں نے یہ تک کہہ دیا کہ سیر ہونے اور کھانے، پیاس کے بجھنے اور پانی پینے، سورج کے نکلنے اور روشنی کے پھیلنے کا آپس میں کوئی تعلق نہیں اور نہ ہی جلانا آگ کا جوہر ہے بلکہ یہ اللہ ہے جس کی وجہ سے پیاس بجھتی ہے یا پیٹ بھرتا ہے اور کوئی چیز آگ کی لپیٹ میں آجانے کے بعد جلتی ہے۔ اگر اللہ نہ چاہے تو روئی آگ نہیں پکڑ سکتی۔ اس بات کو ثابت کرنے کے لیے وہ حضرت ابراہیمؑ کا ذکر کرتے ہیں جو اسلامی عقائد کے مطابق آگ میں پھینکے جانے کے باوجود صحیح سلامت رہے تھے۔

عادت کے لحاظ سے جو چیز سبب اور مسبب خیال کی جاتی ہے، دونوں کی یکجائی ہمارے نزدیک ضروری نہیں ہے۔ کوئی دو چیزوں کو لو، یہ وہ نہیں اور نہ وہ یہ ہوسکتی ہے۔ نہ ایک کا اثبات دوسرے کا اثبات اور نہ ایک کی نفی دوسرے کی نفی کرتی ہے۔ ایک کے وجود سے دوسرے کا وجود کوئی ضروری نہیں اور نہ ایک کے عدم سے دوسرے کا عدم ضروری ہے۔ جیسے پیاس کا بجھنا اور پانی، پیٹ کا بھرنا اور کھانا، جلنا اور آگ سے مس ہونا، یا روشنی کا پھیلنا اور اور سورج کا نکلنا، یا مرنا اور سر کا جدا ہونا یا صحت یاب ہونا اور دوا پینا یا اسہال کا ہونا اور مسہل کا استعمال کرنا وغیرہ غیرہ۔ اس قسم کے بیسوں مشاہدات ہیں جو طب یا نجوم اور فنون میں دیکھے جا سکتے ہیں۔ ان کا آپس کا تعلق اللہ کی رضا کی وجہ سے ہے جو انھیں ساتھ ساتھ پیدا کرتا ہے لیکن ان کے درمیان کچھ ایسا نہیں ہے جو اس کے بغیر ممکن نہ ہو۔ اس کے برعکس اللہ کی مرضی سے یہ ممکن ہے کہ کھائے بغیر سیر ہوا جا سکے، یا گلا کٹنے کے بغیر موت واقع ہو جائے یا گلا کٹنے کے باوجود انسان نہ مرے۔ چنانچہ ہم انکار کرتے ہوئے یہ کہتے ہیں کہ جلنے کی وجہ اللہ ہے اور یہ خدا ہے جو فرشتوں کے وسیلے سے یا ان کے بغیر روئی کو جلا کر راکھ میں تبدیل کر دیتا ہے۔ آگ ایک بے جان شے ہے اور یہ کسی فعل پر قادر نہیں ہے۔ اور اس بات کا کیا ثبوت ہے کہ یہ علت ہے۔ درحقیقت فلسفیوں کے پاس سوائے مشاہدے کے کوئی ثبوت نہیں کہ آگ کی قربت سے روئی جلتی ہے، لیکن مشاہدے سے صرف ان کا ایک وقت میں وقوع پذیر ہونا ثابت ہوتا ہے، نہ کہ کوئی تعلق۔ درحقیقت اللہ کے سوا کوئی اور وجہ نہیں ہے۔ مخالف دعویٰ کرتا ہے کہ جلانے کا فعل انجام دینے والی چیز صرف آگ ہے، اور وہ بالطبع فاعل ہے نہ کہ بالاختیار، اپنی طبیعت سے اس کا الگ ہونا ممکن نہیں، اگر وہ کسی چیز سے متصل ہوگی تو جلائے یا گرم کیے بغیر نہیں رہے گی۔ اور ہم اس چیز کا انکار کرتے ہیں، اور کہتے ہیں کہ احتراق کا فاعل درحقیقت اللہ تعالیٰ ہے، اس نے روئی میں تفرق اجزا سے اور احتراق سے اثر پذیری کی خاصیت رکھ دی ہے۔ چاہے وہ خاصیت ملائکہ کے وسیلے سے رکھی ہو یا بغیر وسیلہ، رہی آگ تو وہ بھی جمادات میں سے ایک بے جان مخلوق ہے جس کے لیے فعل و اثر اختیاری شے نہیں۔ اس بنا پر فلسفی اس بات کا انکار کرتے ہیں کہ ابراہیم علیہ السلام آگ میں ڈالے گئے اور نہیں جلے، وہ کہتے ہیں یہ ممکن نہیں ہے جب تک آگ سے حرارت کی خاصیت کو سلب نہ کر لیا جائے، اور اگر ایسا ہو تو گویا آگ آگ ہی نہ رہی یا ابراہیم علیہ السلام کی ذات میں کوئی تبدیلی ہونی چاہیے۔ انھیں پتھر سمجھنا پڑے گا، جس پر آگ اثر نہیں کرتی، یا کوئی اور اس قسم کی چیز، اور جب یہ ممکن نہیں

تو وہ بھی ممکن نہیں۔ (تہافت الفلاسفہ)

امام غزالی نے اخلاقیات کے موضوع پر طبع آزمائی کرتے ہوئے کہا کہ کوئی بھی فعل اخلاقی طور پر نہ برا ہوتا ہے اور نہ اچھا، سوائے اس کے اللہ نے اس فعل کو برا سمجھا ہو۔

اللہ کے انصاف کا انسانی انصاف سے مقابلہ نہیں کیا جا سکتا۔ سوچا جا سکتا ہے کہ کسی انسان نے دوسرے سے زیادتی کر کے ناانصافی کی، لیکن ضروری نہیں کہ اسے اللہ نے ناانصافی نہ سمجھا ہو۔ اللہ کو اچھائی کے انسانی اصولوں سے نہیں باندھا جا سکتا۔ (تہافت الفلاسفہ)

امام غزالی کے دلائل نے ان وقتوں کے قدامت پرست لوگوں کو بہت متاثر کیا۔ عوام الناس میں غزالی کے خیالات کو قبولیت حاصل ہوئی اور تمام علما و فقہا نے غزالی کو اپنے لیے مشعل راہ منتخب کیا جس کی وجہ سے اشعریوں کا فلسفہ نہ صرف ان وقتوں میں عوام الناس میں قبولیت پا گیا بلکہ آج بھی مسلمانوں کے عقائد کا جزو ہے۔ یوں نقل کو عقل پر برتری حاصل ہوئی۔ اجتہاد کی بجائے تقلید کو مستحسن سمجھا جانے لگا اور اس بات کی کھوج شروع ہوئی کہ نبی کریمؐ اپنے زمانے میں زندگی کیسے گزارا کرتے تھے۔ احادیث کو جمع کرنے کا مقصد یہی تھا کہ اسلام کے ابتدائی دور کی جانب لوٹا جائے۔ یوں اشعریت کی کامیابی نے عقلیت پسند فلسفے کی کمر توڑ دی گئی اور اسلام میں یونانی فلسفے کا راستہ مکمل طور پر بند کر دیا گیا۔

گو الغزالی کے فلسفے پر تمام اعتراضات کے جواب ابن رشد نے اپنی کتاب 'تہافت التہافت' میں دیا، لیکن اب پلوں کے نیچے سے بہت سا پانی گزر چکا تھا۔ ابن رشد جو قرطبہ کے قاضی القضاۃ کے علاوہ شاہی طبیب بھی تھے، ان پر کفر اور بے دینی کا الزام لگا۔ قرطبہ کی جامع مسجد میں خلیفۂ وقت یعقوب المنصور کی نگرانی میں مقدمہ چلا جہاں تمام علما و فقہا شامل تھے۔ قاضی ابوعبداللہ بن مروان کے علاوہ خطیب ابوعلی بن حجاج نے اعلان کیا کہ ابن رشد ملحد و بے دین ہو گیا ہے۔ بعض لوگوں نے ابن رشد پر یہودی ہونے کا الزام لگایا جو ظاہر میں مسلمان بنا ہوا ہے اور یہودی مذہب کی تبلیغ کرنا چاہتا ہے۔ جرم 'ثابت' ہونے پر ابن رشد کو یہودیوں کی بستی لوسینیا میں جلاوطن کر دیا گیا۔ ابن رشد کی تمام کتابیں جلا دی گئیں۔ ان کی وہی کتابیں بچیں جو عبرانی اور لاطینی زبانوں میں ترجمہ ہو کر یورپ میں پہنچ گئی تھیں۔ یہ وہی کتابیں تھیں جنھیں دیکھ کر اقبال دکھ کا اظہار کرتے ہیں، حالاں کہ یہ افسوس کرنے یا سینہ کوبی کرنے کی بجائے شکر ادا کرنے کا مقام ہے کہ یہ کتابیں یورپ پہنچ کر محفوظ ہو گئیں وگرنہ ہم ابن رشد کے نام تک سے واقف نہ ہوتے۔

مگر وہ علم کے موتی، کتابیں اپنے آباء کی
جو دیکھیں ان کو یورپ میں تو دل ہوتا ہے سیپارہ

ابن رشد کو کن ذلتوں سے گزرنا پڑا، اس کے متعلق دو روایات ہیں۔ ایک کے مطابق ابن رشد کو قرطبہ کی جامع مسجد کے باہر ستون سے باندھ دیا گیا جہاں مسجد میں ہر آنے جانے والا ان کے منہ پر تھوکتا تھا۔

109
اسلام اور احیائے اسلام

دوسری روایت کے مطابق ابن رشد لوسینیا سے فاس فرار ہو گئے جہاں لوگوں نے انھیں پکڑ کر مسجد کے باہر کھڑا کر دیا اور ہر آنے جانے والے کو حکم دیا گیا کہ وہ ابن رشد کے چہرے پر تھوکے۔

'طبقات الاطباس' کے مطابق: ''اصل میں ابن رشد کی تباہی کا باعث صرف یہ تھا کہ وہ دن رات فلسفہ میں مشغول رہتا تھا اور اس بارے میں عوام الناس کی برہمی کی بالکل پرواہ نہیں کرتا تھا۔ یہاں تک کہ اکثر اس کے زبان سے آزادانہ کلمات بھی نکل جاتے تھے۔ مسلمان مؤرخین عام طور پر اس بات میں متفق ہیں کہ ابن رشد کی بربادی کا سبب اس کا فلسفہ میں انہماک اور منصور کا مذہبی تعصب تھا۔'' ('ابن رشد، سوانح عمری، علم کلام اور فلسفہ'، پروفیسر مولانا محمد یونس انصاری)

انسانی دماغ مسائل کی گتھیاں نہیں سلجھا سکتا، اس سوچ نے مسلمانوں کے اندر کھوج کی صلاحیت ختم کر دی اور یہ رویہ آج بھی مسلمانوں کے ہاں جاری وساری ہے جس کی وجہ سے ہر نئی سوچ، ہر نئے نظریے کو رد کرنا ان کی فطرت کا خاصہ بن چکا ہے۔ یوں اجتہاد کا دروازہ بند ہو گیا۔

۴

سنی فرقے کے چار آئمہ امام مالک بن انس، امام ابوحنیفہ (نعمان بن ثابت)، امام شافعی اور امام احمد بن حنبل نے قرآن وسنت کی روشنی میں آٹھویں اور نویں صدی میں اپنے فقہی مسالک قائم کیے۔ انسانی افعال کو فرض، مستحب، مباح، مکروہ اور حرام کے زمروں میں تقسیم کر دیا گیا۔ چنانچہ بارہویں صدی میں یہ بات طے ہو چکی تھی کہ اسلام میں جس قدر اجتہاد کی ضرورت تھی وہ ان آئمہ نے کر دیا ہے۔ اب مزید اجتہاد کی ضرورت نہیں رہی، بعد میں آنے والوں کا کام صرف تقلید کرنا ہے۔

چنانچہ جب طرابلس کے محمد بن علی السنوسی نے انیسویں صدی میں اجتہاد کا دروازہ کھولنے کی بات کی تو انھیں جامعہ الازہر کے مفتی سے اس قسم کے ردعمل کا سامنا ہوا، ''کون اس بات سے انکار کر سکتا ہے کہ اجتہاد کا دروازہ بہت عرصہ پہلے بند ہو چکا ہے اور آج کے وقتوں میں کوئی اتنا صاحب علم نہیں ہے جو اپنے آپ کو مجتہد سمجھتا ہے وہ خود فریبی اور شیطان کے بہکاوے کا شکار ہے۔''

علت ومعلول سے اللہ کے قادر مطلق ہونے کو جو خطرہ درپیش ہو گیا تھا، اس کا سدّ باب تو بہت کامیابی سے کر دیا گیا لیکن اس کی قیمت مسلمانوں میں عقلیت پسندی اور عقلیت پسندانہ رویے کے خاتمے کی صورت میں ادا ہوئی۔ اسلام اور اس شریعت کی تشریح وتعبیر علما کے ہاتھ میں آ گئی۔ مدرسے، مسجد کے پیش امام، قاضی اور مفتیوں کی فوج تیار ہو گئی جن کے مطابق ہمارا کام سوال اٹھانے یا کسی مسئلے کی وضاحت کے لیے دلیل یا منطقی توجیہ دینے کی بجائے اطاعت ہونا چاہیے۔ خدا کی منشا کے سامنے جھکنے کے مقابلے میں دلیل اپنی وقعت کھو بیٹھی۔

اگر علت ومعلول کا آپس میں کوئی رشتہ نہیں تو اس سے تمام تحقیق کے دروازے بند ہو جاتے ہیں۔ تمام

انسانی یا زمینی آفات جیسے سیلاب، وباؤں کا پھیلنا اور زلزلے کا کوئی سبب نہیں تو پھر ارضیات، موسمیات یا دیگر مظاہر فطرت کے قوانین دریافت کرنے کی کیا ضرورت ہے؟ ہمیں حالات کے سامنے سینہ سپر ہونے یا حالات کو تبدیل کرنے کی بجائے حالات کو جوں کا توں قبول کرتے ہوئے اللہ کی رضا پر صابر وشاکر رہنا چاہیے۔ اور اگر انسانی سوچ خیر وشر یا درست اور غلط میں فرق کو نہیں سمجھ سکتی تو پھر انسان کے بنائے تمام معاشرتی و اخلاقی قوانین، ضابطے اور ادارے بے معنی ہو جاتے ہیں۔

چنانچہ جہاں مغربی تہذیب میں مسلسل سیاسی، معاشرتی، فنی و سائنسی تجربات جاری ہیں، نئے ادارے اور نئے سیاسی ڈھانچے ترتیب دیے گئے جس کے نتیجے میں مغرب میں جمہوریت اور روشن خیالی در آئی، اور حق اظہار کی آزادی سے مذہب کے صدیوں پرانے تسلط کا خاتمہ ہوا؛ وہیں مسلمانوں کا سارا زور اللہ کی شریعت اور خلافت کے قیام پر ہو گیا جس کے نتیجے میں کبھی طالبان کی اسلامی حکومت قائم ہوتی ہے، کبھی داعش اسلامی خلافت کے قیام کا دعویٰ کرتی ہے، کوئی عوامی جمہوریہ چین کے مشوروں اور تعاون سے مدینہ کی ریاست قائم کرنا چاہتا ہے اور کبھی انڈونیشین مجاہدین کونسل کے بانی ابوبکر بشیر فرماتے ہیں:

> اسلام میں جمہوریت کا کوئی وجود نہیں ہے۔ چنانچہ اپنے مقاصد کے حصول کی خاطر قرآن کی ایسی تشریح کرنے سے گریز کرو جس سے اسلام جمہوریت میں تبدیل ہو جائے۔ خدا کی رضا کو اولیت حاصل ہے۔ انسان اپنی مرضی سے اچھائی اور برائی کا تعین نہیں کر سکتا بلکہ انسانی خواہش کو تبدیل کر کے اسے اللہ کی رضا کے مطابق ڈھالنا ہوگا۔ ہم ڈیموکریسی نہیں بلکہ اللہ کریسی کا مطالبہ کرتے ہیں۔ اسلام کے اصولوں کو تبدیل نہیں کیا جا سکتا۔ اسلام میں جمہوریت ہے اور نہ ہی جمہوری اسلام جیسی خرافات۔ جمہوریت شرک اور حرام ہے۔

گو دعویٰ کیا جاتا ہے کہ دنیا ایک گلوبل ولیج کا روپ دھار چکی ہے جس میں خیالات اور نظریات سرحدوں میں مقید نہیں رہتے، بلکہ ہر معاشرے میں پہنچ کر اسے متاثر کرتے ہیں۔ افسوس! مسلمان معاشروں میں فی الحال ایسا ہوتا بہت کم نظر آ رہا ہے کیوں کہ مسلمان معاشرے اور حکومتیں اس کوشش میں مصروف ہیں کہ وہ ہر اس نئی سوچ کو دبا دیں گے یا ملک میں آنے اور پنپنے نہ دیں جس سے انھیں اپنے معاشرے میں کسی قسم کی تبدیلی کا خطرہ لاحق ہو سکتا ہے۔ ایک امید مغربی ممالک میں مقیم مسلمان تھے، لیکن وہاں بھی الٹی گنگا بہتی نظر آ رہی ہے۔

ابھی میرے بچپن میں 'ولایت' سے لوگ واپس آتے تو وہاں کے لوگوں کی اچھائی کے مختلف قصے سنایا کرتے تھے کہ وہ جھوٹ نہیں بولتے، چوری نہیں کرتے، وقت کی پابندی کرتے ہیں وغیرہ۔ آج مغربی ممالک میں مقیم مسلمانوں کا آئیڈیل وہاں کا مقامی معاشرہ نہیں بلکہ چودہ سو سال پہلے کا قبائلی معاشرہ ہے۔ ان کا آئیڈیل کوئی سائنسدان یا دیگر علوم کا ماہر نہیں بلکہ کسی مدرسے کا پڑھا ہوا ایک مولوی ہے۔

جن مغربی ممالک میں مسلمانوں کی آبادی دس فیصد کے آگے پیچھے ہے، ان ممالک میں شریعت کے نفاذ کے حامی پیدا ہوا چکے ہیں اور چند ایک ممالک میں مسلمان تنظیمیں شریعت کے نفاذ کے ارادے کا کھلم کھلا اظہار بھی کر چکی ہیں۔ سیکولرزم کے فوائد سے بہرہ مند ہونے کے باوجود شریعت کے نفاذ کے خواہشمند کوئی اِکا دُکا مسلمان نہیں ہیں۔ مغربی ممالک میں کئی اسٹڈیز ہوئیں جن میں ان سے پوچھا گیا کہ وہ مقامی قوانین کو پسند کرتے ہیں یا شریعت کا نفاذ چاہیں گے اور ہر کسی کا جواب شریعت کے حق میں ملا۔ اس موضوع پر امریکہ میں ایک دستاویزی فلم بھی بن چکی ہے۔ مسلمان ممالک میں شریعت کے نفاذ کے حوالے سے مسلمانوں کے دوغلے پن پر تبصرہ کرتے ہوئے ایک شامی دانشور نے کہا ہے کہ اگر آج کسی مسلمان ملک میں شریعت کے نفاذ پر ریفرنڈم کرایا جائے تو سب شریعت کے حق میں ووٹ دیں گے اور پھر پہلی فرصت میں کسی مغربی سیکولر ملک منتقل ہونے کی کوشش کریں گے۔

معاشرے میں فکری اور رویوں کی تبدیلی کے لیے ترقی یافتہ معاشروں کی نئی کتب بھی مددگار ثابت ہوتی ہیں جو ایک منجمد معاشرے میں فکری گرمی پیدا کرنے کے ساتھ تبدیلی کا باعث بنتی ہیں۔ گو مسلمان معاشروں میں کتابیں تو کافی چھپتی ہیں لیکن وہ مکھی پر مکھی مارنے کے مترادف ہیں۔ بہت کم ایسی کتابوں کا ترجمہ ہوتا ہے جو ایک بیمار معاشرے کے افراد کو کچھ نیا سوچنے یا کرنے پر آمادہ کر سکے۔ چنانچہ جب ہم مسلمان ملکوں میں غیر ملکی کتب کے تراجم کی صورت حال دیکھتے ہیں تو انتہائی مایوسی کا سامنا ہوتا ہے۔

بائیس عرب ممالک جن کی آبادی تیس کروڑ سے بھی زیادہ ہے، ان کے مقابلے میں یونان کی آبادی صرف گیارہ لاکھ ہے، جہاں ایک سال میں ترجمہ ہونے والی کتابوں کی تعداد تمام عرب ممالک میں ترجمہ ہونے والی کتابوں سے پانچ گنا زیادہ ہے۔ ایک اور دعویٰ جو اسپین میں ترجمہ ہونے والی کتابوں کے متعلق کیا جاتا ہے کہ اسپین میں ایک سال میں جتنی غیر ملکی کتابیں ترجمہ ہوئی ہیں، ان کی تعداد مامون الرشید کے بیت الحکمت سے آج تک کے کیے گئے عربی تراجم سے زیادہ ہے۔

تاریخ گواہ ہے کہ جس معاشرہ میں مشاہیر کی قدر نہ ہو، وہاں مشاہیر کی بجائے دولے شاہ کے چوہے پیدا ہوتے ہیں، اور جہاں علم وفن کو سرپرستی اور قبولیت حاصل نہ ہو وہاں علم وفن مر جاتا ہے۔ ماضی کے جو عظیم نام تھے، ان کا ذکر تو بڑے فخر کے ساتھ کیا جاتا ہے لیکن ان کے ساتھ جو سلوک ہوا، اس کا ذکر کم ہی سنائی دیتا ہے۔

ابن سینا ایک بہت بڑے فلسفی اور طبیب تھے۔ رات کو شمع کی روشنی بیٹھ کر پڑھا لکھا کرتے تھے۔ بقول ان کے وہ تھکاوٹ دور کرنے کے لیے شراب کا سہارا لیتے تھے۔ وہ بھی عقلی استدلال کی برتری کے دعوے دار تھے۔ ان پر کفر کا فتویٰ لگا اور انھیں قتل کرنے کی سازش ہوئی، لیکن بروقت پتہ چلنے کی وجہ سے وہ روپوش ہو گئے، اسی روپوشی کے دوران انھوں نے طب پر شہرہ آفاق کتاب 'القانون فی الطب' لکھی۔ ان کی کتابوں پر پابندی عائد ہوئی۔ ان کا زندگی کا کافی حصہ ایک جگہ سے دوسری جگہ چھپتے چھپانے میں گزرا۔

ابن رشد کا ذکر اوپر ہو چکا ہے کہ جب کفر کے الزام کے تحت وہ جلاوطن ہوئے تو ان کے ساتھ بہت سے دیگر فضلا کو بھی مختلف مقامات پر علیحدہ علیحدہ جلاوطن کیا گیا جن کے نام ابوجعفر الذہبی، قاضی ابوعبداللہ اصولی، محمد بن ابراہیم قاضی بجایہ، ابوالربیع الکفیف، ابوالعباس الحافظ الشاعر القرابی وغیرہ تھے۔ شعرا نے ابن رشد کی جلاطنی پر ان پر لعنت و ملامت کرنے کے لیے شعر لکھے۔ ابوالحسن ابن جبیر نے ہجو میں کہا ''تقدیر نے ان مکذبین مذہب کو جو فلسفہ کو مذہب سے ملاتے رہے ہیں اور الحاد کی تعلیم دیتے ہیں نیچے گرا دیا۔ وہ منطق میں مشغول ہوئے اور یہ بات سچ ہوگئی کہ منطق ہی تمام مصیبتوں کی جڑ ہے۔'' یہ وہی ابن رشد ہیں جن کی کتابیں مغرب میں نشاط ثانیہ کا باعث بنیں۔ سیکولرزم کی جب بھی بات ہوتی ہے تو ابن رشد کے فلسفہ دوئی کا ذکر ضرور ہوتا ہے جسے سیکولرزم کی بنیاد سمجھا جاتا ہے۔

ابوبکر محمد بن ذکریا رازی ایک فلسفی اور طبیب ہونے کے علاوہ ایک مکمل عقلیت پسند انسان تھے۔ وہ خدا کو تو مانتے تھے لیکن پیغمبری کے قائل نہیں تھے۔ ان کے بقول انسان کے پاس عقل ہے جو اسے ہر اچھائی و برائی میں تمیز سکھاتی ہے، لہٰذا کسی انسان کو پیغمبر بنا کر دوسروں پر سوار کر دینا نا انصافی ہے۔ رازی قرآن مجید کے کتاب الٰہی ہونے کے بھی منکر تھے۔

بخارا کے امیر کو رازی کے خیالات کی بھنک پڑی تو اس نے حکم دیا کہ رازی کی کتاب تب تک رازی کے سر پر ماری جائے جب تک کتاب یا سر میں سے کوئی ایک پھٹ نہ جائے۔ چوٹوں سے بینائی چلی گئی۔ ایک معالج نے آنکھوں کی جراحی کا مشورہ دیا تو رازی نے جواب دیا کہ میں نے دنیا کو بہت دیکھ لیا ہے، مزید دیکھنے کی خواہش نہیں کہ اپنی آنکھوں کی جراحی کراؤں۔ تھوڑے ہی عرصے کے بعد دنیا سے کوچ کر گئے۔ البیرونی نے رازی کی بینائی جانے پر اسے 'خدائی عذاب' قرار دیا۔

ابن باجہ فلسفی، طبیب اور ماہر فلکیات تھے۔ ان پر کفر کا فتویٰ لگا اور اسپین میں عدالت کے ڈاکٹروں کے سب سے اہم خاندان کے رکن ابوالظواہر کے حکم سے انھیں پینتالیس سال کی عمر میں زہر دے کر ہلاک کر دیا گیا۔

عبدالرحمٰن بن خلدون مورخ، فلسفی اور ماہر قانون تھے۔ ان کا تعلق ایک یمنی خاندان سے تھا، لیکن تیونس میں پیدا ہوئے۔ عرب انھیں حقارت سے بربر کہتے تھے۔ جلد ہی فراموش کر دیے گئے، تا آنکہ مستشرقین نے انیسویں صدی میں انھیں کھوج کر دنیا کے سامنے پیش کیا اور یوں دنیا عمرانیات کے اس نابغہ سے متعارف ہوئی۔ فلپ حِتّی کے لفظوں میں:

> یہ فلسفی غلط عہد میں اور غلط مقام پر پیدا ہوا۔ وہ اپنے لوگوں کو ازمنہ وسطیٰ کے خواب غفلت سے جگانے کے لیے بہت تاخیر سے آیا اور یورپی لوگوں کو اس کا مترجم بھی دیر سے ملا۔ اس کا کوئی بلاواسطہ پیش رو تھا نہ جانشین۔ کوئی مکتبہ خیال ایسا نہ تھا جسے خلدونی کہا جا سکے۔ اس

کی حیات عمل شمالی افریقہ کے آسمان سے اس طرح شہابانہ گزری کہ اس نے اپنے پیچھے کوئی منعکس روشنی نہیں چھوڑی۔

ابن الہیثم طبیعات، ریاضی کے ماہر تھے، لیکن ان کی وجہ شہرت ان کا 'بصریات' پر کام ہے جس نے درست طریقے پر بتایا کہ ہم اشیا کو کیسے دیکھ پاتے ہیں۔ ان کا یہی نظریہ کیمرے کی ایجاد میں معاون ثابت ہوا۔ ابن الہیثم نے موت سے بچنے کی خاطر عمر آخری حصہ پاگل پن کا ناٹک کرکے گزارا۔

اشبیلیہ کے ابن حبیب کو اس لیے موت کی سزا دی گئی کہ وہ فلسفے کی کتابیں پڑھا کرتے تھے۔ حاجب المنصور کے حکم سے کتب خانے کی ان تمام کتابوں کو نذر آتش کر دیا گیا جن کا تعلق فن اور فلسفے سے تھا۔

ہزار سال سے زیادہ عرصے بعد ڈاکٹر عبدالسلام نے طبیعات کے ماہر کے طور نوبل انعام حاصل کیا لیکن پاکستان نے ان کی قدر کرنا تو درکنار، ان کی قبر کا کتبہ تک کھرچ ڈالا۔

اٹلی میں مقیم لیبیائی مصلح ڈاکٹر محمد الہونی اس نتیجے پر پہنچے ہیں: ''عرب معاشرے کے پاس صرف دو راستے ہیں۔ یا تو مغربی تہذیب اور اس کے ثقافتی اداروں کے ساتھ اپنے تعلقات توڑ کر اپنے آپ کو نقصان پہچانا جاری رکھیں، یا قرون وسطیٰ کی مذہبی میراث کے ساتھ اپنے تعلقات منقطع کرلیں کیوں کہ ان کے ہاں زندگی اور آزادی کا فلسفہ ہے اور ہمارے ہاں موت اور نفرت۔'' الہونی کا یہ نتیجہ صرف عرب ملکوں پر ہی نہیں بلکہ تمام مسلمان ممالک پر منطبق ہوتا ہے۔

اب پھر سے المعتزلہ کی روایات کو زندہ کرنے کی کوشش کی جارہی ہے۔ اس سلسلہ میں پیرس میں معتزلہ کی عقلیت پسندی اور اجتہاد کو زندہ کرنے کے لیے فروری ۲۰۱۷ء میں ایک تنظیم کا قیام عمل میں لایا گیا ہے۔ لیکن یہ ایک ایسی کوشش ہے جس سے امت مسلمہ نہ واقف ہے اور نہ ہی اسے مسلمانوں کی حمایت حاصل ہے۔ ویسے بھی مسلمان آج تک کوئی ایسا مرکزی مذہبی ادارہ بنانے میں ناکام رہے ہیں جو کسی مسئلے کی صورت میں ان کی رہنمائی کرسکے یا جس کی طرف تمام مسلمان رجوع کریں اور یہی وجہ ہے کہ ایک جسم کی مانند امت رسولؐ پوری دنیا میں اکثر مذاق کا نشانہ بنتی رہتی ہے کہ یہ وہ لوگ ہیں جو اپنے اہم ترین مذہبی تہوار یعنی عید کو بھی ایک دن منانے پر اب تک متفق نہیں ہوسکے۔

زمانۂ جدید کی ایجاد انٹرنیٹ مذہب پر مذہبی علما کی اجارہ داری ختم کرنے کے درپے ہے، جہاں قرآن وحدیث کے تراجم سمیت سیرت کی کتابیں اور مسلمان قدما کی لکھی ہوئی تاریخ ملتی ہے، جس سے عام لوگوں کی رسائی ان تمام مقدس رازوں تک ہوچکی ہے جن سے صرف علما ہی اب تک واقف تھے۔ علم کے اس طرح عام ہونے سے مسلم ممالک میں الحاد بہت تیزی سے پھیل رہا ہے۔

کہا جارہا ہے کہ ماضی میں جیسے چھاپے خانے نے عیسائیت کو برباد کرکے رکھ دیا، انٹرنیٹ نے اسی طرح مذہب اسلام کا نقصان کررہا ہے۔ اس کے علاوہ سائنس کی نئی نئی دریافتیں مذہبی دعووں کا احاطہ تنگ

سے تنگ تر کر رہی ہیں۔ بارش کب ہوگی یا ماں کے پیٹ کے بچے کی جنس کیا ہے، اس کا علم اب صرف اللہ کو ہی نہیں بلکہ عام لوگوں کی دسترس میں آ گیا ہے۔ نئی نئی ایجادات ہو رہی ہیں۔ مسلمان کو یہ طے کرنا مشکل ہو رہا ہے کہ کون سی نئی ایجاد حلال ہے اور کون سی حرام۔ ایک وقت میں لاؤڈ سپیکر حرام ہوتا تھا، اور اب اسی حرام ایجاد کے بغیر مولوی صاحبان کا وعظ ادھورا رہتا ہے۔ کبھی تصویر حرام ہوتی تھی، ریڈیو شیطانی آواز ٹھہری تھی۔ ٹی وی شیطانی ایجاد تھا جسے سر عام جلایا گیا لیکن بغیر کسی واضع اجتہاد یا اپنے پہلے فتاویٰ کی غلطی تسلیم کرنے کا تکلف کیے بغیر ان چیزوں پر یوں قبضہ کر لیا گیا ہے جیسے ان کے استعمال کا حکم مقدس کتابوں میں درج ہے۔

ایک مغربی دانشور کا قول ہے کہ بہتے پانی کو کوئی نہیں روک سکتا اور جب ہمیں لگتا ہے کہ ہم پانی کو روکنے میں کامیاب ہو گئے ہیں تو اس وقت پانی رکا نہیں ہوتا بلکہ طاقت اکٹھی کر رہا ہوتا ہے اور جب مطلوبہ طاقت اکٹھی کر لیتا ہے تو وہ سب کچھ بہا لے جاتا ہے۔

کتابیات:

(۱) قران الحکیم؛ ترجمہ: فتح محمد جالندھری/ ابوالاعلی مودودی۔

(۲) سنن ابوداؤد، فرید بک اسٹال، اردو بازار، لاہور۔

(۳) اقبال کا علم الکلام، سید علی عباس جلالپوری، تخلیقات، مزنگ، لاہور۔

(۴) مسلمان اور سائنس، ڈاکٹر پرویز ہود بھائی، مشعل بکس، لاہور۔

(۵) المامون، شبلی نعمانی، دارالمصنفین، شبلی اکیڈیمی، اعظم گڑھ، یوپی۔

(۶) الغزالی، شبلی نعمانی، دارالمصنفین، شبلی اکیڈیمی، اعظم گڑھ، یوپی۔

(۷) تہافت الفلاسفہ، امام غزالی، دارالاشاعت، اردو بازار، کراچی۔

(۸) فتوح الشام، محمد بن عمر بن واقدی، المیزان، اردو بازار، لاہور۔

(۹) تاریخ ملت عربی، فلپ حِتّی، انجمن ترقی اردو، کراچی۔

(۱۰) مقدمہ تاریخ ابن خلدون، دارالاشاعت، ایم اے جناح روڈ، کراچی۔

(۱۱) پیر افضل قادری، تقریر، سوشل میڈیا۔

(۱۲) اسلام، پروفیسر ڈاکٹر فضل الرحمٰن، یونیورسٹی آف شکاگو پریس

(۱۳) اگناز گولڈز ہیر، Introduction to Islamic Theology and Law پرنسٹن یونیورسٹی پریس، نیوجرسی۔

(۱۴) ابن رشد، سوانح عمری، علم کلام اور فلسفہ۔ پروفیسر مولانا محمد یونس انصاری۔

(۱۵) فلسفے کی مختصر تاریخ، اکبر لغاری، مثال پبلشرز، امین پور بازار، فیصل آباد۔

(16) Arab Human Knowlege Report 2009, (UNDP and The

Mohammad bin Rashid Makhtoum Foundation, Dubai, 2009.
(17) Ash'ariyya and Mu'tazila: Neal Robinson
(18) The Closing of Muslim Mind, Robert R. Reilly, ISI Books, Wilmington Delaware

اسلام میں سماجی درجات

ریوبن لیوی

ترجمہ: مشیر الحق

اس بات کا پتہ چلانے کے لیے کہ مسلمان ہوجانے والی قوموں پر اسلام نے کیا اثرات ڈالے، یہ ضروری ہے کہ ان قوموں میں اسلام سے پہلے اور بعد کے سماجی حالات کا ٹھیک ٹھیک تجزیہ کیا جائے، اس کام کی وسعت کا احساس بذات خود اس کی اہمیت کو ظاہر کرتا ہے۔ بہر حال امر واقعہ یہ ہے کہ ڈبلیو رابرٹس اسمتھ (۱) اور اگنیز گولڈزیہر (۲) ایسے محققین اس مسئلے میں پہلے ہی سے بہت کچھ زمین ہموار کر چکے ہیں اور لوگوں نے ان کی محنت کے پھل سے اچھی طرح فائدہ بھی اٹھایا ہے۔ یہاں ہماری کوشش صرف یہ ہوگی کہ اسلام نے مسلمان ہوجانے والی قوموں کے سماجی درجات میں جو بنیادی تبدیلیاں کی ہیں، ان کی نشاندہی کی جائے۔ نیز اس سماجی قانون سازی پر ایک نظر ڈالی جائے جسے محمد (صلعم) نے اپنے زمانے میں رائج کیا اور ان کے شارحین نے بعد میں اس میں ضروری تبدیلیاں کیں۔

چند مستقل بستیوں کو چھوڑ کر عرب کی پوری آبادی تاریخ کے ہر دور میں ان مختلف قبائل اور جماعتوں پر مشتمل رہی ہے جن میں سردار قبیلہ کی اطاعت کا، یا پھر کسی حقیقی یا خیالی مورث اعلیٰ کی اولاد ہونے کا تصور باہمی رشتہ اشتراک کا سبب رہا ہے۔ ایسے تمام گروہوں یا قبیلوں کے اندر ڈیروں یا خاندانوں پر مشتمل انفرادی اکائیوں کی آزادی کو ہمیشہ قدرتی بات سمجھا گیا اور ہر اکائی کے سربراہ کو ایک دوسرے کا ہم پلہ تسلیم کیا گیا۔ مختلف خاندانوں کے سربراہوں کے ہاتھوں قبیلہ کے شیخ یا سردار کا انتخاب ہوتا۔ اگرچہ اصولی طور پر سرداری کا اعزاز حاصل کرنے کے لیے کسی خاص قابلیت کی شرط نہ تھی، لیکن عملاً یہ اعزاز قبیلے کے کسی مخصوص خاندان ہی کے لیے وقف ہوتا تھا۔ محمد (صلعم) کی بعثت کے وقت اس قسم کے خاندانوں کو اپنی قوم کے اندر اتنا اثر حاصل تھا کہ ان کی وجہ سے کسی بھی اقتدار کی جگہ کا فیصلہ کرتے وقت حسب ونسب کے مسئلے کو سب سے زیادہ اہمیت

دی جاتی تھی۔ شرافت کی اصل کسوٹی نجابت تھی۔ اسی وجہ سے لونڈی بچے یا حبشی النسل قسم کے لوگ جن کا شجرہ نسلی عیب سے بالکلیہ پاک نہ ہوتا، سرداری کے مطلوبہ معیار پر پورے نہیں اتر سکتے تھے۔(۳) ایسے لوگوں کا شمار سماج کے کمزور طبقے میں ہوتا تھا اور انھیں ایسے کام سپرد کیے جاتے تھے جن سے ہمیشہ ان کی کم حیثیتی ظاہری ہوتی رہے۔

اسلام کی آمد کے بعد بھی نسبی شرافت پر مبنی قبائلی اشرافیہ کا تصور باقی رہا۔ چودھویں صدی کے فلسفی مؤرخ ابن خلدون نے تاریخی مثالوں کو سامنے رکھتے ہوئے یہ کلیہ بنایا ہے کہ جماعتی عزت کا احساس رکھنے والے قبائل میں باہر والوں کا تو کوئی سوال ہی نہیں، خود اندر والے بھی اعلیٰ نسبی کا دعویٰ کیے بغیر قیادت کے درجے تک نہیں پہنچ سکتے تھے۔(۴) یہی سبب ہے کہ جب حضرت محمد صلعم نے پہلے پہل لوگوں کے سامنے اپنی دعوت پیش کی تو اگرچہ ان کا خاندانی تعلق قریش سے تھا، پھر بھی ان کی اپنی کم نژادی (Lowly Origin) نیز بچپن میں شتربانی ایسے معمولی پیشے کو اختیار کرنے کی وجہ سے انھیں کامیابی کے راستے میں بڑی رکاوٹوں کا سامنا کرنا پڑا۔ ان کے لیے سب سے اہم کام یہ تھا کہ وہ اپنے ان تھوڑے سے پیروؤں کو، جو عموماً سماج کے نچلے طبقے سے تعلق رکھتے تھے، اس بات کا یقین دلا دیں کہ اسلام اگر انھیں ان غیر مسلموں سے جن کی دھاک اشرافیہ کی حیثیت سے قائم تھی، برتر نہیں تو کم از کم ان کا ہم سر ضرور بنا دے گا۔ آخر الذکر لوگ خاصی مضبوط حیثیت کے مالک تھے، کیوں کہ اس وقت تک انھیں اپنے سماج کے مسلمہ رسم ورواج اور روایات کی پشت پناہی حاصل تھی۔

بہرحال، رسول اللہ (صلعم) کی مذہبی آتش نوائی پرانے نظام کے سرداروں کو بھسم کر کے ہی رہی۔ ابن خلدون نے اسلامی تاریخ کی بنیاد پر یہ بحث کی ہے کہ اہل عرب اس وقت تک خود اپنی کوئی سلطنت قائم نہیں کر سکتے تھے جب تک ان میں کسی پیغمبر یا ولی کے ذریعہ مذہبی جوش وخروش نہ پیدا کیا جاتا۔(۵) یہاں محمد (صلعم) جن کا دعویٰ تھا کہ وہ پیغمبروں کے سلسلے میں سب سے آخری اور سب سے اہم ہیں، ایک پیغمبر اور قائد کی حیثیت سے سامنے آئے۔ اگرچہ ان کے کچھ عرب بھائی بندوں نے شروع ہی میں ان کے پیغام کو تسلیم کر لیا، تاہم خود ان کے قبیلے کی قدیم اشرافیہ جس کی بالادستی کو انھوں نے کھلم کھلا چیلنج کیا تھا، بہت دنوں تک ان کے سامنے جھکنے سے انکار کرتی رہی۔ حد یہ ہے کہ جب اسلام کا اقتدار پوری طرح قائم ہو گیا اور مکہ قریش کے قبضے سے نکل کر آپؐ کے ہاتھوں میں آ گیا، اس وقت بھی نسبی فضیلت پوری طرح سے ختم نہیں ہوئی۔ اس موقعہ پر آپؐ کے پاس وحی آئی کہ عزت کا اصل معیار خاندان اور پیدائش نہیں بلکہ ایمان ہے۔ قرآن شریف کی سورہ نمبر ۴۹ کی تیرہویں آیت میں کہا گیا ہے کہ: ''اے لوگو، ہم نے تمھیں مرد اور عورت سے پیدا کیا ہے۔ حقیقتاً اللہ کی نظر میں متقی اور پرہیزگار لوگ ہی معزز ترین کہے جانے کے قابل ہیں۔'' یہ آیت اگرچہ نسبتاً زمانۂ نبوت کے آخری دور میں نازل ہوئی تھی لیکن جدید نقادوں کی تحقیق کے مطابق یہ آیت اسی پیغام کے سلسلے کی ابتدائی

کڑی ہے جسے اسلام نے پہلے دن پیش کیا تھا۔(۶) تیرہویں صدی عیسوی کے مشہور مفسر بیضاوی نے اس آیت کی جو تفسیر بیان کی ہے، وہ درحقیقت اس آیت سے متعلق مسلمانوں کے عمومی خیال کی آئینہ دار ہے۔ بیضاوی کے بقول اللہ تعالیٰ کہتا ہے کہ ''ہم نے تمھارے والدین کو تمھاری پیدائش کا صرف ایک ذریعہ بنایا ہے۔سب کی پیدائش اسی طرح ہوئی ہے، اس لیے نسب پر غرور کرنا بے کار ہے [عربوں کا خیال تھا کہ حقیقی عزت اعلیٰ نسبی ہی سے حاصل ہوتی ہے] ارواح کی کاملیت صرف تقویٰ کے ذریعہ ہوتی ہے، اس لیے تقویٰ ہی میں مسابقت کرنی چاہیے۔ جو لوگ بھی عزت کے طلب گار ہوں، انھیں چاہیے کہ وہ پرہیزگاری کی راہ اختیار کریں۔''(۷)

سماجی نظام میں نسب پر فخر و مباہات جیسے غیر محسوس عنصر کو قانوناً بیک قلم ختم نہیں کیا جا سکتا تھا۔یہی وجہ ہے کہ انسانی مساوات کی بات تو دور رہی، صرف عربوں میں باہمی مساوات کے تصور کو بھی قدیمی نظام کے نمائندوں سے ایک تلخ کشمکش کے بغیر آسانی سے منوایا نہ جا سکا، اور یہ کہنا شاید غلط نہ ہو کہ نبوت کے ابتدائی زمانہ میں خود محمد (صلعم) کے ذہن میں بھی مساوات کے تصور کو عام کر دینے کا خیال مشکل ہی سے آیا ہوگا۔ 'کتاب الآغانی' میں جو دور اول کی مسلم محاضرات کا ایک بہت بڑا خزانہ ہے، ایک واقعہ ملتا ہے جس میں خاندانی شرف کے سلسلے میں نئے اور پرانے نقطہ ہائے نظر کو بہت خوب صورتی سے پیش کیا گیا ہے۔ ایک حج کے دوران کعبہ کا طواف کرتے ہوئے ایک غسانی شہزادے جبلہ ابن ایہم کا لبادہ ایک بدو کے پیروں سے دب گیا۔شہزادے نے جھنجھلا کر اسے ایک تھپڑ مارا۔ بدو نے خلیفہ دوم حضرت عمرؓ سے شکایت کی اور حضرت عمرؓ نے فیصلہ کیا کہ بدو بدلے میں غسانی شہزادے کو ایک تھپڑ مارے۔شہزادہ اس فیصلہ پر چکرا کر رہ گیا اور بولا، ''بھلا یہ کس طرح ہو سکتا ہے؟ میں ایک شہزادہ ہوں اور یہ ایک معمولی شخص ہے۔'' حضرت عمرؓ نے جواب دیا؛ ''اسلام نے تم دونوں کو برابر کر دیا ہے۔ہاں اگر چاہو تو تقویٰ اور نیک کام میں تم اس سے آگے بڑھ سکتے ہو۔'' شہزادہ بولا، ''میں تو سمجھتا تھا کہ اسلام قبول کر لینے کے بعد سماج میں میری حیثیت دور جاہلیت کے مقابلے میں کہیں زیادہ بڑھ جائے گی۔'' یہ سن کر حضرت عمرؓ نے کہا، ''اس خیال کو دماغ سے نکال دو......''(۸)

بعد میں جب احادیث یا اقوال رسولؐ کو جمع کیا گیا تو ان سے بھی نظریہ مساوات کو تقویت پہونچی۔ ایک مشہور حدیث کے مطابق؛ ''اسلام میں حسب و نسب کی کوئی اہمیت نہیں ہے۔'' اس کے علاوہ بھی ایسی بہت ساری حدیثیں ملتی ہیں جن میں خاندان پر فخر کرنے کو منع کیا گیا ہے۔(۹) بایں ہمہ یہ بھی ایک حقیقت ہے کہ اگر چہ مسلمانوں نے مساوات کے نظریہ کو اصول طور پر تسلیم کر لیا تھا، تاہم رسولؐ اللہ کی ذاتی خواہش اور قانون شریعت کی اہمیت کے باوجود حسب و نسب کی اہمیت بڑی حد تک سماج میں کارفرما رہی۔(۱۰) آنحضرت صلی اللہ علیہ وسلم کی ذاتی کامیابیوں نے خاندانی برتری کے تصور کو بالکل ختم کرنے کے بجائے خاندان کو بنیاد شرافت ماننے والوں کے سامنے عزت کا ایک نیا معیار قائم کر دیا۔اس طرح آپؐ کی وفات کے بعد خاندان

رسالت سے رشتہ داری حقیقی شرافت ونجابت کا سنگ بنیاد بن گئی اور آپ کے خاندان سے دور کا رشتہ بھی جو قبیلۂ قریش کی نسبت سے حاصل ہوسکتا تھا، اعلیٰ اعزاز کی سند سمجھا جانے لگا۔ چنانچہ کسی دوسرے قبیلہ سے تعلق رکھنے والے شرفا کے مقابلہ میں قریشیوں کو بالعموم اعلیٰ حیثیت حاصل ہوگئی۔(۱۱) حد یہ ہے کہ قدیم شیوخ کے اہل خاندان کے مقابلہ میں قریش کے حلیفوں تک کو اونچا درجہ عطا کیا گیا۔(۱۲) اس ذہنیت کا نتیجہ یہ نکلا کہ بعد میں عام طور سے یہ کہا جانے لگا کہ قریشی مرد کو غلام بنانے کی بات تو دور رہی، آنحضرتؐ کے قبیلے کی کسی عورت تک کو لونڈی نہیں بنایا جاسکتا۔(۱۳)

قرون اول کے مسلمانوں میں نظریۂ مساوات پر عمومی عمل درآمد کے ثبوت میں مؤرخین عام طور سے خلیفہ اول حضرت ابوبکرؓ کی مثال پیش کرتے ہیں، جنھوں نے بوڑھے اور جوان، غلام اور آزاد، مرد اور عورت کے درمیان کسی قسم کی تفریق کیے بغیر مال غنیمت کو مساوی طور پر تقسیم کیا۔(۱۴) لیکن جب حضرت عمرؓ خلیفہ ہوئے تو انھوں نے بھی اگرچہ خاندانی امتیازات کو نظری طور پر تسلیم نہیں کیا لیکن وہ اس مفروضہ کو ماننے پر تیار نہ تھے کہ تمام مسلمان اپنے ایمان میں بھی برابر ہوسکتے ہیں۔ یہی وجہ ہے مال غنیمت کی تقسیم کے وقت انھوں نے ان مسلمانوں کو ترجیح دی جنھوں نے اسلام قبول کرنے میں سبقت کی تھی۔ وہ کہا کرتے تھے کہ جن لوگوں نے ابتدا میں رسول اللہ صلی اللہ علیہ وسلم سے لڑائیاں لڑی ہیں، انھیں ان مسلمانوں کے برابر نہیں سمجھا جاسکتا جنھوں نے میدان جنگ میں آپ کا ساتھ دیا۔ اسی باعث حضرت عمرؓ ان مہاجرین اور انصار کو، جو آنحضرتؐ کے ساتھ جنگ بدر میں شریک تھے، مال غنیمت میں سے ۵ ہزار درہم دیے اور جو جنگ بدر کے بعد اسلام لائے تھے، انھیں ۴ ہزار، ان کے لڑکوں کو ۲ ہزار اور بیویوں کو ۲ سو سے لے کر ۶ سو درہم تک دیے۔ فتح مکہ کے بعد اسلام قبول کرنے والے مکی مسلمانوں کو ۸ سو درہم اور بقیہ دوسرے مسلمانوں کو ۳ سو سے لے کر ۵ سو درہم تک عطا کیے۔(۱۵) رقموں کی یہ مقدار بذات خود کوئی اہمیت نہیں رکھتی، لیکن اس سے ان نئے امتیازات کا پتہ چلتا ہے جنھیں مسلم سماج نے ایک طرح سے تسلیم کرنا شروع کر دیا تھا۔

اسلام جب جزیرہ نمائے عرب کے باہر پھیل گیا تو خالص عرب خون رکھنے والے بدوی قبائل اپنے کو عام طور سے غیر عرب نومسلموں سے برتر سمجھنے لگے۔ پہلے جس طرح عرب کے قدیم شرفا اپنے ہی بھائی بندوں کو برابری کا درجہ نہیں دیا کرتے تھے، اسی طرح عرب مسلمانوں نے بھی غیر عربوں کو بحیثیت مجموعی اپنا ہم پلّہ تسلیم کرنے سے انکار کر دیا۔ اگرچہ وہ زبان سے یہی کہتے رہے کہ اسلام کے نظریۂ اخوت نے سماجی، خاندانی اور قبائلی نابرابری کے اصول کو ہمیشہ ہمیشہ کے لیے ختم کر دیا ہے۔(۱۶) چونکہ قرآن نے اس بات پر زور دیا ہے کہ مومنین میں رنگ وزبان کا فرق خدا کا پیدا کیا ہوا ہے،(۱۷) اس لیے منطقی طور سے ہر مسلمان خواہ وہ حبشی رہا ہو یا عرب کا کوئی دوسرا کم ذات شخص، اپنے کو تمام مسلمانوں کے برابر سمجھتا تھا۔

اس نظریاتی جنگ میں جو آنحضرت صلعم کی وفات کے تقریباً تین سو برس بعد تک جاری رہی؛ ایک

طرف تو خالص عرب تھے اور دوسری طرف عجمی (غیر عرب) نو مسلم، جنھیں موالی (۱۸) کہا جاتا تھا۔ عرب کے قدیم رواج کے مطابق مولیٰ اس عرب کو اور کبھی کبھی اس عجمی کو کہتے تھے جو کچھ دنوں کی آزمائشی مدت گزارنے کے بعد کسی قبیلہ کا ممبر بن جاتا تھا۔ اس کے بعد اس میں اور پرانے ممبروں میں حقوق و فرائض کے سلسلے میں کوئی امتیاز نہیں برتا جاتا تھا۔ (۱۹) جب اسلامی فتوحات کا دائرہ عرب کے باہر تک پہونچا تو مفتوحہ علاقوں کے نو مسلموں کو موالی کہا جانے لگا۔ یہ لوگ قید یا غلامی یا جنگ سے رہائی پانے کے بعد کسی فاتح عرب قبیلہ سے منسلک ہو جاتے تھے، (۲۰) لیکن اپنے مربیوں سے بالکل آزاد نہیں ہو سکتے تھے۔ جنگ و امن کے موقعہ پر یہ لوگ اپنے مربیوں کے جلو میں چلتے تھے اور اس کے بدلے انھیں مربیوں کی سرپرستی حاصل رہتی تھی۔ (۲۱) لیکن اس رشتے سے موالیوں کو کوئی خاص فائدہ نہیں پہونچتا تھا کیوں کہ عام طور سے فوجی عہدیداران ان پر بڑی کڑی نظر رکھتے تھے اور انھیں اتنی سہولت دینے پر بھی تیار نہ ہوتے تھے کہ وہ ایک عرب قبیلے کو چھوڑ کر کسی دوسرے قبیلے سے از خود منسلک ہو جائیں۔ (۲۲) عراق کے لائق لیکن خونخوار گورنر حجاج بن یوسف اور خراسان اور ماوراء النہر میں اس کے نائب قتیبہ ابن مسلم نے تو موالیوں پر جزیہ تک لگا دیا تھا جو صرف غیر مسلموں کے لیے مخصوص تھا۔ جب عراق کے کچھ موالی باشندوں نے اس فرمان کے خلاف احتجاج کیا تو حجاج نے ان سب کو غیر ملکی ٹھہرا کر شہر بدر کر دیا اور غیر مہذب قرار دے کر مختلف قصبات میں رہنے پر مجبور کیا۔ اس کے علاوہ یہ حکم بھی جاری ہوا کہ ہر موالی اپنے ہاتھ پر اپنے قصبہ کا نام نقش کرائے۔ (۲۳) موالیوں کے ساتھ مزید بے انصافی اس وقت ہوئی جب تبدیل شدہ حالات کے پیش نظر حضرت عمرؓ کے اس قانون کو منسوخ کیا گیا جس کی رو سے مسلمان فوجیوں کو مفتوحہ علاقوں میں زمین حاصل کرنے یا مکان بنانے کی اجازت نہ تھی (اس قانون کی منسوخی کے بعد جب فاتح عرب مفتوحہ علاقوں میں بسنے لگے تو) انھیں اپنی آمدنی پر زکوٰۃ کے نام سے معمولی سا ٹیکس دینا پڑتا تھا۔ لیکن موالیوں کو جزیہ کے علاوہ کل پیداوار میں سے پانچویں حصے کے بقدر خمس کے نام سے خراج بھی دینا پڑتا تھا۔

ٹیکس کا بوجھ برداشت کرنے میں موالیوں کو شاید زیادہ روحانی تکلیف نہ ہوتی ہوگی، لیکن ان کے ساتھ عربوں کا جو اہانت آمیز رویہ تھا، وہ ان کی برداشت سے باہر تھا۔ حالت یہ تھی کہ ابتدائی فتوحات کے زمانے میں فوجی چھاؤنیوں والے شہروں میں عرب لوگ کھلم کھلا موالیوں کے ساتھ چلنا بھی پسند نہیں کرتے تھے۔ اگر کوئی عرب کسی موالی کو مخاطب کرتا تو وہ اس کے نام یا عرفیت سے اسے پکارتا۔ اس کے برخلاف وہی عرب خود اس بات پر اصرار کرتا کہ اسے اس کے نام کے بجائے اس کی معروف کنیت 'ابوفلاں' یا 'ابن فلاں' کے ذریعہ مخاطب کیا جائے۔ (۲۴) میلوں ٹھیلوں میں بھی موالیوں کو سب سے پچھلی اور گھٹیا جگہ دی جاتی تھی۔ (۲۵) کم از کم کوفہ کے بارے میں تو معلوم ہے کہ وہاں کے موالیوں کے لیے ایک الگ مسجد تھی۔ خراسان میں ان کے لیے الگ سے ایک انتظامی جماعت قائم تھی۔ اموی دور حکومت میں اکثر و بیشتر مواقع پر

موالیوں کو جہاد میں شرکت کے باوجود مال غنیمت سے حصہ نہیں ملتا تھا۔

قدیم ترین اور اہم ترین موالی فارس کے باشندے تھے۔ ان لوگوں میں ایسے بہت سارے مہذب اور تعلیم یافتہ لوگ تھے جنھوں نے نئے مذہب کو خلوص دل کے ساتھ قبول کیا تھا اور دیکھتے دیکھتے اسلامی عقائد اور روایات کے ماہر ہو گئے تھے۔ کچھ ہی دنوں میں فارس، ترکی اور دوسرے علاقوں کے غیر عرب مسلمانوں نے اسلامی الٰہیات اور علوم فقہ میں مہارت حاصل کر لی۔ سچ تو یہ ہے کہ ان علوم میں انھیں کا سکہ چلتا تھا۔ ابن خلدون کی وضاحت کے مطابق چونکہ قانون اور الٰہیات کی نشوونما مسلم سلطنت کے ان اہم مراکز میں ہوئی جہاں کے خاص باشندے وہ فارسی النسل لوگ تھے، جن کی نشوونما تہذیب و ثقافت کی گود میں ہوئی تھی، اس لیے نتیجتاً ابتدا میں انھیں لوگوں نے ماہرین علوم اسلامی کا درجہ حاصل کر لیا۔ اس کے باوجود ایک طرف تو عرب قبائل پر مشتمل حملہ آور فوج کے سردار حسب عادت مفتوحین کو حقیر اور ادب و سائنس کو دربار میں چھوٹا موٹا عہدہ حاصل کرنے کا صرف ایک ذریعہ سمجھتے رہے اور دوسری طرف جو لوگ علوم و فنون کے کچھ قدر شناس تھے، وہ اہل فارس کی علمی مہارت یا عربی ادب میں ان کے اعلیٰ مقام کو تسلیم کرنے سے ہی منکر رہے۔ حالاں کہ حقیقت یہ ہے کہ عربی قوائد کے اکثر اہم محققین، قرآن کے بیشتر محنتی مفسرین اور قابل داد عربی اشعار کے بعض مرتبین اہل فارس ہی تھے۔ (۲۶)

موالی ہونے کے جو صریحی نقصانات پہونچ رہے تھے، ان کے پیش نظر عجمی مسلمانوں نے مسلم سماج میں اپنا درجہ بلند کرنے کی خاطر حیلوں کی آڑ لینی شروع کی۔ کم ہمت لوگوں نے اپنے فارسی ناموں کے بجائے عربی نام رکھنے شروع کیے۔ بعضوں نے تو اپنے خاندان کے عربی شجرے بھی گڑھ لیے۔ جب کبھی یہ حقیقت کھل جاتی تھی تو ایسے لوگوں کا بری طرح مذاق اڑایا جاتا تھا، لیکن آہستہ آہستہ یہ رواج زور پکڑتا گیا اور کہا جا سکتا ہے کہ تاریخ اسلام کے نسبتاً آخری دور میں تقریباً ہر جگہ کے مسلمانوں نے عالم اسلام میں اپنا درجہ بلند کرنے کی خاطر خالص عربی خاندانوں سے اپنا شجرہ ملانا شروع کر دیا۔ ایک وقت تو ایسا بھی آیا جب کردوں، بربروں حتیٰ کہ افریقہ کے بعض قبائل مثلاً بورنو اور فولا کے حبشیوں تک نے خود ہی یا اپنے سرداروں کی خواہش پر اپنے کو عربی النسل منوانے کی کوشش شروع کر دی۔ (۲۷) اہل فارس نے بھی یہی کیا لیکن وہ اپنے قومی وقار کو یہ کہہ کر بچا لے گئے کہ آنحضرت صلعم کے نواسے حضرت حسینؓ نے فارس کے آخری ساسانی بادشاہ یزدگرد سوم کی لڑکی شہر بانو سے شادی کی تھی۔ (۲۸)

جب تک امویوں کا خالص عربی دور حکومت باقی رہا، موالی اپنی کمتری کو برداشت کرنے پر مجبور رہے۔ یہ درست ہے کہ اموی خلیفہ عمر بن عبدالعزیز (۷۱۷-۷۲۰ء) کی نیکی اور پرہیزگاری نے انھیں اس بات پر مجبور کیا کہ وہ احکامات قرآنی کی روح کو باقی رکھیں۔ یہی وجہ ہے کہ انھوں نے اپنوں کی مخالفت کے باوجود قاہرہ میں دو موالی قاضی مقرر کیے (۲۹) لیکن ان کے اس فعل پر بہت سخت نکتہ چینی کی گئی۔ درحقیقت

موالی طبقہ میں باقاعدہ فلاح و بہبود کا دور آٹھویں صدی کے وسط میں اس وقت شروع ہوا، جب عباسی خلافت قائم ہوئی اور حکومت پر اہل فارس کے سیاسی اثرات پڑنے لگے۔ یہی وہ زمانہ ہے جب غیر عربوں کو سیاسی اہمیت حاصل ہوئی اور جگہ جگہ ان کے پُر جوش حمایتی پیدا ہونے لگے جنھوں نے اپنی تحریروں میں اس بات پر زور دینا شروع کیا کہ اخوت اسلامی کے نظریے کو باقاعدہ عمل میں لایا جائے اور عربی النسل مسلمان نسلی اختلاف کے باوجود علی الاعلان اپنا بھائی سمجھیں۔ اس مقصد کی خاطر ایسی بہت سی حدیثیں پیش کی گئی ہیں اور رسولؐ اللہ کی طرف ایسے اقوال منسوب کیے گئے جن سے اخوت اسلامی کے قرآنی نظریے (۳۱) کو تقویت پہنچتی تھی۔ پہلے سے جو حدیثیں رائج تھیں، ان میں بھی نظریۂ اخوت کو نمایاں کرنے کی کوششیں کی گئیں۔ موالی پروپیگنڈے کے تحت رائج حدیثوں میں اضافہ کرنے کی ایک مثال ہمیں مکہ میں حج وداع کے موقعہ پر دیے گئے رسولؐ اللہ کے مشہور خطبہ میں ملتی ہے۔ آپؐ کی تقریباً سبھی سوانح عمریوں میں اس خطبہ کے جستہ جستہ حصے ملتے ہیں لیکن نویں صدی کے مورخ یعقوبی کے یہاں ہمیں حسب ذیل مزید الفاظ بھی ملتے ہیں: (۳۲)

> اسلام میں ہر شخص برابر ہے۔ انسان تو صرف اس زمین کی بیرونی حد ہے جس آدم وحوا نے کاشت کی۔ نہ تو عربوں کو عجمیوں پر فوقیت حاصل ہے اور نہ ہی عجمیوں کو عربوں پر، سوائے تقویٰ کے...... میرے سامنے اپنے خاندانی شجروں کو نہ لاؤ۔ ہاں اپنے نیک اعمال پیش کرو۔

دلچسپ بات یہ ہے کہ آنحضرتؐ کی تقریر کا یہ حصہ آپ کے سوانح نگار ابن ہشام (۳۳) اور واقدی (۳۴) کی کتابوں میں جو یعقوبی کے لگ بھگ نصف صدی پہلے گزرے ہیں، مذکور نہیں ہے۔

بلاشبہ یہ صحیح ہے کہ حامیان مساوات کی کوششیں بہت حد تک کامیاب ہوئیں لیکن دیکھا جائے تو غیر عربوں کو عرب مسلمانوں کے برابر مقام دلانے میں ان بے شمار اہل فارس کی سیاسی قوت کا بہت بڑا ہاتھ ہے جو مامون کے زمانہ میں دارالخلافہ میں اکٹھا ہو گئے تھے۔ حامیان مساوات کے راستے میں موالیوں کے جس طبقے نے خاص طور سے دشواریاں پیدا کیں، وہ ان حبشیوں کا طائفہ تھا جن کے آبا و اجداد یا بعض حالات میں وہ خود ہی غلام بن کر افریقہ سے عرب لائے گئے تھے۔ قرآن کا ہر پڑھنے والا یہ جانتا تھا کہ مومنین کے درمیان رنگ و زبان کا فرق خود خدا نے پیدا کیا ہے، اس لیے منطق خواہ کچھ کہے، ایمان کا تقاضہ یہ تھا کہ حبشیوں کو بھی اس بات کا حق حاصل ہونا چاہیے کہ وہ اپنے کو دوسرے مسلمانوں کے مساوی سمجھ سکیں۔ لیکن قدیم روایات کے پابند عرب جو اپنے ہی ہم رنگ آزاد انسانوں کو صرف غیر عرب ہونے کی بنا پر برابری کا درجہ دینے پر تیار نہ تھے، بھلا ان مسلمانوں کو کس طرح برابر سمجھتے جو غیر نسل سے تعلق رکھتے تھے اور ان کی نظروں میں یقیناً کم حیثیت لوگ تھے۔ خود حبشیوں نے بھی غالباً اسی وجہ سے مسلمان ہونے کے باوجود کسی خاص رعایت کا مطالبہ نہیں کیا اور شاید ان میں مطالبہ کرنے کی ہمت بھی نہ تھی۔ اس ذہنیت کی پوری عکاسی ایک واقعہ سے ہوتی ہے

جس کا ذکر 'کتاب الآغانی' میں ہے۔(۳۵) اموی دور میں ابن مسجح نامی ایک مشہور حبشی شاعر اور مغنی مکہ میں رہتا تھا۔ اسے ایک بار وہاں کے گورنر ابن زبیر نے اس الزام میں شہر بدر کردیا کہ وہ اپنے اشعار سے قریشی نوجوانوں کے اخلاق کو بگاڑ رہا ہے۔ ابن مسجح مکہ سے بھاگ کر دمشق آیا اور ایک مسجد میں داخل ہوا جہاں چند نوجوان باتوں میں مشغول تھے۔ شہر میں ناواقفیت، نیز کوئی ذریعۂ معاش نہ ہونے کے باعث اس نے ان نوجوانوں کو مخاطب کر کے کہا؛ ''سخی لوگو، کیا تم میں کوئی ایسا بھی ہے جو حجاز کے ایک مسافر کی مہمان نوازی پر تیار ہو۔'' یہ بات سن کر ان نوجوانوں کو کچھ فکر سی ہوئی، کیوں کہ اس وقت ان کا پروگرام ایک مغنیہ کے گھر جا کر گانا سننے کا تھا۔ بہرحال ایک نوجوان نے صورت حال کو سنبھالنے کی کوشش کی اور اپنے ساتھیوں سے بولا کہ وہ لوگ پروگرام کے مطابق گانا سننے چلے جائیں اور وہ حبشی مہمان کو لے کر اپنے گھر جائے گا۔ دوستوں نے جواب دیا، ''نہیں، مغنیہ کے یہاں مہمان کو بھی ساتھ ہی لیتے چلو۔'' اس طرح وہ سب ایک ساتھ چل پڑے۔ جب دوپہر کا کھانا سامنے لایا گیا تو ابن مسجح نے کہا، ''ممکن ہے دسترخوان پر میری موجودگی تم میں سے کسی کے لیے کدورت کا باعث ہو، اس لیے میں الگ کھائے لیتا ہوں۔'' یہ کہہ کر وہ الگ جا بیٹھا جس سے ان نوجوانوں کو خاصی ندامت ہوئی۔

جب مغنیہ اور اس کی سہیلیاں سامنے آئیں تو حبشی شاعر نے مغنیہ کی شان میں کچھ اشعار پڑھے۔ مغنیہ نے اس بات کو شاعر کی شوخ چشمی پر محمول کیا اور لال پیلی ہو کر بولی؛ ''کیا اب ایک حبشی کو بھی یہ چھوٹ مل گئی ہے کہ وہ میرے بارے میں اشعار کہے؟'' پوری محفل شاعر کو کھا جانے والی نظروں سے گھورنے لگی۔ تھوڑی دیر بعد جب دوسری مغنیہ سامنے آئی تو شرکائے محفل کا خیال کیے بغیر حبشی شاعر نے پھر چند تعریفی اشعار پڑھے۔ اس جسارت پر مغنیہ کا مالک غصہ سے بھر گیا اور چیخ کر بولا، ''ایک حبشی نے میری کنیز کے بارے میں اس قسم کی باتیں کہنے کی جرأت کس طرح کی؟'' میزبان نوجوان نے بات کو دبانے کی خاطر شاعر سے کہا کہ وہ اس کے گھر جا کر آرام کرے، لیکن دوسرے ساتھیوں نے اسے بدتہذیبی پر محمول کیا۔ آخر کار شاعر کو اس شرط پر محفل میں ٹھہرنے کی اجازت ملی کہ وہ اپنی زبان پر قابو رکھے گا۔

مساوات کا مسئلہ شادی بیاہ کے مواقع پر زیادہ شدت کے ساتھ سر اٹھاتا تھا۔ قدیم مسلمہ دستور کی رو سے لڑکی کے باپ یا اس کی غیر موجودگی میں کسی دوسرے عزیز کو ولی یا سرپرست کی حیثیت حاصل ہوتی تھی۔ یہ ولی کی ذمہ داری تھی کہ وہ شادی سے پہلے پوری طرح تحقیق کر لے کہ لڑکی کا پیام دینے والا اپنی خاندانی حیثیت میں لڑکی کے برابر ہے یا نہیں۔ جب اسلام نے خاندانی امتیازات کو ختم کرنے پر زور دیا تو اس بات کا خطرہ پیدا ہوا کہ کہیں کفو کی شرائط کو بالکلیہ ہی نظرانداز نہ کر دیا جائے کیوں کہ اسلام آجانے کے بعد اصولاً ایک غلام کو بھی آزاد اور اعلیٰ سے اعلیٰ خاندانی عورت کو شادی کا پیام دینے کا حق حاصل ہو گیا تھا۔

بہرحال، قانون اور قدیم رواج میں مطابقت پیدا کرنے کا جو اہم کام تھا، وہ فقہا کی خوش تدبیری سے

باہر نہ تھا، اگر چہ جس وقت انھوں نے قاعدہ بندیاں کیں، اس وقت لوگوں کے عمل کے باعث وہ اس سلسلے کی دشواریوں پر عملاً بہت زیادہ قابو نہ پا سکے۔ یہی سبب ہے کہ آنحضرتؐ کی وفات کے تقریباً ایک ڈیڑھ صدی بعد تک موالی خالص ہڈی والی عرب دوشیزاؤں کو نکاح کا پیغام دینے کی جرأت نہیں کرتے تھے (۳۶) اور جن لوگوں نے کبھی ایسی ہمت کی تو نتیجہ میں انھیں جھڑکیاں سننی پڑیں۔ گمان غالب یہ ہے کہ لوگ اپنی حیثیت سے آگے بڑھنے کا انجام جانتے تھے۔ (۳۷) اسی زمانہ میں تعامل نے ایک متعین شکل اختیار کر لی اور قریش کو ایک نئی اشرافیہ کی حیثیت سے تسلیم کر لیا گیا، اس طرح بقیہ مسلمانوں نے باہمی طور سے سماجی درجہ بندی کی ایک خاص اسکیم مرتب کر لی۔ حنفی مدرسہ فکر کے لیے مقابلتاً یہ بات آسان ہوگئی تھی کہ وہ سماجی درجہ بندی کا ایک عام قاعدہ مرتب کر دے جس کی رو سے تمام قریشی باہم مساوی تھے اور ان کے مقابلہ میں دوسرے عرب قبائل کے لوگ اختلافات کے باوجود باہم مساوی کر دیے گئے۔ غیر عربوں کے لیے یہ قاعدہ بنایا گیا کہ اگر کوئی شخص دو نسلوں سے مسلمان چلا آ رہا ہو تو اسے عرب کے مساوی سمجھا جائے گا، بشرطیکہ وہ دنیاوی حیثیت سے بھی ایسا ہو کہ نکاح کے موقع پر مناسب مہر دے سکے۔ (۳۸) بہر حال اتنی بات تو صاف ہے کہ حنفی مدرسۂ فکر میں عجمی مسلمانوں کو عرب مسلمانوں کے برابر درجہ نہیں دیا گیا ہے۔ شوافع کے یہاں بھی یہی حال ہے۔ ہاں مالکیوں کے بارے میں جن کی اکثریت حبشی النسل مسلمانوں کی تھی، یہ کہا جا سکتا ہے کہ انھوں نے قرآنی تعلیمات کی روح کو برقرار رکھا۔ (۳۹)

جہاں تک آزاد عرب مردوں اور باندیوں میں باہم شادی بیاہ کا سوال ہے، اس میں کوئی خاص دشواری پیش نہیں آتی تھی۔ اس قسم کی شادیوں سے جو بچے پیدا ہوتے تھے، انھیں اگر چہ حلالی مانا جاتا تھا لیکن جیسا کہ ہم اوپر ذکر کر چکے ہیں، پرانے تصورات کے پرستار عرب شرفا باندیوں کی اولاد کو اشرافیہ کا درجہ نہیں دیتے تھے۔ یہ تصور قرآن کی تعلیمات کے صریح خلاف تھا، کیوں کہ قرآن کی رو سے شادی بیاہ کے معاملے میں باندیوں اور آزاد عورتوں میں کوئی فرق نہیں تھا۔ (۴۰) بہر حال عباسی دور حکومت کے وسطی زمانے تک پہنچتے پہنچتے یہ بات قطعاً فراہم ہو چکی تھی کہ کس شخص کی ماں کون تھی۔ حد یہ ہے کہ پہلے تین عباسی خلفا کو چھوڑ کر بقیہ سب کے سب باندیوں کی اولاد تھے۔ (۴۱) خلیفہ مہدی کا لڑکا ابراہیم اگر چہ ایک حبشی عورت کے بطن سے تھا، لیکن اس کی وجہ سے اسے ان بہت سارے مسلمانوں کی بیعت حاصل کرنے میں کوئی دشواری نہیں ہوئی جن کے خیال میں وہ اپنے بھتیجے مامون ابن ہارون رشید کے مقابلہ میں خلافت کا زیادہ حق دار تھا۔ (۴۲)

موالیوں کی طرح حبشی بھی مطالبۂ مساوات کے معاملے میں بالکل ہی بے یار و مددگار نہ تھے۔ بصرہ کے رہنے والے مشہور آزاد خیال موالی ادیب جاحظ (متوفی ۸۶۹ء) نے حبشیوں کے دفاع میں ایک رسالہ لکھا تھا جس میں اس نے بہ دلائل یہ ثابت کیا ہے کہ حبشی سفید چمڑی والوں کے مساوی ہی نہیں بلکہ ان سے برتر ہیں۔ (۴۳) اپنے ایک دوسرے رسالہ میں موالیوں کا دفاع کرتے ہوئے جاحظ نے کھل کر یہ بات کہی ہے

کہ ''اللہ تعالیٰ کو اس بات پر پوری قدرت حاصل ہے کہ وہ چاہے تو اپنے کسی بندے کو عرب بنائے اور کسی کو غیر عرب۔ ایک کو قریش کے قبیلے میں پیدا کرے اور دوسرے کو حبشی خاندان میں۔'' (۴۴) علاوہ ازیں ایسی حدیثیں بھی ملتی ہیں جو حبشیوں کے مطالبۂ مساوات کی تائید کرتی ہیں۔ (۴۵)

جس زمانے میں غیر عرب اپنے شانوں پر کمتری کا بوجھ اٹھائے ہوئے اپنے مساوات کے اس حق کے لیے جدوجہد کر رہے تھے جو انھیں اسلام نے عطا کیا تھا، اس وقت پورے عالم اسلام کی شہری آبادی کی خصوصیات میں ایک نمایاں تبدیلی آ رہی تھی۔ مفتوحہ علاقوں میں بصرہ اور کوفہ جن کی بنیاد فوجی چھاؤنی کی حیثیت سے پڑی تھی تاکہ وہاں سے قرب و جوار کے علاقوں پر کنٹرول رکھا جا سکے، اموی دور کے ختم ہوتے ہوتے دو بڑے شہروں میں تبدیل ہو چکے تھے۔ ساتھ ہی ساتھ پرانے شہر مثلاً شام میں دمشق، عراق میں حیرہ اور انبار، ماوراالنہر میں بخارا اور سمرقند اپنی اہمیت اور آبادی کے لحاظ سے بہت زیادہ بڑھ گئے تھے۔ ۷۶۲ء میں عباسی دارالخلافہ بغداد کی تعمیر عمل میں آئی۔ اس طرح شہروں کی نشوونما کے نتیجے میں سوسائٹی دو نمایاں طبقوں میں تقسیم ہو گئی۔ ایک طرف تو مستقل طور سے شہروں میں بسے ہوئے لوگ تھے اور دوسری طرف وہ لوگ تھے جن کا رجحان ابھی تک خانہ بدوشی کی زندگی کی طرف تھا۔ اس کا ایک اہم نتیجہ یہ نکلا کہ شہری آبادی میں اضافہ اور دمشق اور بغداد ایسے شہروں کے حکومت کے مراکز میں تبدیل ہو جانے کے باعث خانہ بدوش قبائل کے بالمقابل شہری لوگ خلافت کے سیاسی مسائل پر زیادہ اثر انداز ہونے لگے۔

اوپر ہم اشارہ کر چکے ہیں کہ آہستہ آہستہ لوگوں کے ذہن میں شرافت نسبی کے روایتی معیار کے بارے میں سوالات پیدا ہونے لگے۔ شروع میں تو شرافت کا معیار نیم روایتی سورماؤں والے خاندانوں سے رشتہ جوڑنے میں مضمر سمجھا جاتا تھا لیکن اس زمانے تک، جس کا ہم ذکر کر رہے ہیں، پہنچتے پہنچتے ایک نیا طبقہ ابھر کر سامنے آنے لگا تھا جسے اس بات پر فخر تھا کہ وہ خود یا اس کے آبا و اجداد یا تو ان مہاجرین سے تعلق رکھتے تھے جنھوں نے آنحضرتؐ کے ساتھ مکہ سے مدینہ کو ہجرت کی تھی، یا ان کا تعلق ان انصار سے تھا جنھوں نے مکہ سے ہجرت کر کے مدینہ آنے والے مسلمانوں کی مدد کی تھی۔ اس کے علاوہ ہاشمی خاندان کے لوگ تھے جنھیں اپنے اعلیٰ نسبی پر اس وجہ سے فخر تھا کہ رسول عربیؐ ان کے جد امجد ہاشم کی اولاد میں تھے۔ ہاشمیوں کے اس مطالبہ کو عباسی دور میں تو ریاستی سطح پر اس حد تک باقاعدہ تسلیم کر لیا گیا کہ انھیں ہاشمی ہونے کی بنا پر بیت المال کے وظائف ملنے لگے اور انھیں زکوٰۃ سے مستثنیٰ قرار دے دیا گیا۔ (۴۶) بڑے شہروں میں انھیں یہ مراعات بھی حاصل تھیں کہ ان کے روزمرہ کے معاملات کی دیکھ بھال کے لیے خلیفہ کی طرف سے کوئی ہاشمی شخص ہی مقرر ہوتا تھا جسے نقیب کہتے تھے۔

ہاشمیوں کے بالمقابل علویوں کا ایک نیا طبقہ بھی اسی زمانے میں سامنے آیا جو اپنا خاندانی رشتہ آنحضرت صلعم کے داماد حضرت علیؓ تک ان کے شہید صاحبزادے حضرت حسینؓ کے ذریعہ پہونچاتا تھا۔

موجودہ زمانے میں یہ لوگ سید کہلاتے ہیں، ان لوگوں نے اپنی امتیازی حیثیت کو برقرار رکھنے کے لیے آٹھویں صدی ہجری (یا چودھویں صدی عیسوی) میں سبز عمامہ اس پابندی کے ساتھ باندھنا شروع کیا کہ بہت سارے مسلم ممالک میں سبز عمامہ علویوں کے لیے مخصوص ہوکر رہ گیا۔(۴۷) دیکھا دیکھی میں بہت سارے لوگ بغیر کسی بنیاد کے اپنے کو علوی یا 'شریف' کہنے لگے۔ اس قسم کی ایک مثال ہمیں 'گلستاں' کی ایک حکایت میں ملتی ہے جس میں سعدی نے ایک ایسے بہروپیے کا واقعہ بیان کیا ہے جس نے سید ہونے کا ڈھونگ رچا رکھا تھا لیکن حقیقتاً اس کا باپ ایک کرد عیسائی تھا۔

دوسری صدی ہجری کے وسط میں سماجی تقسیم کی مضبوطی کا پتہ ہمیں حضرت عمرؓ کی طرف منسوب اس وصیت سے چلتا ہے جس کے بارے میں کہا جاتا ہے کہ انھوں نے بستر مرگ سے اپنے جانشیں کو کی تھی۔ چونکہ حضرت عمرؓ کی وفات کے وقت تک کسی جانشین کا تقرر نہیں ہوا تھا، اس لیے اس وصیت نامے کو بہت حد تک مشتبہ ہی کہا جاسکتا ہے۔ بہرحال اس وصیت نامے میں لکھا ہوا ہے کہ:

> میں تمھیں خدائے وحدہٗ لاشریک سے ڈرتے رہنے کی وصیت کرتا ہوں۔ مہاجرین کو تمھارے سپرد کرتا ہوں، ان کی گزشتہ خدمات کا خیال رکھنا، انصار کو بھی میں تمھارے سپرد کرتا ہوں، انھیں اچھی باتوں پر نوازنا اور ان کی کوتاہیوں سے چشم پوشی کرنا، شہری لوگوں کو بھی تمھارے حوالے کرتا ہوں، یہ لوگ دشمنوں کے مقابلے میں اسلام کے مددگار ہیں (۴۸) اور ان کے ذریعہ خراج کی وصولیابی ہوگی۔ لیکن اس بات کا خیال رکھنا کہ ان لوگوں سے زبردستی خراج نہ وصول کیا جائے۔ کھلے علاقوں میں رہنے والوں کو بھی تمھاری تحویل میں دیتا ہوں، یہی لوگ تو اصل عرب ہیں۔ اسلام کی روح یہ ہے کہ تم امراء کی فاضل دولت میں حصہ بٹاؤ اور اسے غربا پر خرچ کرو۔ میں ذمیوں کو بھی تمھارے حوالے کرتا ہوں، ان کی حفاظت کے لیے ضرورت پڑ جائے تو جنگ تک کرنا اور ان پر برداشت سے زیادہ بوجھ نہ ڈالنا بشرطیکہ وہ ان حقوق کو پورے کریں جو ان پر ذمی ہونے کی حیثیت سے عائد ہوتے ہیں۔(۴۹)

ذمی ان غیر مسلموں کو کہتے تھے جو کاروبار حکومت میں تو کوئی قانونی حق نہیں رکھتے تھے لیکن قرآنی حکم کے مطابق (۵۰) جزیہ کی ادائیگی کی شرط پر انھیں اسلامی حکومت میں رہنے اور کاروبار کرنے کی اجازت ہوتی تھی۔ قرآن کا حکم ہے کہ اگر اہل کتاب جزیہ ادا کرتے رہیں تو ان سے جنگ نہیں کی جاسکتی۔(۵۱) شروع شروع میں اہل کتاب سے مراد صرف عیسائی، یہودی اور صابی تھے جو آسمانی کتابیں رکھنے کے دعویدار تھے، بعد میں حالات کے تقاضوں سے مجبور ہوکر پارسیوں کو بھی ذمیوں میں شامل کرلیا گیا، کیوں کہ تجارت اور مالیات کے میدان میں بالخصوص ان ذمیوں کی خدمات ناگزیر تھیں، نیز طب اور اس زمانے کے ناپختہ علوم و

127
اسلام اور احیائے اسلام

فنون میں مہارت کی وجہ سے بھی ان کی ہر جگہ مانگ تھی۔ شاید یہی وجہ ہے کہ حضرت عمرؓ نے بھی ان کے بارے میں وصیت کی تھی۔ اس کے باوجود ایسا بھی ہوتا تھا کہ انھیں مصائب برداشت کرنے پڑتے تھے اور ان پر بے شمار پابندیاں عائد کر دی جاتی تھیں۔

نویں صدی عیسوی کے ختم ہوتے ہوتے جب خلافت اور اس سے متعلق مختلف شعبوں کی طاقت اور کاموں میں قسم قسم کی تبدیلیاں آچکی تھیں، مسلمانوں کے سماجی درجات میں بھی ایک تبدیلی رونما ہوئی، اگرچہ وہ بہت زیادہ نمایاں نہیں تھی۔ ۹۰۳ء کے لگ بھگ جغرافیہ نویس ابن الفقیہ نے ایک عباسی درباری الفضل ابن یحییٰ کے بارے میں لکھا ہے کہ اس نے تمام انسانوں کو چار درجوں میں تقسیم کیا تھا، پہلے درجہ میں اس نے بادشاہوں کو رکھا تھا کیوں کہ تخت شاہی پر ان کا استحقاق تھا۔ دوسرے درجہ پر وزراء آتے تھے کیوں کہ وہ اپنی فہم و فراست میں یکتا ہوتے تھے۔ تیسرے طبقہ میں وہ لوگ تھے جنھیں اپنی دولت کی وجہ سے اعزاز حاصل تھا۔ چوتھے میں درمیانی لوگ تھے جو تہذیب و تمدن کے معیار پر پورے اترتے تھے۔ بقیہ لوگ کوڑے کرکٹ، ندی کے جھاگ اور معمولی جانوروں کی طرح تھے جنھیں زندگی میں صرف کھانے اور سونے سے مطلب ہوتا ہے۔ (۵۲)

قابل ذکر بات یہ ہے کہ قبل اسلام کے عرب کا یہ تصور کہ عزت کا اصل معیار خاندان ہوتا ہے، قریب قریب بالکل ہی ختم ہو گیا تھا، کیوں کہ ابن الفقیہ نے جس وقت اپنی کتاب لکھی تھی، اس وقت مساوات کے لیے لڑی جانے والی جنگ جیتی جا چکی تھی اور عزت کا معیار عہدہ یا پیسہ قرار پا چکا تھا۔ اس تبدیلی کی نشان دہی اس بات سے بھی ہوتی ہے کہ پہلے تین عباسی خلفا کو چھوڑ کر بقیہ سب کی مائیں ترک، یونانی یا حبشی لونڈیاں تھیں۔

ابتدائی بیسویں صدی میں عرب کے اندر 'شریف' یا آنحضرتؐ کے اہل خاندان (جنھیں ہندو پاک میں سید کہا جاتا ہے: مترجم) زمینوں کے مالک ہونے کے باعث بڑا اونچا درجہ رکھتے تھے۔ (۵۳) درحقیقت ساتویں صدی ہی سے تمام عربوں نے انھیں سماج میں اتنا اونچا درجہ دیا کہ بڑے سے بڑا غیور بدو سردار بھی غریب ترین سید کی پابوسی کو فخر سمجھتا تھا۔ 'شریف' (یعنی سید) کی لڑکی کی شادی قاعدے کے مطابق کسی شریف لڑکے ہی سے ہو سکتی ہے لیکن اس کا یہ مطلب قطعاً نہیں ہے کہ عرب کے اشراف (سیدوں) کو مذہبی حیثیت سے تقدس کا درجہ حاصل ہے؛ (۵۴) کیوں کہ اردن اور عراق کے سیکولر بادشاہ عرب کے اشراف میں لیکن ان کی مذہبی حیثیت عوام کی نظروں میں سعودی بادشاہوں سے، جنھوں نے حکومت تلوار کے زور سے حاصل کی ہے، قطعاً زیادہ نہیں ہے۔

اسی طرح عرب کے باہر بھی اسلام نے اسی طرح عزت کے معیار میں تبدیلیاں کی ہیں۔ اب خاندان رسالت سے نسبت، خواہ وہ کتنی ہی دور کی کیوں نہ ہو، نیز دولت اور سیاسی اثرات کو دیکھ کر افراد کی حیثیت کا تعین کیا جاتا ہے۔ موجودہ مصر میں حضرت ابوبکرؓ اور حضرت عمرؓ کی اولاد کو بھی اشراف کا درجہ حاصل

ہے۔(۵۵) بکری یا صدیقی لوگ ۱۹ ویں صدی کی ابتدا ہی سے نفع بخش مذہبی عہدوں پر فائز ہوتے رہے ہیں۔(۵۶) ۱۹۵۳ء میں خاتمہ شہنشاہی کے وقت تک سیاسی عہدے عام طور سے ترکی النسل لوگوں کے ہاتھوں میں تھے اور اکثر و بیشتر وزراء ترک خاندان سے تعلق رکھتے تھے۔ اب تک یہی لوگ اشرافیہ کی حیثیت رکھتے ہیں اور عام طور سے اپنے خاندان ہی میں شادی بیاہ کرتے ہیں اور اپنے ہم مذہب فلاحین (مصر کے قدیم باشندوں) سے خلاملا رکھنا پسند نہیں کرتے۔(۵۷)

سیدوں کا اثر ایران میں غالباً ہر جگہ سے زیادہ ہے۔ یہاں ۱۵۰۲ء میں اسماعیل (اول) نے اپنے کو حضرت علیؓ، حسنؓ اور حسینؓ کی اولاد میں ہونے کا دعویٰ کرتے ہوئے صفوی سلطنت کی بنیاد رکھی تھی۔ صفویوں نے شروع ہی سے دینی اور دنیاوی دونوں سیادتوں کو اپنے میں سمو لیا تھا۔ یہی وجہ ہے کہ صفویوں کے خاتمہ کے بعد ایرانی سید آج بھی مذہبی رہنماؤں کی صف میں شمار کیے جاتے ہیں۔

اسلام سے پہلے ایران میں بھی عربوں ہی کی طرح بادشاہوں اور سورماؤں سے خاندانی تعلق کو عزت کا سب سے بڑا ذریعہ سمجھا جاتا تھا۔ مذہبی رہنماؤں اور پروہتوں کا درجہ ان کے نیچے تھے۔ جاحظ نے ایرانی بادشاہ اردشیر کے بارے میں لکھا ہے کہ اس نے اپنی رعایا کو چار طبقوں میں تقسیم کیا تھا اور اس بات پر کڑی نظر رکھتا تھا کہ چاروں طبقے الگ الگ باقی رہیں۔ اس کا خیال تھا کہ سلطنت کو تباہ کرنے والی اس سے بڑھ کر اور کوئی بات نہیں ہوسکتی کہ نچلے طبقے کے لوگ اوپر اٹھ آئیں یا اوپری طبقے والے نیچے گر جائیں۔ اردشیر کی درجہ بندی کے مطابق طبقۂ اول میں حکمراں اور فوجی افسران تھے۔ دوسرے درجہ میں مذہبی رہنما اور آتش کدوں کے پروہت تھے۔ تیسرے میں اطبا، دفتری عمال اور نجومی لوگ تھے۔ چوتھے درجہ میں کسان اور شاگرد پیشہ قسم کے لوگ آتے تھے۔(۵۸)

اسلام کی آمد کے بعد ایران اور دوسری جگہوں کا پروہت طبقہ تو ختم ہو گیا لیکن ان کی جگہ مفسرین، محدثین اور فقہا کا ایک نیا طبقہ سامنے آ گیا۔ علما اور فقہا کے طبقہ کو اگرچہ بڑی اہمیت حاصل ہوئی لیکن بادشاہ اور اس کے مشیروں سے بڑھ کر نہیں۔ نظام الملک نے جب ۱۰۹۲ء کے لگ بھگ اپنی مشہور کتاب 'سیاست نامہ' لکھی تو اس نے حسب ذیل ترتیب سے سلطنت کے مختلف عہدیداروں کا ذکر کیا؛(۱) بادشاہ (۲) صوبوں کے گورنر (۳) وزراء (۴) خاندانی جاگیردار (۵) کسان (۶) قاضی، خطیب، محتسب اور دوسرے عمال۔

نظام الملک کے زمانہ تک ایران کی اشرافیہ میں خاندان ہی کو شرافت کا معیار سمجھا جاتا تھا۔ اس کا اندازہ ہمیں اخلاقی نصائح اور عملی ہدایات کی مشہور کتاب 'قابوس نامہ' سے ہوتا ہے جسے طبرستان کے ایک امیر کیکاؤس ابن سکندر نے اپنے بیٹے گیلان شاہ کے لیے ۱۰۸۲ء میں لکھا تھا۔ اس کتاب میں اس نے بہت تفصیل کے ساتھ اپنے آبا و اجداد کا ذکر کیا ہے اور اپنے لڑکے کو مخاطب کر کے لکھا ہے کہ اس کے فخر کے لیے اتنا کافی ہے کہ اس کے اسلاف بہت ممتاز لوگ تھے۔ پانچ سو برس بعد بھی صفویوں کے زمانہ میں سوائے اس فرق

کے حالات میں کوئی خاص تبدیلی نظر نہیں آتی کہ انسانوں کی درجہ بندی میں سب سے اوپر رسول اللہ صلعم، ان کے صحابہ اور ائمہ رکھے جانے لگے۔ ان کے بعد علی الترتیب حکمراں، امراء، وزراء اور سلطنت کے دوسرے عمال، دانش مند اور اصحاب قلم، بدو (کذا) ماہرین قواعد اور مقررین، شیوخ، علما اور فلسفی۔ یہ وہ ترتیب ہے جس کے مطابق علی بن حسین الواعظ الکشفی نے اپنی کتاب 'لطائف الظرائف' (مرتبہ ۱۵۳۲ء) میں انسانوں کے مختلف درجات کا ذکر کیا ہے۔ (۵۹)

اسلام کی ابتدائی صدیوں میں ایرانی اشرافیہ کا ایک مخصوص طبقہ دہقانوں یا ان ماتحت زمینداروں کا ہوتا تھا جو کسانوں سے اونچے مانے جاتے تھے، لیکن یہ سب کے سب یکساں حیثیت کے مالک نہیں ہوتے تھے، کیوں کہ ان میں سے بعض گاؤں کے چودھری ہوتے تھے اور بعض معمولی مکھیا کی حیثیت رکھتے تھے۔ (۶۰) ان لوگوں نے بہت ہی مناسب موقع پر اسلام قبول کر کے اپنی طاقت اور اثر کو محفوظ کرلیا، کیوں کہ انھوں نے عرب فاتحین کے نمائندوں کی حیثیت سے ٹیکس وصول کرنے کی خدمت اپنے سر لے لی تھی۔ خلیفہ مامون کے زمانہ (۸۱۸-۸۳۳ء) تک وہ اس کام کو بخوبی انجام دیتے رہے۔ (۶۱)

آج کے ایران میں ذات پات کی بنیاد پر واضح طور سے سماجی طبقہ واریت نہیں ہے۔ ہاں زمینی ملکیت کے نتیجہ میں دولت اور مراتب کی بنیاد پر فرق موجود ہے لیکن چونکہ اسلامی قانون وراثت کی وجہ سے ایک نسل سے دوسری نسل تک پہونچتے پہونچتے جاگیر کے ٹکڑے ٹکڑے ہوجاتے ہیں، اس لیے زراعتی اشرافیہ کے اثر کو ناپائیدار ہی سمجھنا چاہیے۔ (۶۲) آل قاچار کے علاوہ صرف تھوڑے سے قبائلی سرداروں ہی کو اپنے خاندانی شجرہ کی فکر رہتی ہے۔ ان میں سے بعض تو اپنا شجرہ چنگیز خاں سے ملاتے ہیں اور بعض تیمور لنگ سے۔ کچھ لوگ براہ راست ساسانیوں سے ہی رشتہ جوڑ لیتے ہیں۔ بہرحال آج کے ایران میں 'نجیب' اور 'نجابت' کے الفاظ کسی شخص کے ذاتی عہدہ اور مرتبہ کے پیش نظر استعمال ہوتے ہیں۔ ان کا تعلق اب خاندان اور پیدائش سے نہیں ہے۔ (۶۳)

جیحون پار کے حکمرانوں نے دور عباسی کی ابتدا ہی میں اپنی آزاد حکومتیں قائم کرلی تھیں۔ ان چھوٹی چھوٹی ریاستوں میں سے خاصے دنوں تک باقی رہنے والی ایک ریاست سامانیوں کی تھی جنھوں نے باقاعدہ اپنی حکومت قائم کرلی تھی۔ اگرچہ وہاں کے بادشاہ انتظامی امور کے لیے اعلیٰ افسران کا ایک پورا گروہ رکھتے تھے، تاہم مسلم علما جنھوں نے سابقہ زرتشتی پروہتوں کی جگہ لے لی تھی، ماوراء النہر کے علاقے میں بڑی عزت اور اہمیت کے حامل تھے۔ وہ بہت سارے ذلیل کن دربار سے مستثنیٰ تھے، مثلاً انھیں بادشاہ کے سامنے زمین بوس نہیں ہونا پڑتا تھا۔ امیر بخارا کے دربار میں بھی علما کو وہی درجہ حاصل رہا جو روایتی طور سے مذہبی رہنماؤں کو پہلے سے حاصل تھا۔ بخارا کے مسلم سماج میں امیر بخارا کے بعد جو خود بھی نسلاً سید تھا، علما اور دوسرے مذہبی رہنماؤں کا درجہ تھا۔

طبقۂ علما میں کچھ لوگ ایسے بھی تھے جو تجارت یا صنعت میں لگے ہوئے تھے لیکن چونکہ انھوں نے مدارس میں علم دین حاصل کیا تھا، اس لیے ان کا شمار بھی علما میں کیا جاتا تھا۔ اس علاقہ میں اشرافیہ کا وجود نہیں تھا اور نہ ہی شرافت پر کسی طبقہ کی اجارہ داری تھی۔ کوئی بھی شخص خواہ وہ کتنا ہی غریب ہو یا غیر سرکاری طبقے سے تعلق رکھتا ہو، اپنی صلاحیت کی بنا پر صوبے کا گورنر تک ہوسکتا تھا جسے اس زمانہ میں 'بیگ' کہتے تھے۔ بخارا پر روسی قبضے تک ایسے لوگ اونچے سرکاری عہدوں پر فائز تھے جو خود غلاموں کی اولاد میں سے تھے۔ اس سلسلے میں صرف ایک استثنا یہ تھا کہ چونکہ بیگ کی جائز اولاد اپنے باپ کے عہدہ کی جگہ صرف اس کے خطاب کو ورثہ میں حاصل کرتی تھی، اس وجہ سے بعض بڑے بڑے اونچے عہدیداروں کی اولاد کو پیٹ پالنے کی خاطر معمولی کاروبار اختیار کرنے پر مجبور ہونا پڑتا تھا۔ اس قسم کے مناظر فارس میں آل قاچار کی حکومت کے زمانے میں اکثر دیکھنے میں آتے تھے۔ (۶۵)

ہم اگر اور زیادہ مشرق کی طرف جائیں تو چینی مسلمانوں کے یہاں بھی یہی ملے گا کہ سماجی رتبہ کا تعلق کسی خاص خاندان میں پیدائش سے نہیں ہوتا تھا۔ حد یہ ہے کہ سادات کو بھی چین میں خاندان کی بنیاد پر وہ درجہ حاصل نہیں تھا جو عالم اسلام کے دوسرے ملکوں میں انھیں نصیب تھا۔ اس کا سبب غالباً یہ ہے کہ چین کے مسلمانوں کی اکثریت نے نسبتاً کچھ دیر سے اسلام قبول کیا تھا۔ (۶۶) دوسرے اسلامی ملکوں کی طرح چین میں بھی مذہبی عہدیداروں کی کوئی درجہ بندی نہیں تھی۔ چین میں ہرآ ہونگ یا معلم (جسے فارسی میں آخوند کہتے ہیں) صرف اپنے علاقے کی مسجد اور اس کے نمازیوں کی نگہداشت کا ذمے دار ہوتا تھا۔ (۶۷)

برصغیر ہندو پاک اور بنگلہ دیش کے مسلمانوں میں اگرچہ شیعوں کے مقابلے میں جو روایتی طور سے اصول موروثیت کے علمبردار ہیں، سنیوں کی تعداد کہیں زیادہ ہے، پھر بھی طبقہ سادات کو بہرحال ایک اہم درجہ حاصل ہے۔ دوسرے ممالک کی طرح یہاں کے سادات بھی حضرت حسینؓ (یا حسنؓ) کے توسط سے اپنے کو آل رسولؐ میں شمار کرتے ہیں، یہ لوگ خود کو 'پیرزادہ' (کذا) کہتے ہیں اور عام طور سے سید صاحب یا میر صاحب کہہ کر مخاطب کیے جاتے ہیں اور سیدانیاں اپنے ناموں کے آخر میں 'بیگم' لکھتی ہیں۔ (۶۸) ہندوستان (برصغیر) میں سادات کے ساتھ اعزازی سلوک کی روایت بہت قدیم ہے۔ یہیں سے یہ روایت جاوا کے مسلمانوں میں بھی پہونچی ہے جہاں چودھویں صدی کے وسط میں ابن بطوطہ کا استقبال کرنے والوں میں بہت سارے 'اشراف' (سادات) بھی شامل تھے۔ (۶۹)

شیوخ کا درجہ سادات سے کچھ کم ہوتا ہے۔ یہ اپنے کو پہلے دو (بلکہ تین) خلفا یا آنحضرتؐ کے چچا حضرت عباس کی اولاد کہتے ہیں۔ سماجی درجہ بندی میں ان کے نیچے افغان اور مغل آتے ہیں، ان کی امتیازی خصوصیت یہ ہے کہ ان کا نسلی وطن ہندوستان کے مقابلہ میں قلب اسلام سے زیادہ قریب تھا۔

اگرچہ اصولی طور سے اسلامی اصول مساوات کی رو سے مختلف طبقوں کے مسلمانوں اور ہندی النسل

مسلمانوں کے درمیان کسی قسم کی اونچ نیچ کا سوال پیدا نہیں ہوتا لیکن عملاً یہاں کے مسلمانوں پر ہندو جاتی کے اصولوں کی گہری چھاپ نظر آتی ہے۔ یہاں کے اشراف میں 'بالا خاندانی ازدواج' (۷۰) کا عام رواج ہے جس کی رو سے ایک سید لڑکے کی شادی تو شیخ گھرانے میں ہوسکتی ہے لیکن اس کے برعکس نہیں ہوسکتا۔ غیر حقیقی غیر ملکیوں (یعنی افغانوں اور پٹھانوں) اور مقامی ہندوستانی مسلمانوں کے درمیان بھی باہمی شادی بیاہ کے رشتہ کو بالعموم اچھی نظروں سے نہیں دیکھا جاتا۔ (۷۱)

بنگالی مسلمانوں میں اشراف یا اعلیٰ طبقے کا اطلاق ان مسلمانوں پر ہوتا ہے جو یہ دعویٰ کرتے ہیں کہ ان کے آباواجداد عرب، ایران یا افغانستان سے آئے تھے، یا اسلام قبول کرنے سے پہلے ان کا شمار اونچی ذات کے ہندوؤں میں ہوتا تھا۔ ''اونچی ذات کے ہندوؤں کی طرح یہ لوگ بھی معمولی پیشہ اختیار کرنے یا کھیتی باڑی کے کام کو معیوب سمجھتے ہیں۔'' (۷۲) یہ لوگ اپنے علاوہ دوسرے تمام بنگالی مسلمانوں کو حقارت کی نظر سے دیکھتے ہیں اور انھیں 'اجلاف' کہتے ہیں۔ 'اجلاف' کا اطلاق بالعموم پیشہ وروں پر ہوتا ہے: مثلاً جولاہے، دھنیے، تیلی، حجام، درزی نیز ہندوؤں میں سے نیچی ذات کے نومسلم۔ بعض علاقوں میں ایک تیسری قسم بھی ہے جسے ارذل کہتے ہیں۔ اس میں بالکل ہی نیچے لوگ ہوتے ہیں؛ مثلاً حلال خور، لال بیگی مہتر، اندل اور بیدیا وغیرہ۔ ان لوگوں کے ساتھ دوسرے مسلمان کسی قسم کا سماجی میل جول نہیں رکھتے۔ یہ لوگ مسجدوں میں نہیں آتے جاتے اور اپنے مردوں کو مسلمانوں کے عام قبرستان میں دفن نہیں کرسکتے۔

قابل لحاظ بات یہ ہے کہ کچھ از قسم اچھوت لوگ جزیرہ نمائے عرب میں بھی پائے جاتے ہیں، جہاں صُلیب (Sulaib) اور حطیم (Hutaim) کے خانہ بدوشوں (۷۴) کو 'کفار' کے لقب سے یاد کیا جاتا ہے اور انھیں عام عربوں سے کمتر سمجھا جاتا ہے۔ (۷۵)

مسلم سماج کا ایک لازمی جزو موجودہ زمانے تک غلاموں پر مشتمل رہا ہے۔ محمد (صلعم) نے غلامی رواج کو جس پر پرانا سماج قائم تھا، نظامِ فطرت کا ایک حصہ سمجھ کر بظاہر بے چون و چرا قبول کرلیا تھا، لیکن آپؐ نے غلاموں کے ساتھ انسانی سلوک کرنے کی جو ہدایات دی ہیں (۷۶) اور انھیں آزاد کرنے پر جتنا زور دیا ہے، اس سے یہ تو صاف ظاہر ہوتا ہے کہ آپؐ غلاموں کی حالت میں اصلاحات کرنا چاہتے تھے۔ بہر حال، جہاں تک مکمل انسدادِ غلامی کا سوال ہے، قرآن و حدیث دونوں اس معاملے میں خاموش ہیں۔ مساواتِ اسلامی کا مطلب پیغمبرِ اسلام کے زمانے میں صرف یہ تھا کہ عرب لوگ اسلام قبول کر لینے کے بعد باہم مساوی ہوجاتے ہیں اور انھیں آباواجداد پر فخر نہیں کرنا چاہیے لیکن بایں ہمہ یہ حقیقت ہے کہ جوں جوں اسلام دنیا میں پھیلتا گیا، غلاموں کی حیثیت میں فرق آنے لگا۔ جس طرح معاشی مساوات صرف ہم مذہبی کی بنا پر تمام مسلمانوں کو حاصل نہیں ہوسکتی تھی، اسی طرح کوئی غلام صرف اسلام قبول کر لینے کی وجہ سے خودبخود آزاد نہیں ہوسکتا تھا۔

بعض حالات میں آزاد لوگوں کے مقابلہ میں کچھ غلاموں کو دولت اور رتبہ حاصل کر لینے کے مواقع زیادہ حاصل تھے۔ مثلاً ماوراء النہر کے ایک ساسانی شہزادے کے ذاتی غلام سبکتگین نے ایک بہت بڑا علاقہ حاصل کرلیا اور اس غزنوی خاندان کی بنیاد ڈالی جس میں مشہور فاتح محمود غزنوی گزرا ہے۔ ہندوستان میں اسلامی سلطنت کے بانی محمد غوری کا محبوب غلام ایبک دہلی کا پہلا غلام بادشاہ تھا۔ مصر کے مملوک سلاطین کا بھی یہی قصہ ہے۔(۷۸) بارہویں اور تیرہویں صدی میں ترک کے اتا بیگوں نے مغربی ایشیا میں کئی غلام سلطنتوں کی بنیاد ڈالی۔ شروع شروع میں ان لوگوں کو سلجوق سلاطین نے اپنے ذاتی محافظ کے طور پر خریدا تھا، آہستہ آہستہ ان لوگوں کا تقرر سلطنت کے اعلیٰ مناصب پر ہونے لگا اور لین پول کے بقول (۷۹) ''سلجوقی بادشاہوں سے منسلک غلام دور وسطیٰ کی اشرافیہ کے ناجائز بچوں کی طرح اپنی اپنی حیثیت پر نازاں اور مغرور رہتے تھے اور جب انھوں نے شاہی اختیارات حاصل کر لیے تو انھوں نے بھی اپنے خاندان میں اپنے پرانے آقاؤں کی اعلیٰ روایات کو باقی رکھا۔''

یہ منظور نظر اشخاص ان سفید تر کی غلاموں کی صف سے ترقی کر کے اوپر آئے تھے جنھیں بادشاہ اور شہزادے اپنی ذاتی حفاظت کی خاطر خریدا کرتے تھے۔ نظام الملک کے 'سیاست نامہ' (۸۰) میں ساسانی بادشاہوں کے دربار کے جو قاعدے مذکور ہیں، ان سے معلوم ہوتا ہے کہ ان انسانی املاک کو کتنی سخت تربیت کے دور سے گزرنا پڑتا تھا۔ جب کوئی غلام خریدا جاتا تھا تو اسے پہلے سال پیادہ سپاہی کی تربیت لینی پڑتی تھی، اس مدت میں اگر کبھی وہ گھوڑے پر سوار ہو جاتا تھا تو اسے سزا ملتی تھی۔ دوسرے سال افسر خمیہ (وثاق باشی) کی سفارش پر (شاہی امور خانہ داری کا منتظم) حاجب اس غلام کو سواری کے لیے بے زین وساز کا ایک گھوڑا دیتا تھا۔ مزید ایک سال کی تربیت کے بعد اسے ایک مرصع پٹکا ملتا تھا۔ پانچویں سال اسے گھوڑے پر رکھنے کے لیے زین اور ایک عصا دیا جاتا تھا۔ ساتویں سال میں اسے افسر خمیہ بنا دیا جاتا تھا۔ اس کے بعد اسے اہم ذمہ داری کے کام سونپے جاتے تھے۔

ان ترکی غلاموں کی حالت ان دوسرے غلاموں سے بالکل مختلف تھی جن کی بھاری اکثریت گھریلو غلاموں پر مشتمل ہوتی تھی۔ آنحضرتؐ سے پہلے غلام دراصل وہ لوگ ہوتے تھے جو یا تو لڑائی میں پکڑے جاتے تھے یا جنھیں دشمن علاقوں پر دھاوا بول کر گرفتار کرلیا جاتا تھا، یا پھر وہ غلاموں کی اولاد ہوتے تھے۔ اس زمانے میں یہ بھی ممکن تھا کہ عرب خود اپنے عرب بھائیوں کو لڑائی میں شکست دے کر غلام بنالیں۔(۸۱) یا کوئی شخص اپنے کو قرض یا جوئے میں ہاری ہوئی رقم کے بدلے میں بیچ دے۔ 'کتاب الآغانی' (۸۲) سے پتہ چلتا ہے کہس طرح ابولہب العاصی نے جس کا غیر مسلم دادا جنگ بدر میں مسلمانوں کے خلاف نبرد آزما ہوا تھا، ابن ہشام کے ساتھ جوئے میں اپنی تمام رقم ہار جانے کے بعد خود اپنے کو داؤ پر لگادیا۔ سب کچھ ہار جانے کے بعد اس نے کہا، ''میں دیکھ رہا ہوں کہ تمام تیر تیرے حق میں پڑ رہے ہیں۔ آؤ ایک آخری بازی ہو جائے، اس میں

جو بھی ہارے گا، وہ جیتنے والے کا غلام بن جائے گا۔'' دونوں شرط باندھ کر کھیلے اور ابولہب جیت گیا۔ لیکن اسے یہ بات پسند نہ آئی کہ اپنے مدمقابل دوست کو غلام بنا کر لے جائے، اس لیے اس نے ابن ہشام کے قبیلے والوں سے کہا کہ وہ بدلے میں دس اونٹ دے کر اپنے آدمی کو چھڑا لیں۔ قبیلے والے نے اس پر دھجی خرچ کرنے سے بھی انکار کر دیا تو ابولہب اسے اپنا غلام بنا کر لے گیا۔

مسلم قانون سازوں نے غلامی کے سلسلے میں یہ قانون بنایا کہ ہر شخص بذاتہ آزاد ہے، سوائے اس کے کہ جو خود اپنے کو غلام کہے یا معتبر شہادت سے اس کا غلام ہونا ثابت ہو جائے۔ (۸۳) ابتدائے اسلام ہی سے یہ قاعدہ مقرر کر دیا گیا تھا کہ مسلمان باہم ایک دوسرے کو قید نہیں کر سکتے نہ کسی عرب مسلمان کو غلام بنایا جا سکتا ہے۔ (۸۴) اگرچہ قرآن میں ایسا کوئی ذکر نہیں ہے لیکن عمل اسی پر ہوتا تھا؛ تاہم کبھی کبھی اس قاعدہ کی خلاف ورزی بھی کی جاتی تھی۔ 'کتاب الآغانی' (۸۵) میں ایک بہت ہی ذہین باندی شاریہ کے حالات ملتے ہیں جس میں اس کے لونڈی بنائے جانے سے متعلق دو روایتیں مذکور ہیں۔ ایک روایت کے مطابق وہ بصرہ میں پیدا ہوئی تھی۔ اس کے باپ کا تعلق قبیلہ بنو اسامہ سے تھا لیکن اس کی ماں لونڈی تھی۔ جب شاریہ پیدا ہوئی تو اس کے باپ نے اسے اپنی لڑکی تسلیم کرنے سے انکار کر دیا، اس طرح وہ اپنی ماں کی وجہ سے خود بھی لونڈی قرار پائی اور بازار میں بکی۔ دوسری روایت کے مطابق اسے بچپن ہی میں کسی نے اغوا کر کے ہاشمی قبیلے کی کسی عورت کے ہاتھ فروخت کر دیا تھا۔

دسویں صدی عیسوی کے شروع میں جنوبی عراق کے قرامطی 'رافضیوں' نے جنگ میں پکڑے ہوئے یا دوسرے طریقوں سے ہاتھ آئے ہوئے مسلمانوں کو بھی غلام بنا لیا۔ اپنے اس فعل کو قرامطی یوں جائز قرار دیتے تھے کہ وہ صرف اپنے ہی کو اصلی مسلمان سمجھتے تھے اور بقیہ مسلمانوں کو کافروں کا درجہ دیتے تھے۔ (۸۶) یہی دلیل انیسویں صدی میں سنی ترکمان بھی دیا کرتے تھے جو تاجکی اور ایرانی شیعوں کو بلا جھجک غلام بنا لیا کرتے تھے۔

ایام جاہلیت ہی کی طرح اسلام میں بھی غلاموں کو قیمتاً، ہدیتاً، وراثتاً نیز گرفتاری کے ذریعہ حاصل کیا جا سکتا تھا (۸۷) لیکن چونکہ اسلام آجانے کے بعد صرف دشمن علاقے سے گرفتار کیے ہوئے کافروں ہی کو قانوناً غلام بنایا جا سکتا تھا، اس لیے کسی بھی آزاد مسلمان کو غلام بنا کر فروخت کرنے کی اجازت نہیں تھی۔ (۸۸) والدین کو بھی اجازت نہیں تھی کہ وہ اپنے بچوں کو فروخت کریں، اگرچہ عملاً کچھ دنوں پہلے تک عالم اسلام میں اس قسم کی خرید و فروخت ہوتی رہی ہے۔ (۸۹) اسلام سے پہلے غلام کی حیثیت جائداد کی سی تھی اور اسلامی قانون کی رو سے بھی اس حیثیت کو باقی رکھا گیا۔ (۹۰) لیکن ام الولد یعنی ایسی باندیوں کو جو اپنے آقا کے بچوں کی ماں ہوتی ہیں، فروخت نہیں کیا جا سکتا۔ قانون سے قطع نظر آقا اور غلام کے درمیان؛ خصوصاً اگر اس غلام نے اپنے آقا ہی کے گھر میں پرورش پائی ہو، ایک ایسا جذباتی رشتہ قائم ہو جاتا ہے کہ عام طور سے لوگ اپنے

134
اسلام اور احیائے اسلام

غلاموں کو ان کی کسی بڑی غلطی؛ مثلاً عادتاً شراب خوری ہی پر فروخت کرتے تھے۔ یہ ایک عام بات تھی کہ مسلمان گھرانوں میں غلام گھر کے ایک فرد کی حیثیت سے رہا کرتے تھے۔ غلاموں کے ساتھ بے رحمانہ برتاؤ کی سخت ممانعت ہے اور ایسی بے شمار حدیثیں ملتی ہیں جن میں غلاموں کے ساتھ اچھے برتاؤ کی تاکید کی گئی ہے۔ اس کے باوجود، قرآن وحدیث کے احکامات کے برخلاف غلاموں کو آختہ کر دینے کا بھی رواج تھا کیوں کہ حرم شاہی کے نظام میں خواجہ سرا ایک لازمی عنصر کی حیثیت رکھتے تھے۔ (۹۱)

مسلم معاشرے میں غلام کی قانونی لاچاری کا پتہ اس بات سے چلتا ہے کہ اصولی طور سے ان کی حیثیت آقا کی جائداد سے زیادہ نہیں ہے۔ اس بارے میں مختلف فقہی مذاہب تفصیلات میں کچھ اختلافات کے باوجود عملاً متفق ہیں۔

اپنی جسمانی ضروریات کو پورا کرنے کے سوال پر غلاموں کی حیثیت گھر کے پالتو جانوروں کی سی ہے۔ (۹۲) جیسا کہ ہم اوپر ذکر کر چکے ہیں، ام الولد کو قانوناً فروخت نہیں کیا جا سکتا اور نہ ہی آقا اپنے اس بچے کو فروخت کر سکتا ہے جو ام الولد کے بطن سے پیدا ہوا ہو۔ ان دونوں کے علاوہ وہ اپنے تمام غلاموں اور باندیوں کو فروخت کرنے میں آزاد ہے۔ اپنی زندگی میں وہ اگر چاہے تو انھیں کسی کو ہدیتاً دے دے، رہن رکھ دے، یا انھیں کرایہ پر چلائے۔ اس کے مرنے کے بعد وہ ان کے ورثا میں تقسیم کیے جائیں گے۔ غلام خود کسی قسم کی جائداد کے مالک نہیں ہو سکتے اور اگر وہ کوئی جائداد بنا لیں گے تو وہ ان کے آقا کی سمجھی جائے گی۔ اس کا مطلب یہ ہے کہ اپنے آقا کے کارندہ ہونے کے علاوہ خود غلام کی کوئی حیثیت نہیں ہے، وہ کسی قسم کا کوئی آزاد کام یا تجارت نہیں کر سکتا۔ لیکن اگر کوئی کارندہ غلام آقا کی طرف سے ملے ہوئے اختیارات کے اندر اندر کسی سے کوئی معاملہ کرتا ہے تو آقا قانوناً اس معاہدہ کا پابند ہوگا۔ (۹۳) اسی طرح کوئی غلام اپنے آقا کی جائداد کا وارث نہیں ہو سکتا، خواہ وہ اپنے آقا کے مرنے پر آزاد ہی کیوں نہ ہو جائے جیسے کہ ام الولد ہوتی ہے کہ وہ آقا کے مرنے کے بعد خود بخود آزاد ہو جاتی ہے۔

قانون کی رو سے غلام جسمانی اور اخلاقی طور پر آزاد اشخاص کے مقابلہ میں کمتر درجہ کی مخلوق ہوتے ہیں۔ عدالتوں میں ان کی گواہیاں عام طور سے قبول نہیں ہو سکتیں (۹۴) اور چونکہ وہ خود مختار نہیں ہیں، اس لیے انھیں آزاد انسانوں کے مقابلہ میں جرم کی سزا بھی نصف ملتی ہے لیکن اگر اس نے قصداً کسی آزاد یا غلام کو قتل کیا ہے تو قصاص میں انھیں بھی قتل کیا جائے گا۔ قصاص خصوصاً خونی عداوت کا ذکر کرتے ہوئے قرآن نے وضاحت سے کہا ہے (۹۵) کہ اگر کسی آزاد شخص نے قتل کیا ہے تو (اسی) آزاد شخص کو قتل کیا جائے گا۔ اگر قاتل غلام ہے تو وہی غلام قتل کیا جائے گا۔ اور عورت نے قتل کیا ہے تو پھر اسی عورت کو قتل کیا جائے گا۔ اس آیت کی تفسیر میں بیضاوی نے لکھا ہے، ”جاہلیت کے زمانہ میں دو قبیلوں میں عداوت تھی۔ ایک قبیلہ نے جو اپنے کو زیادہ اہم سمجھتا تھا، یہ قسم کھائی کہ اگر اس کے قبیلے کا کوئی غلام مارا گیا تو وہ دوسرے قبیلے کے کسی آزاد شخص کو

بدلے میں قتل کردے گا اور اگر کوئی عورت ماری گئی تو اس کا بدلہ مرد سے لیا جائے گا۔ جب اسلام عام ہو گیا تو وہ لوگ اپنے معاملے کو آنحضرت صلعم کے پاس لائے۔ اس موقع پر مذکورہ بالا آیت نازل ہوئی اور آپ نے حکم دیا کہ آئندہ سے قصاص میں اس کا خیال رکھا جائے کہ قاتل کون ہے۔ بہر حال اس آیت کا یہ مطلب نہیں ہے کہ غلام مقتول کے بدلے میں آزاد قاتل کو یا آزاد مقتول کے بدلے میں غلام قاتل کو نہیں قتل کیا جائے گا۔ امام مالک اور امام شافعی اس بات کو تسلیم نہیں کرتے (۹۶) کہ کسی آزاد شخص کو خود اس کے اپنے یا کسی دوسرے غلام کے بدلے میں قتل کیا جا سکتا ہے۔ وہ اپنے دلائل کی بنیاد اس حدیث پر رکھتے ہیں کہ ایک شخص نے اپنے غلام کو قتل کر دیا تھا، آنحضرت صلعم کو جب معلوم ہوا تو آپ نے قال کو دُرّے مارے اور ایک سال کے لیے شہر بدر کر دیا لیکن قتل کے بدلے میں قتل کی سزا نہیں دی۔ حضرت علیؓ کی طرف یہ روایت منسوب ہے کہ ''اسلام میں ہمارا عمل یہ ہے کسی ذمی کے بدلے میں کسی مسلمان کو قتل نہیں کیا جائے گا، نہ ہی کسی آزاد شخص کو غلام کے بدلے میں قتل کیا جائے گا۔''

اگر کوئی آزاد شخص کسی دوسرے کے غلام کو قتل کر دے تو عام حالات میں اس سے خوں بہا (دیت) نہیں لیا جائے گا بلکہ قتل کے وقت غلام کی جو قیمت رہی ہوگی، وہ اس سے وصول کی جائے گی۔ (۹۷) اس سے یہ ثابت ہوتا ہے کہ قانون خواہ کچھ بھی کہے لیکن خود اپنے غلام کے قتل کی پاداش میں ایک شخص کو (قتل کی) سزا نہیں بھگتنی پڑے گی۔ (۹۸)

لونڈی غلاموں سے ان کے مالک کی اجازت سے شادی کی جا سکتی ہے۔ (۹۹) حنفی اور شافعی فقہ کی رو سے ایک غلام صرف دو آزاد یا باندی بیویاں رکھ سکتا ہے لیکن مالکی فقہ کے مطابق اس معاملے میں آزاد اور غلام دونوں برابر ہیں اور دونوں اگر چاہیں تو چار بیویاں رکھ سکتے ہیں۔ (۱۰۰) اس معاملے میں فقہا کا اختلاف رائے ہے کہ کسی غلام کو اس کا آقا شادی پر مجبور کر سکتا ہے یا نہیں، بہر حال اس بات پر سب کا اتفاق ہے کہ غلام اپنے آقا کو اس بات پر مجبور نہیں کر سکتا کہ وہ اسے شادی کرنے کی اجازت ضرور دے۔ (۱۰۱) آزاد مردوں کی طرح غلاموں پر مہر کی ادائیگی ضروری ہے، جسے خود انھیں اپنی محنت سے کما کر دینا ہوگا۔ اور اگر اس کی بیوی کسی دوسرے شخص کی باندی ہے تو پھر بیوی کا آقا مہر کا مالک ہوگا۔ غلام اور باندی کی شادی سے جو بچے پیدا ہوں گے وہ قانوناً غلام ہوں گے اور باندی کے آقا کی ملکیت سمجھے جائیں گے۔ اسی طرح اگر کوئی آزاد شخص کسی دوسرے کی لونڈی سے شادی کرتا ہے تو اس کے بچے بھی لونڈی کے آقا کی ملکیت ہوں گے۔ (۱۰۲)

اگر چہ قرآن (سورہ ۴، آیت ۲۹) کی رو سے مسلمانوں کو اجازت ہے کہ وہ اپنی مسلمان باندیوں سے شادی کر لیں لیکن فقہا نے اس قسم کی شادیوں پر کچھ پابندیاں عائد کی ہیں۔ مثلاً شافعی مذہب میں یہ ضروری ہے کہ اگر کوئی شخص اپنی باندی سے شادی کرنا چاہتا ہے تو پہلے وہ اس باندی کو آزاد کرے۔ (۱۰۳) ویسے اپنی باندی کے ساتھ جنسی تعلقات قائم کرنے کی ممانعت نہیں ہے۔ اوپر ذکر ہو چکا ہے کہ جو باندیاں ام الولد نہ

ہوں بلکہ کسی دوسرے کی بیوی ہوں تو ان کی اولاد باندی کے آقا کی ملکیت ہوتی ہے، خواہ باندی کا شوہر غلام ہو یا آزاد۔ اگر آقا خود اپنی باندی کے ساتھ جنسی تعلقات قائم کرتا ہے اور اس کے نتیجے میں بچے پیدا ہوتے ہیں تو یہ بچے آزاد ہوں گے اور اس باندی کو ام الولد کہا جائے گا۔ (۱۰۴) اس باندی کے اگر پہلے سے کوئی بچہ ہو تو وہ غلام ہی رہے گا اور ام الولد کے آقا کی ملکیت شمار ہوگا۔ ام الولد کو نہ تو فروخت کیا جا سکتا ہے اور نہ رہن رکھا جا سکتا ہے اور نہ ہی کسی کو ہدیتاً دیا جا سکتا ہے لیکن خود مسلمان آقا اس سے اپنی خدمت لے سکتا ہے اور اگر چاہے تو ام الولد کی مرضی کے خلاف بھی کسی دوسرے مسلمان سے اس کی شادی کرا سکتا ہے۔ (۱۰۵)

اس بات کی طرف پہلے اشارہ کیا جا چکا ہے کہ قرآن (۱۰۶) اور حدیثوں کی رو سے غلاموں کو آزاد کرنا نیک اور مستحسن کام ہے۔ بعض غلطیوں مثلاً بلا ارادہ قتل میں تو غلام کو بطور کفارہ آزاد کرنا ضروری ہوتا ہے۔ اسی طرح اگر کوئی غلام اپنی آزادی خریدنا چاہتا ہے تو آقا اس کی درخواست کو منظور کرنے پر مجبور ہے۔ (۱۰۷) ان کے علاوہ بھی غلاموں کی آزادی کی بعض صورتیں ہیں۔ (۱۰۸) ام الولد اپنے آقا کے مرنے کے بعد ان تمام بچوں کے ساتھ خود بخود آزاد ہو جاتی ہے جو آقا سے پیدا ہوئے ہوں۔ (۱۰۹) اگر کسی شخص کے قبضے میں کوئی ایسی باندی یا غلام آ جائے جس سے اس کا براہ راست نسبی رشتہ ہو تو ایسے لونڈی اور غلام اس کی ملکیت میں آتے ہی آزاد ہو جائیں گے۔ (۱۱۰) مثلاً اگر کسی آزاد شخص کو ایک آدمی اپنا غلام بخش دیتا ہے اور یہ غلام اتفاق سے اس آزاد شخص کا لڑکا ہے تو پھر یہ غلام لڑکا اپنے باپ کے قبضے میں آتے ہی آزاد ہو جائے گا۔ اسی طرح اگر کسی غلام سے اس کا آقا یہ کہے کہ میری موت کے بعد تم آزاد ہو جاؤ گے تو آقا کے مرنے پر وہ خود بخود آزاد ہو جائے گا۔ (۱۱۱)

قرآن کی ہدایات کے مطابق غلاموں کو آزاد کرنا بہت بڑی نیکی ہے۔ اس طرح بہت سارے غلاموں کو اس رضا کارانہ فعل سے آزادی حاصل ہو جاتی ہے۔ اس کے علاوہ اگر آقا واضح الفاظ میں غلام کو آزادی کا مژدہ سنا دیتا ہے تو غلام فوراً آزاد ہو جائے گا، خواہ آقا کی نیت آزاد کرنے کی رہی ہو یا اس نے یہ بات مذاقاً کہی ہو۔ اسی طرح اگر آقا کسی غیر متعلق شخص سے بھی یہ کہہ دے کہ اس نے اپنے غلام کو آزاد کر دیا تو غلام آزاد ہو جائے گا۔ (۱۱۲) آزادی کی ایک صورت یہ بھی ہے کہ غلام آقا سے معاہدہ کر لے کہ وہ آزادی کے بدلے میں ایک متعین رقم خود سے کما کر یکمشت یا قسط وار آقا کو ادا کر دے گا، یا آزادی کے بدلے میں آقا کا کوئی متعین کام کر دے گا۔ اگر معاہدہ میں کوئی رقم طے ہوئی ہے تو پھر آقا کے لیے ضروری ہے کہ وہ غلام کو روپیہ کمانے یا جائداد بنانے کے لیے وقت اور موقع مہیا کرے۔ (۱۱۳)

آزادی کے بعد غلام اپنے سابق آقا کا عتیق (آزاد شدہ) یا مولیٰ (تابع یا موکل) اور آقا آزاد شدہ غلام کا ولی ہو جاتا ہے۔ ولی کو قانون کی رو سے اپنے مولیٰ پر کچھ حقوق خصوصاً مالی حقوق حاصل ہوتے ہیں اور اس کے بدلے میں اس پر مولیٰ کی حفاظت اور دیکھ بھال کی ذمہ داری عائد ہوتی ہے۔ نہ تو ولی اپنے کو ولایت سے الگ کر سکتا ہے اور مولیٰ اس سے اپنا قطع تعلق کر سکتا ہے۔ اگر ولی کا انتقال ہو جائے تو ولایت اس کے ورثا

کی طرف منتقل ہو جائے گی۔(۱۱۴) اگر مولیٰ کسی وارث کے بغیر مر جائے تو اس کا ولی یا اس کے ورثا اس کی جائداد کے وارث ہوں گے بشرطیکہ وہ مسلمان ہوں۔ لیکن اگر ولی یا اس کے ورثا غیر مسلم ہوں تو پھر مولیٰ کی جائداد کی وارث ریاست ہوگی کیوں کہ شرعاً کوئی غیر مسلم کسی مسلم کا وارث نہیں ہو سکتا۔ وراثت کے مسئلے کو چھوڑ کر ولی اور مولیٰ پر ولایت کے دوسرے تمام قوانین نافذ ہوں گے، خواہ وہ دونوں الگ الگ مذہب ہی سے کیوں نہ تعلق رکھتے ہوں۔(۱۱۵) ولی اور مولیٰ کا ہم مذہب ہونا ضروری نہیں ہے۔ ولایت کے حقوق صرف سابق آقا اور غلام ہی تک محدود نہیں رہتے بلکہ اس کے احاطہ میں آزاد شدہ غلام کے ورثا اور خود اس کے آزاد کردہ غلام بھی آتے ہیں۔(۱۱۶)

ہم اوپر ذکر کر چکے ہیں کہ پیغمبرِ اسلام کے زمانہ میں غلامی ان کے سماج کا ایک ناگزیر حصہ تھی، غالباً اسی وجہ سے انھوں نے بھی اپنے دوسرے پیشرو مذہبی مصلحین کی طرح اسے سماجی نظام کا ایک لازمی عنصر سمجھ کر تسلیم کر لیا تھا لیکن یہ بھی ایک حقیقت ہے کہ انھوں نے اس میں بہت سی مفید اصلاحات روشناس کرائیں۔ ابھی کچھ دنوں پہلے تک اسلامی دنیا کے ان تھوڑے سے حصوں کو چھوڑ کر جو یوروپی طاقتوں کے زیر اثر تھیں، تقریباً ہر جگہ غلامی کا رواج باقی رہا ہے۔ مسلم خلافت کے دور میں بعض لوگوں نے غلاموں کی خرید و فروخت (بردہ فروشی) کو باقاعدہ کاروبار بنا لیا تھا اور ہر سال دوسرے ملکوں سے ہزاروں گورے اور کالے غلام مسلم ملکوں میں لائے جاتے تھے۔ کالے غلام عموماً اوپری مصر اور لیبیا کے علاقے فیضان سے لائے جاتے تھے اور گورے غلام جو اپنی کمیابی کے باعث حبشی غلاموں کے مقابلے میں زیادہ بکتے تھے، وسطی ایشیا اور شام سے حاصل کیے جاتے تھے۔ خلفائے بغداد کے حرم میں داخل کرنے کے لیے خوب صورت باندیاں یورپ، خصوصاً اسپین سے لائی جاتی تھیں۔(۱۱۷) اٹلی کی بندرگاہوں سے بھی غلام کی برآمد ہوتی رہتی تھی۔ روم میں تو وینس کے لوگوں نے آٹھویں صدی میں بردہ فروشی کو باقاعدہ کاروبار کے طور پر اپنا لیا تھا۔(۱۱۸) دسویں صدی میں وولگا کے علاقے سے وسطی ایشیا میں جو بیش قیمت تجارتی سامان آتا تھا، وہ غلاموں پر مشتمل ہوتا تھا۔ وہاں سے انھیں 'غلام بازاروں' میں پہنچانے کے لیے جیجون کے علاقے میں خصوصاً سمرقند پہونچا دیا جاتا تھا۔(۱۱۹) دجلہ کے کنارے بسے ہوئے شہر سمارا کے ایک 'غلام بازار' کا ذکر یعقوبی نے 'کتاب البلدان' میں کیا ہے جہاں اس نے ایسے مکانوں کی لمبی قطاریں دیکھی تھیں جن میں خریداروں کو دکھانے کے لیے بکنے والے غلام رکھے جاتے تھے۔(۱۲۰)

مصر، جنوبی عرب اور شمالی افریقہ ان حبشی غلاموں کی خرید و فروخت کے خاص مراکز تھے جنھیں وسطی افریقہ سے لایا جاتا تھا۔ مسلمان بادشاہوں نے قانوناً اس تجارت کو کبھی بھی بند نہیں کیا۔ سولھویں اور اٹھارویں صدی کے درمیان عیسائی یورپ ترک اور بربر بحری قزاقوں کے ہاتھوں تاراج ہو گیا تھا۔ ان کی تاخت صرف بحر روم اور اسپین کے ساحل پر چلنے والے جہازوں کے ملاحوں اور مسافروں ہی تک محدود نہیں تھی بلکہ انھوں

نے آئرلینڈ کے کچھ حصوں کو بھی تاراج کیا اور برسٹل پر بھی دھاوا بولا اور برطانیہ کے سینکڑوں باشندوں کو پکڑ کر لے گئے۔(۱۲۱) ان قیدیوں سے بحری قزاق اپنے جہازوں پر جس طرح جبری محنت لینے کے لیے بے رحمانہ سلوک کرتے تھے، اس کی دردانگیز مرقع کشی بعض سیاحوں اور ان پادریوں کے یہاں ملتی ہے جو قیدیوں کو زر فدیہ دے کر رہا کرانے کے لیے گئے تھے۔(۱۲۲) بہرحال یہ بھی حقیقت ہے کہ مسلمانوں کے غلاموں کی اکثریت خواہ وہ نجی غلام رہے ہوں یا سرکاری غلام بہت حد تک قابل اطمینان زندگی گزارتی تھی اور اگر مذکورہ بالا سیاح اور پادریوں کے بیانات سے مقابلہ کر کے دیکھا جائے، جنھوں نے بحری قزاقوں کے مراکز کی سیاحت کی ہے تو صاف معلوم ہوگا کہ اول الذکر لوگوں نے خاصے مبالغے سے کام لیا ہے۔(۱۲۳) غالباً بحری قزاقوں کے قیدیوں میں سب سے مشہور قیدی سروانٹس (Cervantes) تھا جس نے ناگفتہ بہ حالت میں پانچ سال قزاقوں کی قید میں گزارے تھے۔

عیسائیوں کے مقابلہ میں مسلمان اپنے غلاموں کو کہیں زیادہ اچھی حالت میں رکھتے تھے۔ ایک انگریز سیاح ڈبلیو. جی، پالگریو نے ۱۸۶۲ء کے لگ بھگ اپنی کتاب (۱۲۴) میں لکھا تھا کہ اسے عرب میں حبشی غلاموں کو دیکھنے کا بارہا اتفاق ہوا۔ حبشی لونڈیوں سے جنسی تعلقات کا نتیجہ مخلوط نسل کے لوگوں کی شکلوں میں وہاں صاف طور سے نظر آتا تھا۔ پالگریو کے بیان کے مطابق غلاموں کو آزاد کردینے کا بھی عام رواج تھا، اس کا کہنا ہے کہ ''آزادی پائے ہوئے لوگ جلد ہی کہیں شادی کر لیتے تھے۔ اگرچہ کوئی آزاد حبشی یا مخلوط النسل شخص فوراً ہی سماج کے اونچے طبقے میں مقبول نہیں ہوتا تھا اور نہ ہی کوئی معزز عرب کسی حبشی کے ساتھ اپنی بیٹی کی شادی کرتا تھا۔ تاہم انھیں اس سماجی مقاطعہ اور معذوریت کا احساس نہیں ہوتا تھا جو 'سفید خون' (English Blood) رکھنے والی قوموں کے درمیان رہ کر ہوتا۔

پالگریو کے تقریباً چوتھائی صدی بعد ڈوتی (Doughty) نے غلاموں کے حالات کا تذکرہ کیا۔ اس کے بیان کے مطابق مسلمانوں کے غلاموں کی حالت ہمیشہ اطمینان بخش اور اکثر و بیشتر خوشگوار رہی ہے۔ ''اچھے مسلمان گھرانوں میں غلاموں کو خدا کی امانت سمجھ کر گھر کی اولاد اور اپنے غریب بھائی بندوں کی طرح پالا پوسا جاتا ہے...... تھوڑے دن بھی نہیں گزر پاتے کہ اگر آقا کے دل میں اللہ کا ذرا بھی خوف ہوتا ہے تو وہ انھیں آزاد کردیتا ہے اور انھیں اتنا کچھ دے دیتا ہے کہ خالی ہاتھ نہ جائیں۔''

ڈوتی نے لکھا ہے کہ مخلوط آبادی والے مقدس شہروں میں غلاموں کی اجارہ داری زیادہ سخت تھی اور اس معاملہ میں بھی مکہ کو مرکزیت حاصل تھی، کیوں کہ وہاں سے واپسی کے وقت شمال و مغربی ملکوں کے حجاج اپنے لیے غلام خرید کر لے جایا کرتے تھے لیکن اس کی چشم دید شہادت یہ بھی ہے کہ ''تمام دن ادھر اُدھر نظر دوڑانے کے باوجود مجھے پانچ سے زائد غلام خراب حالت میں دکھائی نہ دیے۔'' ڈوتی کے بیان کی تصدیق ولندیزی (ڈچ) فاضل اور سیاح اسنوخ ہرگورنجے نے کی ہے۔ اسنوخ نے ایک مسلم عالم کے بھیس میں مکہ کے علما کے

ساتھ چھ ماہ گزارے تھے۔ اس کے بیان کے مطابق زیادہ تر غلام افریقی تھے اور وہ ''بردہ فروشی کے بازار نیز مکہ کے سماجی نظام میں بڑی اہم جگہ رکھتے تھے۔'' یہ غلام مختلف قسموں میں بٹے ہوئے تھے۔ بالکل 'سیاہ فام' حبشی غلام جنھیں 'نوبی' کہا جاتا تھا، تعمیر مکان یا پتھر کاٹنے کے ایسے سخت کاموں کے لیے مخصوص تھے۔ جن غلاموں سے عام محنت مزدوری کا کام لیا جاتا تھا، وہ صرف 'کالے غلام' کہلاتے تھے اور عموماً سوڈان سے برآمد کیے جاتے تھے۔ یہ غلام بھی عموماً اینٹ گارے کے کام سے اپنی نئی زندگی کا آغاز کرتے تھے اور ان کے آقا انھیں بچپن ہی سے تعمیر کے کاموں میں لگا دیا کرتے تھے تاکہ وہ دوسروں کے ساتھ رہ کر باقاعدہ عربی زبان سیکھ لیں۔ ان میں سے جو کم ہنر مند ہوتے تھے، مثلاً نوبی غلام، انھیں ان کے آقا دوسرے معماروں کے پاس مزدوری کرنے کے لیے بھیجتے تھے۔ ان کی تعلیم عام طور سے اسلام کے بنیادی رسوم اور عبادات کے سکھا دینے تک محدود ہوتی تھی۔ اگرچہ غلام خود ہی بالعموم اسلامی عبادات کی طرف سے بے توجہی برتتے تھے، پھر بھی اس معاملے میں مسلمان ان پر بہت سخت نظر رکھتے تھے۔ انھیں پیٹ بھر کھانا دیا جاتا تھا کیوں کہ اشیائے زندگی ارزاں اور فراواں تھیں۔ عرب کے موسم کو دیکھتے ہوئے کپڑا اور مکان مدفاضل ہی ہے، پھر بھی غلاموں کو ان کی ضرورت کے بقدر یہ چیزیں بھی میسر تھیں۔ آزاد ہو جانے کے بعد یہ غلام عموماً بہشتی کا کام کرتے تھے یا امانی پر مزدوری کرتے تھے۔ یہ لوگ، بالخصوص اگر ان کا آقا انھیں شادی کی اجازت دے دیتا تھا، یہی پسند کرتے تھے کہ ان کی مسلسل خبر گیری کرنے والا کوئی موجود رہے۔

زیادہ سلیقہ مند حبشی غلام گھروں اور دکانوں پر کام کرتے تھے۔ اچھی حیثیت کے تاجر اپنے گھروں میں زیادہ سے زیادہ غلام رکھتے تھے کیوں کہ ان کی وجہ سے زندگی آرام سے گزرتی تھی۔ لیکن ان ہمہ وقتی کارکن غلاموں کے لیے بھی زندگی زیادہ دشوار نہیں ہوتی تھی اور وہ خاندان کے ایک فرد کی حیثیت سے رہتے تھے۔ دکانوں پر تجربہ کار غلام مالک کے معتبر نائب کی حیثیت سے کام کرتے تھے اور وہ صرف نام ہی کے غلام ہوتے تھے۔ قریب قریب یہ ایک قاعدہ بن گیا تھا کہ گھریلو غلام عموماً بیس سال کی عمر کے بعد آزاد کر دیے جاتے تھے۔ شاید اس کی وجہ یہ رہی ہوگی کہ انھیں اپنے فرائض کی ادائیگی کے لیے زنان خانے میں آنا جانا پڑتا رہا ہوگا جہاں آزاد اور باندیاں دونوں قسم کی عورتیں ہوتی ہیں۔ شریف آقا اپنی ذمہ داری سمجھتا تھا کہ جہاں تک ہو سکے، غلاموں کے لیے مکان کا انتظام کرے۔ غلاموں کو آزاد کرنا بہت اچھا سمجھا جاتا تھا لیکن آزادی کے بعد بھی آقا اور غلام میں پہلے ہی کی طرح تعلقات باقی رہتے تھے۔ عملاً آزاد شدہ غلاموں کے اوپر کسی ملازمت یا عہدہ کا دروازہ بند نہیں ہوتا تھا اور وہ پیدائشی آزاد لوگوں سے برابری کا مقابلہ کرتے تھے؛ اور معلوم نتائج کی بنیاد پر کہا جا سکتا ہے کہ مقابلہ میں انھیں ہمیشہ شکست ہی نہیں ہوتی تھی، کیوں کہ ہم جانتے ہیں کہ عرب کے اکثر با اثر شہری اور مالکان مکان پہلے غلام تھے۔ ان کی جلد کا رنگ نہ پہلے ان کے لیے کوئی دشواری پیدا کرتا تھا اور نہ بعد میں انھیں کوئی مشکل پیش آتی تھی، کیوں کہ بہت سارے عرب شہریوں کی اولادیں ان کی

حبشی کنیزوں کے بطن سے پیدا ہوئی تھیں۔

افریقی باندیاں جھاڑو برتن کے کام کے لیے رکھی جاتی تھیں۔بعضوں سے ان کے آقا جنسی تعلقات بھی قائم کر لیتے تھے۔ان کے برخلاف حبشہ (ابی سینیا) کی عورتیں جو گندمی رنگ سے لے کر گہرے سانولے رنگ تک کی ہوتی تھیں، عموماً بستر کی زینت کے لیے خریدی جاتی تھیں، اگرچہ ان سے بھی لوگ گھر کا ہلکا پھلکا کام لیا کرتے تھے۔حبشہ کے غلام عام افریقی غلاموں کے مقابلے میں نرم و نازک اور ذہین مانے جاتے تھے۔اسی حساب سے ان کی تعلیم وتربیت پر نظر رکھی جاتی تھی۔ان سے عموماً گھر کا یا دکان کا کام لیا جاتا تھا۔

سرکیسی غلام اور باندیاں استنبول کے راستے سے درآمد کی جاتی تھیں، چونکہ ان کی قیمت بہت زیادہ ہوتی تھی، اس لیے نسبتاً کم تعداد میں نظر آتے تھے اور مکہ کے عام 'غلام بازار' میں مشکل ہی سے دستیاب ہوتے تھے۔

اپنی کتاب کے دوسرے حصہ میں ہرگورنجے نے لکھا ہے، ''یہ بات بھلے ہی بعید از قیاس ہو لیکن واقعہ یہ ہے کہ ہندوستان اور ڈچ انڈیز سے مکہ کے بازاروں میں اچھی خاصی تعداد میں غلام لائے جاتے ہیں۔جاوا کے جو غلام آتے ہیں وہ سلیبس (Celebes) اور بورنیو یا جزیرہ نیاس (Nias) کے وحشی قبیلوں سے تعلق رکھتے ہیں۔یہ مصر تک جا کر بکتے ہیں۔میں نے (مکہ میں) ہندوستان کے بہت سے کم سن غلام دیکھے اور چار عدد تازہ درآمد کی ہوئی ہندوستانی باندیاں دیکھیں۔انھیں ان کے گھروں سے اغوا کیا گیا تھا، یا وہ ہندوستان کے کس خاص علاقہ سے تعلق رکھتی تھیں، میں اس کا پتہ نہ چلا سکا۔''

ممکن ہے ہندوستان سے جو لوگ مکہ حج کرنے کے لیے گئے ہوں، وہ اپنے بچوں کو بیچ گئے ہوں۔ خیال یہ ہے کہ مکہ کے غلام بازار میں سالانہ لگ بھگ ایسے پانچ ہزار لڑکے اور لڑکیوں کی خرید وفروخت ہوتی تھی جنھیں ان کے والدین ہندوستان، ایسٹ انڈیز اور افریقہ سے لاتے تھے۔

مکہ میں غلاموں کی خرید وفروخت عام طور سے رائج تھی۔اس زمانہ کے ایک سیاح کے بیان کے مطابق ''مکہ میں ابھی تک یمن، افریقہ اور کبھی کبھی ایشیائے کوچک سے نئے غلاموں کے لانے کا سلسلہ جاری ہے لیکن اکثریت ان غلام زادوں کی ہے جو مکہ میں پیدا ہوئے ہیں۔''

مئی ۱۹۲۷ء میں شاہ ابن سعود اور برطانوی حکومت کے درمیان ایک معاہدہ ہوا جس کی شق نمبر ۷ کی رو سے عرب میں غلاموں کی تجارت کو ممنوع قرار دیا گیا۔اس سلسلے میں جتنی کوششیں کی گئی ہیں، ان سے اگرچہ ابھی تک مکمل کامیابی حاصل نہیں ہوئی ہے تاہم ۱۹۳۶ء میں ایک فرمان کی رو سے سعودی عرب میں ایسے لوگوں کی درآمد وفروخت کو قطعاً ممنوع قرار دیا گیا ہے جن کے بارے میں پہلے سے غلام ہونا ثابت نہ کیا جا سکے۔یمن میں غلامی کو شریعت کی رو سے جائز سمجھا جاتا ہے۔ابھی کچھ دنوں پہلے تک عمان اور جنوب مشرقی عرب میں غلامی بالکل عام تھی اور وہاں کے غلام ان تمام مجبوریوں کا شکار تھے جو غلاموں کا مقدر ہوتی ہیں۔

۱۹۲۸ء میں برٹرام تھامس (Bertram Tamas) نے جنوبی عرب کا سفر کیا تھا۔ اس نے لکھا ہے کہ قبیلہ ہناوی کے علاقوں سے سفر کرتے وقت یہ ضروری تھا کہ کسی 'رفیق' یا اس قبیلے کے نمائندہ کی مشایعت حاصل رہے، کیوں کہ اسی صورت میں یہ اطمینان رہتا تھا کہ لوگ سیاح کو دشمن قبیلہ غفاری کا آدمی نہیں سمجھیں گے۔ ''صرف قبیلہ قارا والے غلاموں کو بھی 'رفیق' کی حیثیت سے تسلیم کر لیتے تھے ورنہ دوسرے علاقوں میں سیاحوں کو قتل کر دینے اور غلاموں کو پکڑ لینے کا رواج تھا۔ اس کی وجہ یہ تھی کہ غلام چونکہ تجارتی حیثیت رکھتے ہیں اس لیے ان اونٹوں کی طرح ہوتے ہیں جنھیں حملہ کر کے چھین لیا جائے۔''

جہاں تک عرب کے علاوہ دوسرے مسلم ملکوں میں غلامی کا تعلق ہے، وہ عرب سے ملحقہ عراق کے ریگستانی علاقوں میں (بیسویں صدی کی دوسری دہائی تک) باقی تھی۔ ۱۹۰۸ء میں ''مصر اور فلسطین کے درمیانی علاقوں میں تقریباً ہر قبیلے میں غلام پائے جاتے تھے۔ ان غلاموں میں صرف حبشی ہی نہیں بلکہ دوسرے قبائل خصوصاً شمالی افریقہ کے لوگ بھی ہوتے تھے۔'' سوڈان کے بعض قبائل میں بھی غلامی کا رواج تھا لیکن:

> یہ غلام صرف حبشی تھے...... گورنمنٹ کے اثر سے اب کسی کو غلام نہیں بنایا جا سکتا؛ اور اگر کوئی غلام آزادی چاہے تو آقا اسے آزاد کرنے پر مجبور ہے لیکن غلاموں کو اتنی اچھی طرح رکھا جاتا ہے اور ان پر اتنی کم پابندیاں ہوتی ہیں کہ وہ شاذ و نادر ہی آزادی کے طلب گار ہوتے ہیں۔ ایک آزاد اور غلام میں عملاً یہ فرق ہوتا ہے کہ آخر الذکر کو اول الذکر کی لڑکی سے شادی کرنے کی اجازت نہیں ہے لیکن آقا عام طور سے اس بات کا خیال رکھتے ہیں کہ ان کے غلام کی شادی کسی دوسرے غلام کی قابل اعتبار اور اچھی لڑکی سے ہو جائے۔ امن کے دنوں میں غلاموں کے بھروسہ پر بہت سارے کام چھوڑ دیے جاتے ہیں اور جنگ کے دوران اپنے آقا کے دوش بدوش لڑتے ہیں۔

اور آگے مغرب میں غلامی ریگستان لیبیا کے نخلستانوں میں رہنے والے سنوسیوں کے سماجی ڈھانچے کا ایک اہم حصہ ہے۔ مصری کھوجی (Explorer) حسنین بے نے ۱۹۲۴ء میں اپنے مشاہدات قلم بند کرتے ہوئے لکھا ہے کہ کچھ دنوں سے غلاموں کی مانگ بہت بڑھ گئی ہے کیوں کہ اب وادی (فرانسیسی سوڈان) سے غلاموں کی برآمد رک گئی ہے جہاں فرانسیسی حکام غلاموں کی تجارت پر کڑی نظر رکھتے ہیں۔

بہر حال، ان تمام احکامات وقوانین کے باوجود بدوعرب کسی نہ کسی طرح اپنے مقاصد میں کامیاب ہو جاتے ہیں۔ وہ وادی میں کسی باندی سے شادی کرتے ہیں اور جب اسے لے کر اپنے علاقے میں واپس آتے ہیں تو اسے طلاق دے کر بازار میں فروخت کر دیتے ہیں۔ اس علاقے کے بدو اپنی لونڈیوں سے بھی شادی کر لیتے ہیں اور اگر اس سے لڑکا پیدا ہوتا ہے تو لونڈی خود بخود آزاد ہو جاتی ہے چونکہ بدوؤں میں رنگ کا کوئی تعصب نہیں ہے، اس لیے اگر کسی قبیلے کے سردار کا لڑکا لونڈی کے بطن سے پیدا ہوتا ہے تو سردار کے

مرنے پر اس کو، خواہ اس کا رنگ کتنا ہی کالا کیوں نہ ہو، قبیلے کا سردار تسلیم کرلیا جاتا ہے۔ غلام باپ کی اولاد تو غلام مانی جاتی ہے لیکن آزاد باپ اور باندی ماں کی اولاد آزاد ہوتی ہے، اگرچہ ان بچوں کا باپ کتنی ہی غربت کے عالم میں کیوں نہ انتقال کرے، لیکن بچے کسی صورت میں بھی غلام نہیں ہوں گے...... آقا کا پسندیدہ غلام عام طور سے بڑی اچھی زندگی گزارتا ہے...... ایسے غلام پر آقا کو بہت بھروسہ ہوتا ہے اور اس کی دیکھ بھال بہت اچھی طرح ہوتی ہے۔ غلام کو اپنے لیے باندی خریدنے کی بھی اجازت دے دی جاتی ہے۔ نخلستانوں میں یہ جو مفلوک الحال لوگ نظر آتے ہیں، وہ دراصل آزاد شدہ غلام ہیں۔ حیرت کی بات یہ ہے کہ دوسرے غلام انھیں حقیر سمجھتے ہیں اور خود انھیں بھی یہ کہتے ہوئے شرم آتی ہے کہ اب ان کا کسی سے تعلق نہیں ہے۔

اس حقیقت کے باوجود کہ افریقہ کے فرانسیسی علاقے میں غلامی قانوناً بند تھی۔ مغربی صحارا کے نقاب پوش توریجوں کے یہاں دو قسم کے غلام پائے جاتے تھے۔ ایک گھریلو کاموں کے لیے مخصوص ہوتے تھے اور دوسرے باہر کے کاموں کے لیے رکھے جاتے تھے۔ رواجی قانون کی رو سے دونوں قسم کے غلام اپنے آقا کے مال و اسباب کی حیثیت رکھتے تھے۔ پہلی قسم کے نیگرو غلاموں سے جنھیں وہ 'اکیلان' (Ikelan) کہتے تھے، گھریلو خدمت اور باغبانی کا کام لیا جاتا تھا۔ نصف پیداوار تو آقا کی ہوتی تھی اور بقیہ نصف حق المحنت کے طور پر غلام کو ملتی تھی جس سے وہ اپنا اور اپنے بال بچوں کا پیٹ بھرتا تھا۔ یہ لوگ گھر کے تمام کام کرتے تھے اور اگر چراگاہ کے قریب قیام ہو تو آقا کی بھیڑ اور بکریوں کو چرانے کے بھی ذمہ دار ہوتے تھے۔ دوسری قسم والے غلام جو بوزا (Buza) کہلاتے تھے، مویشیوں خصوصاً اونٹوں کو چرانے پر مامور ہوتے تھے۔ اس میں بھی اکثریت نیگرو غلاموں کی تھی لیکن ان کا درجہ 'اکیلان' غلاموں سے کچھ اونچا ہوتا تھا۔ بہرحال دونوں قسم کے غلاموں کو منھ پر نقاب ڈالنے کی اجازت نہیں تھی جو توریج مردوں کی خاص چیز ہے۔ اگرچہ ان غلاموں کی قانونی حیثیت انگڑ کھنگڑ سے زیادہ نہیں تھی لیکن عملاً وہ جائداد کے مالک ہوسکتے تھے۔ ان غلاموں کو اپنی آزادی کی امید بندھی رہتی تھی۔ آزاد ہوجانے کے بعد وہ خاندانی رعایا (Serf) شمار کیے جاتے تھے۔ رعایا کی حیثیت وہاں کے سماجی ڈھانچے میں غلاموں سے بہتر تھی اور اکثر و بیشتر غلاموں کو رعایا کا درجہ ملا کرتا تھا۔

وسطی ایشیا کے ترکمان لوگ بچوں کو اغوا کرکے فروخت کردینے میں کبھی خاصے بدنام تھے۔ جب روسیوں نے بخارا، خوارزم اور خواتین کی دوسری ریاستوں کو فتح کرلیا تو ان علاقوں سے غلاموں کی تجارت کا رواج ختم ہوگیا۔

قسطنطنیہ میں حبشی اور سرکیسی باندیوں کی کھلم کھلا تجارت تو ۱۹۰۸ء میں دستور کے بن جانے تک ہوتی رہی ہے۔ گزشتہ صدی کے آخری دنوں تک (جزائر) شرق الہند میں غلامی کا رواج پورے شباب پر تھا۔ ۱۸۹۱ء تک سنگاپور میں سرکاری سرپرستی میں چینی مرد اور عورتوں کی تجارت عام تھی۔ چینی مردوں کو مسلمان بنالیا جایا کرتا تھا اور عورتیں اور لڑکیاں رکھیل بنالی جاتی تھیں۔ اس تجارت پر قبضہ چینی غیر مسلموں کا تھا لیکن خریدار

زیادہ تر مسلمان ہوتے تھے۔

۱۹۳۹ء میں ایک رسالے نے جاوا کے ایک عالم کا استفتا شائع کیا تھا، جسے انھوں نے جواب کے لیے علمائے ازہر کے پاس بھیجا تھا۔ استفتا میں پوچھا گیا تھا کہ مسلمان والدین اپنے کمسن لڑکوں کو کسی دوسرے مسلمان کے ہاتھ فروخت کر سکتے ہیں یا نہیں؟ اگرچہ علمائے ازہر نے اس کا جواب نفی میں دیا تھا، تاہم ابھی کچھ دنوں پہلے تک جاوا میں اس موضوع پر بحث ومباحثہ ہوتا رہا ہے۔

آبنائے ملاکا کے علاقوں میں جزیرہ کوکب؛ جو ریاست جوہر کے راجا کی حکمرانی میں تھا، کے عرب کاشتکاروں کے یہاں عملی غلامی کی ایک شکل رائج تھی۔ دلندیزی شرق الہند کے مقامی باشندے جب حج کرنے مکہ جاتے تھے اور وہاں سفر خرچ ختم ہو جانے کے باعث پھنس کر رہ جاتے تھے تو عرب ہم سفر انھیں اسی شرط پر گھر واپس پہنچنے کا کرایہ مہیا کرتے تھے کہ وہ لوٹ کر ان کے کھیتوں میں کام کریں گے۔ اس لیے عملاً وہ تمام زندگی ان کے غلام بنے رہتے تھے۔

جس ماہر مبصر نے شرق الہند کی غلامی کے بارے میں یہ معلومات مہیا کی ہیں اور جسے ہم نے مکہ میں غلاموں کی تجارت کے سلسلے میں خاصی تفصیل کے ساتھ اوپر نقل کیا ہے، اس نے یہ بھی لکھا ہے کہ "حالات کے تقاضوں کے تحت مسلم علاقوں میں غلامی کا دستور ایک زمانے سے چلا آرہا ہے۔ اس سلسلے میں قابل لحاظ بات یہ ہے کہ یوروپی آقا جس طرح اپنے غلاموں سے بیگار لیتے ہیں، اس کے مقابلہ میں مسلمانوں کے غلام بہت اچھی زندگی گزارتے ہیں۔" اس بیان کی تصدیق دوسرے سیاحوں کے مشاہدات سے بھی ہوتی ہے جن میں سے کچھ کا ذکر ہم اوپر کر چکے ہیں۔ انھوں نے جس تفصیل کے ساتھ مسلم ممالک میں غلامی کا ذکر کیا ہے، اس سے غلاموں کی عمومی آرام دہ حالت کا کافی پتہ چلتا ہے۔ مسلم دنیا کا عوامی ضمیر کسی حد تک اس حقیقت سے مطمئن ہے، یہ بات اب موضوع بحث نہیں رہی۔ مسلم ممالک میں سیاسی شعور کے فروغ کی بنا پر اندرونی اصلاحات کی بھی پوری توقع ہے۔

کبھی کبھی مسلم سماج کے مختلف طبقات کے اندر سے ابھر کر ایک ایسا گروہ بھی سامنے آتا ہے جو مختلف مقامات پر مختلف حالات کے تحت کسی مشترک مفاد پر متحد ہوتا ہے۔ یہ مفاد صنعت وحرفت، یا کھیل کود، یا مذہبی اصلاح یا سیاسی ہیجان، یا تجارتی مصلحت میں سے کسی ایک یا ایک سے زائد پر مبنی ہوسکتا ہے۔ پیشہ ور گروہوں یا تجارتی برادریوں کا وجود غالباً اسلام سے پہلے کا ہے۔ ان کا پتہ ہمیں شرق اوسط یا شمالی افریقہ کے تقریباً سبھی ملکوں کے بازاروں کی بناوٹ سے چلتا ہے، جہاں پر کارخانے یا کسی خاص صنعت کے تجارتی مراکز عام طور سے کسی ایک ایسے علاقے میں پائے جاتے ہیں جنھیں روایتی طور سے ان صنعتوں کا گڑھ مانا جاتا ہے۔ برادریوں کے اپنے نگراں ہوتے تھے جو اندرونی نظم وضبط پر نظر رکھتے تھے۔ ان کے علاوہ حکومت کی طرف سے بھی محتسب متعین ہوتے تھے جو یہ دیکھتے رہتے تھے کہ لین دین کے معاملات میں ایمان داری سے کام لیا

جاتا ہے یا نہیں اور اسلامی قوانین کی خلاف ورزی تو نہیں ہوتی۔

چودھویں صدی میں اناطولیہ کے اخیّا (برادری: اخ، بھائی) اور فارس کی قدیم پہلوان برادریوں کا مطالعہ کرنے سے برادری کی روایت میں ایک تسلسل کا پتہ چلایا جا سکتا ہے۔ فارس کے ہر قصبے میں پہلوان برادری کا ایک اپنا اکھاڑہ (زورخانہ) ہوتا تھا، جہاں وہ؛ گلستان سعدی میں مذکور حکایتوں کے مطابق، اپنے محافظ پیر حضرت علیؓ ابن ابی طالب کی ایک بڑی شبیہ کے سامنے کشتی اور کسرت کی مشق کیا کرتے تھے۔

تقریباً ہر ملک کے مسلم سماج میں 'مذہبی مواخات' (طُرق) کو قومی زندگی میں ایک خاص اہمیت حاصل رہی ہے۔ ان میں معروف ترین شمالی افریقہ کی مشہور سنوسی مواخات ہے۔ اسی طرح مصر کی جماعت اخوان المسلمین کو بھی اس سلسلے میں خاصی شہرت حاصل ہے۔ یہ جماعت ۱۹۲۹ء میں حسن البنا نے قائم کی تھی جنھیں ۱۹۴۹ء میں شہید کر دیا گیا۔ سوڈان میں شاید ہی کوئی ایسا مسلمان ہو، جو وہاں کے کسی نہ کسی طریقے (مواخاۃ) سے منسلک نہ ہو۔ تقریباً ایسی سب جماعتیں اپنے مذہبی افکار میں بہت ہی کٹر اور قدیم الخیال ہوتی ہیں۔ سوڈان میں ختمیہ یا تعداد کے لحاظ سے خاصے مضبوط سیر غانیہ کے مقابلے میں مہدوی لوگ اس بات کے بھی مدعی ہیں کہ جنرل گورڈن سے جنگ کرنے والے مہدی سوڈانی کے بعد از مرگ صاجزادے سید عبدالرحمٰن المہدی مسیح موعود کے پیشرو تھے۔

عام طور سے ان برادریوں اور تصوف یا درویشیت میں گہرا تعلق رہا ہے۔ ترکی میں بکتاشی درویشوں کا اثر اینچیری فوج کے سپاہیوں پر آخر تک رہا ہے۔ شاہی فوج میں 'امامت' کی ذمہ داری بھی بکتاشیوں کے سر تھی۔ روسی پریس کی تنقیدوں سے ظاہر ہوتا ہے کہ کچھ دنوں سے وسطی ایشیا کے مسلمانوں میں (غالباً روس کی سرگرم سیکولرزم کے ردعمل کے طور پر) 'مریدیت' (تصوف) کا رجحان نہ صرف یہ کہ زور پکڑتا جا رہا ہے بلکہ وہاں کے مذہبی حلقوں کے اثر سے روز بروز جماعتی شکل اختیار کرتا جا رہا ہے۔

حوالے اور حاشیے:

1. Kinship and Marriage in Early Arabia (Cambridge, 1885, IInd Ed. 1903)

اس کتاب میں مذکورہ بالا کتاب کے حوالے پہلے ایڈیشن سے لیے گئے ہیں۔

2. Muhammedaniische Studien (Halle, 1889), I.

۳۔ ملاحظہ ہو 'کتاب الآغانی'، (آئندہ صرف 'آغانی' لکھا جائے گا) بلاق، ۱۲۸۵ ہجری، جلد ۷، ص ۱۷۷۔

۴۔ 'مقدمہ ابن خلدون' (ترجمہ از ڈی سلین) پیرس، ۱۸۶۳-۸ء، جلد اول، ص ۲۷۶۔

۵۔ایضاً، ص ۳۱۳۔

6. Noldeke, Geschichte des Qorans, I, 221.

طبری (جلد اول، ص ۱۶۴۲) کا بیان ہے یہ رسول اللہ صلعم نے ۸ھ (۶۳۰ء) میں کعبہ میں داخل ہوتے وقت اس آیت کو تلاوت فرمایا تھا۔اس بیان سے یہ ظاہر ہوتا ہے کہ یہ آیت ۸ھ سے پہلے کسی وقت نازل ہو چکی تھی۔

۷۔بیضاوی، انوار التنزیل، مرتبہ Fleischer (لیپزگ، ۱۸۴۶ء)، جلد دوم، ص ۲۷۶۔

۸۔آغانی، جلد ۱۴، ص ۴۔حضرت عمرؓ اسلامی مساوات پر سختی کے ساتھ عمل کرنے میں بڑی شہرت رکھتے ہیں۔روایات سے معلوم ہوتا ہے کہ وہ موٹے جھوٹے لباس میں رہا کرتے تھے اور تسمہ دار چپل پہنے ہوئے سڑکوں پر پیدل چلا کرتے تھے۔وہ معمولی سے معمولی شخص سے بھی بے تکلفی سے گفتگو کیا کرتے تھے۔شروع میں مال غنیمت میں تمام مسلمانوں کا حصہ مساوی ہوا کرتا تھا۔ایک بار ایک شخص نے ان پر یہ الزام لگایا کہ انھوں نے اپنے حصے سے زیادہ مال غنیمت لے لیا ہے۔انھوں نے گواہ کے ذریعہ اس الزام کو غلط ثابت کیا۔(ملاحظہ ہو ابن الطقطقا، فخری، مرتبہ Ahlwardt، (گوتھا، ۱۸۶۰) صفحات ۱۳۳ اور ۸۹)۔

۹۔مثلاً 'مسند احمد بن حنبل' (قاہرہ ۱۳۱۳ ہجری)، جلد اول، ص ۳۰۱؛ جلد دوم، ص ۳۶۶؛ جلد چہارم، ص ۱۳۴ وغیرہ۔اس کے علاوہ حسب ذیل کتاب میں باب Birt کے تحت مزید حدیثیں ملاحظہ ہوں۔

A Handbook of Early Muhammadan Tradition, By A.J. Wensinck.

10. A. Blunt, Beduins of the Euphrates, 1879, II, 229.

۱۱۔آغانی، جلد چہارم، ص ۱۰۳۔

۱۲۔آغانی، جلد ۱۸، ص ۱۹۸۔

۱۳۔آغانی، جلد ۱۴، ص ۱۱۰۔

۱۴۔ابو یوسف (یعقوب بن ابراہیم) 'کتاب الخراج' (بلاق ۱۳۰۲ ہجری)، ص ۲۴۔

۱۵۔ایضاً

۱۶۔قرآن، ۱۰/۴۹۔

۱۷۔ایضاً، ۲۱/۳۰۔

۱۸۔اس کا واحد 'مولیٰ' ہے۔

۱۹۔اس سلسلے میں کچھ استثنیٰ بھی تھا۔مثلاً مدینہ میں قبیلہ کے پورے ممبر کے مقابلہ میں حلیفوں سے

خوں بہا کی رقم نصف لے جایا کرتی تھی۔

۲۰۔ موالیوں کی ایک قسم وہ تھی جو غلامی سے آزاد ہونے کے بعد اپنے سابق آقا کے مولیٰ بن جاتے تھے۔ یہاں ان موالیوں پر گفتگو نہیں ہو رہی ہے۔

21. J. Welhausen Sie Religios-Politischen Oppositionspartein in Alten Islam (Berlin, 1901) p.79.

22. Goldziher, Muhammedanische Studien, I, 141.

۲۳۔ مبرد 'کامل' مرتبہ Wright (لیپزگ، ۱۸۶۴ء)، ص ۲۸۶۔

24. Goldiher, Op.cit, I, 267, Von Kremer, Culturgeschichtliche Streifzuge,

(لیپزگ، ۱۸۷۳ء) ص ۲۱۔ تقریباً یہی صورت حال امریکہ کی جنوبی ریاستوں میں کسی وقت حبشیوں کی تھی۔ سرکاری گاڑیوں میں جب گورے اور کالے ایک ساتھ سفر کرتے تو گوروں کے لیے ڈبے الگ سے مخصوص ہوتے تھے جن میں کالے نہیں بیٹھ سکتے تھے۔ گورے امریکی گفتگو کرتے وقت کالوں کو کسی قسم کے احترامی الفاظ کا استعمال کیے بغیر ان کا نام لے کر مخاطب کرتے تھے۔

۲۵۔ مبرد 'کتاب مذکور' ص ۱۲۷۔ موالیوں کی حیثیت کو حسب ذیل شعر میں بہت اچھی طرح پیش کیا گیا ہے جسے مسعودی نے اپنی کتاب 'مروج الذہب' (مرتبہ de Meynard and Pavet de Cour) پر نقل کیا ہے، ''جو شخص ذلت، رسوائی اور فضیحت کو کسی ایک جگہ مجموعی طور سے دیکھنا چاہے تو اسے چاہیے کہ کسی موالی کو دیکھ لے۔''

۲۶۔ گولتسیہر، کتاب مذکورہ، جلد اول، ص ۱۲۰۔

۲۷۔ ایضاً، ص ۴۰۔

28. Yaqubi, Historiae, ed. Houtsma (Leyden, 1883), II, 293.

۲۹۔ مقریزی، 'خطط'، (بلاق، ۱۲۷۰ھ)، دوم، ۳۳۲۔

۳۰۔ گولڈسیہر، جلد اول، ص ۱۴۴۔

۳۱۔ قرآن ۱۳، ۱۰/۴۹۔

۳۲۔ یعقوبی، (مطابق حوالہ نمبر ۲۸) جلد ۲، ص ۱۲۳؛ نیز جاحظ 'کتاب البیان'، (قاہرہ، ۱۳۱۳ھ) جلد اول، ص ۱۶۴۔ مزید حوالوں کے گولڈسیہر کی مذکورہ بالا کتاب جلد اول، ص ۲۷ ملاحظہ ہو۔

۳۳۔ Wuestenfeld کا مرتبہ ایڈیشن، ص ۸۲۱۔

34. Welhausen Muhammed in Medina (Berlin, 1882), 431.

۳۵۔ جلد سوم، ص ۸۷

۳۶۔ اسلام کے ابتدائی زمانہ میں دور جاہلیت کی طرح عرب مردوں کی غیر عرب عورتوں سے شادی پر لوگ چہ میگوئیاں کرتے تھے۔

۳۷۔ گولڈسیہر، کتاب مذکور، جلد اول، ص ۱۲۸۔

۳۸۔ شیبانی، 'جامع الصغیر' بر حاشیہ 'کتاب الخراج'، (بلاق ۱۳۰۲ھ)، ص ۳۲۔

۳۹۔ نوٹ نمبر ۳۷، ص ۱۳۰۔

۴۰۔ قرآن ۳/۴۔

۴۱۔ نوٹ نمبر ۳۷، ص ۱۲۴۔

42. R. Levy, A Baghdad Chronicle, p.80

۴۳۔ Tria Opuscula Auctore...Djahiz، مطبوعہ لیڈن، ۱۹۰۳ء میں ملاحظہ ہو 'کتاب فخر السوڈان علی البیدان'۔

۴۴۔ J.R.A.S (مطبوعہ ۱۹۱۵ء، ص ۶۲۵) میں 'مناقب الاتراک' مترجم۔

۴۵۔ نوٹ نمبر ۳۷، ص ۴۷۔

۴۶۔ ماوردی،

(اس معاملے میں مصنف کسی غلط فہمی کا شکار معلوم ہوتا ہے۔ ہاشمیوں کو یا کسی خاندان کو بھی زکوۃ کی ادائیگی سے مستثنیٰ قرار نہیں دیا گیا بلکہ اس کے برعکس شریعت کی رو سے سادات کو دوسرے مسلمانوں کے برخلاف زکوٰۃ کا روپیہ نہیں دیا جاسکتا۔ مترجم)

۴۷۔ ترکی اور ایران میں عمامہ باندھنے کی صرف ان لوگوں کو اجازت ہے جنھیں مساجد میں امامت کرنے یا اسی قسم کے دوسرے مذہبی امور کو سرانجام دینے کی سرکار کی طرف سے اجازت ملی ہوئی ہے۔ (واضح رہے کہ یہ باتیں آج سے بہت پہلے کی ہے۔ مترجم)

(۴۸) تاج العروس (مطبوعہ ۱۲۸۷ھ)، جلد اول، ص ۵۷ میں 'دشمنوں کے مقابلہ میں' مذکور نہیں ہے۔

(۴۹) جاحظ، 'کتاب البیان'، جلد اول، ص ۱۶۸۔

(۵۰) قرآن، ۹/۲۹۔

(۵۱) بخارا میں زار کے زمانہ تک روسیوں کو چھوڑ کر بقیہ تمام غیر مسلموں سے جزیہ وصول کیا جاتا

رہا ہے۔ دیکھیے، F.H. Skrine and E.D. Ross, Heart of Asia (London, 1899), p.380.

(۵۲) کتاب البلدان (لیڈن، ۱۸۸۵ء)، جلد ۵، ص ۱؛

53. Philby, The Heart of Arabia (London, 1922), I, 180, 194, 199, II; 92, 94.

۵۴۔ جنوبی عراق کے شیعوں میں سادات (جنھیں مرزا بھی کہا جاتا ہے) خاصی اہمیت کے حامل سمجھے جاتے ہیں۔ اکثر و بیشتر لوگ انھیں مذہبی حیثیت سے بھی اونچا سمجھتے ہیں۔

۵۵۔ 'شریف' (یعنی خاندان نبوت سے تعلق رکھنے والوں) کو ان کے پیشے یا روزگار سے قطع نظر سید کہا جاتا ہے۔ اکثر و بیشتر سید اگرچہ گھریلو ملازم، فراش اور بھک منگے ہوئے ہیں، اس کے باوجود سب کے ناموں کے ساتھ 'سید' ضرور لکھا جاتا ہے اور انھیں سبز عمامہ باندھنے کا حق حاصل ہوتا ہے۔ ان میں سے صرف معمولی حیثیت ہی کے لوگ نہیں بلکہ دولت منداور تعلیم یافتہ لوگ بھی نہ تو سفید عمامہ باندھنا اور نہ اپنے کو شیخ کہلانا پسند کرتے ہیں۔ ملاحظہ ہو:

E.W. Lane, Manners and Customs of the Modern Egyptians (London, N.D.) Ch, V, p.135.

اب مصر میں عمامہ خال خال نظر آتا ہے۔

56. Mittelungen d. Seminars Fur Orientalischen Sprachen (Berlin, 190گو 9) p.81.

57. M. Harris, Egypt Under the Egyptians, (London, 1925).

۵۸۔ جاحظ، 'کتاب التاج'، مرتبہ احمد ذکی شاہ (قاہرہ ۱۹۱۴ء)۔

59. Ethe, Grundriss d. Iran, Phill, II, 332.

60. Noldeke, Geschichte der Perser (Leyden, 1879), 440.

۶۱۔ جاحظ 'محاسن والاضداد'، مرتبہ Von Vloten (لیڈن ۱۸۹۸ء)، ص ۱۱؛ ابن الاثیر، جلد ۵، ص ۱۱۶۔

62. Lambton, Landlord and Peasent in Persia, CH. XIII.

63. Morier, The Adventures of Hajji Baba of Ispahan, Polak, Persien (Leipzig, 1865), I, 35.

64. Barthold, Turkestan (London, 1928) 226-32.

65. Olufsen, The Emir of Bokhara and his country, 339.

66. Encyclopaedia of Islam, S,V, China, pp.849f.

67. d'Ollone, Recherches Sur Les Mussulmans Chinios, p.4, Wing-Tsitchan, Religious Trends in Modern China (New York)

68. Herklots, Islam in India (London, 1921), p.114.

۶۹۔ ابن بطوطہ، Voyages Ed. Defremery and Sanguinerri (Paris, 1874)

۷۰۔ انگریزی میں اسے Hypergamous کہتے ہیں، جس کی رو سے یہ ضروری ہے کہ عورت کی شادی اس کے اپنے خاندان سے اونچے خاندان میں ہو۔ لیکن مردوں کو یہ اجازت ہوتی ہے کہ وہ اپنے سے نیچے خاندان کی لڑکی سے شادی کر لیں۔

۷۱۔ انڈین سنسس رپورٹ، ۱۹۰۱ء۔

۷۲۔ ایضاً۔ یہ لوگ اپنے کو برہمنوں کے برابر سمجھتے ہیں۔ اور اگر وہ سید ہوں تو ان کا خاندانی پیشہ مذہبی گدی داری ہوتا ہے۔ مغل اور پٹھان اپنے کو ہندوؤں کی چھتری ذات کے برابر کہتے ہیں۔

۷۳۔ حوالہ نمبر ۷۱، ص ۵۴۴۔

۷۴۔ انھیں Doughty نے اپنی کتاب Arabia Deserta میں Solubba اور Heteym لکھا ہے۔

75. Taq ed-Din Al-Hilali, Die Kasten in Arabien, Die Welft Islams, XXII (1940), 12, FF.

۷۶۔ قرآن ۳۷/ ۱۲؛ ۴۰/ ۴/ ۴۔

۷۷۔ قرآن، ۳۳/ ۲۴ وغیرہ۔

۷۸۔ مملوک کے لفظی معنی ہیں 'شے ملکیت'۔ تاریخ میں عام طور سے مملوک سے گورے ترک اور سرکیسی غلام مراد ہوتے ہیں۔

79. Saladin (New York, 1898), p.22.

80. Ed. Schefer, p.95; Tr. Schefer (Paris, 1891-3) pp.139-140. CF. Brathold, Turkestan, pp.227f.

۸۱۔ الآغانی، جلد ۱۱، ص ۷۹۔

۸۲۔ ایضاً، جلد سوم، ص ۱۰۰۔

۸۳۔ابن بابویہ،'من لایحضرہ الفقیہ' (برٹش میوزیم، مخطوطہ ۹)

(MS, Add, 19, 358, Fol.45a)

۸۴۔'کتاب الآغانی'، جلد ۱۱، ص ۷۹۔

۸۵۔ایضاً، جلد ۱۴، ص ۱۰۹۔

۸۶۔یاقوت 'ارشاد العریب' (معجم الادبا) مرتبہ مارگولیتھ (لندن ۱۹۰۸۔۲۷ء)، جلد ۴، ص ۲۹۹۔

۸۷۔ممتاز مسلم ماہر قانون امیر علی اپنی کتاب 'پرسنل لا آف دی محمڈن' (لندن، ۱۸۸۰ء، صفحات ۳۸ مسلسل) میں لکھتے ہیں کہ خلفائے راشدین کے زمانے میں غلامی بذریعہ خرید کا رواج نہیں تھا۔ لیکن واقعہ یہ ہے کہ خلفائے راشدین کے زمانہ سے پہلے اور ان کے فوراً بعد غلاموں کی خرید و فروخت خود عرب میں بھی اتنی عام تھی کہ اس بات پر یقین کرنا مشکل ہے کہ خلفائے راشدین کے زمانہ میں غلاموں کی خرید و فروخت ختم ہو گئی تھی۔

۸۸۔ملاحظہ ہو قرآن ۴ / ۷ ۴۔غلاموں کے لیے اصطلاحی لفظ رقیق (جمع اَرِقّا) ہے۔کہا جاتا ہے کہ جنگ عظیم اول کے دوران آرمینی لڑکیاں برطانوی قبضہ سے پہلے فلسطین کے بازاروں میں عام طور سے فروخت ہوتی تھیں۔انھیں ارقا کہا جاتا تھا اور مسلمان انھیں قانونی طور سے خرید سکتے تھے۔ملاحظہ ہو:

[Pere J.A. Jaussen, Coutumes Palestiniennes: Nablus (Paris, 1927), p.129]

89. Lane, Modern Egyptians, Ch. VII.

بیسویں صدی کی ابتدا تک چرکسی والدین اپنی لڑکیوں کو فروخت کیا کرتے تھے، اگرچہ قانوناً اس کی اجازت نہیں تھی۔جاؤسن اپنی مذکورہ بالا کتاب میں غلامی کے تحت لکھتا ہے کہ فلسطین میں عرب ۱۹۲۵ء تک اپنی لڑکیاں قرضے میں فروخت کر دیتے تھے۔

۹۰۔یہی وجہ ہے کہ یہودی اور عیسائی نظری طور پر مسلمان غلام کے مالک ہو سکتے تھے۔ملاحظہ ہو امام شافعی کی 'کتاب الام' (بلاق ۱۳۲۱ھ)، باب ۴، ص ۱۸۸۔آزاد یہودی اور عیسائی جنھوں نے اپنا جزیہ ادا کر دیا ہو، اصولاً غلام نہیں بنائے جا سکتے۔بردہ فروشی کے قواعد کے سلسلے میں ملاحظہ ہو، 'قابوس نامہ' مرتبہ آر، لیوی اور اس کا ترجمہ A Mirror for Princess, XXIII (لندن، ۱۹۵۱ء)۔

۹۱۔قرآن۔(۱۱۸ / ۴) نے انسانی اعضا میں ردوبدل کرنے کو شیطانی کام ٹھہرایا ہے۔

بیضاوی کے خیال میں غلاموں کو آختہ کرنا، ان کے دانتوں کو توڑنا یا انھیں ایسی غیر فطری سزائیں

دینا جس سے ان کی شکل بدل جائے، شیطانی کام میں داخل ہے۔ یہ محتسب کا کام تھا کہ وہ قانون شکن پر نظر رکھے۔ بہرحال، ایسے کم عمر غلاموں کی قیمت زیادہ لگتی تھی جو آختہ ہوتے تھے۔ (ماوردی، مرتبہ انیجر، ص ۴۳۱)

۹۲۔ خلیل بن اسحاق، 'مختصر' ترجمہ Guidi اور Santillana (میلان، ۱۹۱۹ء)، جلد دوم، ص ۱۶۶، نیز سخاوٗ کی کتاب مذکور، ص ۱۸؛ شیرازی، 'تنبیہ' مرتبہ جوئنبول (لیڈن ۱۸۷۰ء)، ص ۲۵۸۔ ''غلاموں اور گھریلو جانوروں کو پوری خوراک مہیا کرنی چاہیے اور ان سے ان کی سکت سے زیادہ کام نہیں لینا چاہیے۔ خوراک میں کھانا، کپڑا، علاج وغیرہ سب کچھ شامل ہے۔'' (خلیل، ص ۱۰۱) بہرحال، اس سلسلے میں یہ ضروری ہے کہ سہولت کی وہ تمام چیزیں مہیا کی جائیں جو اس ملک میں رائج ہوں جہاں غلام رہتا ہے۔ یہ ضروری نہیں ہے، اگرچہ بہتر اور مناسب یہی ہے کہ غلام کو اپنے آقا ہی کے ایسا کھانا اور کپڑا دیا جائے۔ (ایضاً، ص ۱۰۲) اگر آقا ضروریات زندگی مہیا نہیں کرتا تو غلام قاضی (جج) کے یہاں شکایت کرسکتا ہے، قاضی کو یہ حق حاصل ہے کہ وہ آقا کے سامان میں سے اتنا کچھ فروخت کردے جس سے غلام کی ضروریات پوری ہو سکیں۔ اگر آقا کی اتنی حیثیت نہیں ہے تو پھر جج اسے حکم دے گا کہ وہ اپنے غلام کو فروخت کردے یا اسے کرایہ پر چلائے یا پھر اس سے معاملہ کرلے کہ وہ محنت کرکے ایک متعینہ رقم آقا کو دے کر آزاد ہو جائے۔ اگر ان میں سے کوئی بات نہیں ہوسکتی تو پھر غلام کی ذمہ داری بیت المال سے پوری کی جائے گی۔

اس بات کو پوری وضاحت کے ساتھ بتایا گیا ہے کہ گرمی کے دنوں میں دوپہر کے وقت غلام کو بھی قیلولہ کے لیے کچھ وقت ضرور دیا جائے۔

۹۳۔ خلیل بن اسحاق، 'مختصر'، جلد دوم، ص ۳۲۹۔

۹۴۔ ایسا اس لیے ہے کہ ہر گواہ کو آزاد، مسلمان اور صحیح الدماغ ہونا ضروری ہے۔ (خلیل بن اسحاق، کتاب مذکور، جلد دوم، ص ۶۱۶، سخاوٗ کتاب مذکور، ص ۷۳۹) بعض معاملات میں اچھے کردار کے غلاموں کی گواہیاں قبول کی جاسکتی ہیں۔ (بخاری، 'صحیح البخاری'، مرتبہ Krehl، لیڈن، ۱۸۶۲۲۸) جلد دوم، ص ۱۵۳۔

۹۵۔ قرآن، ۲/۱۷۳۔

۹۶۔ ملاحظہ ہو، خلیل بن اسحاق، کتاب مذکور، جلد دوم، ص ۶۶۲ اور سخاوٗ، کتاب مذکور، ص ۷۷۶۔ اس کے برعکس احناف کہتے ہیں کہ غلام کے ارادی قتل میں آزاد شخص کو بھی خوں بہا دینا پڑے گا۔

۹۷۔ شیرازی، 'تنبیہ' (ص ۲۷۱) پر لکھتے ہیں کہ اپنے غلام کو قتل کردینے پر آقا کو خوں بہا نہیں دینا پڑے گا۔ نیز ملاحظہ ہو سخاوٗ کتاب مذکور، ص ۷۸۳۔

98. Lane, Thousand and One Nights, 1841, I, 63.

۹۹۔ ایک حدیث کی رو سے آقا کی رضامندی اگر حاصل نہ ہوگئی ہو تو ایسی شادی زناکاری کے مماثل ہے۔

100. Goldziher, Muhammedanische Studien, I, 130.

یہ بتانا خالی از دلچسپی نہ ہوگا کہ شمالی اور وسطی افریقہ میں زیادہ رواج مالکی فقہ کا ہے۔

۱۰۱۔ خلیل ابن اسحاق، کتاب مذکور، جلد دوم، ص ۴؛ شیرازی، کتاب مذکور، ص ۱۹۰۔

۱۰۲۔ باندی کے ناجائز بچوں کا بھی یہی حکم ہے۔

۱۰۳۔ سخاؤ، کتاب مذکور، ص ۲۴۔ ابراہیم ابن المہدی اور باندی شاریہ کے قصے سے بھی یہی بات ظاہر ہوتی ہے۔ (ملاحظہ ہو' کتاب الآغانی، جلد ۱۴، ص ۱۱۰)

۱۰۴۔ شیرازی، کتاب مذکور، ص ۱۸۰۔ نیز Juynboll کی کتاب Handbuch، ص ۲۳۶۔ یہ قاعدہ براہ راست اسلام کا عطیہ ہے کیوں کہ پہلے یہ قاعدہ تھا کہ 'بچہ اپنی ماں کے تحت' ہوتا ہے۔ لین کے بقول آقا کو اختیار ہوتا ہے کہ وہ بچوں کو اپنا تسلیم کرے یا نہ کرے۔ اگر وہ انھیں اپنا بچہ تسلیم کر لیتا ہے تو وہ آزاد ہو جائیں گے لیکن اگر وہ انھیں تسلیم نہیں کرتا تو وہ پھر غلام رہیں گے۔ (Lane, Thousand..., I, p.62)

۱۰۵۔ خلیل بن اسحاق، کتاب مذکور، جلد دوم، ص ۴؛ Sachau کی کتاب مذکور، ص ۱۷۳۔

۱۰۶۔ مثلاً قرآن؛ ۹۴/۴؛ ۹۱/۴؛ ۵/۵۸۔

۱۰۷۔ قرآن؛ ۳۳/۲۴۔

۱۰۸۔ غلام کو اگر کسی نیک کام کے لیے مثلاً مسجد کی خدمت کے لیے وقف کر دیا جائے تو وہ پھر کبھی آزاد نہیں ہو سکتے، کیوں کہ وقف دوامی ہوتے ہیں اور اگر موقوفہ غلام آزاد ہو جائیں تو پھر اس سے وقف کو نقصان پہنچے گا (سخاؤ، کتاب مذکور، ص ۱۳۳)۔

۱۰۹۔ خلیل ابن اسحاق، کتاب مذکور، جلد دوم، ص ۸۲۷؛ سخاؤ، کتاب مذکور، ص ۱۲۷۔

۱۱۰۔ خلیل ابن اسحاق، ایضاً، ص ۵۲۷؛ سخاؤ، ایضاً، ص ۱۲۵۔

۱۱۱۔ سخاؤ، کتاب مذکور، ص ۱۲۶۔ لیکن آقا کو یہ اختیار ہے کہ وہ عہد شکنی کر کے غلام کو فروخت کر دے۔ (ایضاً)

۱۱۲۔ ایضاً، ص ۱۳۳۔ ایسے غلام کو عتیق کہا جاتا ہے۔

۱۱۳۔ سخاؤ، ص ۱۵۰۔ ایسے غلام کو مکاتب کہتے ہیں۔

۱۱۴۔ ایضاً، صفحات ۱۲۵ مسلسل۔

۱۱۵۔ ایضاً، ص ۱۴۱۔

116. Juvynboll, Handbuch (Leyden, 1901), p.208.

۱۱۷۔ابن خردابیہ، جدید ایڈیشن، ص ۹۷۔ انھیں سقالبہ یا اسپینی زبان میں Esclavo کہا جاتا تھا۔

118. Von Kremer, Culturgeschichte Des Orients (Leipzig, 1875-77), I, 234, II, 152.

۱۱۹۔مقدیسی (مرتبہ de Goeje)، دوسرا ایڈیشن، لیڈن ۱۹۰۶ء، ص ۳۲۵۔

۱۲۰۔کتاب البلدان، مرتبہ de Goeje، لیڈن، ۱۸۹۲ء، ص ۲۵۹۔

121. Lane-Poole, Barbary Corsairs, 1890, p.265.

۱۲۲۔ایضاً، ص ۲۳۶۔

۱۲۳۔ایضاً، ص ۲۴۲۔ نیز اس میں مذکور دوسری کتابیں۔

124. A Years's Journey Through Central And Eastern Arabia (London, 1869), p.270ff.

125. Arabia Deserta, 1888, I, 554.

۱۲۶۔ایضاً، جلد اول، ص ۲۰۹۔

۱۲۷۔ملاحظہ ہو اس کی کتاب Mecca (مطبوعہ لیڈن، ۱۸۸۸ء)، جو ۱۸۸۸ء سے پہلے لکھی گئی ہے۔

128. Mecca, II, 15.

۱۲۹۔''ہندوستان میں غلامی کو قانوناً ۱۸۴۳ء کے ایکٹ ۵ کی رو سے ختم کیا گیا لیکن اس کا عملی خاتمہ یکم جنوری ۱۸۶۲ء کو ہوا جب غلامی کو انڈین پینل کوڈ کی رو سے جرم قرار دیا گیا۔''

(W. Crooke, Islam In India, 1921, p.112n.)

۱۳۰۔ملاحظہ ہو لیگ آف نیشنز یونین کی طرف سے بلائی ہوئی ایک کانفرنس کی رپورٹ، مطبوعہ The Times, Friday, 8 March, 1929.

131. E. Rutter, The Holy Cities of Arabia, 1928, II, 93.

۱۳۲۔'سنڈے ایکسپریس' کی ۳ فروری ۱۹۲۹ء کی اشاعت میں بحریہ کے ایک افسر نے لکھا تھا کہ بحر قلزم (Red Sea) اور شمالی افریقہ کے ساحلی علاقے پر بردہ فروشی کا کام جاری تھا۔ علاوہ ازیں عرب میں باقاعدہ 'غلام بازار' تھے جہاں سوڈان کے ہزاروں لوگ غلاموں کی حیثیت سے بیچے اور خریدے جاتے تھے۔ نیز حبشہ کے تاجر جنوبی عرب میں اپنا مال تجارت لے کر آتے تھے۔

133. 'Among Some Unknown Tribes of South Arabia', Journal Royal Anthropological Inst. LIX, 1929, 98.

۱۳۴۔ ۱۹۲۰ء میں جب مصنف زیریں قرات کے علاقہ سوق الشیوخ میں حکومت کے ملازم کی حیثیت سے رہ رہا تھا تو اسے ایک افریقی غلام نے اپنے آقا کی، جس کا تعلق سوڈان کے ایک مشہور خاندان سے تھا، دستاویزی ملکیت دکھائی تھی۔

135. A. Musil, Arabia Petraea (Vienna, 1907), III, 224.

136. C.G. And B.Z. Seligman, 'The Kababish', Harvard African Studies, II, (1918), 116.

137. A. M. Hasanein, The Lost Oases, 1925, p.179.

۱۳۸۔ ایضاً

۱۳۹۔ ایضاً، ص ۱۸۱۔

۱۴۰۔ اس صدی کے شروع میں مراکش (مراکو) میں بھی غلام موجود تھے۔

141. F.R. Rodd, People of the Veil, (London, 1926), pp.134ff.

توریج (Tuareg) میں غلامی کے موضوع پر اظہار خیال کرتے ہوئے مصنف یہ لکھتا ہے کہ غلام رکھنے میں نہیں بلکہ بردہ فروشی میں توریج کے لوگ مغربی اخلاق کے معیار کے مطابق گناہگار تھے۔

142. S. Hurgronje, Verspreide Geschriften, II, 11.

143. J. Jomier, Le Commentaire Coranique Du Manar (Paris, 1945), pp.231ff.

144. S. Hurgronje, Op.Cit.

۱۴۵۔ کتاب مذکور، جلد دوم، ص ۱۱۔

۱۴۶۔ اکثر مسلم ملکوں نے اپنے یہاں غلامی ختم کر دی ہے، پھر بھی جزیرہ نمائے عرب کی بعض ریاستوں؛ مثلاً سعودی عرب، یمن اور عمان میں (کتاب کی تالیف کے وقت تک) اس کا رواج باقی تھا۔ کویت اور قطر میں یہ ختم ہو چکی تھی۔

۱۴۷۔ 'انسائیکلو پیڈیا آف اسلام'، مقالہ 'صنف'۔

شمالی افریقہ کی جدید برادریوں کے لیے دیکھیے: S.C. Coon کی کتاب Caravan، (نیویارک، ۱۹۵۱ء)، صفحات ۲۲۷ مسلسل۔

148. Ibn Battuta, Voyages, II, 260.

149. C.A. Nallino, Raccolta Di Scritti (1940), Vol.II, p.387.

150. J. Heyworth-Dunne, Religion And Political Trends in Modern Egypt (Washington, 1950).

151. J.K. Brige, The Baktashi Orders of Dervishes (London, 1937), 46ff.

[بشکریہ 'اسلامی سماج'، ترقی اردو بیورو، نئی دہلی، جنوری، مارچ ۱۹۸۷ء]

کیا نظریے کا احیا ممکن ہے؟

مبارک علی

نظریے کی تاریخ میں یہ سوال انتہائی اہمیت کا حامل رہا ہے کہ کیا ایک نظریہ جو اپنی پیدائش، ارتقا اور عروج کے وقت جن اقدار و روایات اور اثرات کو پیدا کرتا ہے، جس فلاحی اور مثالی معاشرے کو تشکیل دیتا ہے، کیا وہ اپنے زوال پذیر ہونے کے بعد اپنی قوت و طاقت کھونے کے بعد اس قابل رہتا ہے کہ پھر کسی موقع پر اس کا اسی قوت اور توانائی کے ساتھ احیا ہو سکے اور پھر سے وہ اسی شدت کے ساتھ نئی تبدیلیاں لا سکے یا پرانی روایات کو نئی زندگی دے سکے؟

انسانی تاریخ میں ہر نظریے کے ماننے والوں کی جانب سے یہ کوششیں ہوتی رہی ہیں کہ وہ زوال پذیر، فرسودہ اور مضمحل معاشرے کی ترقی کا خواب اسی میں دیکھتے ہیں کہ اپنے نظریے کا دوبارہ احیا کیا جائے۔ اس کی تعلیمات کو اسی شدت کے ساتھ نافذ کیا جائے۔ لیکن یہ ایک تاریخی حقیقت ہے کہ ایسی تمام تحریکیں چاہے ان کا تعلق کسی نظریے سے ہو، ہمیشہ ناکام رہی ہیں۔ تاریخ اس بات کی شاہد ہے کہ آج تک کوئی نظریہ اپنی قوت و طاقت کھونے کے بعد دوبارہ اس قابل نہیں ہوا کہ اس کا احیا کیا جا سکے۔

اس مسئلے کو سمجھنے کے لیے ضروری ہے کہ تاریخ کی روشنی میں اس کا جائزہ لیا جائے کہ نظریہ یا نظریاتی تحریک کن حالات میں پیدا ہوتی ہے؟ تاریخ ہمیں بتاتی ہے کہ کسی نظریے کے پیدا ہونے یا تحریک کے جنم لینے میں ہمیشہ معاشرے کی خرابیاں اور برائیاں ہوتی ہیں۔ جب یہ برائیاں اپنی انتہا پر پہنچ جاتی ہیں اور ان کی اصلاح ایک ناممکن عمل بن جاتی ہے اور معاشرے کی روایات و اقدار درست کرنے، ٹھیک کرنے یا بہتر بنانے میں ناکام ہو جاتی ہیں؛ تو اس کے نتیجے میں کوئی نظریہ تخلیق ہوتا ہے جو معاشرے کی تمام روایات، خیالات اور افکار کو جڑ سے اکھاڑ پھینکتا ہے۔ اس لیے یہ نظریہ اپنے ابتدائی دور میں انقلابی ہوتا ہے، کیوں کہ جب تک پورے معاشی و معاشرتی اور سماجی نظام کو مکمل مسمار نہیں کیا جاتا، اس وقت تک ایک نئے جاندار

معاشرے کی تعمیر ناممکن ہے۔

اس لیے ہر نیا نظریہ پرانے نظریے کی موت کا پیغام لاتا ہے، وہ سمجھوتے کا قائل نہیں ہوتا بلکہ شدت سے اپنی تعلیمات کا نفاذ چاہتا ہے، اس لیے یہ اپنے ماننے والوں میں ایسی روح پیدا کرتا ہے کہ جس کے زیر اثر وہ جان و مال کی قربانی سے بھی دریغ نہیں کرتے۔ نظریے کی پیدائش، ارتقا اور عروج کے وقت اس کے پیروکار اس پر شدت و سختی سے ایمان رکھتے ہیں اور اس کی خوابیوں و اچھائیوں سے اس قدر متاثر ہوتے ہیں کہ ان کی خواہش ہوتی ہے کہ اس نظام کو پوری دنیا میں نافذ کر دیا جائے۔ یہ خواہش ان میں توسیع پسندی اور استعماریت کو جنم دیتی ہے۔ اس کے زیر اثر نئے ملک فتح کیے جاتے ہیں اور دوسری قوموں کو مفتوح بنایا جاتا ہے۔ لیکن نظریے کا یہ عالمی و آفاقی تصور، اس کا پھیلاؤ اور وسعت ہی بالآخر اس کے زوال کا پیش خیمہ بن جاتی ہے، کیوں کہ جب تک نظریہ ایک محدود دائرے میں اور مخصوص معاشرے و جغرافیائی حدود میں ہوتا ہے، اس وقت تک یہ اپنی روایات و اقدار کی قوت و طاقت کو برقرار رکھ سکتا ہے۔ لیکن نئے ملک کی فتح نئے معاشروں سے ٹکراؤ اور ان کی روایات و اقدار سے تصادم اس نظریے کی ہیئت، شکل و صورت اور ڈھانچے کو تبدیل کر دیتے ہیں، کیوں کہ اب یہ نیا نظریہ انقلابی نہیں رہتا بلکہ یہ سمجھوتے پر عمل پیرا ہو کر مفتوح اقوام کی تہذیب و تمدن کو خود میں جذب کر لیتا ہے۔ اس کے اس پھیلاؤ سے اس میں وہ قوت باقی نہیں رہتی کہ وہ ہر جگہ سے پرانی روایات کو ختم کر دے۔ اس لیے اسے دوسری روایات کو خود میں جذب ہونے کی دعوت قبول کرنی پڑتی ہے اور پھر آہستہ آہستہ وہ اس نظریے ہی کا ایک حصہ بن جاتا ہے۔ اس کا نتیجہ یہ ہوتا ہے کہ نظریے میں جغرافیائی، لسانی، تہذیبی، تمدنی اور ثقافتی طور پر ہم آہنگی و اتحاد نہیں رہتا اور نظریہ مختلف حصوں میں تقسیم ہو کر اس کی وحدت کو ختم کر دیتا ہے اور یہی وہ عوامل نظریے کو دن بدن کمزور کرتے چلے جاتے ہیں۔

اس زوال پذیر زمانے میں مصلحین کی مختلف جماعتیں ابھرتی ہیں جو اس بات پر غور و خوض کرتی ہیں کہ معاشرے یا قوم کو کس طرح پسماندگی سے نکالا جائے۔ ان میں وہ افراد ہوتے ہیں جو نظریے کے تاریخی کردار سے متاثر ہوتے ہیں اور سمجھتے ہیں کہ اس نظریے کے تحت اور اس کی تعلیمات کے اثر سے وہ ایک بار پھر معاشرے کو پستی سے نکال کر ترقی کی راہ پر گامزن کر سکتے ہیں۔ یہی وہ طبقہ ہوتا ہے جو نظریے کی احیا کی بات کرتا ہے اور تاریخی حوالوں سے یہ ثابت کرتا ہے کہ چونکہ ماضی میں اس نظریے نے ایک فلاحی معاشرہ تشکیل دیا تھا اور جب اس کی تعلیمات میں یہ قوت تھی تو آج پھر کیوں نہ انھی تعلیمات پر عمل کر کے ایسے ہی معاشرے کی تشکیل کی جائے۔ اس ضمن میں ان کی جانب سے یہ بات کہی جاتی ہے کہ نظریے کے زوال کے اسباب میں سب سے اہم سبب یہ ہے کہ اس کی خالص روایات باقی نہیں رہیں اور اس میں خارجی اثرات زیادہ آ گئے ہیں۔ اس لیے نظریے کو پھر سے خارجی اثرات سے پاک کر کے خالص کر دیا جائے تو اس میں پھر سے وہی توانائی اور قوت آ سکتی ہے۔

لیکن یہ تاریخی حقیقت ہے کہ احیا کی یہ تحریکیں ان تمام کوششوں کے باوجود کامیاب نہیں ہوسکیں اور معاشرے کی اکثریت کو اپنے دلائل سے مطمئن نہیں کرسکیں۔ اس کی کئی وجوہات ہیں:

ا۔نظریے کی خالص روایات جن کی یہ طبقہ بات کرتا ہے، ان کا زمان و مکاں سے اس قدر بُعد ہوجاتا ہے کہ معاشرے کی اکثریت کو ان سے کسی قسم کا جذباتی لگاؤ باقی نہیں رہتا۔ اس لیے ان کے احیا میں کسی کو دلچسپی نہیں رہتی۔

۲۔معاشرے میں موجود روایات سے افراد کا اس قدر جذباتی تعلق ہوجاتا ہے کہ وہ انھیں ختم کرنے پر تیار نہیں ہوتے۔

۳۔خالص روایات کی تاویل، تعبیر اور تفسیر میں اختلاف ہوجاتے ہیں۔

۴۔احیا کے حامی، نظریے کے احیا کے لیے سیاسی قوت و طاقت کا حصول ضروری سمجھتے ہیں۔ اس لیے دوسرے بااقتدار گروہ اس حصول میں رکاوٹیں پیدا کرتے ہیں۔ اقتدار کے حصول کی جنگ میں انھیں معاشرے کے دوسرے سیاسی گروہوں سے شدید جنگ کرنا پڑتی ہے، جس میں ضروری نہیں کہ وہ فتح یاب ہی ہوں۔

۵۔لیکن ان سب سے زیادہ اہم حقیقت یہ ہے کہ زمانے میں تغیر و تبدل ہوتا رہتا ہے۔ انسان کے خیالات و افکار میں تبدیلی آتی رہتی ہے۔ ہر نسل اپنے تقاضے اور ضروریات اپنے ساتھ لاتی ہے۔ اس لیے نئے مسائل کا حل پرانی قدروں سے نہیں ہوتا، نئے حالات ہمیشہ نئے نظریات کو جنم دیتے ہیں۔

اس لیے تاریخ کے مفکروں نے اس بات کو ثابت کر دیا ہے کہ ہر نظریہ اور تہذیب اپنی طبعی مدت کے بعد ختم ہوجاتے ہیں اور یہ کہ کسی نظریے کا احیا ممکن نہیں۔ جب اس کی روح مرجائے تو پھر بے جان ڈھانچے میں زندگی پیدا نہیں ہوسکتی ہے۔ اسی لیے دنیا میں اصلاح و احیا کی جو تحریکیں اٹھیں، وہ اکثریت کو متاثر نہ کرسکیں اور صرف معمولی اقلیت ان کی ہم نوا ہوئی جس نے معاشرے کو متحد کرنے کے بجائے انھیں فرقوں میں تقسیم کر دیا۔ حقیقت یہ ہے کہ ایسی تحریکیں معاشرے کو مزید فرقوں میں تقسیم کر کے اسے کمزور کرتی ہیں، طاقتور نہیں۔

[بشکریہ 'المیہ تاریخ'، تاریخ پبلی کیشنز، لاہور، ۲۰۱۲]

محمد ابن عبدالوہاب: تصویر کا دوسرا رخ

نتانا جے ڈیلونگ باس

ترجمہ: انجینئر مالک اشتر

وہابیت کے بارے میں مغرب میں ایک منفی تاثر پایا جاتا ہے اور ۹/۱۱ کے بعد یہ تاثر گہرا ہوا ہے۔ مسلم ممالک میں بھی یہ رائے زیادہ مختلف نہیں ہے۔ اس کی وجہ بنے بنائے تصورات کو بلا تحقیق و مطالعہ قبول کر لینا ہے۔ امریکہ کی جارج ٹاؤن یونیورسٹی میں قائم 'سنٹر فار مسلم کرسچن انڈرا سٹینڈنگ' (Center for Muslim Christian Understanding) سے منسلک ریسرچ فیلو نتانا جے ڈیلونگ باس (Natana J. Delong Bas) نے ان تصورات کو توڑنے کی کوشش کی ہے۔ باس کی کتاب 'وہابی اسلام، احیا اور اصلاح سے عالمی جنگ تک' (Wahabi Islam: From Revival and Reform to Global Jihad) کئی سالوں کی تحقیق اور عرق ریزی کا نتیجہ ہے، جس میں مصنفہ نے محمد ابن عبدالوہاب کی مستند سوانح اور فکر کا 'کماحقہ' جائزہ لیا ہے۔ مصنفہ نے اس تاثر کی نفی کی ہے کہ حالیہ دہشت گردی کی تحریکوں کا کسی بھی طور تعلق وہابیت سے جوڑا جا سکتا ہے بلکہ محمد ابن عبدالوہاب کو مسلم معاشرے میں مصلح ثابت کرنے کی کوشش کی ہے، جو اسلام میں در آنے والی روایات، معاشرتی پس ماندگی اور اشرافیہ کی بدعنوانیوں کی اصلاح چاہتے تھے۔ مصنفہ کا دعویٰ ہے کہ محمد ابن عبدالوہاب عورتوں کے مساوی حقوق کے زبردست داعی تھے اور بین المذاہب ہم آہنگی کے علمبردار تھے۔ مغرب میں اس کتاب کا ملا جلا ردعمل سامنے آیا ہے۔

وہابی تحریک کی ابتدا اٹھارویں صدی میں وسطی عرب کے ایک وسیع و عریض صحرائی خطے نجد سے ہوئی۔

نجد کو عموماً بے آب و گیاہ صحرائی علاقہ تصور کیا جاتا ہے اور یہ حجاز جیسے تہذیب یافتہ علاقے، جہاں پر مکہ اور مدینہ جیسے مقدس شہر آباد ہیں، ان سے یکسر مختلف ہے۔ نجد تجارتی قافلوں کی شاہراہوں سے ہٹ کر ایک الگ تھلگ علاقہ ہے، جب کہ حجاز کا شمار بین الاقوامی تجارت اور حصول علم کے مراکز میں ہوتا ہے۔ نجد سیر و سیاحت یا غیر ملکی مداخلت کے لیے کسی موزوں رستے پر واقع نہیں ہے۔ اس کا یہ مطلب بھی ہرگز نہیں ہے کہ نجد بیرونی دنیا سے بالکل ہی کٹا ہوا علاقہ ہے۔ درحقیقت یہاں سے حجاج، طالب علم اور تاجر مستقل طور پر عرب کے دیگر علاقوں اور مشرق وسطیٰ کا سفر کرتے رہتے تھے جہاں وہ نظریات، ثقافت اور اشیا کے تبادلے کے وسیع مواقع سے مستفید ہوتے، کیوں کہ یہاں تجارتی یا حصول علم کے ذرائع، باقی علاقوں کی نسبت ترقی یافتہ نہیں تھے۔

عرب میں نجد کو دیگر علاقوں، خصوصاً حجاز وغیرہ کے مقابلے میں اس لیے کچھ فائدہ حاصل تھا کہ غیر ملکی فاتحین کو اس خطے سے کبھی کوئی دلچسپی نہیں رہی۔ اسی وجہ سے نجد کی تاریخ کسی بڑی بادشاہت یا کسی وسیع ریاست میں اہمیت والے علاقے کی بجائے مقامی قبائل کے درمیان جنگوں اور قبائلی سرداروں کے مابین حصول اقتدار کے لیے جاری کش مکش سے بھری پڑی ہے۔(۱) حتیٰ کہ جب عرب کے دیگر علاقے سلطنت عثمانیہ کے زیر نگیں تھے، تب بھی نجد نے اپنی آزادی برقرار رکھی تھی۔

یہ حقیقت کہ نجد ہمیشہ آزاد رہا ہے، اس نظریے کو باطل کرتی ہے کہ وہابیت کی تحریک مغربی استعماریت یا خلافت عثمانیہ میں شامل کیے جانے کے ردعمل کے طور پر ابھری۔ چونکہ نجد کی کوئی تجارتی یا مذہبی اہمیت نہیں تھی، اسی وجہ سے یہ استعماری طاقتوں کی دستبرد سے محفوظ رہا۔ چنانچہ یہ سوال پیدا ہوتا ہے کہ اگر وہابیت کی تحریک کسی بیرونی دباؤ یا جارحیت کے ردعمل کے طور پر نہیں ابھری تو پھر کیسے ایک مخصوص علاقے (نجد) میں اور متعین شدہ وقت پر اس کی تخلیق ہوئی اور یہ کیسے ممکن ہوا کہ ایک دور افتادہ علاقے میں جس کی کوئی تاریخی یا جغرافیائی اہمیت نہیں، وہاں ایک بین الاقوامی شہرت کی حامل تحریک کی پرداخت ہوئی۔

اٹھارویں صدی تبدیلیوں کی نوید

وہابی ازم کوئی تاریخی اصطلاح تھی، نہ ہی اس کا کوئی خاص پس منظر تھا اور یہ کسی خلا کے نتیجے میں بھی وجود میں نہیں آئی تھی۔ درحقیقت وہابیت کی تحریک اٹھارویں صدی میں اسلامی نظریات کے مخصوص رویوں کی آئینہ دار تھی جو کہ حجاز جیسے مختلف تہذیبوں سے آراستہ علاقوں میں مسلمانوں کے روابط سے پیدا ہو رہے تھے۔ درحقیقت یہ تحریک اس وقت کے مسلمانوں کے رویوں کی عکاس تھی جو دیگر تحریکوں میں بھی پنپ رہے تھے۔ اس طرح ہم یہ نہیں کہہ سکتے کہ یہ کوئی نیا نظریہ یا کسی خاص علاقے کی پیداوار تھی بلکہ اس کے مخصوص حالات کے تناظر میں دیکھا جائے تو اس زمانے کی تمام اسلامی تحریکوں سے مربوط ایک مشترکہ تحریک نظر آتی ہے۔

اٹھارویں صدی کو اسلامی اصلاحات اور تجدید کی صدی کہا جا سکتا ہے۔ یہ وہ وقت تھا کہ جب مختلف

علاقوں میں تجدید دین کی مختلف تحریکیں سر اٹھا رہی تھیں۔(۲) اگرچہ ہر تحریک کے اپنے مخصوص عوامل تھے جن کے تحت وہ ابھریں اور اس میں ان کے علاقائی و معروضی حالات کا عمل دخل تھا، تاہم اٹھارویں صدی کی ان تحریکوں میں چند عوامل مشترک تھے۔ انیسویں اور بیسویں صدی کی تحریکوں کے برعکس، جو کہ بیرونی جارحیت جیسا کہ مغربی استعمار کے خلاف یا سیاسی آزادی حاصل کرنے کے لیے شروع کی گئی تھیں۔ اٹھارویں صدی کی تحریکیں اندرونی حالات کی وجہ سے شروع ہوئیں۔

اٹھارویں صدی کی اصلاحی تحریکوں کے مدنظر وہ عقائد اور رسومات تھیں جن کو دوسرے مذاہب سے اپنایا گیا تھا۔ جیسا کہ پیروں سے منتیں مرادیں مانگنا یا یہ عقیدہ کہ پیر ہی انھیں عطا کریں گے یا وہ معجزات دکھائیں گے۔ بہت سارے معاملات میں لوگوں نے توہم پرستانہ اطوار اپنا لیے۔ مثلاً جنات اور بری روحوں سے محفوظ رہنے کے لیے ایک خاص انداز میں تھوکنا، یا ہاتھوں اور پاؤں میں کڑے پہننا۔ مذہبی مصلح ان رسومات سے گہری تشویش میں مبتلا ہو گئے تھے اور بالخصوص اس صورت حال میں کہ جب یہ سب کچھ شد و مد سے جاری تھا اور لوگوں نے اسلامی رسومات اور عبادات کو ترک کرنا شروع کر دیا تھا۔ وہ حیران و پریشان تھے کہ کیا لوگوں کو علم ہے کہ وہ کن سرگرمیوں میں مصروف ہیں اور ان رسومات کا تعلق کن مذاہب سے ہے۔ ان مذہبی مصلحین میں سے بعض یہ سوال اٹھاتے کہ کیا ان سرگرمیوں میں مصروف لوگوں کو اب بھی مسلمان کہا جا سکتا ہے، کیوں کہ ان کے اعتقادات، ان کے اعمال، اس بات کے گواہ ہیں کہ خدا کے سوا بھی کچھ لوگ یا چیزیں یہ طاقت رکھتی ہیں کہ وہ ان کی خواہشات پوری کریں یا انھیں آفات و بلیات سے محفوظ رکھ سکتی ہیں۔

یہ نہایت نازک مسئلہ تھا، کیوں کہ اسلامی فلسفۂ توحید کی یہ خصوصیت ہے کہ انسان کا اس بات پہ کامل ایمان ہو کہ اللہ وحدہ لاشریک ہے۔ اسلام میں صرف خدائے واحد ہی عبادت اور پرستش کے لائق ہے۔

کلمہ طیبہ مسلمانوں کا امتیاری نشان ہے جس سے ان کے عقیدہ کی پہچان ہوتی ہے۔ یعنی ''میں اس بات پر ایمان رکھتا ہوں کہ کوئی اللہ نہیں، سوائے اللہ کے اور یہ کہ محمدؐ اللہ کے رسولؐ ہیں''۔ اسی وجہ سے اس کلمہ کے مطابق عمل نہ کرنے والے کی حیثیت پر سوال اٹھا کہ کیا وہ مسلمان بھی رہا ہے کہ نہیں۔ یہ وجہ تھی کہ اٹھارہویں صدی کی تحاریک، تجدید ایمان پر زور دیتی تھیں اور توحید ہی اسلامی اصلاحات میں اولین شرط تھی۔ اس کا مطلب یہ تھا کہ باطل مذاہب اور توہم پرستانہ عقائد و رسومات سے چھٹکارا حاصل کیا جائے۔ وہابیت کی تحریک بھی اسی مشترک مسئلہ اور مقصد کا احاطہ کرتی تھی اور توحید پر سختی سے کاربند رہنے کی وجہ سے مقبولیت حاصل کر رہی تھی۔

تاہم یہ صرف اولین قدم تھا۔ اٹھارہویں صدی کے مصلح زندگی کے تمام شعبوں میں توحید پر سختی سے عمل درآمد کرنے پر یقین رکھتے تھے۔ ان کا یہ ایمان تھا کہ ان کی ذاتی زندگیاں اس بات کی عکاس ہوں کہ وہ توحید پر مکمل طور پر کاربند ہیں اور تمام امور اور احکامات میں بھی اللہ کو مرکزی حیثیت حاصل ہو۔

اصولاً اس کا یہ مطلب تھا کہ اللہ کو تمام چیزوں کا خالق، ہمیشہ زندہ وقائم رہنے والا، اقتدار کا ماخذ اور نظم و ضبط بخشنے والا مانا جائے اور عملاً شریعت کو ہی اس دنیا میں قانون کی حیثیت سے نافذ کیا جائے۔ اٹھارہویں صدی کے مصلحین کو اس بات کا یقین تھا کہ عام زندگی میں اللہ کو ہی مرکزی حیثیت دینے سے مسلمان وہ طاقت اور مرتبہ حاصل کر سکتے ہیں جو کہ ماضی میں انھیں خلفائے راشدین کے عظیم ادوار میں اور بعد کی خلافتوں میں حاصل رہا ہے۔

درحقیقت ان مذہبی مصلحین کا یہ مقصد ہرگز نہ تھا کہ ان مقاصد کے حصول کے لیے موجودہ حکمرانوں کو اقتدار سے الگ کر دیا جائے یا یہ اصلاحات اوپر سے لے کر نیچے تک طاقت کے زور پر نافذ کی جائیں یا حکومت کو مجبور کیا جائے۔ اس کے بجائے ان کا ایمان تھا کہ یہ اصلاحات ایک مسلسل عمل کے ذریعے ہی نافذ کی جا سکتی ہیں، جس کی شروعات انتہائی نچلی سطح سے ہو اور جو بتدریج اوپر کی جانب جائے تاکہ معاشرے میں موجود اخلاقیات اور عقائد کو بااثر فیصلہ ساز حلقوں اور عوام کے تعاون سے درست کیا جا سکے۔ اس طرح توحید پر سختی سے کاربند رہ کر اصلاحات کا دوسرا بڑا مقصد جو کہ معاشرے کی معاشی اور اخلاقی اقدار کی ازسرنو تعمیر تھا، اسے حاصل کیا جا سکتا ہے۔

توحید پر سختی سے کاربند رہنے کے ساتھ ساتھ، اٹھارہویں صدی کے اصلاح کاروں نے مسلمانوں کو اسلام کے بنیادی عقائد کی طرف واپس لوٹنے کا درس بھی دیا اور اس سلسلے میں قرآن (جو کہ درحقیقت اللہ کے الفاظ ہیں اور نبی کریمؐ پر وحی کے ذریعے نازل ہوا) اور حدیث (جو کہ نبی کریمؐ کے اعمال و الفاظ ہیں جو کہ ضبط تحریر میں لائے گئے ہیں) کو ہی معاشرتی اقدار کی ازسرنو تعمیر کی رہنمائی کے لیے مدنظر رکھا گیا۔ اسلام کی بنیاد کی طرف رجوع کرنے پر اس قدر زور صرف کرنے سے ہی ان اصلاح کاروں کو اسلام کے حقیقی بنیاد پرست کہا جاتا ہے۔ جیسا کہ انیسویں صدی کی عیسائی تحریک کے رہنماؤں کو، جو اس بات پر زور دیتے تھے کہ تمام عیسائی بائبل کی طرف رجوع کریں، یہی عیسائیت کے بنیاد پرست رہنما کہلاتے تھے۔ اس رجوع کرنے میں کسی قسم کی عسکریت پسندی یا تشدد کا عنصر شامل نہیں تھا اور نہ ہی اس میں کوئی ایسی کوشش شامل تھی کہ وہ ان مقدس کتابوں کی ظاہری تشریحات کو بھی لوگوں پر لاگو کرنا چاہتے تھے۔ یہ تحریک دراصل لوگوں کو ان سرگرمیوں سے دور رکھنے کی ایک کوشش تھی جن میں مقدس کتاب کی تشریحات میں اضافے کر دیے گئے تھے جس کی وجہ سے لوگ براہ راست ان مقدس کتابوں سے بھرپور استفادہ نہیں کر سکتے تھے۔

قرآن و احادیث کی تعلیمات پر اٹھارہویں صدی کے ان مصلحین کا اصرار کوئی بہت ہی غیر معمولی یا انقلابی واقعہ نہیں تھا۔ تمام مسلمانوں کا یہ ایمان ہے کہ قرآن اور حدیث لازم و ملزوم ہیں۔ قرآن اللہ کے کلام کی صورت میں تمام بنی نوع انسان کے لیے خدا کی طرف سے نازل کی گئی ایک دستاویز ہے۔ اگرچہ اس میں بہت سے قواعد موجود ہیں مگر یہ کوئی قانون کی کتاب نہیں ہے بلکہ قرآن ہمیں اخلاقی و تہذیبی رہنمائی فراہم

163
اسلام اور احیائے اسلام

کرتا ہے اوران اقدار کی مطلق رہنمائی فراہم کرتا ہے جو کہ ایک انسان کو اپنی ذاتی اور عوامی زندگی میں بحیثیت فرد اور بحیثیت معاشرہ کے اپنے او پر لاگو کرنے ہیں۔ حدیث عملی اصلاح کرتی ہے کہ کیسے ان احکامات الٰہی پر کاربند ہوا جاسکتا ہے۔

مسلمان نہ ہی محمدؐ کی پرستش کرتے ہیں اور نہ ہی وہ اس بات پر ایمان رکھتے ہیں کہ محمدؐ (نعوذ باللہ) خدا ہیں۔ تاریخ اس چیز کی گواہ ہے کہ مسلمانوں کا اس بات پر پختہ یقین ہے کہ نبی کریمؐ بشر ہیں، اور ان کا یہ ایمان ہے کہ وہ ایک اکمل انسان ہیں، تمام انسانوں سے برتر اور تمام عیوب سے پاک۔

مختصراً چونکہ وہ ایک حقیقی بشرؐ تھے جو حقیقی دنیا میں رہ رہے تھے، جہاں پر امن و محبت، جنگ و جدل، خاندانی و ازدواجی تعلقات، کام کاج اور تجارتی لین دین، علاقائی و بین الاقوامی تعلقات کا ڈھانچا موجود تھا اوران کی مثال مسلمانوں کے لیے عمل اور تقلید کے لیے سب سے احسن نمونہ ہے۔

مسلمانوں کے ایمان کے مطابق حضرت محمدؐ کی زندگی قرآنی تعلیمات اور اقدار کا عملی نمونہ پیش کرتی ہے؛ اسی وجہ سے جب بھی یہ سوال اٹھتا ہے کہ کسی خاص صورت حال سے انسان کو کیسے نبرد آزما ہونا چاہیے تو مسلمان حدیث کی طرف رجوع کرتے ہیں تاکہ یہ دیکھا جاسکے کہ حضورؐ نے ان حالات میں کس طرح عمل کیا۔ اگر چہ بہت سے مسلمانوں نے حضرت محمدؐ کی سنت کو بالکل لفظی معنوں میں لیا ہے؛ مثال کے طور پر، داڑھی بالکل اتنی ہی رکھنا کہ جتنی آپؐ کی تھی۔ بہت سے مسلمان اس بات پر یقین نہیں رکھتے کہ ان اعمال میں سختی سے عمل پیرا ہونا ہی مقصود تھا۔ یہ انداز فکر ماضی کے اس انداز فکر سے سرمو مختلف تھا جس میں مطالعہ حدیث کو ہی فوقیت حاصل تھی۔

ابتدا میں احادیث ایسی شہادت تھیں جو حضرت محمدؐ کے اصحابؓ اور امہات المومنینؓ نے زبانی بیان کی تھیں۔ کیوں کہ ان کی حیثیت زبانی تھی، ان احادیث کی سند کو جانچنے کے لیے اس کی روایت کرنے والے تمام راویوں کی علمی حیثیت کو دیکھا گیا کہ کیا انھیں ان مسائل کا پورا ادراک تھا، یا اس راوی کا حضرت محمدؐ یا ان کے اصحابؓ سے براہ راست تعلق تھا؟ کیا یہ روایت ایسے قابل اعتبار لوگوں کے ذریعے بیان کی گئی ہے، جن کا آپس میں براہ راست تعلق تھا، جس سے یہ اندازہ ہو کہ یہ روایت بالکل اصل حالت تک پہنچی؟ اور یہ کہ روایت کرنے والوں میں عدم تسلسل تو نہیں ہے؟ اور اس روایت کی تصدیق کے لیے یہ بھی دیکھا جاتا تھا کہ ایک ہی واقعہ کے متعلق مختلف روایات میں کوئی اختلاف تو نہیں ہے؟ ماضی میں جب روایات کی تصدیق ہو جاتی کہ راوی ایک دوسرے سے مربوط ہیں اور ہر لحاظ سے یہ روایت قابل اعتماد ہے تو پھر اس حدیث کو مصدقہ مان لیا جاتا تھا اور اسے احادیث کے مجموعے میں شامل کر لیا جاتا تھا۔ (۳)

اگر چہ تمام مصلحین اس امر کو تسلیم کرتے تھے کہ کسی بھی روایت کے قابل اعتبار ہونے کے لیے اس کے راویوں کے تسلسل کا قابل اعتبار ہونا پہلا مرحلہ ہے مگر ان کے نزدیک محض اس تسلسل کی تصدیق ہی کافی نہیں

ہے۔ وہ یہ سمجھتے تھے کہ روایت بیان کرنے والوں کے تسلسل میں بلکہ اس روایت کے الفاظ میں بھی مبالغہ آمیزی ہوسکتی تھی۔ اسی وجہ سے وہ یہ سمجھتے تھے کہ اس حدیث کا موازنہ قرآن پاک سے کیا جائے کہ اس میں موجود پیغام قرآن سے مطابقت بھی رکھتا ہے کہ نہیں۔ وہ یہ توجیہہ پیش کرتے تھے کہ قرآن اور حدیث کے الفاظ آپس میں مطابقت رکھتے ہوں، کیوں کہ یہ الفاظ ایک دوسرے کی تکمیل کرتے ہیں۔ اسی لیے اگر ایک حدیث کے راوی کتنے ہی مستند کیوں نہ ہوں، اگر اس کے الفاظ قرآن کی تعلیمات سے مطابقت نہیں رکھتے، مصلحین کے نزدیک یہ روایت ناقابل اعتبار ٹھہرتی ہے۔ محمد ابن عبدالوہاب کی شخصیت کی مثال پیش کرنے میں کوئی حجاب مانع نہیں جنھوں نے اس نئے طریقہ کار کے تحت تحریری کام انجام دیا اور وہابی مسلمانوں کا مستند احادیث کی تلاش میں تمام مسلم دنیا کا سفر کرنا بھی کسی سے ڈھکا چھپا نہیں ہے۔ (۴)

مذہبی اصلاح پسندوں کی احادیث کے متعلق جدید طریق انتخاب نے مسلم معاشرے میں نئی جہت کو روشناس کرایا۔ انھوں نے ماضی کی تحریکوں کی مانند ابتدائی دور کے مسلمانوں کے زمانے کو واپس لانے کی کوشش نہیں کی (۵)، بلکہ انھوں نے احادیث کو اس کی اصل روح کے مطابق اس کی آفاقی معنویت کی مدد سے رہنمائی حاصل کرنے کا منبع قرار دیا۔ (۶) ان گراں قدر احادیث کو قرآن پاک کی تعلیمات کے پیمانے کے تحت جانچنے کے بعد دونوں کو مسلمانوں کی ذاتی اور اجتماعی زندگی کے لیے مشترکہ اساس کے طور پر تسلیم کیا گیا۔ اس طرح قرآن اور حدیث کے فکر انگیز مطالعے نے معاشرے میں نئی روح پھونک دی۔

ایک ہزار سال سے بھی زیادہ کا عرصہ گذر چکا تھا اور بہت سے مذہبی اور قانونی دانشوروں نے ان مقدس کتابوں پر تشریحات و تجزیے لکھے۔ ان میں اسلامی فقہ پر لکھی گئی کتابیں زیادہ نمایاں اور اہم ہیں۔ یہودیت کی طرح اسلامی فقہ بھی ایک مسلمان کی زندگی میں اہم کردار ادا کرتی ہے۔ قرآن کے مطابق بہتر زندگی گذارنے کے لیے صحیح عقیدے کا ہونا بنیادی جزو ہے، یا بالفاظ دیگر درست عقیدہ پر ایمان رکھنا جتنا ضروری ہے، اس سے زیادہ اہم بات یہ ہے کہ آپ کے اعمال سے یہ ظاہر ہو کہ آپ اس عقیدے کے عین مطابق زندگی گذار رہے ہیں۔

قرآن ہمیں یہ تعلیم دیتا ہے کہ روز قیامت انسانوں کو صرف ان کے عقیدے کی بنیاد پر ہی نہیں پرکھا جائے گا بلکہ یہ بھی دیکھا جائے گا کہ انھوں نے زندگی کیسے بسر کی۔ عہد نامہ عتیق کی کتب کی طرح، جو کہ قانونی پہلوؤں پر بحث کرتی ہیں، قرآن پاک محض قانون کی کتاب نہیں ہے، بلکہ قرآن حکیم اخلاقی قوانین وضوابط بھی سکھاتا ہے، جن کی مختلف مسلمان فقہا نے تشریح کی ہے۔ یہ علمی کام قرون اولیٰ کے علما کا عظیم علمی کارنامہ ہے اور تسلیم کیا جاتا ہے کہ یہ کام عباسی خلافت (۷۵۰ء سے ۱۲۵۸ء) میں مکمل ہوا، تاہم بہت سے فقہا اپنے طور پر بھی فقہ کے مسائل کی وضاحت کا کام جاری رکھے ہوئے تھے، جسے اجتہاد کہا جاتا ہے۔ اولین دور کے فقہا کی تعلیمات اور رہنمائی کو بھی وسیع پیمانے پر پذیرائی حاصل ہوئی تھی اور ان سے اٹھارہویں صدی کے

165
اسلام اور احیائے اسلام

شروع تک استفادہ حاصل کیا جاتا رہا، پرانے علما کے طریقہ پر عمل پیرا ہونے کو تقلید کہتے ہیں۔(۸)

اٹھارہویں صدی کے یہ مصلحین تقلید کے عمل کو اچھا تصور نہیں کرتے تھے، کیوں کہ قرون اولیٰ کے علمی کام کو مقدس کتابوں جتنی اہمیت دی جانے لگی تھی۔ طالب علموں پر قرآن وحدیث کا براہ راست مطالعہ کرنے کی بجائے فقہا وعلما کی کتابوں کے مطالعے کے لیے زیادہ زور دیا جارہا تھا۔

ان مصلحین کی رائے میں یہ کام درست نہیں تھا۔ ان کے مطابق یہ تشریحات اور علمی کام مخصوص علاقائی سیاسی حالات میں تحریر ہوا اور ان پر ان عوامل کا گہرا اثر رہا ہے۔ وہ یہ سوال کرتے ہیں کہ کیا کسی خاص مسئلے پر کسی عالم یا فقیہہ کی دلیل تمام زمانوں میں اسی طرح تسلیم کی جاتی رہے گی جیسا کہ ماضی کے علما کا دعویٰ تھا۔ ان کے مطابق معاملہ ایسا نہیں ہے، بلکہ آنے والی نسلوں کو تمام علمی اقتباسات قرآن وحدیث کے براہ راست مطالعہ سے بھی اخذ کرنے چاہئیں۔ اس طرح اجتہاد پر عمل اور اس کی ترویج بھی اٹھارہویں صدی کے ان مجتہدین اور ان کی تحریکوں کا خاصہ تھا۔

ان مذہبی اصلاح کاروں کو اس بات کا ادراک تھا کہ ان کی تحریکیں ایک مسلسل عمل کا نام ہیں اور یہ تبدیلی آہستہ آہستہ وقت کے ساتھ وقوع پذیر ہوگی۔ مذکورہ مذہبی دانشور یک دم تبدیلی یعنی انقلاب کی بجائے بتدریج تبدیلی کے قائل تھے۔ درحقیقت ان تحاریک کا مقصد سیاسی حکومتوں کو ختم کرکے اپنی پسند کی حکومت کا قیام نہیں تھا، نہ ہی وہ بغاوت کے ذریعے ایک سیاسی نظام کو ختم کر کے دوسرا نظام رائج کرنا چاہتے تھے اور انھوں نے دہشت گردی کے مراکز بھی قائم نہیں کر رکھے تھے، جہاں سے وہ حکومت وقت کے خلاف گوریلا کاروائیاں کرتے۔ ان کے سیاسی قائدین سے روابط یا اختلافات ضرور تھے مگر یہ محض سیاسی مقاصد کے لیے نہیں تھے۔ ان اصلاح کاروں کے پیش نظر یہ تھا کہ سیاسی نظام اس امر کا عکاس ہو کہ وہ ذاتی اور اجتماعی زندگی میں اسلام کو نافذ کرنے میں مددگار ثابت ہو۔ ملکی سرحدوں یا سیاسی نظام سے قطع نظر، ان کا مقصد یہ تھا کہ لوگ اسلامی فقہ وقانون کے مطابق مذہب پر سختی سے کاربند ہوں۔

یہ مذہبی مصلحین معاشرے کو مذہب اور معاشیات، دونوں پہلوؤں سے از سرنو تعمیر کرنا چاہتے تھے۔ انھوں نے نچلی سطح پر اپنے پیروکاروں کی تعداد میں اضافہ کیا۔ ان کی رائے میں یہی وہ لوگ تھے جنھیں تبدیل کرنے کی ضرورت تھی، کیوں کہ ایک بار لوگوں نے اپنے مذہبی اعتقادات اور عبادات کو درست کرلیا تو یہی ذاتی اعتقاد فروغ پاتا ہوا معاشرے کی اجتماعی سوچ کو تبدیل کرنے کا موجب بن سکتا تھا۔

دریں اثنا، ان مجوزہ اصلاحات کے نتیجے میں ہونے والی مزاحمت سے بھی یہ لوگ خبردار تھے، کیوں کہ یہ نہ صرف عقیدے میں تبدیلی کے پیش کار تھے بلکہ ذاتی اور اجتماعی رویوں میں تبدیلی کے بھی خواہاں تھے۔ اس مقصد کی خاطر ان اصلاح کاروں نے علاقائی وسیاسی قائدین سے اپنے لیے مدد اور حفاظت حاصل کررکھی تھی۔ ان معاہدات کے تحت سیاسی قائدین نے اس بات کا یقین دلایا تھا کہ اسلامی اصلاحات کا احترام کیا

جائے گا اور انھیں نافذ کیا جائے گا۔اس کے بدلے میں مصلحین سیاسی نظام اور اقتدار کی حمایت اور ان کی مذہبی مدد کیا کرتے۔(۹)

بہت سے ایسے مواقع بھی آئے کہ اس نظام کے زیر اثر فوجی کارروائیاں بھی ہوئیں، خصوصاً جب ذاتی دفاع کا معاملہ درپیش ہوا۔تاہم جہاد اٹھارہویں صدی کی تحریکوں کا کبھی مقصد نہیں رہا۔یہ اصلاح کار استعمار کے قبضہ کے خلاف یا بین الاقوامی جہاد کے لیے یا آزادی کی خاطر کبھی جنگ میں ملوث نہیں ہوئے۔

اٹھارہویں صدی کی تحریکوں کی یہ خصوصیت تھی کہ وہ درحقیقت علما سے متاثر ہوکر ان کی قیادت میں کام کرتی تھیں۔اس کے برعکس بعد کی تحریکیں معمولی حیثیت والے کارندوں کی سرپرستی میں شروع ہوئیں۔اس کا یہ ہرگز مطلب نہیں کہ ان مذہبی اصلاح کاروں کو تمام علما کی حمایت حاصل تھی بلکہ ان کو سب سے زیادہ مزاحمت کا سامنا علما کی جانب سے ہی کرنا پڑا۔خصوصاً ان علما سے جن کو حکومتوں میں خاص اہمیت یا عہدے حاصل تھے۔ان علما نے سرکاری عہدے اپنی قابلیت یا علمیت کی وجہ سے حاصل نہیں کیے تھے بلکہ اکثر و بیشتر اپنے شعبے کے تقدس کو پامال کرکے یا اقربا پروری سے ان عہدوں تک پہنچے تھے۔اسی وجہ سے یہ لوگ اسلام کی حقیقی تشریح یا اس پر عمل کرنے کی بجائے اپنے عہدے کو قائم رکھنے میں زیادہ دلچسپی رکھتے تھے۔اس کے برعکس اصلاح کار یا تو چھوٹے سرکاری عہدوں پر براجمان ہوتے یا وہ اس سارے عمل سے ہی باہر رہتے۔تاہم حکومت کی حمایت کی بجائے انھیں عوام میں زیادہ مقبولیت حاصل ہوتی۔اس کے نتیجے میں یہ شعور پختہ ہوتا گیا کہ اصلاحی تنظیموں کے مصلحین سرکاری علما کے مخالف ہیں، جو اقتدار سے جڑے رہنے کے لیے موجودہ صورتحال کو قائم رکھنے کے حامی تھے۔

وہابی ازم کے بانی اور اس سوچ کے محور محمد ابن عبدالوہاب کا طرز زندگی اور ان کی تعلیمات اٹھارہویں صدی کی اس سوچ اور اقتدار کے لیے جدوجہد کی عکاس تھیں جس کی ابتدا ان کے آبائی علاقے نجد سے ہوئی اور بعدازاں پورے جزیرۃ العرب میں پھیل گئیں۔اپنے ہم عصروں کی طرح وہ بھی بڑے پیمانے پر توحید پر کاربند رہتے ہوئے معاشرے کی معاشی اور اخلاقی تعمیر نو اور قرآن اور حدیث پر نئے سرے سے غور کرنے کے پرچارک تھے۔وہ تقلید کو رد کرکے اجتہاد کے قائل تھے۔وہ ایک مذہبی عالم تھے۔انھوں نے ایک علاقائی سیاسی قائد سے حفاظتی نکتہ نظر سے تعلقات استوار کیے جس نے ان کی تعلیمات کو نافذ کرنے کا وعدہ کیا تھا۔وہ اس بات پر یقین رکھتے تھے کہ ان کی تحریک کا مقصد جہاد کرنا نہیں ہے۔انھیں مقامی مذہبی علما کی مخالفت درپیش تھی جن کی سرکاری حیثیت اور حکمرانی کو ان کی تعلیمات سے خطرہ لاحق تھا۔

عبدالوہاب کی تعلیمات کو نجد کے سیاق وسباق میں بخوبی سمجھا جاسکتا ہے کہ ان کا اپنے ہم عصر علما سے کیا اختلاف تھا؟ ابن عبدالوہاب کی سوانح عمری یہ معلومات فراہم کرتی ہے کہ وہ کون تھے۔انھوں نے نجد میں اتنے بڑے پیمانے پر اصلاحات کیسے نافذ کیں اور اس ماحول پر اس کا کیا اثر ہوا۔

محمد ابن عبدالوہاب: سوانحی ماخذ

ابن عبدالوہاب کے بارے میں ہمیں جو معلومات دستیاب ہیں، ان کے چار ذرائع ہیں۔

۱۔ ان کے زمانے کی تاریخ جو ان کے حواریوں نے تحریر کی جن میں اہم حسین ابن غنم اور عثمان ابن بشیر ہیں۔

۲۔ ان کے مخالفین کی جانب سے لکھا جانے والا مواد جس میں سب سے اہم احمد بن زیانی داھلان کا ہے۔

۳۔ عرب کے بارے میں مغربی سیاحوں کے لکھے ہوئے تاثرات۔

۴۔ ابن عبدالوہاب کی اپنی تحریریں۔ ان میں سے سب سے اہم وہ تاریخ ہے جس میں ان کی زندگی کے بارے میں معلومات ہیں اور انھیں ہی مستند تسلیم کیا جاتا ہے کیوں کہ یہ تفصیلات زندگی ان لوگوں نے تحریر کی تھیں، جو ان کے بہت قریب تھے۔

حسین ابن غنم (جسے آئندہ ابن غنم لکھا جائے گا) وہابی تحریک کا پہلا مورخ تھا۔ وہ ابن عبدالوہاب کا ہم عصر اور حواری تھا۔ ابن غنم پیشے کے لحاظ سے عربی زبان کا استاد تھا اور الحشا کا رہنے والا تھا؛ ابن غنم، عبدالوہاب کے قریب رہنے کے لیے نجد میں منتقل ہوگیا تھا۔ ابن غنم کا رسالہ تاریخ نجد، عبدالوہاب کی سوانح عمری اور وہابیوں کے ارتقائی سفر کے علاوہ عبدالوہاب کی تحریروں کے اقتباسات بھی فراہم کرتا ہے۔ ابن غنم کی تاریخ پیدائش تو معلوم نہیں مگر وہ طویل زندگی گزارنے کے بعد ۱۸۱۱ء میں انتقال کرگیا۔

عثمان ابن عبداللہ ابن بشیر الحنبلی النصیری التمیمی (جسے آئندہ ابن بشیر لکھا جائے گا) وہابی تحریک کا دوسرا بڑا مورخ ہے۔ وہ نجد کے قصبہ شاقرہ میں پیدا ہوا۔ ابن بشیر، عبدالوہاب کا ہم عصر نہیں تھا اور انھیں ذاتی طور پر بھی نہیں ملا تھا۔ تاہم اسے عبدالوہاب کے حواریوں کا تعلق حاصل رہا، جن کے اس نے اپنے رسالے کے لیے انٹرویو کیے تھے۔ ابن بشیر انیسویں صدی کے نجد کے علما کا شاگرد تھا جس میں ابن غنم بھی شامل ہے۔

یہ حقیقت تب آشکار ہوتی ہے جب دونوں کی تحریروں کا موازنہ کیا جائے۔ تاہم اس کی تحریریں جداگانہ اسلوب کی حامل ہیں اور کہا جاسکتا ہے کہ اس نے محض ابن غنم کی نقل نہیں کی۔ اس کا طرز تحریر ادیبانہ نہیں بلکہ اس نے سیدھے سادھے انداز میں اظہار کیا ہے۔ اگرچہ اس نے ابن غنم کے کام سے بہت زیادہ استفادہ کیا ہے مگر اس نے بڑے منظم انداز میں اور بہت زیادہ تعداد میں ان لوگوں کے ساتھ انٹرویو کیے جن کے پاس وہابی تحریک کے ابتدائی دنوں کا آنکھوں دیکھا حال اور معلومات تھیں اور وہ عبدالوہاب کو ذاتی طور پر جانتے تھے۔ یہی وجہ ہے کہ ابن بشیر کا کام بہت سے معاملات میں ابن غنم کے کام سے زیادہ مفصل ہے۔

اس زمانے کے دونوں تاریخی رسالے اس وقت کے لوگوں یا اس تحریک میں شریک لوگوں کے

تاثرات، ابن عبدالوہاب اور اولین دور کی وہابی تحریک کے بارے میں بیش بہا معلومات پہنچاتے ہیں۔ تاہم یہ بات بھی ذہن میں رکھنی چاہئے کہ یہ مؤرخین عبدالوہاب کے مقرر کردہ سوانح نگار نہیں تھے۔ اپنے انداز میں یہ سوانح عمری مناقب کے انداز میں تحریر نہیں ہوئیں، جیسا کہ صوفیا کی سوانح عمریاں لکھی جاتی تھیں۔ ان مؤرخین نے ان کی شخصیت کو بڑھا چڑھا کر پیش نہیں کیا کہ جیسے وہ کوئی بہت مقدس ولی ہو یا معجزات دکھانے کی صلاحیت رکھتے ہوں۔

ابن عبدالوہاب کی ذاتی زندگی کے حالات لکھنے کا مقصد اس کے نظریات کو پیش کرنا تھا جس نے وہابی تحریک کو متاثر کیا۔ اس میں اس تحریک کے وجود میں آنے کے حالات تحریر ہیں بلکہ اس سے زیادہ یہ سعودی شاہی خاندان کی تاریخ ہے اور اسی جانب ان تاریخی رسالوں کی زیادہ توجہ رہی۔

اسی طرح ان مؤرخین کے بارے میں کچھ تفصیلات تحریر کرنا بے محل نہ ہوگا۔ سب سے پہلے تو یہ دونوں مؤرخین وہابی تحریک کے حامی تھے جس کے نتیجے میں انھوں نے اس تحریک کے سب سے زیادہ مثبت پہلو بھی اجاگر کرنے کی کوشش کی ہے۔ ساتھ ہی ساتھ ان مشکلات اور زیادتیوں کا بھرپور تذکرہ کیا جن کا وہابی تحریک کو سامنا رہا۔

ابن عبدالوہاب اور اولین دور کے وہابیوں کا حضورؐ کی زندگی سے موازنہ ان مؤرخین کی اس سوچ کا غماز ہے کہ کسی طرح ہر دور میں مسلمان مشکلات میں گھرے رہے۔ یہ کہنا بے جا نہ ہوگا کہ یہ حضرت محمدؐ کے زمانے کے برابر اہمیت حاصل کرنے کی ایک کوشش تھی، جیسا کہ وہابی تحریک کے مخالفین کہتے ہیں۔ (۱۰)

یہ بھی مشاہدہ کیا جاسکتا ہے کہ اولین دور کے وہابیوں کے بہت سے اختلافی کاموں کو صرف معذرت خواہانہ انداز میں بیان کیا گیا ہے، جیسے کہ بتایا جاچکا ہے کہ ابن بشیر، ابن عبدالوہاب کا ہم عصر نہیں تھا۔ اس کا پہلے دور کے وہابیوں سے انٹرویو کا طریقہ کار ہمیں ان اہم امور پر سیر حاصل معلومات فراہم کرتا ہے کہ وہ وہابی خود کو اور اپنے ماضی کو کیسے دیکھتے تھے۔ وہ چونکہ اپنے ماضی کو یاد کرکے یہ سارے واقعات دہرا رہے تھے تو یہ ممکن ہے کہ کچھ عرصہ بعد وقوع پذیر ہونے والے واقعات سے ان کی یادداشت متاثر ہوئی ہو۔ یہ تاریخی مواد جمع کرتے ہوئے بہت ممکن ہے کہ کچھ جانب داری بھی برتی گئی ہو۔

ابن عبدالوہاب کے متعلق معلومات کا دوسرا ذریعہ جو ان کے مخالفین نے تحریر کیا ہے، اسے ان کی سوانح عمری کو دوبارہ ترتیب دیتے وقت زیادہ اہمیت نہیں دی جاتی، کیونکہ وہ درست اور سیدھی بات کرنے کی بجائے الزام تراشی والی زبان میں لکھی گئی ہیں۔ بسا اوقات من گھڑت باتوں اور حقیقت میں فرق کرنا مشکل ہوجاتا ہے۔ (۱۱) دوسرا یہ کام بعد میں پیش آنے والے واقعات کی بنیاد پر لکھا گیا اور یہ بہت ہی مشکل ہوجاتا ہے کہ ایک تحریک شروع ہوئی اور وقت کے ساتھ ساتھ اس میں تبدیلیاں آتی رہیں، چنانچہ ان تبدیلیوں کا ابتدا میں تحریک سے وابستہ ہونے والے لوگوں کو ذمہ دار نہیں ٹھہرایا جاسکتا۔ اس کی واضح مثال یہ ہے کہ ابن

داھلان کاتحریری کام 'دار الثانیہ فی الرد الوہابیہ اور خلاصۃ الکلام فی بیان اھر البلد دالحرم' کی صورت میں موجود ہے جو کہ ابن عبدالوہاب کی وفات کے (۱۷۹۲ سے ۱۷۹۷ء) بعد لکھی گئیں۔ ابن داھلان ۱۸۱۶-۱۷ء میں پیدا ہوا، جس کا مطلب یہ ہے اس کی وہابی تحریک کے عروج کے متعلق تحریر ۵۰ سال کے بعد کی معلومات پر مبنی تھی۔ ابن عبدالوہاب نے ۱۷۷۳ء کے قریب تحریک سے کنارہ کشی اختیار کر لی تھی تاہم وہ اپنی موت تک حکومت سے مشاورت کرتا رہا تھا۔ تیسری وجہ ان رسائل کا عامیانہ انداز تحریر ہے، جیسا کہ انھیں اس تحریک کی تعلیمات یا اس کے کارناموں کو یاد کرنے کی بجائے اس کے تاثر کو خراب کرنے کے لیے لکھا گیا۔ اسی وجہ سے الزام تراشی پر مبنی مواد کو ابن عبدالوہاب اور وہابی تحریک کی تعلیمات کو لکھنے کے لیے قابل غور ہی نہیں سمجھا گیا۔

تیسرا بڑا ذریعہ جو کہ مغربی سیاحوں نے اپنے سفرناموں میں تحریر کیا ہے، ان کو بھی انھی وجوہات کی وجہ سے قابل اعتنا نہیں سمجھا گیا۔ اگرچہ ان سفرناموں کو جو ہمیں بڑی دلچسپ بلکہ بعض اوقات بہت سی متنازعہ معلومات فراہم کرتے ہیں؛ پہلے پہل علما نے استعمال کیا مگر ان میں سے کوئی بھی ابن عبدالوہاب کا ہم عصر نہیں تھا۔ اس کے علاوہ ان میں سے کوئی بھی نہ تو ابن عبدالوہاب سے ذاتی طور پر ملا اور نہ ہی انھوں نے ان کی تحریریں پڑھی تھی، بلکہ حقیقت میں ان میں سے کسی کا بھی کسی وہابی سے آمنا سامنا نہیں ہوا۔ ان میں زیادہ تر ان لوگوں کے تاثرات شامل ہیں، جن کا وہابی تحریک سے واسطہ رہا تھا۔ ان کی سند میں شک کی وجہ سے ان تحریروں کو اٹھارہویں اور انیسویں صدی میں وہابی تحریک کے اثرات پر بحث تک ہی محدود رکھا جائے گا۔ ان کو ابن عبدالوہاب کی تحریروں پر بحث یا ان کی سوانح عمری لکھنے کے لیے استعمال نہیں کیا جا سکتا۔

ابن عبدالوہاب نے کبھی اپنی آپ بیتی نہیں لکھی تھی۔ ان کی تمام تحریریں مذہبی مقاصد کے لیے مخصوص تھیں، خصوصاً اسلامی فقہ و قانون کے بارے میں۔ اسی طرح ان کی تحریروں میں ان کی ذاتی زندگی کے جو احوال ملتے ہیں یا تو وہ بہت قلیل ہیں، اور زیادہ تر قانونی اور فقہی مسائل پر اپنی ذاتی معلومات فراہم کرنے کے لیے ہیں۔ اس کے باوجود ان کی تحریروں میں ان کی ذاتی زندگی کے چند اہم واقعات ملتے ہیں جو بالخصوص ان مقامی علما سے ٹکراؤ کے متعلق ہیں۔ ان تحریروں سے ان کی شخصیت اور دیگر شخصیات سے تعلقات کے بارے میں ان کی سوچ کا پتہ چلتا ہے۔ ان کی تعلیمات کو جانچنے کے لیے یہ بہت اہم ہے کہ ہم آگاہ ہوں کہ ابن عبدالوہاب کی شخصیت کے بارے میں جاننا کتنا اہم ہے۔

محمد ابن عبدالوہاب کی سوانح حیات

ابن عبدالوہاب کے جسمانی خدوخال کے بارے میں کہیں کوئی تذکرہ نہیں ملتا۔ ہم یہ نہیں جانتے کہ وہ دراز قد تھے یا پستہ قامت، وہ بھاری بھر کم تھے یا دبلے پتلے، ان کے خدوخال پرکشش تھے کہ نہیں۔ (۱۲)

ہمیں ان کے مزاج اور شخصیت کے بارے میں کچھ معلومات دستیاب ہیں۔

ابن عبدالوہاب مذہب پر سختی سے کاربند رہنے والے شخص تھے وہ تعلیم کی اہمیت سے واقف تھے اور علمی مباحث میں مصروف رہتے تھے۔ وہ اپنی بات اختصار کے ساتھ بیان کرنے پر قدرت رکھتے تھے۔ وہ علم منطق کے ماہر، قابل اور کثرت سے لکھنے پر قادر تھے۔ وہ ایک ایسی شخصیت تھے جس نے اپنی تعلیمات سے مسلمانوں کی تمام شعبہ ہائے زندگی میں راہنمائی کی۔ وہ مسلمانوں میں مساوات کے قائل تھے۔ وہ معاشرتی انصاف چاہتے تھے۔ ان کی تحریروں کا بیشتر حصہ عورتوں اور غریبوں کی حفاظت اور لوگوں کے جان و مال کی حرمت کے بارے میں ہے۔ ان کی رائے کے مطابق تمام شعبہ ہائے زندگی میں عورتوں کے حقوق مردوں کے برابر تھے اور وہ ان حقوق کی بحالی کے لیے جدو جہد کرتے رہے تھے۔ وہ بدعنوانی، رشوت ستانی اور منافقت کے بارے میں سخت مؤقف رکھتے تھے اور ان کی شدت سے مخالفت کرتے تھے۔ انہوں نے صرف دفاعی نقطہ نظر سے جارحیت کی اجازت دی۔ وہ بذلہ سنج بھی تھے۔

ابن عبدالوہاب ۱۷۰۲-۰۳ء میں عرب کے صوبہ نجد کے قصبے العیجنہ میں پیدا ہوئے۔ وہ حنبلی مکتبۂ فکر سے وابستہ مذہبی گھرانے سے تعلق رکھتے تھے۔ (۱۳) ان کے دادا سلیمان ابن علی ابن مشرف مشہور عالم اور قاضی تھے۔ ان کے ایک چچا ابراہیم ابن سلیمان اپنے دور کے مفتی اور قاضی رہ چکے تھے جو العیجنہ اور اس کے اطراف میں لوگوں کے مسائل کے بارے میں فیصلے صادر کرتے تھے۔ (۱۴) ان کے باپ عبدالوہاب ابن سلیمان بھی اپنے قصبے کے قاضی تھے۔ مذہب اور فقہ کی تعلیم ابن عبدالوہاب نے اپنے باپ سے ہی حاصل کی تھی اور اسلامی قوانین پر تفصیل سے بحث کا ملکہ حاصل کیا۔

ابن عبدالوہاب نے دس سال کی عمر تک پہنچتے پہنچتے قرآن پاک حفظ کر لیا (۱۵) اور بطور نوجوان استاد مکہ مکرمہ جا کر حج کی ادائیگی کی۔ وہ دو ماہ تک مدینہ رہے اور واپس آ کر اپنے والد سے مزید تعلیم حاصل کی۔ (۱۷) انھوں نے حدیث، فقہ، تفاسیر اور اسلام کے کئی بنیادی اصولوں سے آگاہی حاصل کی۔ (۱۸)

قرآن و حدیث کی تعلیم سے ان کا توحید کا عقیدہ راسخ ہوا (۱۹) جو کہ بعد میں ابن عبدالوہاب اور وہابیت کی پہچان بنا اور توحید سے دوری کو معاشرتی ڈھانچے کی ناکامی کا سبب قرار دیا گیا۔ (۲۰) اٹھارویں صدی کے دیگر اصلاح پسندوں کی طرح ابن عبدالوہاب نے بھی توحید کو ہی راہ نجات قرار دیا اور توحید پرستی کو ہی عدل و انصاف، امن اور مضبوط معاشرے کی تعمیر کا ضامن سمجھا۔

ابن عبدالوہاب نے اپنی تمام زندگی توحید کے درس کے لیے وقف کر دی اور اس پر عمل پیرا رہے۔ انھوں نے سب سے پہلے اپنے قصبے میں مسلمانوں میں در آنے والے بیرونی اور مافوق الفطرت توہمات کو نشانہ بنایا۔ حالاں کہ کچھ قلمکاروں نے انھیں غصیلا سیاح قرار دیا ہے جو جہاں جاتا ہے آگ لگا دیتا ہے، لیکن ان کی اپنی تحریریں اور تاریخی شواہد سے پتہ چلتا ہے کہ وہ نکتہ رس اور سخن آفریں شخص تھے۔ وہ جہاں جاتے، وہاں

لوگوں سے گفت وشنید اور بحث مباحثہ کرتے، مذہب کی الجھی گتھیاں سلجھاتے اور وہ گفتگو کے ذریعے قائل کرنے کے عمل کو درست سمجھتے تھے۔ انھوں نے کبھی تشدد اور تباہی و بربادی کی راہ اپنانے کی حمایت نہیں کی۔ جب انھیں کسی خطے میں مطلوبہ ہمدردی حاصل ہوجاتی تو پھر وہ توحید کی تبلیغ کا آغاز کردیتے جس کا ملا جلا ردعمل سامنے آتا۔

مثلاً اپنے آبائی قصبے میں وہ لوگوں کو مسلسل تبلیغ کے لیے اکٹھا کرتے اور توحید کی تبلیغ کرتے اور انھیں بتاتے کہ کون سے کام برائی اور بدعت کے زمرے میں آتے ہیں۔ ان کا طریقہ کار ہمیشہ بات چیت سے مسائل کو سلجھانا تھا۔ یہی وجہ تھی کہ ان کی درشت انداز میں کبھی مخالفت نہیں کی گئی اور ان کی بار بار تبلیغ سے وہ لوگ کچھ نہ کچھ حقیقت اور سچائی کو پالیتے۔

تاہم ان کے قصبے کے لوگوں نے فوراً اور مکمل طور پر پرانی سرگرمیاں ترک نہ کیں۔ وہ فوری طور پر اپنے نظریات سے تائب ہونے والے نہیں تھے۔ ابن عبدالوہاب سمجھتے تھے کہ لوگوں کو توحید کی جانب قائل کرنے کے لیے ایک صبر آزما اور بتدریج تبلیغ کی ضرورت ہے۔ جوں جوں لوگوں کی سوچ اور فکر بلند ہوگی اور انھیں مذہب کے متعلق مزید علم حاصل ہوگا تو پھر وہ اپنے رویے تبدیل کرلیں گے اور جدید اصلاحی نظام کی جانب راغب ہوں گے۔

کیا ابن عبدالوہاب کی تعلیمات کوئی ذاتی مذہبی معاملہ تھا۔ اس حوالے سے فکر اور بحث مسلسل جاری رہے گی لیکن انھوں نے مذہب اور مذہبی اعتقادات کو ذاتی معاملہ نہ رہنے دیا۔ وہ اسے قومی سطح تک لانا چاہتے تھے، کیوں کہ تمام انسان ایک مکمل معاشرے کا حصہ ہیں جو دوسرے گروہوں سے تعلقات قائم کرتے ہیں۔ ان کے اعتقادات اور اقدار مثلاً دیانتداری، سماجی انصاف کی آرزو اور بدعنوانی کی مخالفت اور تدارک، قومی سطح پر ہی ممکن تھا۔ نتیجتاً وہ چاہتے تھے کہ ذاتی اعتقادات میں جدت اور اصلاحات کا لانا نہایت ضروری ہے جس سے عوامی سطح پر رویوں اور عادات میں تبدیلی واقع ہوگی اور ظاہر ہے اس ترغیب سے مقامی اور سیاسی رہنماؤں کی طاقت پر اثر پڑسکتا تھا۔

مقامی لوگ یہ محسوس کررہے تھے کہ ابن عبدالوہاب کی تعلیمات نہ صرف ان کی سیاسی حیثیت کے لیے بلکہ اخلاقی طاقت کے لیے بھی خطرے کا باعث ہیں، وہ سمجھتے تھے کہ ابن عبدالوہاب کا اصلاحاتی پروگرام ذاتی اور انفرادی سطح تک محدود نہیں رہے گا بلکہ وہ قومی سطح تک آئے گا اور بالآخر ان کی طاقت کو بھی بہا کر لے جائے گا۔ جب توحید کے حوالے سے ان کی تعلیمات واضح ہونے لگیں اور مقامی عمائدین پر اس کے منفی اثرات مرتب ہوئے تو ان رہنماؤں نے ان کی بتائی ہوئی سچائی کو ماننے سے انکار کردیا۔ انھوں نے انھیں العیجنہ چھوڑنے اور حج کی غرض سے مکہ کے لیے رخت سفر اختیار کرنے کو کہا۔ (۲۱) ان کی تعلیمات کی وجہ سے مقامی عمائدین ان پر شہر چھوڑنے کے لیے بار بار دباؤ بڑھاتے رہے۔

وہابی تحریک کے مخالفین ابن عبدالوہاب کے خلاف اس رویے کی وجہ ان کے انتہا پسند اور ملحد ہونے کو سمجھتے ہیں، کیوں کہ یہ ان کی تعلیمات کا قدرتی ردعمل تھا۔ تاہم حقیقت یہ تھی کہ ان کی فکر اور تبلیغ کو تسلیم کر لیا گیا تھا اور مقامی عمائدین نے یہ محسوس کرنا شروع کر دیا تھا کہ یہ طاقت حاصل کرنے کا عمل ہے جب کہ دوسرے غیر وہابی اس سے اتفاق کرتے تھے کہ ابن عبدالوہاب کی تحریروں سے ملحدانہ تاثر نہیں ملتا۔ (۲۲)

بالآخر ابن عبدالوہاب نے العیجنہ کو مقامی حکومتی رہنماؤں کے سپرد کر دیا۔ انھوں نے مکہ میں حج ادا کیا اور مدینہ کے لیے روانہ ہو گئے۔ (۲۳) وہاں انھوں نے مزید تعلیم حاصل کرنے کے لیے اس دور کے مشہور شیخ الحدیث اور عالم شیخ عبداللہ ابن ابراہیم ابن سیف اور ہندوستانی عالم شیخ محمد حیات السندھی سے کسب فیض حاصل کیا۔ اٹھارویں صدی میں مکہ اور مدینہ کے حدیث کے علما تمام دنیا میں اپنی مرکزیت کی وجہ سے مذہبی تعلیم کے فروغ کا سبب بنے۔ مسلمان علمائے دین کئی ایک وجوہات کی وجہ سے حجاز آتے تھے۔ کچھ لوگ ان مقدس شہروں میں تعلیم اور رہائش کے لیے رجوع کرتے تھے اور بعض یہاں زمین حاصل کرتے اور رہنے لگتے۔ محمد حیات السندھی بھی ان میں سے ایک تھے جو ہندوستان میں مغلوں کی ڈوبتی ہوئی سلطنت کو پیچھے چھوڑ آئے تھے۔ مسلمانوں کا شاندار ماضی ان کے پیش نظر تھا اور وہ اسلام کے بنیادی مراکز سے اس کا دوبارہ احیا کرنے کے لیے بے چین تھے (۲۴) اور یہی وہ دور تھا جب ابن عبدالوہاب کا مدینہ میں اٹھارویں صدی کے ان اصلاح پسند علما سے رابطہ قائم ہوا۔ ابن عبدالوہاب کی تعلیمات کا کثیر حصہ ان ہی اصحاب کی مرہون منت تھا۔ اس طرح انھیں دیگر مسلمان ممالک کے طلبا سے بھی اظہار خیال کا موقع ملا جو ان کے خیالات کی گہرائی اور فہم و فراست میں اضافے کا موجب بھی بنا۔

اس میں کوئی شک نہیں کہ السندھی اور ابن سیف کی تعلیمات کے ابن عبدالوہاب پر گہرے اثرات مرتب ہوئے۔ خصوصاً احادیث کی اہمیت، اس کے اکٹھا کرنے کے ذرائع اور راویوں کا تسلسل، پرانے علما کی تقلید کی نفی، انفرادی اجتہاد کی ضرورت پر استدلال اور سماجی اصلاحات کی ضرورت کی اہمیت میں اضافہ ہوا۔ یہ دونوں اہم علما محقق ابن تیمیہ سے خاصے متاثر تھے۔ اکثر کہا جاتا ہے کہ ابن عبدالوہاب بھی ابن تیمیہ کے پُرجوش حامی تھے، لیکن ان کی تحریروں سے ایسا کوئی ثبوت نہیں ملتا۔ (۲۶) تاہم سب سے اہم امر یہ ہے کہ ابن سیف اور السندھی نے اپنی تبلیغ میں ابن تیمیہ کا کچھ حصہ ضرور شامل کر رکھا تھا۔ اس طرح کہا جا سکتا ہے کہ اگر ابن عبدالوہاب پر ابن تیمیہ کی تبلیغ کے زیادہ نہیں تو محدود اثرات ضرور مرتب ہوئے ہوں گے۔

اس عہد کے چند ہم عصروں کے ان الزامات کے جواب میں کہ ابن عبدالوہاب نے پانچویں مکتبۂ فکر کی بنیاد رکھی، اس طرح وہ ملحد ٹھہرے، کیوں کہ انھوں نے سنی اسلام کی روایت سے انحراف کیا تھا؛ تاریخ میں دو واقعات کا تذکرہ ملتا ہے جس سے ابن عبدالوہاب کی وابستگی مترشح ہوتی ہے۔ پہلے واقعہ میں ایک بار ابن عبدالوہاب کو ابن سیف نے مستقبل میں اپنے مخالفین سے مقابلہ کرنے کے لیے ایک ہتھیار کے استعمال کا

مشورہ دیا۔ ابن عبدالوہاب کی دلچسپی ظاہر کرنے پر وہ اسے اپنے کتب خانے میں لے گیا اور کہا کہ یہی اصل ہتھیار ہیں۔ تبدیلی ہمیشہ علم اور بحث مباحثے سے آتی ہے اور تشدد سے کبھی کوئی مسئلہ حل نہیں ہوا۔

دوسرے واقعے میں ابن عبدالوہاب اپنے استاد محمد حیات السندھی کے ساتھ کھڑے تھے کہ چند لوگ حضور پاکؐ کے مزار مبارک کے سامنے سے گذرے جو انؐ سے مدد اور شفاعت مانگ رہے تھے۔ السندھی نے ابن عبدالوہاب سے لوگوں کے اس عمل کے متعلق استفسار کیا تو انھوں نے کہا یہ سراسر غلط ہے اور ان عقائد کو درست کرنے کی ضرورت ہے۔ (۲۸)

یہ واقعات ظہور پذیر ہوئے یا نہیں، یہ الگ بحث ہے لیکن یہ تاریخی حکایتیں اس امر کی جانب اشارہ کرتی ہیں کہ اٹھارویں صدی کی تحریک میں ابن عبدالوہاب کے کردار کی نوعیت کیا تھی اور ان واقعات کا ان کے نظریات سے کتنا تعلق تھا۔ بے شک ابن عبدالوہاب تعلیم اور بحث مباحثے کو ہی تبدیلی کا زینہ تصور کرتے تھے اور اپنے نظریات کو متعارف کرانے سے ہرگز خائف نہیں تھے اور چاہتے تھے کہ لوگ صاحب مزار سے حاجتیں طلب نہ کریں۔ ان دو واقعات کی صحت سے ہٹ کر اگر دیکھا جائے تو یہ بات واضح ہو کر سامنے آتی ہے کہ ابن عبدالوہاب نے جب مدینہ میں اپنی تعلیم مکمل کی تو وہ اس وقت تبلیغ کے لیے بہت زیادہ پرجوش دکھائی دیتے تھے اور اپنے اساتذہ سے خاصا متاثر تھے۔ ابن عبدالوہاب مدینہ سے عراق کے شہر بصرہ آئے اور یہاں انھوں نے مشہور زمانہ استاد اور محقق محمد المجموعی سے حدیث اور فقہ کی مزید تعلیم حاصل کی۔ محمد المجموعی نے بھی ابن سیف اور السندھی کی طرح انھیں لوگوں میں شرک اور بدعت جیسے عوامل سے آگاہ کیا اور توحید پرستی پر زور دیا۔ (۲۹) کہا جاتا ہے کہ المجموعی نے اپنے بچوں کو اجازت دے رکھی تھی کہ وہ بھی ابن عبدالوہاب کے ساتھ مل کر تعلیمی سرگرمیوں میں حصہ لیں۔ جب بصرہ کے حکمرانوں کو محمد ابن عبدالوہاب کی تعلیمی سرگرمیوں سے خطرہ محسوس ہونے لگا تو انھوں نے انھیں شہر بدر کرنے کا فیصلہ کر لیا، (۳۰) جب کہ ان کی جبری بے دخلی میں المجموعی کا کوئی ہاتھ نہیں تھا اور اسے اس فیصلے سے خاصا صدمہ ہوا۔ (۳۱)

کہا جاتا ہے کہ اپنے بصرہ کے قیام کے دوران ابن عبدالوہاب نے شیعہ اکابرین سے بھی ملاقاتیں کیں جس سے انھیں بعض نظریاتی، عدالتی اور مذہبی خیالات کی وضاحت میں مدد ملی۔ اکثر اوقات یہ فرض کر لیا جاتا ہے کہ ابن عبدالوہاب شیعیت کے بڑے مخالف تھے مگر انھوں نے صرف ایک کتاب میں شیعہ مکتب کی ایک شاخ 'رافضہ' کو ہدف تنقید بنایا تھا۔ (۳۲) اس کے علاوہ انھوں نے کبھی بطور خاص شیعہ مکتب فکر کو تنقید کا نشانہ نہیں بنایا، تاہم انھوں نے ان کی بعض تعلیمات کو توحید کی خلاف ورزی پر ضرور محمول کیا۔ (۳۳)

بصرہ کو الوداع کہنے کے بعد ابن عبدالوہاب، الزبیر وارد ہوئے۔ یہاں سے ان کی اگلی منزل شام کا شمالی علاقہ تھا، (۳۴) مگر الزبیر میں قیام کے دوران ان کے مالی حالات خراب ہو گئے اور انھوں نے مزید سفر جاری رکھنے کا ارادہ ترک کر دیا، (۳۵) اور عرب واپس آ گئے اور الحسیثہ کی جانب عازم سفر ہوئے۔ یہاں آ

کرانھوں نے شیخ عبداللہ ابن عبداللطیف کے ہاں قیام کیا۔(۳۶)

ابن عبدالوہاب کا الحیشہ میں قیام مختصر رہا اور نامعلوم وجوہات کی بنا پر انھوں نے شہر چھوڑ دیا اور حریمیلا کے لیے روانہ ہو گئے جہاں ان کے والد گرامی رہائش پذیر تھے۔(۳۷) انھوں نے دوبارہ اپنے والد کی راہنمائی میں بدعت اور شرک کے خلاف شد و مد سے کام شروع کر دیا۔(۳۸)

انھوں نے اپنی مشہور زمانہ کتاب 'کتاب التوحید' حریمیلا کے قیام کے دوران ہی تحریر کی جس کی متعدد کاپیاں فوراً ہی نجد اور اس کے اطراف میں بک گئیں۔(۳۹) حالاں کہ ان کے نظریات کو بعض لوگوں نے رد بھی کیا اور متاثر کن ابدی حقائق سے عاری قرار دیا مگر تاریخی حقائق سے یہ پتہ چلتا ہے کہ ان کے نظریات کے اثرات تھوڑے ہی عرصے میں دور دراز خطوں میں پھیل گئے جو نہ صرف باقی رہے بلکہ ایک تحریک کی شکل بھی اختیار کرتے گئے۔(۴۰)

یہ نہیں کہا جا سکتا کہ ہر کسی نے اس پیغام کو مثبت طریقے سے سمجھا۔ درحقیقت ابن عبدالوہاب کی تبلیغی سرگرمیوں اور منفرد انداز نے ان کے والد اور حریمیلا کے دیگر باسیوں کے درمیان خلیج کو گہرا کر دیا۔ چنانچہ ابن عبدالوہاب نے ۱۷۴۰ء میں اپنے والد کے انتقال تک اپنی تبلیغ کو روک دیا۔(۴۱)

والد کی رحلت کے بعد ابن عبدالوہاب نے اپنی تعلیمات دوبارہ شروع کر دیں۔ کچھ تاریخی مفروضوں سے پتہ چلتا ہے کہ انھوں نے توحید پرستی کے فلسفے کی مخالفت کرنے والوں کے خلاف اعلان جہاد بھی کیا لیکن تمام شواہد اس واقعے سے اتفاق نہیں کرتے اور اسے من گھڑت قرار دیتے ہیں۔(۴۲) ایسے وقت میں جہاد کا اعلان مناسب نہیں لگتا کیونکہ یہ ابن عبدالوہاب کی تعلیمات سے میل نہیں کھاتا اور اگر ناممکن نہیں تو غیر عملی ضرور تھا۔ اس وقت ابن عبدالوہاب کو کوئی سرکاری سرپرستی بھی حاصل نہیں تھی۔ نتیجتاً کسی عسکری قوت کی غیر موجودگی میں وہ جہاد کا بطور مقدس جنگ کیسے اعلان کر سکتے تھے، البتہ انھوں نے اپنی تبلیغ اور تعلیمات کا پرچار جاری رکھا جو رفتہ رفتہ مقبولیت حاصل کرتا گیا۔

بالآخر حریمیلا کے لوگوں پر ان کی تبلیغ کا اثر ہونے لگا اور وہ مالی مدد فراہم کرنے لگے۔ حریمیلا کا میدان ابن عبدالوہاب کی تعلیمات کے سیاسی اثرات کا ایک دلچسپ تجربہ ثابت ہوا، کیوں کہ مقامی لوگ اس کے ردعمل میں دو حصوں میں بٹ گئے۔ دو قبائل ان کی حمایت میں ثابت قدمی سے آگے آ گئے۔(۴۳) جب کہ حریمیلا کے دوسرے سیاسی اور مذہبی لوگوں نے ان کے پیغام سے قومی سالمیت کو خطرہ محسوس کرتے ہوئے متحد ہونا شروع کر دیا۔ وہ لوگ اس درجہ مخالفت پر اتر آئے کہ انھوں نے ابن عبدالوہاب کو قتل کرنے کی منصوبہ بندی شروع کر دی۔

اختلاف کی بنیادی وجہ ابن عبدالوہاب کی جنسی بد اخلاقی کے خلاف نفرت کا اظہار تھا۔ ان کا کہنا تھا کہ جنسی معاملات کو اسلامی تعلیمات کی روشنی میں ادا کرنا چاہیے اور اس کے لیے شادی کی راہ اپنانے کی ہدایت

کی۔اس کے ردعمل میں غلاموں کی اکثریت پر مشتمل ایک گروہ نے قتل کے ارادے سے رات کے پہر ابن عبدالوہاب کے گھر پر دھاوا بول دیا مگر ان کی جانب سے مدد کے لیے چیخ و پکار پر وہ لوگ بھاگ نکلے۔یوں عبدالوہاب کو قتل کرنے کی کوشش ناکام ہوگئی۔(۴۴)

ابن عبدالوہاب کے قتل کی ناکام کوشش کے بعد انھوں نے حریمیلا کو چھوڑنے کا فیصلہ کرلیا۔چنانچہ اس طرح وہ دوبارہ اپنے آبائی گاؤں الیجینہ لوٹ آئے جو اب دوبارہ تعمیر ہو چکا تھا اور وہاں عثمان ابن حامد ابن معمر حکومت کر رہا تھا۔ابن معمر ایک قابل حکمران تھا۔اس نے ابن عبدالوہاب کا کمال عزت سے استقبال کیا اور اپنے رشتے کی خالہ الجویریہ بنت عبداللہ ابن معمر سے عقد کر دیا۔(۴۵) رشتہ ازدواج میں منسلک ہونے کے بعد ابن عبدالوہاب نے ابن معمر کو توحید کے اصول سکھانے شروع کر دیے(۴۶)،تب ابن عبدالوہاب اور ابن معمر نے ایک سمجھوتہ طے کیا۔ابن عبدالوہاب نے اپنے مذہبی نظریات کو پھیلانے کے لیے تبادلے میں ابن معمر کی سیاسی حکمرانی کو نجد اور اس سے آگے تک پھیلانے کی یقین دہانی کرائی۔(۴۷) ابن معمر کی رضامندی سے ابن عبدالوہاب نے وسیع البنیاد تبلیغ اور دعوت عام کی شروعات کر دیں۔

محمد ابن عبدالوہاب اور ابن معمر کے درمیان طے پانے والا سمجھوتہ کئی لحاظ سے اہم تھا۔اول تو اس نے محمد ابن سعود اور ابن عبدالوہاب کے درمیان ہونے والے سمجھوتے کی راہ ہموار کی جو کہ آج بھی تیسری سعودی ریاست کی صورت میں جوں کا توں برقرار ہے۔مزید برآں یہ ایک ایسا طریقہ کار تھا جسے اٹھارویں صدی کے اسلامی دنیا سے وابستہ اصلاح کاروں نے بھی اپنایا۔اس طرح سیاسی مذہبی اتحاد وہابیت کے ایجنڈے کے حوالے سے کوئی نیا عمل نہیں رہا۔

دوئم،اس سیاسی اور مذہبی اتحاد سے ابن عبدالوہاب کے نظریات کا خوب احیا ہوا اور یہ بالآخر وہابیت کی صورت میں نمودار ہوا۔وہابیت میں توحید کی مذہبی توجیہہ اس طرح بیان کی جاتی ہے کہ توحید کے اصولوں پر مبنی مذہبی ہم آہنگی کا یقین دلانا ضروری ہے۔اس طرح دنیا کی تمام قوتوں پر خدا کی مطلق العنانی کا بے مثال تصور جڑ پکڑتا ہے اور خدا کے سامنے جواب دہی کا پہلو ابھرتا ہے اور سیاست اور ذاتی خواہشات میں شخصی عمل توحید کے معیاروں پر پرکھے جاتے ہیں۔یوں تمام سیاسی عمل توحید کے گرد گھومنے لگتا ہے۔

اس دور کا تیسرا اہم پہلو وہ تین امور تھے جو وہابیت کی تحریک سے منسوب ہونے لگے تھے،یعنی کسی مقدس درخت کا کاٹنا،مزار مسمار کرنا اور زانیہ کو سنگسار کرنا۔ان تینوں سرگرمیوں کے پس منظر میں توحید کے پیغام کو عملی طریقے سے روشناس کرانا مقصود تھا۔یہ امور وہابی تحریک کی بنیاد بنے اور ابن عبدالوہاب کی تعلیمات کے حوالے سے انتہا پسندی کی اہم مثال بن کر سامنے آئے۔ان تبدیلیوں نے نہ صرف ابن عبدالوہاب کو اپنے عہد میں شہرت عطا کی بلکہ صدیوں سے دنیا بھر میں وجہ نزاع بھی بنا رکھا ہے۔

ان تینوں واقعات کے تناظر میں ترتیب وار تفصیل سپرد قلم ہے۔(۴۸) توحید کے منشور پر عمل درآمد

کے حوالے سے سب سے پہلا قدم مقدس درختوں کے کٹاؤ کا انجام دیا گیا جو کہ ابن عبدالوہاب اور ابن معمر کے درمیان اتحاد کے بعد پہلا زینہ تھا۔ اس وقت الیجینہ میں کئی ایسے درخت موجود تھے جن پر مقامی لوگ مختلف اشیا آویزاں کر کے منتیں مرادیں مانگتے تھے۔ ابن عبدالوہاب ان رسوم کو گناہ سمجھتے تھے کیوں کہ یہ صریحاً توحید کی خلاف ورزی تھی۔ چنانچہ انھوں نے انتہائی قدم اٹھانے کا فیصلہ کیا۔ انھوں نے بہت سے لوگوں کو ان درختوں کو کاٹنے کے لیے معمور کیا، جب کہ قیمتی درختوں کو محفوظ بھی کر لیا گیا۔

ابن عبدالوہاب کا مقصد یہ تھا کہ وہ لوگوں میں توحید کے حوالے سے مثبت تبدیلی لائیں۔ ان کی جانب سے ان درختوں کے کٹاؤ کی خبر نے مقامی اور ارد گرد کے باسیوں کو ششدر کر دیا۔ اس عملی مظاہرے کا نتیجہ یہ نکلا کہ لوگوں میں ان کی تعلیمات کے حوالے سے انتہا پسندانہ عوامل نمو پانے لگے اور یہ بھی واضح ہو گیا کہ ابن عبدالوہاب اور ان کے پیروکار جہاں بھی رہائش پذیر ہیں، وہاں توحید کے معاملے پر کوئی سمجھوتہ نہیں کیا جائے گا اور ان کی تعلیمات کی رُو سے مذہب میں ان خرافات اور ضعیف الاعتقادی کی کوئی گنجائش نہیں تھی؛ یعنی وہابیوں کے نزدیک اسلام میں خدا کے علاوہ کسی دوسرے کے لیے پرستش یا عقیدت حرام قرار دے دی گئی۔

اسی طرح دوسرا اہم واقعہ حضرت عمر فاروقؓ کے بھائی اور حضرت محمدؐ کے صحابی جناب زید ابن الخطابؓ کے مزار کو مسمار کرنا تھا اور اس سے لوگوں کو یہ پیغام دینا مقصود تھا کہ توحید کے ماننے والے کیا مثال قائم کرنا چاہتے ہیں۔ (۴۹) دوسرے معاملات میں ابن عبدالوہاب نے اسی مزار کے اطراف میں تعلیم اور تبلیغ کا سلسلہ شروع کر دیا تھا۔ بہت سارے لوگ ان کی تعلیمات سے متاثر ہو کر اُن کے گرد جمع ہونا شروع ہو گئے تھے۔ صاحب مزار کے صحابی رسولؐ ہونے کی وجہ سے علاقے میں ان کے خاصے عقیدت مند موجود تھے، چنانچہ ان کے مزار کو مسمار کرنا کوئی اتفاقیہ وقوعہ نہیں ہو سکتا تھا بلکہ اسے جان بوجھ کر مسمار کیا گیا۔ ابن عبدالوہاب نے سوچے سمجھے منصوبے کے تحت اس مزار کا انتخاب کیا تھا، کیوں کہ خدا کی بجائے مذکورہ صحابیؓ لوگوں کی عقیدت کا مرکز بن چکے تھے۔

اس سلسلے میں ایک حدیث کی بازگشت بھی سنائی دی جس میں راوی سے منقول ہے کہ حضور پاکؐ نے قبروں کی پوجا اور عقیدت مندی سے منع فرمایا تھا۔ (۵۰) ممکن تھا کہ قبر سے عقیدت واحترام کا جذبہ رفتہ رفتہ خدا کی بجائے صاحب مزار کی عبادت میں تبدیل ہو جاتا، یہی وجہ تھی کہ ابن عبدالوہاب مزارات کو مسمار کرنے پر کمربستہ ہو چکے تھے اور اس کے پیچھے شریعت کو سمجھنے کی سوچ کا عمل دخل نہیں تھا۔

ابن عبدالوہاب کی شخصیت عملیت پسندی کی آئینہ دار تھی اور وہ مستقل مزاج مبلغ تھے۔ انھوں نے مزارات کی اہمیت اور لوگوں کی ان سے وابستہ توقعات کا ادراک کر لیا تھا۔ وہ جانتے تھے کہ مزار کے مسمار کرنے سے انھیں مقامی باشندوں کی جانب سے مدافعت کا سامنا کرنا پڑے گا۔ ابتدائی عہد کے مسلمان مزارات سے گہری وابستگی رکھتے تھے اور عقیدت مندوں کی آمد کی وجہ سے خاصی آمدنی بھی حاصل ہوتی تھی۔

اس لیے مقامی آبادی بھی اس مزار کے مسمار ہونے پر خاموش تماشائی کی طرح بیٹھنے والی نہیں تھی۔ نتیجتاً ابن عبدالوہاب نے ابن معمر سے تقریباً ۶۰۰ افراد کا دستہ لیا اور مزار کی جانب نکل کھڑے ہوئے۔ مقامی لوگ اس کی راہ میں مزاحم ہوئے لیکن جب انھوں نے ابن معمر اور اس کے ساتھیوں کی جانب سے جنگ کی دھمکی سنی تو پیچھے ہٹ گئے۔ درخت کاٹنے کے واقعے کی طرح جب لوگوں نے ابن عبدالوہاب کو اپنے ہاتھوں سے مزار کی اینٹ سے اینٹ بجاتے دیکھا تو دیکھنے والوں پر اس وقوعہ کا زبردست اثر پڑا اور ابن عبدالوہاب نے بھی سیاسی حمایت حاصل کر لی۔ اب لوگ ذاتی طور پر اس کی مخالفت میں سامنے آنے سے گریز کرنے لگے، کیوں کہ انھوں نے اپنی آنکھوں سے ابن عبدالوہاب کے ساتھ فوجی طاقت کی پشت پناہی کا عملی مظاہرہ دیکھ لیا تھا۔

مزار کی تباہی تین حوالوں سے اہمیت کی حامل تھی۔ اول، غیر وہابی عناصر پر وہابیت کی عسکریت پسندانہ ذہنیت مسلط ہو گئی، حالاں کہ ابن عبدالوہاب نے بذاتِ خود کسی ایسے کام کی حمایت نہیں کی تھی۔ اس تحریک کے مخالفین نے جب عوامی مقبولیت کے حامل مقامات کی تباہی دیکھی تو انھوں نے یہ فرض کر لیا کہ عسکریت پسندی اور مذکورہ تباہی دونوں ہی ابن عبدالوہاب کی تعلیمات کا ورثہ ہیں۔ اس طرح وہابیت کے حوالے سے جارحیت اور توسیع پسندی کی سوچ نے مقبولیت حاصل کی، حالاں کہ ان سرگرمیوں کے پیچھے ہرگز یہ عزائم کارفرما نہیں تھے۔

اس طرح ایک مزار کی تباہی سے وہابیوں نے دیگر مزارات مسمار کرنے کی تقلید شروع کر دی اور وہ مشہور مزارات کو تباہ کرنے کی کارروائیوں میں ملوث ہو گئے۔ اس طرزِ فکر سے وہابیوں اور شیعہ بشمول صوفیا کے مابین ہنوز تنازعات چلے آ رہے ہیں۔

سوئم، مزارات کی تباہی سے یہ حقیقت منکشف ہوئی کہ وہابیت صرف غیر مسلموں کے خلاف کسی تحریک کا نام نہیں ہے، کیوں کہ یہ مزارات ابتدائی دور کے مسلمان اکابر کی قبروں پر بنائے گئے تھے۔ وہابیوں کا مقصد بالکل واضح تھا کہ مسلمان قومیت کو بھی اپنے عقائد درست کرنے چاہئیں، کیوں کہ صراطِ مستقیم صرف توحید کی جانب رہنمائی کرتی ہے اور قدیم روایات سے ان کا کوئی تعلق نہیں ہے۔ اس طرح توحید کے معاملے میں مسلمانوں کے درمیان حدِ فاصل کھینچ دی گئی۔

مسلمان اسلاف کی یادگاروں کی تباہی سے مختلف نوعیت کا ردِ عمل سامنے آیا۔ یہ ابن عبدالوہاب کے چند ایک پیروکاروں کے لیے جوش و خروش کا باعث بنا اور وہ اس نوعیت کی سرگرمیوں کو دوہرا کر اپنے عقیدے کی مضبوطی کا اظہار کیا کرتے، جب کہ دوسرے لوگ یہ سمجھتے تھے کہ یہ حضرات اپنی تعلیمات کے منطقی نتیجے کے طور پر بہت دور نکل گئے ہیں۔ ابن عبدالوہاب کے نزدیک یادگاروں کی تباہی کوئی خاص اہمیت نہیں رکھتی تھی، کیوں کہ جائیداد کی تباہی سے انسانی بقا پر اثرات مرتب نہیں ہوتے، جب کہ جہاد کے حوالے سے انسانی اور

حیوانی زندگی کی بقا کا پہلو سب سے پہلے پیش نظر رکھا گیا تھا۔ محض اسلاف کی یادگاروں کو مسمار کرنا اس لیے ضروری سمجھا گیا کہ وہاں عقائد متاثر ہونے کا اندیشہ تھا، جب کہ ابن عبدالوہاب نے جائیداد کو نقصان پہنچانے کی کبھی اجازت نہیں دی۔ تیسرا اہم واقعہ جس میں زانیہ کو سنگسار کیا گیا تھا، ابن عبدالوہاب کے لیے خاصی پریشانی کا موجب بنا، کیوں کہ یہاں انسانی جان کا معاملہ درپیش تھا۔ حالاں کہ مخالفین نے اس واقعے کو جارحانہ انداز میں پیش کیا اور عورتوں سے بیزاری کو وہابیت سے مربوط کیا لیکن تاریخ شاہد ہے کہ ابن عبدالوہاب نے کبھی اس واقعہ کی اس پیرایے میں حمایت نہیں کی اور وہ اس انسانی معاملے پر ہمیشہ صدمے کا شکار رہے۔ (۵۱)

درحقیقت ایک عورت کو سنگسار کیا گیا تھا اور کہا جاتا ہے کہ اسے صفائی کا موقع دیا گیا اور نہ ہی مکمل چھان بین کی گئی تھی۔ وہ خاتون زنا کی مرتکب ہوئی تھی، اور انصاف کے لیے ابن عبدالوہاب کے پاس لائی گئی تھی، ابن عبدالوہاب نے تعزیرات اسلامی کے تحت اسے سنگسار کرنے کی حد جاری کی۔ مخالفین نے اس واقعے کو خوب اچھالا اور اسے اسلامی انتہا پسندی قرار دیا اور ابن عبدالوہاب پر یہ الزام عائد کیا گیا کہ وہ عورتوں سے بیزار ہے اور اس نے محض جنسی بے راہ روی پر موت کی سزا تجویز کی ہے اور پس پردہ وجوہات پر غور نہیں کیا۔

ابن عبدالوہاب کی شخصیت کا یہ پہلو اس انداز میں پیش کرنا سراسر ناانصافی پر مبنی ہے، کیوں کہ اس واقعے میں حقائق سے پردہ پوشی کی گئی اور حقوق نسواں سے متعلق اس کے اصل نظریات کو سمجھنے میں بھی کم ظرفی کا مظاہرہ کیا گیا ہے۔ (۵۲) چنانچہ اس مرحلے پر اسلامی تعزیر اور خواتین کے حوالے سے ابن عبدالوہاب کے نقطۂ نظر کی وضاحت ضروری ہوگئی ہے۔

کہانی اس طرح شروع ہوتی ہے کہ ایک خاتون ابن عبدالوہاب کے پاس آئی اور اس نے اعتراف کیا کہ اس سے زنا بالرضا سرزد ہوا ہے۔ زنا ایک ایسے عمل کا نام ہے جس میں کوئی مرد اور عورت نکاح کے بغیر جنسی تعلقات قائم کرے۔ چونکہ قرآن صرف شادی کو ہی اس معاملے میں قانونی جواز سمجھتا ہے، زنا اور بدکاری کی سختی سے مذمت کرتا ہے اور مذکورہ حرکت کو بھی سنجیدہ گناہ کے طور پر دیکھا گیا ہے اور زنا کو ان چار بڑے گناہوں کی فہرست میں شمار کیا جاتا ہے جن پر حد جاری ہوتی ہے (۵۳) اور اس کی احادیث میں تفصیل موجود ہے۔ (۵۴)

یہ امر نہایت اہم ہے کہ مذکورہ خاتون اپنی مرضی سے ابن عبدالوہاب کے پاس آئی تھی۔ اسے کسی نے مجبور نہیں کیا تھا کہ وہ اپنے گناہ کا اعتراف کرے، اسے اس کے کسی مرد رشتہ دار نے عدالت کے سامنے پیش نہیں کیا تھا اور نہ ہی اس کے پڑوسیوں نے اس پر جنسی بے راہ روی کا الزام عائد کیا تھا۔ ابن عبدالوہاب خود بھی اس کے اعتراف سے حیران تھے، کیوں کہ اب ان کے دیانت دار مبلغ ہونے کی حیثیت کو کڑی آزمائش کا

سامنا تھا۔ یہ امر بھی دلچسپی سے خالی نہیں ہے کہ انھوں نے موقع پر ہی اس خاتون کو سنگسار کرنے کا حکم نہیں دیا، حالاں کہ تعزیرات اسلامی کے تحت مجرم کے اعتراف گناہ پر وہ ایسا کرنے کے مجاز تھے۔ انھوں نے اس خاتون کے خاندان کے افراد کو ملاقات کی دعوت بھی نہیں دی اور نہ ہی انھیں یہ کہا کہ انھوں نے خاتون کی گناہوں سے توبہ کے لیے کوئی مثبت کام کیا ہے، بلکہ اس کی بجائے انھوں نے خاتون سے براہ راست بات چیت کی اور اسے اخلاقی بدعملی کا ذمہ دار قرار دیا۔ ابن عبدالوہاب نے اسے پاکیزگی سے روگردانی کرنے پر سرزنش کی اور شک کا فائدہ دینے کی کوشش کی۔ شاید وہ خاتون مثبت رویے اور شرمندگی سے نابلد تھی۔

اس فیصلے کا یہ آخری حل اس لیے تلاش کیا گیا تھا، کیوں کہ وہ خاتون اپنے جنسی رویے کو ترک کرنے کو تیار نہ تھی۔ مزید براں ایسا کوئی اشارہ نہیں ملتا کہ اس کے خاندان کے کسی فرد نے اس کی ناموس کے حوالے سے ابن عبدالوہاب سے کوئی رابطہ کیا ہو۔ (۵۵) اس مقدمے کو ابن عبدالوہاب کی جانب سے خواتین کے ساتھ ناانصافی کے معاملے پر ایک شہادت کے طور پر پیش کیا جاتا ہے۔ اس مقدمے کے تمام مراحل کے دوران اسے غیر اخلاقی سرگرمیوں ترک نہ کرنے اور اعتراف گناہ کرنے پر سزا دی گئی۔ اور ایسا انتہائی قدم اٹھانا پڑا۔

خاتون نے جنس مخالف کے ساتھ متعدد بار زنا کرنے کا اعتراف کیا اور وہ اپنے اس رویے پر نادم نہیں تھی اور نہ ہی باز آنے والی تھی؛ وہ یہ بھی جانتی تھی کہ اس کے اس عمل کا کیا نتیجہ نکل سکتا ہے، کیوں کہ ابن عبدالوہاب نے اسے ذاتی طور پر آگاہ کر دیا تھا، چنانچہ ابن عبدالوہاب نے اس کی ذہنی حالت کا اندازہ لگانے کے لیے تحقیق کی۔ یہ ممکن تھا کہ وہ خاتون مخبوط الحواس ہو اور ایسی صورت میں وہ شرعی طور پر اپنے عمل کی ذمہ دار قرار نہ پاتی۔ بحیثیت مجموعی کیا کوئی صحیح العقل شخص دانستہ طور پر گناہ کرنے کے بعد اپنے جرم پر سزائے موت کے لیے تیار ہو سکتا ہے؟

تفتیش کے بعد یہ حقیقت سامنے آئی کہ وہ خاتون باشعور اور صحیح الدماغ تھی تاہم ابن عبدالوہاب اب بھی اسے سنگسار کرنے کے حق میں نہیں تھے۔ شاید اس خاتون کے اس رویے کی کوئی اور وجہ ہو سکتی تھی۔ مثال کے طور پر کیا اس سے جبراً زنا کیا گیا تھا یا اسے اس کی مرضی کے خلاف یہ گناہ کرنے پر مجبور کیا جاتا تھا؟ ابن عبدالوہاب نے اس تناظر میں اس خاتون سے ایک اور ملاقات ترتیب دی، جس میں انکشاف ہوا کہ اس پر کوئی دباؤ نہیں تھا کہ وہ زنا کرے۔ وہ اجلاس کو چھوڑ کر باہر نکل گئی اور آزادانہ طور پر زنا کا ارتکاب کرنے لگی اور ہر بار وہ اس کا برملا اظہار کرتی۔

چنانچہ کئی ایک اجلاسوں کے بعد، یعنی دو مرتبہ اس کی مجبوری اور حالات کا جائزہ لیا گیا اور تین مواقع پر اسے گناہ آلود زندگی ترک کرنے کی ہدایت کی گئی اور تمام حربے ناکام ہونے کے بعد بالآخر مقامی علما کے دباؤ پر ابن عبدالوہاب نے نیم دلی سے اس خاتون کو سزائے موت سنانے پر رضامندی ظاہر کی۔ یہ کوئی ایسا معاملہ

نہیں تھا جس میں کوئی خاتون ننگے ٹخنوں کے ساتھ یا پردے کے بغیر لوگوں میں آ گئی ہو بلکہ یہ ایک ایسی خاتون کا مقدمہ تھا جس نے اپنے جرم کا اعتراف کیا تھا اور اس میں قرآنی شہادت یا لوگوں کی جانب سے فرد جرم عائد کرنے مثلاً حمل ٹھہرنے کا کوئی الزام شامل نہیں تھا۔ خاتون کو بار بار مواقع دیے گئے اور جنسی بے راہ روی ترک کرنے کی ہدایت کی گئی مگر اس نے ہر بار ان مواقع کو ٹھکرا دیا۔ اس خاتون کی جانب سے بار بار زنا جیسے گناہ کبیرہ کے اعتراف اور اس مسئلے پر احادیث کی موجودگی کے بعد ابن عبدالوہاب کے پاس اس کے علاوہ کوئی چارہ نہیں رہ گیا تھا کہ وہ مذکورہ جرم کی سزا کی حد نافذ کرتے، حالاں کہ وہ ذاتی طور پر اس فیصلے سے خاصا پریشان رہے۔(۵۶)

زانیہ عورت جو کہ ناجائز جنسی تعلقات میں مبتلا تھی، اس مقدمے کا فیصلہ ابن عبدالوہاب کے پیروکاروں کے لیے جو کہ مقدس کتاب اور اسلامی قانون سے گہری وابستگی رکھتے تھے، ایک اہم سنگ میل ثابت ہوا۔

ابن عبدالوہاب اور دوسرے مقامی علماء نے ریاکاری کے بغیر فیصلہ دیا تھا۔ ان علما کی جماعت جس نے ابن عبدالوہاب کو مجبور کیا تھا کہ وہ مجرمہ کو سنگساری کی سزا دے، انھوں نے منافقانہ طور پر اس واقعہ کو مقامی سیاسی رہنماؤں کے جذبات کو بھڑکانے کے لیے استعمال کیا اور کہا کہ ابن عبدالوہاب عوام الناس کو انتظامیہ کے خلاف اکسا رہا ہے۔(۵۷) انھوں نے ابن عبدالوہاب کی مخالفت اور بدنامی کے لیے اپنی مہم میں اس کی تعلیمات کے متعلق منفی باتیں پھیلاتے ہوئے انھیں عسکریت پسندی کا نقطۂ آغاز اور علاقائی سلامتی کے لیے خطرہ قرار دیا۔

ابن عبدالوہاب کی زندگی میں ہمیں کئی ایک مواقع پر مقامی مذہبی اور سیاسی رہنماؤں کی طرف سے ان کی مخالفت اور ان خطرات کی طاقت کو لاحق خدشات کی بازگشت سنائی دیتی ہے اور علما کے ساتھ بار بار متصادم ہونے کی وجہ سے انھیں متعدد مرتبہ علاقہ بدر ہونا پڑا۔

علما کرام کو اپنے مذہبی اثر و رسوخ کی وجہ سے عوام میں مخصوص طاقت کا حامل طبقہ تصور کیا جاتا ہے۔ یہ لوگ نہ تو کسی اہم منصب پر فائز کیے جاتے ہیں اور نہ ہی انھیں سرکاری طور پر لائسنس یافتہ عالموں کی جانب سے نامزد کیا جاتا ہے اور نہ ہی اسلام میں ایسا کوئی تصور موجود تھا۔ یہ لوگ صرف ایسے استاد ہوتے ہیں جن کے ذمہ اسلامی تعلیمات کا پرچار ہوتا ہے۔ یہ قرآن، حدیث اور اسلامی قوانین اور ان کے اظہار کا علم رکھتے ہیں۔ کئی ایک اسلامی ممالک میں یہ سرکاری عہدوں پر بھی برقرار ہیں لیکن تاریخی حوالے سے یا عموماً ایسا نہیں ہوتا ۔بہتر ہے کہ انھیں ایک سماجی طبقے سے تشبیہ دی جائے، نہ کہ انھیں سرکاری عہدے پر یا کسی ادارے سے منسوب کیا جائے۔

ان علما کی قوت کا انحصار ان کی علمی استعداد، تبلیغی معیار اور شاگردوں کی تعداد پر ہوتا ہے اور ان عوامل کی کمی وبیشی سے ان کا اختیار قرار پاتا ہے۔ ابن عبدالوہاب کے دور کے علما کو بھی یہ تشویش لاحق تھی کہ لوگ ان

سے وفاداری تبدیل کر کے مخالف گروہ میں شامل ہو جائیں گے۔ ابن عبدالوہاب کو بدنام کرنے، انھیں اپنے مقام سے نیچے گرانے اور نظرانداز کرنے کے علما کے ہتھکنڈوں نے وہابیت کے خلاف افواہوں، منفی اثرات اور بحث وتکرار کو جنم دیا ہے۔

علما کو ابن عبدالوہاب سے سب سے بڑا خطرہ یہ محسوس ہوتا تھا کہ ان کی تعلیمات کے نتیجے میں وہ لوگ کمزور اور عضو معطل بن کر رہ جائیں گے۔ ابن عبدالوہاب کی جانب سے روایت پرستی اور ماضی کی تقلید کی مخالفت سے علما کی مذہبی معاملات پر دسترس، مقدس کتب پر اظہار خیال اور اسلامی قانون اور مقامی لوگوں کی سوچ پر پہرے بٹھانے کے عمل کو دھچکا لگ سکتا تھا۔ ابن عبدالوہاب مسلمان مرد وزن پر یہ زور دیتے تھے کہ وہ انفرادی طور پر قرآن وحدیث کا مطالعہ کریں اور نہ صرف علما کی اجارہ داری سے بچیں بلکہ اہم امور پر ان سے گریز کریں۔

ابن عبدالوہاب علما کے وجود سے خائف نہیں تھے اور نہ ہی انھیں مکمل طور پر نظرانداز کرتے تھے۔ وہ چاہتے تھے کہ یہ لوگ جدید علم سے بہرہ ور ہوں۔ وہ اس شخص کو عالم سمجھتے تھے جو روایتوں پر بھروسہ کرنے کی بجائے قرآن اور حدیث سے تمسک کریں۔ (۵۸) انھیں اپنے دور کے علما سے یہ شکایت تھی کہ ان کا علم محض قانونی کتابچوں اور اصول تفسیر پر مبنی ہے اور وہ قرآن واحادیث سے براہِ راست مستفید نہیں ہوتے۔

ابن عبدالوہاب نے کوشش کی کہ علما کے کردار کو محدود کیا جائے اور ہر مسلمان، قرآن اور حدیث کا مطالعہ انفرادی سطح پر خود کرے۔ وہ اپنے پیروکاروں سے توقع رکھتے تھے کہ وہ علما کی اسی علم کی بنیاد پر جانچ کریں۔ انھیں اپنے تجربے کی روشنی میں یہ خدشات لاحق تھے کہ کوئی مسلمان بھی علم کے بغیر دوسرے مسلمان کی تعلیمات یا رائے کا ادراک نہیں کرسکتا، خواہ وہ درست ہی کیوں نہ ہوں، اور جہالت کی وجہ سے بہترین امانت دار مسلمان بھی بے راہ روی کا شکار ہو سکتے ہیں اور وہ خود اپنی حیات میں کئی مرتبہ اس کا مشاہدہ کر چکے تھے۔ ان خدشات کی بنیاد پر ہی انھوں نے غیر لچکدار تعلیمات کا اجرا کیا جس میں مسلمان کو ہر قیمت پر صرف خدا کی دنیا میں زندہ رہنا تھا اور مبالغہ آمیزی پر اندھا اعتقاد، بھٹکے ہوئے لوگوں سے رہنمائی حاصل کرنا سب غلط تھا۔

ابن عبدالوہاب علما کی جانب سے قرآن وحدیث سے واقفیت کے فقدان کی وجہ اس کتابی علم اور تعلیم کو قرار دیتے جو انھیں پڑھایا اور سکھایا گیا تھا۔ (۵۹) انھوں نے علما کو طعن وتشنیع کا نشانہ بناتے ہوئے کہا کہ ان کے پاس صرف زبانی یا لفظی علم ہے۔ وہ قرآن وحدیث کو جامعیت اور سیاق وسباق سے سمجھنے سے قاصر ہیں (یہ امر مضحکہ خیز ہے کہ ابن عبدالوہاب کو بھی علما کی جانب سے ایسے ہی الزامات کا سامنا کرنا پڑا)۔ فہم وسمجھ بوجھ سے یہ خطرہ پیدا ہوتا ہے کہ حقائق کا غلط مطلب اخذ کرلیا جاتا ہے مثلاً قرآن الحکیم (۲:۱۹۰:۹۱) میں مرقوم ہے کہ ''تم جہاں بھی مشرکوں کو پاؤ، قتل کر ڈالو''، اگر اس آیت کو سیاق وسباق کے بغیر پڑھا جائے تو اسے

بتوں کی پرستش کرنے والوں کے خلاف قتل کا حکم سمجھا جائے گا، تاہم اگر اسے تاریخی پس منظر سے سمجھنے کی کوشش کی جائے تو اس وقت معلوم ہوتا ہے کہ اسلام کے ابتدائی دور کے مسلمانوں پر مشرکوں کی جارحیت کے خلاف یہ حکم صادر ہوا تھا اور اس کا مقصد یہ تھا کہ مسلمان قومیت کو حملہ آوروں کے خلاف دفاع کرنے کا حق حاصل ہے اور مزید جانی نقصان سے بچنے کے لیے حملے میں پہل کا اعلان بھی ہے۔

ابن عبدالوہاب اس حقیقت سے بھی متنفر تھے کہ علمائے وقت رسوم ورواج، روایات اور اعتقادات کی روشنی میں اسلامی قانون کی تشریح کرنا اپنا استحقاق سمجھتے ہیں۔ انھوں نے الزام لگایا کہ جب علما کسی خاص قانونی رائے یا رواج کی حمایت کا فیصلہ کرلیں تو پھر الہامی احکامات کی پرواہ کیے بغیر بے چون وچرا اپنی رائے اس میں شامل کر لیتے ہیں۔ ابن عبدالوہاب ایسی حرکت کو انتہائی شرمناک قرار دیتے ہیں، کیوں کہ اس طرح خدا اور انسان برابری کی سطح پر آ جاتے ہیں اور ایسا طریقہ کار تو کبھی صحابہ کرامؓ نے بھی نہیں اپنایا تھا۔(۶۰) انھوں نے ایسی تمام بدعات کو شرک قرار دیا اور اپنے پیروکاروں کو ہدایت کی کہ وہ علما کے بغیر ایک خدا کی عبادت کریں اور اس کے غلام بنیں۔(۶۱)

ابن عبدالوہاب علما کے اس رویے سے بھی برانگیختہ تھے کہ ان لوگوں نے اکثر دقیانوسی اور کمزور مذہبی فہم وفراست اور قانونی مسائل کو فروغ دیا ہے۔(۶۲) ان کے نزدیک ماضی کے علما پر بھروسہ یا ان کی تقلید قابل فہم نہیں تھی۔ وہ قرآن وحدیث کی روشنی میں اجتہاد کے قائل تھے۔(۶۳) ان تمام عوامل کی وجہ سے ابن عبدالوہاب اس نتیجے پر پہنچے کہ علما کے دین کو اصل اسلام سے تعبیر نہیں کیا جا سکتا۔(۶۴)

علما میں کئی خامیاں تھیں، ان کی تعلیمات کے روزمرہ کی زندگی پر گہرے اثرات مرتب ہوئے تھے۔ ابن عبدالوہاب نے متعدد بار علما، امرا اور سیاسی رہنماؤں میں بددیانتی اور اقربا پروری کی نشاندہی کی۔ مثال کے طور پر انھوں نے خواتین کو وراثتی حقوق سے محروم کرنے کے لیے قاضی صاحبان کا اپنی منشا کے مطابق فتویٰ جاری کرنے کا تذکرہ کیا جو کہ سراسر اسلامی قوانین کی خلاف ورزی تھی۔ ابن عبدالوہاب نے واضح کیا کہ علما اپنی مذہبی ذمہ داریوں سے بھٹک چکے ہیں، چنانچہ سماجی اور اخلاقی تبدیلی کی اشد ضرورت محسوس کی جارہی تھی اور عوام میں یہ خلیج وسیع سے وسیع تر ہوتی جارہی تھی۔ چنانچہ ان حالات نے علما اور مقامی رہنماؤں کو ابن عبدالوہاب کی تعلیمات کے خلاف اکٹھا کر دیا۔

معاملات کو علما کے ہاتھ سے لینے کے علاوہ ابن عبدالوہاب نے ان سیاسی عناصر پر بھی نقطہ چینی کی جو ان کی مدد میں پیش پیش رہتے تھے، کیوں کہ وہ اقتصادی امداد کی وجہ سے خاصے طاقتور ہو چکے تھے اور اسی وجہ سے وہ اسلام میں من مانی تبدیلیاں کرتے رہتے تھے۔(۶۵)

تعجب نہیں کہ علما نے بھی ابن عبدالوہاب کی اس نقطہ چینی کا منفی انداز میں جواب دیا۔ انھوں نے بھی ابن عبدالوہاب کے خلاف بھرپور مہم چلائی اور ان کی تعلیمات اور فلسفے کو طاقت حاصل کرنے کا بھونڈا ذریعہ

قرار دیا۔ انھیں بدنام کرنے کی یہ منفی مہم آج بھی شدومد سے جاری ہے، حالاں کہ ابن عبدالوہاب کی اپنی تعلیمات میں ایسا کوئی پرتو نظر نہیں آتا۔ چنانچہ اس طرح علما کی جانب سے وہابیت کے خلاف چلائی گئی یہ مہم ان کی تعلیمات اور تاثر کے خلاف نقطہ آغاز ثابت ہوا۔

وہابیت کے خلاف الزامات کی طویل فہرست میں ملحدانہ اورنئی اختراعات کرنے جیسی مذہبی تبدیلیاں شامل ہیں اور ابن عبدالوہاب کو اسلام کے ایک نئے مذہب کے بانی کے طور پر پیش کیا گیا۔ (٦٦) ان پر رشوت خوری، بددیانتی، غیر وہابیوں کے قتل اور ان کی جائیداد کو نقصان پہنچانے، مقروض سے جائیداد ہتھیانے اور کھلم کھلا مرتد ہونے جیسے الزامات عائد کیے گئے۔ ابن عبدالوہاب اور اس کی تحریک ان اسلامی مکاتیب فکر میں شامل ہے جنھیں زیادہ ملامت کا سامنا کرنا پڑا، کیوں کہ اس کے بنیادی فلسفے میں قوت اور سماجی تبدیلی کا تواتر سے ذکر موجود ہے۔

ابن عبدالوہاب پر ایک اہم الزام یہ بھی عائد کیا جاتا ہے کہ انھوں نے ان لوگوں کے خلاف جارحیت کا ارتکاب کیا جنھوں نے ان کی تعلیمات سے اختلاف کیا اور اس الزام کو وقت گزرنے کے ساتھ ساتھ آنے والی نسلوں میں منتقل کیا جاتا رہا ہے جس میں وہابیوں کو خون کے پیاسے اور تشدد پسند کے کردار میں پیش کیا گیا ہے۔ ابن عبدالوہاب خود بھی ان الزامات سے بخوبی آگاہ تھے اور وہ ان کی برملا تردید بھی کرتے رہے۔ اس موضوع پر ان کا ایک فتویٰ بھی موجود ہے۔ ان سے ایک مسلمان کے گناہ آلود زندگی بسر کرنے کے معاملے پر رائے لی گئی، جب کہ اس شخص کو اس برائی کا کوئی پچھتاوا بھی نہیں تھا۔ سوال کی نوعیت سے صاف ظاہر ہوتا تھا کہ ابن عبدالوہاب سے جلد جواب کی توقع رکھی گئی تھی۔ یہ شخص مسلمانوں کے علاقے سے باہر رہتا تھا، اس لیے جہاد کو مقدس جنگ کا جواز بنا کر حملے کرنے کا خواہاں تھا۔ سوال کنندہ نے اس متوقع جواب کے متعلق علما سے رجوع کیا۔ علما نے واضح کیا کہ جو لوگ ان کا کہا نہیں مانتے، خصوصاً اسلامی معاملات میں علما کی باتوں پر کان نہیں دھرتے، وہ گنہگار اور بداخلاق ہیں اور ایسے اشخاص مسلمان نہیں ہیں اور ان کے خلاف جہاد جائز ہے، کیوں کہ اسلاف بھی یہی کہتے ہیں۔ (٦٩)

سوال کرنے والے کو ابن عبدالوہاب سے مثبت جواب کی ہرگز توقع نہ تھی۔ ابن عبدالوہاب نے علما کی وضاحتوں کی مذمت کی اور انھیں غلط قرار دیا اور ان کے انتہا پسندانہ رویے پر نکتہ چینی کی۔ ان علما کی تنگ نظری واضح تھی۔ ابن عبدالوہاب نے اس تمام واقعہ کو تاریخی پس منظر میں جانچنے کا مشورہ دیا تاکہ یہ دیکھا جا سکے کہ وہ کون سے عوامل اور حالات تھے کہ جس کی وجہ سے یہ عمل واقع ہوا، ظاہری وجوہات کو دیکھ کر اپنا فیصلہ مسلط نہیں کرنا چاہیے۔

خاص طور پر اس واقعہ کے بعد ابن الوہاب نے علما کو جنگ وجدل اور تشدد پر عمل پیرا ایسا طبقہ قرار دیا جو عوام پر اپنی طاقت برقرار رکھنے کے لیے ہر طرح کے ہتھکنڈے کو استعمال کرتا ہے اور جہاں تک ابن

عبدالوہاب کا تعلق تھا، وہ مذہبی معاملات میں ایسی آمیزش کے خلاف تھے جس کا سچائی اور سوجھ بوجھ سے کوئی واسطہ نہ ہو۔ وہ کہا کرتے تھے کہ لوگوں کو گمراہ کرنے اور ان کے عقائد کو بگاڑنے پر علما خدا کو جواب دہ ہیں۔

علما کو آڑے ہاتھوں لینے کے بعد ابن عبدالوہاب خود سے پوچھے گئے سوال کی جانب دوبارہ متوجہ ہوئے کہ ایک ایسے گنہگار مسلمان کے رویے پر کیا ردعمل ہونا چاہیے جو اپنے کیے پر نادم بھی نہ ہو؟ انھوں نے اپنے جواب میں قرآن حکیم کی آیت (۵:۴۱) کا حوالہ دیا کہ تمام مصیبتیں خدا کی جانب سے بطور امتحان آتی ہیں اور انسان کے بس میں کچھ نہیں ہے۔ خدا صرف یہ چاہتا ہے کہ کفار اور منافقوں کے خلاف جدوجہد جاری رکھو لیکن ابن عبدالوہاب نے اس جدوجہد کو جہاد سے تعبیر نہیں کیا بلکہ انھوں نے اسلام پھیلانے کے لیے قلم کے جہاد پر زور دیا اور جنگ کی اس صورت میں حمایت کی جب آخری لمحے تک اس کے علاوہ کوئی چارہ نہ رہے یا جب مسلمانوں کو مذہب تبدیل کرنے پر مجبور کیا جا رہا ہو۔ (۷۰)

رفتہ رفتہ ابن عبدالوہاب اور مذہبی و سیاسی حکام کے درمیان طاقت کے لیے جنگ کا ماحول سازگار ہونے لگا۔ ان کی مخالفت اور انھیں بدنام کرنے میں نہ صرف علما پیش پیش تھے بلکہ مقامی سیاسی طاقتیں بھی ان کی مخالفت پر اتر آئی تھیں۔ چنانچہ ابن معمر کی حفاظت میں ہونے کے باوجود ابن عبدالوہاب کے ساتھ ایک اہم واقعہ پیش آیا۔

ہوا یوں کہ الھیسا اور بنو خالد قبیلے کے طاقتور سردار سلیمان ابن محمد نے ابن معمر کو ابن عبدالوہاب کو مدد فراہم کرنے سے منع کیا اور انھیں قتل کرنے یا علاقہ بدر کرنے کا حکم دیا، اس حکم عدولی کے نتیجے میں ابن معمر کے قبیلے کو تمام خراج سے ہاتھ دھونا پڑتا۔ یہ محض دھمکی ہی نہیں تھی، کیوں کہ ابن معمر کو ایک وسیع علاقے سے بے دخل کر دیا جاتا، جس کا مطلب یہ تھا کہ اسے وہاں سے حاصل ہونے والی پیداوار یعنی بھاری مقدار میں فصلوں، کپڑوں اور ۱۲۰۰ گدھوں سے بھی محروم ہونا پڑتا۔ یہ تمام اشیا قابل ٹیکس تھیں اور ان سے ابن معمر کو خاصی آمدنی حاصل ہوتی تھی اور اگر مذہب کو بچانا مقصود تھا تو اس کے لیے اسے یہ تمام سہولتیں داؤ پر لگانا پڑتیں۔ ابن معمر ان تمام نتائج سے اچھی طرح آگاہ تھا۔ (۷۱) چنانچہ ابن معمر نے ابن عبدالوہاب کو خط لکھا اور تمام صورت حال سے آگاہ کیا اور تعاون کی درخواست کی۔ ابن عبدالوہاب نے جواباً مذہب اور عقیدے کو ہر چیز پر مقدم رکھتے ہوئے اسے ہر قیمت پر توحید کا دفاع کرنے کی ذمہ داری کا احساس دلایا اور سلیمان کی دھمکی کو اس کے لیے خدا کی جانب سے امتحان قرار دیا۔

تاہم ابن معمر کوئی خطرہ مول لینے پر تیار نہیں تھا۔ اس نے ابن عبدالوہاب کی حفاظت سے ہاتھ کھینچ لیا اور ان سے دوری اختیار کر لی اور یہ تصور کیا کہ شاید اس طرح اسے سلیمان کا تعاون بدستور حاصل رہے گا لیکن بدقسمتی سے سلیمان، ابن معمر کے اقدامات سے مطمئن نہ ہوا۔ (۷۲) سلیمان اور اس کے ساتھیوں نے ابن معمر اور ابن عبدالوہاب پر دباؤ جاری رکھا۔ بالآخر ابن معمر نے مجبور ہو کر ابن عبدالوہاب کو دوسرا خط تحریر کیا اور

انھیں واضح طور پر بتا دیا کہ سلیمان نے انھیں قتل کرنے کا حکم دیا ہے اور دھمکی دی ہے کہ اس سے زرخیز زمین واپس لے لی جائے گی جس سے اس کی فوج اور وہ خود کمزور ہو جائے گا۔ اس نے ابن عبدالوہاب کو مشورہ دیا کہ وہ بارضا ورغبت یہ علاقہ چھوڑ دیں، کیوں کہ وہ انھیں زخمی یا مردہ حالت میں نہیں دیکھنا چاہتا۔ حالاں کہ ابن معمر اب بھی ابن عبدالوہاب کی تعلیمات کا احترام کرتا تھا، وہ اپنے عوام کی خدمت کی ذمہ داری کو بھی سمجھتا تھا اور کسی معقول وجہ کے بغیر کسی کو بھی علاقہ بدر نہیں کرسکتا تھا۔

اس نے ابن عبدالوہاب کو یقین دلایا کہ وہ جہاں بھی جانا چاہتے ہیں، انھیں مکمل تحفظ اور حفاظت کے ساتھ روانہ کیا جائے گا۔ ابن عبدالوہاب نے اس سے دو گھوڑ سوار مہیا کرنے کی درخواست کی جن کی معیت میں وہ دیریہہ جانا چاہتے تھے۔ ابن معمر نے ان کی خواہش کا احترام کیا۔ کچھ لوگوں کا یہ خیال بھی ہے کہ ان گھوڑ سواروں کو ابن عبدالوہاب کو راستے میں قتل کرنے کی ذمہ داری سونپی گئی تھی لیکن ان سواروں نے بذات خود اس الزام سے انکار کیا۔ ابن معمر کو احساس تھا کہ یہ اقدام اس نے سیاسی مصلحت کے تحت اٹھایا تھا۔ ان تمام واقعات کا ابن عبدالوہاب کی تعلیمات پر کوئی اثر نہیں ہوا اور انھوں نے اپنی سرگرمیاں بدستور جاری رکھیں۔ (۷۳)

دیریہہ پہنچنے کے بعد ابن عبدالوہاب نے عبداللہ ابن عبدالرحمن ابن سویلم اور اس کے عم زادہ حامد ابن سویلم کے ہاں قیام کیا، تاہم جلد ہی انھوں نے مقامی رہنما محمد ابن سعود کو مطیع بنانے کا فیصلہ کرلیا۔ (۷۴) العیجینہ میں قیام کے دوران ابن عبدالوہاب نے فوراً ہی دیریہہ میں اپنی تبلیغی سرگرمیاں کا آغاز نہیں کیا اور نہ ہی محمد ابن سعود کو دعوۃ کا پیغام بھیجا بلکہ اس کی بجائے انھوں نے چھوٹے چھوٹے گروہوں میں چوری چھپے تبلیغی سرگرمیوں کا آغاز کر دیا۔ جب ان کے شاگردوں میں اضافہ ہونے لگا تو انھوں نے دو اندھے عالموں اور ایک عالمہ فاضلہ خاتون پر مشتمل ایک وفد محمد ابن سعود کی بیوی اور اس کے بھائی کے پاس روانہ کیا اور ان تک اپنا پیغام پہنچایا جو کہ توحید کی دعوت پر مشتمل تھا۔ (۷۵)

محمد ابن سعود کی بیوی وہ پہلی خاتون تھی جس نے ابن عبدالوہاب کے اس خیال کو کہ محمد ابن سعود کو خدا نے خاص کام کرنے کے لیے منتخب کرلیا ہے، من وعن تسلیم کرلیا اور اسے اپنے خاوند تک پہنچانے کی ذمہ داری قبول کی۔ اس طرح اس کے دو بھائی تھنایان اور مسہاری بھی قائل ہو گئے اور انھوں نے بھی محمد ابن سعود کو توحید کی دعوت کو پھیلانے اور اس کی نشر واشاعت کے لیے مجبور کیا۔ (۷۶) ان تینوں کے اصرار پر محمد ابن سعود نے حکم دیا کہ ابن عبدالوہاب کو ان کے محافظوں کی معیت میں باحفاظت اس کے پاس لایا جائے، مگر اس کے بھائی نے اسے یہ باور کرانے کی کوشش کی کہ اس کا بانفس نفیس وہاں تشریف لے جانا زیادہ بہتر ہوگا تو محمد ابن سعود، ابن عبدالوہاب سے ملنے خود ہی ان کے گھر پہنچ گیا۔

ابن عبدالوہاب نے محمد ابن سعود کا گرم جوشی سے استقبال کیا اور اسے توحید کا پیغام پہنچا دیا اور اس

سے یہ وعدہ لیا کہ اگر وہ فلسفہ توحید کو پھیلانے، شرک کو ترک کرنے، جہالت کے خاتمے اور لوگوں کے مابین عدم مساوات کو ختم کرنے کا یقین دلائے تو خدا اسے اور اس کی اولاد کو نجد اور اس کے اطراف میں حکومت عطا کرے گا۔(۷۷) یہ امر بالکل واضح تھا کہ ابن عبدالوہاب کی دلچسپی کا محور دین اور توحید تھا لیکن وہ عملیت پسند بھی تھے اور سمجھتے تھے کہ کوئی بھی سیاسی رہنما مذہب کی خاطر خطرات مول لینے پر تیار نہیں ہوگا تا آنکہ اسے دنیاوی انعامات کا لالچ نہ دیا جائے۔

اس طرح ۱۷۴۴ء میں ابن عبدالوہاب اور محمد ابن سعود کے درمیان اولین سعودی سلطنت کی بنیاد رکھ دی گئی اور اس پر صدق دل سے حلف اٹھا لیا گیا۔(۷۸) اس سمجھوتے کی رو سے ابن عبدالوہاب مذہبی معاملات کا ذمہ دار قرار پایا اور محمد ابن سعود کے سپرد سیاسی اور فوجی معاملات کر دیے گئے اور دونوں نے یہ عہد بھی کیا کہ وہ ایک دوسرے کے معاملات میں مداخلت کے مرتکب نہیں ہوں گے۔

اس اتحاد میں جلد دراڑیں نمودار ہونے لگیں۔فوجی سرگرمیوں اور مذہبی معاملات میں عدم مداخلت کے ضمن میں واضح تضادات موجود تھے۔اگر ابن سعود، ابن عبدالوہاب سے یہ توقع کر رہا تھا کہ وہ جہاد کے نام پر طاقتور ہونے اور علاقے میں فوجی استحکام حاصل کرنے کے لیے من مانی کر سکتے ہیں تو یہ اس کی خام خیالی تھی۔محمد ابن سعود کی جانب سے الدیریہہ پر اولین قبضے کے عمل کو عبدالوہاب نے نہ تو سراہا اور نہ ہی اس کی مخالفت کی۔ وہ امید کر رہے تھے کہ ابن سعود فتح کے شادیانے بجانے کے بعد اپنے اصل کام یعنی مذہبی اصلاحات کی جانب توجہ دے گا مگر ابن عبدالوہاب نے ابن سعود کی فوجی سرگرمیوں میں مصروفیت کے باعث اس کی حمایت سے خاموشی اختیار کر لی اور خود کو روحانی اور مذہبی معاملات کے لیے وقف کر دیا، کیوں کہ ابن عبدالوہاب جہاد کو توسیع پسندی کے لیے استعمال کرنے کے حامی نہیں تھے۔

بحیثیت سیاسی رہنما (امیر) ابن سعود اور بطور پیشوا (امام) ابن عبدالوہاب کے درمیان حدود کے تعین اور ان کے مطلوبہ کردار کے حوالے سے کھچاؤ واضح ہو رہا تھا، کیوں کہ ان کے لائحہ عمل کے تحت امیر صرف فوجی، سیاسی اور اقتصادی امور کا ذمہ دار تھا، جب کہ امام کو مذہبی معاملات طے کرنا تھے،(۸۰) اور صرف امام ہی جہاد کو بطور مقدس جنگ جاری کرنے کا اختیار رکھتا تھا اور وہ بھی جب مذہب کے دفاع کا معاملہ درپیش ہو۔ جہاد کو طاقت، دولت یا شان وشوکت حاصل کرنے کے لیے استعمال نہیں کیا جا سکتا تھا۔(۸۱) امیر اگر فوجی قوت کے استعمال کو ناگزیر تصور کرتا تب بھی اس کے پاس یہ اختیار نہیں تھا کہ وہ جہاد کے نام پر عسکری سرگرمیاں جاری رکھے، یہ اختیار صرف امام کو تفویض تھا۔اس طرح ابن عبدالوہاب ہی اصولی طور پر اس قابل تھے کہ وہ جہاد کو مذہبی دائرے کے اندر محدود کر سکتے تھے۔

حالاں کہ شاہدین اور تاریخ دان یہ سمجھتے ہیں کہ ۱۷۴۴ء کے اتحاد کے بعد ابن سعود نے جو بھی فوجی سرگرمیاں انجام دیں، وہ جہاد کا حصہ تھیں لیکن ابن عبدالوہاب کی تعلیمات اور تحریریں اس مفروضے کی نفی کرتی

ہیں۔فوجی سرگرمیوں اور دیگر وجوہات کی بنا پر ابن عبدالوہاب کی سعودی اتحاد سے ۱۷۷۳ء میں بطور امام علیحدگی اس بات کی غماز ہے کہ انھوں نے کبھی فوجی کارروائیوں کی بڑھ چڑھ کر حمایت نہیں کی۔(۸۲) اس اتحاد کی تشکیل کے بعد بھی ابن عبدالوہاب کی تحریروں اور مذہبی سرگرمیوں سے یہ بات عیاں تھی کہ وہ ان معاملات کو طاقت کے استعمال کی بجائے بات چیت اور بحث مباحثے سے حل کرنے کے حق میں تھے، مثلاً مذکورہ اتحاد کے بعد ابن عبدالوہاب نے مقامی رہنماؤں، اسکالروں اور تمام عرب کے حکمرانوں کو دو سالوں تک مسلسل خطوط لکھے اور توحید کے متعلق اپنے نقطۂ نظر کی وضاحت کی اور اس تحریک میں شامل ہونے کی دعوت بھی دی۔(۸۳) بہت سے افراد نے مثبت جواب دیا تاہم عملی طور پر کوئی پیش رفت نہیں ہوئی۔وہ اس امر سے بخوبی آگاہ تھے کہ ابن عبدالوہاب اب محمد ابن سعود کے ساتھ اتحاد کی وجہ سے ایک طاقت ور شخصیت کے طور پر ابھر رہے تھے اور عوام میں بھی اس امر کو سراہا جار ہا تھا۔(۸۴)

جن لوگوں نے ابن عبدالوہاب کی دعوت پر مثبت ردعمل کا اظہار نہیں کیا تھا، انھیں کافر قرار نہیں دیا گیا جب کہ ان کے خلاف جہاد کو بطور مقدس جنگ استعمال کیا جا سکتا تھا۔اس کے باوجو ابن عبدالوہاب نے ان لوگوں سے جنگ میں الجھنے کی بجائے رسمی تعلقات کار کی بنیاد پر گفت وشنید اور بحث مباحثے پر اصرار کیا۔ ریاض اور واصم کی فتح اسی حکمت عملی کا نتیجہ تھی۔

ریاض کی فتح نہ تو طاقت سے عمل میں آئی اور نہ ہی یہ بہت جلدی ممکن ہوئی۔سعودیوں کو اس شہر کا مکمل کنٹرول حاصل کرنے میں ۲۷ برس کا عرصہ لگا۔اس دوران لوگوں پر دباؤ نہیں ڈالا گیا کہ وہ توحید کے نظریات سے ہم آہنگی پیدا کرنے کی کوشش کریں۔

فتح کا آغاز اس طرح ہوا کہ ابن عبدالوہاب نے وہاں کے حکمران دھام ابن داواس کو تبلیغ کی دعوت دی۔پہلے پہل ابن داواس نے اس پیش کش کو ٹھکرا دیا لیکن بعد ازاں وہابیوں کے ساتھ امن معاہدہ کر لیا۔اس سے یہ اہم پہلو سامنے آیا کہ غیر وہابیوں کے ساتھ معاہدہ کیا جا سکتا تھا۔وہابیت کی تعلیم کو ابتدائی طور پر رد کرنے سے فوری یا مستقل جنگی صورت حال کی نوبت نہیں آئی۔

وقت کے ساتھ ساتھ دھام ابن داواس بھی ابن عبدالوہاب کی تبلیغ سے متاثر ہونے لگا بلکہ اس نے وہابی علما کو یہ اجازت بھی دے دی کہ وہ ریاض میں تبلیغ کی غرض سے آ کر ٹھہر سکتے ہیں۔تاہم دھام ابن داواس نے اس معاہدے کی کئی ایک مرتبہ خلاف ورزی بھی کی اور یہی وجہ تھی کہ بالآخر ۱۷۷۳ء میں محتاط انداز میں فوجی کارروائی کی نوبت آئی تو یہ ریاض کی فتح پر منتج ہوئی۔(۸۵)

ریاض کی فتح کے بعد شہریوں کے خلاف کوئی انتقامی کارروائی یا تشدد نہیں کیا گیا، حالاں کہ وہابیوں کو یہ قانونی حق حاصل تھا کہ جن لوگوں نے جوش وخروش سے مخالفت کی تھی، انھیں پھانسی پر چڑھا دیا جاتا لیکن ایسی کوئی کارروائی نہیں کی گئی۔لوگوں کو عقیدہ تبدیل کرنے کے لیے مجبور نہیں کیا گیا اور نہ ہی ان کی جائیداد یا

دولت کو ضبط کیا گیا بلکہ ابن عبدالوہاب نے اس واقعہ کو لوگوں کو انصاف فراہم کرنے اور ان کے حفظ وامان کا موقع قرار دیا۔(۸۶) وہابیوں کی جانب سے اہم امور میں سڑکوں کی تعمیر کے ساتھ ساتھ حفاظتی اقدامات، ٹھیکے اور قانونی اور کاروباری لین دین کے ریکارڈ کے لیے اداروں کا قیام، ریاض اور دوسرے شہروں کے درمیان ذرائع نقل وحمل کو بہتر بنانا شامل تھا۔(۸۷) سقوط ریاض کے بعد یہ بات سامنے آئی کہ وہاں شہریوں کا قتل عام نہیں کیا گیا بلکہ ان کی حفاظت اور نقل وحمل کے لئے سہولتیں فراہم کی گئیں۔اس طرح شروع کی وہابی تحریک نے تباہی وبربادی پھیلانے یا قتل وغارت گری کو اپنا مقصد قرار نہیں دیا۔

اسی طرح واصم پر بھی مکمل قبضہ ہونے میں سات سال لگے(۸۸)، اور ریاض کی مثال کی طرح یہاں بھی ابن عبدالوہاب نے خطوط کے ذریعے مہم چلائی، حالاں کہ کچھ رہنماؤں نے مخالفت کی اور ان کی تعلیمات کو رد کیا لیکن اس کے باوجود واصم پر فوری طور پر فوجی کارروائی نہیں کی گئی، بلکہ ابن عبدالوہاب مذہبی مباحث پر زور دیتے رہے اور تبلیغ کے ذریعے تبدیلی کی حمایت جاری رکھی اور جارحیت سے اجتناب برتنے کی پالیسی اپنائی۔واصم پر قبضے کے لیے متعدد علما کے درمیان تبلیغ کے ذریعے علمی جنگ لڑی گئی۔مختلف علما کے درمیان ایک دوسرے کے خلاف تحریری لڑائی کا بازار گرم تھا اور حجاز سے تعلق رکھنے والے کئی ایک علما ابن عبدالوہاب کی تعلیمات کو جھوٹا ثابت کرنے پر تلے ہوئے تھے۔اس طرح لڑائی کا میدان مذہبی علما کے ہاتھ میں تھا اور بڑی فوجی کارروائی کی نوبت نہیں آئی تھی۔(۸۹) درحقیقت تاریخی حوالے سے پتہ چلتا ہے کہ واصم کے معاملے میں جو عسکری حکمت عملی اپنائی گئی، وہ معمولی نوعیت کی تھی اور محض ایک موقع پر شہر کو گھیرے میں لیا گیا، تاہم اس معاملے میں اقتصادی دباؤ بہترین حربہ ثابت ہوا۔

جن لوگوں نے ابن عبدالوہاب کی تعلیمات کا مثبت جواب دیا تھا، وہ کچھ عرصہ قبل الدیریہہ میں ہجرت کر کے آنے کے بعد ابن عبدالوہاب اور اس کے شاگردوں سے کسب فیض حاصل کر چکے تھے۔اس ہجرت کا مقصد حضور پاکؐ کی تقلید نہیں تھا بلکہ یہاں ہجرت کر کے آنے والے لوگ ابن عبدالوہاب اور اس کے شاگردوں کی تبلیغ سے فائدہ حاصل کرنا چاہتے تھے۔کئی ایک مواقع ایسے بھی آئے جب ابن عبدالوہاب نے لوگوں کو ہجرت پر مجبور کرنے کی بجائے اپنے مبلغان دین کو تبلیغ کے لیے ان کے پاس روانہ کیا۔ابن عبدالوہاب کی تعلیمات کی رُو سے ہجرت مذہب کی ضرورت نہیں ہے۔

حیرت انگیز طور پر ایک مرتبہ ایک ایسا گروہ بھی ان کے پاس آیا جس میں ان کا سابق محافظ اور محسن ابن معمر بھی شامل تھا۔اس نے ابن عبدالوہاب کو علاقہ بدر کرنے پر شرمندگی کا اظہار کیا اور ان کے العیجنہ واپس چلنے پر مصر ہوا اور اپنی وفاداری ثابت کرنے کے لیے بتایا کہ وہ وہابیت کی تعلیم پھیلانے کے لیے چھاپہ مار کارروائیوں میں ملوث رہا ہے، تاہم ابن عبدالوہاب نے اپنی بصیرت سے پہچان لیا تھا کہ ابن معمر، ابن سعود کی دولت اور طاقت سے متاثر ہے اور مذہبی اثرات کا غلبہ کم ہے۔چنانچہ ابن عبدالوہاب نے اس کے ساتھ

جانے کی خواہش رد کردی۔(۹۱) آخر کار ابن معمر نے الدیریہہ چھوڑ دیا اور الیجینہ واپس لوٹ آیا، بعد ازاں نئی سعودی ریاست کے خلاف غیر تعمیری سرگرمیوں میں ملوث ہونے کا الزام ثابت ہونے پر ابن معمر کو مقامی وہابیوں نے ۱۷۵۹ء میں الیجینہ کی مسجد میں پھانسی دے دی اور اس واقعہ نے ابن عبدالوہاب کو خاصا پریشان کیا۔(۹۲)

تحریک کے اندر بھی کئی اتار چڑھاؤ دیکھنے میں آئے جس میں سب سے اہم لوگوں کا الدیریہہ کی جانب ہجرت کا انتخاب تھا۔ ابن عبدالوہاب اسلامی عقیدے میں اصلاحات کی بصیرت کے ساتھ وفاداری نبھاتے رہے اور مسلسل تعلیم دیتے رہے۔ انھوں نے کبھی جہادی تنظیم نہیں بنائی، جس سے عسکری کارروائیاں انجام دیتے، دہشت گردی کی تربیت کے حوالے سے ہتھیار یا بم نہیں بنائے اور نہ ہی خودکش حملہ آور تیار کیے ۔جن لوگوں نے ہجرت کی، وہ لوگ اسے مذہبی تعلیم کے تناظر میں دیکھتے تھے اور بعض احادیث کی رو سے ہجرت کو بہتر عمل سمجھتے تھے۔

کچھ مہاجرین الدیریہہ آکے مایوس ہوئے۔ وہاں انھیں دین کی وہ تعلیم حاصل نہیں ہوئی، جس کی وہ امید کر رہے تھے۔ کچھ لوگوں نے اس مقام کو اپنی طاقت کو بڑھانے کے لیے طاقتور اڈے کے طور پر دیکھا، جہاں سے ابن سعود اپنی پوزیشن مضبوط بنا رہا تھا۔ انھوں نے ہجرت کو عسکری تربیت اور جنگ کی تیاری کا حصہ سمجھا تھا، چونکہ عرب ایک قبائلی معاشرہ ہے جس میں مال غنیمت کا واضح طور پر سیاسی اور اقتصادی کردار رہا ہے۔ نتیجتاً کئی مہاجرین نے الدیریہہ میں تعلیم کو امن وآشتی کے پیغام کی بجائے اسے عسکری سرگرمیوں کا محور تصور کیا۔ یوں ابن عبدالوہاب کا اسلام میں نئی اصلاحات کا مقصد دھندلانے لگا اور ابن سعود کی جانب سے ریاست کے استحکام کا عمل فروغ پاتا گیا۔ اس میں کوئی اچنبھا نہیں ہے کہ یہی وہ وقت تھا جب علمانے عسکری طور پر وہابیت کے خلاف مزاحم ہونے کے لیے متحد ہونا شروع کیا۔ انھوں نے وہابیوں کو جاہل، سفلی علوم کے ماہر اور کاذب قرار دیا اور ان عوامل کی وجہ سے وہابیوں سے لڑنا قرآن کی رو سے جائز قرار دیا۔(۹۴) یہ الزامات بے بنیاد اور غیر حقیقت پسندانہ تھے اور انھیں صرف فوجی کارروائی کے لیے جواز بنایا گیا تھا اور یہی وہ وقت تھا جب وہابیت کو خطرہ محسوس ہوا۔ آخر کار ابن عبدالوہاب نے وہابیت کے دفاع کے لیے جہاد کو جائز قرار دے دیا۔

تاہم یہ جہاد اپنی وسعت کے لحاظ سے خاصا محدود تھا۔ صرف افراد کے خلاف جنگ کو ضروری قرار دیا گیا تھا جو براہ راست بے عزتی یا حملے کا ارتکاب کریں (۹۵) اور اس میں صرف دفاعی نقطۂ نظر سامنے رکھا گیا تھا۔ تاہم یہ وہابیوں کا قانونی حق بھی تھا اور اس کے بعد کوئی متشدد کارروائی یا توڑ پھوڑ نہیں کی گئی اور نہ ہی لوگوں کو جبراً عقیدہ تبدیل کرنے پر مجبور کیا گیا۔(۹۶) ابن عبدالوہاب نے اس موقع سے فائدہ اٹھاتے ہوئے اپنے پیروکاروں کو یہ باور کروایا کہ مال غنیمت حاصل کرنے کا ہرگز یہ مطلب نہیں ہے کہ جنگ جیتنے والے امیر

سے امیر ترین ہو جائیں بلکہ جہاد کے دوران حاصل کی گئی اشیا صرف لوگوں کی ضروریات کو پورا کرنے کے لیے ہیں اور اس بات کو ثابت کرنے کے لیے ابن عبدالوہاب نے اپنے لیے مال غنیمت میں سے کبھی کوئی حصہ نہیں لیا۔(۹۷) مال ومتاع اکٹھا کرنے کے حوالے سے ابن عبدالوہاب کے تحفظات نے ابن سعود کے ساتھ اتحاد میں دراڑیں ڈالنا شروع کر دیں۔ ابن سعود کو قبائلی سردار ہونے کے باعث پر تعیش زندگی سے دور رہنے میں کوئی دلچسپی نہیں تھی، کیوں کہ اس کی رعایا اپنی وفاداری کے بدلے میں آرام طلب زندگی کی آرزومند تھی اور یہی وہ مقام تھا جہاں ابن عبدالوہاب اور ابن سعود کے درمیان کھچاؤ بڑھنے لگا۔

سعود خاندان کی جانب سے زمینوں پر قبضے کے معاملات نے ابن عبدالوہاب کو خاصا برانگیختہ کیا۔ مقامی لوگ اسلامی قوانین کی پاسداری نہیں کر رہے تھے اور انھوں نے پر تعیش زندگی اپنا رکھی تھی۔ ان کی جہالت کا ادراک کرتے ہوئے ابن عبدالوہاب نے مطالبہ کیا کہ وہ مادی آسائش ترک کر دیں اور اسلامی تعلیمات کو سنجیدگی سے اپنائیں۔ اس نے عبادات اور دوسری شرعی ذمہ داریاں ترک کرنے پر کڑی سرزنش کی۔ خصوصاً عشر اور زکوۃ ادا کرنے کا حکم دیا۔ انھیں چھوٹے اور بڑے شرک سے آگاہ کیا اور توحید کے ساتھ مضبوطی سے جمے رہنے کا وعدہ یاد کرایا،(۹۸) کیوں کہ یہ علاقہ آل سعود کے تصرف میں تھا اور انھوں نے توحید کے پیغام کو پھیلانے کا وعدہ بھی کر رکھا تھا۔ ابن عبدالوہاب نے عوام میں پھیلی ہوئی مادی عیاشیوں کی ذمہ داری بھی ان کے سر تھوپ دی۔

اس کے باوجود السعود نے اپنی طاقت اور پیسہ بڑھانے کے لیے عسکری توسیع پسندی جاری رکھی جب ۱۷۶۷ء میں محمد ابن سعود کا انتقال ہوا اور اس کا بیٹا عبدالعزیز تخت نشین ہوا تو مادی تعیش پرستی مزید بڑھ گئی اور الدیریہ اسلام کے مرکز کے طور پر مشہور ہونے کی بجائے طاقت اور دولت کے حوالے سے پہچانا جانے لگا۔ ابن عبدالوہاب کا دور غربت، مقدمات اور رکاوٹوں سے عبارت تھا، جب کہ عبدالعزیز دولت، طاقت اور عیش و عشرت کے سامان مثلاً روپے پیسے کے انبوہ، جائیداد، سونے چاندی سے مرصع ہتھیاروں اور اسلحہ، گھوڑوں، قیمتی اونٹوں، کپڑوں اور عیاشی کے دیگر لوازمات کے ساتھ نمایاں تھا۔(۹۹)

اسلام کے ساتھ وفاداری نبھانے کے لیے دولت اور طاقت کا تصور موجود نہیں اور نہ ہی خدا اس ارتکاز کو پسند کرتا ہے اور ان اشیا کی فراوانی تب ہی ممکن ہے جب مذہبی اصلاحات کو ترک کر دیا جائے۔ یہ حالات مختلف ہو چکے تھے۔ ابن بشیر لکھتا ہے کہ عبدالعزیز کے دور میں لوگ ماضی کی دنیا میں واپس جانا چاہتے تھے۔(۱۰۰) وہ مذہبی اصلاحات میں چنداں دلچسپی نہیں لیتے تھے۔ وہ مادی طاقت اور انعامات کے خواہاں تھے۔ قبائلی زندگی میں واپس لوٹنا چاہتے تھے، اس طرح مزید مذہبی تعلیمی کوششوں کی بجائے سیاسی اور فوجی طاقت کی جانب پیش قدمی کا رجحان واضح ہونے لگا۔

بالآخر ابن عبدالوہاب نے ۱۷۷۳ء میں ریاض کی فتح کے بعد امام کی حیثیت سے استعفیٰ دے دیا اور

تمام سیاسی اور اقتصادی سہولتوں کو واپس کر دیا۔ انھوں نے صحراؤں کی کمان بھی عبدالعزیز کے سپرد کر دی اور اپنے پیروکاروں اور بیت المال (خزانہ) کو بھی اس کی کمان میں دے دیا۔(۱۰۲) عبدالعزیز توحید کے نظریے کو نجد کی سرحدوں سے باہر باقی ماندہ عرب، عراق اور شام تک پھیلانا چاہتا تھا۔(۱۰۳) اس کے اس عمل سے واضح تھا کہ السعود کا خاندان اپنے علاقے اور طاقت کو مذہبی جواز یا اس کے بغیر ہی بڑھاوا دینا چاہتا تھا۔ یوں 'سعودی وہابی' طاقت ۱۷۹۲ء سے ۱۸۱۴ء تک اپنی بلندیوں کو چھو رہی تھی اور اس سے بہت پہلے ہی ابن عبدالوہاب شہری زندگی کو ترک کر چکے تھے۔

ابن عبدالوہاب نے عبدالعزیز سے مشاورت جاری رکھی لیکن انھوں نے سعودی فوجی سرگرمیوں سے کوئی علاقہ نہ رکھا۔ انھوں نے خود کو تعلیم، تبلیغ اور عبادت کے لیے وقف کر دیا۔ حتیٰ کہ ۱۷۹۱ء یا ۱۷۹۲ء میں وہ مالک حقیقی سے جا ملے۔(۱۰۴) ان کے لواحقین میں چار بیٹے تھے جو جید عالم بنے اور متعدد شاگرد تھے جو ان کے نظریات کے امین تھے۔(۱۰۵)

اختتامیہ

ابن عبدالوہاب کے نظریات کے اثرات ان کی موت کے بعد بھی موجود ہیں۔ چاہے وہ مذہبی تبلیغ ہو یا اس کا جدید اسلامی نقطۂ نظر، دونوں کا سفر آج بھی جاری و ساری ہے۔ ان کی تمام حیات اس بات کی غماز ہے کہ وہ اسلام کی بنیادی فکر سے استفادہ کرنے کے لیے قرآن و حدیث سے رجوع کرنے کے داعی تھے۔ وہ توحید پرست تھے اور شرک سے کوسوں دور تھے۔ وہ تقلید کے منکر اور اجتہاد کے قائل تھے۔ انھوں نے خواتین کے حقوق کے لیے آواز بلند کی۔ جہاد کی اصل روح کو سمجھایا۔ تشدد پسندانہ رویوں کی حوصلہ شکنی کی اور بحث و مباحثے اور تعلیم و تبلیغ کی اہمیت کو ہمیشہ اجاگر کیا۔

References:

1. In this respect, Najd fit into a broad pattern of eighteenth-century reform because it reflected the general tendency toward regional, provincial, and local autonomy and independence from centralized rule. From a political perspective, the eighteenth century is viewed as a period of weakness in the Muslim world because of the deterioration apparent in the great Muslim empires during this time.
2. For an excellent analysis of the eighteenth-century Islamic world, see John Voll, Islam: Continuity and Change in the Modern World. 2d ed. (Syracuse: Syracuse University Press, 1994), esp.24-83

3. This science of hadith authentication came under strong academic criticism in the twentieth century.

4. See, for example, the Egyptian historian, al-Jabarti's, observation of his encounter with Wahhabi scholars as found in Abd al-RRahman al-Jabarti, 'Abd al-Rahman al-Jabarti's History of Egypt, ed. Thomas Philipp and Moshe Perlmann, 4 vols. (Stuttgart: Franz Steiner Verlag, 1994), 3-4:321

5. The Suydanese Mahdi is good example of a later movement that sought to recreate literally the early Muslim community.

6. Esposito has noted, "Islamic revivalism is not so much an attempt to reestablish the early Islamic community in a literal sense as to reapply the Quran and Sunna rigorously to existing conditions." See John L. Esposito, Islam: The Straight Path, 4th ed. (New York: Oxford University Press, 1998), 117-18

7. Important research on this practice has been carried out in recent years, most notably by Wael Hallaq.

8. A more militant approach was undertaken by nineteenth-century movements that claimed inspiration from the teachings of eighteenth-century reformers but took a more activist political-military approach.

9. Although this type of religio-political alliance was a characteristic of the eighteenth-century reform movements, it was not unique to this time period. The Hanbali school of Islamic law supported this type of arrangement historically, both during the caliphate and during the medieval ear, as recorded in the works of Ibn Tyamiyya. See George Makdisi, "The Sunni Revival" in Islamic Civilisation, 950-1150: A Colloquium Published under the Auspices of the Near Eastern History Group, Oxford, and the Near East Center, University of Pennsylvania, ed. D. S. Richards (Oxford: Faber, 1977), 164-65; and Joseph A. Kechichian, "The Role of the Ulama in the Politics of an Islamic State: The Case of Saudi Arabia," Middle East Studies 18 (1986): 54.

10. Paralleling the life of the individual shoes biography is being written with that of the Prophet Muhammad is a literary style often found in biographies that seek to set the

individual in question strongly within the Islamic tradition.

11. An example of questionable factual material isn the assertion of an anonymous author that Ibn Abd al-Wahhab studied philosophy in Hamadan, Qum, and Isfahan in the Iran during the course of his travels. Anonymous. Lam al-Shihab fi-Tarikh Muhammad bin Abd al-Wahhab, ed. Ahmad Abu Hakima (Beirut: n.p., 1967).

12. I have only encountered one drawing that was purportedly of Ibn Abd al-Wahhab. Futher research revealed that it was mislabeled. It is actually a drawing of Abd Allah ibn Saud following his capture by the Ottomans.

13. Uthman Ibn Bishr, Unwan al-Majd fi Tarikh Najd, ed. Abd al-Rahman bin Abd al-Latif bin Abd Allah Al al-Shaykh. 2 vols. (Riyadh: Matbu'at Darat al-Malik Abd al-Aziz, 1402H/1982), 1:62

14. Mohamed A. al-Freih, "The Historical Background of the Emergence of Muhammad Ibn Abd al-Wahhab and His Movement," Ph.D. diss. University of California at Los Angeles, 1990, 335.

15. Ibn Bishr, Unwan al-Majd fi Tarikh Najd, 1:33

16. Memorization of the Quran generally precedes other types of religious education and marks the entrance of the memorizer into religious adulthood.

17. Husayn Ibn Ghannam, Tarikh Najd, 2 vols, 4th ed. (Beirut: Dar al-Shurug 1994), 1:25-25.

18. Ibn Bishr, Unwan al-Majd fi Tarikh Najd, 1:33.

19. Ibn Ghannam, Tarikh Najd, 1:146; Ibn Bishr, Unwan al-Majd fi Tarikh Najd, 1:33.

20. Ibn Bishr, Unwan al-Majd fi Tarikh Najd, 1:34.

21. Ibid., 34-35. See also Ibn Ghannam, Tarikh Najd, 1:172.

22. Examples of those having encountered actual Wahhabis and examined that teachings include the Egyptian historian Abd al-Rahman al-Jabarti.

23. Algar (Wahhabism, 7 and 11).

24. al-Freih, "Historical Background," 331.

25. Ibn Bishr, Unwan al-Majd fi Tarikh Najd, 1:6.

26. The assertion of Ibn Abd al-Wahhab's study of and heavy reliance on Ibn Taymiyya has been made for many years,

beginning with the works of Henri Laoust and continuing through Algar (Wahhabism, 8-10).

27. Ibn Bishr, Unwan al-Majd fi Tarikh Najd, 1:35.

28. Ibid., 36.

29. Ibn Bishr, Unwan al-Majd fi Tarikh Najd, 1:36.

30. This is a repeat of the pattern in which opposition to Ibn Abd al-Wahhab's teachings arises only when a threat to the power structure of the day is perceieved.

31. Ibn Bishr, Unwan al-Majd fi Tarikh Najd, 1:36.

32. Muhammad Ibn Abd al-Wahhab, "Risalah fi al-Radd alal al-Rafidah," in Mu'allafat al-Shaykh al-Imam Muhammad Ibn Abd al-Wahhab (Riyadh: Jamiat al-Imam Muhammad bin Saud al-Islamiya, 1398H).

33. A full discussion of the Rafidah sect and Ibn Abd al-Wahhab's concerns about certain Shii beliefs and practices follows in chapter 2.

34. It is believed that the purpose of such travels would have been to continue his fiqh studies in Damascus, which was a center or Hanbali scholarship. See, for example, George Snavely Rentz Jr., "Wahhabism and Saudi Arabia," in The Arabian Peninsula: Society and Politics, ed. Derek Hopwood (Tonawa, NJ: Rowman & Little field, 1972), 55.

35. Ibn Bishr, Unwan al-Majd fi Tarikh Najd, 1:36-67.

36. Ibid., 37.

37. According to Ibn Bishr, Ibn Abd al-Wahhab's father had been removed from his judgeship in al-Uyaynah by the ruler of the time, Muhammad ibn Muammar, for reasons that are unclear.

38. Ibn Bishr, Unwan al-Majd fi Tarikh Najd, 1:37.

39. Ibn Ghannam reports that Ibn Abd al-Wahhab had adherents not only in Huraymila but also in al-Uyaynah, al-Dir'iyyah, Riyadh, and Manfuhah. Ibn Ghannam, Tarikh Najd, 1:29-30.

40. For this assertion of irrelevance, see Algar, Wahhabism, 2-5.

41. Ibn Bishr, Unwan al-Majd fi Tarikh Najd, 1:37.

42. al-Yassini, "Ibn 'Abd al-Wahhab, Muhammad," 159.

43. Ibn Bishr, Unwan al-Majd fi Tarikh Najd, 1:37-38.

44. Ibid., 38.

45. This is the only marriage the chronicles record for Ibn Abd al-Wahhab, probably because of the political alliance that followed it.

46. Algar (Wahhabism, 18) confuses the order of these two events, claiming instead that Ibn Abd al-Wahhab's marriage to al-Jawhara was a means of cementing the political-religious alliance. Ibn Bishr, Unwan al-Majd fi Tarikh Najd, 1:38, like earlier sources, makes it clear that the marriage came first.

47. Ibn Bishr, Unwan al-Majd fi Tarikh Najd, 1:38.

48. Ibid., 39; Ibn Ghannam, Tarikh Najd, 1:30-31.

49. Ibn Bishr, 39.

50. Elaboration of the principle of tawhid and actions that constitute violations of it are presented in chapter2.

51. Ibn Abd al-Wahab himself referred to this incident in a fatwa to be found in his collection, "Fatawa wa-masa'il" (See No. 56).

52. The topic of women and gender is examined in greater detail in chapter 4.

53. The other three are the consumption of alcohol, theft, and bearing false witness.

54. The assignment of the death penalty for the commission of adultery is not unique to Islam. The Old Testament also prescribed this punishment. See Liviticus 20:10.

55. See Fariba Zarinebaf-shehr, "Women, Law and Imperial Justice in Ottoman Istanbul in the Late Seventeenth Centyr," in Women, the Family, and Divorce Laws in Islamic History, ed. Amira El Azhary Sonbol (Syracuse: Syracuse University Press, 1996) exp. 85-89; and C Ronald Jenning, "Women in the early Seventeenth Century Ottoman Judicial Records: The Sharia Court of Anatolian Kayseri," Journal of The Economic and Social History of the Orient 28 (1893): 53-114.

56. Ibn Bishr, Unwan al-Majd fi Tarikh Najd, i:39.

57. Al-Yassini, "Ibn Abd al- Wahhab, Muhammad," 159.

58. Muhammad Ibn Abd al-Wahab, "Kitab al-Tawhid," in Mu-allafat al-Shaykh al Imam Muhammad Ibn Abd al-Wahhab (Riyadh: JImaiat al-Imam Muhammad bin Saud

al-Islamiyah, I398H), 1:137. This was also the methodology used by Ahmad ibn Hanbal.

59. Ibid., I8.
60. Muhammad Ibn Abd al-Wahhab. "Fatawa wa-masa'il," I8.
61. Muhammad Ibn Abd al Wahhab, "Kitab al-Tawhid," I:25.
62. Muhammad Ibn Abd al Wahhab, "Fatawa wa-Masa'il," 3:19.
63. Ibid., 65.
64. Ibid., I8.
65. Ibid., 25.
66. Ibid., 17.
67. Ibid., 23.
68. Ibid., 19.
69. This reference work was entitled al-Aquna< (Weapons) and was apparently widely available.
70. The full text of this debat can be found in Ibn Abd al-Wahhab, "Fatawa wa masa'il," 3:25-26.
71. Ibn Bishr, Unwan al-Majd fi Tarikh Najd, 1:39-40.
72. Ibid., 40.
73. Ibid., 40-41.
74. Ibid., 41.
75. Ibid.,
76. Ibid., 41-42.
77. Ibid., 42.
78. This was the first recorded incident of the swearing of bayah between Ibn Abd al-Wahhab and a political protector.
79. Ibn Bishr, Unwan al-Majd fi Tarikh Najd, I:42-43.
80. These responsibilities are discussed more fully in Chapter 5.
81. Muhammad Ibn Abd al-Wahhab, "Kitab al-Jihad," in Mu-allafat al-Shaykh al Imam Muhammad Ibn Abd al-Wahhab: al-Fiqh (Riyadh: Jamiat al-Imam Muhammad bin Saud al Islamiyyah, I298H) 2:359-60.
82. Alexei Vassiliey, The History of Saudi Arabia (London: Saqi Books, 1998); and Christine Moss Helms, The cohesion of Saudi Arabia: Evolution of Political Identity (Baltimore: Johns Hopkins University Press, I98I
83. Al-Yassini, "Ibn ,Abd-al-Wahhab, Muhammad ," I60.

Some of these letter have been colleted in Ibn Abd al-Wahhab. "Fatwa wa-Masa'il."

84. Ibn Bishr, Unwan- al-Majd fi Tarikh Najd, I:43.
85. Ibn Ghannam, Tarikh Najd, 2:6, 83-86.
86. Ibn Bishr, Unwan al-Majd fi Tarikh Najd, I:46.
87. Ibid.
88. Details of conquest of Washm are available in Michael Cook, "The Ex-pansion of the First Saudi State: The case of Washm," in The Islamic world from Classical to Modern Times: Essays in Honor of Bernard Lewis, ed C.E. Bosworth, Charles iissawi, Roger Savory, and A.L. Udovitch (Princeton, N.J.: Darwin Press, 1989).
89. Ibid., 21.
90. See John S. Habib, Ibn Saud's warriors of Islam: The lkhwan of Najd and Their Role in the Creation of the Saudi Kingdom, 1910-1930 (Leiden: Brill, 1978).
91. Ibn Bishr, Unwan al-Majd fi Tarikh Najd, I:43.
92. Ibid.: Ibn Ghannam, Tarikh Najd, I:9-I4, 2:8, 11-12
93. Ibn Bishr, Unwan al-Majd fi Tarikh Najd, I:453
94. Ibid., 45.
95. Ibid., 45-46.
96. Ibid.,
97. Ibid., 46
98. Ibid., 44.
99. Ibid.
100. Ibid.
101. Ibn Bishr makes this even clearer with his tone, the volume of space dedicated to each (only about 20 pages for Ibn Abd al-Wahhab and about 450 for the movement after Muhammad Ibn Saud tooke over leadership), and his admiration for methods of the Al Saud family. Ibn Abd al-Wahhab appears to be important only in so far as his initial Inspiration was concerned.
102. Ibn Bishr, Unwan al-Majd fi Tarikh Najd, I:46-47.
103. See Rentz. "Wahhabism and Saudi Arabia," 57-58.
104. Ibn Bashr, Unwan al -Majd fi Tarikh Najd, I:47.
105. Rentz, "Wahhabism and Saudi Arabia," 58

[بشکریہ 'تجزیات آن لائن']

تجدید پسندی سے پہلے کی اصلاحی تحریکیں

فضل الرحمٰن

ترجمہ: محمد کاظم

تجدید پسندی سے پہلے کے اسلام میں تناؤ کے حالات

مؤخر وسطی زمانے میں اسلام کی روحانی صورت حال کے متعلق کہا جا سکتا ہے کہ اس کی خاص بات راسخ العقیدہ اسلام اور تصوف کے درمیان تناؤ کی موجودگی تھی، لیکن زیادہ قریب سے دیکھیں تو پتہ چلے گا کہ صرف ایک تناؤ نہیں تھا بلکہ روحانی قوتوں اور ان کے عمل اور ردعمل (cross- current) کا ایک پیچیدہ مرکب تھا جو صورت حال کے عمومی تجزیے میں شاید نظر انداز کر دیا جائے۔ اس لیے ان اصلاحی تحریکوں کے فینا منا پر کچھ کہنے سے پہلے جو اسلام کے اندر سے اچانک نمودار ہوئیں، ہمارے لیے بہتر ہوگا کہ ذرا رک کر اسلامی روحانیت کے اس مرکب میں مختلف عوامل کا اور خصوصاً ان کے باہمی تعلقات کا قریب سے جائزہ لے لیں۔

جیسا کہ ہم نے تصوف پر بات کرتے ہوئے یہ دکھانے کی کوشش کی ہے، یہ فینا منا خود متعدد اجزا سے بنا ہوا کُل ہے۔ اس کے اخلاقی، جذبات انگیز، عارفانہ یا خیالی و نظری پہلو بہت وضاحت سے الگ الگ کیے جا سکتے ہیں۔ اخلاقی عزم جس کے ساتھ صوفیانہ تحریک نے ضبط نفس کے ایک طریقے کے طور پر کام کرنا شروع کیا تھا، تاکہ اسلام کی مذہبی اقدار کو ان کی بھرپور حالت میں اپنا سکے، اس نے جلد ہی ہتھیار ڈال دیے اور تیز ذائقے والی وجد آور کیفیتوں اور ایک مراعات یافتہ قسم کے علم کی کشش میں ڈوب کر رہ گیا۔ راسخ العقیدہ تالیفی اصلاحی تحریک جو امام غزالی میں ایک بحرانی صورت اختیار کر گئی تھی، ایک طرف تصوف کی وجد و حال کی کیفیات کی بے اعتدالیوں کو دبانے کی اور دوسری طرف اس کے عارفانہ دعووں کو اگر دفع کرنے کی نہیں تو انھیں

محدود کرنے کی ایک مسلسل کوشش تھی۔ لیکن یہ رجحان غزالیؒ کے فوراً بعد رسی تڑا کر پھر سے آزاد ہو گئے اور جہاں ایک نے بڑے پیمانے پر مقبول سلسلوں کی صورت میں خصوصاً وہ جو بے قاعدہ تھے، روحانی عمل تنویم کی صورت اختیار کرلی، وہاں دوسرا منزہ عن الخطا وجدانیت کے پردے کے پیچھے ہر طرح کے مابعد الطبیعیاتی اسرار میں سر کے بل جا گرا۔

جہاں تک راسخ الاعتقاد طبقے کا تعلق ہے، جس کی نمائندگی علما کرتے ہیں، تصوف کے ساتھ اس کا تعلق بھی پیچیدہ ہے۔ کچھ تو اس وجہ سے کہ تصوف میں مختلف لڑیاں (strands) ہیں اور کچھ اس وجہ سے کہ راسخ الاعتقاد لوگوں میں بھی کچھ مختلف قسم کی لڑیاں پائی جاتی ہیں، یعنی خود علما کی مختلف اقسام۔ عام طور پر صوفی تحریک میں علما کے داخلے کا نتیجہ یہ ہوا کہ اس کے ابتدائی اخلاقی عامل اور متشددانہ ضبط نفس پر زور دیا گیا اور ان کی تجدید کی گئی، خاص طور پر عمومی وجد آور تصوف کی غیر معتدل صورتوں کو ترک کر کے۔ چنانچہ یہ کہا جا سکتا ہے کہ عام طور پر علما کی تصوف کے ساتھ وابستگی کی تاریخ، تصوف میں اخلاقی محرک کی بازیابی کی تاریخ ہے۔ لیکن اگرچہ علما نے تصوف میں خالصتاً اوہام اور وجد و حال کی کیفیتوں کو مشتبہ قرار دینے پر مسلسل دباؤ ڈالے رکھا، تاہم خیالی ونظری (speculative) یا مابعد الطبیعیاتی تصوف کے بارے میں ان کا رویہ ایک جیسا نہیں رہا۔ بہت سے نامور راسخ الاعتقاد اسکالر ایسے تھے جن کے لیے نظری و خیالی تصوف میں بہت پُر زور کشش تھی۔ ابن عربی (ساتویں صدی ہجری/ تیرھویں صدی عیسوی) کے بعد اس صورت حال میں اضافہ ہوتا چلا گیا۔

ہم باب ۸ میں یہ دکھا چکے ہیں کہ خیالی ونظری تصوف؛ نوفلاطونیت کی طرح اور زیادہ تر اس کے زیر اثر، دراصل مثالیت پسند فلسفے کی ایک معین قسم ہے اور وہاں ہم فلسفے اور تصوف کے درمیان رابطے کی بات کر چکے ہیں۔ اس لیے صوفیانہ وجدانیت، خیالی ونظری صوفیا کے ہاں فلسفیانہ فکر کا ایک انداز ہے، سوائے اس کے کہ یہ نظریۂ کشف کو کام میں لا کر جس میں کچھ منزہ عن الخطا ہونے کا تصور شامل ہوتا ہے، اپنے لیے تائید حاصل کرتی ہے۔ اب راسخ العقیدہ صوفی مفکروں نے جہاں کشف کے نظریے کو بحال رکھا، وہاں وہ صوفیانہ فکر وخیال کے نظام کے مواد میں اہم تبدیلیاں لے آئے۔ سب سے اہم تبدیلی یہ ہے کہ انھوں نے قرآن اور اسلامی عقیدے پر مبنی روایتی راسخ العقیدہ کلامی الٰہیات اور صوفیانہ عرفانیت کی خالص نظری وخیالی الٰہیات کے درمیان ایک قسم کا امتزاج پیدا کر دیا۔ راسخ الاعتقاد تصوف کی یہ لڑی اگرچہ بنیادی طور پر مذہبی فکر کے لیے خاص تھی، تاہم وہ ولایت کے تصور اور اولیا کے خصوصی مقام کے تصور پر مضبوطی سے جمی رہی، جس کے بغیر کشف کا عقیدہ منہدم ہو جاتا۔ لیکن جب تک ولایت کا یہ عقیدہ باقی ہے اور یہ اولیا کو ایک انوکھا مقام دیتا ہے، عوام کی طرف سے اولیا کی حد سے زیادہ تعظیم و تکریم اور ان کے مقبروں پر وہم پرستانہ عقیدت کے اظہار سے کسی حد تک صرف نظر نہ کرنا مشکل ہوگا۔ چنانچہ نظری و خیالی تصوف اگرچہ وجد و حال

والے تصوف سے مختلف ہے، پھر بھی یہ اس کی طرف ہمیشہ کم وبیش التفات پر مائل رہتا ہے۔

لیکن راسخ الاعتقاد طبقے کا دایاں بازو اسلام میں تصوف کی بطور ایک طرز زندگی کے بارے میں ہمیشہ بدظن رہا ہے۔ یہ لوگ حنبلی؛ احمد بن حنبلؒ کے پیرو، اور اہل حدیث ہیں۔ درحقیقت حنبلی اور اہل حدیث اگر پوری طرح نہیں تو بہت حد تک ایک جیسے ہیں۔ ابن حنبلؒ خود اہل حدیث تھے۔ یہاں تک کہ تیسری صدی ہجری (نویں صدی عیسوی) کے مورخ طبری نے انھیں ایک فقیہ ماننے سے انکار کر دیا اور اصرار کیا کہ وہ محض ایک محدث ہیں۔ اب اگرچہ حدیث بہت سے اجزا کا مرکب ہے، اس میں صوفیانہ احادیث کا بھی ایک واضح بطون شامل ہے، اس کا مجموعی کردار بلاشبہ بے لچک اور عملی اقدام کا قائل ہے۔ حنبلی غیر منضبط قیاس آرائی پر اعتماد نہ کرتے ہوئے عقلی فلسفے اور خیالی ونظری تصوف دونوں کے کھلم کھلا دشمن رہے ہیں اور عوام پسند وجد وحال کا تصوف ان کے لیے قابل نفرت رہا ہے۔ اسلام میں ان نئی تبدیلیوں کے بالمقابل انھوں نے ہمیشہ ایک اخلاقی توانائی بخش قوت اور بے لچک فعالیت کے شعور کو برقرار رکھا ہے۔

لیکن جب صوفی تحریک نے چھٹی اور ساتویں صدی ہجری (بارھویں اور تیرھویں صدی عیسوی) میں مسلم دنیا کو جذباتی، روحانی اور عقلی طور پر اپنے اثر میں لے لیا تو اس کے بعد کٹر اہل حدیث کے لیے بھی صوفیانہ قوتوں کو پوری طرح نظرانداز کرنا ممکن نہ رہا اور انھوں نے اپنے ضابطہ کار میں اتنی صوفی میراث الحاق کرنے کی کوشش کی جتنی راسخ العقیدہ اسلام کو گوارا ہوسکتی تھی اور جس سے اس کے لیے ایک مثبت امداد دینے کا کام لیا جاسکتا تھا۔ پہلے تصوف کے اخلاقی محرک پر زور دیا گیا اور اس کے بعض طریقے مثلاً ذکر، مراقبہ وغیرہ اختیار کیے گئے، لیکن اس توجہ اور ارتکاز کا مقصد اور مواد روایتی عقیدے سے وابستہ سمجھے گئے اور ہدف کو نئے سرے سے یوں متعین کیا گیا کہ اذعانی اصولوں اور روح کی اخلاقی پاکیزگی میں ایمان کو مضبوط کیا جائے۔ تصوف نو کی یہ قسم؛ اگر ہم اسے ایسا کرسکیں، راسخ العقیدہ فعالیت کو حیات نو بخشنے لگی اور اس دنیا کے بارے میں ایک مثبت رویے کو پھر سے دل میں جاگزیں کرنے لگی۔ اس لحاظ سے حنبلی ابن تیمیہؒ اور ابن قیم الجوزیؒ، اگرچہ تصوف کے کٹر دشمن تھے، یقیناً نوصوفی تھے اور اس نئے رجحان کے پیشرو۔

بعد میں بعض صوفی کاملین فن نے خود؛ جیسا کہ احمد سرہندی نے جو تصوف کی اصلاح چاہتے تھے، اسی طرح کا موقف اختیار کیا۔ پھر نوصوفیوں نے کسی حد تک عقلی تصوف کے دعوؤں کو بھی تسلیم کیا۔ انھوں نے صوفیانہ کشف کو قبول کیا، لیکن اس کا یہ دعویٰ نہ مانا کہ وہ بظاہر خطا سے پاک ہے۔ ان کا اصرار تھا کہ کشف کا قابل اعتماد ہونا دل کی اخلاقی پاکیزگی کے تناسب سے ہوتا ہے، جس کے درحقیقت بے شمار درجے ہیں۔ ابن تیمیہؒ اور ابن قیمؒ درحقیقت خود اپنے کشف کا واضح طور پر دعویٰ کرتے ہیں۔ اس طرح کشف کے رسمی بیان گہری عقلی کارروائیوں کی سطح پر لے آئے گئے۔ پھر ابن تیمیہؒ اور ان کے مرید ضروری صوفی اصطلاحات کا پورا سلسلہ؛ بشمول لفظ سالک کے، استعمال کرتے ہیں اور اس میں ایک بے لچک اخلاقی مفہوم اور راسخ العقیدہ مزاج

آہستہ آہستہ اتارتے ہیں۔ اس طرح تصوف کی یہ دونوں اقسام ایک دوسرے سے بنیادی طور پر الگ اور نمایاں ہوجاتی ہیں؛ ایک غیر اسلامی تصوف اور ایک اسلامی تصوف۔

تاہم عام مذہب کی سطح پر یہ برادریاں ہی تھیں جو عوام میں اپنی ہردلعزیزی کے ساتھ پھیلتی چلی گئیں اور اسلامی دنیا پر چھا گئیں۔ اس تصوف کی صورت زیادہ تر وجد و حال والی تھی، جس میں خودتنویمی کی خیالی تصویریں تھیں، مستانہ پن کی رسومات تھیں اور بھانت بھانت کے وہم پرستانہ عقائد اور اعمال تھے جو عام طور پر اپنی سطح سے گر کر مکمل استحصال اور ڈھکوسلے بازی تک آجاتے تھے۔ اسلام کی یہی روحانی صورت حال تھی جب بارھویں صدی ہجری (اٹھارہویں صدی عیسوی) کے ایک احساس اور مذہبی معاشرتی اصطلاح کی فی الفورضرورت نے مسلم دنیا کے زیادہ تر حصے کو اپنی گرفت میں لے لیا اور مختلف علاقوں میں اپنا اظہار اصلاح کی تحریکوں اور مدرسوں کی صورت میں کیا، جنھوں نے ہر علاقے کے روحانی تجربات اور ماحول کے اختلاف کو نظر میں رکھتے ہوئے بنیادی طور پر ایک ہی کردار کا مظاہرہ کیا۔

وہابی تحریک

اس امر کی کافی شہادت موجود ہے کہ راسخ الاعتقادی کے ایک عام احیا کی تیاری ہونے لگی تھی، مذہب کے اس بگاڑ اور اخلاقی ڈھیلے پن اور انحطاط کے خلاف، جو عثمانی سلطنت کے دور دراز واقع صوبوں اور ہندوستان میں مسلم معاشرے میں غالب اور حاوی تھا۔ ایک ایسا رجحان جس نے بارھویں اور تیرھویں صدی ہجری (اٹھارویں اور انیسویں صدی عیسوی) میں ایک واضح اظہار کی صورت اختیار کرلی تھی۔ اس کا سب سے شدید اور برہم اظہار بارھویں صدی ہجری (اٹھارویں صدی عیسوی) میں خود عرب کے اندر ایک تحریک کی صورت میں ہوا، جو تاریخ میں وہابی تحریک کے نام سے مشہور ہے۔ یہ تحریک جس پر ہم گفتگو کریں گے، اسے عام طور پر ایک ایسے اچانک ظہور کی صورت میں پیش کیا جاتا ہے، جس نے مسلم دنیا کو حیران کردیا۔ لیکن جیسا کہ ہم نے ابھی کہا، ایسا لگتا ہے کہ راسخ العقیدہ اسلام کی نئی سرگرمی کی ایک عام روحانی تیاری ہورہی تھی جس سے وہابی تحریک کا یوں پھٹ پڑنا ایک چونکا دینے والا مظہر تھا۔ پہلے ہندوستان میں، جیسا کہ ہم آگے دیکھیں گے، راسخ الاعتقادی کے اپنے دعوے کی تجدید بہت، گیارھویں صدی ہجری (سترھویں صدی عیسوی) میں، منظر پر آچکی تھی جس کی وجہ وہ بحران تھا جس کا اسلام نے سیاسی اور روحانی دونوں سطحوں پر سامنا کیا تھا۔ لیکن خود شرق اوسط میں بھی اٹھارویں صدی نے ایک عقلی راسخ الاعتقادی کے نئے دعوے کو دو مختلف صورتوں میں دیکھا اور ان دونوں کی نمائندگی عظیم یمنی اسکالر محمد المرتضیٰ (م ۱۲۰۴ھ/ ۱۷۹۰ء) اور محمد ابن علی الشوکانی (۱۱۷۲ سے ۱۲۵۰ھ/ ۱۷۵۹ سے ۱۸۳۴ عیسوی) کررہے تھے۔ ہم یہاں ان دوناموں کا ذکر کرتے ہیں، اس کے باوجود کہ ان کی سرگرمی وہابی اصلاحی تحریک کے بانی محمد بن عبدالوہاب کے ذرا بعد آتی ہے۔ یہ اس

لیے کہ ان میں کوئی بھی عبدالوہاب کے نظام عقائد سے متاثر نہیں ہے، تاہم یہ دونوں ایک راسخ العقیدہ احیا کی مختلف صورتوں کو سامنے لاتے ہیں۔

جہاں تک المرتضیٰ کا تعلق ہے، وہ راسخ الاعتقادی کا ایک اعتدال پسند احیا چاہتے ہیں اور اس سلسلے میں غزالیؒ کی سوچ کے خطوط کو پھر سے بیان کرنا اور انھیں از سر نو جائز ٹھہرانا چاہتے ہیں۔ اس طرح کا معتدل رجحان ہم ہندوستانی اسلامی تحریک کے ایک بڑے حصے میں بھی پائیں گے۔ الشوکانی جو صنعا سے تعلق رکھنے والے ایک زیدی عالم تھے، جنھیں اہل سنت کے ایک بڑے رہنما ہونے کا دعویٰ تھا اور جنھیں ایسا رہنما مانا بھی جاتا تھا۔ انھوں نے مذہب میں تقلید کا تصور رد کیا، جس پر ان کے معاصرین نے، جن میں زیدی شیعہ بھی شامل تھے، ان کو سخت تنقید کا نشانہ بنایا۔ یہ امر کہ وہ ابن تیمیہؒ اسکول کی تحریروں سے گہرے طور پر متاثر تھے (جس کے عقائد نے وہابیت میں بھی روح پھونکی تھی) اس کا ثبوت یہ ہے کہ ان کی بارہ جلدوں میں بڑی تصنیف 'نیل الاوطار' (خواہشات کا حصول) ابن تیمیہؒ کے دادا مجدالدین ابن تیمیہ (۶۵۲ھ/ ۱۲۵۴ء) کی ایک فقہی کتاب کی شرح ہے۔ یہ کتاب اس وقت لکھی گئی جب شوکانی نسبتاً جوان تھے۔ (وہ اپنے پیش لفظ میں کہتے ہیں کہ وہ ایسا کام ہاتھ میں لینے کے لیے پوری طرح پختہ نہیں ہیں، لیکن ان کے بعض اساتذہ ان کے پاس آئے اور انھیں آمادہ کیا کہ وہ یہ شرح لکھیں) یعنی یا تو بارھویں صدی ہجری (اٹھارویں صدی عیسوی) کے اواخر میں یا تیرھویں صدی ہجری (انیسویں صدی عیسوی) کے آغاز میں۔ لیکن آگے مصنف پیش لفظ میں وضاحت سے بتاتے ہیں کہ ابن تیمیہؒ کی اس تصنیف کی طرف علما بڑے پیمانے پر رجوع کرتے تھے۔

> (ابن تیمیہ کی یہ تصنیف) علما کی اکثریت کے لیے، جب انھیں کسی قانونی ثبوت کی ضرورت ہو، ماخذ کی کتاب بن گئی ہے، خاص طور پر اس خطے میں اور آج کے زمانے میں۔ اس میٹھے چشمے پر طبع زاد مفکروں کی آنکھیں ایک دوسرے سے ٹکراتی ہیں اور محققین کے قدم اس کے دروازوں میں داخل ہونے کے لیے ایک دوسرے پر سبقت لے جانا چاہتے ہیں۔ چنانچہ یہ مفکرین کے لیے جس طرف بھی وہ رخ کریں، ایک سہارا بن گئی ہے اور ان کے لیے جو غلامانہ اور اندھی تقلید کے بندھنوں سے نجات حاصل کرنا چاہتے ہیں، ایک جائے امان۔

اس سے ظاہر ہوتا ہے کہ راسخ الاعتقادی کا احیا ایک عرصے سے نشوونما پا رہا تھا، لیکن یہ وسطی عرب میں بارھویں صدی ہجری (اٹھارویں صدی عیسوی) کے تقریباً وسط میں ابن تیمیہؒ کی تعلیمات کے زیر اثر انتہا پسند دائیں بازو کی راسخ الاعتقادی کی حنبلی صورت میں ظاہر ہوا۔ کٹر پن پر مبنی اس تحریک کے بانی محمد ابن عبدالوہاب اپنی جوانی میں ایک صوفی ماہر فن رہے تھے، لیکن بعد میں ابن تیمیہؒ کی تحریروں کے زیر اثر آ گئے، جن کی طرف سے صوفیانہ ضعیف الاعتقاد الحاقات (accretions) اور صوفیانہ عقلی عقائد، خاص طور پر ابن عربی کے وحدت الوجود کے عقیدے، کی پُرزور مذمت کا اور سب سے بڑھ کر جن کی اخلاقی غلو آمیز سنجیدگی کا ان پر فیصلہ کن

اثر ہوا۔ 'کتاب التوحید' نام کے ایک چھوٹے سے رسالے میں، جس پر تیرھویں صدی ہجری (انیسویں صدی عیسوی) کے عالم ابن عبدالوہاب نے تبصرہ کیا، انھوں نے اولیا اور اہل اللہ کی کرامات پر عام لوگوں کے ایمان و یقین پر سخت تنقید کی اور ان اعمال کی مذمت کی جو ان عقائد کا نتیجہ ہوتے ہیں، یعنی اولیا کے مقبروں پر مختلف عبادتیں کرنا، پیغمبر اور اولیا کی شفاعت پر اعتماد کرنا، اس طرح عام مذہب کی ذیل کا پورا سلسلہ۔

تاہم عام اخلاقی ڈھیل کے خلاف اپنے مناظرے میں ابن عبدالوہاب اپنے آپ کو ان بدعنوانیوں اور اعتقادات تک محدود نہیں رکھتے جو صرف تصوف نے دلوں میں بٹھائے اور ان کی ہمت افزائی کی، بلکہ عام طور پر مذہبی معاملات میں تقلید کو اپنے حملے کا نشانہ بناتے ہیں اور اس طرح وہ علما کے سواد اعظم کی مخالفت کرتے ہیں، جن کے لیے اسلام کا وسطی زمانے کا نظام وہ حرف آخر بن گیا تھا جس میں وہ کسی آزاد سوچ کی اجازت نہیں دیتے تھے۔ چونکہ تصوف کو کسی صورت میں قبول کر لینا، خاص کر تصوف کے عقلی مشمولات کا، وسطی دور کے اسلام کا ایک حصہ بن چکا تھا۔ ابن عبدالوہاب نے ابن تیمیہ کے طریقے پر اور انھی کے زیر اثر یہ ضروری سمجھا کہ وسطی دور کے اصحاب اختیار سے پہلے کے زمانے میں جا کر ابتدائی نسلوں کی سنت کی طرف رجوع کیا جائے۔ چنانچہ انھوں نے وسطی دور کے مذاہب کی مخالفت کی اور صرف دو سندوں؛ قرآن اور سنت رسولؐ کو صحابہ کی نظیروں کے ساتھ تسلیم کیا۔ تاہم چونکہ حدیث، جس میں سنت نبوی شامل تھی، درحقیقت تیسری صدی ہجری (نویں صدی عیسوی) میں معتبر طریقے سے جمع ہوئی تھی، ابن عبدالوہاب کے پیروؤں کو بعد میں اس موقف میں ترمیم کرنی پڑی اور انھوں نے پہلی تین صدیوں کے اجماع کو واجب الاتباع مان لیا۔

اس رویے کے نتائج خصوصاً جب وہ وہابیت کی طرح ایک تحریک کی صورت میں منظم تھا، اسلام کے دائرے میں روحانی اور عقلی مزاج کے لیے بہت دور رس تھے اور آگے جا کر انھوں نے ثابت کر دیا کہ وہ وہابیوں کی اس رائے سے کہیں زیادہ اہم تھے جو وہ کسی انفرادی ایمان یا عقیدے کے بارے میں رکھتے تھے جن کو وہ اپنی تنقید کا نشانہ بناتے تھے۔ اجتہاد کے حق پر ان کے اصرار اور تقلید کی مذمت نے ایک بڑی رہائی دینے والی قوت کا کام کیا اور ابتدائی مراحل میں سیاسی اور مذہبی سطحوں پر ان کے خلاف پُرزور مخالفت کے اظہار کے باوجود ان کا یہ موقف بعد کی اسلامی تبدیلیوں کے مزاج پر کسی دوسرے واحد عامل سے زیادہ اثر انداز ہوا ہے۔ وہابیت دراصل ایک خاص جماعت سے متعلق ایک جینی (genetic) اصطلاح بن چکی ہے، جس کا اطلاق اس خاص تحریک پر نہیں ہوتا جو ابن عبدالوہاب نے شروع کی، بلکہ پوری مسلم دنیا میں اس کے مماثل فینا منا کی تمام اقسام پر ہوتا ہے جو ایمان کو اس رسوا کرنے والی افزودگیوں سے تطہیر کرنے کی وکالت کرتی تھیں اور مذہب کے معاملات میں کم و بیش آزاد بلکہ تخلیقی فیصلے پر زور دیتی تھیں۔

یہ درحقیقت کسی قدر عجیب صورت حال ہے۔ خود وہابیوں نے اگرچہ وسطی دور کے مستند علما کو رد کر دیا تھا، اس کے باوجود انھوں نے بہت شدید قسم کا بنیاد پرست موقف اختیار کیا کہ انھوں نے صرف قرآن اور

سنت کو مذہب کے اہم مآخذ قرار دیا۔ انھوں نے ابن حنبلؒ کی تقلید میں قیاس کے لیے بھی یہ قبول نہیں کیا کہ وہ قرآن اور سنت کی تعبیر کرے۔ اس کے باوجود تعبیر کے اس واحد رسمی ذریعے کی اس واضح تردید نے جو مسلم اصول فقہ نے مہیا کیا تھا، دو جذبی رجحان کے ساتھ دو بالکل مخالف سمتوں میں کام کیا۔ ایک طرف قرآن اور حدیث کی نص پر زور دینے سے یہ تردید ناگزیر طور پر حد سے زیادہ روایت پسندی اور تقریباً مطلق لفظ پرستی کی طرف چلی گئی۔ تاہم دوسری طرف اجتہاد سے کام لینے کی حوصلہ افزائی کرکے بجائے اس کے کہ ان مسائل کے بارے میں جو نص کے دائرے میں نہیں آتے تھے، محض قیاس سے کام لے، زیادہ آزاد خیال قوتوں کے لیے یہ راستہ کھول دیا گیا کہ وہ نص کی تعبیر اس سے زیادہ آزادانہ طریقے سے کریں جتنا کہ قیاس کے اصول جو وسطی دور کے فقہا نے قائم کیے تھے، اس کی اجازت دیتے تھے۔ اس لیے کہ ان ماہرین قانون کے ہاتھوں میں قیاس کا اصول بہت محدود انداز میں تشکیل پذیر ہوا تھا اور اگرچہ اس نے محدود تعبیر و تفسیر کا مقصد تو پورا کیا، لیکن اس نے آزاد توسیع کا حق بننے کی بجائے زیادہ تر ایک تحدیدی قوت کے طور پر کام کیا۔ قیاس کے اصول کو عمل میں لانے میں علما عام طور پر لفظی نص کے ساتھ بہت زیادہ بندھے رہے تھے اور نص کی اصل روح کو زیادہ وزن نہیں دیتے تھے۔ اگرچہ قیاس کے اصول میں اپنی جگہ وسیع تر اور زیادہ گہرے اطلاق کے امکانات موجود تھے اور آزاد خیالی کا ایک صحیح آلہ کار بنایا جاسکتا تھا۔ اس کے عمل میں لانے کا اصل طریقہ ایک قابل افسوس حد تک ممانعتی تھا۔ اس لیے اگرچہ وہابی لوگ جہاں تک کتاب الٰہی کی نص کا تعلق ہے، بہت زیادہ بنیاد پرست اور لفظوں کے پیچھے جانے والے تھے، تاہم ان کا اجتہاد آگے چل کر علما کے قیاس کے مقابلے میں بہت کم لفظ پرست اور تحدیدی ثابت ہوا۔

لیکن وہابیت کا سب سے اہم پہلو اس کی مخصوص روایتی ترغیب و تحریک تھی۔ امت نے صدیوں کے عرصے میں، جس میں رواجی تصوف غالب عامل بن چکا تھا، اپنے آپ کو بتدریج جس اخلاقی انحطاط میں گرا دیا تھا، یہ اس کے خلاف ایک شدید قسم کا ردعمل تھا۔ وہابی بغاوت کا جب پہلا تعصب اور کٹرپن کا مرحلہ گزر گیا تو اخلاقی ترغیب اس کی عام میراث کے طور پر باقی رہی اور ذہن اور روح کی عام خود مختاری کے ساتھ مل کر تجدید پسند مسلمانوں کے لیے خود وہابیوں کی لفظ پرستی اور بنیاد پرستی پر غلبہ پانے اور کتاب مقدس کی نص کو آزادانہ اخلاقی خطوط پر برتنے اور اس کی تعبیر کرنے کی راہ ہموار کی۔ یہ درحقیقت وہابیت کی کامیابی اور اس کے دیرپا سبق کا راز ہے جو تقریباً تمام اصلاحی تحریکوں میں، چاہے وہ تجدید پسندی سے پہلے کی ہوں یا تجدید پسند، ہر جگہ موجود پایا گیا ہے۔ اس عام اور ہمہ جا موجود مفہوم میں وہابیت، تاریخ کی اصل وہابی تحریک میں محدود نہیں رہی بلکہ یہ ایک طرح کی چھتر اصطلاح (umbrella term) ہے۔ وہابی تصور؛ جو مسلم دنیا میں بعینہ ایک فینا منا کی بجائے حالات کی ملتی جلتی کئی صورتوں کا احاطہ کرتا ہے، اس کا خلاصہ یوں بیان کیا جاسکتا ہے کہ یہ توحید اور انسانوں کے درمیان مساوات کے دعوے کی تجدید ہے جس میں مسلم معاشرے کی تعمیر نو کے لیے اسلامی

روایت کی اصل مثبت میراث کی مختلف درجات کی نئی تعبیر شامل ہے۔

محمد بن عبدالوہاب (۱۱۱۵-۱۲۰۶ھ/ ۱۷۰۳-۱۷۹۲ء) نے اکیس سال کی عمر میں عراق اور ایران میں طویل سفر کیے اور فلسفے اور تصوف کی تعلیم حاصل کی، اور کچھ وقت کے لیے تصوف کی تعلیم بھی دی۔ لیکن چالیس برس کی عمر میں اپنے شہر میں واپس آ کر انھوں نے اپنے عقائد کا درس دینا شروع کیا، جن کی ان کے بعض اپنے عزیزوں نے مخالفت کی۔ اس پر وہ شہر چھوڑ کر درعیہ چلے گئے جہاں انھوں نے مقامی سردار سعود کے ساتھ اتحاد قائم کیا جس نے ان کے مذہبی نظریات کو قبول کیا اور وہیں سے وہابی تحریک فوجی اعتبار سے نجد سے حجاز تک پھیل گئی اور مکہ اور مدینہ کے مقدس مقامات وہابی اثر و اقتدار کے تحت آ گئے۔ تاہم تیرھویں صدی ہجری (انیسویں صدی عیسوی) کے شروع میں وہابیوں کو مصر کے گورنر محمد علی نے عثمانی حکومت کے حکم کے تحت فوجی طور پر کچل دیا۔ لیکن انھوں نے جلد ہی نجد میں مقامی طور پر حیات نو پائی، جہاں ریاض ان کا دارالحکومت تھا۔ اور پھر وہاں سے نکال دیے جانے کے بعد انھوں نے کویت میں گیارہ سال کے لیے پناہ لے لی۔ عبدالعزیز ابن سعود بیسویں صدی کے آغاز میں واپس آیا اور نہ صرف اپنے اجداد کی کھوئی ہوئی طاقت دوبارہ حاصل کی بلکہ سعودی عرب نام کے پورے علاقے پر اپنا اثر اقتدار قائم کر لیا۔

عرب میں وہابی اقتدار کے اس دوسرے مرحلے میں ایک دلچسپ معاشرتی۔مذہبی نئی صورت حال کا ذکر یہاں مناسب ہوگا۔ یہ امداد باہمی طرز کی زرعی کالونیوں یا بستیوں کا قیام تھا، جہاں لوگ آبپاشی کے مقامات کے قریب بسائے جاتے تھے۔ یہ بسنے والے لوگ جو اخوان کہلاتے تھے، زمین کاشت کرنے کے علاوہ کچھ زمروں میں تقسیم کیے جاتے تھے، تاکہ انھیں جب بھی جہاد کے لیے بلایا جائے، وہ اس میں حصہ لے سکیں۔ ان میں سے کچھ مستعد فوج قرار دیے جاتے تھے جسے فوری طور پر اور حاکم کے حکم پر فوجی خدمت کے لیے بلایا جا سکتا تھا؛ جب کہ دوسرے لوگ صرف علما کے فتوے پر بلائے جا سکتے تھے۔ مذہبی تربیت کو جہاد کے ساتھ جوڑ دینے کی یہ صورت خود ابن عبدالوہاب کی کاروائی میں موجود تھی، اور یہ قبل از تجدید پسند اصلاحی تحریکوں میں غیر معمولی فینامنا نہیں ہے بلکہ ان اصلاحی تحریکوں میں سے بہت سی تحریکوں کا ایک حیرت انگیز وصف یہ ہے کہ جہاں ان کی تنظیم صوفیا کی طریقت کے خطوط پر ہوتی ہے، ان کے طور طریقے، بشمول فوجی تربیت کے، راسخ الاعتقادانہ ہوتے ہیں۔ سنوسیوں اور وہابیوں نے اس کے علاوہ کام پر اور روزگار کے لیے عملی جدوجہد پر بھی زور دیا۔ یہ ممکن ہے کہ مصر کے اخوان المسلمون نے جو امداد باہمی کی اپنی انجمنیں بنائیں، وہ بھی ایسی سابقہ مثالوں سے متاثر تھیں۔

وہابیت کی مخالفت کسی حد تک یقیناً اس کے عقائد کی وجہ سے تھی، جو اخلاقی ڈھیل اور رائج مذہب کے ضعیف الاعتقاد مسلکوں کو چیلنج کرتے تھے، جنھیں علما کی اکثریت بھی اب اگر پوری طرح قبول نہیں کرتی تھی تو ان سے صرف نظر ضرور کرنے لگی تھی۔ اس لیے وہابی اصلاح کی مخالفت صرف عوام کی طرف سے نہیں تھی بلکہ

آغاز میں بہت سے علما بھی اس کے خلاف تھے جو وسطی زمانے کے اسلام کی میراث کو سینت کر کے رکھنا چاہتے تھے۔لیکن اس مخالفت کا زیادہ حصہ وہابیوں کی سیاسی کارروائی خصوصاً ان کی متشدد جنگ پسندی کی وجہ سے تھی۔ ان کے بڑے مخالفوں میں عثمانی حکومت تھی جس کے اقتدار کو انھوں نے چیلنج کیا اور بزور ہٹا دیا تھا۔ یہ حقیقت ہے کہ وہابی بغاوت میں انسان اسلام کے ابتدائی زمانے کے خوارج کی بغاوت کی پرانی یادیں دیکھتا ہے۔ ایک مثالیت پسندی سے مجبور ہو کر ناروادار اور انتہا پرست طریقوں سے اصلاح کو مسلط کرنے کی کوشش کرنا۔ لیکن اسلام کی وسیع المشرب روایت نے وہابیوں کے طریقوں کی اسی طرح سے مخالفت کی جس طرح اس نے بہت پہلے خارجیوں کے طریقوں کی تھی۔

اس کے باوجود یہ اسلام میں انتہائی دائیں بازو کی اصلاح کے فینامنا کی ایک عجیب اور دائمی متناقض (paradox) خصوصیت ہے جہاں ان کا واضح مقصد پوری امت کو ایک اصلاحی مقصد کے لیے جمع کرنا ہوتا ہے، وہ اپنے اندر موجود اتحاد کو بھی توڑنے اور اس کے خلاف ہتھیار اٹھانے کی تحریک پاتے ہیں۔ مثلاً ابن عبدالوہاب کی قبل از اسلام عرب معاشرے اور ضمناً موجودہ مسلم امت پر ایک بنیادی اور کڑی تنقید یہ تھی کہ یہ پوری طرح متحد نہیں تھے اور حکمران شخصیت کی اطاعت قبول کرنے کے لیے تیار نہیں تھے، تاہم اس تحریک نے اپنے ابتدائی مرحلے میں جو طریقے اختیار کیے، وہ مسلح بغاوت کے اور مزید تفرقہ ڈالنے والے تھے۔ اس متناقض صورت حال کی غالب وجہ یہ ہے کہ سنی اسلام جہاں عالمگیر اصولوں کی بنیاد پر پروان چڑھا ہے، وہاں اس نے اصلاح کے ضروری ضابطۂ کار کے لیے کافی ذرائع مہیا نہیں کیے۔ درحقیقت سنی اسلام نے، جس طرح یہ پورے قرون وسطیٰ میں پروان چڑھا اور اپنا وظیفہ ادا کیا، اپنا تقریباً سارا وزن پہلے سے حاصل شدہ توازن کو برقرار رکھنے یعنی اپنی تحفظ اور وسیع النظری کے پلڑے میں ڈال دیا، اور معاشرے کے ان پہلوؤں کے لیے ضروری رعایت یا گنجائش مہیا نہیں کی، جن کے ذریعے یہ (سُنی اسلام) اپنے آپ پر تنقید کرتا ہے اور ارتقا پذیر ہوتا ہے۔ کوئی شک نہیں کہ اجتماع اور تقلید کے وسطی زمانے کے تصورات اس جمود کے کلیدی اسباب تھے۔ اس لیے ترقی تشدد آمیز طریقوں سے ہی حاصل کی جاتی تھی۔

ہندوستانی تحریک اصلاح

ہندوستان میں تحریک اصلاح کی جڑیں دسویں صدی ہجری (سولھویں صدی عیسوی) تک جاتی ہیں، اس لیے کہ ہندوستان میں اسلام کے روحانی بحران نے سیاسی حالات کی وجہ سے اور حکمران مسلم اقلیت کے وسیع ہندو اکثریت کے مقابلے میں سیاسی مضمرات کی وجہ سے ٹھوس شکل اختیار کی۔ شروع کے سیاسی مرحلے میں جو فاتح اور حکمران اقلیت کا تھا، اسلام نے ہندوستان میں ہندوؤں کی طرف مذہبی اور معاشرتی سطح پر ایک تعلق قائم کیا جو کہ اسے کرنا تھا۔ نئے عقیدے کی قبولیت کے سلسلے میں جو قدم اٹھایا گیا، اس میں پیش پیش علما

نہیں تھے، بلکہ وہ صوفیا تھے جنھوں نے ساتویں صدی ہجری (تیرھویں صدی عیسوی) سے آگے ہندو عوام، خصوصاً نچلی ذات والوں کی ایک بڑی تعداد کو اسلام میں داخل کرلیا۔ لیکن صوفیا کی وسیع المشربی کے رجحانات، جن میں ہمیشہ یہ میلان پایا جاتا تھا کہ عقائد میں تناقض کو بھی قبول کرلیں، جلد ہی، خصوصاً دیہی سطح پر، خود ہندو مت کے متضاد عقائد کے رجحانات کے ساتھ گھل مل گئے، جس سے ہندو مسلم مصالحت کا ایک فینامنا بھگتی تحریک کے ایک خاص مرحلے کے طور پر وجود میں آیا۔ یہ تحریک جو ہندو مت میں اسلام سے دور اور اس سے بہت پہلے نمودار ہوئی تھی، دسویں صدی ہجری (سولھویں صدی عیسوی) میں کبیر اور نانک جیسی انتخابیت پسند بااثر مذہبی شخصیات کی کاروائی میں اپنے عروج کو پہنچی۔ نانک نے منظم مذہب کے خلاف پرچار کرتے ہوئے توحید کو اختیار کیا اور ہندو مت کے بہت سے معاشرتی مضمرات کو رد کیا، اگرچہ اس کے عام نقطہ نظر کو بحال رکھا۔ تاہم اس کے پیغام کو روحانی جانشینوں کے ایک سلسلے نے آگے بڑھایا اور اسے سکھ مت نام کے ایک نئے مذہب کی صورت دے دی جو مسلم حکومت کے آخری مراحل میں اس کے خلاف جارحانہ انداز میں فعال ہوگیا اور ایک طاقتور سکھ ریاست کے قیام کے نتیجے میں اس کے انہدام کا سبب بنا۔

ہندوستان میں پہلا اسلامی بحران اکبر کے عہد حکومت میں واقع ہوا جس نے کچھ تو سیاسی محرکات کی وجہ سے لیکن زیادہ تر اپنے ذاتی مذہبی نظریات اور تجربات کی وجہ سے، جن میں ابوالفضل اور فیضی دو بھائیوں نے اس کی عقلی طور پر مدد اور حوصلہ افزائی کی، ایک نیا انتخابی مذہب 'دین الٰہی' تشکیل دیا اور اس کا باضابطہ افتتاح کیا، جس نے اس کو ایک کامل مجتہد کا اعزاز تفویض کیا۔ نیا مذہب پنگھوڑے میں ہی ختم ہوگیا، اس لیے کہ ہندوؤں اور مسلمانوں دونوں نے ہی اسے رد کردیا۔ لیکن مسلم راسخ العقیدہ قائدین اس امر پر چونکے کہ غیر اسلامی روحانی طاقتوں نے کس حد تک اسلام پر غلبہ حاصل کرلیا تھا کہ انھوں نے اس کے وجود کو بھی خطرے میں ڈال دیا۔ اس صورت حال کے اندر سب سے بڑا عامل کوئی شک نہیں کہ رواجی تصوف کی بے قابو وسیع المشربی تھی اور اسی کا راسخ الاعتقاد طبقہ روک تھام کرنے کے لیے تیار ہوا۔ اصلاح کی اس تحریک میں سب سے مضبوط اور اہم شخصیت احمد سرہندی کی تھی جنھوں نے نہ صرف کثرت سے لکھا اور اس میں ابن عربی کی عرفانیت پر تنقید کی جن کی کتابیں صوفیانہ اضافیت کی نظری بنیاد بن چکی تھیں، بلکہ مریدوں کی ایک بڑی تعداد کی تربیت کی جو ملک میں پھیل گئے اور لوگوں کو اصلاح یافتہ صوفیانہ عقائد اور اعمال کی تعلیم دی۔ اپنے ضابطہ عقائد میں سرہندی نے ابن عربی کی مابعدالطبیعیاتی واحدیت (monism) کو اخلاقی طور پر درست ثنویت میں بدل دیا، جب کہ عملی طور پر شرعی اقدار بہت زور دیا گیا جن کو صوفیانہ طریقوں سے تقویت پہنچائی گئی۔ اس لیے تصوف کو رد کرنا تو کجا اسے ایک نئی زندگی اور نئی جہت دی گئی اور اس نقطۂ نظر سے سرہندی کی اصلاح عرب میں بعد کی وہابی تحریک سے وقیع طور پر مختلف ہے۔

سرہندی کے ایک نسل بعد گیارھویں صدی ہجری (سترھویں صدی عیسوی) کے تقریباً وسط میں اکبر

کے دو پڑ پوتوں کے درمیان تحت کے لیے ایک خونریز جنگ ہوئی۔ ایک داراشکوہ تھا جو اس مذہبی نظام فکر کا واضح طور پر پُرزور حامی تھا، جس کی ابتدا اکبر نے کی تھی۔ دوسرا اورنگ زیب، جو مسلم راسخ الاعتقادی کا کھلا کھلا دفاع کرنے والا تھا۔ مؤخرالذکر اس جنگ میں فتح یاب ہوا اور ایک آہنی عزم کے ساتھ راسخ الاعتقاد اسلام کی طاقت بحال کرنے کی کوشش میں لگ گیا۔ لیکن یہ گویا بجھنے سے پہلے شعلے کی آخری لپک تھی۔ اس کا دور حکومت مسلسل بغاوتوں کی ایک داستان ہے، خاص طور پر دکن میں سر اٹھانے والے ہندو مرہٹوں کی اور پنجاب میں سکھوں کی۔ وہ ۱۱۱۸ھ/ ۱۷۰۷ء میں فوت ہوا اور اس کے بعد ہندوستان میں مسلم قوت بہت جلد انحطاط سے دوچار ہوگئی۔ مسلمان جن کے لیے اسلام اور سیاسی اثر ونفوذ منطقی اعتبار سے ایک نا قابل تقسیم کُل ہیں اور تاریخی اعتبار سے بھی یہ اسی طرح تھے۔ حقیقی معنوں میں یوں جانیے کہ ایک اندوہ ناک ویرانے میں پڑے رہ گئے، جن کی سمجھ میں یہ نہیں آتا تھا کہ جائیں تو کہاں جائیں۔

بارھویں صدی ہجری (اٹھارویں صدی عیسوی) میں ہندوستان میں مسلمانوں کی یہ کوشش کی کہ اسلام کی نئی سرے سے تعبیر کا ایک نیا رخ دریافت کیا جائے، ایک بااثر مفکر شاہ ولی اللہ دہلوی (۱۱۱۳-۱۱۷۶ھ/ ۱۷۰۲-۱۷۶۲ء) کی تصانیف میں ظاہر ہوئی۔ جہاں ایک طرف شاہ ولی اللہ نے ہندوستان میں مسلم اقتدار کی بحالی کی امید نہ چھوڑی (انھوں نے مختلف حکمرانوں اور جرنیلوں کو خط لکھے کہ آکر سیاسی خلا کو پُر کریں، جن میں روہیلہ جرنیل نجیب الدولہ اور افغان احمد شاہ ابدالی جس نے مرہٹوں کو ایک زبردست جنگ میں ۱۱۷۴ھ/ ۱۷۶۱ء میں شکست دی، شامل تھے) اور دوسری طرف انھوں نے اسلام کی روایتی مسلم الٰہیات سے وسیع تر بنیاد پر اسلام کو نئے پیرائے میں بیان کرنے کی طرح ڈالی۔ اگرچہ ان کے افکار کو اگر اندر سے جانچیے تو مختلف عناصر منطقی طور پر مربوط نظام میں مدغم ہوئے نہیں لگتے بلکہ ایک دوسرے کے پہلو بہ پہلو رکھے ہوئے لگتے ہیں، تاہم صرف یہی بات کہ ایک سالم اور مکمل اسلام کے لیے ایک شعوری کوشش کی گئی، کافی اہم ہے۔ اس نظام میں ایک وسیع انسان دوست عمرانیاتی بنیاد پر اسلامی مفہوم میں معاشرتی اور اقتصادی انصاف کا نظریہ حاوی ہے اور اس پر صوفیانہ نظریۂ کائنات کا تاج دھرا ہے۔

شاہ ولی اللہ کا اسلامی تعمیرنو اور اصلاح کا نمونہ عرب میں وہابی اصلاح کے پروگرام سے نہ صرف وقت کے اعتبار سے ذرا پہلے تھا بلکہ اس سے وقیع طور پر مختلف بھی تھا۔ انھوں نے نہ صرف تصوف کو برقرار رکھا، بلکہ اپنے نظام کا اوج کمال کائنات کی ایک معین صوفیانہ تعبیر کو بنایا لیکن جوں جوں ان کا اثر ہندوستان کے ایک بڑے حصے پر ان کے شاگردوں اور بیٹوں خصوصاً ان کے بڑے بیٹے شاہ عبدالعزیز کے ذریعے تیرھویں صدی ہجری (انیسویں صدی عیسوی) میں سورج کی شعاعوں کی طرح پھیلنے لگا تو ان کی تعلیم میں تزکیہ کے عنصر پر ان کے ہمہ گیر طریق کار کی کلیت سے زیادہ زور دیا گیا، اگرچہ ایک راسخ الاعتقاد صوفیانہ رجحان کو اس سے پوری طرح الگ نہ رکھا گیا۔ غیر اسلامی عقائد اور اعمال سے مذہب کو پاک کرنے کا یہ عنصر اور اسلام کی مثبت تعلیم کی

طرف واپسی شاہ عبدالعزیز کے ایک پیر آتشی مزاج سید احمد بریلوی کے ہاتھوں میں آکر اور زیادہ نمایاں ہو گئے جنھوں نے اس اصلاحی دبستان کو جہاد کی تحریک میں بدل دیا۔

سید احمد کو عام طور پر ہندوستان میں وہابیت کا بڑے پیمانے پر پہل کار سمجھا جاتا ہے اور یہ فرض کیا جاتا ہے کہ جب وہ ۱۲۳۸ھ/ ۱۸۲۲ء میں مکہ مکرمہ حج کے لیے گئے تو وہ وہابی عقائد سے بہت متاثر ہوئے۔ یہ دعویٰ بھی کیا جاتا ہے کہ اس مقدس شہر میں علما نے ان سے پوچھ گچھ کی تھی جن کو ان کے نظریات کے بارے میں شبہ ہو گیا تھا اور یہ کہ انھیں شہر مقدس سے باہر نکال دیا گیا۔ بہر حال سید احمد کے نظریات کو وہابیت کا نام دینا تاریخی وجوہات سے قابل قبول نہیں لگتا۔ ہم اس باب میں اوپر دیکھ چکے ہیں کہ عثمانیوں نے ۱۲۲۷ھ/ ۱۸۱۲۔ ۱۸۱۳ء میں حجاز کو وہابیوں سے واپس لے لیا تھا۔ اس لیے جب سید احمد مکے گئے تو وہابیوں کا اثر وہاں سے نہ صرف سیاسی طور پر بلکہ مذہبی طور پر دور کر دیا گیا ہوگا۔ صرف یہ بات کہ سید احمد سے ان کے نظریات کے بارے میں پوچھ گچھ کی گئی اور انھیں وہاں سے نکال دیا گیا، یہ ظاہر کرتی ہے کہ اس وقت حجاز میں وہابی خیالات کو موجود ہونے کی اجازت نہیں تھی اور یہ کہ جو کوئی بھی وہابیت سے اپنا تعلق بتاتا، اس کو سزا دی جاتی تھی۔ جو چیز اغلب معلوم ہوتی ہے، یہ ہے کہ غلو آمیز (puritanical) رجحانات جو ہندوستانی اصلاح اسکول میں شروع سے موجود رہے تھے، وہ حدیث پر خصوصی توجہ کی وجہ سے نیز مسلمانوں کو ان توہم پرستانہ مسلکوں سے نجات دینے کی کوشش کی وجہ سے اسلام میں ہندومت کی مداخلت سمجھے جانے لگے تھے اور زیادہ نمایاں ہو گئے تھے۔ سید احمد کے فعال ہاتھوں میں جو پُر جوش مجاہد تھے، وہ عربی وہابیت کے مکمل مماثل بن جاتے ہیں۔ علاوہ ازیں ہندوستانی وہابیوں نے راسخ العقیدہ فقہ کے چاروں مذاہب کی سند (authority) کو رد کر دیا تھا اور اپنے آپ کو غیر مقلد کہا، جب کہ وہابیوں نے صاف صاف اقرار کیا تھا کہ وہ حنبلی ہیں۔

حج سے واپس آکر سید احمد نے اولیا کے مسالک اور دین میں اضافوں کے خلاف شدت سے پرچار کیا اور جہاد کی تحریک کو منظم کیا۔ مالی وسائل جمع کیے گئے اور شمالی اور مشرقی ہندوستان کے ایک بڑے علاقے سے جہاد کے لیے لوگوں کو بھرتی کیا گیا اور سرحدی صوبے کا ایک بڑا حصہ سکھوں سے لے کر اس پر قبضہ کر لیا گیا۔ تاہم سید احمد اور ان کے ساتھی شاہ اسماعیل (شاہ ولی اللہ کے ایک پوتے) سکھوں کے خلاف ایک جنگ میں لڑتے ہوئے ۱۲۴۷ھ/ ۱۸۳۱ء میں بالاکوٹ کے مقام پر شہید ہو گئے۔ ان کے پیروؤں نے مغربی سرحد پر ستھانا کے مقام سے انگریزوں کے خلاف جہاد جاری رکھا، اگرچہ وہ مالی وسائل اور ساتھیوں کی کمی کی وجہ سے کمزور پڑ چکے تھے۔ ۱۲۸۷۔ ۱۲۸۸ھ/ ۱۸۷۰۔ ۱۸۷۱ء میں انگریزوں کے حامی کچھ علما نے فتوے دیے جن میں انھوں نے اپنے آپ کو اس تحریک سے علیحدہ کر لیا، لیکن سرحدوں کے پار جہاد کی کاروائی کا ۱۳۰۷ھ/ ۱۸۹۰ء تک ذکر ہوتا رہا۔

دریں اثنا بنگال میں تیرھویں صدی ہجری (انیسویں صدی عیسوی) میں حاجی شریعت اللہ نے ایک اور

اصلاحی تحریک کی بنیاد رکھی۔ شریعت اللہ ۱۱۷۸ھ/ ۱۷۶۴ء میں پیدا ہوئے اور ۱۱۹۶ھ/ ۱۷۸۲ء میں مکہ مکرمہ حج کے لیے گئے اور وہاں ۱۲۱۷ھ/ ۱۸۰۲ء تک مقیم رہے اور اس دوران میں ایک شافعی شیخ کے مرید رہے۔ یہ ظاہر ہے کہ وہ بمشکل وہابی اثر کے تحت آئے ہوں گے، اس لیے کہ وہابی پہلی بار صرف ۱۲۱۶ھ / ۱۸۰۳ء میں مکہ میں آئے اور اس وقت بھی انھیں اس شہر کو دس برس بعد چھوڑ دینا پڑا۔ تاہم بنگال واپس آ کر شریعت اللہ نے تطہیر ایک تحریک شروع کی جسے فرائضی تحریک کہتے تھے۔ یہ تحریک معلوم ہوتا ہے تین عناصر کا مجموعہ تھی (۱)، انگریزوں کی مخالفت جس کا ثبوت یہ اعلان تھا کہ ہندوستان اب دارالاسلام نہیں رہا بلکہ دارالحرب بن چکا ہے (۲)۔ معاشرتی اقتصادی اصلاح جو امیر مالکان کے خلاف تھی اور کسانوں اور مزدوروں کی بہبود کے لیے تھی۔ (۳) اسلام کو ہندو تصورات اور صوفیانہ بے اعتدالیوں سے پاک کرنا۔ شریعت اللہ کا اصرار تھا کہ صوفیانہ اصطلاحیں پیر او رمرید بھی استعمال نہیں کرنی چاہئیں اور ان کی جگہ استاد اور طالب علم کہا جائے۔ یہ تحریک شریعت اللہ کے بعد ان کے بیٹے دودھو میاں نے جاری رکھی جو ۱۲۸۱ھ/ ۱۸۶۴ء میں فوت ہوئے۔ اس تحریک کے پیرو آج بنگال میں پائے جاتے ہیں۔

ہندوستان کے مسلمانوں کی عام بے اطمینانی ۱۸۵۷ء کی ہندوستانی بغاوت میں بھی ظاہر ہوئی، جب بہت سے علما نے بغاوت کی نہ صرف اخلاقی تائید مہیا کی بلکہ واقعتا اس میں لڑے بھی۔ درحقیقت برطانوی ہندوستان کے اس حصے میں جہاں مسلمان بااثر تھے اور جہاں ان کے مذہب اور ثقافت کی جڑیں بہت گہری تھیں، صوبہ جات متحدہ میں، بغاوت نے جہاد کی یقینی صورت اختیار کر لی۔ جب یہ تحریک ناکام ہوئی تو ان علما نے جو بالآخر شاہ ولی اللہ اور ان کی بیٹوں اور تلامذہ کے دبستان سے تعلق رکھتے تھے، ۱۲۹۳ھ/ ۱۸۷۶ء میں دیوبند کے مشہور مدرسے کی بنیاد رکھی، جس نے اپنے قیام کے دن ہی سے دو مقاصد اپنے سامنے رکھے؛ (۱) مذہبی علما کی تربیت روایتی اسلامی تعلیم اور اقدار کے تحفظ کے لیے اور (۲) ہندوستان کو انگریزوں سے آزاد کرانا۔ مدرسہ دیوبند کے بانی محمد قاسم نانوتوی کے ایک شاگرد محمود الحسن (م ۱۹۲۱ء) نے عرب سے انگریزوں کے خلاف جہاد کرنے کے حق میں فتویٰ لیا لیکن مکہ مکرمہ سے واپسی پر انھیں راستے میں ہی گرفتار کر لیا گیا اور پہلی جنگ عظیم کے دوران میں وہ مالٹا میں اسیر رہے۔

لیکن جہاں دیوبند اسکول معتدل راسخ العقیدہ اصلاحی مقاصد کی نمائندگی کرتا ہے، وہاں غیر مقلدوں یا اہل حدیث کا انتہا پسند گروہ، کہ وہ بھی زیادہ تر سید احمد بریلوی کے واسطے سے شاہ ولی اللہ اسکول سے تعلق رکھتے ہیں، وسطی زمانے کے ماضی سے پوری طرح کٹ کر ابتدائی صدیوں کے اصلی اور صحیح اسلام کا احیا کرنا چاہتا ہے۔ ان کا اعتماد صرف قرآن وسنت نبوی پر ہے اور وہ بعد میں آنے والے سب اصحاب سند و اختیار (authorities) کو رد کرتے ہیں۔ اس طرح اگرچہ وہ نظری طور پر عربی وہابیوں سے زیادہ انتہا پسند ہیں، تاہم وہ نقطہ نظر میں ان کے قریب ہیں کہ دوسروں کی طرح انھوں نے بھی کسی حد تک اہل حدیث تحریک کو اس

کے بعد کے مراحل میں متاثر کیا ہے اور خاص طور پر بیسویں صدی کے دوران میں بعض اہل حدیث قائدین عرب میں وہابی حکومت کے عملاً حامی رہے ہیں۔ ان کے ایک قدیم رہنما صدیق حسن خان (م ۱۳۰۶ھ/ ۱۸۸۹ء) جو ریاست بھوپال کی بیگم کے شوہر تھے لیکن انھیں بعد میں اس شبہے میں ملک بدر کر دیا گیا کہ وہ ترکوں کے ساتھ ایک برطانیہ مخالف اتحاد میں شامل تھے۔ یمن کے شوکانی، ابن تیمیہ کی اور یقیناً شاہ ولی اللہ کی تحریروں کے زیادہ زیر اثر تھے بہ نسبت براہ راست وہابی اثر کے جیسا کہ پہلے کہا گیا۔ اہل حدیث جن کے اپنے مدرسے اور مسجدیں ہیں، ان کا صدر دفتر مغربی پاکستان میں لاہور میں ہے۔

احیا کی حامی ایک غلو آمیز تحریک بھی جو اصلاح یافتہ تصوف پر مبنی تھی، تیرھویں صدی ہجری (انیسویں صدی عیسوی) میں وسطی ایشیا میں پھیلی اور Schuyler نے اپنی کتاب 'Turkestan' میں اس کا نام بھی اسی طرح وہابی بتایا۔ اس تحریک کے بارے میں بہت کم لٹریچر دستیاب ہے۔ اگرچہ یہ بات یقینی ہے کہ اس نے روسی قبضے کے خلاف جہاد کیا تھا، لیکن لڑنے والوں اور ساز و سامان میں ناکافی تیاری کی وجہ سے غیر مؤثر رہی۔ یہ اس امر کی ایک دوسری نمایاں مثال ہے کہ ایک مسلم اصلاحی تحریک جب اسے باہر کے خطرے کا سامنا ہو، کیوں کر اپنے آپ کو بخلاف عرب کے وہابیوں کے فوراً خارجی دشمن کے معاملے میں لے آتی ہے۔ ہم یہ ہندوستانی تحریک کے مقابلے میں پہلے ہی دیکھ چکے ہیں جس نے اگرچہ اندر سے اسلام کی اصلاح کا آغاز کیا تھا، تاہم وہ سکھ حکومت کے ساتھ اور پھر انگریزی فوج کے ساتھ بھڑ گئی۔ عرب میں وہابیوں کو یہ صورت حال درپیش نہ ہوئی اور ہم آگے دیکھیں گے کہ شمالی افریقہ میں سنوسی تحریک کو جب ایسا چیلنج درپیش ہوا تو اس کا ردعمل بھی ان تحریکوں جیسا تھا۔

دوسری مشترک خصوصیت جو ابھر کر سامنے آئی ہے، وہ ان تحریکوں میں تصوف کی نئی صورت کی موجودگی ہے۔ راسخ العقیدہ دباؤ کے تحت تصوف کی اصلاح اندر سے بھی اور باہر سے بھی ایک ایسے فینامنا پر منتج ہوئی جس میں تصوف سے بڑی حد تک اس کا وجد و حال والا اور مابعد الطبیعیاتی کیریکٹر اور مواد لے لیا گیا اور اس کی جگہ ایسا مواد داخل کیا گیا جو راسخ العقیدہ مذہب کی بنیادی شرائط کے علاوہ کچھ نہیں تھا۔ اس بات پر جتنا بھی زور دیا جائے کم ہے، اس لیے کہ اس کی بدولت تصوف کو راسخ العقیدہ اسلام کی سرگرم قوت محرکہ کی خدمت پر مامور کر دیا گیا اور یہ تجدید پسندی سے قبل کی اصلاحی تحریکوں کی اہم صورتوں میں ایک جاری و ساری حقیقت ہے۔ اگلے باب میں ہم جدید اسلام میں اس نئی صورت حال کے نتائج کا خاکہ پیش کریں گے۔ یہاں ہم صرف یہ جتانا چاہتے ہیں کہ تصوف کی یہ شکل جسے تصوف نو کہنا چاہیے، اسلامی مذہبی تاریخ کے اس مرحلے کی ایک خصوصیت ہے۔ اس عام حقیقت کو 'طریقہ محمدیہ' کی اصطلاح سے سمجھا یا جا سکتا ہے جو ان میں سے بہت سی تحریکیں اپنے لیے استعمال کرتی ہیں۔ چنانچہ یہ نام عرب کے وہابیوں نے اپنے اصلاحی پروگرام کے لیے، سید احمد بریلوی نے اپنی تحریک کے لیے اور ادریسی اخوان نے (جن کا ذکر آگے آئے گا) اپنے مقصد کے لیے

اختیار کیا۔ یہ محض ایک اتفاق نہیں ہوسکتا، اگرچہ ان کے درمیان کوئی ظاہری سہی تعلق دکھائی نہیں دیتا۔ مزید یوں لگتا ہے کہ اسے ایک ملتا جلتا لیکن ہمہ جا موجود فینا منا قرار دینا چاہیے۔ اس کا مطلب یہ ہے کہ جہاں ایک طرف وسطی دور کے صوفیانہ طریقے اور برادریاں برگشتہ سمجھ کر رد کردی جاتی ہیں، وہاں دوسری طرف تصوف کی توثیق کی جاتی ہے اور کوشش کی جاتی ہے کہ پیغمبرؐ کی باطنی، روحانی اور اخلاقی زندگی کا نمونہ سامنے رکھ کر اس کی تطہیر کی جائے۔ تاہم ہمیں یہ نتیجہ نہیں نکالنا چاہیے کہ تجدید پسندی سے پہلے کے دور میں نئے تصوف نے وسطی زمانوں کے تصوف کو پوری طرح اپنے مقام سے ہٹا دیا تھا۔ یہ بات صرف ان تحریکوں کے حامیوں کے لیے تھی۔ عوام کے سواد اعظم کے لیے وسطی زمانوں کا تصوف گہری روحانی اور مذہبی زندگی کی واحد صورت رہی۔ تا آنکہ جدید تعلیم اور مغربی افکار کے اثرات اس معاملے میں تجدید پسندی سے پہلے کی اصلاح پرستی کے ساتھ مل گئے اور انھوں نے وسطی زمانوں کے تصوف کو اپنی مرکزی پوزیشن سے ہٹا دیا اور یہ عمل اب تک جاری ہے۔

افریقی اصلاحی تحریکیں

وہی فینا منا جسے ہم نے نوصوفیت کہا ہے، یعنی راسخ العقیدہ خطوط پر اصلاح یافتہ تصوف، جس کی تعبیر ایک فعالیت پسند مفہوم میں کی گئی ہو، اس کی مثال شمالی افریقہ کی سنوسی اخوت کی صورت میں حیران کن طریقے سے سامنے آئی ہے جو ادریسی سلسلے کی ایک شاخ کے طور پر قائم ہوا۔ لیکن پھر اس نے علیحدہ خطوط پر نشوونما پائی اور الگ سے اپنا کیریئر متعین کیا۔ ادریسی سلسلہ، جس کی عرب میں احمد ابن ادریس (م ۱۲۵۳ھ/ ۱۸۳۷ء) پیغمبرؐ کی ایک مراکشی آل نے بنیاد رکھی، انھوں نے بھی اس کا نام پیغمبرؐ کی نسبت سے 'طریقۂ محمدؐیہ' رکھا۔ انھوں نے خدا کے ساتھ اتصال کے تصور کو رد کیا اور اس کے بجائے پیغمبر محمدؐ کی روح کے ساتھ اتحاد کو صوفی کے واحد ممکنہ اور جائز مقصد کے طور پر شرط لازم قرار دیا۔ ہم اوپر عرب وہابیت اور سید احمد بریلوی کی ہندوستانی تحریک کے سلسلے میں اس نام سے آگاہ ہو چکے ہیں۔ وہ اندرونی انقلاب جو اس نام کے ساتھ وابستہ ہے، وہ گویا اس امر کی تاکید ہے کہ تصوف لازماً وہی راستہ اختیار کرے جو رسول اکرمؐ نے بتایا ہے، یعنی وہ پوری طرح سنت نبوی کے مطابق ہو، اور اپنے وسطی زمانے کے منکر اخلاق مظاہر ترک کردے۔ اس کے معنی یہ ہیں کہ ایک صوفیانہ تنظیم کے تحت اور کچھ صوفیانہ طریقوں کے استعمال سے روایتی عقائد اور معیارات کی تعلیم دی جائے گی اور ان پر عمل کیا جائے گا۔ احمد ابن ادریس خود نہ صرف ایک صوفی تھے بلکہ ایک فقیہہ بھی تھے اور قانون میں انھوں نے وسطی زمانے کے اجماع اور قیاس کو اسی طرح رد کردیا جس طرح وہابیوں نے کیا تھا اور اجتہاد پر زور دیا۔ اس عقیدے کی بنیاد پر نیز اس حقیقت کے پیش نظر کہ وہ تصوف کا ایک بہت زیادہ اصلاح یافتہ نمونہ ساتھ لائے، بعض اسکالروں نے ان پر ایک براہ راست وہابی اثر تسلیم کیا ہے۔ لیکن وہی دلائل جو ہم نے شوکانی اور سید احمد بریلوی پر بات کرتے ہوئے دیے تھے، وہ براہ راست وہابی اثر کے اس مفروضے کے خلاف بھی لاگو

ہوں گے۔ تیرھویں صدی ہجری (انیسویں صدی عیسوی) کے موڑ پر مکہ مکرمہ بہت قلیل مدت کے سوا وہابی کنٹرول میں نہیں رہا تھا اور مکے میں عثمانی ارباب حل وعقد کبھی اس بات کی اجازت نہیں دے سکتے تھے کہ کوئی شخص علانیہ وہابی نظریات اپنائے، کجا کہ وہ ان کی ایک منظم صورت میں تبلیغ کرے۔ اس لیے احمد ابن ادریس کے افکار کا تعلق بھی روح اصلاح کی اسی ہمہ جا موجودگی (ubiquity) کے ساتھ قائم کرنا چاہیے، جس کا مظاہرہ شوکانی اور ہندوستانی تحریک کے معاملے میں ہوا تھا۔

احمد ابن ادریس کے نئے اصلاح یافتہ طریقے نے اپنی تحریک کے علاوہ عرب میں اسیر کے صوبے میں (جہاں ان کے پیروؤں نے عارضی طور پر سیاسی تسلط اختیار کیا تھا) تین اور تحریکوں کو جنم دیا یعنی طریقے جن کے نام رشیدیہ، امیر غانیہ اور سنوسیہ تھے۔ ان تینوں میں رشیدیہ الجزائر تک محدود رہے اور ہاں بھی انھیں بڑے سلسلوں نے اپنے آگے ماند کر دیا۔ رہے امیر غانیہ جن کی بنیاد حجازی محمد عثمان الامیر غانی (م ۱۲۶۹ھ/ ۱۸۵۳ء) نے رکھی تھی تو یہ سوڈان اور نوبیہ میں پھیلے اور وہاں مہدی تحریک کی مخالفت کی اور مہدویت کے کٹر پن کے مقابلے میں ایک اعتدال پسندانہ کردار اختیار کیا اور قدامت پسند راسخ العقیدہ گروہ کے اجماع کی توثیق کی لیکن ان تین خواہرانہ شاخوں میں سے بڑی حد تک اہم ترین سنوسی سلسلہ ثابت ہوا جس کی بنیاد الجزائر کے محمد ابن علی السنوسی (م ۱۲۷۵ھ/ ۱۸۵۹ء) نے اپنے شیخ احمد ابن ادریس کی وفات کے بعد مکہ مکرمہ میں ۱۲۵۳ھ/ ۱۸۳۷ء میں رکھی تھی۔

سنوسی سلسلہ اپنی تنظیم اور مقاصد دونوں میں نوصوفیت کا بہت ہی اعلیٰ نمائندہ ہے۔ یہ اپنی قوت محرکہ میں مکمل طور پر فعال ہے اور ایک خالص اخلاقی اصلاحی پروگرام کو سیاسی عمل کی صورت دیتا ہے۔ خالص اعتقادی پہلو سے محمد ابن علی السنوسی نے اجتہاد کے حق کا دعویٰ کیا اور ان کی فکر کے ایک حصے کو اسی وجہ سے ازہر کے ایک مالکی شیخ نے کفر کا نام دیا۔ چنانچہ راسخ العقیدہ طبقے کی مخالفت کی وجہ سے انھیں ۱۲۵۹ھ/ ۱۸۴۳ء میں مکہ مکرمہ کو خیر باد کہنا پڑا۔ عملی پہلو سے اگرچہ انھوں نے اپنے پیروؤں کے دلوں میں ذکر کی ایک صورت جا گزیں کی، ان کی مجموعی تعلیم کا رخ اسلام کے روایتی عقائد پر مبنی عملی مقاصد کی طرف تھا۔ انھوں نے زاویوں کو منظم کیا (جو مذہبی ریاضت کے مرکز تھے)۔ ان میں سب سے اہم کافرہ اور جغبوب میں تھے (جہاں ان کا انتقال ہوا؛ جہاں لوگوں کو صرف دین و ایمان کی باتیں نہیں بتائی جاتی تھیں بلکہ ان کو اسلحہ استعمال کرنے کی تربیت بھی دی جاتی تھی، اور ان کے زراعت اور تجارت جیسے پیشے اختیار کرنے کی حوصلہ افزائی کی جاتی تھی۔)

سنوسیوں کا ایک عملی مقصد صحرائے لیبیا میں امن قائم کرنا تھا اور صحرائی قبائل کو کنٹرول کرنے کے لیے انھوں نے مساوات، اخوت اور امن کے اسلامی پیغام کا پرچار کرنے کے ساتھ ساتھ ایک فوجی تنظیم بھی قائم کی۔ اس کا نتیجہ یہ ہوا کہ بحر اوقیانوس کی طرف تجارت کا بہاؤ آزادانہ اور رواں ہو گیا، جو ایسا پیشہ تھا جس میں

صحرائی قبیلہ جبابرہ خاص طور پر نمایاں تھے۔ اس غرض کے لیے زوی کے وحشی اور سرکش قبیلے کو، جو جبابرہ کے دشمن اور حریف تھے، امن کے لیے اپنا ہم نوا بنانا پڑا۔ سنوسیوں نے عثمانی اقتدار کو بھی تسلیم نہ کیا، لیکن بعد میں جب انھیں مغرب کی توسیعی قوتوں کی دخل اندازی کا خطرہ ہوا، تو انھوں نے پہلے تو استوائی افریقہ سے جنوب کی طرف فرانسیسی پیش قدمی کی مزاحمت کی اور بعد میں احمد السنوسی اور محمد ادریس السنوسی کی قیادت میں ترکی کے حلیفوں کی صورت میں لیبیا میں اطالویوں کے خلاف اور مصر میں انگریزوں کے خلاف ہتھیار اٹھا لیے۔ ان کو اطالویوں نے سخت شکست دی اور انھیں بے رحمی کے ساتھ دبا یا لیکن ان کے ہٹ جانے کے بعد وہ پھر سے زندہ اور فعال ہو گئے۔

ایک قبیلے نام اپنے خط میں محمد علی السنوسی نے لکھا:

> میں تم سے اسلام کے نام پر کہتا ہوں کہ خدا اور اس کے رسولؐ کی اطاعت کرو۔۔۔ میں تم سے خدا اور اس کے رسولؐ کے احکام ماننے کے لیے کہتا ہوں، یعنی تم پانچوں نمازیں پڑھو، رمضان کے روزے رکھو، زکوٰۃ ادا کرو اور بیت اللہ کے حج کا فریضہ ادا کرو۔ تم ہر اس چیز سے باز آ جاؤ جس سے اللہ نے تمھیں پرہیز کرنے کا حکم دیا ہے، یعنی جھوٹ بولنے سے، غیبت کرنے سے، دوسرے کا مال ضبط کرنے سے، نشہ آور مشروب پینے سے، جھوٹی گواہی دینے سے اور ایسے تمام کاموں سے جن سے خدا نے منع کیا ہے۔ اگر تم خدا کے احکام بجا لاؤ گے اور ان باتوں سے رجوع کر لو گے جن سے اس نے منع کیا ہے، تو وہ تمھیں اپنی بے شمار عنایات سے نوازے گا، اور تمھیں ہمیشہ رہنے والی بھلائی اور رزق عطا کرے گا۔

اسی خط میں انھوں نے مختصراً اپنی تحریک اصلاح کے بنیادی پروگرام کا خلاصہ یوں بیان کیا کہ ''غافل لوگوں کو جگانا ہے، جاہل لوگوں کو تعلیم دینی ہے اور جو لوگ صراط مستقیم سے ہٹ گئے ہیں، ان کی رہنمائی کرنی ہے۔'' امن کے قیام کے لیے اپنے مشن کے بارے میں انھوں نے لکھا، ''اے واجنجہ کے لوگو، ہم تمھارے اور ان بدوؤں کے درمیان امن کو فروغ دینا چاہتے ہیں، جو تمھارے علاقے پر حملہ کرتے ہیں، تمھارے بچوں کو غلام بناتے ہیں اور تمھارا مال و اسباب لوٹتے ہیں۔ ایسا کرتے ہوئے ہم خدا کا حکم بجالاتے ہیں جو اس نے اپنی کتاب عزیز میں دیا ہے، جہاں اللہ تعالیٰ فرماتا ہے؛

> ''اور اگر مومنو میں سے کوئی دو فریق آپس میں لڑ پڑیں تو ان میں صلح کرا دو۔'' (الحجرات، ۹:۴۹)

سنوسی نے اپنے پیروؤں کو دنیاوی مال و اسباب کی حد سے زیادہ محبت سے بھی منع کیا، سونے اور چاندی کو سمیٹ کر رکھنے کی ممانعت کی، سوائے اس کے جو عورتوں کو زیورات بنانے کے لیے ضروری ہو۔ لیکن اقتصادی اور معاشرتی قانون سازی میں یہ قدم آخرت کے روحانی مفاد میں نہیں سمجھا جاتا۔ جیسا کہ روایتی

تصوف یہ مفاد دلوں میں جاگزیں کرتا تھا، بلکہ اس دنیا میں اخلاقی اور معاشرتی بہبودی کے مفاد میں۔ دراصل سنوسی کے اوپر دیے گئے اقتباسات سے یہ بات بھی مؤثر طریقے سے واضح ہو جاتی ہے کہ یہ وعظ مثبت طور پر اخلاقی ہے نہ کہ الٰہیاتی اور اخروی زندگی سے متعلق۔ خدا کی عنایات کا ذکر عمومی طور پر کیا جاتا ہے، لیکن جنت کے وعدوں اور جہنم کی دھمکیوں کی طرف اشارہ بھی نہیں کیا جاتا۔ یقیناً اس بات کا اشارہ کہیں نہیں ملتا کہ سنوسی نے حیات اخروی کا روایتی تصور ترک کر دیا تھا۔ اس طرح کا کوئی خیال ظاہر کرنا بہت لغو غلطی ہوگی۔ تاہم اصلاح کی کوشش کا سارا لہجہ اور اس کا پروگرام روز آخرت کی روحانیت کے معنوں میں ہونے کی بجائے اخلاقی ایجابیت اور معاشرتی بہبود کے معنوں میں ہے اور تاکید اور اصرار کی یہ تبدیلی معنی خیز ہے۔

یہ رجحان دراصل نہ صرف سنوسی تحریک میں نمایاں ہے، بلکہ یہ اصلاح کے ان تمام فینامنا میں مشترک ہے جو اس باب کا موضوع ہیں اور یہ بعینہ وہی رجحان ہے جسے ہم اخلاقی فعالیت، اخلاقی ایجابیت اور نوصوفیت کا نام دے چکے ہیں۔ اصلاح کے ان تمام مظاہرے کے درمیان بھی تاکید کے معاملے میں نمایاں اختلافات ہیں۔ ان میں سے بعض دوسروں سے زیادہ تطہیر پسند ہیں، کچھ دوسروں سے زیادہ عملی اقدام کے قائل ہیں اور ان کی صورتیں بھی مقامی اختلافات اور علاقے کے تاریخی تجربات میں فرق و امتیاز کی وجہ سے کسی حد تک مختلف ہیں، لیکن مجموعی تصویر کم و بیش واضح کردار ضرور ظاہر کرتی ہے؛ اولین اسلام کی طرف لوٹ جانے اور اخلاقی اور معاشرتی بدعنوانیوں سے باز آنے کی دعوت۔ اور ایک عام انحطاط سے نکلنے کی ترغیب، جس میں امت مؤخر وسطی زمانے کی صدیوں میں گرتی چلی جارہی تھی اور علاج کے طور پر اخلاقی اور مذہبی ایجابیت کا رویہ اختیار کرنا۔ اس کے یہ معنی نہیں کہ مذہب کو پوری طرح دوسری صورت دے دی گئی تھی، بلکہ صورت یہ ہے کہ عوام کے اندر اولیا کی خارق العادت طاقتوں اور مسلکوں کے پرانے نظریے پوری طرح مٹائے نہ جا سکیں، حتیٰ کہ خود سنوسی رہنماؤں کے معاملے میں بھی قبائل کے لوگ ان کی مافوق الفطرت قوتوں کی ایک دیومالا تیار کرنے لگے۔ لیکن اس حقیقت سے انکار نہیں کیا جا سکتا کہ خود ان تحریکوں کے رہنماؤں نے اس مذہبی احساس کو ایک نیا رخ دیا جو بجائے جنت میں جگہ حاصل کرنے کے ایک اخلاقی اور اچھے معاشرے کے قیام کے لیے کوشاں تھا۔ اگرچہ یہ دونوں مقاصد ایک دوسرے سے علیحدہ نہیں دیکھے جاتے تھے۔ معاشرے کے زیادہ روشن خیال طبقے میں اس رجحان کا خالص اثر اس دنیا اور اس کے اخلاقی، معاشرتی اور اقتصادی مسائل کے معاملے میں ایک مثبت رویے کی سمت میں بڑھنا تھا، بجائے اس کے کہ روز آخرت اور معادیات کے مسائل میں سر کھپایا جاتا۔ یہ اسی طرح کی تیاری تھی جس میں جدید تعلیم اور نئی زندگی کے اثرات نے داخل ہو کر اپنا کام دکھایا اور جس میں انھیں ایک بنی بنائی بنیاد مل گئی۔

اس امر کی وجوہات کہ بارھویں اور تیرھویں صدی ہجری (اٹھارویں اور انیسویں صدی عیسوی) کے مصلحین اپنا سارا زور اس جہت میں لگاتے تھے جو ان کے اصلاح کے پروگرام میں نظر آتی تھی، ان کا کھوج

لگانا کوئی ایسی بڑی بات نہیں ہے۔ مصلحین ایسی شخصیات تھے جو موجودہ صورت حال سے غایت درجہ غیر مطمئن تھے۔ اب موجودہ صورت حال اساسی طور پر، یا زیادہ قریبی اور نمایاں صورت میں، ایک معاشرتی انحطاط، ایک سیاسی کمزوری اور ایک اقتصادی ٹوٹ پھوٹ تھی۔ قدرتی طور پر ان حالات نے معاشرتی پہلوؤں اور انفرادی اور مجموعی اخلاقی حالت پر زیادہ زور دینے پر اکسایا۔ لیکن ان خرابیوں کا علاج ممکن نہیں تھا جب تک کہ دینی اور بنیادی عقائد وافکار اور ان پر مبنی اعمال کی زیادہ گہری اصلاح ہاتھ میں نہ لی جاتی۔ اس لیے یہ بالکل قدرتی بات تھی کہ ان حالات میں ایک زیادہ مثبت دینی رویہ نکل کے سامنے آئے۔ اس کا قدرتی نتیجہ یہ ہونا تھا کہ اخروی دنیا کی روحانیت کی اہمیت، اس کی نفی کیے بغیر کم کی جائے۔ اب مصلحین نے دیکھا اور اس میں کافی صداقت تھی کہ ان کی بصیرتوں، پالیسیوں اور پروگراموں کی ابتدائی اسلام کی پالیسیوں کے ساتھ ایک بنیادی مشابہت تھی، اس لیے کہ قدیم اسلام کی اصلاحی قوت محرکہ اساسی طور پر ایک مثبت اخلاقی قوتیت (dynamism) تھی اور ایسے مابعد الطبیعیاتی، معادیاتی عقائد جو اس نے دلوں میں بٹھانے چاہے تھے، وہ ایسے تھے جو اس توانائی بخش قوت کے ساتھ مربوط تھے۔ اس طرح ان اصلاحی تحریکوں نے ایک طرح سے ابتدائی اسلام کی توثیق کی اور اسلام نے ان کی توثیق کی۔ یہی وجہ ہے کہ تجدید پسند مسلم ان تمام بنیادی رویوں میں تجدید پسندی سے قبل کے ان مصلحین کا براہ راست جانشین ہے۔ اس فرق کے ساتھ کہ اس کے ہاتھ میں آ کر سارا زور تاکید اب ایجابیت کی طرف منتقل ہوگئی، جیسا کہ ہم اگلے باب میں دیکھیں گے۔

اپنے طریقوں اور مقاصد میں سنوسیوں سے کہیں زیادہ عیاں طور پر سیاسی، لیکن جوش وخروش اور مطمح نظر میں ان کے برابر اصلاح پسند نائجیریا میں تیرھویں صدی ہجری (انیسویں صدی عیسوی) کے نصف اول میں اور سوڈان میں اسی صدی کے آخری عشروں میں فلانی (Fulani) اور مہدوی جہاد کی تحریکیں تھیں۔ جہاں یہ دونوں تحریکیں اسلامی اصلاح کے تطہیر پسند اور احیا پسند پروگرام کے ساتھ کھڑی ہوئیں، وہاں انھوں نے باضابطہ طریقے سے مذہبی ریاستیں قائم کرلیں اور اگرچہ اپنی اس موخر الذکر خصوصیت میں وہ وہابیوں سے مشابہت رکھتی ہیں، لیکن جہاں ابن عبدالوہاب نے خود سیاسی اقتدار نہیں سنبھالا تھا، بلکہ ایک موجود سیاسی امارت کے ذریعے کام کرنے کا فیصلہ کیا تھا، وہاں مہدی اور فلانی عثمان وَن فودیو دونوں نے اپنے آپ کو اپنی مذہبی حکومتوں کا سربراہ مقرر کرلیا، جیسا کہ ہندوستان میں سید احمد بریلوی نے کیا تھا۔ لیکن سید احمد اور عثمان وَن فودیو کے برخلاف محمد احمد نے جو مصری یورپی حکومت کے خلاف سوڈانی بغاوت کا قائد تھا، یہ دعویٰ کیا کہ وہ مسیح موعود کے مرتبے کا مصلح مہدی ہے، جو وسطی زمانوں کی مسلم روایت کے مطابق وقت کے خاتمے پر انصاف اور مساوات قائم کرے گا۔ محمد احمد کا مہدویت کا دعویٰ، ایسا لگتا ہے کہ مقامی روحانی صورت حال کا عکاسی کرتا تھا، اس لیے کہ اس وقت سوڈان میں مہدی کے قریب الوقوع ظہور پر عام ایمان تھا۔ محمد احمد کے ایک قریبی ساتھی اور اس کے خلیفہ نے پہلے ہی خدیو اسماعیل کے مقامی گورنر کو اس بات قائل کرنے کی ناکام کوشش کی تھی کہ وہ

اپنے مہدی ہونے کا اعلان کرے اور غالباً محمد احمد پر اثر ڈالا تھا کہ وہ اس طرف آجائے۔ تاہم مہدویوں نے اپنی جدوجہد کے زمانے میں لڑائیوں میں اپنی فتوحات کو مہدی کے الوہی مشن کی ایک یقینی توثیق قرار دیا۔ یہ عنصر اگرچہ ظاہر یا مخفی طور پر اکثر مثالیت پسند کوششوں میں موجود ہوتا ہے، تاہم یہ مہدوی جنگ آزماؤں کی ایک باقاعدہ امتیازی خصوصیت بن گیا۔

مہدوی ریاست چودہ سال حکومت کرنے کے بعد بالآخر ۱۸۹۸ء میں کچنر کی کمان میں انگریزی مصری فوجوں کے ہاتھوں شکست سے دوچار ہوئی اور کچل دی گئی۔ رہا فلانی اصلاحی جہاد تو اس کی قوت محرکہ بتدریج کمزور پڑ گئی اور صدی کے آخر تک وہ اتنے انحطاط سے دوچار ہو چکی تھی کہ بالواسطہ برطانوی حکومت کے نفاذ کے لیے حالات بالکل تیار تھے۔ افریقہ میں مسلم دینی اور صوفیانہ تحریکوں کے بہ نسبت وسطی زمانے کی باقی مسلم دنیا کے کہیں زیادہ مضبوط سیاسی روابط اور واضح تشدد پسندانہ اظہار دیکھنے میں آئے۔ لیکن تجدید پسندی سے پہلے کی اصلاحی تحریکوں کے مذکورہ بالا احوال سے ظاہر ہوگا کہ تمام بڑی بڑی تحریکوں نے بارھویں صدی ہجری (اٹھارویں صدی عیسوی) سے لے کر تیرھویں صدی ہجری (بیسویں صدی عیسوی) کے آخر تک ایک سیاسی کردار اختیار کر لیا، یا تو بطور ایک طریق کار کے، یا بطور ایک مطمح نظر کے، یا پھر دونوں کے طور پر، اس کی دو بڑی وجہیں ہیں۔ پہلی مسلم سیاسی قوت کا عام انحطاط ہے اور ہندوستان جیسے ملک میں اس قوت کی مکمل تباہی جس سے ایک سیاسی خلا پیدا ہو گیا تھا، لیکن دوسری وجہ جو کہیں زیادہ اہم ہے، یہ ہے کہ جس طرح کی یہ اصلاحی تحریکیں تھیں اس سے بھی ان کی سیاسی فعالیت پسند فطرت کا تعین ہوتا تھا۔ یہ بطور ایک سرگرم اصلاحی تحریک کے ابتدائی مسلم تاریخ کا ایک مثالی نمونہ ہی ہے، جس نے اسلام کو نہ صرف مذہبی اور اخلاقی پرچارک ہونے کا کردار عطا کیا، بلکہ اسے ایسے مذہبی اور اخلاقی عمل پر بھی آمادہ کیا جس کے نتیجے میں ایک ریاست وجود میں آئی، جسے کٹر پن پر مبنی ایک مسلم تحریک کے مثالی تصورات کو متاثر کرنا چاہیے۔ (اگرچہ کٹر پن پر مبنی کوئی بھی تحریک انقلابی طریقے اختیار کرنا چاہے گی) حدیث (اور عام طور پر راسخ الاعتقادی) میں دلچسپی کا احیا جو بنیاد پرست تطہیر پسند اصلاح کی بنیاد ہے، یقیناً اسلامی فعالیت پر زور اور تاکید کو نمایاں کرے گا۔ بات صرف اتنی نہیں ہے کہ حدیث میں اور راسخ العقیدہ تعلیمات میں اجماع کا عقیدہ مستقل طور پر تقدس و احترام کے ساتھ رکھ دیا گیا ہے، بلکہ یہ ہے کہ رسول اکرمؐ اور سلف صالح کی اصل مثال یہ سبق دیتی ہے کہ مثبت مشارکت صورت حال میں داخل ہو کر اس کو تبدیل کیا جائے۔ یہ سیاسی فعالیت ایک دوسرا نمایاں فیچر تھا جو جدید اسلام کے ایک بڑے حصے کو براہ راست منتقل کیا گیا۔

[بشکریہ 'اسلام'، مشعل، لاہور]

تجدید پسندی اور اسلامی معاشرہ

فضل الرحمٰن

ترجمہ: محمد کاظم

تمہید

بہت سے اہل نظر کے نزدیک نئے زمانے میں اسلام کی تاریخ اصل میں مسلم معاشرے اور مغرب کے تصادم کی تاریخ ہے، خصوصاً تیرھویں صدی ہجری (انیسویں صدی عیسوی) سے۔ وہ اسلام کو یوں دیکھتے ہیں جیسے وہ نیم جامد تودہ ہو، جو مغرب سے یا تو تباہ کرنے والی چوٹیں کھا رہا ہو، یا وہاں سے تشکیلی اثرات حاصل کر رہا ہے۔ ایک خاص وجہ ہے اس بات کی کہ حالات اس روشنی میں کیوں دکھائی دیتے ہیں۔ اسلام کا جب سے آغاز ہوا ہے، اسے روحانی اور عقلی چیلنجوں کا سامنا کرنا پڑا ہے اور یوں دیکھیے تو خود قرآنی وحی بھی ایک حد تک ان چیلنجوں سے نمودار ہوئی ہے جو اسلام کو قدیم اور تکمیل یافتہ یہودی اور عیسائی مذاہب نے دیے تھے۔ دوسری صدی ہجری (آٹھویں صدی عیسوی) سے چوتھی صدی ہجری (دسویں صدی عیسوی) تک اسلام میں عقلی اور ثقافتی بحرانوں کا ایک سلسلہ سامنے آیا، جن میں سے سنجیدہ ترین اور اہم ترین وہ تھا جو یونانی عقلیت پرستی کی پیداوار تھا، لیکن اسلام نے کامیابی کے ساتھ ان چیلنجوں کا مقابلہ کیا؛ کہیں کچھ جذب کر کے، کہیں کچھ رد کر کے اور کہیں اپنے آپ کو ان نئی لہروں کے مطابق ترمیم کر کے۔ لیکن مسلمان اس وقت نفسیاتی طور پر نا قابل تسخیر اور سیاسی طور پر صورت حال کے حاکم تھے اور مذہب کے مواد کی سطح پر روایت کے بھاری بوجھ تلے دبے ہوئے نہیں تھے۔ اس لیے کہ یہ زیادہ تر نئے عناصر اور فکری رجحانات تھے جنھوں نے خود مسلم روایت کا مواد تیار کر کے مہیا کیا تھا۔ اس سے بہت مختلف حالات اس وقت تھے جب اسلام بارھویں صدی ہجری (اٹھارویں صدی عیسوی) اور خاص طور پر تیرھویں صدی ہجری (انیسویں صدی عیسوی) میں مغرب کے ساتھ ٹکراؤ کی صورت میں آیا۔ اس تصادم کا پہلا مرحلہ ہر ایک صورت میں سیاسی اور عسکری تھا اور ہر صورت میں مسلمانوں کو مغلوب کر کے انھیں سیاسی طور پر بالواسطہ یا بلاواسطہ

مطیع کرلیا گیا۔اس کے بعد مختلف واسطوں سے تصادم کی مذہبی اور عقلی صورتیں واقع ہوئیں،شدیداور براہ راست ہونے کی مختلف کیفیتوں میں۔سب سے واضح اور راست چیلنج مسیحی مشنریوں، یورپ کی جدید فکر اور اسلام اور اسلامی معاشرے کے بارے میں اہل مغرب کے مطالعے اور تنقید کی طرف سے تھے۔ان تین ذرائع میں سے پہلا یعنی مسیحی مشن، تخریبی تنقید کی ایک پیشہ ورانہ کوشش تھی، جب کہ آخری عمداً یا بے ارادہ نتیجے کے اعتبار سے زیادہ تر اسی طرح ہی تھا۔اس رجحان میں قریبی زمانے میں ہی ایک نمایاں تبدیلی دیکھی جانے لگی ہے۔

سیاسی شکستوں اور محکومی سے جو گڈمڈ پیدا ہوئی، اس نے نفسیاتی طور پر ایک مسلمان سے اپنی میراث کے بارے میں تعمیری طور پر سوچنے کی صلاحیت سلب کرلی ہے اور اسے زیادہ اس قابل نہیں رہنے دیا کہ جدید فکر کے عقلیتی چیلنج کا جذب وتخلیق کے طریقوں سے مقابلہ کرسکے اور اسی طرح مسیحی چیلنج کا بھی جواب دے سکے جو اس میراث کے سامنے آیا تھا۔اس لیے اس پورے فینا منا کے ان متنوع عناصر نے ایک باہر کے مبصر پر ایک ناقابل مزاحمت تاثر اس بات کا چھوڑا ہے۔(جس کے مشاہدات نے اپنی جگہ بہت سے مسلمانوں کو متاثر کیا ہے) کہ اسلام اندر سے اپنے آپ کو دوبارہ منظم کرنے کے قابل نہیں رہا اور تعمیر نو کے طور پر یہ جو کچھ بھی کرے، اگر یہ واقعی کرسکتا ہو تو وہ مغرب کے اثر سے اور اس سے کچھ مستعار لے کر ہی ہوگا۔اگر اسلام سیاسی طور پر جھنجھوڑا ہوا نہ ہوتا تو کہانی بالکل مختلف ہوتی۔

یہ بات کہ اس کے باوجود مذکورہ بالا تاثر محسوس طور پر غلط ہے، تجدید پسندی سے پہلے کے زمانے کی ان اصلاحی کوششوں سے ظاہر ہے جن کا پچھلے باب میں ذکر ہوا۔یہ کوششیں ایک پیمانہ ہیں خود تنقید کی گہرائی اور ہمہ گیری کا، مسلم معاشرے کے اندرونی تنزل کا اور تعمیر نو کے مثبت خطوط کی ماہیت کا۔ضعیف الاعتقادی اور ظلمت پسندی کا خاتمہ، تصوف کی اصلاح اور اخلاقی معیاروں کا بلند کرنا ان تمام تحریکوں کی ایک نمایاں مشترک خصوصیت ہے۔اسی طرح مذہبی اور معاشرتی اصلاح کے لیے جہاد یا سیاسی عمل کا عنصر ہے۔ہم پچھلے باب میں اس امر پر زور دے چکے ہیں کہ یہ تمام خصوصیات جدید اسلام کی براہ راست عطا ہوئی ہیں۔یہ صحیح ہے کہ معاشرے کی تعمیر نو کا مثبت طریقہ جن کا ان تحریکوں نے کلی طور پر اعلان کیا، وہ ابتدائی دور کے اسلام کی طرف واپس جانے کا تھا یعنی قرآن اور سنت کی طرف، جس میں صوفیانہ میراث کے مشمولات بھی مختلف درجوں میں شامل ہوں اور اس طرح بنیاد پرستی کی ایک عمومی حیات نو کا باعث بنیں۔اب یہ بنیاد پرستی خود جدید اسلام کے لیے ایک مسئلہ بنی رہی ہے اور اب بھی بنی ہوئی ہے، اور ایک سرسری نظر میں درحقیقت تجدید پسند کے لیے اصل مسئلہ ہے۔تاہم ہمیں اس حقیقت کو نظر انداز نہیں کرنا چاہیے کہ یہ بنیاد پرستی معاشرے اور نقطۂ نظر کو جدید بنانے کی راہ میں محض ایک روک نہیں ہے، بلکہ تضاد کی ایک اصطلاح کے طور پر جدید بنانے کے عمل میں حوالے کا ایک بنیادی نکتہ ہے۔لیکن بات یہاں ختم نہیں ہوتی۔حوالے کا ایک نکتہ ہونے کے علاوہ بنیاد پرستی نے تجدید پسند مصلحوں کے بہت سے مزید غور و خوض کے لیے مواد نہیں، بلکہ مطالعہ اشکال (morphology) مہیا کیا ہے۔نیا اخلاقی اور معاشرتی مواد عمومیت اور مخصوصیت کی مختلف سطحوں پر تفسیر کے ذریعے قرآن کے اندر سے اخذ کیا گیا ہے، جیسا کہ ہم آگے دیکھیں گے۔

چنانچہ ان ابتدائی تحریکوں نے حالات کی نئی تبدیلی کے لیے راستہ ہموار کیا ہے، نہ صرف اپنی تطہیری کاوشوں کے طفیل، بلکہ اس کے ساتھ قرآن اور سنت نبوی کی غالب اتھارٹی پر مثبت طریقے پر دوبارہ زور دینے سے۔

تاہم جدید چیلنج کا بنیادی کردار اور مغربی اثرات کا جاری وساری ہونا بھی ایک کڑی حقیقت ہے۔ وہ ذرائع جن سے یہ اثرات آئے ہیں، بڑی تعداد میں ہیں؛ سیاسی ڈھانچا، انتظامی اور عدالتی مشینری، فوج، صحافت اور اخبار، جدید تعلیم، سنیما، جدید افکار اور سب سے زیادہ مغربی معاشرے کے ساتھ موجودہ تعلقات۔ لیکن مغربی کلچر کے اسلامی سوسائٹی میں پھیلاؤ کی مختلف سطحوں اور ذرائع ابلاغ کی فہرست نئے چیلنج کی گہرائی یا بحران کی کیفیت کی سنجیدگی کو جانچنے کا کوئی زیادہ بصیرت افزا طریقہ نہیں ہے۔ ایک عام سطح پر یہ مسئلہ مغربی مبصر اور اکثر تجدید پسند مسلمان عقل اور روایت کی یا عقل اور روایتی مذہب کی کشمکش کے مخصوص معنوں میں سامنے لائے ہیں۔ کوئی شک نہیں کہ مسئلے کی اس طرح کی تشکیل کے لیے کافی جواز بھی ہے اور اس میں کافی سچائی بھی ہے، اس لیے کہ اگرچہ خاص طور پر اسلام کے پہلے مغربی نقاد، جیسا کہ رینان، مسیحیت کے تاریخی تجربے کو اسلامی روایت سے وابستہ کر رہے تھے، تاہم عقل اور روایت کے درمیان کشمکش (اگرچہ عقل اور وحی کے درمیان نہیں) اسلامی تاریخ میں ایک حقیقت رہی ہے۔ ایسی حقیقت جسے ہم متعدد گزشتہ ابواب (پانچ، چھ، سات اور نو) میں بہت نمایاں کر کے سامنے لا چکے ہیں۔ ہم آگے چل کر اس مسئلے کے اس حل کا جو مسلم تجدید پسند پیش کرتے ہیں، مطالعہ کریں گے اور دیکھیں گے کہ وہ اس میں کہاں تک کامیاب ہیں۔ لیکن یہ بات بھی اسی طرح سچ ہے کہ اس مسئلے میں مسلم تجدید پسندوں اور معذرت خواہوں اور مغربی نقادوں نے بہت مطالعہ کیا ہے اور اس پر ضرورت سے زیادہ زور دیا ہے۔

اصل چیلنج جس کا مسلم معاشرے کو سامنا رہا ہے اور اب بھی ہے، وہ تمدنی اداروں اور معاشرتی اخلاق کی سطح پر ہے۔ اور اس بحران کی اصل ماہیت یہ امر نہیں ہے کہ ماضی میں مسلم تمدنی ادارے غلط تھے یا خلاف عقل تھے، بلکہ یہ ہے کہ کوئی معاشرتی نظام تھا تو سہی جسے اب اصلاح وترمیم کی ضرورت ہے۔ یہ معاشرتی نظام درحقیقت ماضی میں پوری طرح ہوش مندانہ رہا ہے، یعنی یہ بہت اچھی طرح سے کام کرتا رہا ہے، اتنا اچھی طرح جتنا کہ کوئی بھی دوسرا معاشرتی نظام کام کر سکتا ہے۔ اس موجودہ صورت حال میں مسلم معاشرے کا نقصان یہ ہے کہ جہاں اسلام میں تمدنی اداروں کی نشوونما کی ابتدائی صدیوں میں اسلام گویا ایک صاف لوح (clean slate) سے شروع ہوا تھا اور اسے شروع سے ایک معاشرتی ڈھانچہ تیار کرنا تھا۔ ایک ایسی کارروائی جس کی پیداوار وسطی زمانوں کا معاشرتی نظام تھا۔ اب جب کہ مسلمانوں کو بنیادی فکر نو اور تعمیر نو کی صورت حال کا سامنا ہے، ان کا سب سے اہم مسئلہ بعینہ اس بات کا تعین کرنا ہے کہ کہاں تک وہ سلیٹ پھر سے صاف کی جاسکتی ہے اور کن اصولوں پر اور کن طریقوں سے تاکہ اداروں کا ایک نیا شیرازہ تیار کیا جاسکے۔

عقلی تجدید پسندی

اگرچہ جدید چیلنج بنیادی طور پر اور بلاواسطہ اسلام کے معاشرتی اداروں کے لیے تھا، شادی اور طلاق

کے قوانین، عورتوں کی حیثیت اور بعض اقتصادی قوانین وغیرہ، لیکن اس نے خاص عقلی ابعاد (dimensions) بھی اختیار کرلیں، اس لیے معاشرتی طور طریقوں میں تبدیلی سے معاشرتی اخلاق کے بارے میں نئی سوچ کا عمل ہونے لگتا ہے، جس کا اثر معاشرتی انصاف کے بنیادی نظریات پر پڑتا ہے، لیکن اس سے بالکل علیحدہ کچھ ایسے مسائل بھی تھے جو جدید مغربی فلسفیانہ اور سائنٹفک نظریات نے خدا کے بارے میں مذہبی عقائد کے متعلق اٹھائے تھے کہ اس کا تعلق نیچر سے، انسان سے اور آخرت کی زندگی کے ساتھ کیا ہے۔ ایسے سوال جن پر اسلام میں صدیوں تک مسلم فلاسفہ اور علمائے الٰہیات بحث کرتے رہے تھے، لیکن جنھوں نے تیرھویں صدی ہجری (انیسویں صدی عیسوی) کی عقلیت اور سائنٹفک تبدیلیوں کی روشنی میں نئی ابعاد اختیار کرلی تھیں لیکن ان مخصوص سوالوں سے بھی قطع نظر، سارا مسئلہ اٹھا کر سب سے عمومی سطح پر لایا گیا۔ وہ یہ کہ کیا مذہب اور عقل ایک دوسروں کے ساتھ ہم آہنگ ہو سکتے ہیں۔ اسلام کے خلاف تنقید ارنسٹ رینان اور سر ولیم موئر جیسے بعض مغربی نقادوں کی طرف سے دہری طاقت کے ساتھ آئی، جنھوں نے یہ ادعا کیا کہ موخر وسطی زمانوں کی مسلم سوسائٹی کی معاشرتی اور اقتصادی پسماندگی اسلامی تہذیب کے جبلی طور پر گھٹیا کردار کی وجہ سے تھی۔ خود اس صورت حال کے بارے میں یہ الزام لگایا گیا کہ اس کی وجہ یہ تھی کہ اسلام بطور مذہب کمتر درجے پر تھا جسے ایک بدوی فینا منا کے طور پر دیکھا گیا جو عقل اور رواداری کا مخالف تھا۔ استدلال کے اس مرحلے میں فلاسفہ اور راسخ العقیدہ علمائے الٰہیات کے درمیان تنازعے کو بغیر جھجک کے یہ سمجھا گیا کہ یہ عقل اور مذہب کے درمیان جنگ ہے اور جو خالص نتیجہ اخذ کیا گیا، وہ یہ تھا کہ اسلام جبلی طور پر عقل کے خلاف ہے۔ یہ موقف جو اسلام کے بعد ممتاز مغربی اسکالروں نے تیرھویں صدی ہجری (انیسویں صدی عیسوی) میں اختیار کیا (جس کی بازگشت ابھی تک مغرب میں سنائی دیتی ہے) بعد کے مسلم نزاع انگیز ردعمل کا ضروری پیمانہ ہے۔ ہم اس باب میں اسلام میں نزاع انگیز رجحانات کی بات کو آگے بڑھانا نہیں چاہتے، البتہ اتنا کہیں گے کہ ہمارے معاصر مستشرقین جوان رجحانات کی شکایت کرتے ہیں، وہ آغاز کے مغربی موقف کی اندرونی بے مائیگی اور سطحی منطق کو پوری طرح نہیں سمجھ پاتے۔

تاہم اس میں کوئی شک نہیں کہ مسلم معاشرے کی موجودہ حالت اور اس کے خارجی جمود پر تنقید کا فوری ردعمل ہوا۔ لیکن یہ ردعمل پہلے سے تیار شدہ تھا اور پہلے کی اصلاحی تحریکوں نے اس کی صورت گری کی تھی۔ یہ تحریکیں قرون وسطیٰ کے اصحاب اختیار (authorities) کو رد کر کے اور اجتہاد پر زور دے کر جدید اسلام کی عقلی حیات نو کا براہ راست سبب بنیں۔ پھر سے سوچنے کی نئی کوششوں کی شرائط نئے مہیج (stimulus) کے اثر سے بے شک تبدیل ہوگئیں اور ان کا دائرہ وسیع ہوگیا۔ اس لیے کہ جہاں پہلی تحریکوں نے اتھارٹی کو ہٹا کر کوئی دوسرا مواد ایسا نہ پیش کیا جو اسلامی میراث میں ضم کیا جا سکتا، اور محض ابتدائی اسلام کی طرف لوٹ جانا چاہا اور وہ جگہ یا میدان لازماً خالی چھوڑ دیا جہاں اصل میں اجتہاد کو کام کرنا تھا، اس خالی جگہ کو اب جدید تہذیب

کی عقلی پیداوار نے آکر پُر کیا۔

مسلم امت کو اپنے عقلی اور اخلاقی معیار بلند کرنے کی ایک عام دعوت تاکہ مغرب کی توسیع پسندی کے خطرات کا مقابلہ کیا جا سکے، جمال الدین افغانی (۱۲۲۵-۱۳۱۵ھ/ ۱۸۳۹-۱۸۹۷ء) نے دی جو صحیح معنوں میں پہلے مسلم جدیدیت پسند تھے۔ اگر چہ انھوں نے خود کوئی عقلی جدیدیت پسندی تجویز نہ کی، تاہم انھوں نے ایک زوردار اپیل اس مقصد کے لیے کی کہ تعلیمی اداروں کے نصاب میں توسیع کر کے فلسفیانہ اور سائنٹیفک مضامین کو فروغ دیا جائے، نیز تعلیم میں دوسری عام اصلاحات بھی کی جائیں۔ ان کا حتمی مقصد بلاشبہ مغرب کے خلاف دنیائے اسلام کو مضبوط کرنا تھا۔ لیکن یہ چیز ان کے عام طور پر ایک طاقتور اور موثر مصلح کی حیثیت کو کسی طرح کم نہیں کرتی۔ اپنی شعلہ بار تقریروں اور مضمونوں میں اس بات پر زور دیتے ہوئے کہ اسلام کے بنیادی اصولوں میں کوئی چیز ایسی نہیں جو عقل یا سائنس سے مطابقت نہ رکھتی ہو، انھوں نے مسلمانوں کو اس بات پر ابھارا کہ نئے معاشرے کی ضروریات کو پورا کرنے کے لیے وہ قرون وسطیٰ کے اسلام کی خصوصیات کو رواج دیں۔ لیکن اسلام کی ماورائی سچائی میں یقین کے دعوے کی تجدید کے علاوہ افغانی کے رویے میں ایک بالکل ہی نیا عنصر بھی ظاہر ہوتا ہے۔ جدید انسان دوستی کی ایک قسم، انسان کے لیے اس کے انسان ہونے کے ناتے فکرمندی۔ ارنسٹ رینان نے جب اس بات پر اسلام کی مذمت کی کہ وہ عقل کا لاعلاج دشمن ہے تو اس کا جواب دیتے ہوئے افغانی نہ صرف دلائل سے رینان کے نظریے کو باطل قرار دیتے ہیں بلکہ اس فرانسیسی کو اس زمین پر رہنے والے لوگوں کے نام پر اپیل کرتے ہیں جو اسلام کو مانتے ہیں اور جن کو یہ فرانسیسی عقلیت پسند الزام دیتا ہے۔ مذہبی سطح پر یہ انسان دوستی افغانی کی سیاسی سطح پر عوامیت کا اظہار ہے اور یہ ایسا ورثہ ہے جو مسلم جدیدیت پسند کی سیاسی اور معاشرتی فکر کی تشکیل میں بہت طاقتور عامل رہا ہے؛ اور پھر اگرچہ یہ انسان دوستی، انسان کی بہبود کے بارے میں فکرمندی، بحیثیت اس کے انسان ہونے کے یہاں ایک نئی صورت میں زیادہ مثبت ابعاد کے ساتھ ظاہر کی جاتی ہے اور اس طرح یہ انیسویں صدی کے یورپ کا ایک واضح اثر قرار دی جاتی ہے، اس کا قریبی تعلق خود اسلام کی جدیدیت پسندی سے پہلے کی اصلاحی سرگرمی کے نتیجے میں ہونے والی تبدیلی سے بنتا ہے۔ اس سلسلے میں ہمارے ان مشاہدات کو یاد کرنا کافی ہوگا جو ہم نے اس مرکزی مقام کے بارے میں دیے جو پہلے کے مصلحین کی کوششوں میں معاشرتی ترقی کے مسئلے کو حاصل رہا۔ ایک ایسی حقیقت جس نے ان مصلحین کی فکر کو یقینی طور پر دنیادارانہ اور مثبت رخ دیا۔ اسلام کی ماورائی سچائی پر ایمان کا بہت پُر جوش اظہار کیا جاتا ہے، لیکن اس کا اثر آخرت کی بہتری کی خاطر اتنا دکھائی نہیں دیتا (جس پر یقیناً ایمان تو ہے لیکن اس پر اتنا زور نہیں دیا جاتا) جتنا اس دنیا کی معاشرتی اخلاقی زندگی کے بہتری کے لیے۔

اگر یہ بیان کرنا کہ اسلام عقل اور سائنس کے خلاف نہیں ہے افغانی کا کام تھا تو اس بیان کو ثابت کرنا گویا مصر کے محمد عبدہٗ اور ہندوستان کے سید احمد خاں کے ذمے لگا۔ یہ دونوں اصحاب اس بات پر اتفاق کرتے

ہیں کہ اسلام کو جیسا کہ اس کے ماننے والے اسے مانتے ہیں اور اس پر عمل کرتے ہیں، یقیناً فکر اور سائنس کی جدید ترقیاں اس کو ختم کرنے کے درپے ہوں گی۔ سید احمد خاں نے کہا، ''اگر لوگ اندھی تقلید ترک نہیں کرتے، اگر وہ روشنی حاصل کرنے کی کوشش نہیں کرتے جو قرآن میں اور غیر متنازعہ حدیث میں پائی جاتی ہے اور مذہب کو آج کے علوم کے ساتھ ایڈ جسٹ نہیں کرتے تو اسلام ہندوستان سے مٹ جائے گا۔'' لیکن دونوں کو ایک ہی طرح سے یہ یقین تھا کہ وقت کے بھاری بوجھ نے سچے اور اصلی اسلام کی راہ میں بعد کے تبدیل شدہ حالات کی ایسی رکاوٹیں کھڑی کردی تھیں جو اس کا ضروری حصہ نہیں تھیں اور دونوں یہ چاہتے تھے کہ صحیح اسلام کو پہلے تو مسلمانوں کے سامنے لایا جائے اور پھر غیر مسلموں کے سامنے بھی۔ ایک دفعہ پھر سید احمد خاں نے لکھا:

> پہلے کی طرح آج بھی ہمیں ایک نئے علم کلام کی ضرورت ہے جس سے ہم یا تو جدید علوم کے نظریات کو رد کردیں یا ان کی بنیادوں کو ہلا کر رکھ دیں یا یہ دکھائیں کہ وہ اسلام کی موافقت میں ہیں۔ اگر ہمیں ان علوم کی تبلیغ مسلمانوں میں کرنی ہے جن کے متعلق میں نے ابھی کہا ہے کہ وہ آج کے اسلام سے کس قدر غیر متفق ہیں تو یہ میرا فرض ہے کہ میں صحیح یا غلط، مذہب اسلام کا دفاع کروں اور لوگوں کے سامنے اسلام کا اصل رخ تاباں لے آؤں۔ میرا ضمیر مجھ سے کہتا ہے کہ اگر میں ایسا نہ کروں تو میں خدا کے سامنے گناہگار ہوں گا۔

تاہم یہاں سے آگے محمد عبدہٗ اور سید احمد خاں مختلف راستوں پر چل دیتے ہیں۔ محمد عبدہٗ (۱۲۶۱-۱۳۲۳ھ/ ۱۸۴۵-۱۹۰۵ء) جو روایتی خطوط پر ایک تربیت یافتہ عالم الٰہیات تھے اور جنھیں یقین تھا کہ سائنس اور مذہب اسلام باہم متضاد نہیں ہوسکتے، یہ دلیل لاتے ہیں کہ ایمان اور سائنسی عقل مختلف سطحوں پر کام کرتے ہیں۔ چنانچہ وہ یہ سمجھتے ہیں کہ ان کا منصب اسلام کے بنیادی عقائد کو ایسی صورت میں پیش کرنا ہے جو ایک جدید ذہن کے لیے قابل قبول ہوگی، نیز ایک طرف وہ ان کی مزید اصلاح کے لیے سازگار ہوگی اور دوسری طرف انھیں جدید علم کے حصول پر آمادہ کرے گی۔ بلکہ وہ اسلام کو عملاً پیش کرتے ہوئے اور آگے بڑھتے ہیں اور اس بات پر زور دیتے ہیں کہ صرف یہی نہیں کہ اسلام عقل کے غیر موافق نہیں ہے، بلکہ وہ واحد مذہب ہے جو مذہبی بنیادوں پر انسان کو دعوت دیتا ہے کہ اپنی عقل استعمال کرے اور مظاہر قدرت کی تحقیق کرے۔ اس سلسلے میں وہ قرآن کی ان متعدد آیات کا حوالہ دیتے ہیں جو انسان کو ذہانت سے سوچنے اور فطرت کا خدا کی نشانی کے طور پر مطالعہ کرنے کا حکم دیتی ہیں۔ اس طرح اگرچہ محمد عبدہٗ نے اسلام کی تعبیر نو کرتے ہوئے اپنی تحریروں کے اندر روایتی اسلامی نظریات میں کسی قسم کے نئے خیالات نہ داخل کیے، پھر بھی ان کا مقام قبل از جدید مصلحین کے مقابلے میں دو اہم نکات پر ایک پیش رفت ہے۔ پہلا ان کا اسلام میں عقل کے کردار پر زور اور تاکید، یعنی یہ خیال کہ اگرچہ ایمان اور عقل دو مختلف دائروں میں کام کرتے ہیں، وہ صرف یہی نہیں کہ ایک دوسرے سے متصادم نہ ہوں بلکہ مثبت طور پر انسانی ترقی میں ایک دوسرے کے ساتھ

تعاون کریں۔ دوسرا، جو انھیں بنیادی اہمیت کا لگتا ہے، اسلام کے بنیادی نظریات کو اس طرح نئے سرے سے بیان کرنا ہے کہ نئے افکار کی تاثیر اور عام طور پر نئے علم کے حصول کا دروازہ کھل جائے۔ اس تعلیم کو جس چیز نے امتیاز بخشا اور اسے ہردلعزیز بنایا، وہ یہ تھی کہ یہ ایک ایسے انسان کی طرف سے آئی تھی جو روایتی انداز سے ایک بڑا مذہبی عالم تھا، اور ان معنوں میں تھی جو علما کے لیے بھی قابل فہم تھے۔ یہ ماضی کے ساتھ تسلسل قائم رکھتے ہوئے ترقی کے امکانات پیش کرتی تھی۔

سید احمد خاں (۱۲۳۲-۱۳۱۶ھ/ ۱۸۱۷-۱۸۹۷ء) اگر چہ ان کی یہ رائے کہ اسلام کی صحیح تعلیم عقل کے ساتھ مطابقت رکھتی ہے، محمد عبدہٗ کی رائے سے اتفاق رکھتی ہے، انھوں نے اس موقف پر اکتفا نہ کیا۔ انھوں نے صریحی طور پر محمد عبدہٗ کے اس موقف کو کسی فارمولے میں نہ ڈھالا اور اندرونی طور پر اسے رد کیا کہ عقل اور ایمان، اگر چہ یہ اسلام میں ایک دوسرے سے تعاون کرتے ہیں، تاہم ان کے مختلف کردار ہیں اور عمل کی جداگانہ سطحیں ہیں۔ انیسویں صدی کی پوری عقلیت پسندی اور نیچرل فلسفے سے بہت زیادہ متاثر ہوکر (وہ ۱۸۲۷ء سے ۱۸۷۱ء تک انگلستان میں رہے تھے) انھوں نے ایک ایسی چیز وضع کی جسے انھوں نے مذہب کے نظاموں کے مواد کو جانچنے کے لیے 'نیچر کے ساتھ مطابقت' کی کسوٹی کا نام دیا، اور اس نتیجے پر پہنچے کہ اسلام اس اصول پر افضلیت کے ساتھ اپنے آپ کو برحق ثابت کرتا ہے۔ اس طرح عقل ان کے خیال میں برتر معیار تھی۔ اسلام کے مثبت مواد کو غور کے لیے پیش کرتے ہوئے سید احمد خاں نے جدید سائنٹیفک نظریۂ کائنات کو اسلامی عقائد کے ساتھ ضم کرنے کی کوشش کرتے ہوئے اپنی یادداشت تازہ کی اور اسلام کی راسخ العقیدہ تعبیر پر اعتماد نہیں کیا (جیسا کہ محمد عبدہٗ نے کیا تھا) بلکہ وسطی زمانوں کے مسلم فلاسفہ کے بنیادی نظریات کا آسرا لیا۔ چنانچہ نیچر اور نیچرل قوانین کی خود ارادیت کا اثبات کرنے کے لیے انھوں نے نہ صرف معجزات کا عقیدہ رد کر دیا، بلکہ مسلم فلاسفہ کے نظریہ صدور کا احیا کیا اور انھی کے انداز میں خدا کو 'علت اولیٰ' قرار دیا۔ چونکہ سید احمد خاں کا نقطہ آغاز مغربی عقلیت پسندی کی ایک صورت ہے، اس کا نتیجہ اسلام کی ایک ذاتی تعبیر ہے، بجائے اس کو از سرنو بیان کرنے کے، عقائد کے ایک معلوم مجموعے کو اسلام میں ضم کرنے کی ایک کوشش بجائے، اس کی دوبارہ تشکیل کے کم و بیش قرون وسطیٰ کے مسلم فلسفہ کے نمونے پر۔

تاہم اس طرح کی انفرادی تعبیروں کی قدر نہیں گھٹانی چاہیے۔ وہ نہ صرف ذاتی ایمان کا بیان اور آزاد خیالی کے اصولوں کا اظہار کرتی ہیں، بلکہ انجام کار ایمان کی تشکیل جدید کے لیے خیالات کا خمیر اور کھاد مہیا کرتی ہیں۔ پھر یہ بات بھی نوٹ کرنے کی ہے کہ شیخ محمد عبدہٗ اور سید احمد خاں کے طریقہ ہائے کار میں بنیادی اختلاف ہونے کے باوجود مذہبی سطح پر وہ جو اصل سفارشات کرتے ہیں، جہاں امت کی عملی زندگی اور اس کے رویوں کا سوال آتا ہے تو ان سفارشات میں بہت قریبی تعلق جاتا ہے۔ اس کی مثال وسطی زمانوں کے عقیدہ معجزات کے ساتھ ان کا رویہ ہے۔ دونوں جدیدیت پسند امت کو ان برائیوں سے بچانا چاہتے ہیں جو مروج تصوف

کے معجزات اور دوسرے اعمال کو رواج دینے والے عقائد سے پیدا ہوتی ہیں۔ لیکن جہاں سید احمد خاں عقلی طور پر معجزات کے امکان کو اصولاً رد کرتے ہیں، شیخ محمد عبدہٗ پیغمبرؐ کے روایتی تصور میں کوئی خلل نہ ڈالتے ہوئے اور معجزات کے نظری امکان کو تسلیم کرتے ہوئے اعلان کرتے ہیں کہ کسی غیر نبی کا کوئی معلوم اور مخصوص معجزاتی دعویٰ جب بھی سامنے آئے تو مذہبی بے خوفی کے ساتھ اس کا انکار کر دیا جائے۔ وہ صوفی بزرگان کے خود ایما (auto suggestive) اعمال کی بھی مذمت کرتے ہیں جو عام مذہب کے لیے نحوست ہیں۔

اس نئی صورت حال میں ایک بہت اہم فینامنا حدیث کے بارے میں وہ نیا رویہ ہے، جس کے پھیلاؤ کے ضروری خدوخال ہم نے باب ۳ میں بیان کیے۔ حدیث، خاص طور پر اپنے قانونی پہلو میں، لیکن جزوی طور پر اپنے اخلاقی اور معاشرتی پہلو میں بھی، اپنے اندر اسلام کی قرون وسطیٰ کی صورت لیے ہوئے ہے۔ محسوس کیا گیا کہ اس مواد کا بہت سا حصہ اسلام میں افکار کے ڈھانچے کو جدید بنانے کے کام میں گراں بار ثابت ہوگا، جب تک کہ اسے خالصتاً تاریخی اعتبار سے نہ سمجھا جائے اور اس کی نئی تعبیر نہ کی جائے۔ دراصل یہ کام مسلم تجدید پسندی نے اب تک ہاتھ میں نہیں لیا، باوجود اس کے کہ اسلامی فکر کے ڈھانچے کی کسی بھی تعمیر نو کے لیے یہ بنیادی اہمیت کا ہے، حتیٰ کہ حدیث کے مسئلے سے بھی ابھی تک ذہانت کے ساتھ نہیں نمٹا گیا۔ مسلمانوں کے لیے اس مسئلے کا سامنے سے مقابلہ کرنا، حتیٰ کہ اس کی واضح طریقے سے تشکیل کرنا جس چیز نے مشکل بنا دیا ہے وہ حدیث کے مجموعے کی اہمیت ہی ہے اور پھر یہ خوف کہ اس کو اپنی جگہ سے ہلانے سے کہیں اسلام کی بطور عقیدہ وعمل کے ایک نظام کے بنیادیں ہی نہ ہل جائیں۔ اس مسئلے پر پھر محمد عبدہٗ اور سید احمد خاں کے موقف ان کے رویوں کی بہت عمدہ مثال سامنے لاتے ہیں۔ مؤخرالذکر نے اپنی جدیدیت پسندی کے ابتدائی مرحلے میں اس بات پر زور دیا کہ صحیح حدیث اور غیر صحیح حدیث میں فرق کیا جائے، جیسا کہ جدیدیت پسندی سے قبل کے مصلحین کا ذہنی رجحان تھا لیکن اپنے خیالات کی نشوونما کے دوسرے مرحلے میں انھوں نے اپنے جدیدیت پسند ساتھی چراغ علی کی طرح پوری حدیث ہی کو رد کر دیا۔ اس چیز نے برصغیر ہندوستان میں ایک مستقل میراث چھوڑی ہے جہاں ایک گروہ ایسا سامنے آیا ہے جو اپنے آپ کو اہل قرآن کہتے ہیں اور جو حدیث کو رد کرتے ہیں لیکن حدیث کی تاریخی نشوونما یا اپنے موقف کے مضمرات کے بارے میں وہ صحیح فہم کا بہت ہی کم مظاہرہ کرتے ہیں۔ دوسری طرف محمد عبدہٗ بھی عملاً وہی نتائج پیدا کرنا چاہتے ہیں یعنی جدید بنانے کے عمل میں حدیث کی ظاہری رکاوٹوں کو دور کرنا، یہ تجویز دے کر کہ صرف وہی حدیثیں قبول کی جائیں جن پر مسلمانوں کا عالمگیر اتفاق ہو چکا ہے اور اس سے بھی زیادہ اہم یہ کہ کوئی بھی حدیث ہو جس کے بارے میں انسان سمجھتا ہے کہ یہ پیغمبرؐ سے صحیح طور پر صادر نہیں ہوئی، اسے انسان خاطر جمعی کے ساتھ رد کر سکتا ہے۔

ان عقلی ترقیوں کے نتیجے میں ایک نئی تجدید پسند تجویز سامنے آئی کہ اسلام ایک ترقی پسند تہذیب پیدا کرتا ہے اور دراصل زمانہ قدیم کے بطن سے جدید دور کو راہ دینے کا وسیلہ رہا ہے۔ یہ عقیدہ درحقیقت اس

موقف میں پوشیدہ ہے کہ اسلام عقلی ہے۔ محمد عبدہٗ نے پہلے ہی یہ ثابت کرنے کے لیے ایک کتاب لکھی کہ اسلام ایک ترقی پسند تہذیب لایا تھا، جب کہ مسیحیت نے کم ازکم چرچ کے سرکاری متولیوں کے ہاتھوں میں عقل اور تہذیب کی مخالفت کی تھی۔ لیکن اس نکتے کو ممتاز ہندوستانی قانون دان سید امیر علی (۱۹۳۸ء) نے اور زیادہ عام کیا اور اس کے حق میں اپنی کتاب 'The spirit of Islam' میں مضبوط دلائل دیے۔ امیر علی نے 'A Short History of Saracens' بھی لکھی۔ امیر علی کے اساسی موقف کا خلاصہ یوں بیان کیا جا سکتا ہے کہ اسلام کو اگر ٹھیک طرح سمجھا جائے تو وہ بعض اخلاقی اور معاشرتی قدریں دلوں میں بٹھاتا ہے، جن کی قرآن اور پیغمبر کے ہاتھوں تشکیل اور جن کی تجسیم سے ہی اسلام کے بنیادی ادارے بنتے ہیں۔ جب ایک طرف پہلی صدی ہجری (ساتویں صدی عیسوی) کے عرب کی معاصر صورت حال پر غور کرتے ہیں تو دوسری طرف جدیدیت کی طرف ایک بنیادی اور مغالطے سے بالاتر رجحان ظاہر ہوتا ہے۔ لیکن اسلام کے قرون وسطیٰ کے شارح ان کا صحیح مدعا اور معنی نہ سمجھ سکے، اس لیے اس پر ایک ناموافق ڈھانچے کا بوجھ لاد دیا۔ ہم امیر علی کے معاشرتی آزاد خیال نظریوں پر آگے بات کریں گے۔ یہاں ہم ان کے استدلال کا عام رجحان نوٹ کرتے ہیں، یعنی اسلام بطور ایک مہذب بنانے والی قوت کے۔ اسلام کی مخصوص مذہبی روایات، جیسا کہ روزانہ پانچ نمازوں، کی امیر علی جسمانی اتحاد اور معاشرتی یک جہتی کے معنوں میں وضاحت کرتے ہیں۔ تاہم وہ زیادہ مضبوط بنیادوں پر کھڑے ہوتے ہیں جب وہ روزہ رکھنے کو ضبط نفس کا ایک طریقہ بتلاتے ہیں، جو اقتصادی انصاف کے لیے بھی سازگار ہو سکتا ہے۔

اسلام کی تاریخی اور تہذیبی اہمیت سے ذہنی طور پر مصروف رہنے کا کوئی شک نہیں تین طرفہ محرک ہو سکتا ہے۔ یہ جزوی طور پر مغرب کے خلاف متنازعہ مقاصد کے لیے استعمال ہوتا ہے اور کسی حد تک ایک معذرت خواہانہ تدبیر کے طور پر مغرب کے طاقتور اور پھیلتے ہوئے کلچر کے مقابلے میں مسلم کی خود اعتمادی کو تقویت پہنچانے کے لیے۔ لیکن ظاہر ہے کہ یہ پوری کہانی نہیں ہے، اس لیے کہ بنیادی طور پر محرک اصلاحی مقصد لیے ہوئے ہوتا ہے۔ اس کا مقصد ایک مسلمانوں کو اس بات کا حوصلہ دلانا ہوتا ہے کہ وہ جدید مغرب کی تعقل پسندی اور انسان دوستی کو خود اسلامی تہذیب کے اوج کی ایک صحیح توسیع بلکہ دراصل اسلام کے سچے پیغام کے طور پر قبول کرے۔ یہ دلیل کہ جدید مغربی فکر اسلام کے قرون وسطیٰ کی شان دار عقلی ثقافت کی جانشین ہے، جو مغرب میں اٹلی اور اسپین کے واسطے سے پھیلی تھی، اسے سر محمد اقبال (۱۸۷۷-۱۹۳۸ء) نے خاص طور پر اپنی کتاب 'Reconstruction of Religious Thought in Islam' میں بہت اونچی فلسفیانہ سطح پر بیان کیا ہے۔ چنانچہ اس سطح پر یہ دلیل قرآن اور اسلامی تعلیم کی بنیاد پر عقلیت پسندی کو اس سے پہلے جو اپیل کی گئی، اسے مزید تقویت دیتی ہے، جس کے لیے وہ ایک مسلمان سے یہ تقاضا کرتی ہے کہ وہ جدید عقلیت پسندی کے ثمرات کو قبول بھی کرے اور انھیں مزید ترقی بھی دے۔

لیکن تاریخ میں اسلام نے عقلیت پسندی اور مہذب بنانے کا جو کام کیا اور انسانی ترقی میں اس کا جو کردار رہا، اس کے بارے میں جو تجدید پسندانہ دعویٰ کیا جاتا ہے، اس کی ایک اور مختلف بُعد ہے۔ یہ مسلمانوں کے اس دعوے کے ساتھ جڑی ہوئی ہے اور اسے زیادہ مضبوط کرتی ہے کہ پیغمبر کے طور پر رسول اکرم ؐ کا مشن بالکل آخری تھا۔ یہ دلیل جو اس کی پہلی صورت میں محمد عبدہٗ نے دی تھی، بعد میں سر محمد اقبال نے فلسفیانہ انداز میں دی۔ دلیل اس طرح دی جاتی ہے کہ یہ حقیقت کہ قرآن آخری وحی ہے اور محمدؐ آخری نبی ہیں، انسانیت کے ارتقا کے لیے بہت با معنی چیز ہے، ان معنوں میں کہ انسانیت بلوغ کی ایسی حالت کو پہنچ چکی ہے جہاں اسے بنی بنائی وحی کی مدد کی ضرورت نہیں ہے، بلکہ یہ اپنی اخلاقی اور عقلیتی نجات اور مقدر خود سوچ سکتی ہے۔ پھر اس صورت حال میں انسان کی عقلی اور سائنٹیفک صلاحیتوں کو خود آگاہ بنا کر اسلام نے ایک فیصلہ کن رول ادا کیا۔ قرآنی وحی کو چھوڑ کر، دیکھنے میں آتا ہے کہ اصل تاریخ میں وہی عمل واقع ہوا ہے: عقلی سائنٹیفک دونوں میدانوں میں اسلام کی تہذیب قدیم زمانے کے اسرار فروشی کے ماحول کو گھما کر جدیدیت کی سائنٹیفک اور سنجیدہ روح کی طرف لے آئی اور اس جدید دور میں داخل کر دیا۔ یہ دعویٰ، جب انھی الفاظ میں کیا جائے تو اپنے اندر سچ کا کافی عنصر رکھتا ہے جسے انسانی تہذیب کے ایک غیر متعصب اور دیانت دار مورخ کو ضرور پہچاننا چاہیے لیکن خاص معنوں میں اس دعوے کو تیار کرنا، جس کے لیے ایک صحیح قسم کی عالمانہ کوشش اور تاریخ کی ایک سنجیدہ تعبیر درکار ہوگی ابھی تک خود مسلمانوں نے بھی ہاتھ میں نہیں لیا۔ علاوہ ازیں تاریخ کی اس تعبیر کے ساتھ انصاف کرنے کے لیے وحی کی ماہیت کے بارے میں ایک نئی رائے بھی ضروری ہوگی۔ لیکن اس معاملے میں مسلم تجدید پسندی اب تک بالکل خاموش رہی ہے۔ ہمیں اگلے باب میں اس مسئلے پر کچھ بات کرنی ہوگی۔

دریں اثنا مسلم معاشرے میں زیادہ پیچیدہ تبدیلیاں واقع ہوتی رہیں۔ شروع کی اسلامی تجدید پسندی نے جدید افکار اور اداروں کو اسلام کی بنیادوں کے ساتھ ضم کرنے کی وکالت کرتے ہوئے، کسی حد تک مغربی افکار اور تعلیم کی وافر درآمد کی حوصلہ افزائی کی، اور کسی حد تک مغرب کے ان عقلی اثرات کو جو اس وقت موجود تھے اور لازماً آنے والے تھے، برحق ثابت کیا۔ تاہم مغربیت کو اسلامی اقدار میں واقعتاً شامل کرنا ایک طویل عمل تھا اور یہ شروع کے تجدید پسند اس سے زیادہ کچھ نہ کر سکے کہ انھوں نے تجدید پسندی کے خطوط پر بعد کے ارتقا کے لیے ایک بنیاد مہیا کر دی لیکن یہ عمل آگے کون لے جائے؟ علما، اسلامی عقیدے اور عمل کے قدامت پسند نگران نہ صرف یہ کام کرنے کے قابل نہیں تھے، اس لیے یہ ان کی تعلیم روایتی حدود میں بندھی ہوئی تھی، بلکہ اس کی وجہ سے وہ مسئلہ کو سمجھ بھی نہ سکتے تھے۔ یہی وجہ ہے کہ تجدید پسندی جہاں تک یہ موجود تھی، آزاد تعلیم سے بہرہ ور غیر پیشہ ور مسلمانوں کا کام کر رہا ہے۔ لیکن ایک بے ہنر تجدید پسند، اگرچہ روایت پسندی اور مغربیت (یعنی مسلم سوسائٹی میں مغربی رجحانات کے سیلاب) کے درمیان نفسیاتی اور اخلاقی توازن قائم رکھنے

میں اس کی خدمات ناقابل انکار رہی ہیں، صرف اپنے بارے میں بات کر سکتا تھا، اور اسلامی حلقوں سے اس کے معتبر ہونے کی تصدیق چونکہ ہمیشہ کسی قدر مشتبہ رہی ہے، وہ ایک نئے اسلامی علم کلام کی بنیاد نہیں رکھ سکتا تھا۔ جزوی طور پر البتہ ایک آزادانہ صورت حال میں ہر تعبیر کنندہ اصلاً اپنی ہی بات کرتا ہے لیکن اس صورت حال کے بارے میں یہ پوری کہانی نہیں ہے۔ جس چیز کی بنیادی طور پر ضرورت تھی، وہ ایک بجائے خود مکمل تعلیمی پروگرام تھا۔ لیکن بعینہ اسی طرح کا تعلیمی پروگرام ہے جو پروان نہ چڑھ سکا اور نہ بارآور ہو سکا، جس کی طرف ہم آگے اشارہ کریں گے۔

نتیجہ یہ ہوا کہ تحریک جو ابتدائی تجدید پسند محرک سے متاثر ہوئی تھی، وہ تبدیلیٔ حالات کی دو مختلف صورتوں میں بٹ گئی اور دو مختلف سمتوں میں حرکت کرنے لگیں۔ ایک تقریباً خالص مغربیت کی سمت میں اور دوسری بنیاد پرستی یا جسے احیا پسندی کہتے ہیں، کی طرف کھنچی چلی گئی۔ بیسویں صدی کے تقریباً دوسرے عشرے سے آگے کی طرف اسلامی معاشرے کے روحانی اور عقلی ارتقا کی تاریخ ان دو رجحانات کے درمیان تناؤ کی تاریخ ہے۔ اس کہانی میں احیا پسندی کو مغربیت زدہ لوگوں پر ایک نمایاں فوقیت حاصل رہی ہے؛ اتنی کہ تجدید پسند (یعنی وہ لوگ جنھوں نے ایک واضح اور شعوری کوشش اس امر کے لیے کی ہے کہ اسلامی اقدار اور اصولوں کی جدید فکر کے مطابق دوبارہ تشکیل کی جائے یا جدید فکر اور اداروں کو اسلام کے ساتھ ضم کیا جائے) ثابت قدمی سے بنیاد پرستی کی طرف گھسٹتے چلے گئے اور بہت سی اہم مثالوں میں، جیسا کہ سر محمد اقبال، اس سے الگ پہچانے جانے کے قابل نہیں رہے یا شاید وہ اتنے اہم اس لیے بن گئے کہ اس طرح ان کے قدم احیا پسندی کی طرف اٹھے۔

بنیاد پرستی کو جو طاقت حاصل ہے، اس کی کئی وجوہات ہیں۔ اول یہ کہ بنیاد پرست تجدید پسندی سے قبل کی اصلاحی تحریکوں کے براہ راست جانشین کے طور پر ایک ایسی روایت میں موجود ہے جو اسلام کے اندر سے اچانک نمودار ہوئی ہے اور اس کے لیے مقامی ہے۔ بنیاد پرستی جب بارھویں اور تیرھویں صدی ہجری (اٹھارویں اور انیسویں صدی عیسوی) کے دوران مسلم دنیا میں ایک عمومی فینامنا کے طور پر سامنے آئی تو یہ ایک جدت دکھائی دیتی تھی جس کا قدامت پسندوں نے مقابلہ کیا۔ لیکن بیسویں صدی میں، جب کہ معاشرے کو وسیع پیمانے پر مغرب زدگی کا سامنا ہے، یہ اچھی روایت بن گئی ہے اور اس کا تطہیری پروگرام ابھی تک اپنے اندر کشش رکھتا ہے۔ پھر قدامت پسند علما کے مقابلے میں، یہ فعالیت پسند اور زوردار ہے اور اس لیے ترقی پسند بھی دکھائی دیتی ہے۔

دوسرے یہ کہ امت کے اتحاد کو جو شدید خطرات سے باہر تھے اور اس کے اندر جو تحلیل ہونے کا خطرہ تھا، ان دونوں نے مل کر پیوستگی اور ایک متحد موقف کی ضرورت کا احساس دلایا، فوری حاجت کے ایک ایسے شعور کے ساتھ، جس کا امت کی تاریخ میں کبھی تجربہ نہ کیا گیا، سوائے مدینے میں اس کے مرحلۂ آغاز میں جب

کہ اہل مکہ کے ساتھ وہ ایک مہلک کشمکش میں مبتلا تھی۔ اس طرح کے بحرانوں میں یہ ہمیشہ بنیاد پرستی ہی کی کوئی نہ کوئی صورت ہوتی ہے (جو قدامت پرست نرم خوئی اور پیش قدم اور پیش قدم حریت پسندی کی بے قابو مہمات دونوں کے خلاف لڑسکتی ہے) جو حالات کی باگ سنبھال لیتی ہے۔ عقیدے کی توضیح اور تشکیل کے بجائے خود عقیدہ اور غیر مسلم فکری مواد کے بجائے وجدانی یقین وقت کی اہم ضرورت قرار پاتی ہے۔

تیسرے یہ کہ بنیاد پرستی کی قوت خود مغرب زدگی کی محض کمزوری تھی۔ مغرب زدگی یعنی مغربی جدیدیت کو غیر مغربی معاشروں میں رائج کرنا، مخصوص طرح کے جدید میدانوں میں کوئی اونچی سطح کے فوری نتائج پیدا نہیں کرسکتی تھی اور نہ اس نے کیے، اس لیے کہ یہ چیز نئے حالات سے مانوس ہونے اور نشوونما کا تقاضا کرتی تھی۔ مغرب زدہ طبقے اپنے میدان میں روایت پسندوں کی اپنی ثقافت اور تعلیم کے میدان میں پختگی کا مقابلہ اس وجہ سے نہیں کرسکتے تھے کہ اس کے لیے ان کے پاس کافی وقت نہیں تھا لیکن کافی وقت کا نہ ہونا پوری کہانی ہے۔ مغرب زدگی کے ساتھ بنیادی مصیبت یہ تھی کہ اس میں خود اعتمادی اور اخلاق کی کمی تھی اور یہی دونوں چیزیں اسے قوت بہم پہنچا سکتی تھیں۔ صرف موثر تجدید پسندی کی کوئی صورت اسے مطلوبہ خود اعتمادی اور اخلاق سے سرفراز کرسکتی تھی اور نئی زمین میں اس کی جڑ لگا سکتی تھی۔ یہ موثر تجدید پسندی اس مغربیت سے قائم نہ ہوسکی جس کی وجوہات ہم آگے جدید معاشرتی فکر پر بات کرتے ہوئے بتائیں گے۔

لیکن مغربیت کی اصل طاقت اس ٹھوس حقیقت میں تھی کہ جدید سائنس اور تکنیک کی اجتماعی سطح پر بہت کشش تھی اور حریت پسندی، آزادی، پہل کرنے کی صلاحیت اور سازگار صورت حال کی انفرادی سطح پر بڑی جاذبیت تھی، یہ جدید تاریخ کا ایک قدرتی عمل ہے جو اپنے آپ کو خود اپنا جواز ہونے کا دعویٰ کرتا ہے؛ جسے اپنے باہر نہ کسی کا جواز تلاش کرنے کی ضرورت ہے اور نہ وہ کرتا ہے۔ اپنے قریبی معنوی باپ، قرون وسطیٰ کی یورپی تہذیب، سے شدید قسم کے روحانی انقطاع سے پیدا ہونے والی مغربی آزاد خیالی خود اپنے لیے ایک قانون ہے، اس لیے وہ کسی روحانی نظام یا اخلاقی انداز فکر کے ساتھ کوئی گفت وشنید نہیں کرنا چاہتی۔ اشتراکیت اپنی کلاسیکی تعریف میں اس مغربی تجدید پسندی کے مطلق اور غیر مصالحانہ کردار کی صرف ایک باضابطہ اور انتہا پسند راسخ الاعتقاد صورت ہے۔ اس لیے جدید مغربیت خالص لادینیت ہے۔ مغرب میں مسیحیت نے مسلسل اس جدیدیت کے قریب آنے کی کوشش کی ہے، مختلف سطحوں پر، مختلف نقطہ ہائے نظر سے اور کامیابی کے مختلف درجات کے ساتھ، جس سے امتزاج کی کچھ صورتیں پیدا ہوں یا کم از کم توازن اور اعتدال حاصل ہو سکے۔ لیکن مسلم معاشروں میں ابتدائی تجدید پسندی کی لہر کے بعد تحریک دو مختلف سمتوں میں بٹ گئی۔ شرق اوسط میں محمد عبدہٗ کی کارگزاری کا اتباع کیا گیا، جو ایک طرف تقریباً خالص مغربی عقلیتی تبدیلیوں نے کیا، اور دوسری طرف سلفی تحریک نے کیا جو محمد عبدہٗ کے شاگرد شام کے رشید رضا (۱۸۶۵-۱۹۳۵ء) کی قیادت میں باقاعدہ بنیاد پرستی کی ایک ایسی قسم کی طرف بڑھی، جو وہابیت کے ساتھ، یہ بات تسلیم کرتے ہوئے قریبی مماثلت رکھتی

تھی۔ صحیح قسم کی تجدید پسندی نے جو خلا چھوڑا تھا، اس کو ایسے لوگوں کی نیم مصلحانہ اور نیم معذرت خواہانہ کارگزاری نے پُر کیا، جن میں سب سے بڑے مصر کے فرید وجدی (م ۱۹۵۳ء) تھے۔ ہندوستان میں ایک بار سرسید احمد خاں نے اپنے قدامت پسند نقادوں کے دباؤ کے آگے جھکتے ہوئے علی گڑھ کالج میں جو انھوں نے ایک مؤثر پسندانہ تجدید پسندی یعنی مغربیت اور اصلاحی اقدار کے امتزاج کو فروغ دینے کے لیے قائم کیا تھا، اس میں الٰہیات اور مذہب کی تعلیم قدامت پسند علما کے سپرد کر دی۔ اس دستبرداری کا نتیجہ خالص مغربیت کا پھیلاؤ تھا۔ اس چیز نے دوطرفہ ردعمل پیدا کیا؛ ایک معذرت خواہوں کی صورت میں اور دوسرے احیا پسندی کی نئی سرگرمی کی صورت میں جو 'اسلام کی طرف واپسی' کا ایک جذباتی نعرہ تھا۔

مغربیت پسند طبقہ اپنا موقف ذہانت کے ساتھ تشکیل نہیں دے سکا۔ ان میں سے بہت تو اندر سے لادینیت کے ماننے والے ہیں لیکن اپنا نقطہ نظر کسی قابل لحاظ صورت میں واضح نہیں کر سکے۔ خاص طور پر بر صغیر ہندوستان میں ان کی عقلی کارکردگی بالکل معمولی ہے۔ مصر میں کچھ کوششیں علی عبدالرزاق (۱۸۸۸ء) اور طٰہٰ حسین (۱۸۹۱ء) نے کی ہیں۔ ہم اول الذکر کے نظریات پر آگے بات کریں گے، کیوں کہ انھوں نے نہ صرف عام عقلی مسائل پر اظہار خیال کیا بلکہ ریاست کے ایک لادینی نظریے کی وکالت کی۔ لیکن ایک دانشور مغربیت پسند، جب وہ اندر سے غیر مذہبی بھی ہو، ایک لازمی امر کے طور پر ایک ایسے تجدد پسند کا جامہ پہن لیتا ہے جس کے ہاں اسلام کے لیے ایک جذباتی کشش ہوتی ہے، چاہے وہ اصلی ہو یا اس لیے ہو کہ لوگ اس کی بات پر کان دھریں۔ یہی وجہ ہے مغربیت پسند گروہ میں لوگوں کی اس طرح شناخت کرنا کہ وہ لادینی ہیں یا تجدید پسند، بے حد مشکل ہے۔ یہ اس بات کی اصل وجہ بھی ہے کہ اس گروہ نے اپنے موقف کا جو بھی اظہار کیا ہے، وہ زیادہ مؤثر نہیں رہا اور صرف ترکی ہی ایسا ملک ہے جس میں لادینی مغربیت پسندی کامیاب ہوئی ہے یا زیادہ صحیح یہ کہ وہ عائد کی گئی ہے۔ اس لیے کہ یہ فوجی سیاسی قوت ہی تھی جس کے ذریعے لادینیت کا پروگرام نافذ کیا گیا۔ اور یہی وجہ ہے کہ اگرچہ ترکی شہر (بخلاف پورے ملک کے) اس سمت میں سرکاری تعلیمی پالیسیوں کی وجہ سے اثر پذیر ہوئے ہیں، تاہم کمال اتاترک کی حکومت کے وقت سے ترک دانشوروں کی طرف سے لادینیت کا کوئی بامعنی عقلی اظہار نہیں ہو پایا۔

دوسری طرف مغربیت پسندی کے خلاف جو ردعمل ہوئے، چاہے انھوں نے بنیاد پرستی کی صورت اختیار کی ہو یا احیا پسندی (revivalism) کی، ان کے نتیجے میں خاص گروہ یا مذہبی جماعتیں بن گئی ہیں جن میں سے کچھ فعالیت پسند ہیں اور کچھ عقلیت پسند۔ انھوں نے اکثر زوردار طریقے سے اپنا مافی الضمیر بیان کیا ہے اور رسالوں اور طرح طرح کے پمفلٹوں اور کتابوں کے ذریعے اپنے نظریات کا اظہار کیا ہے۔ مصر کی سلفی تحریک نے اپنے رسالے 'المنار' کے ذریعے اپنے نظریات کو مصر کی حدود سے بہت دور تک پھیلایا ہے اور مسلم رائے پر انڈونیشیا جیسے دور افتادہ ملک تک میں بھی اپنا اثر ڈالا ہے۔ اگرچہ مسلم سوسائٹی میں اس کا اصرار

معاشرتی اور قانونی اصلاح پر تھا، تاہم اس کا مزاج آہستہ آہستہ بنیاد پرستی اور عقلیت پسندی کی مخالفت پر مائل ہوتا چلا گیا۔ اس کی وراثت کے براہ راست جانشین اخوان المسلمون تھے، جو خالصتاً ایک فعالیت پسند تحریک تھی جو کچھ حد تک اصلاح پسند تھی اور کچھ حد تک احیا پسند، جس کا مقصد سیاسی قوت کا حصول تھا تاکہ وہ اس کے بل پر اپنا اصلاحی پروگرام روبہ عمل لا سکے، لیکن یہ تحریک مصر میں ۱۹۶۵ء سے دبا دی گئی ہے۔ برصغیر ہند میں علی گڑھ کی مغربیت پسندی کے خلاف ایک اسی طرح کا ردعمل شروع ہوا جو اکبر الہ آبادی (م ۱۹۲۱ء) جیسے شعرا کے طفیل عوامی سطح پر بھی مقبول ہوا اور شبلی نعمانی (م ۱۹۱۴ء) اور ابوالکلام آزاد (م ۱۹۵۶ء) جیسے لوگوں کی وجہ سے زیادہ عقلی سطح پر بھی۔ مغربیت پسندی کے خلاف اپنی مسلسل تنقیدوں کی وجہ سے اگرچہ ان لوگوں نے کوئی مؤثر دانشورانہ تجدید پسندی نہ پیدا کی، انھوں نے بالآخر جماعت اسلامی نام کی ایک احیا پسند تحریک کے ظہور کے لیے راہ ضرور ہموار کر دی۔ جماعت اسلامی اپنے جوش و خروش اور مقصد میں شرق اوسط کی اخوان المسلمون کے بنیادی خدوخال کا اظہار کرتی ہے، لیکن اس کے برخلاف وہ خالصتاً فعالیت پسند نہیں ہے بلکہ اس نے اپنے معاشرتی، سیاسی پروگرام کے لیے ایک نظری بنیاد بھی قائم کر لی ہے، جس پر ہم آگے بات کریں گے۔

لیکن ہندوستانی اسلام میں مغربیت پسندی اور اسلامی بنیاد پرستی کے درمیان تناؤ نے ایک غیر معمولی شخصیت پیدا کی ہے، سر محمد اقبال کی، جو نئے زمانے میں سب سے سنجیدہ مسلم فلسفیانہ مفکر ہیں۔ اقبال (۱۸۷۶-۱۹۳۸ء) اپنے فلسفہ کے مواد سے قطع نظر، اپنے ذہنی کروفر اور بنیادی روحانی اور عقلی کردار میں ایک امتزاج پیدا کرنے والی شخصیت ہیں؛ ایک سنجیدہ دانشور اور ایک صحیح معنوں میں سوچنے سمجھنے والا ذہن۔ انھوں نے دانشوریات اور عقل کو کھوکھلا اور بے فائدہ سمجھ کر ان کی مذمت کی اور واحد رہنما کے طور پر ایمان پر زور دیا۔ وہ کہتے ہیں:

یقیں مثل خلیل آتش نشینی
یقیں اللہ مستی، خود گزینی
سن اے تہذیب حاضر کے گرفتار
غلامی سے ہے بدتر بے یقینی

(بال جبریل: ص ۳۷۳)

اس طرح اقبال ایمان اور وجدان پر زور دیتے ہیں، بعض اوقات عقل کے مقابلے میں اور بعض اوقات عقل کو قربان کر کے۔ اس کا دارومدار اس حوالے پر ہے جس میں وہ بول رہے ہوتے ہیں اور ان لوگوں کے طبقے پر ہے جن سے وہ مخاطب ہیں۔ وجدان اور عقل کے درمیان تعلق کے حوالے سے اقبال تین طرح کی حیثیتیں اختیار کرتے ہیں، (۱) یہ کہ عقل اور وجدان الگ الگ سمتوں میں جاتے ہیں (۲) یہ کہ عقل وجدان یا حکمت کے ماتحت ہے اور یہ ایک طرح سے موخر الذکر ہی کا راستہ دکھاتی ہے اور (۳) یہ کہ ان دونوں کے

درمیان ایک نامیاتی تعلق ہے۔ چنانچہ ان میں کوئی بھی دوسرے کے بغیر کام نہیں چلا سکتا۔ مغرب اور مغرب زدہ مسلم کو خطاب کرتے ہوئے وہ عقل کے کردار کو کم سے کم رتبہ دیتے ہیں، بلکہ اس کی تحقیر کرتے ہیں، جب کہ وہ اس بات پر زور دیتے ہیں؛ جب وہ قدامت پسند طبقے سے مخاطب ہوتے ہیں جن کے لیے وہ چاہتے ہیں کہ مغربی عقلیت پسندی اور سائنسی طریقہ کار کو وہ پھر سے اپنائیں اور تصرف میں لائیں۔ اس لیے اندرونی طور پر اقبال کے اندر ایک گہری یک جہتی اور مقصد کا احساس ہے اور خالص، غیر مشروط اور بے سمت عقلی فکر کی مذمت کسی حد تک تو مغربی فکر کی تنقید ہے اور بالواسطہ طور پر مغربیت پسندی کی ایک تنقید۔ یعنی مسلم امت کے اندر مغربی قوم پرستی کے نتائج کو خالصتاً اور علی الاعلان قبول کر لینا۔ اس لیے کہ دوسری طرح انھوں نے درحقیقت مغربی فکر کے لیے ایک مؤدبانہ اور ہمدردانہ لیکن ساتھ ہی آزادانہ رویہ اختیار کرنے کی سفارش کی۔ لیکن اگر ان کے، خاص کر ان کی شاعری والے، ملفوظات کو الگ کر کے دیکھا جائے تو باہر سے ان کے اندر صریح تضادات دیکھنے میں آتے ہیں۔ انھوں نے یہ بھی نہ کیا کہ اپنے بنیادی ترکیبی (Synthetic) رویے کی تشکیل کرنے اور اپنے ظاہری تضادات کو دور کرنے کے لیے کوئی سنجیدہ نظری کوشش ہی کرتے۔

نتیجہ یہ ہے کہ جہاں تک اقبال کی تعلیم کے ذی اثر ہونے کا تعلق ہے، اور یہ اتنے گہرے اور دوررس انداز میں ذی اثر رہی ہے کہ روحانی طور پر یہ پاکستان کی تخلیق کے پیچھے سب سے بڑی طاقت تھی۔ اس نے اپنا بہت زیادہ وزن دین کے احیا کے پلڑے میں ڈال دیا ہے اور اس کا مفہوم زیادہ تر مخالف عقل سمت میں لیا گیا ہے۔ فعالیت پسندی اور قوتیت (dynamism) کا نظریہ جس کی اقبال کی چھوڑی ہوئی فکری میراث پر عمل نہیں کیا جا سکا۔ کچھ اس کی وجہ سے جو انھوں نے کہا ہے اور زیادہ تر اس وجہ سے کہ ان کو غلط سمجھا گیا ہے اور ان کے سیاست باز پیروؤں نے انھیں غلط استعمال بھی کیا ہے۔ ان کی کتاب 'Reconstruction of Islamic Thought in Islam' نے دین اسلام کے بارے میں ان کی خالصتاً نجی فکر کا اظہار ہے اور اس وقت تک وہ بطور ایک نقطہ آغاز (datumline) کے اپنا وظیفہ ادا نہیں کر سکی، جہاں سے ترقی کی نئی نئی صورتیں پیدا ہوتیں۔ اگر اس طرح کی کوئی صحیح قسم کی تبدیلی (development) واقع ہوتو اسلام کی حقیقت کے بارے میں اقبال کی خالص بصیرت کو سائنس کی فلسفیانہ تعبیروں سے، خصوصاً طبعی پہلو کے اس رجحان کو کہ وہ روحانی پہلو کو اپنے اندر جذب کر لیتا ہے، احتیاط کے ساتھ چھڑا کر الگ کرنا ہوگا۔

سیاسی تجدید پسندی

مسلم ممالک کے ساتھ مغرب کے توسیع پسندانہ تصادم کے بالکل آغاز ہی سے، مسلمان مغرب کے خلاف اپنی ابتدائی عسکری اور سیاسی مزاحمت کی ناکامی کے بعد، مؤثر سیاسی تنظیم نو کے مسئلے میں الجھے رہے ہیں۔ لیکن بالکل اسی طرح جیسے وہ مسائل جن کو پہلے خالصتاً فوجی سمجھا گیا تھا، وہ سیاسی اصلاح کی ضرورت سے

آگاہ کرنے کا سبب بنے۔ اسی طرح سیاسی تعمیر نو بھی معاشرتی اصلاح اور اقتصادی عمل تجدید کے بغیر ناممکن پائی گئی اور چونکہ معاشرتی اقتصادی تجدید (modernization) نئی قانون سازی (علاوہ تعلیم) کے بغیر رُو بہ عمل نہیں لایا جاسکتا، جس کا دارومدار پھر سیاسی حاکمیت پر ہوتا ہے۔ اس لیے معاشرتی اور قانونی اصلاحات کے مسائل سیاسی مسائل کے ساتھ اس طرح جڑے ہوئے ہوتے ہیں کہ ان سے الگ نہیں کیے جاسکے۔ اس پر ان لامتناہی الجھنوں کا اضافہ کردیجیے جو مغرب کی سیاسی قوتوں نے پیدا کی ہیں، جن کی اپنی انفرادی دلچسپیاں باہم متناقض رقابتوں کی دائمی حالت میں رہیں اور جو دشمنوں کا کام بھی کرتی تھیں (یعنی وہ جو اپنے آپ کو سیاسی اور اقتصادی طور پر مسلط کرنا چاہتی تھیں) اور مسلمانوں کی صلاح کار بھی بنتی تھیں، تو ان ساری باتوں سے یہ تصویر مکمل ہوجاتی ہے۔ مسلم دنیا کی خالص سیاسی تبدیلیاں اس کتاب کی حدود سے باہر ہیں لیکن چونکہ وہ قوم پرستی اور لادینیت کے سوالوں کے ساتھ بہت قریب سے جڑی ہوئی ہیں، ان کا اسلام کی مذہبی تاریخ کے ساتھ ایک گہرا اور راست تعلق ہے۔ پھر یہ کہ جدید ریاست میں حاکمیت کا مقام اور خاص طور پر قانون سازی کا اختیار، جو اسلام کی تاریخ میں اسلامی نقطہ نظر سے حکومت کے ہاتھ میں کبھی نہیں رہا۔ اسلام کے لیے بطور ایک معاشرتی فینامنا کے قدرتی اور فطری اہمیت کا ہے۔

سیاسی اصلاح کا پہلا تجدید پسند خیال جمال الدین افغانی نے پیش کیا تھا۔ ان کی سیاسی فکر میں دو عنصر نمایاں تھے؛ ایک مسلم دنیا کا اتحاد اور دوسرے عوامیت، مسلم دنیا کے سیاسی اتحاد کا نظریہ جسے پان اسلامزم کہا جاتا ہے۔ افغانی کی پُرزور رائے میں مسلم ممالک میں بیرونی دخل اندازیوں اور تسلط کے خلاف ایک پختہ بند کا کام کرتا ہے۔ عوامیت کی حامی لہر اس نظریے کے جبلی انصاف کو ذہن میں رکھنے سے اٹھتی ہے اور پھر براہ راست اس حقیقت کے پیش نظر بھی کہ صرف ہردلعزیز آئینی حکومتیں ہی مضبوط کرسکتی ہیں، اور غیر ملکی قوت اور سازش کے خلاف صحیح معنوں میں ایک ضمانت۔ افغانی کے اثر کا راست نتیجہ مصر میں عرابی پاشا کی بغاوت اور ایران میں آئینی تحریک کا ظہور تھا لیکن اس کی اپیل کی طاقت عام طور پر ترکی اور ہندوستان میں بھی محسوس کی گئی۔ تاہم مغرب کے خلاف عوامی ارادے کو اپیل کرنے کے جوش میں افغانی نہ صرف عالمگیر اسلامی جذبے کو اکسایا بلکہ مختلف ملکوں کے قومی اور مقامی جذبات کو بھی ابھارا۔ اس لیے ان کا حقیقی اثر اتحاد اسلامی اور قومی پرستی دونوں سمتوں میں تھا، جو بعض اوقات ایک دوسرے کے ساتھ متصادم ہوتی تھیں۔ اگرچہ اتحاد عالم اسلامی کی مثالیت ٹھوس صورت میں کامیاب نہیں ہوسکی، تاہم یہ مختلف ملکوں میں متعدد فعال جماعتوں میں جوش پیدا کررہی ہے اور لوگوں کی امنگوں میں بین طور پر اگرچہ بے ہیئت انداز میں ابھی تک زندہ ہے۔

لیکن اتحاد اسلامی کے اس توانا جذبے کے باوجود قوم پرستی زوردار طریقے سے مسلم دنیا میں نفوذ کرگئی ہے اور بعض مسلم ممالک کے حکومتی مطمح نظر میں اسے ایک خاص تاکید کے ساتھ سرکاری طور پر ایک ٹھوس شکل دی گئی ہے۔ لیکن قوم پرستی کی اصطلاح میں معانی کی مختلف، اگرچہ ایک دوسرے سے ملی ہوئی، پرچھائیاں

(shades) ہوتی ہیں جن میں امتیاز قائم کرنا بہت اہم ہے، اگر ہم مسلم صورت حال کے بارے میں کچھ صفائی اور وضاحت چاہتے ہیں۔ اول یہ کہ اس اصطلاح کے لازمی طور پر عمرانیاتی معنی ہیں جن کے مطابق قوم پرستی کی تعریف اس طرح کی جاسکتی ہے کہ یہ بعض مشترک خصوصیات کا جذباتی شعور ہے، جن میں زبان بھی شامل ہے جو کسی گروہ کو باہم چسپیدہ (cohesiveness) ہونے کا احساس دلاتی ہے۔ یہ چسپیدہ ہونے کا احساس شدت کے مختلف درجوں میں ہوسکتا ہے۔ ایک ترک، مصری یا پاکستانی کسان اس معنی میں قوم پرست ہے اور وہ ہمیشہ سے ایسا ہی ہے۔ لیکن ایک ترک، ایک مصری اور ایک پاکستانی کسان ایک طاقتور اسلامی جذبے کے ساتھ بندھے ہوئے ہیں۔ اس لیے یہ قوم پرستی کسی وسیع تر وفاداری کے خلاف نہیں ہے، اور ایک غیر مسلم حملہ آور کے خلاف (جس کا ہم نے موجودہ اور گزشتہ صدی میں اکثر مشاہدہ کیا ہے) یہ دو جذبے ایک غیر معمولی طور پر طاقتور تعاون قائم کر لیتے ہیں۔ تاہم دوسری سطح پر اس پرانے وقتوں کی قوم پرستی کی ایک سیاسی مطمح نظر کے طور پر تشکیل کی جاتی ہے اور اسے ایک قومی ریاست میں بدل دیا جاتا ہے جو حاکمیت کا دعویٰ کرتی ہے اور پوری پوری وفاداری کا تقاضا کرتی ہے۔ یہی سیاسی تصور ہے، جیسا کہ یہ جدید مغرب میں نمو پا کر سامنے آیا ہے، جس کو جب اس کی منطقی انتہاؤں تک لے جایا جائے تو یہ اسلام کے اصولوں کے ساتھ متصادم ہو کے رہتا ہے۔ جب تک اس انتہا پسندانہ قوم پرستی سے اجتناب کیا جائے (اور انتہا پسندانہ قوم پرستی سے اس ضمن میں میری مراد شاونزم نہیں ہے، بلکہ یہ اصول کہ ''ہر دوسری چیز سے اپنی قوم بالاتر ہے۔'') تو قومی ریاستیں پھر بھی وسیع تر اسلامی مقاصد کے لیے مختلف ریاستوں سے تعلق رکھنے والے باشندوں کو ایک حقیقی اور مثبت تعاون کی اجازت دے سکتی ہیں لیکن شدید قوم پرستی اپنی فطرت کے لحاظ سے لادینیت کا تقاضا کرتی ہے اور لادینیت آ کر اسلام کی جڑوں پر دو طرح سے ضرب لگاتی ہے۔ خارجی طور پر مسلم امہ کے اتحاد کے امکانات کو ختم کر کے اور اندرونی طور پر اسلام کو گرا کر ایک شخصی مسلک اور رواج کی سطح تک لے جا کر ''بطور ایک ایسی چیز کے جو انسان کے دل اور اس کے خدا کے درمیان ہے۔'' جیسا کہ ایک پٹے ہوئے لادینی فقرے میں کہا جاتا ہے۔

مسلم دنیا میں پہلی قسم کی قوم پرستی ہمیشہ سے رہی ہے، بلکہ یہ ایک عالمگیر فینامنا ہے، سوائے اس کے کہ ایک کلچر پوری طرح دوسرے کلچر میں جذب ہو جائے یا وہ دوسرا کلچر اس کی جگہ لے لے۔ لیکن قوم پرستی کی زیادہ شدید قسم، یعنی جو لادینیت کے ساتھ ملی ہوئی ہوتی ہے (اور اس لیے ایسے تصور پر مبنی ہوتی ہے جیسا کہ نسل) اب تک سرکاری طور پر صرف ترکی میں قائم کی گئی ہے۔ اگرچہ اس کی طاقتور لہریں شرق اوسط کی عرب دنیا میں بھی پائی جاتی ہیں۔ ترکی میں قوم پرستوں اور اسلام پسندوں کے درمیان ایک طویل مباحثے کے بعد، قوم پرستی کو بہت سی وجوہات کے سبب سرکاری فتح حاصل ہوگئی، جن میں سے سب سے قریبی اور اہم یہ تھی کہ پہلی جنگ عظیم کے دوران عربوں نے ترکوں کے خلاف بغاوت کردی تھی اور سب سے بڑھ کر خود کمال اتا

ترک کی شخصیت تھی۔ ترکی قوم پرستی کے سب سے اہم اور تعقلی معمار ضیا گوکلپ (م ۱۸۲۴ء) بنیادی طور پر ایک ماہر عمرانیات تھے، نہ کہ ایک سیاسی مفکر۔ تاہم مذہب اور ریاست کے تعلق کے بارے میں ان کے بیانات سے ظاہر ہے کہ وہ لادینیت کے وکیل نہیں تھے۔ وہ اصل میں روایت پرستی اور خالص لادینیت کو کھلم کھلا رد کرتے ہیں، بلکہ اس ثنویاتی رویے پر بھی تنقید کرتے ہیں جو مذہب کو ریاست سے الگ کرنا چاہتا ہے اور ان کے امتزاج کے حق میں پُرزور دلائل دیتے ہیں۔ جو کچھ وہ رد کرتے ہیں، وہ وہ چیز ہے جسے وہ حکومت الٰہیہ یا کلیسائیت کہتے ہیں۔ اس لیے یہ نہیں کہا جا سکتا کہ ترکی کی سیاسی لادینیت ان کی پیدا کردہ ہے۔ بطور ایک عالم عمرانیات کے انھوں نے ترکی کلچر کے تین عناصر سے ترکی قوم پرستی کی تعمیر کی کوشش کی: اسلامی تہذیب اور جدید مغربی سائنس۔ جہاں معاصر عرب شرق اوسط میں لادینی قوم پرست لہروں کا تعلق ہے، ان میں ایک توانا عامل طاقتور مسیحی اقلیتوں کی موجودگی ہے جو جدید مغرب سے ذہنی طور پر سب سے پہلے متاثر ہوئی تھیں اور جن کے لیے لادینیت کی طرف بلایا جانا مسلمانوں کے سمندر میں گویا ایک حفاظتی تدبیر ہے۔

تاہم تجدید پسند نے جو کچھ اپنے پیش نظر رکھا تھا، وہ خلافت کے ادارے کے تحت (جس پر اتاترک نے ضرب کاری لگائی تھی) مسلم دنیا کا اتحاد نہیں تھا، بلکہ مسلم ریاستوں کی ایک مجلس تھی۔ گوکلپ نے لکھا، ''اسلام کا ایک صحیح معنوں میں مؤثر سیاسی اتحاد قائم کرنے کے لیے ضروری ہے کہ تمام مسلم ممالک پہلے آزاد ہو جائیں۔ کیا اس وقت یہ چیز ممکن ہے؟ اگر آج ممکن نہیں ہے تو انسان کو انتظار کرنا چاہیے۔ دریں اثنا خلیفہ کو چاہیے کہ اپنے گھر (یعنی ترکی) کو نظم وضبط میں لے آئے اور ایک قابل عمل جدید ریاست کی بنیاد رکھ دے۔'' اس پر تبصرہ کرتے ہوئے اقبال کہتے ہیں، ''سردست ہر مسلم قوم کو اپنے آپ میں گہرا اترنا چاہیے۔ یہاں تک کہ سب اتنے مضبوط اور طاقتور ہو جائیں کہ جمہوریتوں کا ایک زندہ خاندان تیار کر سکیں۔ ایک سچا اور زندہ اتحاد اتنا آسان نہیں ہے کہ محض ایک علامتی اقتدار اعلیٰ اسے حاصل کر سکے۔ مجھے ایسا لگتا ہے کہ خدا تعالیٰ آہستہ آہستہ ہمیں اس سچائی سے آگاہ کر رہا ہے کہ اسلام نہ قوم پرستی ہے نہ سامراجی نظام حکومت ہے، بلکہ قوموں کی ایک مجلس ہے جو مصنوعی سرحدوں اور نسلی امتیازات کو صرف حوالے کی سہولت کے لیے تسلیم کرتی ہے، نہ کہ اس کے ارکان کے معاشرتی افق کو محدود کرنے کے لیے۔'' تاہم بڑا سوال یہ ہے کہ آیا اور کہاں تک، جب یہ قومیں اپنے آپ کو اتنی تعداد میں آزادانہ انفرادیتوں (selfhoods) کی صورت میں قائم کر لیں گی، تو یہ اپنے آپ کو ایک بڑے اتحاد میں مدغم کرنے کی اجازت دیں گی۔ تاہم کوئی شک نہیں کہ یہ تجدید پسند کی، نہ کہ لادینیت پسند کی بہت ہی عزیز امید ہے۔

لیکن مسلم دنیا کے خارجی اتحاد کے سوال کے علاوہ خود اسلام کے مستقبل کے بارے میں سب سے سنجیدہ سوال؛ ایسا سوال جس کا جواب ہی یہ فیصلہ کرے گا کہ آیا اسلام کا کوئی مستقبل ہے یا نہیں۔ ریاست اور مذہب کے درمیان تعلق کا نظریاتی سوال ہے۔ یہ تنازعہ احیا چاہنے والوں، تجدید پسندوں اور لادین لوگوں کے

درمیان ہے۔ لادینیت پسندوں اور غیر لادینیت پسندوں کے درمیان اختلاف اس بات پر ہے کہ آیا اسلام صرف ایک پرائیویٹ مذہب ہے یا یہ بھی معاشرتی اور سیاسی زندگی میں براہ راست عمل دخل رکھتا ہے۔ لادینی نقطہ نظر کی بمشکل کوئی عقلی تشکیل ہو پائی ہے، سوائے علی عبدالرزاق کی کتاب 'الاسلام و اصول الحکم (اسلام اور حکومت کی بنیادیں) کے، جس پر ازہر کے علما نے ایک طوفان اٹھا دیا تھا۔ عملاً ترکی میں لادینی اصول بطور ایک سیاسی ڈھانچے کے اتاترک نے نافذ کیا تھا جس نے قانونی ضابطے مغرب سے مستعار لیے تھے، اسلام کو ہر طرح کی ریاستی اہمیت سے بے دخل کر دیا تھا اور مخالفت کو بے رحمی سے دبا دیا تھا۔ تاہم اس وقت سے عوامی دباؤ کے تحت ۱۹۵۰ء سے ۱۹۵۹ء تک کے عرصے میں کچھ چھوٹی موٹی تبدیلیاں عمل میں لائی گئیں۔ ۱۹۵۹ء میں ایک فوجی انقلابی حکومت نے اختیار سنبھال لیا اور سرکاری طور پر اتاترک کی پالیسی کی دوبارہ توثیق کر دی۔

لیکن اگرچہ مسلم دنیا میں کھلی کھلی لادینیت بہت کم ہے (ایک حقیقی لادین کے سامنے مشکل یہ ہے کہ اسے ایک ناممکن بات ثابت کرنی ہوتی ہے، یعنی یہ کہ آنحضرتؐ نے جب ایک شارع یا ایک سیاسی رہنما کے طور پر عمل کیا تو انھوں نے مذہب سے باہر رہ کر اور لادینی طریقے سے ایسا کیا) معاصر سیاسی زندگی میں عملی لادینی رجحانات درحقیقت بہت طاقتور ہیں۔ اس فینامنا کے لیے ایک عام اور ایک خصوصی وجہ ہے، اگرچہ یہ دونوں ایک دوسرے سے علیحدہ نہیں ہیں۔ عام وجہ خصوصیت کے ساتھ ریاستی زندگی سے متعلق نہیں ہے، بلکہ عام طور پر انسان کے تصور کائنات کے بارے میں ہے۔ نہ یہ خصوصی طور پر اسلام سے متعلق ہے، بلکہ اس کا تعلق ان تمام مذاہب سے ہے جو انسانی زندگی کو کسی طرح سے راہ دکھانے کا دعویٰ کرتے ہیں۔ یہ سوال بنیادی طور پر اس طرح ہے کہ کیا مذاہب اپنا قدیمی نظریۂ کائنات ترک کر کے اپنے آپ کو جدید ذہن کے لیے روحانی اخلاقی قوتوں میں تبدیل کر سکتے ہیں۔ سوال مختلف درجوں میں محض ایک دقیانوسی کونیات (cosmology) کا نہیں ہے، اس لیے کہ یہ نسبتاً آسان ہے، بلکہ بنیادی طور پر دوسری دنیا یا حیات بعد موت کا ہے کہ اس ماورائیت کو کس طرح نفوذیت (immanence) کی صورت میں تبدیل کر دیا جائے اور اس کے باوجود انسان دوستی کی فرسودگیاں اپنے اوپر طاری نہ کی جائیں۔ دوسرے لفظوں میں مذہب کو ضرور لادین بنانا چاہیے، اگر لادین کو مذہبی بنانا ہے۔ لیکن اسلامی الٰہیات اور راسخ الاعتقاد نظریات، دوسرے مذاہب کی الٰہیات اور راسخ الاعتقادی کی طرح ابھی تک اس تبدیلی کے عمل سے نہیں گزرے کہ وہ جدید ذہن کے لیے قابل قبول ہوتے۔ یہ تبدیلی مغرب میں جزوی طور پر واقع ہو چکی ہے، یا یوں کہیے کہ مغرب کے جدید ذہن نے ماورائیت کے تصور کو نفوذیت میں اور دوسری دنیا کو اس دنیا میں بدل دیا ہے، لیکن صرف جزوی طور پر اور وہ بھی غیر مذہبی انداز میں۔ اسلام میں یہ سوال ابھی نہیں اٹھایا گیا، اس لیے جدید تعلیم یافتہ ذہن سراسر تشکک پر ہی ڈولتا ہے۔

لیکن زیادہ خصوصی وجہ جو تجدید پسند کو مجبور کرتی ہے کہ وہ پورے یا بظاہر لادین کے طور پر اپنا رویہ

رکھے، وہ کشمکش ہے جو تجدید پسند اور احیا پسند کے درمیان پائی جاتی ہے۔ احیا پسند یا بنیاد پرست قدامت پسند کی وہ قسم ہے جو تجدید پسندی سے پہلے کی اصلاحی تحریکوں کا براہ راست جانشین ہے۔ وہ ایک عام قدامت پسند سے اس طور مختلف ہے کہ وہ ان سارے روایتی مقاصد اور اعمال کو مستند تسلیم نہیں کرتا جو پورے اسلامی ماضی میں نمو پذیر ہوئے ہیں بلکہ وہ پہلے کے مصلحین کے انداز میں سلف کے طریق عمل کی طرف واپس جانا چاہتا ہے۔ اس بات میں تجدید پسند عام طور پر اس سے اتفاق کرتا ہے لیکن جہاں ایک احیا پسند لازماً ماضی کو پھر سے روبہ عمل لانا چاہتا ہے، تجدید پسند اسے غیر معقول سمجھ کر ازسرنو تعبیر و تفسیر کی بات کرتا ہے وعلیٰ ہذا القیاس۔ لیکن معاملے کا فیصلہ کن نکتہ یہ ہے کہ تجدید پسند جو نئی یونیورسٹیوں کا تعلیم یافتہ ہے اور اسلام کا عالم نہیں ہے، اس ماضی کی اطمینان بخش طور پر تعبیر نہیں کرسکتا، اس لیے وہ معاندانہ احیا پسند کے سامنے ہمیشہ تنقید کی زد میں ہوتا ہے۔ چنانچہ تجدید پسند تقریباً لادین کی طرح خاموش ہوتا ہے۔ ایک ہدف ہوتا ہے لیکن تیر انداز نہیں۔ انسان اس نئے زمانے میں اسلامی سیاسی نظریے پر ایک بھی تجدید پسند تصنیف کا نام نہیں لے سکتا۔ پاکستان کی مثال جو شعوری طور پر (۱۹۴۷ء) ایک اسلامی ریاست بننے کے لیے نکلا تھا، تجدید پسندی کے دفاعی رویے کی اعلیٰ ترین مثال ہے اور اس حملے کی بھی جو احیا پسند جماعت اسلامی کے امیر ابوالاعلیٰ مودودی کی قیادت میں اس کے خلاف کیا گیا۔

اس نئی صورت حال کا انجام یہ ہے کہ تجدید پسندوں کی ایک بڑی تعداد رفتہ رفتہ اپنے ابتدائی لنگروں (moorings) سے آزاد ہوتی جاتی ہے اور قدامت پسندی یا احیا پسندی کی طرف کھنچی چلی جاتی ہے۔ ایک ایسی بات جو انھیں کم از کم معاشرتی ہم آہنگی اور ذہنی سکون مہیا کرتی ہے۔ یہ اس متضاد صورت حال کی توجیہ ہے کہ بہت سے آزاد خیالی کے دعویدار ایسے بن جاتے ہیں کہ قدامت پسندوں سے ممیز نہیں کیے جاسکتے لیکن وہ تجدید پسند جس کے ذمے ریاست کا نظام چلانے کا کام ہوتا ہے اور وہ صرف سیاست دان نہیں ہوتا، وہ مخالف سمت میں اپنے آپ کو بہتا ہوا پاتا ہے۔ اس لیے وہ ذمے دارانہ طور پر آگاہ ہوتا ہے کہ ایسے سوال جیسے کہ غیر مسلموں کی حیثیت اور بینک کا سود، ان کا ایک ایسی ریاست میں جو ایک جدید معاشرے میں اپنا نظام چلانا چاہتی ہے، من وعن احیا پسندی کے خطوط پر فیصلہ نہیں کیا جاسکتا۔ اس کے ساتھ ہی وہ کلاسیکی اسلامی ریاست کے مخصوص مزاج کی جدید معنوں میں تعبیر نہیں کرسکتا، سوائے شاید یہ کہنے کے کہ اسلام آج کے زمانے میں جمہوریت کی کسی نہ کسی شکل کا تقاضا کرتا ہے اور یہ کہ اسلامی ریاست ایک حکومت الٰہیہ نہیں ہے۔ چنانچہ وہ اس طرح عمل کرنے پر مجبور ہوتا ہے جیسے کہ وہ اسلام کے باہر رہ کر عمل کر رہا ہو، اور بعض حالات میں اس کا باطنی ارادہ تبدیل ہوکر لادینی سمت میں جاسکتا ہے، جس کی وجہ تعصّبات کی اسیر اور نحیف ونزار قدامت پرستی کے بے حس دباؤ بھی ہوں گے۔

تجدید پسندی اور معاشرہ

سیاسی قانونی تجدید کے مسئلے کے ساتھ ساتھ معاشرتی اور تہذیبی تبدیلی اور نئے معاشرتی اور تہذیبی تبدیلی اور نئے معاشرتی ضابطہ اخلاق کے ساتھ توافق کے لیے کشمکش عمل میں آئی۔ درحقیقت مسلم طرز زندگی پر جدید مغربی تنقیدوں میں، خود تجدید پسند مسلم فکر میں اور بعد کی معذرت خواہیوں میں مرکزی مقام روایتی مسلم معاشرتی اداروں کو حاصل ہے، خصوصاً شادی اور طلاق کے مسلم قوانین اور معاشرے میں عام طور پر عورت کا مقام۔ یہ آخری معاملہ مغربی ذہن میں اس طرح گہرا اترا ہوا ہے کہ مغرب میں گلی بازار کا کوئی آدمی بھی اسلام کے متعلق جو کچھ جانتا ہے اور اس کا خلاصہ عملی طور پر ان دو لفظوں میں ادا کیا جا سکتا ہے؛ کثرت ازدواج (یا حرم) اور پردہ۔ ابتدائی مسلم تجدید پسند نے یہ چیلنج قبول کیا۔ اس نے اسلامی بنیادوں پر مرد و زن کی مساوات کے حق میں دلائل دیے۔ عورتوں کی تعلیم کی وکالت کی اور اس پر عمل کیا۔ لیکن پھر بعد میں تجدید پسندی کی جگہ جب قدامت پسندی نے لے لی تو اس تبدیلی کا اثر جتنا معاشرتی اخلاقیات میں نمایاں ہے، اتنا اور کہیں نہیں۔

معاشرتی تجدید پسندی جس کے سب سے لائق ترجمان اپنی تصنیف 'The Spirit of Islam' میں سید امیر علی تھے، انھوں نے ایک ایسی بنیاد پر استدلال کیا جو اخلاقی تصورات اور قرآن کی خصوصی قانونی تجاویز کے درمیان امتیاز کرتی تھی، اگرچہ یہ امتیاز بھی بہت وضاحت کے ساتھ تشکیل نہیں کیا گیا۔ چنانچہ اگرچہ قرآن نے قانونی طور پر غلامی کے ادارے کو قبول کر لیا اور قانونی سطح پر کچھ ایسی شرائط تجویز کیں جو غلاموں کی حالت میں سدھار پیدا کریں (بلکہ غلام کا نام استعمال کرنا بھی پیغمبرؐ نے منع کر دیا تھا) اخلاقی سطح پر اس نے مسلمانوں کو غلام آزاد کرنے کی نصیحت کی۔ تجدید پسند نے معقولیت کے ساتھ یہ دلیل دی کہ اس کے صاف معنی یہ تھے کہ قرآن کا ارادہ اگر ایک دفعہ حالات اجازت دیتے، غلامی کو ختم کرنے کا تھا۔ اسی طرح کثرت ازدواج کے مسئلے پر قرآن نے قانونی طور پر یہ ادارہ قبول کر لیا، اگرچہ یہاں اس نے بیویوں کی تعداد کو زیادہ سے زیادہ چار تک محدود کر دیا اور کچھ ایسی اہم تجاویز نافذ کیں جو عورتوں کی حالت کو بہتر بنائیں جو مجموعی طور پر عرب میں اتنی بری بھی نہیں تھی۔ لیکن آگے تجدید پسند نے از راہ ترغیب اس امر کی نشاندہی کی کہ قرآن نے خبردار کیا تھا کہ "تم بیویوں کے درمیان کبھی انصاف نہیں کر سکو گے۔" (النسا، ۱۲۹:۴) اور یہ کہ "اگر تمھیں اندیشہ ہو کہ تم (بیویوں کے درمیان) انصاف نہیں کر سکو گے تو پھر صرف ایک ہی (شادی کرو)۔" (النسا، ۱۲۹:۴) اس نے اصرار کیا کہ یہ شرط کثرت ازدواج پر عملاً پابندی کے مترادف ہے۔ اصل میں تجدید پسند نے مرد و زن کی، قرآن کی بنیاد پر مطلق مساوات کی توثیق کی اور اس آیت کا حوالہ دیا جس کے مطابق عورتوں کو مردوں پر حقوق حاصل ہیں، جس طرح مردوں کو عورتوں پر حقوق حاصل ہیں۔ اقبال کی اس دلیل کا ذکر کرتے ہوئے سر ہملٹن گب ان پر قرآن کے ان بعد کے الفاظ سے آنکھیں بند کر کے الزام لگاتے ہیں، "لیکن مرد عورتوں سے ایک درجہ افضل ہیں۔" (البقرہ، ۲۲۸:۲)

تاہم بنیادی نکتہ جو تجدید پسند نے وضاحت کے ساتھ ترتیب نہ دیا لیکن جسے مغربی نقاد بھی اکثر نظر انداز کر جاتا ہے، یہ ہے کہ اگر چہ قرآن خدا کا ابدی کلام ہے لیکن یہ ایک معلوم معاشرے کو فوری طور پر خطاب کر رہا تھا، جس کا ایک خاص معاشرتی ڈھانچا تھا۔ قانونی طور پر بات کی جائے تو یہ معاشرہ صرف اس حد تک جا سکتا تھا، اس سے آگے نہیں۔ پیغمبرؐ اگر چاہتے تو محض پُرشکوہ اخلاقی ضابطے ترتیب دینے میں لگے رہتے لیکن پھر وہ ایک معاشرہ تعمیر نہ کر پاتے۔ چنانچہ اس مقصد کے لیے ایک قانونی اور ایک اخلاقی طریق عمل دونوں یکساں ضروری تھے۔ اس لیے تجدید پسند ضمنی طور پر اس طرف اشارہ کرتا ہے، اکثر اس موقف کے اصولی مضمرات سے آگاہ نہ ہوتے ہوئے کہ تمام مسلم تاریخ 'اچھی' نہیں ہے، یعنی اسلامی نہیں ہے اور یہ کہ اسلام کے معاشرتی، اقتصادی، اخلاقی مقاصد اور بدکی تاریخ کے درمیان کچھ عدم توافق موجود ہے، جو ان مقاصد کو اپنے اندر شامل کرنے میں ناکام رہی۔ اس لیے وہ اس تاریخ کے بارے میں انتخاب پر عمل کرنے کا رجحان رکھتا ہے۔ تاہم اس نکتے پر مغربی نقاد (خاص طور پر پروفیسر ڈبلیو سی اسمتھ اپنی کتاب 'Modern Islam in India' میں) تجدید پسند پر اپنی تاریخ کے بارے میں 'موضوعیت' اور 'روحانیت' کا الزام لگاتا ہے۔ لیکن ہم اس مسئلے میں زیادہ تفصیلی بات اگلے باب پر اٹھا رکھتے ہیں۔

اس کے باوجود تجدید پسند موقف نے، اگر چہ یہ اپنے آپ میں بظاہر معقول تھا، ایک سخت قدامت پسند ردعمل پیدا کیا۔ اس کی وجوہات چند در چند ہیں۔ اول یہ کہ تجدید پسند نے اپنے لیے قرآن کو بنیاد بنایا، لیکن اس نے تاریخ کو نظر انداز کرنے کا تاثر دیا۔ دوسری طرف قدامت پسند موقف چاروں کھونٹ امت کے تاریخی تجربے پر مبنی تھا جو ایک قدامت پسند کے لیے قرآن کی واحد مستند تعبیر مہیا کرتا ہے۔ پھر اس قدامت پسند کو یہ یقین تھا کہ تجدید پسند پر یقینا مغربی آزاد خیالی کا اثر ہے جہاں سے وہ بلاشبہ اپنا فکری مواد اخذ کرتا ہے، جس کی وہ قرآن کے ذریعے حمایت کرنے کی کوشش کرتا ہے۔ اس کے نتیجے میں یہ گہرا شبہ پیدا ہوا کہ تجدید پسند کسی طرح کی بھی مسلم اقدار، غالباً بنیادی اصولوں سمیت، مغرب کے تہذیبی مال واسباب کے عوض بیچ دینے پر تیار ہو جائے گا۔ یہ چیز بھی مسلم تجدید پسندی کی ناکامیوں میں شمار ہونی چاہیے، یعنی یہ کہ اسے سیدھی سیدھی مغرب زدگی سمجھ لیا گیا۔ تجدید پسند نے اگر مغرب کے تہذیبی نمونوں اور طور اطوار سے کچھ لے بھی لیا تھا تو اس میں درحقیقت کوئی چیز بنیادی طور پر پریشان کرنے والی نہیں تھی۔ اس لیے کہ یہ وہ چیز ہے جو ہر نمو نے پانے والی تہذیب کیا کرتی ہے اور یہی چیز اسلام نے بھی کی تھی، ایک دفعہ جب وہ اپنی ابتدائی عربی نرسری سے نکل کر دنیا میں پھیلا تھا۔ لیکن اسلام نے جو کچھ لیا، محض مستعار نہیں لیا تھا بلکہ اس نے جو کچھ بھی لیا، اسے اسلام کے سانچے میں ڈھال لیا اور اسے اسلامی اقدار کے فریم میں شامل کر دیا۔ جس کو پھر اگر وہ کافی ثابت نہ ہوا تو اور وسعت دے دی گئی اور یہ تعبیری عمل ہر ترقی پذیر کلچر کو پیش آتا ہے۔

لیکن نئے معاشرتی اور تہذیبی عناصر کو ایک معاشرے میں بعض بنیادی نصوص کی محض اتفاقی اور ہنگامی

تعبیروں کی مدد سے ضم نہیں کیا جا سکتا۔ یہ چیز جذب کرنے والی تہذیب کی تعبیر ذات اور اظہار ذات کی بہت زیادہ نامیاتی کارگزاری کا تقاضا کرتی ہے، جس سے کہ اس کے اقداری نظام کو نئے معانی دیے جاتے ہیں۔ یہی چیز ہے جو مسلمانوں نے اپنے ابتدائی توسیعی زمانے میں کی تھی لیکن جو تجدید پسند نہ کر سکے۔ تجدید پسند کے لیے یہ ضروری تھا کہ وہ ایک نئی اسلامی انسان دوستی پیدا کرتا جو اس کے معاشرتی اصلاح کے پروگرام کو معنی اور مقصد عطا کرتی۔ یہ اس نے پیدا نہ کی اور اس کے بجائے اپنے آپ کو مغرب سے چوری کرتے ہوئے پکڑوالیا گیا۔ لیکن خود مغرب میں انسان دوست آزاد خیالی نے ایک ایسا حمایتی پالیا جو باہر سے تو ہم مزاج لگتا تھا لیکن جلد ہی اس نے اس کو اپنا قیدی بنا لیا۔ بڑے پیمانے پر وسیع طور پر اثر انداز اور غیر متوقع تبدیلیاں جو صنعتی اقتصادیات اور جدید ٹیکنالوجی کی تیز رفتار ترقی سے پیدا ہوئیں، انھوں نے نہ صرف زرعی معاشرے کی کمر توڑ دی بلکہ اس کے ساتھ عام طور پر خاندان کو بھی توڑ دیا۔ صنعتی ترقی مغرب پر طوفان بن کر آئی اور اسے حیرت زدہ کر دیا۔ حالات کی ان تبدیلیوں کی وجہ سے (جب انھیں زیادہ قریب سے دیکھا جائے) مغرب کی معاشرتی زندگی میں جو عدم توازن پیدا ہوا، اس نے خود مسلم تجدید پسند کے معاشرتی اصلاح کے بارے میں نظریات کو اساسی طور پر تبدیل کر دیا اور آزاد خیالی پر اس کا یقین کافی حد تک کمزور پڑ گیا۔ کوئی شک نہیں کہ حالات کی ان تبدیلیوں نے خود مغربی مصلحین کو بھی خلفشار میں مبتلا کر دیا ہے۔ اس فریب نظر سے نکلنے کے علاوہ تجدید پسند پر اندر سے بڑا دباؤ تھا۔ قدامت پسند اور احیا پسند قوتوں نے اس کی مزاحمت کو کمزور کرنے اور اسے جماعت میں واپس لانے کا کوئی موقع ہاتھ سے جانے نہ دیا۔

چنانچہ یہ اس کی اندرونی کمزوریوں، اندرونی معاشرتی قوتوں اور خارجی عوامل کی وجہ سے ہے کہ مسلم معاشرتی تجدید نے عذرخواہوں کے لیے راستہ چھوڑ دیا۔ عذرخواہوں کو دراصل ایک مفید اندرونی فرض منصبی ادا کرنا ہوتا ہے اور جب ان سے احتیاط اور بصیرت کے ساتھ کام لیا جائے تو وہ تبدیلی کو کنٹرول میں رکھنے اور ماضی کا ایک تصور زندہ رکھنے میں بہت مددگار ثابت ہوتے ہیں۔ سب سے بڑھ کر یہ کہ وہ خوداعتمادی کا ایک صحتمند احساس قائم رکھتے ہیں جو ایک تبدیل ہوتے ہوئے معاشرے کے لیے بہت ضروری ہے۔ لیکن مسلم عذرخواہ بے امتیاز ہو گیا، بالکل اسی طرح جیسے تجدید پسند نے اپنی روایات کی بعض نصوص اور اپنی تاریخ کے بعض ٹکڑوں کا انتخاب اس لیے کیا تھا کہ وہ اساسی طور پر ایک نئے تہذیبی نمونے کا جواز مہیا کر سکے، اسی طرح عذرخواہ اب معاصر مغربی معاشرے کے تاریک ترین پہلوؤں کا انتخاب کرنے لگا تاکہ وہ اپنے ماضی کی شان بڑھا سکے۔ فرید وجدی نے اپنی کتاب 'المرأۃ المسلمۃ' (مسلمان عورت) میں جو اس نے قاسم امین کی 'المرأۃ الجدیدۃ' (جدید عورت) کے جواب میں لکھی، اور زیادہ خصوصیت کے ساتھ جماعت اسلامی کے معاصر پاکستانی قائد ابوالاعلیٰ مودودی، اپنی کتاب 'پردہ' میں معذرت خواہ کی نمایاں مثالیں ہیں۔ موخرالذکر مغربی قحبہ خانوں کی ان تفصیلات کو جو مغربی مصنفین نے مہیا کی ہیں، بنیاد بنا کر اپنا استدلال تفصیل سے بیان کرتے ہیں

اور یہ نتیجہ نکالتے ہیں کہ اگر ہمیں محفوظ جانب رہنا ہے تو ہم عورتوں کو آزادی کی اجازت نہیں دے سکتے، اس لیے اگر ایسا نہ کریں تو ہم کہاں جا کر رکیں گے؟ بالکل اسی بنیاد پر کیا ہم ناپسندیدہ انسانی رجحانات اور انسانیت جن خوفناک پستیوں کا مظاہرہ کرتی ہے، ان کے پیش نظر یہ سوال نہیں کر سکتے کہ انسان کو آخر جی کر کیا کرنا ہے۔

اقبال نے بھی جو سنجیدہ ترین اور بہت بے باک دانشور تجدید پسند ہیں، جو مسلم دنیا نے پیدا کیا ہے، مغربی معاشرتی اخلاق کو وسیع پیمانے پر رد کرنے کا اعلان کیا اور جدید مغربی عورت کی یہ کہہ کر مذمت کی کہ وہ بے حس ہے اور نسوانی جبلت سے محروم ہے۔ اپنے شعری مجموعے 'جاوید نامہ' میں وہ ایک مغرب زدہ حقوق نسواں کی حامی عورت کو ایک مشرقی عورت سے خطاب کرتے ہوئے یوں دکھاتے ہیں:

اے زناں! اے مادراں، اے خواہراں!
زیستن تا کے مثال دلبراں
دلبری اندر جہاں مظلومی است
دلبری محکومی و محرومی است

یہ دراصل مغربی معاشرے کے خلاف ایک ردعمل ہے جس میں مرکزی نقطہ عورت کی شخصیت اور خاندان کے ساتھ اس کا تعلق ہے۔ لیکن جب تک یہ ردعمل اہل دانش کے اندر باقی ہے یعنی عموماً تجدید پسند اور قدامت پسند دونوں میں، جدید ادارے جن میں سب سے اہم یونیورسٹیاں اور ان کے مخلوط تعلیمی نظام ہیں، اپنا راستہ آگے بناتے جاتے ہیں اور مختلف نتائج پیدا کر رہے ہیں۔ سچ یہ ہے کہ معاشرتی تبدیلی ناگزیر ہے اور جو رجحان اب تک قرار پکڑ چکے ہیں، ان کو واپس نہیں لے جایا جا سکتا۔ زیادہ متین اور واقعیت پسند عناصر کو اس صورت حال کا مقابلہ کرنا چاہیے اور اس تبدیلی کو صحیح راستے پر لگانا چاہیے جو بصورت دیگر یقیناً ایک بڑا خطرہ سامنے لا رہی ہے۔ اکثر مسلم حکومتوں نے شریعت کے قالب کے اندر کثرت ازدواج اور طلاق کے بے ضابطہ معاملات کو کنٹرول کرنے کے لیے کچھ قانون وضع کیے ہیں، البتہ صرف ترکی میں جہاں شریعت کو اپنے مقام سے پوری طرح اتارا جا چکا ہے، یہ اصلاحات خالصتاً لادینی بنیادوں پر کی گئی ہیں۔ تاہم ان ملکوں میں بھی جہاں یہ کوشش کی گئی ہے کہ یہ اصلاحات شریعت کی بنیاد پر ہوں، طاقتور قدامت پرستانہ برگشتہ رجحانات ایسے پائے گئے ہیں جن کا مقصد وقت کو پیچھے کی طرف لے جانا ہے۔ ان حالات میں ایک تعمیری اور حوصلہ مند انسان دوستی کی بہت سخت ضرورت ہے جو اسلامی معاشرتی معیاروں کو نئے سرے سے بیان کرے، تاکہ وہ اس نئی قانون سازی کی پشت پناہ ثابت ہوں۔

['اسلام'، مشعل، لاہور]

برصغیر کی اسلامی مذہبی تحریکیں

مبارک علی

مذہب کا انسانی زندگی سے اس قدر گہرا تعلق ہے کہ جب بھی کسی سیاسی و سماجی اور معاشی ضروریات کی تحت کسی جواز کی تلاش ہوتی ہے تو وہ اس کی جڑیں مذہب میں تلاش کرتا ہے۔ اگرچہ اب سائنس وٹکنالوجی اور سماجی علوم کی ترقی نے مذہبی اقدار کو کمزور کر دیا ہے مگر اس کے باوجود مذہبی علامات و اشارے اب بھی انسانی ذہن کو متاثر کرتے ہیں۔ مسلمان معاشرے میں مذہب کی جڑیں اس قدر گہری اور مضبوط ہیں کہ وہ زمانہ کی نئی تبدیلیوں کے باوجود ابھی تک سیاست، معیشت اور سماجی اقدار کو اس کی بنیاد پر تشکیل کرنا چاہتے ہیں۔

اب تک مذہب کی تاریخ کے مطالعہ سے جو بات ہمارے سامنے واضح ہو کر آئی ہے، وہ یہ ہے کہ جب بھی نئی تبدیلیاں آتی ہیں تو یہ مذہب کے لیے ایک چیلنج کا باعث ہوتی ہیں۔ اور اس لیے یہ سوال پیدا ہوتا ہے کہ کیا وہ اپنی قدامت کو برقرار رکھے یا نئی تبدیلیوں کے ساتھ خود کو بھی تبدیل کرے؟ اس چیلنج کا جواب مذہب دونوں صورتوں میں دیتا ہے۔ وہ اپنی قدامت اور بنیاد کو قائم بھی رکھنا چاہتا ہے اور اس کے ساتھ وہ اپنی تعلیمات کی نئی تعبیر و تفسیر کے ذریعہ نئی تبدیلیوں کو اپنے اندر سمانا بھی چاہتا ہے۔ یہ وہ مرحلہ ہوتا ہے کہ مذہب کی بنیاد پر مختلف شاخیں ابھرتی ہیں جو فرقوں کی شکل اختیار کر لیتی ہیں۔

ہر مذہب کی ابتدا ایک خاص ماحول اور فضا میں ہوتی ہے لیکن جیسے جیسے وقت بدلتا ہے، حالات میں تبدیلی آتی ہے۔ اس طرح سے لوگوں کی ضروریات بھی بدلتی رہتی ہیں۔ یہ تبدیلیاں انسانی عادات، رویوں اور طور طریق کو بھی بدلتی ہیں۔ اس کے نتیجہ میں ایک وقت وہ آتا ہے جب ابتدائی دور کا مذہب اور اس کی تعلیمات لوگوں کی ضروریات اور تقاضوں کو پورا کرنے سے قاصر ہو جاتی ہیں۔ اس مرحلہ پر مذہب کی نئی تفسیر کی جاتی ہے اور اس کی تعلیمات کو نئے انداز اور زاویہ سے دیکھا جاتا ہے تاکہ وہ بدلتے ہوئے حالات میں خود کو برقرار رکھ سکے۔ یہ نئی تفسیر اور تاریخ کسی ایک نئے فرقہ کو پیدا کرتی ہے۔ ہر فرقہ کسی جماعت یا گروہ کی ضروریات کو

پورا کرتا ہے۔ وہ لوگ، جو بنیادی مذہب پر ایمان رکھتے ہیں، وہ راسخ العقیدہ کہلاتے ہیں اور جو اس سے علیحدہ ہو کر زمانہ کی تبدیلی کے لحاظ سے یا کسی جماعت کے مفادات کے پیش نظر مذہب کی نئی تشکیل کرتے ہیں، وہ خود کو کسی نہ کسی نام سے موسوم کر لیتے ہیں، جیسے خارجی، معتزلہ، اشعری یا مرجیہ وغیرہ۔ چونکہ یہ فرقے بھی ایک ماحول اور ضروریات کے تحت پیدا ہوتے ہیں، اس لیے جب ان کی ضرورت پوری ہو جاتی ہے تو یہ بھی وقت کے ساتھ ختم ہو جاتے ہیں اور ان کی جگہ اور دوسرے نئے فرقے وجود میں آ جاتے ہیں۔

اس لیے دیکھا جائے تو فرقے مذہب کو زندہ رکھنے میں مددگار ہوتے ہیں۔ اگر مذہب کی برابر نئی تاویل نہ ہو تو مذہب وقت کا ساتھ نہ دے سکنے کے سبب اپنی اہمیت کھو بیٹھے، لیکن فرقوں کی نئی توجیحات، جو ہر وقت اور ماحول سے ہم آہنگ ہوتی ہیں، یہ اس کے وجود کو قائم رکھتی ہیں۔

اب ہم اس سوال کا جواب دینے کی کوشش کریں گے کہ معاشرے میں مذہبی تحریکیں کیوں پیدا ہوتی ہیں؟ اس کی دو وجوہات ہیں۔ ایک تو پسماندگی، زوال اور معاشرہ کا خرابیوں اور برائیوں میں اس حد تک مبتلا ہو جانا کہ اس سے ہر فرد کی زندگی متاثر ہونے لگے۔ جب بھی کوئی معاشرہ اس حالت کو پہنچ جاتا ہے تو اس وقت اس بات کا اعادہ کیا جاتا ہے کہ صرف مذہب کی بنیادی تعلیمات کے ذریعہ ہی ان خرابیوں کو دور کیا جا سکتا ہے۔ اس کی دلیل یہ دی جاتی ہے کہ جس طرح مذہب کے ابتدائی دور میں اس کی تعلیمات نے معاشرے میں تبدیلی کی تھی اور ایک مثالی معاشرہ مساوات کی بنیادوں پر قائم کیا تھا، وہ اب بھی ممکن ہے۔ اس دلیل کو ماضی کے شواہد سے تقویت دی جاتی ہے۔ تاریخی واقعات اس تحریک کو ایک نئی توانائی اور جذبہ دیتے ہیں۔ لہٰذا ابتدائی دور کے مثالی معاشرے کا خواب بار بار احیا کی تحریکوں کو پیدا کرتا ہے۔

اس کی مثال خصوصیت سے نوآبادیاتی دور میں ملتی ہے کہ جب سامراجی قوتوں کے خلاف سیاسی اور سیکولر طاقتیں شکست خوردہ ہو گئیں تو اس وقت احیا کی مذہبی تحریکوں نے اس نعرہ کے تحت سامراجی طاقتوں سے لڑائی لڑی۔ یہ لیبیا کی سنوسی تحریک ہو یا سوڈان کے مہدی سوڈانی کی پُرجوش مہم ہو اور ہندوستان میں سید احمد شہید کی تحریک ہو؛ ان سب میں جو مشترک چیز تھی، وہ ماضی کے مثالی معاشرے کا احیا تھا اور اس کی واپسی کے لیے لوگ ان کے ساتھ ہوئے۔ اس لیے احیا کی تحریکیں تاریخ کے سنہری دور کو استعمال کر کے لوگوں کو اپنے حق میں ہم نوا بناتی ہیں۔

اس کے برعکس دوسری تحریکوں کو ہم اصلاحی کہیں گے، کیوں کہ یہ نہ تو احیا کا نعرہ لگاتی ہیں اور نہ انقلاب کا، بلکہ یہ موجودہ معاشرے میں کسی بنیادی تبدیلی کے بغیر اس میں اصلاح کی خواہش مند ہوتی ہیں۔ یہ مذہب کو جدید زمانے کے مطابق ڈھال کر اسے ماضی سے باہر نکال لاتی ہیں اور اس کی تعلیمات کو اپنے زمانے کے مطابق کر کے ان تضادات کو ختم کرنے کی کوشش کرتی ہیں جو بنیادی مذہب اور جدید تقاضوں میں ہوتا ہے۔

وہ لوگ جو مذہب کی بنیادی تعلیمات کو مانتے ہیں، ان کے لیے یہ بڑا مشکل ہوتا ہے کہ وہ اپنی موجودہ

ضروریات اور بنیادی تعلیمات کو ایک دوسرے سے ہم آہنگ کریں۔ اس لیے اس کا حل یہ نکالا جاتا ہے کہ ایک طرف وہ ان تعلیمات کو مانتے ہیں مگر اپنی عملی زندگی میں اور اپنے مفادات کے تحت اس راستہ کو اختیار کرتے ہیں جو بنیادی تعلیمات سے متضاد ہوتا ہے۔ اس رویہ کی وجہ سے ان میں 'منافقت' کی رویے پیدا ہوجاتے ہیں۔ مذہب ان کے لیے ظاہری رسم و رواج کی علامت بن کر رہ جاتا ہے۔ فقہا نے اس تضاد کو حل کرنے کے لیے 'حیلہ' کے ہتھیار کو استعمال کیا ہے۔ اس لیے فقہا کی مستند کتابوں میں باب الحیل کے نام سے وہ ترکیبیں درج ہوتی ہے، جن کے ذریعہ مذہب کی بنیادی تعلیمات بھی متاثر نہ ہوں اور فائدہ بھی ہوجائے۔ مثلاً اکبر کے زمانہ میں ایک بڑے عالم زکوٰۃ سے بچنے کے لیے یہ کرتے تھے کہ سال کے ختم ہوتے ہی وہ اپنی تمام جائیداد اپنی بیوی کے نام کردیتے تھے۔ جب سال گزر جاتا تو واپس اپنے نام لیتے تھے۔ اس طرح سے روزوں سے بچنے کے لیے فقیروں کو کھانا کھلانا یا غلاموں کو رہا کرنا ایک حیلہ بن گیا۔ ان فتوؤں کے ذریعہ مذہب کی بنیادی تعلیمات کی نفی نہیں کی گئی اور مفادات کے تحت ان سے انحراف بھی کرلیا گیا۔

جدیدیت کی تحریکیں اس وقت پیدا ہوتی ہیں، جب پرانی قدریں یا ادارے معاشرے کی راہ میں رکاوٹ بنتے ہیں۔ یہ تحریکیں ان رکاوٹوں کو دور کرنے کا کام کرتی ہیں۔ اس کی ایک مثل برصغیر میں سید احمد خاں کی جدیدیت کی تحریک ہے جس کے ذریعہ کوشش کی گئی کہ مذہب کو زمانہ کے مطابق ڈھالا جائے اور آگے کی جانب دیکھا جائے نہ کہ ماضی کے اندھیروں میں گم ہوا جائے۔

احیا کی تحریکوں میں مسیح اور مہدی کا تصور بھی اہم کردار ادا کرتا ہے۔ ایک ایسی شخصیت جو معاشرے کو اس کی پستیوں سے نکالے گی اور برائیوں کا خاتمہ کرے گی۔ اس کا تصور تقریباً ہر مذہب میں ہے۔ یہ اس بات کی جانب اشارہ کرتا ہے کہ جب معاشرہ میں اقتدار اور طاقت محدود افراد کے ہاتھوں میں ہوتی تھی اور عوام فلاح و بہبود کے لیے ان کے احسان مند ہوتے تھے، اس وقت شخصیتوں پر ہی بھروسہ کیا جاتا تھا اور انھیں سے تمام امیدیں وابستہ کی جاتی تھیں۔ اس وقت شخصیت ہی روحانی اور سیاسی طاقت کی مالک ہوا کرتی تھی۔ لہٰذا مہدی اور مجدد کا نظریہ پسماندہ معاشرہ میں مقبول رہتا ہے جو امید کرتا ہے کہ لوگوں کو اپنی حالت بہتر بنانے کے لیے خود کچھ نہیں کرنا چاہیے بلکہ کسی مسیح، مہدی اور مجدد کا انتظار کرنا چاہیے جو معاشرے کو تمام آلودگیوں سے پاک کرے گا۔ اس نظریہ سے فائدہ اٹھا کر سیاسی اقتدار کے حصوں کے لیے لوگ اس قسم کا دعویٰ کرتے رہے ہیں اور خود کو مسیح و مہدی و مجدد کہہ کر اقتدار پر قابض ہوتے رہے ہیں یا اس پر قابض ہونے کی کوشش کرتے رہے ہیں۔

ہر نئی مذہبی تحریک معاشرے کی اکثریت کو متاثر نہیں کرتی ہے بلکہ اس کے پیروکاروں کی تعداد ہمیشہ اقلیت میں رہتی ہے۔ لیکن نئی تحریک اپنے پیروکاروں میں جو جذبہ اور ولولہ پیدا کرتی ہے، اس کے تحت وہ خود کو سچا اور درست سمجھتے ہیں اور دوسروں کو گمراہ۔ اس لیے دوسرے لوگوں کو اپنے عقائد تسلیم کرانے کے لیے یہ تبلیغ

اور تشدد دونوں حربوں سے کام لیتے ہیں۔ اس کا نتیجہ یہ ہوتا ہے کہ معاشرے میں فرقہ وارانہ اختلافات دشمنی، نفرت اور عدم رواداری کی شکل اختیار کر لیتے ہیں۔ ہر فرقہ ایک دوسرے کو شک کی نگاہ سے دیکھتا ہے اور اپنے پیروکاروں کو ان سے دور رکھنے کے لیے بہتان اور الزام تراشی سے کام لیتا ہے۔

ہر فرقہ اپنے اتحاد اور استحکام کو برقرار رکھنے کے لیے اپنی علیحدہ شناخت کو قائم کرتا ہے۔ اس کی شناخت لباس، زبان کے استعمال، جسمانی حرکات، داڑھی کی تراش وخراش اور اس کی مختلف شکلوں سے ہوتی ہے۔ اس شناخت کو خاص رسومات اور تہواروں کے ذریعہ مزید تقویت دی جاتی ہے۔ جب ہر فرقہ علیحدہ سے اپنی شناخت بنالیتا ہے تو وہ معاشرے کے دھارے سے علیحدہ ہو جاتا ہے اور اپنی ایک محدود دنیا بنالیتا ہے۔ اب یہ صرف اپنے فرقے کے لوگوں کی فلاح و بہبود کا خیال رکھتا ہے اور کوشش کرتا ہے کہ اس کے پیروکار باہم متحد رہیں اور ایک دوسرے کے کام آئیں۔ اکثر حالات میں یہ سماجی طور پر بھی دوسروں سے کٹ کر اپنی ہی فرقہ کی برادری میں محدود ہو جاتے ہیں، یہاں تک کہ شادی بیاہ بھی آپس میں کرتے ہیں۔

ان موقعوں پر فرقوں میں دو قسم کے رجحانات پیدا ہوتے ہیں۔ ایک تو یہ کہ وہ پورے معاشرے کو نہیں سدھار سکتے ہیں۔ اس لیے ان کی کوشش یہ ہوتی ہے کہ خود اپنی حالت کو بہتر بنایا جائے۔ یہاں بھی ایک رویہ تو یہ ہوتا ہے کہ اگر فرقہ کے پیروکاروں کی حالت اچھی ہوگی تو دوسرے بھی اس میں آئیں گے لیکن ایک اور رویہ یہ ہو جاتا ہے کہ جب فرقہ معاشی طور پر خوش حال ہے تو اس میں کسی اور کو داخل نہیں ہونے دیا جائے، کیوں کہ وا اپنی مراعات میں کسی اور کو شریک نہیں کرنا چاہتے۔ اس صورت میں فرقہ کی سیاسی خواہشات ختم ہو جاتی ہیں اور اس کا دائرۂ کار معاشی وسماجی بہبود رہ جاتا ہے۔

دوسرا رجحان یہ ہوتا ہے کہ کیوں کہ فرق حق پر ہے، لہٰذا اس پیغام میں سب کو شریک کیا جائے۔ یہاں بھی دو پالیسیوں پر عمل درآمد ہوتا ہے۔ یہ کہ معاشرے کو اپنے عقیدے وتعلیمات کے مطابق ڈھالا جائے، دوسرا یہ کہ حکومت اقتدار کو حاصل کر کے بزور طاقت معاشرے کو اپنے عقیدے وتعلیمات کے مطابق ڈھالا جائے۔ جو فرقے اقتدار کے ذریعہ تبدیلی چاہتے ہیں، وہ بادشاہت کے دور میں اس بات کی کوشش کرتے تھے کہ بادشاہ و امرا کو اپنا ہمنوا بنالیں اور ان کے ذریعہ اپنا نظام قائم کیا جائے۔ آج کے اس جمہوری زمانہ یہ سیاسی جماعت کے روپ میں آتے ہیں اور انتخابات کے ذریعہ اقتدار میں آکر تبدیل کرنا چاہتے ہیں۔ جب انتخابات میں عوام کی اکثریت انھیں ووٹ نہیں دیتی تو جمہوریت کی مخالفت کرتے ہوئے یہ سازش یا آمریت کے ذریعہ اقتدار کا حصول کرنا چاہتے ہیں۔

۲

اب ہم اول اس پس منظر پر روشنی ڈالیں گے کہ جس میں ہندوستان کے لوگ مسلمان ہوئے اور وہ وجوہات کیا تھیں کہ ہندوستان میں اسلام کی اپنی ایک علیحدہ سے شناخت ابھری جو عرب کے اسلام سے ثقافتی و

سماجی طور پر جدا تھا؟ اور پھر ہندوستان کی تاریخ میں کن کن ادوار میں کون کون سی خاص مذہبی تحریکیں پیدا ہوئیں اور ان کی کیا خصوصیات تھیں؟

ہندوستان میں مسلمان حملہ آوروں نے جیسے جیسے اپنا اقتدار قائم کیا، اسی کے ساتھ یہاں پر سیاسی، سماجی اور معاشی ضروریات کے تحت لوگوں نے اسلام قبول کرنا شروع کیا۔ مثلاً جب محمد بن قاسم نے سندھ پر حملہ کیا (۷۱۱ء) تو اس وقت ان سرداروں نے جو راجہ داہر کے خلاف تھے۔ اس کی مخالفت میں عربوں کا ساتھ دینے کے لیے اسلام قبول کرلیا۔ چنانچہ اکثر مثالوں سے پتہ چلتا ہے کہ جب بھی قبیلہ کا سردار، حکمران یا زمیندار مسلمان ہوجاتا تھا تو اس کے ساتھ قبیلہ اور برادری کے لوگ بھی مسلمان ہوجاتے تھے۔ اس کی مثالیں صوفیا کے تذکروں میں بھی ملتی ہیں کہ جو لوگوں کو بڑی تعداد میں مسلمان کرنے کا کریڈٹ لیتے ہیں کہ ان کے ہاتھوں برادریاں اور گاؤں کے گاؤں مسلمان ہوئے۔

ہندوستان کی تاریخ میں اس قسم کی کوئی مثال نہیں ملتی کہ علما یا مبلغین کی جانب سے باقاعدہ تبلیغی مشن منظم کرکے لوگوں کو مسلمان بنایا گیا ہو اور مذہب کو تبدیل کرنے سے پہلے انھیں اسلام کی تعلیمات سے روشناس کرایا گیا ہو۔ تبدیلیٔ اسلام کے جو واقعات صوفیا کے منسوب ہیں، ان میں ان کی کرامات اور شخصی عبادت گزاری اور نیک کردار کو وجہ بتایا گیا ہے۔ جو زمیندار یا حکمران اپنی جائیدادوں کو بچانے یا اپنی مراعات کے تحفظ کی خاطر مسلمان ہوئے، ان کے ہاں بھی تبدیلیٔ مذہب کی وجہ ان کی ذاتی اغراض بھی ہیں۔ صرف اسماعیلی داعین تھے جو اپنے عقائد کی تعلیم دیتے تھے اور لوگوں کو ذہنی طور پر آمادہ کرکے انھیں تبدیلیٔ مذہب پر تیار کرتے تھے۔

لہٰذا، اس طرح ہندوستان میں جو تبدیلیٔ مذہب عمل میں آئی، اس کے دو نتائج نکلے:

اول تو یہ کہ اس تبدیلیٔ مذہب کی وجہ سے ان لوگوں کی طرز زندگی میں کوئی فرق نہیں آیا اور سماجی وثقافتی طور پر انھوں نے اپنی روایات اور عادات کو برقرار رکھا۔ اسماعیلیوں نے بھی جن لوگوں کو اپنے فرقہ میں شامل کیا، انھیں ہندووانہ رسومات چھوڑنے پر مجبور نہیں کیا بلکہ ان کے نام بھی ہندوانہ رہنے دیے، حتیٰ کہ اکثر داعیوں نے بھی اپنے نام بدل ہندوستانی رکھ لیے۔ چنانچہ سندھ کے سومرو اور سمر خاندان جو اسماعیلی یا قرامطی تھے، ان کے نام ہندوستانی ہیں اور اسی لیے بعض مورخین ان کے مسلمان ہونے پر بھی شبہ کرتے ہیں۔

اپنے سماجی اور ثقافتی ڈھانچہ کو برقرار رکھنے کی وجہ سے مقامی مسلمانوں میں اور عرب و ایران و وسط ایشیا سے آنے والے مسلمانوں کے درمیان فرق قائم رہا۔ غیر ملکی مسلمان بحیثیت فاتح کے ثقافتی طور پر نہ صرف خود کو برتر سمجھتے تھے بلکہ غیر ملکی مسلمانوں کو مذہبی اعتبار سے نچلا اور کم تر گردانتے تھے۔ لہٰذا مقامی اور غیر مقامی کا فرق ہندوستان کی پوری تاریخ میں جاری رہا۔

دوم یہ کہ چونکہ ان کو مسلمان کرنے میں شخصیتوں کا ہاتھ تھا، اس لیے ان میں پیروں، صوفیا اور اولیا اللہ

کے لیے عزت و احترام پیدا ہوا۔ صوفیوں کی خانقاہیں اور درگاہیں ان کے لیے اسی طرح مقدس ہوگئیں جیسے ہندوؤں میں تیرتھ استھان وغیرہ تھے۔ انھوں نے صوفیا سے وہ تمام کرامتیں منسوب کردیں جو اب تک ہندوؤں اور سنیاسیوں کے ساتھ وابستہ تھیں۔

عہد سلاطین کی خصوصیت یہ ہے کہ اس زمانہ میں ایسی کوئی مذہبی تحریک نہیں پیدا ہوئی جس نے نو مسلموں کی قدیم روایات اور مذہبی رویوں کی مذمت کی ہو اور انھیں خلاف اسلام قرار دیا ہو، البتہ التمش کے زمانہ میں وسط ایشیا سے آئے ہوئے علما نے یہ اعتراض ضرور کیا تھا کہ ہندوؤں کو اہل کتاب کی طرح جزیہ سے مستثنٰی نہیں کرنا چاہیے ورنہ انھوں نے نومسلموں کے طور طریق کے بارے میں خاموشی ہی اختیار کیے رکھی۔ اس عہد کے آخر میں جو مہدوی تحریک اٹھی، اس میں بھی اس پہلو کو نظر انداز ہی کیا گیا۔

شاید اس کی وجہ یہ ہو کہ عہد سلاطین میں سیاسی حالات ان کے حق میں نہیں تھے۔ حکمران خاندانوں کی تبدیلی اور خانہ جنگیاں روز کا معمول تھیں۔ دربار میں علما کو بہت زیادہ اختیارات نہ تھے۔ دربار سے باہر صوفیا کا اثر ورسوخ زیادہ تھا، کیوں کہ عہد سلاطین صوفیا کے سلسلوں کے پھیلاؤ کی وجہ سے ممتاز ہے۔

اس دور کی ایک اہم خصوصیت یہ بھی ہے کہ اسلام اور ہندومت کے درمیان کسی قسم کا تصادم اور ٹکراؤ نہیں ہوا۔ اس کی وجہ دونوں مذاہب کے درمیان فرق تھا۔ ہندومت ارتقائی مذہب ہونے کی وجہ سے تبلیغی مذہب نہیں تھا اور اس میں تبدیلیٔ مذہب کی کوئی گنجائش نہیں تھی۔ اس لیے ہندوستانی معاشرے میں مسلمانوں کی جانب سے صوفیا نے وحدت الوجود کے نظریہ کے تحت مذہبی رواداری کو قائم کیا تو دوسری جانب بھگتی تحریک نے مذہبی اختلافات کو دور کرنے اور ساتھ رہنے پر زور دیا۔ چنانچہ مغلوں کے اقتدار میں آنے کے وقت ہندوستان کے معاشرے میں مذہبی تعصّبات کم ہو رہے تھے اور تعصب و نفرت کی جگہ رواداری کے جذبات مستحکم ہو رہے تھے۔ مسلمان حکمرانوں کا رویہ حکومت و سیاست کے تقاضوں کی وجہ سے سیکولر تھا۔ وہ علما کے دباؤ یا مذہبی نقطہ نظر سے شریعت کے مکمل نفاذ پر تیار نہ تھے اور نہ ہی اس بات پر تیار تھے کہ غیر مسلموں کے خلاف سخت اقدامات کیے جائیں۔

مغلوں سے پہلے جو اہم مذہبی تحریک اٹھی، وہ مہدوی تحریک تھی جس کے بانی سید محمد جونپوری تھے، جنھوں نے ۱۴۹۰ء میں مہدی ہونے کا دعویٰ کیا اور ۱۵۰۴ء میں ان کی وفات افغانستان میں ہوئی۔ ان کی تحریک کے مرکز گجرات، خاندیش اور احمد نگر کے علاقے رہے۔ کچھ مورخین کا خیال ہے کہ مہدویت تحریک اپنے وقت کے سیاسی و سماجی حالات کی پیداوار ہے کہ جب مسلمانوں کی حکومتیں غیر مستحکم تھیں اور انھیں ہمسایہ ہندو ریاستوں سے خطرہ تھا کہ وہ ان کے اقتدار کو ختم کردیں گی۔ اس کے علاوہ مسلمان ریاستوں میں شریعت کا نفاذ نہ تھا اور مسلمان اپنی مذہبی شناخت کو ختم کر رہے تھے، اس کے برعکس اطہر عباس رضوی کی دلیل ہے کہ اس عہد میں شمالی ہندوستان میں سکندر لودھی اور گجرات میں سلطان بیگڑہ جیسے طاقتور حکمران تھے، اس لیے

مسلمان معاشرہ کسی قسم کے عدم تحفظ کا شکار نہ تھا لیکن وہ خود بھی اس تحریک کی وجوہات بتانے سے قاصر رہے۔ لہٰذا مہدویت تحریک کی جو وجہ سمجھ میں آتی ہے، وہ سیاسی سے زیادہ روحانی تھی۔ اس میں اس بات پر زور دیا گیا ہے کہ مہدوی عقائد کو ماننے والے دنیا ترک کر کے آپس میں دائرہ میں رہیں، جہاں نہ کسی کی جائیداد ہو اور نہ مال و اسباب۔ سب آپس میں مل کر رہیں اور اپنے مال میں سب کو شریک کریں۔ ترک دنیا کے بعد روحانی تربیت کے لیے ذکر پر زور دیا گیا ہے اور ہدایت کی گئی ہے کہ شریعت کی پوری پابندی کی جائے۔

اس لیے تحریک کا مقصد سیاسی اقتدار کا حصول نہیں تھا بلکہ ایک ایسی جماعت کا پیدا کرنا تھا جو روحانی طور پر پاک وصاف ہو اور دوسروں کے لیے نمونہ ہو۔ لیکن مہدوی تحریک نے اپنے ماننے والوں کے لیے جو معیار مقرر کیے تھے، وہ اتنے سخت تھے کہ عام مسلمانوں کے لیے انھیں اختیار کرنا اور مال و اسباب ترک کر کے توکل و مفلسی کی زندگی اختیار کرنا مشکل تھا۔ اس لیے ان کی تحریک محدود رہی اور اپنے مذہبی تعصّبات و تنگ نظروں کا شکار ہوگئی۔ اس کے علاوہ علمائے وقت کی مخالفت اور حکمرانوں کے مفادات نے اس تحریک کو مزید نہیں بڑھنے دیا اور یہ ایک فرقہ بن کر عام مسلمانوں کی جماعت سے کٹ گئے۔

عہد مغلیہ میں جو مذہبی تحریکیں اٹھیں، انھیں احیا کی تحریکیں کہا جاسکتا ہے۔ ان تحریکوں کی خاص بات یہ تھی کہ انھوں نے پہلی مرتبہ سب سے زیادہ اس بات کی مخالفت کی کہ مسلمانوں میں ہندو رسومات اور روایات کیوں رائج ہیں؟ اور ان کی موجودگی میں ان کا دین خطرے میں ہے، لہٰذا اسلام کو خالص اور پاک کرنے کے لیے ضروری ہے کہ مسلمانوں میں ہندووانہ رسومات کا خاتمہ ہو، ساتھ ہی میں مسلمانوں نے جن اسلامی روایات کو ہندوؤں کے زیر اثر ترک کر دیا ہے، ان کا احیا ہو۔

ان تحریکوں کے پیچھے جو نظریہ کارفرما تھا، وہ یہ ہے کہ اگر مسلمانوں نے اپنی مذہبی شناخت کو برقرار نہیں رکھا اور ہندوؤں سے ان کا میل ملاپ جاری رہا تو اس صورت میں مسلمان اپنی مذہبی شناخت کھو کر ہندوستانی معاشرے میں ضم ہوجائیں گے۔ اس لیے مذہبی شناخت کو برقرار رکھنے کے لیے ضروری ہے کہ مسلمانوں اور ہندوؤں کے درمیان ایک حد قائم ہو۔ ان کے اشتراک اور ملاپ کو روکا جائے اور یہ جب ہی ممکن ہے جب عقائد میں سختی ہو، تشدد ہو اور مشترک اقدار کی جگہ علیحدگی کی دیواریں ہوں۔ اکبر کے عہد میں احمد سرہندی، مجدد الف ثانی کی تحریک اسی جذبہ کی پیداوار تھی۔ انھوں نے اپنی تعلیمات کے ذریعہ شدت کے ساتھ مسلمانوں اور ہندوؤں کے ملاپ کی مخالفت کی اور ہندوانہ رسومات کے خلاف اعلان جہاد کیا۔ وہ نہ صرف ہندوؤں کے مخالف تھے بلکہ شیعوں کو بھی واجب القتل گردانتے تھے۔ ان کی تعلیمات سے مغل دربار کے تورانی امرا متاثر ہوئے، کیوں کہ وہ نہیں چاہتے تھے کہ مغل دربار میں راجپوتوں اور امرا کو اعلیٰ عہدے ملیں۔ اگر ان دونوں کو دربار سے نکال دیا جاتا تو اس صورت میں تورانی امراء جو سنی العقیدہ تھے، ان کی سیاسی برتری قائم ہوجاتی۔ اس لیے احمد سرہندی میں انھیں ایک اچھا ترجمان مل گیا، مگر احمد سرہندی کو زیادہ کامیابی اس لیے نہیں ہوئی کہ یہ

249
اسلام اور احیائے اسلام

مغل سلطنت کے اپنے مفاد میں نہیں تھا کہ راجپوتوں اور شیعہ امراء کو دربار سے نکال کر ان کے حمایت سے محروم ہو جائے۔

لیکن اس تحریک کے بعد سے یہ ضرور ہوا کہ مغل دربار میں نظریاتی طور پر دو جماعتیں وجود میں آ گئیں۔ ایک وہ جو کہ اشتراک کی حامی تھیں اور دوسری وہ جو کہ سلطنت میں سنی العقیدہ امرا کا تسلط چاہتی تھیں۔ یہی دو رجحانات دارالشکوہ اور اورنگ زیب کی شکل میں ظاہر ہوئے اور اورنگ زیب کی فتح سے اشترا کی قوتیں کمزور ہو گئیں۔

تاریخی شواہد سے بہر حال یہ بات واضح ہے کہ احمد سرہندی کی تحریک صرف چند امراء تک محدود رہی اور یہ عوام میں مقبول نہیں ہو سکی۔ بعد میں وہ مجددی سلسلہ کے نام سے ایک صوفی سلسلہ کی شکل میں باقی رہی۔

اکبر کے زمانہ میں جو روشن خیالی اور مذہبی رواداری کی فضا پیدا ہوئی تھی، اس میں مختلف مذہب کے درمیان ڈائیلاگ کا سلسلہ شروع ہوا تھا اور یہ تحریک چلی تھی کہ عقلیت کی بنیاد پر عقائد کو جانچا اور پرکھا جائے۔ ان میں دوسرے مذاہب اور ان کے عقائد کے ساتھ ساتھ اسلامی عقائد بھی زیر بحث آئے اور ان پر اعتراضات بھی کیے گئے۔ ان حالات میں عبدالحق محدث دہلوی نے اسلام کے دفاع اور اس کے عقائد کی حفاظت کے لیے خصوصیت کے ساتھ علم حدیث کی تدوین اور ترقی کی کوشش کی اور اس مقصد کے لیے انھوں نے عربی کے بجائے فارسی زبان کو اختیار کیا۔ چونکہ اس زمانہ میں رسولؐ اللہ کی ذات بھی زیر بحث رہی تھی، اس لیے آپ نے سیرت پر خصوصی توجہ دی اور مدینہ کی تاریخ لکھی۔

ہمارے پاس ایسے کوئی تاریخی شواہد نہیں ہیں جن کی بنیاد پر کہا جا سکے کہ عبدالحق محدث دہلویؒ کی تعلیمات کا معاشرہ پر کیا اثر ہوا اور انھوں نے کس حد تک تعلیم یافتہ لوگوں کے ذہنوں کو بدلا؟ لیکن یہ ضرور ہے کہ علما کے ایک طبقہ میں ان کی تعلیمات کا اثر ضرور ہوا ہوگا۔

شاہ ولی اللہؒ کی تحریک آخری عہد مغلیہ میں اس وقت شروع ہوئی جب مغل خاندان اور امراء سیاسی زوال کے عمل سے گزر رہے تھے۔ مسلمان معاشرے میں شیعہ وسنی اختلافات پیدا ہو چکے تھے۔ فقہی مسلکوں کے درمیان کشیدگی کی فضا تھی اور سب سے بڑھ کر یہ کہ سیاسی اقتدار کی جنگوں میں مذہب کا کوئی کردار نہیں رہا تھا۔ مسلمان ہندوؤں کی افواج میں شامل مسلمان حکمرانوں سے لڑ رہے تھے اور ہندو مسلمانوں کے ساتھ ہندو حکمرانوں سے برسر پیکار تھے، اس لیے شاہ ولی اللہؒ کی تعلیمات کے دو پہلو تھے۔ ایک، مسلمان معاشرہ کو روحانی طور پر ایک کیا جائے، شیعہ سنی اور فقہی اختلافات کو دور کیا جائے۔ دوسرے، ان کی سیاسی قوت کو جمع کر کے زوال کے عمل کو روکا جائے جس سے وہ دوچار تھے اور انھیں اس قابل بنایا جائے کہ وہ دوبارہ سے حکومت کو سنبھال سکیں۔

ہندوستان میں انگریزوں کے آنے کے بعد جو سیاسی، معاشی اور سماجی تبدیلیاں آئیں، انھوں نے ایک بار پھر نئی مذہبی تحریکوں کو پیدا کیا، تاکہ تبدیل ہوتے ہوئے حالات میں مسلمانوں کو جن مسائل کا سامنا کرنا پڑ رہا ہے، ان کا کوئی حل ڈھونڈا جائے۔ انگریزوں کے اقتدار سے سب سے پہلے اہل بنگال متاثر ہوئے، کیوں کہ پلاسی کی جنگ کے بعد ان کے اقتدار کی ابتدا وہیں سے ہوئی تھی۔ انگریزی کمپنی کے سیاسی اور تجارتی مقاصد نے بنگال کے معاشرے کو متاثر کیا۔ نئی صورت حال سے بنگال کے معاشرے میں جو تضادات ابھر کر آئے، اول وہ ہندو زمینداروں اور مسلمان کاشت کاروں میں تھے۔ بنگال کے مسلمان معاشرے ہی میں مسلمان زمیندار تھے جو مہاجر تھے اور مسلمان دور حکومت میں آئے تھے۔ مسلمان زمینداروں اور عام مسلمانوں میں یہ مذہبی فرق تھا کہ زمیندار راسخ العقیدہ اور اسلام کی بنیادی تعلیمات کو مانتے تھے، جب کہ عام لوگوں میں مقامی رسومات پر عمل کیا جاتا تھا۔ اس وجہ سے امراء کا مسلمان طبقہ عام لوگوں کو ہندوانہ اور کافرانہ رسومات کی وجہ سے کمتر گردانتا تھا۔ انگریزی اقتدار نے ایک طرف تو مسلمان خواص کو دوامی بندوبست کی وجہ سے ان کی مراعات سے محروم کیا تو دوسری طرف مسلمان کاشتکار ہندو زمینداروں کے استحصال کا شکار ہوئے اور مسلمان صنعت کار دستکار ایسٹ انڈیا تجارتی پالیسیوں سے معاشی بحران کا شکار ہوئے۔

ان حالات میں بنگال میں حاجی شریعت اللہ (وفات ۱۸۴۰ء) نے فرائضی تحریک شروع کی۔ اس تحریک کا مقصد اسلام کی بنیادی تعلیمات کا احیا اور مسلمانوں کو مشرکانہ رسومات سے دور کرنا تھا۔ اس کا اثر کسانوں، کاشتکاروں اور دستکاروں میں اس لیے ہوا کہ وہ اس کے ذریعہ اپنے مسائل کا حل کرنا چاہتے تھے۔ اس تحریک نے اپنے پیروکاروں میں اتحاد کی خاطر ان میں برادرانہ جذبات کو پیدا کیا، اس مقصد کے لیے خاص لباس وضع وقطع کو لازمی قرار دیا۔

یہ ایک دینی وسیاسی تحریک تھی جو ماضی کے مثالی معاشرہ کی واپسی کے لیے جدوجہد کر رہی تھی اور محروم طبقے اس کے ساتھ تھے کہ ان کا استحصال ختم ہوگا اور وہ اسلام کے ابتدائی دور کے معاشرے کو قائم کر کے خوش حالی کی زندگی گزار سکیں گے۔ کاشتکاروں کے لیے خصوصیات سے یہ نعرہ کہ 'زمین خدا کی ہے' بڑا دلکش تھا۔ مزید ٹیکسوں کی ادائیگی سے انکار دستکار و کاشتکار دونوں کے لیے فائدہ مند تھا۔ حاجی شریعت اللہ کی وفات کے بعد ان کے لڑکے دودو میاں (وفات: ۱۸۶۲ء) کے پاس تحریک کی قیادت آئی مگر آہستہ آہستہ اس تحریک نے مزاحمت کے بجائے مفاہمت کو اختیار کیا اور انگریزی اقتدار کو تسلیم کرتے ہوئے اپنی اہمیت ختم کر لی۔

فرائضی تحریک کی خصوصیات یہ ہے کہ اس نے بنگال میں رہتے ہوئے وہاں ایک فلاحی اسلامی معاشرے کو قائم کرنے کی کوشش کی، مگر برطانوی اقتدار کے ہوتے ہوئے انھیں ناکامی ہوئی۔ اس لیے اس کے برعکس سید احمد شہیدؒ نے اس مثالی معاشرے کو برطانوی مقبوضات سے دور قائم کرنے کا ارادہ کیا۔

جس وقت سید احمد شہیدؒ نے اپنی تحریک کا آغاز کیا ہے، یہ وہ وقت تھا جب دہلی میں مغل بادشاہ تخت نشین تو تھا مگر اس کی سیاسی طاقت ختم ہو چکی تھی اور سیاسی اقتدار ایسٹ انڈیا کمپنی کے ہاتھوں میں جا چکا تھا۔ سید احمد شہیدؒ کی تحریک کے بھی دو پہلو تھے۔ اول وہ مسلمان معاشرے سے تمام غیر اسلامی اور ہندووانہ رسومات کا خاتمہ چاہتے تھے، تا کہ ہندوستان کے مسلمان خالص اور بنیادی تعلیمات کی روشنی میں اپنا معاشرہ قائم کرسکیں۔ دوم، اپنے اسلامی نظام کے نفاذ کے لیے وہ برطانوی علاقے سے دور سرحد کی جانب جانا چاہتے تھے کہ وہاں بغیر کسی دخل اندازی کے ایک مثالی اسلامی معاشرہ قائم کرسکیں۔ دوم اپنے اسلامی نظام کے نفاذ کے لیے وہ برطانوی علاقے سے دور سرحد کی جانب جانا چاہتے تھے کہ وہاں بغیر کسی دخل اندازی کے ایک مثالی اسلامی معاشرہ قائم کرسکیں۔ وہ اسلامی نظام کے قیام اور ماضی کے بنیادی ومثالی معاشرے کے مقام کے لیے برطانوی علاقوں کو موزوں نہیں سمجھتے تھے۔ دوم، آبادی میں مسلمانوں کے تناسب کے لحاظ سے کسی علیحدہ معاشرے کا قیام ابھی ممکن نہیں تھا۔ اس کے علاوہ رسولؐ اللہ کی ہدایت پر عمل کرتے ہوئے ہجرت کر کے ایک ایسے علاقہ میں جانا چاہتے تھے جہاں وہ اسلامی نظام کو قائم کرسکیں۔ اگر چہ تحریک کو مالی امداد تو شمالی ہندوستان و بہار سے ملتی رہی مگر سرحد میں قبائلی سرداروں اور سکھوں نے اس کی مخالفت کی جس کی وجہ سے یہ تحریک ناکام ہوگئی۔

اس تحریک کی ناکامی کی وجہ سے جیسا کہ اکثر مورخین کہتے ہیں، پٹھان سرداروں کی غداری نہیں تھی بلکہ تحریک کے حامیوں کی غلط فہمیاں اور مفروضے تھے کہ انھوں نے اس علاقہ کے رہنے والوں کی نفسیات کو سمجھے بغیر ان پر ان کی مرضی کے خلاف ایک نظام مسلط کرنا چاہا جس کے لیے وہ ذہنی طور پر تیار نہیں تھے اور جو ان کی اپنی روایات اور رسومات کے خلاف تھا۔

جب ہندوستان میں برطانوی اقتدار مضبوط ہو گیا اور ۱۸۵۷ء کے بعد سے برائے نام مغل بادشاہ بھی باقی نہیں رہا تو اس کے بعد ہندوستان کے مسلمان معاشرے میں تین قسم کی مذہبی تحریکیں چلیں۔ ان تینوں کا تعلق اس وقت کے حالات سے تھا۔ اول: سرسید کی علی گڑھ تحریک تھی جس کی مذہبی بنیادیں تھیں۔ وہ نئے حالات کے تحت مذہبی طور پر اس کو جائز قرار دے رہے تھے کہ انگریزی اقتدار کو تسلیم کر لینا چاہیے اور جدید نظریات وافکار کو اپنا لینا چاہیے، کیوں کہ ان میں اور مذہب میں کوئی تضاد نہیں ہے۔ ان کی تعلیمات کا مرکز نوجوان یورپی تعلیم یافتہ طبقہ تھا جو بدلتے ہوئے حالات کے تحت قدیم روایتوں کو توڑ کر نئی قدروں کو اختیار کرنا چاہتا تھا۔ سرسید نے انھیں مذہبی جواز فراہم کیا کہ جدید قدروں اور مذہب میں کوئی تضاد نہیں ہے۔ اس لیے مغربی ویورپی تہذیب وتمدن کو اختیار کرنے میں کوئی جھجک نہیں ہونی چاہیے۔ ان کے نظریات نے ان نوجوان تعلیم یافتہ لوگوں کے لیے راستہ صاف کر دیا اور انھوں نے مذہب کو برقرار رکھتے ہوئے جدیدیت کو اختیار کیا۔

اس کے برعکس دیوبند کی تحریک تھی جو جدیدیت کے خلاف تھی کہ اس کو اختیار کرنے کے بعد مسلمان اپنی شناخت کھو بیٹھیں گے اور اپنی روایات سے دور ہو جائیں گے۔ اس لیے انھوں نے خالص اسلامی

تعلیمات کے فروغ کے لیے علی گڑھ کی طرح تعلیم کو اپنایا اور اس بات کی تبلیغ کی کہ مغربی اور ہندو اثرات سے علیحدہ رہ کر اسلامی شناخت کو برقرار رکھا جائے اور یہ تب ہی ممکن ہے جب اسلام کی بنیادی تعلیمات پر عمل ہو۔

علی گڑھ اور دیو بند دونوں تحریکوں نے اپنے نظریات و افکار کے لیے تعلیم کا سہارا لیا تاکہ نوجوان نسل کو ذہنی طور پر تیار کیا جاسکے۔ دیو بند تحریک نے متوسط طبقہ کے لوگوں، خصوصیت کے ساتھ علما گھرانوں کے افراد کو متاثر کیا، کیوں کہ یہ وہ لوگ تھے جو انگریزی اقتدار کے بعد اپنے منصب وعہدے کھو چکے تھے۔ اب مدرسوں سے فارغ التحصیل ہو کر ان کے لیے مسجدوں و مدرسوں میں اساتذہ و فقہا کی جگہیں تھیں جہاں وہ مسلمانوں کی بدلتے حالات میں دین و مذہب کی روشنی میں رہنمائی کر سکتے تھے۔

ان دو تحریکوں کے ساتھ تیسری تحریک احمد رضا خاںؒ کی بریلوی تحریک تھی۔ احمد رضا خاںؒ کا موقف یہ تھا کہ ہندوستان کے مسلمانوں نے جو رسومات و روایات اختیار کر لی ہیں، اب انھیں اسی حالت میں رہنے دیا جائے اور ان کے مذہبی جذبہ کو برقرار رکھا جائے۔ اگر ان رسومات کے خلاف مہم چلائی گئی تو اس کے نتیجہ میں مسلمان معاشرہ میں انتشار پھیلے گا۔ بریلوی تحریک کسی مزاحمت کی قائل نہ تھی، وہ برطانوی دور کے حالات میں مسلمان معاشرے کے اتحاد کو برقرار رکھنا چاہتی تھی۔

جب ۱۹۳۰ء کی دہائی میں فرقہ وارانہ تحریکیں شروع ہوئیں تو اس وقت شدھی سنگھٹن کے خلاف تبلیغی جماعت نے ایک مہم شروع کی جس نے آگے چل کر باقاعدہ ایک تحریک کی شکل اختیار کر لی۔ ان کی سرگرمیوں کا مرکز وہ مسلمان تھے جنھوں نے اسلام تو قبول کر لیا تھا مگر جنھوں نے اپنے آبا و اجداد کی روایات کو ترک نہیں کیا تھا اور انھیں برقرار رکھے ہوئے تھے، جیسے کہ میو قبائل وغیرہ۔ تبلیغی جماعت نے ان میں مسلمان ہونے کا احساس دلایا تاکہ وہ اپنے شناخت کے ذریعہ ہندوؤں سے علیحدہ ہو جائیں اور جب ان میں شناخت کا احساس مضبوط ہو جائے تو وہ دوبارہ سے ہندوؤں میں شامل نہ ہو سکیں۔

ان تحریکوں کے مطالعہ سے یہ بات واضح ہو جاتی ہے کہ یہ تحریکیں مسلمانوں کے مختلف طبقوں کی ضروریات کے تحت پیدا ہوئیں اور اس وجہ سے ان کے مقاصد میں بھی اختلاف رہا۔ ان اختلافات کی وجہ سے انھوں نے ایک دوسرے پر الزامات لگائے اور بہتان تراشی بھی کی جس کے نتیجہ میں مسلمانوں میں مذہبی فرقہ وارانہ نفرتیں پیدا ہوئیں۔

۴

پاکستان بننے کے بعد ان مذہبی تحریکوں کی صورت حال بدل گئی، کیوں کہ مذہبی جماعتوں اور علما نے پاکستان تحریک کی مخالفت کی تھی، اس لیے ان کے لیے ابتدا میں اس نئے ملک میں اپنے حق میں فضا ہموار کرنا مشکل تھا۔ لیکن آہستہ آہستہ انھیں ملک کے سیاسی حالات کی وجہ سے ابھرنے کا موقع ملتا گیا۔ کیوں کہ ابتدائی لیڈر شپ سیاسی طور پر ناکام ہوئی اور ملک کی باگ ڈور فوجیوں نے سنبھالی تو اس سیاسی انتشار، بدعنوانیوں اور

عدم اطمینان کی وجہ سے یہاں پر مذہبی جماعتوں کو موقع مل گیا کہ وہ پاکستان کے مخالفانہ جذبات عوام کے دلوں سے بھلا کر اپنے لیے کام کر سکیں۔ ایک لحاظ سے حکمران طبقوں کی ناکامی نے ان کی پاکستان مخالفت کو صحیح بھی ثابت کر دیا۔ ان میں سب سے زیادہ فعال جماعت اسلامی تھی جس نے قادیانیوں کے مسئلہ کے ذریعہ عوام میں مقبولیت حاصل کرنے کی کوشش کی اور ان پر سیاسی طور پر اقتدار میں آنے کی جدوجہد شروع کی۔ مگر جب ایوب خان کا مارشل لاء لگا تو یہ جمہوری راستے بند ہو گئے۔ اس لیے جماعت اسلامی نے اس کے بعد سے اس لائحہ عمل کو اختیار کیا کہ اپنے اراکین کی ذہنی تربیت کی جائے اور حکومتی اداروں میں اپنے نظریات کے لوگوں کو داخل کر کے اس کی پالیسیوں پر اثر انداز ہوا جائے۔

ایوب خان کے زمانہ میں جو صنعتی عمل شروع ہوا، اس کی وجہ سے اب مذہب کی ایک ایسی نئی تاویل کی ضرورت تھی جو ماحول کے مطابق ہو۔ اس ضرورت کو غلام احمد پرویز نے اپنی نئی تاویلات سے پورا کرنے کی کوشش کی۔ ان کے تصور نے نوجوان تعلیم یافتہ لوگوں کو متاثر کیا، کیوں کہ اس میں عبادات کے بارے میں جو نظریات تھے، وہ ایک جدید معاشرے کے تقاضوں کو پورا کرتے تھے لیکن ایوب خاں کے بعد جب سیاسی تبدیلیاں آئیں اور ذوالفقار علی بھٹو وزیر اعظم بنے تو انھوں نے سب سے پہلے اس صنعتی عمل کو روکا اور دوبارہ سے جاگیردارانہ ثقافت کو مستحکم کیا۔ اس کا نتیجہ یہ ہوا کہ غلام احمد پرویز کی تعلیمات اس ماحول میں ناقابل عمل ہو کر رہ گئیں۔

لہٰذا جب نظام مصطفی کا نعرہ لگایا گیا اور ضیا الحق نے جس اسلام کو نافذ کیا اور جن مذہبی جماعتوں نے اس کا ساتھ دیا، اس نے جاگیردارانہ ثقافت کی حفاظت کی۔ اس عرصہ میں تبلیغی جماعت کی مقبولیت میں اچانک اضافہ ہوا۔ اس کی ایک وجہ تو یہ ہے کہ اس جماعت کا کوئی سیاسی پروگرام نہیں۔ دوسرے، سماجی و ثقافتی طور پر بھی یہ کسی تبدیلی کے خواہش مند نہیں۔ ان کے پروگرام میں فرد کی زندگی کو پاک کر کے روحانی بنانا ہے۔ بہت جلد یہ جماعت ریٹائر افسروں اور عہدیداروں کے لیے ایک ایسا مرکز بن گئی جہاں وہ سماجی و مذہبی طور پر خود کو مصروف رکھ سکتے ہیں۔ اس برادری کا ایک رکن بن کر ان لوگوں میں تحفظ کا احساس ہوتا ہے۔

پاکستان کی مذہبی جماعتیں اور تحریکیں اس خیال کے پیش نظر کہ پاکستان اسلام کے لیے بنا ہے، وہ یہاں پر اپنی فکر اور مسلک کے اسلام کو نافذ کرنا چاہتی ہیں۔ ان میں لوگوں کو ذہنی و روحانی طور پر تبدیل کرنے والی تحریکیں بھی ہیں۔ جہاد اور جدوجہد کے ذریعہ سیاست و اقتدار پر قابض ہونے والی بھی اور جمہوری طریقوں سے اقتدار میں آنے کی خواہش مند بھی۔ ان مختلف رجحانات کی وجہ سے اسلام کی تعبیر و تفسیر برابر بدل رہی ہے اور اسلامی نظام کو برابر بدلتی شکلوں میں پیش کیا جا رہا ہے۔

۵

اس مختصر سے جائزے کے بعد ان مذہبی تحریکوں کے تجزیہ کی ضرورت ہے۔ وہ مذہبی تحریکیں جو عہد

سلاطین ومغلیہ میں ابھریں، وہ دو قسم کی تھیں۔ احیائے دین اور اصلاح۔ مہدویت کی تحریک خالص احیائے دین کی تھی، جو یہ سمجھتے تھے کہ رسول اللہؐ کے دور میں جو معاشرہ قائم ہوا تھا، وہ تاریخی عمل کے ذریعہ برابر آلودہ ہوتا چلا گیا جس کی وجہ سے اس کی پاکیزگی وخالصیت ختم ہوگئی۔ لہٰذا مسلمانوں کے لیے ایک ہی راستہ ہے کہ وہ دوبارہ سے اس مثالی معاشرے کو قائم کریں۔ اس مثالی معاشرے کے قیام کے لیے احیائے دین کی تحریکیں دو راستے اختیار کرتی ہیں۔ مسلح جدوجہد کے ذریعہ ریاست پر قبضہ کر کے لوگوں کو مجبور کیا جائے کہ وہ شریعت پر عمل کریں اور خلاف شرع زندگی کو ترک کر دیں۔ اگر احیا کو جماعت اس قابل نہیں ہوتی ہے کہ وہ ریاست پر قابض ہو سکے تو پھر اس کا طریقہ کار یہ ہوتا ہے کہ وہ گناہ آلود معاشرے سے ترک تعلق کر کے علیحدگی میں مثالی معاشرہ کو قائم کرتی ہیں۔ چنانچہ مہدی جونپوری نے دوسرے طریقہ پر عمل کیا۔ ان کے مریدوں اور پیروکاروں نے خود کو معاشرے سے علیحدہ کر کے اپنے دائرے بنائے، جہاں وہ شریعت اور اسلامی تعلیمات پر عمل کرسکیں۔ معاشرے سے علیحدہ ہونے کے بعد مہدوی فرقہ کے لوگ اپنی ذات میں قید ہوگئے۔ ان کے نزدیک دوسرے مسلمان گمراہ اور اسلام کی تعلیمات سے دور تھے۔ لہٰذا دوسرے مسلمانوں سے اپنے تعلقات ختم کر کے وہ اپنے دائروں میں محدود ہوگئے۔ اس علیحدگی کی وجہ سے مسلمانوں کی اکثریت انھیں شک وشبہ سے دیکھنے لگی۔ اس طرح خالص احیائے دین کی یہ تحریک ہندوستان کے مسلمان معاشرے میں کوئی تبدیلی نہیں لا سکی۔

احمد سرہندیؒ اور شاہ ولی اللہؒ کی تحریکیں اصلاحی تھیں، کیوں کہ یہ سیاسی ومعاشی اور سماجی ڈھانچہ میں بادشاہ اور امراء کی مدد سے اصلاح کرنا چاہتے تھے۔ جیسا کہ تاریخی شواہد سے ظاہر ہے کہ تبدیلئ مذہب میں انھیں بااثر افراد نے مدد دی تھی۔ لہٰذا یہ دونوں حضرات ان کی حمایت سے اپنی تعلیمات کا نفاذ چاہتے تھے۔ چونکہ حکمرانوں اور امراء کے اپنے مفادات تھے، اس لیے انھوں نے ان کے لائحہ عمل کو نہیں اپنایا اور یہ دونوں تحریکیں بھی کوئی تبدیلی لائے بغیر اپنی جگہ گھٹ کر رہ گئیں۔

فرائضی تحریک صرف بنگالی تک محدود رہی مگر وہ بھی انگریزی اقتدار کے بڑھتے ہوئے اثرات کے تحت آخر میں اس پر مجبور ہوئے کہ حالات سے سمجھوتہ کر لیا جائے۔ سید احمد شہید کی تحریک اصلاحی بھی تھی اور احیائے دین کی حامی بھی۔ انھوں نے مسلح انقلاب کے ذریعہ پہلے سرحد میں ایک مثالی ریاست قائم کرنے کی کوشش کی، شاید آگے چل کر وہ اسے پنجاب اور ہندوستان تک پھیلاتے مگر اندرونی اختلافات اور بیرونی مزاحمتوں کے باعث یہ پہلے ہی مرحلہ پر ختم ہوگئیں۔

اس مسلح جدوجہد کی ناکامی نے علی گڑھ، دیوبند اور بریلوی تحریکوں کے منشور میں تبدیلی اور انھوں نے تعلیمی اداروں کے ذریعہ اپنے خیالات وافکار کی ترقی کے لیے کوشش کی۔ تبلیغی جماعت نے لوگوں سے رابطہ کے بعد ان میں مسلم شناخت پیدا کرنے کی جدوجہد کی۔

پاکستان بننے کے بعد اور انگریزی اقتدار کے خاتمہ کے بعد ایک تو غیر ملکی حکمرانوں سے کوئی مزاحمت نہیں رہی، دوسرے ہندوؤں سے بھی مخالفت کا کوئی جواز نہیں رہا۔ اس لیے پاکستان میں مذہبی تحریکیں سیاسی جماعتیں بن گئیں اور انھوں نے حکومت واقتدار میں آنے کو اپنا مقصد بنایا تا کہ اس کے بعد وہ شریعت کا نفاذ کر سکیں۔

یہ تمام مذہبی تحریکیں جو وقتاً فوقتاً برصغیر ہندوستان و پاکستان میں ابھریں، یہ اپنے پروگرام اور لائحہ عمل کی وجہ سے محدود دائرے میں رہیں اور مقبول عام تحریکیں نہیں بن سکیں، اور نہ ہی ان کے اپنے وقت میں ان کے اثرات کو وسیع طور پر محسوس کیا گیا۔ لیکن ان تحریکوں نے جو ماضی میں حاصل نہیں کیا تھا، وہ اب موجودہ دور میں ان کے نام پر حاصل کرنے کی کوشش کی جارہی ہے۔ اب موجودہ ضروریات اور تقاضوں کے تحت ان تحریکوں کو تاریخی گمنامی سے نکال کر باہر لایا جارہا ہے اور تحریک پاکستان کی تاریخ میں ان کو استعمال کر کے مسلم شناخت اور دینی جذبہ کو ابھارا جارہا ہے۔ اس طرح سے دوقومی نظریہ کا آغاز اب احمد سرہندیؒ سے کیا جارہا ہے۔ پاکستان کی موجودہ مذہبی تحریکیں اور سیاسی جماعتیں ماضی کی ان ہی تحریکوں میں اپنی جڑیں تلاش کر کے اپنے لیے تاریخی جواز فراہم کر رہی ہیں۔

[بشکریہ 'تاریخ اور مذہبی تحریکیں'، فکشن ہاؤس، لاہور، ۱۹۹۸]

ہم عصر مذہبی تحریکات کے تجزیاتی مطالعے میں مسائل

خالد مسعود

ڈاکٹر خالد مسعود پاکستان میں ان چند افراد میں سے ایک ہیں جن کا فہم دینیات کے وسیع میدان سے سماجیات کے ہم عصر نظریات تک پھیلا ہوا ہے۔ ڈاکٹر موصوف کا شمار دنیا میں اسلامی فقہ کے چند بڑے ماہرین میں ہوتا ہے۔ آپ 'اسلامی نظریاتی کونسل' کے چیئرمین، بین الاقوامی اسلامی یونیورسٹی، اسلام آباد کے 'اسلامک ریسرچ انسٹی ٹیوٹ' کے ڈائریکٹر جنرل اور ہالینڈ کے 'انٹرنیشنل انسٹی ٹیوٹ فار اسٹڈی آف اسلام' کے ڈائریکٹر رہے ہیں۔ ڈاکٹر خالد مسعود پاکستانی سپریم کورٹ کے شریعت اپیلنٹ بنچ کے ایڈہاک ممبر بھی ہیں۔ اسلامی فقہ، قانون اور تاریخ کے ساتھ ساتھ فکر اقبال پر آپ کی نگاہ گہری ہے اور ان شعبوں میں متنوع موضوعات پر آپ کی تحقیقات اور تخلیقات بلا مبالغہ سینکڑوں صفحات پر مشتمل ہیں۔ زیر نظر مضمون بھی آپ کے دوررس قلمی سفر کا تسلسل ہے جس میں آپ جدید دور کی مذہبی تحریکوں کے تجزیے میں درپیش مشکلات کا جائزہ لیتے ہیں۔

یورپ، امریکہ اور آسٹریلیا کے اکثر ممالک آج کل معاشرت کے ایسے غیر متوقع دور سے گزر رہے ہیں جس کے لیے وہ ذہنی، سیاسی اور معاشی طور پر تیار نہیں ہیں۔ مغربی دانشور پچھلی تین صدیوں سے یقین دلا رہے ہیں کہ مذہب کا دور ختم ہو چکا۔ ان کے مطابق جدید دور مذہب اور روایت کے بوجھ سے آزادی کا نام ہے۔ تاریخ اپنا سفر مکمل کر کے سیکولر دور میں داخل ہو چکی ہے۔ اب معاشرت، معیشت اور سیاست سب سیکولر ہوگی۔ لیکن ایسا نہیں ہوا۔ مذہب، سیکولرزم اور جدیدیت ابھی تبدیلی کے مختلف مراحل سے گزر رہے ہیں۔ اس اثنا میں مذہب پھر سے اہمیت اختیار کر رہا ہے۔ تاہم مذہبیت اور سیکولرزم کو باہم متضاد خیال کیے جانے کی وجہ سے عام طور پر اس بات کی طرف توجہ نہیں دی جا رہی کہ اس دوران مذہب اور سیکولرزم کے مفاہیم میں

بنیادی تبدیلیاں آ رہی ہیں۔

حالیہ برسوں میں تقریباً تمام ملکوں میں نئی مذہبی تحریکیں ابھری ہیں۔ احیائے مذہب کی بھی اور اصلاح اور تجدید کی بھی۔ ان مذہبی تحریکات کے تجزیاتی مطالعے سے مذہب کی معاشرتی اہمیت کے نئے گوشے سامنے آئے ہیں تو ان نئی دریافتوں نے مذہبی تحریکوں کے تجزیاتی مطالعات کے لیے نئے علمی اور منہجی مسائل بھی پیدا کر دیے ہیں۔

ہالینڈ کی معروف جامعہ فرائی یونیورسٹی کے شعبہ سماجی علوم کی جانب سے مارچ کو تحریک منہاج القرآن کے تزکیہ قلوب کے تصور اور یورپ کی جدید معاشرت میں مذہبیت کے اس تصور کی سماجی تشکیل کے مسائل کے موضوع پر تحقیقی مقالے کی تکمیل پر پاکستانی محقق جناب عامر مورگاہی کو ڈاکٹریٹ کی ڈگری دی گئی۔ ان کے مقالے میں یہ سوال اٹھایا گیا تھا کہ یورپ میں بسنے والے جنوب ایشیائی مسلم مہاجرین کی نئی نسلیں جو یورپ میں ہی پلی بڑھی ہیں، یہاں کی سیکولر معاشرت میں مذہبیت کو درپیش مسائل کا سامنا کیسے کر رہے ہیں؟ بین الاقوامی مذہبی تنظیمات نئی نسل کو مذہب سے وابستہ رکھنے کے لیے کون سی نئی مذہبی سرگرمیاں متعارف کرا رہی ہیں؟

مقالے میں مذہبیت کے حوالے سے بین الاقوامی مذہبی تحریکوں کے تین اقدامات کا جائزہ لیا گیا ہے، جن کا تعلق بنیادی طور پر معاشرتی تنظیم سے ہے۔

ا۔ سیکولر ماحول میں جگہ بنانے کے لیے مسلسل جدوجہد،

۲۔ یورپ کے معاشرتی سیاق وسباق میں مذہب اور مذہبیت کے نئے مفاہیم کے پس منظر میں مذہبی تصورات کی تشکیل نو، اور

۳۔ مذہبی عقیدت کی نئی ثقافتی تشکیل۔

منہاج القرآن تحریک نے یورپ، خصوصاً ہالینڈ کے سیکولر ماحول میں جگہ بنانے کے لیے دو اسلامی روایتوں میلاد اور ذکر وفکر کو جو نئی شکل دی ہے، مقالہ نگار نے مشاہدہ کیا ہے کہ اس روایت میں تبدیلیاں مسلمان نئی نسل کے ساتھ ساتھ مقامی غیر مسلم نوجوانوں میں کیسے مقبول ہوئی ہیں۔ مقالے میں تحریک کے دو بنیادی اصولوں انقلاب مصطفوی اور تزکیہ قلوب کو جدید اسالیب میں ڈھالنے کی کوششوں کا بھی جائزہ لیا گیا ہے کہ وہ نئی نسل کے ذہنوں میں کس حد تک راسخ ہو سکی ہیں۔ اسی طرح مذہبی سربراہی کو بیعت کے روایتی تصور کو عقیدت کے مفہوم میں جس طرح تشکیل دیا گیا ہے، اس کا موازنہ علم بشریات کی نئی اصطلاح تقدیس (سیکرڈ) کے اصول سے کیا گیا ہے سیکولر کے مقابلے میں مذہبی معاشرتی عمل کے لیے استعمال ہو رہی ہے۔

مقالے کے دفاع کی رسمی تقریب سہ پہر کو تھی جس میں طلبا کے علاوہ موضوع میں دلچسپی رکھنے والے عام لوگوں کو بھی شرکت کی دعوت تھی۔ اس تقریب میں فرائی یونیورسٹی کے ریکٹر کی سربراہی میں مقالہ کے نگران

پروفیسرز کے علاوہ ہالینڈ کی دیگر یونیورسٹیوں کے نمائندوں پر مشتمل مجلس ممتحنہ کے ارکان نے امیدوار سے مقالہ کے موضوع سے متعلق سولات کیے اور مقالہ نگار کا استدلال اور طرز تحقیق پر اعتراضات بھی زیر بحث آئے۔ اس مجلس میں، میں بھی ایک ممتحن کی حیثیت سے شامل تھا۔ امیدوار نے اپنے موقف کا کامیابی سے دفاع کیا۔ مجلس ممتحنہ نے غور وخوض کے بعد امیدوار کو کامیاب قرار دیا۔ اختتامی رسمی تقریب میں ریکٹر نے امیدوار کو مبارکباد دی اور ڈگری عطا کی۔ تحقیق کے نگران پروفیسروں نے مقالہ نگار کے تحقیقی سفر کا جائزہ لیتے ہوے امیدوار کی محنت ومشقت کی داد دی۔

یونیورسٹی کے رواج کے مطابق دن کا آغاز ایک علمی مذاکرے سے ہوا جس کا موضوع تھا؛ 'سیکولر ماحول میں مذہبی زندگی: یورپ اور جنوب ایشیا میں مسلم معاشرت کو میسر مواقع اور درپیش پابندیاں'۔ اس مذاکرے میں یوترخت یونیورسٹی سے پروفیسر مارٹن فان برائیسین، فرانس کی ایکس پراونس یونیورسٹی سے مادام ڈاکٹر آلکس فلپوں، جرمنی کے ادارے میکس پلانک سے ڈاکٹر عرفان احمد، لندن کے اسکول آف اورینٹل سٹڈیز سے محترمہ عائشہ صدیقہ اور دوسرے خواتین وحضرات شامل تھے۔ مجھے بھی اس موقع پر اپنے خیالات کے اظہار کی دعوت دی گئی۔ مندرجہ ذیل تحریر ان خیالات کا اردو زبان میں خلاصہ ہے۔

جدید دور میں مذہب کے بارے میں علمی تحقیق کے لیے تین امور لازمی سمجھے جاتے ہیں۔ مسلمات، علمیاتی پس منظر اور طریق تحقیق۔ مسلمات ایسے متفقہ اصول ہیں جو مقالے میں تحقیق کی بنیاد ہوتے ہیں۔ چونکہ ان پر عمومی اتفاق ہے، اس لیے ان پر مزید بحث کی ضرورت نہیں ہوتی اور بات کو آگے بڑھایا جاسکتا ہے۔ علمیاتی پس منظر وہ فلسفہ تاریخ اور نظریۂ کائنات ہے جس سے یہ اصول اور مسلمات اخذ کئے گئے ہیں اور جہاں ان کی وضاحت ملتی ہے۔ طریق تحقیق میں استدلال، مصادر اور مسئلہ زیر تحقیق پر گزشتہ تحقیقات، موجودہ تحقیق کے مفروضات اور حقائق اور مستند مواد کی تفصیل مہیا کی جاتی ہے۔ ہم عصر مذہبی تحریکات کے تجزیات میں ان تینوں امور میں نئے مسائل کا سامنا ہے۔

مسلمات

مسلمات کو اصول تحقیق کی حیثیت حاصل ہے لیکن مذہبی تحریکات کے مطالعے میں سب سے بڑی رکاوٹ مذہب کے بارے میں مقبول مسلمات ہی ہیں۔ ہم عصر مذہبی تحریکات کے تجزیاتی مطالعے کے لیے ضروری ہے کہ پہلے ہم ان مسلمات پر تنقیدی نظر ڈالیں، کیوں کہ ان کی وجہ سے ہم اصل مسائل کو دیکھ نہیں پا رہے۔ اس ضمن میں محض مثال کے طور پر میں تین عام مسلمات کا ذکر کروں گا۔

ا۔ سیکولرزم اور مذہب باہم متضاد ہیں۔ چنانچہ سیکولر دنیا میں مذہب کی کوئی جگہ نہیں۔

۲۔ مذہبی شخص کے لیے سیکولر ماحول میں جینا دشوار ہے، اس لیے سیکولر ریاست میں انفرادی مذہبی زندگی بھی ممکن نہیں۔

۳۔ سیکولر دنیا میں مذہب اور مذہبیت فوری نہیں تو بتدریج ختم ہو جائیں گے۔

یہ مسلمات گذشتہ دو صدیوں سے جدید علمیات کی بنیاد ہیں۔ تاریخ، سیاسیات، معاشیات، نسائیات، قانون، بین الاقوامی تعلقات، انسانی حقوق، بشریات اور عمرانیات سب علوم میں تحقیق اور استدلال کا نقطہ آغاز یہی مسلمات ہیں۔ گزشتہ صدی میں تعلیمی اداروں میں مذہب کے مطالعہ کو مستقل علم کی حیثیت تو مل گئی لیکن اکثر مغربی جامعات میں مذہبی تحریکات کے تجزیے میں مشکلات پیش آ رہی ہیں، کیوں کہ ان تحریکوں کو غیر فطری اور غیر منطقی اور ان کے وجود کو عارضی فرض کرتے ہوئے ان کا تجزیہ علمی نہیں رہتا۔

علمیاتی پس منظر: فلسفہ تاریخ اور نظریۂ کائنات

مندرجہ بالا مسلمات مذہب اور سیکولرزم کی جدید علمیات کا خلاصہ ہیں۔ اس فکر کی تشکیل میں گزشتہ تین صدیوں میں متعدد یورپی فلسفیوں، مورخوں، سائنسدانوں، اور ماہرین عمرانیات نے حصہ لیا ہے لیکن ہمارے خیال میں ان علمیات کی تشکیل میں آگسٹ کومت اور آسوالڈ سپینگلر کا کردار بہت اہم اور منفرد ہے۔

آگسٹ کومت

کومت کا تعلق فرانس سے تھا۔ انقلاب فرانس کے دوران ملک سیاسی انتشار اور فکری ابہامات کی زد میں آ گیا۔ انقلاب سے پیدا منفی رجحانات کو مثبت رخ دینے کے لیے کومت نے اس بات کی طرف توجہ دلائی کہ سیاسی اور معاشرت مسائل کو عارضی طور پر حل کرنے کی بجائے ان تحقیقی طریقوں سے کام لینا ضروری ہے جو طبیعیات، اور حیاتیات کے علوم میں پیش رفت کی بنا پر سائنسی تجزیاتی قوانین کا مقام حاصل کر چکے ہیں۔ مذہبی مسائل پر کلامی انداز سے بحث تحقیق کی بجائے اعتذاری اور دفاعی بن جاتی ہے۔ اس کے لیے اثباتیت اور قطعیت کی نئی علمیات کو اپنانے کی ضرورت ہے۔

کومت نے ان مسائل پر کئی کتابیں لکھیں۔ ان میں دو کتابیں بہت اہمیت رکھتی ہیں۔ پہلی کتاب تین جلدوں پر مشتمل 'فلسفہ اثباتیت کا نصاب' ہے جس کی تکمیل میں بارہ سال لگے۔ پہلی جلد میں علوم طبیعیات اور اس کے اصولوں کا جائزہ لیا گیا اور دوسری اور تیسری جلد میں اثباتیت کا فلسفہ بیان کیا گیا۔ دوسری کتاب 'اثباتیت کے اصول میں' انگریزی زبان میں شائع ہوئی۔

کومت نے اس نئی علمیات کو سوشیالوجی کا نام دیا۔ اس میں بنیادی نکتہ انسانی معاشرت کے ارتقا کے تین ادوار کا تعین تھا۔ پہلے دور کو الٰہیاتی، دوسرے کو مابعد الطبیعیاتی اور تیسرے کو اثباتی علمیات کا دور کا نام

دیا۔ پہلے دور میں انسان معاشرے کی تشکیل اور اصول وضوابط کو خدا اور مافوق الفطرت قوتوں سے منسوب کرتا تھا۔ دوسرے دور میں جو یونان میں فلسفے کا عہد ہے، انسان نے مابعد الطبیعیات کا علم تخلیق کیا جو انسان اور کائنات کے تعلق سے معاشرے میں نظم وضبط اور تبدیلیوں کی وضاحت مہیا کرتا تھا۔ تیسرا دور اثباتیت کا ہے جو عقلیت اور استدلال کا زمانہ ہے۔ جہاں انسان نے معاشرے کی تشکیل، تنظیم اور انقلابات کو صحیح طریقے سے سمجھنے کے لیے الٰہیات اور مابعد الطبیعیات کی بجائے مشاہدے، معاشرتی تجربے اور منطق اور عقل کو اپنایا۔ آگست کومت کے اثباتیت کے نظریے کو بہت مقبولیت حاصل ہوئی۔

اوسوالڈ اسپینگلر

آگست کومت نے مسلمات کی تشکیل میں انسانی فکر کی تاریخ کا پس منظر بھی بیان کیا، کیوں کہ اس طرح مسلمات کا ارتقا سمجھنا آسان تھا۔ تاہم اس تاریخی پس منظر کو اسپنگلر نے مزید واضح کیا کہ یورپ کی جدید فکر ماضی کے تسلسل اور ارتقا کی مرہون منت نہیں بلکہ اس سے علیحدگی کا نتیجہ ہے۔ اسپنگلر نے ثقافت اور مذہب کے مطالعے کو اثباتیت کے پس منظر میں دیکھنے کے لیے 'شام مغرب' زوال مغرب میں اپنے تاریخ کے فلسفے کو پیش کیا ہے۔ اس کتاب کا بنیادی استدلال مندرجہ ذیل پانچ نکات پر مشتمل ہے۔

ا۔ عالمی تاریخ متعدد تہذیبوں کے عروج وزوال سے عبارت ہے۔ ان میں آٹھ تہذیبیں بہت اہم رہی ہیں۔ ہر تہذیب کی ابتدا مخصوص نظریہ کائنات مذہب پر مبنی مقامی ثقافت سے ہوتی ہے جو دوسری ثقافتوں سے مختلف ہی نہیں، ان کے لوگوں کے لیے نا قابل عمل بھی سمجھا جاتا ہے۔ جو ثقافتیں قابل فہم عالمگیر نظریہ کائنات پیش کرنے میں کامیاب ہوتی ہیں وہ تہذیب کہلاتی ہیں۔

۲۔ ثقافت کے ابتدائی دور میں مذہب بہت اہم کردار ادا کرتا ہے لیکن ثقافت میں ارتقا کے ساتھ ساتھ مذہب کی اہمیت کم ہوتی جاتی ہے۔ مذہب میں اصلاحات اور تبدیلیاں عمل میں آتی ہیں اور عقلیت اور مادیت کے اصول مذہبی سوچ کی جگہ لے لیتے ہیں۔

۳۔ جدید تہذیب دور سے پہلے دنیا دو تہذیبی ادوار سے گزری ہے۔ پہلا دور اپالونین تہذیب کا عہد تھا جس میں یونانی اور رومن تہذیبوں نے عالمگیر فکر کو جنم دیا۔ دوسرا دور مجوسی تہذیب کا تھا جس میں سامی مذاہب یہودیت، عیسائیت اور اسلام، اور ایرانی زرتشتی مذاہب شامل تھے۔ یورپ میں جدید دور فاؤستی تہذیب کا ہے جو مغربی یورپ میں دسویں صدی میں شروع ہوا اور اب بیسویں صدی میں مکمل ہو رہا ہے۔ تہذیبوں کی ابتدا اور انتہا ایک دائرے کی طرح ہے جو اپنی انتہا کے بعد ایک نئے تہذیبی دائرے کو جنم دیتی ہے۔

۴۔ فاؤستی دور میں یورپ نے گذشتہ دو ادوار کی فکر اور تہذیب کو خیر باد کہا۔ اب اس کا ماضی سے کوئی تعلق نہیں۔ یہ اپنے مزاج میں نہ یونانی اور رومی تہذیب سے متاثر ہے نہ مجوسی فکر سے۔ ان کے برعکس یہ

خالص یورپی فکر ہے۔

۵۔ اسلام سمیت بڑے مذاہب اپنے مزاج میں مجوسی ہیں اور دوئی کے قائل۔ خدا ایک ہے جو دوسرے دشمن دیوتاؤں سے برسرپیکار ہے۔ نیکی اور بدی کی اس جنگ میں مسیحا کی آمد کا انتظار رہتا ہے جو نیکی کو بدی پر فتح دلائے گا۔

یہ کتاب عالمگیر جنگ سے پہلے میں لکھی گئی اور چھپتے ہی فوراً مقبول ہوگئی۔ مقبولیت کے تین ممکن حوالے ہو سکتے ہیں۔ اول تو اس نے جدید دور کو ایک نئی یورپی عالمگیر تہذیب کے طور پر پیش کیا۔ دوسرے اسے ماضی کی پابندیوں سے آزاد تہذیب بتایا اور فاوسٹ سے منسوب کیا۔ فاوسٹ جو گوئٹے کے ڈرامے فاوسٹ کا بنیادی کردار ہے مذہبی عالم ہے جو اپنی روح کو شیطان کے ہاتھوں بیچ کر آزادی خرید لیتا ہے۔ گوئٹے کا یہ ڈراما عیسائی مذہبی فکر و عمل پر بہت گہری تنقید تھی۔ مقبولیت کی تیسری وجہ اس کتاب کا عنوان تھا جرمن زبان میں اس کے عنوان کا مطلب دن کا اختتام، شام یا شفق اور غروب تھا جو دن کے مکمل ہونے اور نئے دن کے ظہور کی علامت ہے۔ انگریزی میں اس کا ترجمہ ڈیکلائین یعنی زوال کیا گیا۔ جس کی وجہ سے عالمگیر جنگ کے بعد یورپ کی صورت حال سے بیزار قارئین میں بہت مقبول ہوا۔

یہ کتاب مادیت اور سیکولرزم کے موضوع پر نہایت ہی فکر انگیز تحریر تھی لیکن اسپنگلر کا مذاہب کا مطالعہ ناکافی تھا۔ اس نے تمام مذاہب کو نیکی اور بدی کی جنگ کی سوچ قرار دے کر سب کو مجوسیت کے مخصوص تناظر میں دیکھا۔ اسپنگلر نے مذہب اور سیکولر کی دوئی کو جو عیسائی الٰہیات کے بعض علما کی مخصوص سوچ تھی تمام مذاہب کی خصوصیت بتایا۔ اسلام کے بارے میں اسپنگلر کا تبصرہ خاص طور پر بہت سطحی تھا۔ نیکی اور بدی کی آویزش کو جس نے زرتشتی مذہب میں آگے چل کر دو خداؤں یزداں اور اہرمن کی شکل اختیار کی اسلام سے منسوب کیا۔ ان جزئیات سے قطع نظر قابل توجہ یہ بات ہے کہ اسپنگلر نے یورپ مرکزیت کے جس خطرے سے خبردار کیا تھا وہ امریکی فکر میں کہیں زیادہ خطرناک انداز سے سامنے آیا۔ فوکویاما نے 'اینڈ آف ہسٹری' (End of History) تاریخ کی تکمیل کے نظریے کی بنیاد پر مغربی تہذیب اور سرمایہ داری کے غلبے کو جواز دیا تو ہن ٹنگٹن نے 'Clash of Civilizations' (تہذیبوں کا تصادم) لکھ کر عالمی تاریخ کا مستقبل جنگوں کے نام کر دیا۔ ہم اس کا مزید تجزیہ علامہ اقبال کے حوالے سے بعد میں بیان کریں گے۔

طریق تحقیق

جدید علمیات کے آغاز میں کیمیا، حیاتیات اور طبیعیات کے علوم میں تجرباتی اصول تحقیق کو مثالی اور حتمی سمجھنے سے دوسرے علوم میں ان کے اطلاق کا رجحان رواج پایا تو انسانی سماجیات کو بھی انھی پیمانوں سے ناپا جانے لگا۔ معاشرتی اداروں، مثلاً خاندان اور مذہب کو جامد اور میکانکی روایت قرار دے کر ان کے معروضی

مطالعے پر زور دیا گیا۔ان کے تجزیے میں معاشرتی اقدار کو حقائق سے الگ رکھا گیا۔تجزیوں کو مثبت اور قطعی بنانے کے لیے ان کے عمومی اور غیر متبدل ہونے کا دعویٰ کیا گیا۔تاریخ میں بھی قوموں کے عروج وزوال کے اسباب تلاش کیے جانے لگے۔تاہم تحقیق کا دائرہ بڑھا تو پتہ چلا کہ انسانی معاشرے نباتات اور جمادات کے مقابلے میں کہیں زیادہ تہہ دار اور پیچیدہ ہیں۔ان کے بارے میں قطعیت کے دعوے درست نہیں۔ان کی تشکیل میں یکسانیت کم اور فرق زیادہ ہے۔ان میں تبدیلی حادثہ نہیں، عام بات ہے۔ان کے افراد متنوع ہیں اور ان کے گروہ اور اقوام میں مشترکات میں اتنی یکسانیت نہیں کہ ان کے لیے یکساں جامع قوانین تو کیا، ان سب کی ایک جامع اور مانع تعریف بھی ممکن ہو۔

اب مذہب اور مذہبی تحریکوں کے مطالعے کے لیے سماجیات کے اصول تحقیق سے استفادے کا رجحان بڑھ رہا ہے۔تاہم بعض مغربی جامعات میں اب یہ رجحان ابھر رہا ہے کہ سیکولرزم کو مذہبیت کے متضاد اور لادینیت کا ہم معنی سمجھنے کی بجائے دونوں کی حدود اور دائرہ کار کو سمجھنے کی کوشش کی جائے۔اس رجحان کا بڑا سبب سماجیات کے علوم کی بڑھتی اہمیت ہے۔

سماجیات نے علمی منہج تحقیق میں اثباتیت، قطعیت، معروضیت اور علت ومعلول کے طریق تحقیق کے اصولوں کو انسانی معاشروں، معاشرتی اداروں اور مذہبی تحریکوں کے مطالعے کے لیے ناکافی قرار دیا ہے۔آج کل جامعات میں جاری تحقیقات میں مذہب اور دین کے جو نئے مفاہیم زیر بحث ہیں، ان میں عقیدت، عبادت، تقدیس، مذہبیت، مذہبی رسومات، اور مذہبی ادارے شامل ہیں۔روایتی اصطلاحات کے نئے مفاہیم کا بھی مطالعہ کیا جارہا ہے۔مذہبی علوم کے لیے سماجیات میں میدان بہت وسیع لگتا ہے، کیوں کہ مذہبیات میں موت کو عام طور پر انسانی زندگی کا خاتمہ نہیں بلکہ ایک مرحلہ سمجھا جاتا ہے۔مذاہب میں موت، زندگی، حیات بعد ممات، نومولود، ابدیت، فنا اور بقا کے مفاہیم پہلے سے موجود ہیں۔چنانچہ مذہبی روایت میں زندگی اور موت کو جمود اور اختتام کی بجائے مراحل کے طور پر بھی دیکھا جاسکتا ہے۔اس لحاظ سے مذہب اور مذہبیت کی پھر سے واپسی اچنبھے کی بات نہیں۔

ویسے بھی مذہبی سوچ میں دینی اور دنیاوی، روحانی مادی، حقیقی اور مجازی، ابدی اور عارضی کی تفریق اور دونوں کی بیک وقت موجودگی کا تصور موجود ہے۔چنانچہ اہل مذہب کی سوچ میں سیکولر اور سیکرڈ بیک وقت موجود ہوسکتے ہیں۔دونوں کی اپنی حدود ہیں جن میں ساتھ رہنا ناممکن نہیں۔جدید دور کا مسئلہ غلبے اور اقتدار کا نظریہ ہے۔ایک جانب سیکولر اپنی حدود میں توسیع کر کے مذہب اور روایت کو بے دخل کرنے کے عمل کو منطقی اور نظریاتی سمجھتے ہیں تو دوسری جانب اہل مذہب مقدس کے مفہوم کو وسعت دے کر مذہب کی حدود میں توسیع کر رہے ہیں۔سماجی علمیات میں پہلے عمل کے لیے سیکولر اور دوسرے عمل کے لیے سیکرڈ یا تقدیس کی اصطلاح استعمال کی جاتی ہے۔

بیسویں صدی کے اواخر میں عمرانیات، سیاسیات، اور بشریات کے شعبے میں مذہب اور مذہبی تحریکوں پر کافی کام ہوا۔ اس ضمن میں ایک اہم بات سامنے آئی کہ مذہبی معاشرت اور مذہبی تحریکات کے مطالعے میں ایک اہم مسئلہ اصطلاحات کا بھی ہے۔ بعض اصطلاحات مذہبی یا سیکولر مفہوم سے اس طرح جڑی ہیں کہ انھیں کسی دوسرے مفہوم میں استعمال کرنا ممکن نہیں۔ مثلاً مقدس، تقدیس، اور مقدسات کی اصطلاحیں مذہبی مفہوم سے مخصوص ہوگئی ہیں۔ ہم عصر مذہبی تحریکات پر تحقیق کے دوران عمرانیات اور بشریات کے ماہرین نے مذہبیت کے متعدد معاشرتی نظریات بھی پیش کیے، ان میں مذہبیت سے زیادہ مذہب کی تقدیس کا پہلو نمایاں نظر آتا ہے۔ ہم ان میں سے چار کا ذکر ضروری سمجھتے ہیں۔

ا۔ مذہب کا مقدس چھاتا: پروفیسر پیٹر برجر معاشرتی تشکیلات کے موضوع پر اپنی مختلف تحریروں خصوصاً 'حقیقت کی معاشرتی تشکیل' کی بنا پر مشہور رہے۔ اس نے اپنی کتاب 'مقدس چھاتا'، مذہب کے بعض عوامل کی علم سماجیات کے نقطۂ نظر سے توجیہ میں تفصیل سے بتایا ہے کہ مذہبی طبقات اپنے مقام اور اقتدار کو مستحکم رکھنے کے لیے تقدیس کے اصول سے کام لیتے ہیں۔ تقدیس کے اصول ایک جانب معمولی اور ماورائی کی تفریق اور دو قطبی کشمکش کو جاری رکھنے میں مدد دیتے ہیں تو دوسری جانب مذہب سے بغاوت اور بے راہروی کو مقدس ضابطوں کی توہین قرار دے کر مذہبی قوانین کی بقا کو یقینی بناتے ہیں۔ تقدیس کے اصول کا استدلال یہ ہے کہ معاشرے کائنات کے نظام کا حصہ ہیں۔ ان کے نظم وضبط کے لیے قوانین بنتے ہیں جن کی پابندی لازمی ہے۔ ان کی خلاف ورزی سے کائنات کا نظم درہم برہم ہوجاتا ہے۔ معاشرے کے وہ ضابطے جو مذہب نے مقرر کیے ہیں، ان کی خلاف ورزی مذہب سے غداری بلکہ درحقیقت تاریکی اور بدی کی قوتوں کی وفاداری کے مترادف ہے۔

یہاں ایک بات قابل توجہ ہے کہ سیکولر اور سیکرڈ کی بحث میں یہ بات نظروں سے اوجھل رہتی ہے کہ جس طرح مذہبی طبقات تقدیس کے معاشرتی عمل کو اپنی طاقت کی بنیاد بناتے ہیں، اسی طرح سیکولر عناصر بھی سیکولیرٹی یا مذہب بیزاری کے معاشرتی رویے سے فائدہ اٹھاتے ہیں۔ سماجی طریق تحقیق پر مبنی مذہبی معاشرتی عمل کے مطالعے سے پتہ چلتا ہے کہ اہل مذہب کی جانب سے تقدیس کے ذریعے مذہب کے دائرے میں توسیع اور سیکولر طبقات کی جانب سے مذہب بیزاری کے رویے کے ذریعے سیکولر کی حدود میں توسیع دونوں میں غلبے اور اقتدار کا داعیہ مشترک ہے۔ اس لیے تقدیس ہو یا توہین؛ محقق دونوں میں سے کسی کو نظرانداز نہیں کرسکتا۔

۲۔ مقدسات اور معاشرے کی سالمیت: ولیم پاڈن تقدیس کو سالمیت کا اصول گردانتا ہے۔ اس نے 'مقدس نظام، مذہبی تنظیم کی تعریف کی عمدہ مثال' کے عنوان سے مقالہ لکھا جو 'مقدسات اور ان کا مطالعہ: مذہب کی مبادیات پر معلوماتی مواد کے مطالعے میں تحقیق کے تقابلی طریقوں کا جائزہ' کے عنوان سے چھپی ایک کتاب کا اہم باب ہے۔ اس کتاب کو تھامس ایڈی نوپولس اور ایڈورڈ یونان نے ترتیب دیا اور برل پبلشرز

نے میں شائع کیا ہے۔ ولیم پاڈن کا کہنا ہے کہ تقدیس کا اصول مذہب میں محدود نہیں۔ اس اصول کا مقصود کسی بھی عالمگیر نظام کی بقا اور اس کی سالمیت کی حفاظت ہے۔ کسی بھی ادارے کی سالمیت کے لیے اسے مقدس بنا دیا جاتا ہے۔ معاشرتی نظم کا جواز مذہب سے جڑا ہو یا نظام کی بقا، اس کی سلامتی اور اس کی خلاف ورزی کے مابین کش مکش کی مرہون ہو، تقدیس اس نظم سے وفاداری کو یقینی بناتی ہے۔ مذہبی طبقات مذہب کی سرحدوں کی سالمیت کے لیے دنیوی نظاموں کے ساتھ معاملہ بھی کرتے رہتے ہیں۔ اس طرح غیر مذہبی امور کو مذہب کا درجہ دے کر ان کی سالمیت کے لیے تقدیس کے عمل کا سہارا لیتے ہیں۔ تاہم تقدیس کے مذہبی مفہوم پر قائم رہتے ہوئے یہ دعویٰ بھی کیا جاتا ہے کہ سیکولر طاغوت اور بدی کا نظام ہے، مذہب سیکولر طرز حیات کے ساتھ مفاہمت نہیں کر سکتا۔

مقدس اور تقدیس کی اصطلاحوں میں فرق بیان کرتے ہوئے پاڈن کا کہنا ہے کہ مقدس اپنے مفہوم میں مذہب کے زیادہ قریب ہے۔ اس کے برعکس تقدیس معاشرتی رویے کا نام ہے۔ تاریخی نقطۂ نظر سے مقدس کے مفہوم میں مافوق الفطرت، ماورا، پراسرار اور غیر معمولی کے مفاہیم شامل ہیں۔ اس لحاظ سے پاڈن تقدیس کی دو اقسام بیان کرتا ہے۔ پہلی قسم (من وسلویٰ) کہلاتی ہے جو سماوی مانی جاتی ہے۔ دوسری کو غیریت، ممانعت یا حرمت کہا جاتا ہے۔ دونوں کی تقدیس میں مذہبی فرق یہ ہے کہ پہلی سے عقیدت اور دوسری سے پرہیز واجب ہے۔ عام آدمی کے لیے مقدس اور تقدیس میں فرق کرنا بہت مشکل ہے لیکن علمیات میں یہ دقیق تفریق بہت اہم ہے۔ عیسائی متکلمین نے مقدس کو تو خدا کی صفت کے طور پر قبول کر لیا لیکن حرمت کو تقدیس کے مترادف قرار دینے میں مشکل پیش آئی کیوں کہ تاریخی طور پر حرمت کے مفہوم میں اس کا ناقابل توہین ہونا بھی شامل تھا۔

اس تجزیے سے پاڈن نے سیکولر کے بھی دو مفہوم بیان کیے ہیں۔ ایک مفہوم کسی عمل کی فطری، عام، اور انسانی حیثیت ہے جو مافوق الفطرت اور سماوی کے برعکس ہے۔ اس مفہوم میں مذہبی اور سیکولر مختلف بھی ہیں اور متضاد بھی۔ دوسرا مفہوم دوقطبی دوئی کا ہے، جیسے دنیاوی اور دینی، مادی اور روحانی متوازی خطوط میں ایک دوسرے سے مختلف تو ہیں لیکن الگ نہیں۔ ان کے درمیان حد بندی ممکن ہے۔ تاہم دونوں ایک بڑے کل کا حصہ ہیں۔

۳۔ مقدس مادیت: ریبیکا گزلبر یخت اور رالف کنز نے میں شائع مرتبہ کتاب 'تقدیس اور مادیت: ارتباط کا تعین' میں سوال اٹھایا کہ کیا مقدس کا مادیت سے الگ وجود ہے؟ ان کا کہنا ہے کہ مقدس مادیت اور مقدس روحانیت دونوں کا وجود ہے اور وہ اپنی جداگانہ حیثیت سے موجود ہیں۔ ان کا استدلال یہ ہے کہ جدید فکر میں حقیقت ان دونوں کے بیچ ہے۔ آج کی روحانیت نہ کلی طور پر باطنی ہے نہ کلی ماورائی۔

اب تک ہم، ہم عصر مذہبی تحریکات کے مطالعے میں مغربی جامعات میں پیش آنے والے مسائل کا

جائزہ پیش کر رہے تھے۔ یہی مسائل مسلم تحقیقی اداروں کو بھی درپیش ہیں لیکن ان کا بے لاگ تجزیہ کرنے کی بجائے ہمارے ہاں انھیں استشراق کے پیدا کردہ سوالات قرار دے کر قابل توجہ نہیں سمجھا جاتا۔ اگلی سطور میں ہم علامہ اقبال کے حوالے سے بات کریں گے کہ ان تحریکات کا تجزیہ کرتے وقت انھوں نے کن مسائل کی نشاندہی کی ہے۔ علامہ اقبال کے بعد سماجی علمیات اور طریق تحقیق میں بہت پیش رفت ہوئی ہے لیکن اقبال سے بات شروع کریں تو اس میدان میں ہمارے تحفظات اور تذبذب کو صحیح طریقے سے سمجھنے کا موقع بھی ملتا ہے اور تحقیق کے دروازے کھولنے کا حوصلہ بھی ہوتا ہے۔

علامہ اقبال: اسلامی تحریکیں، اسلامی ثقافت کی روح، ریاست، اور اجتہاد

علامہ اقبال کی کتاب 'اسلام میں دینی فکر کی نئی تشکیل' میں ان تمام مسائل پر بحث ملتی ہے جن کا ہم نے اوپر ذکر کیا ہے۔ ان میں دین، نبوت، ختم نبوت، اجتہاد، اجماع، مذہبی تجربہ، زمان و مکان، عقل، علم، عقل، عشق، سیکولر، روحانی، مادی، ثقافت، اور بہت سی اصطلاحیں ہیں، جن کے نئے مفہوم سامنے آئے ہیں لیکن محققین عام طور پر انھیں قدیم مفہوم میں ہی لیتے ہیں، اس لیے جدید مذہبی تحریکات کو پوری طرح سمجھ نہیں پا رہے۔

اقبال نے وہابیت سے لے کر خلافت تک عالم اسلام کی تقریبا تمام مذہبی تحریکات کا تجزیہ کرتے ہوے اپنے ہم عصر مطالعات کی خامیاں بھی بیان کی ہیں۔ انھوں نے ختم نبوت اور جدیدیت، مذہبیت اور سیکولرزم، علمیات میں سائنسی طریق تحقیق میں مسلم فکر کے کردار پر مباحث میں نئے دروازے کھولے ہیں۔ یہاں علامہ اقبال کی جدیدیت کا مطالعہ مقصود نہیں ہم صرف ان چند نکات کا ذکر کریں گے جو آج کے موضوع سے متعلق ہیں۔

احیا اور اصلاح کی اسلامی تحریکات

فکر اقبال کے مطابق نبی اکرم صلی اللہ علیہ وسلم کی آمد سے انسانی تاریخ میں دور جدید کی ابتدا ہوئی۔ اسلام نے ایک ایسی ثقافتی تحریک برپا کی جو دسویں صدی میں رہنما عالمی تہذیب بن چکی تھی۔ اس کی کامیابی کا بنیادی اصول اجتہاد کا طریق فکر و تحقیق تھا جس نے قدیم یونانی میکانکی طرز فکر کی بجائے متحرک کائنات کا تصور دیا۔ روح اور مادہ کی تفریق اور دوئی پر مبنی علمیات کی بجائے توحید کو حرکت کا اصول بتایا جس کی رو سے کائنات کی تخلیق تصادم کی بجائے ایک مقصد کے تحت ہوئی ہے۔ اقبال کا کہنا ہے کہ یورپی اور مسلم دونوں تہذیبیں جدیدیت کی تکمیل میں ناکام رہیں۔ یورپی تہذیب جدید دور میں سائنس اور ٹیکنالوجی میں کامیاب رہی لیکن سیاسی اور سماجی علوم میں ناکام۔ اس کے برعکس مسلم تہذیب جو اپنے سنہرے دور میں سائنسی

اور سماجی دونوں علوم میں آگے تھی جدید دور میں جمود اور زوال کا شکار ہوئی۔ اقبال کا تجزیہ یہ ہے کہ ان دونوں کی ناکامی کے اسباب مختلف ہیں۔ یورپ نے تسلسل کے اور مسلمانوں نے تغیر کے اصولوں کو رد کر دیا۔ اس کی وضاحت میں اقبال نے لکھا:

> معاشرہ حقیقت مطلق کے ایسے تصور پر استوار ہوتا ہے جس میں تسلسل اور تغیر دونوں میں موافقت ہو۔ اس کے لیے ایسے ابدی اصول لازمی ہیں جن پر قائم رہتے ہوئے معاشرہ سماجی زندگی کو متوازن رکھ سکے۔ مسلسل تغیر پذیر کائنات میں یہی ابدی اصول قدم جمائے رکھنے میں مدد دیتے ہیں۔ تاہم اگر یہ ابدی اصول تغیر کے امکان کو تسلیم نہ کریں تو معاشرہ جمود کا شکار ہو جاتا ہے۔ قرآن کے مطابق تغیر کا اصول خدا کی عظیم نشانیوں میں سے ہے۔ اس کو نظر انداز کر دیں تو ایک فطرتاً متحرک شے کو غیر متحرک بنانے کا رویہ سامنے آتا ہے۔ (ترجمہ: وحید عشرت)

اقبال نے دسویں صدی سے انیسویں صدی تک کی مختلف اسلامی تحریکوں کا جائزہ لیتے ہوئے انھی رویوں کی نشاندہی کی ہے۔ نویں صدی میں علم الکلام کی تحریکوں میں سے ایک تحریک معتزلہ عقلیت کے پہلو پر بہت زیادہ زور دینے کی وجہ سے قرآن کو قدیم ماننے سے انکار کرتی تھی۔ اس کے برعکس قدامت پسند سمجھتے تھے کہ قرآن کا قدیم ہونا اسلام کا بنیادی اصول ہے جس کے انکار سے اسلامی معاشرہ غیر مستحکم ہو جائے گا۔ اسی طرح تصوف میں ظاہر اور باطن میں فرق بنیادی بات خیال کی جاتی تھی۔ گیارہویں صدی میں اسماعیلی اور باطنی تحریک نے بھی اسی بات پر زور دیا۔ تصوف کی مخالفت میں ان کی باطنی تحریک سے مماثلت بھی ایک وجہ بنی۔ تاہم ظاہر اور باطن میں تمیز نے جب ظاہر یا دنیا سے بے توجہی اور ترک دنیا کے رویے کو دین کا درجہ دیا تو اسلام کے سماجی اور سیاسی پہلو نظر انداز ہونے لگے؛ حتیٰ کہ ان میدانوں میں عوام کی رہنمائی بھی فقہا کے پاس چلی گئی۔

بغداد کی تباہی اور عباسی خلافت کے خاتمے کے بعد تیرہویں صدی میں قدامت پسند مسلم فکر نے معاشرے کو انتشار اور شکست و ریخت سے بچانے کے لیے فکر و عقل کی آزادی کو خطرہ سمجھتے ہوئے فقہی مذاہب کی تقلید پر زور دیا تاکہ عوام کی سماجی زندگی کو فقہ اور قانون کے ضابطوں سے متحد رکھا جاسکے۔ یوں بتدریج تقلید کو تقدیس کے عمل سے غیر متبدل کا درجہ دے دیا گیا۔ ایسے وقت میں ابن تیمیہ جیسے مفکر نے اس بات پر زور دیا کہ فقہی مذاہب کی بجائے اولین دور کے فقہا اور سلف صالحین کی تعلیمات کی طرف لوٹنا ہی انتشار سے بچا سکتا ہے۔ ابن تیمیہ نے تقلید کے خلاف شدید ردعمل کا اظہار کیا اور کہا کہ تقلید اسلام کی روح کے منافی ہے۔

اٹھارہویں صدی میں جو اصلاحی تحریکیں ابھریں، ان میں سے اکثر مثلاً وہابی، سنوسی، فولانی، مہدوی سب نے تقلید کے خلاف آواز بلند کی۔ تاہم ان تمام تحریکوں نے ماضی کی طرف لوٹنے کی دعوت دی۔ اقبال نے وہابیت کے حوالے سے لکھا کہ اگرچہ میکڈانلڈ کے بقول یہ اسلام کی زندگی میں پہلی دھڑکن تھی تاہم ''یہ

تحریک اندر سے قدامت پسندانہ مزاج کی حامل تھی۔اس نے مکاتب فقہ کی قطعیت کے خلاف بغاوت کو تو فروغ دیا اور شخصی استدلال کی آزادی کے حق پر بھی زور دیا لیکن ماضی کی جانب اس کا رویہ تنقیدی نہیں تھا۔''

بیسویں صدی میں ترکی میں نیشلسٹ پارٹی اور اصلاح مذہب پارٹی کے تجزیے میں بھی افراط وتفریط کے یہی رویے دیکھنے میں آئے۔نیشلسٹ پارٹی قومی زندگی میں ریاست کو بنیادی قرار دیتی تھی، اس لیے ریاست میں مذہب کے کردار کی قائل نہیں تھی۔اس پارٹی نے ریاست اور مذہب کے تعلق سے پرانے تمام تصورات کو رد کرتے ہوئے دونوں کی علیحدگی پر زور دیا۔اس نکتے کا تعلق ریاست میں مذہب کے مقام اور کردار کے مطالعے کے طریق کار سے ہے اس لئے اس پر آگے چل کر بات ہوگی۔

اسلامی تحریکات کے مطالعے میں مسلمات پر نظر ثانی کی ضرورت

علامہ اقبال اس کتاب میں جدید یورپی فکر، اسلامی روایت اور جدید مسلم فکر سب کا جائزہ لیتے ہوے اس نتیجے پر پہنچے ہیں کہ موجودہ مسلمات، علمیات اور طریقہ تحقیق اسلام کی تاریخ اور اس کی جدیدیت کا صحیح ادراک نہیں کر پا رہے۔مغربی فکر میں انھوں نے خصوصا اوسوالڈ سپینگلر کے تجزیات میں مسائل کی نشاندہی کی ہے۔سب سے پہلے ہم مسلمات اور علمیات کے حوالے سے مختصرا سپینگلر کے دعووں پر اقبال کی تنقید کا ذکر کریں گے، بعد میں ہم ان موضوعات پر اقبال کے تجزیات پر بات کریں گے۔

اقبال اسپینگلر کی اس بات سے اتفاق کرتے ہیں کہ یورپی ثقافت کی روح کلاسیکی ثقافت کی مخالف ہے۔البتہ اسلام کے بارے میں اسپنگلر کے تبصروں پر انھوں نے کڑی تنقید کی ہے۔اقبال مانتے ہیں کہ مجوسی جھوٹے خداؤں کے وجود کو تسلیم کرتے تھے لیکن انھیں اسپنگلر کی اس رائے سے اتفاق نہیں کہ مجوسی جھوٹے خداؤں کی پوجا بھی کرتے تھے۔وہ اسپنگلر کے اس دعوے کو بھی غلط قرار دیتے ہیں کہ اسلام مجوسی مذاہب کی فہرست میں شامل ہے۔اسلام جھوٹے خداؤں کی پوجا تو کیا، ہر طرح کے جھوٹے خداؤں کے وجود کا منکر ہے۔اسلام تو خیر وشر دونوں کو اللہ کی تخلیق مانتا ہے۔اقبال کو اسپنگلر کا یہ دعویٰ بھی قبول نہیں کہ کلاسیکیت کے خلاف آواز جدید یورپ نے اٹھائی۔جدید دنیا میں کلاسیکیت کے خلاف روح کا ظہور حقیقتاً یونانی فکر سے اسلام کی عقلی بغاوت سے ہوا ہے۔

علمیاتی پس منظر

علامہ اقبال نے اسلامی ثقافت کو جدید تہذیب کا آغاز قرار دیا ہے اور اس کی وضاحت کے لیے اسلامی تعلیمات میں انسانی عقل پر اعتماد، یونانی فکر کی میکانکیت پر عقلی تنقید، کائنات میں تغیر اور اختلافات پر غور کی دعوت، اجتہاد اور اجماع کو اصول حرکت، علوم کی وحدت، انسان کی فکری آزادی کے حوالے دئے ہیں اور ان

سب کی قرآنی اور دینی بنیادوں سے بحث کی ہے۔، ہم ذیل میں صرف چار اصولوں کا ذکر کریں گے۔

ختم نبوت اور عقلیات: علامہ اقبال نے ختم نبوت کے عقیدے کو اسلام میں عقلیات کی مذہبی اہمیت کی بنیاد بتایا ہے۔ ختم نبوت کا معنی تکمیل دین ہے۔ نبی اکرم صلی اللہ علیہ وآلہ وسلم کے بعد اب کسی کو دین میں اضافے اور توسیع کا حق نہیں۔ اسلامی تعلیمات کی رو سے عقائد کی بنیاد بھی عقلی غور وفکر پر ہے دین سے خارج امور میں عقل کا استعمال منع نہیں۔

فکر اقبال میں نبوت روحانی شعور کا نام ہے جو انسان کو وحی سے حاصل ہوتا ہے۔ یہ روحانی شعور زندگی کا عالمگیر اصول ہے۔ انسانی تاریخ میں معاشرے کے ارتقا کے مراحل انسانی زندگی کی طرح بچپن، بلوغت اور بڑھاپے سے مماثلت رکھتے ہیں؛ جیسے بچپن میں تربیت والدین کی ذمہ داری ہے، اسی طرح انسانی معاشرت کی بلوغت سے پہلے احکام انبیا کے ذریعے براہ راست وحی سے حاصل ہوتے تھے، جیسے بلوغت کے بعد انگلی پکڑ کر چلانے کی ضرورت نہیں رہتی، معاشرتی بلوغت کے بعد وحی کا سلسلہ ختم ہوا اور انسان کو اپنی عقل سے فیصلوں اور اجتہاد کی صلاحیت ملی۔ تحقیق اور جستجو انسان کی جبلت میں شامل ہیں۔ مسلم علمیات کی بنیاد آسمانی کتابوں سے استنباط اور استقرائی طریق کار پر رکھی گئی۔ تاریخ انسانی میں دور جدید کا آغاز نبیؐ اکرم کی بعثت سے ہوا۔ علامہ اقبال لکھتے ہیں:

> پیغمبر اسلام حضرت محمد صلی اللہ علیہ وآلہ وسلم قدیم اور جدید دنیاوں کے سنگم پر کھڑے نظر آتے ہیں۔ جہاں تک وحی کے منابع کا تعلق ہے، آپؐ کا تعلق قدیم دنیا سے ہے۔ جہاں تک اس وحی کی روح کا تعلق ہے، آپؐ کا تعلق دنیائے جدید سے ہے۔ اسلام کی آفرینش عقل کی آفرینش ہے۔ اسلام میں نبوت اپنی تکمیل کو پہنچتی ہے۔ اسلام نے پاپائیت اور موروثیت کا خاتمہ کیا۔ قرآن میں استدلال اور عقل پر مسلسل اصرار اور اس کا بار بار فطرت اور تاریخ کے مطالعے کو انسانی علم کا ذریعہ قرار دینا ان سب کا ختم نبوت کے تصور کے مختلف پہلوؤں سے گہرا تعلق ہے۔
>
> دوسری جانب مسلمانوں کی ثقافتی تاریخ میں عقل محض اور مذہبی نفسیات، اس اصطلاح سے میری مراد اعلیٰ تصوف ہے۔ دونوں کا مدعا یہ ہے کہ لامتناہی کو حاصل کیا جائے اور اس سے لطف اندوز ہوا جائے۔ زمان ومکان کا مسئلہ ایسی ثقافت میں موت اور حیات کا مسئلہ بن جاتا ہے۔ (اقبال: 'اسلام میں دینی فکر کی تشکیل نو'، ترجمہ: وحید عشرت)

تسلسل اور تغیر: علامہ اقبال اجتہاد کو اسلامی ثقافت کا اصول حرکت بتاتے ہیں۔ قرآن کریم میں

کائنات میں تغیرات، تاریخ کے انقلابات، فطرت کے مظاہر میں اختلافات سب میکانکیت اور سکون کی بجائے حرکت کو اللہ کی نشانیاں بتا کر ان کے مطالعے کی دعوت دیتے ہیں۔ فکر اسلامی کو اجتہاد نے متحرک رکھا۔ فقہی مذاہب میں جب اجتہاد کی جگہ تقلید نے لے لی تو اسلامی فکر جمود کا شکار ہوئی۔ علامہ اقبال نے اجتہاد کے بارے میں چھٹے خطبے میں تفصیل سے لکھا ہے یہاں ان کا مندرجہ ذیل نقل کرنا ہی کافی ہے کہ ''اسلامی فکر کے تمام ڈانڈے ایک متحرک کائنات کے تصور سے آملتے ہیں۔'' (ترجمہ: وحید عشرت)

روح اور مادے کی وحدت: اقبال کے تجزیے کی رو سے قدیم علمیات میں غلطی انسان کی وحدت کو دو علیحدہ اور مختلف حقیقتوں میں تقسیم کرنے سے پروان چڑھی ہے جو اپنی اصل میں ایک دوسرے سے متضاد اور متخالف ہیں لیکن ان میں ایک نقطہ ہم آہنگی کا بھی ہے۔ حقیقت یہ ہے کہ زمان و مکان کے حوالے سے مادہ بھی روح ہے۔ وہ وحدت جسے آپ انسان کہتے ہیں وہ جسم ہے جب آپ اسے خارجی دنیا میں عمل پیرا دیکھتے ہیں۔ اور وہ ذہن یا روح ہے جب آپ اسے عمل کے مقصد اور نصب العین کے حوالے سے دیکھتے ہیں۔

مذہب اور ریاست: اقبال کے نزدیک اسلامی نقطہ نظر سے ریاست مندرجہ بالا اعلیٰ اصولوں کو زمانی اور مکانی قوتوں میں تقسیم کرنے کی جدوجہد سے عبارت ہے جو مخصوص انسانی ادارے میں عملی صورت دینے کی خواہش کا نام ہے۔ صرف اسی ایک مفہوم میں اسلام میں ریاست تھیوکریسی ہے۔ اس مفہوم میں ہرگز نہیں کہ ریاست کا سربراہ زمین پر خدا کا نائب یا نمائندہ ہوگا جو اپنی مطلق العنان استبدادیت پر اپنی مفروضہ معصومیت کا پردہ ڈال دے۔ روح اور مادے کی تفریق کے عقیدے نے ریاست کے حوالے سے مغرب میں مذہب اور سیکولرزم میں تفریق کو لازمی بنایا۔ علامہ اقبال وضاحت کرتے ہیں کہ مسلمانوں کا سیکولرزم کو دیکھنے کا زاویہ یورپ سے مختلف ہے۔ یورپ میں یہ بحث چرچ اور سٹیٹ میں اتحاد یا تفریق کے حوالے سے ہے۔

اسلام میں یہ (مذہب اور سیکولرزم کی تقسیم) صرف ریاست کے کام اور دائرہ کار کی تقسیم ہے۔ یورپ میں اس کی بنیاد روح اور مادہ کی مابعد الطبیعیاتی دوئی اور تفریق ہے۔ اقبال کہتے ہیں کہ اسلام ابتدا ہی سے ایک سول سوسائٹی ہے جہاں قانون اپنی نوعیت میں سول ہے، اگرچہ عقیدے کی رو سے اس کا منبع وحیِ الٰہی ہے (اسلام اور احمدیت)۔

اقبال اس کا مزید تجزیہ کرتے ہوئے لکھتے ہیں:

> اسلام میں روحانی اور مادی دو الگ الگ خطے نہیں ہیں۔ کسی عمل کی ماہیت بظاہر کتنی ہی سیکولر کیوں نہ ہو، اس کا تعین عامل کے ذہنی رویے سے ہوگا۔ اگر اسے دنیاوی نقطۂ نظر سے دیکھا جائے تو دنیاوی اور دینی نقطۂ نظر سے دیکھا جائے تو ریاست دینی نظر آتی ہے۔ یہ کہنا درست نہیں کہ کلیسا اور ریاست ایک ہی چیز کے دو رخ یا دو حقیقتیں ہیں۔ اسلام ایک واحد ناقابل تقسیم حقیقت ہے۔ اسلام کو کلیسا یا ریاست قرار دینا نقطۂ نظر کا اختلاف ہے۔ اس اختلاف

کے نتائج دوررس ہیں اور اس لحاظ سے بہت ہی دقیق فلسفیانہ تجزیے کی متقاضی ہے۔

اصول تحقیق

اقبال نے اسلامی علمیات میں اصول تحقیق میں معروضیت کی بحث کا تجزیہ کرتے ہوئے تحقیق کی مقصدیت پر زور دیا ہے۔اس مقصدیت کا تقاضا ہے کہ غور وفکر کی یونانی طریقے کے برخلاف مابعدالطبیعیات کی بجائے طبیعیات اور مادی اور ٹھوس حقائق کا تجرباتی مشاہدہ کیا جائے اور استقرا کے طریقے سے نتائج کا استنباط کیا جائے۔ وہ لکھتے ہیں: ''مسلم ثقافت کے بارے میں پہلی چیز جو غور طلب ہے وہ علم کے حصول کے مقصد میں ٹھوس اور متناہی پر توجہ مرتکز رکھنا ہے۔ یہ بھی واضح ہے کہ اسلام میں مشاہدے اور تجربے کے طریق کار کی آفرینش یونانی فکر سے موافقت کا نتیجہ نہ تھا بلکہ اس سے مسلسل عقلی جنگ کا حاصل تھا۔''

حاصل بحث

اٹھارہویں صدی میں احیائے اسلام کی تحریکوں نے اس بات کی طرف توجہ دلائی کہ اسلامی معاشرت میں بدعات کا رواج تقدیس کے عمل سے وجود میں آیا۔اصلاحی تحریکوں نے بدعت کو قابل مذمت قرار دے کر اسے سنت کے دائرے میں واپس لانے کی کوشش کی۔ تقدیس کا عمل غیر دینی امور کو دین میں شامل کرنے اور ان کو مقدس بنانے کا نام ہے۔ انیسویں صدی میں استعمار کے خلاف جہاد کی تحریکوں نے سیاسی تقاضوں کے تحت مذہب کی حدود میں توسیع کی اور سیاسی جدو جہد کو تقدیس کے عمل کے تحت عبادت کا درجہ دیا۔ بیسویں صدی میں آزادی کی تحریکوں نے قومیت اور وطنیت کو مقدسات میں شامل کیا۔اسی صدی کے نصف آخر میں جب قومی ریاستیں قائم ہوئیں تو ریاست اور سیاست کے مذہبی یا سیکولر کی بحث چھڑی۔سیکولر مخالف مذہبی فکر نے سیکولرازم سے بچنے کے لیے دین کی حدود میں توسیع کرتے ہوئے تقدیس کے عمل سے ریاست کو بھی مقدسات میں شامل کرلیا۔ آزادی کے بعد جب دنیا دو قطبوں میں تقسیم ہوئی اور بعض مسلم ملکوں میں اشتراکیت پسند جماعتیں اقتدار میں آئیں تو متعدد مذہبی تحریکیں سامنے آئیں، جنھوں نے تقدیس کے عمل کے ذریعے مذہب کے دائرے کو مزید وسیع کرتے ہوئے کمیونزم، سوشلزم اور اسی قسم کے دیگر نظریات کو کفر قرار دیا اور اس کے مقابلے میں دوسرے نظریات کو تقدیس کے عمل کی مدد سے دین میں داخل کرلیا۔ جیسا کہ اوپر ذکر ہوا، ان تمام تغیرات اور تحریکات کے تجزیاتی مطالعات کے لیے جہاں مغربی علمیات اور مسلمات کا تنقیدی جائزہ ضروری ہے، وہاں اس بات کا جائزہ بھی ضروری ہے کہ مسلم تحریکات نے دین کی حدود میں توسیع یا مادیات کی تحدید کرتے ہوئے مقدسات میں کیا اضافے کیے ہیں۔

[بشکریہ 'تجزیات آن لائن'، یکم اپریل ۲۰۱۸ء]

اسلام پر صوفی ازم کے اثرات

جولین بالڈک

ترجمہ: انجینئر مالک اشتر

جولین بالڈک کنگز کالج لندن میں تقابل ادیان کے استاد ہیں۔ ان کی کئی کتابیں چھپ کر مقبول عام ہو چکی ہیں۔ زیر نظر مضمون دراصل ان کی کتاب 'Mystical Islam' کی تلخیص ہے۔

اسلام پر صوفی ازم کے اثرات سمجھنے کے لیے ان تاریخی اور سماجی حقائق کا مطالعہ ضروری ہے جو مشرق وسطیٰ اور خصوصاً عرب دنیا میں اسلام کے متعارف ہونے سے پہلے موجود تھے۔ ساتویں صدی عیسوی کے شروع میں اپنے عہد کی دو عظیم سلطنتیں اپنا وجود رکھتی تھیں یعنی بنی بازنطینی روم کا آخری دور، جو مصر، شام، فلسطین اور ترکی کے علاقوں پر محیط تھا۔ جبکہ دوسری جانب فارسیوں کی حکومت تھی جو ایران اور عراق پر مشتمل تھی۔ یہ دونوں سلطنتیں انحطاط پذیر تھیں جس کی بنیادی وجوہات میں اقلیتوں کے ساتھ بدسلوکی، جنگیں اور حکومتی اداروں کی من مانیاں سر فہرست تھیں۔ یہ تمام عوامل اس بات کے متقاضی تھے کہ اب ایک ایسی نئی تحریک عمل میں آئے جو عالمی بھائی چارے پر اپنی بنیاد قائم رکھے اور محرومین کے حقوق کے لیے آواز بلند کرے اور یہی وہ موزوں ترین وقت تھا جب صحرائے عرب سے ایک نیا دین سامنے آیا، حالاں کہ یہ خطہ پہلے مہذب دنیا کی نظروں سے اوجھل تھا۔ ابتدائی حالات سے پتہ چلتا ہے کہ اسلام نے دنیا کو ایک خوش نما تصور پیش کیا جس سے عربوں کے پرانے اور غیر مہذب رویے بہتر صورت میں سامنے آئے۔ اسلام کا اجمالی جائزہ بھی محل نظر نہ ہوگا۔

اسلام کا احیا کرنے والی عظیم شخصیت حضرت محمد صلی اللہ علیہ وآلہ وسلم ۵۷۰ عیسوی میں مغربی عرب کے مرکز مکہ میں متولد ہوئے۔ ۶۱۰ء میں انھیں جبرئیل فرشتے کی وساطت سے وحی ملنا شروع ہوئی جو خدائے واحد کے اصلاحی پیغامات اور عبادات پر مشتمل تھی اور جسے قرآن کی شکل میں مجتمع کیا گیا جہاں انھوں نے ایک اسلامی

حکومت کی بنیاد رکھی اور پھر وہیں ۶۳۲ء میں رحلت فرما گئے۔ حضورؐ کے بعد خلفائے راشدین کا دور دورہ رہا۔ خلیفہ دوم حضرت عمر فاروقؓ کے عہد (۶۳۴ - ۶۴۴ء) میں عربوں نے نہایت سرعت سے فلسطین، مصر، شام، عراق اور ایران پر قبضہ کرلیا۔ بعدازاں حکومت بنوامیہ کے ہاتھ آگئی اور دارالحکومت دمشق منتقل ہوگیا اور فتوحات کا سلسلہ جاری رہا۔ اس طرح اسپین اور ہندوستان تک اسلام پھیل گیا۔ اور اسلامی تاریخی روایات مخلوط ثقافت کے زیر اثر سیاسی اور سماجی اثرات سے متاثر ہونے لگیں۔

نومسلم؛ جو عربوں کے مفتوحہ علاقوں میں رہتے تھے، مقامی روحانی قدروں سے عہد قدیم سے ہی متاثر تھے۔ یہی وجہ ہے کہ بعض مؤرخین کی رائے میں اسلامی صوفی ازم نے عیسائیت کے روحانی ماحول میں نشوونما پائی ہے۔ جیسا کہ 'صوفی' قدیم عرب لفظ 'صوف' سے مشتق ہے جو اونی کپڑے کے مفہوم میں آتا ہے اور ایسے ملبوسات مشرق میں رہنے والے قدیم عیسائی صوفی استعمال کرتے تھے۔ اس کے علاوہ اسلام کی آمد سے پہلے کے عیسائی لوگوں کے کپڑے مثلاً مختلف رنگوں کے ٹکڑے آپس میں جوڑ کر گدڑی سلانے یا غم کا لباس جو عموماً کالے رنگ کا ہوتا، زیب تن کرنے کا رواج عام تھا۔ اگر عیسائی صوفی خیالات پر نظر ڈالی جائے تو یہ بات سامنے آتی ہے کہ ان میں تارک الدنیا ہونا مذہب کا حصہ قرار پاچکا تھا اور اسے یونانی نظریات نے مزید نکھارا؛ جس میں جسم کا تصور ایک فانی حیثیت سے سامنے آیا، غربت کو سراہا گیا اور مختلف عبادات پر زور دیا گیا جیسا کہ اسلامی صوفیا خیال کرتے ہیں کہ اللہ تعالیٰ نے نصرانیت میں رہبانیت کو قبول کرلیا تھا۔ اللہ تعالیٰ قرآن میں فرماتے ہیں؛ ''رہبانیت ان لوگوں نے (یعنی عیسائیوں نے) خود ایجاد کی تھی ہم نے اس کا حکم نہیں دیا تھا انھوں نے یہ طریقہ اللہ کی خوشنودی حاصل کرنے کے لیے اختیار کیا مگر اسے صحیح طور پر نبھا نہ سکے۔'' (سورہ حدید، آیت ۲۷)

عیسائیت کے ابتدائی اثرات اسلامی صوفی ازم میں نہیں ملتے جیسا کہ مجرد پن جسے سریانی زبان میں 'قدش' کہتے ہیں۔ اس میں ہمیشہ پاک صاف رہنے کے لیے خاندانی جھنجھٹ سے دور رہنے کا تصور تھا، لیکن اسلامی صوفی ازم یا سیروسلوک میں ایسا کوئی تصور نہیں ملتا اور کوئی صوفی معاشرے سے کٹ کر نہیں رہتا۔ اسلام میں خدا سے محبت کے پیمانے ایک خاص توازن پر قائم ہیں اس میں خدا کی سرپرستی بھی ضروری خیال کی جاتی ہے اور اس پر مکمل بھروسہ رکھا جاتا ہے۔ اسلام میں ابتدائی عیسائی دور کے چند اہم ثقافتی عوامل کا پرتو بھی ملتا ہے؛ مثلاً مصر جو کہ روایتی عیسائیت کا گڑھ تھا، جہاں رہبانیت عام تھی اور روزے رکھنے پر زور دیا جاتا تھا، اسی طرح ملک شام میں گوشت خوری پر قدغن تھی، سبزی کھانے کا دستور تھا اور عیسائی صوفی لوہے کے وزنی زنجیر زیب تن کرتے تھے اور مسلمانوں کے چند طبقے بھی ایسا کرتے ہیں، جب کہ عراق کی صورت حال کچھ مختلف تھی وہاں علمی ماحول پایا جاتا تھا اور اسے یونانی فلسفے کی روایات کا امین خیال کیا جاتا تھا۔

ایک اور قدیم روایت نے بھی اسلام میں خاصا فروغ پایا ہے جس میں خدا کے ناموں کو مسلسل دہرایا جاتا ہے اسے تورات میں 'ذکر' سے موسوم کیا گیا ہے۔ اسے اسلام میں عبادت کی شکل بھی دے دی گئی ہے اسے 'ذکراللہ'

کہتے ہیں، اس میں اللہ کے مختلف ناموں کا ذکر کیا جاتا ہے۔

سیر وسلوک میں انسان کو تین اجزا میں منقسم کیا گیا ہے جس میں ایک روح، دوسرا نفس اور تیسرا جسم ہے اور تعلیمات میں ذات کی نفی، پاکیزگی اور مکمل ادراک ضروری ہے اور پہلے مرحلے میں نفس پر قابو پانے کے لیے روزے رکھے جاتے ہیں۔ صدقہ خیرات تقسیم کیا جاتا ہے اور رات بھر جاگ کر عبادت کی جاتی ہے۔ دوسرے مرحلے میں پڑوسیوں سے محبت، انسانیت اور نیکی کے کام ہیں۔ صوفی ازم میں سیر وسلوک کے حوالے سے یہ دونوں مرحلے نہایت اہم ہیں یعنی حقوق اللہ اور حقوق العباد ان دونوں کے بغیر صوفی مکمل نہیں ہوتا اور پھر تیسرے مرحلے میں خدا کی خوشنودی حاصل ہو جاتی ہے جو کہ صوفی کا انتہائی مقام ہے۔ جس میں امن اور محبت کو فوقیت دی جاتی ہے۔

صوفی کو عربی میں 'فقیر' اور 'فارسی' میں درویش بھی کہا جاتا ہے، اس سے مراد ایک روحانی لبادے والا انسان ہے جو کہ صوفی سے بھی ماورا خیال کیا جاتا ہے، تمام درویش بھی صوفی نہیں ہوتے کیوں کہ کئی مجاہدوں اور محنت کے بعد درویشی حاصل ہوتی ہے۔

کئی مستند ذرائع سے پتہ چلتا ہے کہ عیسائیت کے شروع کے سالوں میں یہودی اور عیسائیوں کے مختلف امور پر رہن سہن اور تعلیمات وہی تھیں جو بعد مسلمانوں میں مقبول ہوئیں جیسے چند یہودی قوانین، بچوں کے ختنے، اور سینٹ پال کے نظریات کے برعکس یہ اعتقاد کہ حضرت عیسیٰ محض مسیح تھے خدا کے بیٹے نہیں تھے اور حضرت آدم کی طرح ایک پیغمبر تھے، اسی طرح عبادات سے پہلے وضو اور طہارت، اس کے علاوہ مباشرت کے بعد نہانے کا تصور، جنسی تعلقات کے بجائے رشتہ ازدواج پر زور دینا؛ یہ تمام قوانین پہلے سے رائج تھے۔ یہی وجہ ہے کہ اسلام کو وہاں پھلنے پھولنے میں کسی دقت کا سامنا نہیں کرنا پڑا۔ دوسری جانب یہ دیکھا گیا ہے کہ یہودیت نے اسلامی صوفیا پر براہ راست اثرات مرتب نہیں کیے لیکن ایسی حدود کا تعین ضرور کیا جس میں روحانیت کا پرتو جھلکتا ہے۔ یہی وجہ ہے کہ مسلمان صوفیا کی سوچ میں ایک ندرت اور واضح زاویۂ نگاہ پایا جاتا ہے۔ عیسائیت میں روحانیت کے حوالے سے گہرا فلسفہ موجود تھا جس سے مسلم صوفیا میں بھی وہی روحانی الفاظ مستعمل ہوئے جو عیسائی فقراء کے ہاں رائج تھے۔ یوں تو یہودی راہبوں کی چند صفات بھی دیکھنے میں ملتی ہیں مگر مسلم صوفیا میں ظاہر و باطن کے استعارے مشرقی عیسائیوں کی سریانی زبان سے خاصے متاثر معلوم ہوتے ہیں، جب کہ عبرانی میں محض سطحی اور عمومی درجے کی اثر پذیری پائی جاتی تھی، عربی جو کہ اسلام کی زبان تصور کی جاتی ہے، ان دونوں زبانوں کے باہمی اتصال کا نتیجہ ہی تھی۔ یہ بات بھی واضح ہے کہ یہودیوں کی رہبانیت یا روحانیت نے صوفی ازم کی احیا میں کوئی خاص حصہ نہیں لیا۔ فلپ جوڈیسی (۴۰ عیسوی) کے عہد کا مکتبۂ فکر جو ذومعنی اور تصوراتی اظہار پر زور دیتا تھا، بہت پہلے ہی دم توڑ چکا تھا صرف 'مرکباہ' یا 'تخت خدا' طرز کی روحانی جماعت کا تصور اسلام سے پہلے موجود تھا، جس میں خدا کے تخت کی جانب روح کی پرواز کے لیے سات سیاروں کے آسمانوں کے تصوراتی سفر کی نشاندہی کی گئی تھی؛ یہ تخیل یونانیوں کے روایتی فلسفے سے بھی جوڑ رکھتا ہے اور مسلمان صوفیا میں بھی ملتے جلتے نظریات فروغ پا چکے تھے۔ یہودی روحانیت

کا عظیم اسکالر گرہم شولم کے بقول فرانس میں ۱۲۰۰ عیسوی میں فروغ پانے والا 'قابلا' کے تصور سے پہلے اسلام میں یہودی روحانیت کا کوئی تصور نہیں ملتا۔ اس سے اس حقیقت کو بھی تقویت ملتی ہے کہ ۱۳ ویں صدی عیسوی تک مسلم ممالک کے بسنے والے یہودیوں نے صرف صوفیا کے نسخوں کو ہی نقل کیا تھا۔

'نیو پلوٹونک' اسکول کے اثرات بھی عیسائیت پر مرتب ہوئے جس سے صوفی ازم کو مزید تقویت ملی۔ افلاطون نے بذات خود عیسائی روحانیت کو مضبوط بنیادیں فراہم کی تھیں جس میں آلودہ حسیات سے روح کی اٹھان، علم کی انتہائی بلندی اور سچے حسن کی محبت وغیرہ شامل تھیں اور 'پلوٹونس' کے نئے مکتبہ فکر (۲۷۰ عیسوی) نے بھی اسی بنیاد پر اپنے نظریات کو مزید نکھارا اور روح اور وجوہات کی نئی منطق مربوط کی اور اس نظریے نے عیسائیت کو بھی متاثر کیا اور یہی یونانی اثرات جو کہ عیسائی مترجموں اور اساتذہ نے پیش کیے تھے دھیرے دھیرے نویں دسویں عیسوی میں مسلمانوں تک بھی آ پہنچے۔

'نیو پلوٹونک' مکتبہ فکر کے تخیلات کو فارسی شعراء نے آخری ۱۲ ویں صدی اور ۱۳ ویں صدی میں اپنے اشعار میں استعمال کیا اور اس میں کوئی شک نہیں کہ صوفی ازم کے کئی ایک اسباق اسی ذریعے سے آگے بڑھے لیکن اسکالرز نے اس جانب کوئی خاص دھیان نہیں دیا۔ یونانی فلسفے میں صوفی ازم کی ابتدا کے دوران 'سائنک' صوفیا کو بھی نظر انداز کیا گیا ہے۔ ان غیر مہذب یا آوارہ گرد بھکشوؤں نے معاشرے کے مروجہ اصولوں کو ایک طرف رکھتے ہوئے عرفان حاصل کرنے کے لیے مختصر راستہ اپنا لیا تھا اور ان کے اصول ان عیسائیوں سے ملتے جلتے تھے جو اپنے آپ کو خاصا حقیر خیال کرتے تھے۔ خیال کیا جاتا ہے کہ سائنک کا تصور عیسائیت سے ہوتا ہوا صوفیا تک پہنچا۔ چھٹی اور ساتویں عیسوی میں سائنکوں کا کوئی ذکر نہیں ملتا جس کا مطلب یہ ہے کہ انھوں نے اپنے آپ کو مکمل طور پر عیسائیت کی رہبانیت میں ڈھال لیا تھا اور پھر انھوں نے آوارہ گرد بھکشوؤں کا روپ دھار لیا۔ ان کے پیرو کار بعد میں مسلمان درویش کی صورت میں نظر آتے ہیں۔

خیال کیا جاتا ہے کہ سائنک کی جڑیں یونان سے بھی قدیم مشرقی اور شمالی ایشیا کے اسکول 'شامن ازم' میں پیوستہ تھیں جس میں جادو، بارش برسانا، بیماروں کو شفا بخشنا اور آسمان کی جانب پرواز کا تذکرہ موجود ہے۔ شامن ازم کے حوالے سے ایک نہایت اہم مسئلہ درپیش رہا ہے کہ اس نام کا مذہب دنیا کے ہر خطے میں ملتا ہے اور کئی شواہد سے پتہ چلتا ہے کہ اس اسکول نے صوفیا کے تصور کو براہ راست متاثر کیا ہے جیسا کہ رقص درویش کا تصور ہے جو کہ بارش برسانے کے حوالے سے اہم خیال کیا جاتا ہے اور یہ روایت مشرقی ایشیا سے آئی ہے، جب کہ خوبصورتی کو سراہنے کا تصور ترکوں کے ہاں ملتا تھا۔ اسی طرح ہوا میں صوفیا کے اڑنے کا تصور شمال مشرقی ترکوں کے ہاں پہلے سے ہی مستعمل تھا اور اپنی ذات کی نفی بھی صدیوں سے ان علاقوں میں فروغ پا رہی تھی۔ موجودہ دور کے جدید فلاسفر ان نظریات کو 'شامن' کے ساتھ جوڑنے سے ہچکچاتے ہیں ان کی رائے میں یہ روایات قدرتی ماحول میں خود بخود فروغ پا رہی تھیں اور ان کے پیچھے کسی خاص گروہ کی کوئی متحرک قوت موجود نہیں تھی۔

مشرق وسطیٰ میں دوسری صدی عیسوی کے لگ بھگ بحیرہ روم کے اردگرد پنپنے والا ایک نیا مکتبۂ فکر یعنی اگناسٹک ازم بھی روحانی طور پر 'شامن' سے متاثر دکھائی دیتا ہے۔ یہ اسکول بلند تر علم (اگناسس) کو متقی لوگوں کی میراث سمجھتا ہے۔ اس تحریک کی تعلیمات اس بنیاد پر قائم ہیں کہ ہر انسان میں ایک الہامی روشنی پائی جاتی ہے جو اس کی خلقت کے وقت وجود کا حصہ قرار پاتی ہے۔ اسلام سے پہلے یہ تصورات عرب دنیا کے شمالی علاقوں میں بسنے والے یہودی عیسائی اپنا چکے تھے اور اس سے بھی انکار ممکن نہیں کہ مسلمان صوفیا بھی 'اگناسٹک' اثرات سے محفوظ نہ رہ سکے۔

عراق کی سرزمین کے مسلمان ان نظریات کے حامی سمجھے جاتے ہیں۔ 'اگناسٹک' اسکول کے اثرات مسلمانوں کے شیعہ مکتبۂ فکر میں بھی پائے جاتے ہیں۔ ماضی میں اسلام پر صوفی ازم کے اثرات کو آریا اور ہندو یورپی نسلی خیالات پر بھی جانچنے کی کوشش ہوئی ہے، کیوں کہ سریانی عرب ماضی میں ایرانیوں کے محکوم بھی رہ چکے تھے لیکن ایران میں پائے گئے مذاہب اور روحانیت سے اس قدر سروکار نہیں رکھتے تھے ان میں مزدک اور زرتشت کی مثال دی جاسکتی ہے، جب کہ اسلام کے ظہور کے وقت یہ دونوں ہی خاصی کمزور صورت میں آخری سانسیں لے رہے تھے۔

ایرانی عوامل کا صوفی ازم پر اثرات ایک طویل بحث کا حامل موضوع ہے اور استغراق اور مراقبے صدیوں کا سفر طے کر کے ایران میں رائج تھے۔ سانس پر قابو پانے کی مشقیں صوفیوں نے ہندوستانیوں سے سیکھیں اور پھر عیسائیوں نے انھیں اپنایا، حالاں کہ ۱۳ویں صدی سے پہلے ان میں ایسی کوئی کیفیت موجود نہیں تھی مثلاً الٹا لٹک کر عبادت کرنا، کنویں میں معلق ہو جانا یا بلیڈ کا استعمال یقیناً یہ طریقے بدھسٹ سے مسلمانوں نے عیسائیوں کے حوالے کیے۔ ۱۳ویں اور ۱۴ویں صدی میں صوفیا نے رنگوں کے استعمال کا ہنر ہندوستان کے ہندوؤں سے ہی سیکھا تھا۔

قرآن کے اثرات

قرآن ایک گہری کتاب ہے، اس میں بعض آیات تو واضح ہیں مگر بعض متشابہات پر مشتمل ہیں، اس لیے اس کو سمجھنے کے لیے خاص تدبر اور علم کی ضرورت ہے۔ قرآن میں عیسائیوں اور ان کے رہبانیت کے حوالے سے ہمدردی کے جذبات پائے جاتے ہیں مثلاً ''یقینی طور پر تم یہود اور مشرقین کو مومنین کی دشمنی میں سب لوگوں سے بڑھا ہوا پاؤ گے لیکن وہ لوگ کہ جو خود کو عیسائی کہتے ہیں انھیں تم مومنین کے ساتھ دوستی میں قریب تر پاؤ گے۔ اس کی وجہ یہ ہے کہ ان میں کچھ دانشمند اور دنیا سے دور افراد موجود ہیں اور وہ حق کے مقابلے میں تکبر نہیں کرتے۔ اور وہ جس وقت پیغمبر پر نازل ہونے والی آیات سنتے ہیں تو تم دیکھو گے کہ ان کی آنکھوں سے (فرط شوق میں) آنسو جاری ہو جاتے ہیں کیوں کہ انھوں نے حق کو پہچان لیا ہے۔ وہ کہتے ہیں پروردگار!

ہم ایمان لے آئے ہیں پس تم ہمیں حق کی گواہی دینے والوں میں لکھ لے۔'' (۵: ۸۲-۸۳) قرآن میں بعض جگہ پر عیسائیوں کو گمراہ ہو جانے کی تنبیہ بھی کی گئی ہے مثلاً ''وہ خدا کے مقابلے میں علما اور راہبوں (تارکین دنیا) کو ہی معبود قرار دیتے ہیں اوراس طرح مریم کے بیٹے مسیح کو، حالاں کہ انھیں حکم دیا گیا ہے کہ ایک ہی معبود جس کے سوا کوئی معبود نہیں کے علاوہ کسی کی عبادت نہ کریں۔ وہ اس سے پاک ومبرا ہے کہ جسے اس کا شریک قرار دیتے ہیں۔'' (۹: ۳۱)

> اے ایمان والو: (اہل کتاب کے) بہت سے علما اور راہب لوگوں کا مال باطل طور پر کھاتے ہیں اور (انھیں خدا کی راہ سے روکتے ہیں اور وہ جو سونا چاندی کا خزانہ جمع کر (اور چھپا کر) رکھتے ہیں اور خدا کی راہ میں خرچ نہیں کرتے انھیں دردناک عذاب کی بشارت دے دو۔ (۸: ۳۴)

قرآن خدا اور بندے کے درمیان ایک معاہدے کا ذکر کرتا ہے جو مشرق کے عیسائیوں میں بھی خاصا مقبول تصور کیا جاتا رہا ہے۔ ''اس وقت کو یاد کرو جب تمھارے پروردگار نے اولاد آدم کی صلب سے ان کی ذریت کو لیا اور انھیں ان کے اپنے نفسوں پر گواہ بنا دیا (اور پھر ان سے سوال کیا) کیا میں تمھارا پروردگار نہیں ہوں، انھوں نے کہا کہ ہاں ہم گواہی دیتے ہیں (خدا نے ایسا کیوں کیا) اس لیے کہ وہ قیامت کے دن یہ عذر پیش نہ کریں کہ ہمیں معلوم نہ تھا۔'' (۷: ۱۷۲)

قرآن حکیم میں اولیا کرام کا ذکر بھی ملتا ہے۔ اس کے علاوہ اولیا اللہ اور خدا کے درمیان محبت کا تذکرہ بھی آیا ہے جسے صوفیا عموماً اپنی طرف اشارہ سمجھتے ہیں۔ (۱۰: ۶۲) ایک مثال اور بھی ہے مثلاً ''اے ایمان والو! تم میں سے جو کوئی اپنے دین سے پھر جائے گا (وہ خدا کا کوئی نقصان نہیں کرے گا) خدا آئندہ ایک ایسا گروہ لے آئے گا جسے وہ دوست رکھتا ہے اور وہ لوگ (بھی) اسے دوست رکھتے ہیں جو مومنین کے سامنے متواضع اور کفار کے مقابلے میں طاقتور ہیں اور وہ راہ خدا میں جہاد کرتے ہیں اور سرزنش کرنے والوں کی سرزنش سے نہیں ڈرتے۔ یہ خدا کا فضل و کرم ہے، وہ جسے چاہتا ہے (اور اہل سمجھتا ہے) عطا کرتا ہے اور (خدا کا فضل) وسیع ہے، اور خدا جاننے والا ہے۔'' (۵: ۵۴) قرآن میں بھی متعدد جگہ انجیل کی طرح اللہ کے ذکر پر زور دیا گیا ہے۔ (دیکھیے ۵: ۹۱ اور ۱۳: ۲۸ وغیرہ وغیرہ) اس کے علاوہ نفس، روح، امر اللہ، کا تذکرہ بھی بدرجہ اتم موجود ہے جس کا صوفیا کے ہاں ایک خاص مقام ہے۔ علاوہ ازیں قرآن میں قلبِ سلیم (۲: ۹۷ اور ۲: ۲۰۴ وغیرہ وغیرہ) کا ذکر بھی مرقوم ہے۔ اس طرح صوفی روح، جسم اور دل کے درمیان جنگی کیفیت سے دوچار رہا ہے اور پھر کہیں جا کر اسے پاکیزگی اور سچائی نصیب ہوتی ہے۔

روایات اور احادیث کے اثرات

حدیث سے مراد وہ رپورٹ ہے جو کہ حضرت محمدؐ سے منسوب ہوتی ہے یا وہ عمل جو انھوں نے انجام دیا ہوتا ہے، اس کا لفظی مطلب خبر بھی ہے۔ پہلے پہل یہ ایک نسل سے دوسری نسل تک منتقل ہوتی رہیں جس کی وجہ سے چند غریب اور غلط روایات بھی شامل کر لی گئیں، جب کہ ان احادیث کو جمع کرنے کا کام ۹ویں صدی عیسوی میں انجام پایا تصوف میں احادیث بنیادی کردار رہا ہے۔ خصوصاً حدیث قدسی کے حوالے سے خاصی روحانی غذا ملتی ہے۔ یہودیوں اور عیسائیوں میں بھی ایسے نظریات دیکھے گئے ہیں جو ان احادیث سے خاصے ملتے جلتے ہیں۔ مثلاً ایک حدیث قدسی ہے: ''میرا بندہ میرے قریب آنے کے لیے دن رات محنت کرتا ہے حتیٰ کہ وہ میری محبت جیت لیتا ہے اور جب میں اس سے محبت کرتا ہوں تو میں اس کے کان میں جاتا ہوں جن سے وہ سنتا ہے، اس کی آنکھیں بن جاتا ہوں جن سے وہ دیکھتا ہے اس کے ہاتھ بن جاتا ہوں جن سے وہ کام کرتا ہے اور اس کے پاؤں بن جاتا ہوں جن سے سفر کرتا ہے۔'' بعض احادیث ایسی ہیں جن میں خدا، حضورؐ کی وساطت سے نہیں بولتا بلکہ حضورؐ سے مروی ہوتی ہیں جیسے کہ وہ فرماتے ہیں،''عاجزی میری شان ہے۔'' احادیث اور روایات سے ہی یہ پتہ چلتا ہے کہ وہ آسمانوں تک بلند کیے گئے اور خداوند کریم کے رُوبرو حاضر ہوئے اور شرف ملاقات حاصل کی۔ اس کے علاوہ سیرت کی تمام کتابیں بھی انھی روایات کی روشنی میں ترتیب دی گئی ہیں۔ اصحاب صفہ کے حوالے سے بھی ایک جماعت سامنے آئی ہے، حضورؐ کے زمانے میں مدینہ کے غریب اور نادار لوگوں کا ایک جتھا حضورؐ کے اردگرد جمع رہتا تھا اور وہ جس مقام پر تشریف فرما ہوتے تھے ،اسے صفہ سے تعبیر کیا جاتا تھا۔شاید صوفی کی وجہ تسمیہ میں ایک یہ عنصر بھی شامل ہو، کیوں کہ اہل صفہ نے متعدد احادیث رقم کی ہیں، 'صفہ' سے مراد چبوترا ہے۔

صوفی کا لفظ کب مستعمل ہوا، اس کے متعلق خاصا ابہام پایا جاتا ہے۔ حالیہ برسوں میں گوران اوگن کی تحقیق سامنے آئی ہے اس کی رائے سے مکمل اتفاق تو نہیں کیا جاسکتا تاہم اس کے بقول مسلم صوفیا میں سب سے پہلے عراق کا باشندہ ابو ہاشم ہی پہلا شخص مانا جاتا ہے جو صوفی کے لقب سے مشہور ہوا کہا جاتا ہے کہ اس کا انتقال ۷۷۶ء کے لگ بھگ ہوا لیکن اس توجیہ پر بھی مکمل اعتماد نہیں کیا جاسکتا، کیوں کہ یہ ان مسلم شہادتوں کے خلاف ہے جن کے بقول یہ اصلاح ۸۱۶ء کے قریب منظر عام پر آئی، اس سے پہلے یہ تارک الدنیا لوگ مختلف ناموں سے پہچانے جاتے تھے۔ ۷۷۶ء میں ایسا کوئی گروہ نظر سے نہیں گزرا جو اپنے آپ کو صوفی کہلاتا ہو۔ البتہ نویں صدی میں عباسی خاندان کی حکومت کے دوران خلیفہ کے دارالحکومت بغداد میں ایسے عناصر کی موجودگی کا پتہ چلتا ہے۔ عباسیوں نے ہی دمشق کی بنوامیہ کی حکومت کی جگہ عنان اقتدار سنبھالی تھی۔

عمومی طور پر یہی خیال کیا جاتا ہے کہ صوفی کا اصل مطلب ہے اون کا لباس پہننے والا اور عربی میں اس

کے لیے 'صوف' کا لفظ استعمال ہوتا ہے۔ اسلام سے پہلے قدیم عیسائیوں میں اون کا استعمال عام تھا اور وہ اسے بیٹھنے کے لیے چادر کے طور پر بچھاتے تھے جس سے قبر مراد لی جاتی تھی، جس پر بیٹھنے سے دنیاداری کے حوالے سے وہ اپنے آپ کو مردہ تصور کرتے تھے۔ اس طرح مسلمانوں میں رفتہ رفتہ یہ خیال در آیا کہ اصل ملنگ ہی اونی لباس زیب تن کرتا ہے اسی طرح وہ ادنیٰ خیالات کا حامل بن جاتا ہے اور پھر اس میں انسانیت عود کر آتی ہے سب جانتے ہیں کہ قرونِ اولیٰ کے صوفیوں نے اس لباس کو اپنایا اور پھر خود ہی صوفی کا نام بھی تجویز کر دیا۔

۱۸۹۳ء میں البرٹ مرکس کا ایک نیا نظریہ سامنے آیا، اس کے خیال میں صوفی کا مطلب 'اونی لباس' پہننے والا نہیں ہے، کیوں کہ منطقی طور پر عربی لفظ 'صوفی' کا ترجمہ کیا جائے تو اس کا مطلب ہوگا 'اون کا بنا ہوا' یا پھر 'اون کا کاروبار کرنے والا'؛ اس کے بقول صوفی کا ماخذ یونانی لفظ 'صوفس' یعنی دانا حکیم ہے جیسا کہ یونانی لفظ 'فیلوسفس' یعنی فلاسفر عربوں میں آکر 'فیلسوف' کی شکل اختیار کر گیا۔ اس کے علاوہ صوفی ازم کئی حوالوں سے یونانی فلاسفی یعنی پولوٹونسٹ روایات سے بھی ملتا جلتا ہے اور یہ لفظ یعنی صوفی اسی وقت منظر عام پر آیا جب یونانی فلاسفی کو عربی میں ترجمہ کیا جا رہا تھا۔ اور اسے ۷۵۰ عیسوی سے ہی بغداد کے عباسی خلفا کی سرپرستی بھی حاصل تھی۔

بہر حال اس بات سے انکار ممکن نہیں کہ یہ الفاظ پہلے سے ہی موجود الہامی مذاہب میں بھی نشوونما پا رہے تھے مگر اس وقت ان کی درست سمت کا تعین نہیں ہوا تھا۔ اب ان مضبوط شواہد پر نظر ڈالتے ہیں جو کتابوں کی صورت میں نویں صدی کے اردگرد وجود میں آئے۔ یہ قصے ان روایات اور معروضی واقعات پر مشتمل تھے جو اس زمانے میں زبان زد عام تھے اور انھوں نے رفتہ رفتہ صوفی ازم کے ڈھانچے کو مضبوط بنیادوں فراہم کیں۔ اس دور کی ایک قدآور شخصیت حارث محاسبی ہے جو ۸۵۷ء میں فوت ہوئے، جوزف وین ایس کے بقول وہ نہ تو صوفی تھے اور نہ ہی درویش بلکہ ایک متقی اور نیک شخص تھے۔ ان کا کسی خاص مکتبۂ فکر سے تعلق نہیں تھا، ان کو یونانی اثرات کے خلاف آزاد خیال رویے اور منفرد نظریات کی وجہ سے کئی مسائل کا سامنا کرنا پڑا۔ وہ صوفی ازم کے مختلف مراحل طے کرنے کے لیے 'مقامات' کے قائل نہیں تھے، حالاں کہ روحانیت میں ان کی اہمیت سے انکار ممکن نہیں، وہ صرف خدا کے خوف کا تذکرہ کرتے تھے اور مذہبی ذمہ داریاں بجالانے پر زور دیتے تھے۔ وہ نفس پر قابو پانے کی تلقین کرتے، انھوں نے 'ریا' کے حوالے سے لوگوں میں منافقانہ رویوں کی پُرزور مخالفت کی۔ اس کے علاوہ انھوں نے غیر مساویانہ تقسیم، معاف کر دینے کی عادت اور دل کی دیگر روحانی بیماریوں کا تذکرہ کیا ہے۔ اس کے علاوہ خدا کی خاطر لوگوں سے محبت کے پیغام کو عام کرتے ہیں۔ وہ اس وقت کے صوفیا کے اونی کپڑوں یا چیتھڑوں کے لباس کو راہبوں کی باقیات سے تعبیر کرتے تھے، وہ مراقبہ اور نفس کے محاسبہ کا کمال مقام رکھتے تھے۔ ان کے متعلق بعد میں آنے والے تاریخ دانوں نے لکھا ہے کہ وہ سما،

شاعری اور موسیقی کو خدا سے لو لگانے کی حد تک پسند کرتے تھے۔ محاسبی نے صوفی کی ابتدا کو مکہ، شام، عراق اور جنوبی افریقہ کی پیداوار قرار دیا ہے۔

مصر کے رہنے والے ذوالنورین مصری بھی اپنے عہد کے مشہور صوفی تھے، وہ ۸۶۱ء کے لگ بھگ فوت ہوئے، انھوں نے کیمسٹری، جادو اور ادویات مذہب میں متعارف کرائیں، بطور استاد انھوں نے سیر وسلوک کا براہ راست علم (معرفت) سے خدا اور مختلف علمی منزلوں (مقامات) کو زیر بحث لایا اور صوفیا کے راستے (احوال) کی نشاندہی بھی کی۔ اس پر بھی کچھ نوافلاطونی فلسفہ کے اثرات نظر آتے ہیں جیسے کئی دھاتوں کی کیمسٹری اور ادویات کا استعمال خالصتاً یونانی تہذیب سے مماثلت رکھتا ہے۔ اسی طرح اپنے نظریات کے حوالے سے ذوالنورین اور محاسبی دو قطبین پر بیٹھے نظر آتے ہیں۔

بایزید بسطامی کا تذکرہ بھی مختلف حوالوں سے ملتا ہے۔ وہ شمالی ایران کے شہر بوستان کے باشندے تھے اور ۸۷۵ء میں فوت ہوئے۔ ان سے متعدد وضائف منسوب ہیں جو کہ 'شاتھ' کہلاتے ہیں۔ ان کی تعلیمات میں ہندوؤں کی مقدس کتب اپنشد اور ویدانت کے حوالے سے مماثلت بھی ملتی ہے لیکن اغلب خیال یہی ہے کہ انھوں نے روحانیت کے حوالے سے جن واقعات کا تذکرہ کیا ہے وہ قرآن سے مستعار لیے ہیں۔ ان کے متعلق کہا جاتا ہے کہ شاید وہ پہلے شخص تھے، جنھوں نے 'فنافی اللہ' کا نظریہ پیش کیا۔

ایک اکابر سہل بن عبداللہ تستری کا شمار اپنے دور کے جید صوفیا میں ہوتا ہے، نفس کے مجاہدے کے حوالے سے فرقہ سہلیہ ان سے منسوب ہے۔ ان کا انتقال ۸۸۶ء میں ہوا۔ وہ جنوب مغربی ایران میں پیدا ہوئے اور پھر مغربی عراق کے شہر بصرہ کی راہ لی۔ ان کی تعلیم کے مطابق خدا نے سب سے پہلے اپنے نور سے محمدؐ کو تخلیق کیا اور پھر صدیوں کے بعد حضرت آدم کی خلقت عمل میں آئی اور یوں دنیا کا سلسلہ آگے چلا۔ تستوری کے بقول، اگلے جہاں میں وہی لوگ کامیاب ہوں گے جو خدا کی نعمتوں کا شکر بجا لائیں گے اور مشکلات میں ثابت قدم ہوں گے اور یوں ہمیشہ کی 'بقا' انھیں نصیب ہوگی، وہ خدا کی حقیقی تجلی سے مستفید ہوں گے۔ وہ کہتے ہیں کہ روح کے اندر 'سیر' پوشیدہ ہے جس کی وساطت سے خدا بندے سے گفتگو کرتا ہے۔ ان کی تعلیمات کا دارومدار 'یقین' پر قائم ہے۔ یقین پر ان کا خاصا اعتقاد تھا وہ 'نورالیقین' کو خدا کا بندے سے قرب کا وسیلہ قرار دیتے ہیں جس سے علم الیقین پیدا ہوتا ہے جو 'حق الیقین' کو تقویت دینے کا باعث ہے۔ وہ مکاشفہ کا درس بھی دیتے ہیں، جیسا کہ خدا حضرت موسیٰ سے صحرائے سینا میں مخاطب ہوا۔ ان کی تعلیمات میں 'معائنہ' کا تذکرہ موجود ہے، مثلاً خدا نے حضرت ابراہیم کا غیبی مظاہرے سے ایمان مضبوط کیا اور 'مشاہدے' کے زمرے میں حضورؐ کی معراج کا واقعہ ایک واضح مثال ہے۔ علم الیقین کے نور کی مثالوں میں انھوں نے راست باز علم اور مذہب کی سمت ہدایت کو فوقیت دی۔

تستوری کے ایک ہم عصر خاراز تھے، یہ دونوں صوفی ازم کے بانیوں میں تصور ہوتے ہیں۔ انھوں نے

۸۹۹ء میں وفات پائی۔صوفی روایات میں انھیں پہلا شخص تسلیم کیا جاتا ہے جنھوں نے بغداد میں سب سے پہلے 'فنا' اور 'بقا' کا فلسفہ روشناس کرایا۔خاراز کی کتاب 'کتاب صدق' خاصی مقبول ہوئی جس میں صدق یعنی سچائی کو زیر بحث لایا گیا ہے۔وہ پیغمبر کے درجے کو خدا کے بعد سب سے بلند خیال کرتا ہے جبکہ نیک لوگوں کی روحوں کو روشنی کی اور برے لوگوں کو اندھیرے کی پیداوار قرار دیتا ہے۔

ایک اور صوفی ترمذی ۸۳۵ء میں پیدا ہوئے۔وہ روسی وسطی ایشیا سے تعلق رکھتے تھے۔انھوں نے ستائیس برس تک علم، فقہ، حدیث وغیرہ کی تعلیم حاصل کی، جب انھوں نے مکہ جا کر حج کیا تو دنیا چھوڑنے کا فیصلہ کرلیا۔جب انھیں کوئی استاد کامل نہ ملا تو حضورؐ نے خود خواب میں آکر ان کی رہنمائی کی، چنانچہ اس طرح کچھ عالم رفقا کا ساتھ میسر آ گیا۔کچھ دشمنوں نے ان کی تعلیمات کے حوالے سے خدا اور بندے کے درمیانی رشتے کو غلط انداز میں پیش کرنے پر صوبائی گورنر کو رپورٹ کی، نتیجتاً ان کے محبت کے موضوع پر مزید اظہار خیال کرنے پر پابندی عائد کردی گئی۔اپنی انا کے خلاف جنگ لڑتے ہوئے ایک رات انھیں دلچسپ واقعہ پیش آیا۔محلے کے کتے ان کے گرد جمع ہو کر بھونکنے لگے مگر وہ مطمئن رہے۔انھیں یوں لگا کہ چاند اور ستارے زمین پر اتر آئے ہیں، انھوں نے ایک انتہا کے اطمینان، محبت اور تسکین ذات کا تجربہ کیا اور وہ خدا کی حکومت کا قرب حاصل کرنے کے قریب پہنچ گئے۔دشمن ان کا گھیراؤ کرتے لیکن وہ اپنے الفاظ کی طاقت سے عوام الناس کے دل جیت لیتے تھے۔ایک مرتبہ انھیں خواب میں ہدایت کی گئی کہ بھوکا پیاسا رہنا ترک کردے اور غربا اور کمزور لوگوں کی مدد کے لیے میدان میں اترے۔

ترمذی نے اولیا کے متعدد درجات اور اقسام بیان کی ہیں، وہ یونانی آفاقی ذہنیت اور منطق سے کماحقہٗ آگاہی رکھتے تھے جو کہ بالا آخر انتہائی حکمت پر منتج ہوتی تھی، وہ دل کی مختلف تصاویر سامنے لاتے ہیں اور اس کو تین، چار اور سات اعضا پر منقسم کرتے ہیں جن میں دل کو بادشاہ کا درجہ حاصل ہے اور ذہانت اس کا وزیر اعظم ہے۔

ترمذی استاد کے سامنے زانوئے علم تلمذ کے نہ تو قائل ہیں اور نہ صاف انکار کرتے ہیں، چونکہ انھوں نے خود کتابی علم حاصل کیا، اس لیے روحانی طلبا پر یہ انتخاب چھوڑ دیتے ہیں اور یہ بھی نصیحت کرتے ہیں کہ مکمل طور پر استاد کا محکوم بھی نہیں ہونا چاہیے۔وہ کہتے ہیں کہ اپنی انا پر قابو پاؤ، اس سے خدا کی تجلی کی جانب رہنمائی ملتی ہے۔

صوفیا میں جنید بغدادی کا مقام بعض اوقات سب سے بلند مانا گیا تاہم ۹۱۰ء میں فوت ہونے والی یہ شخصیت روحانی دنیا کی ایک بہت معزز ہستی سمجھی جاتی ہے۔انھوں نے اپنے تجربات کی روشنی میں نئے تصورات پیش کیے جن کا علمی استدلال دو اہم ستونوں کے گرد گھومتا ہے یعنی 'convenant' اور 'فنا' جن کا آپس میں چولی دامن کا ساتھ ہے۔وہ اولیا کی بقا، فنا میں ڈھونڈتے ہیں۔وہ روحانی درجوں کا ذکر کرتے ہیں،

جوایک ایک کر کے راہ میں آتے ہیں لیکن یہ صوفی کی پہچان کا پیمانہ نہیں ہوتے اور نہ ہی اس کی منزل قرار پاتے ہیں، وہ فنا کو ہی انتہائی درجہ قرار دیتے ہیں جو بقا کا ضامن ہے اور یہی نفس مطمئنہ کا موجب بھی ہے اور یہی صوفی ازم کی سند بھی قرار پاتا ہے۔ جنید بغدادی نے ابو یزید کی پرندے کی طرح کی اڑان کی مخالفت کی ہے۔ وہ کہتے ہیں کہ ابو یزید نے مزید آگے کی روحانی منازل طے کی ہوتیں تو وہ پرندوں، اجسام، فضاؤں اور اس طرح کی دوسری خرافات کا تذکرہ نہ کرتے۔ وہ باغیانہ عوامل اور خیالات کو محرومی اور گناہ کا باعث سمجھتے ہیں اور اسلامی شعائر پر نکتہ چینی کو لغو اور بے ہودہ قرار دیتے ہیں۔ وہ صوفیا کے لباس سے بھی عاری تھے اور حارث محاسبی کے بھی شاگرد تھے۔

صوفیا کے سلسلے میں ایک مشہور شخصیت حسین بن منصور حلاج کا ذکر بھی ضروری ہے جنھیں ۹۲۲ء میں بغداد میں تختہ دار پر لٹکا دیا گیا۔ وہ جنوبی ایران میں ۸۶۰ء کے لگ بھگ پیدا ہوئے اور تستری کے شاگردوں میں شامل تھے۔ وہ عراق میں جنید کے حلقۂ اثر کو نظر انداز کرنے کے بعد واپس ایران لوٹ آئے، وہاں آ کر انھیں شہرت ملی مگر ان کی تعلیمات صوفیا میں ہلچل پیدا کرنے کی موجب بنیں۔ انھوں نے اس مخصوص لباس سے بھی برأت کا اظہار کیا جو اس دور میں صوفی حضرات میں پہننے کا رواج عام تھا۔ بالآخر وہ بھی بغداد آ کر آباد ہو گئے۔ وہ عوام میں تبلیغ کرتے، بعض نے ان پر شعبدہ بازی کا الزام لگایا، کچھ لوگوں کے خیال میں وہ معجزے یا جادو کرتے تھے، چنانچہ انھیں گرفتار کر کے جیل بھیج دیا گیا جہاں بعد ازاں انھیں پھانسی دے دی گئی۔ ان پر الزام تھا کہ وہ کہتے پھرتے ہیں کہ مکہ میں جائے بغیر بھی حج کا فریضہ ادا ہو جاتا ہے۔ اس کے علاوہ ان کو شیعہ مکتبۂ فکر کا ایجنٹ سمجھا گیا، مزید برآں ان کی ذو معنی تعلیمات سے انھوں نے 'انا الحق' کا نعرہ بلند کیا جس کا مطلب 'خدا' لیا گیا۔ انھوں نے اشعار بھی تحریر کیے۔ یہ تمام صوفیا اپنے زمانے کے ذہین لوگ تھے، نہ تو یہ پیشہ ور فلسفی تھے اور نہ ہی باقاعدہ اسکالر سمجھے جاتے تھے۔ یہ لوگ اپنے عقائد اور طریقہ کار کو کسی واضح حقائق سے پیش نہیں کرتے تھے۔ ان تمام میں موروثی طور پر روحانیت اور اولیا کے اوصاف موجود تھے۔ مگر انھوں نے محبت، انا، وجود، بقا، فنا، نفس اور روح کے متعلق اپنے اپنے عقائد وضع کر لیے تھے، خدا سے بندے کا تعلق اور اس کی ذات سے بے پایاں محبت کے سلسلے صوفیا کا بنیادی مرکز نگاہ رہا۔ مفکر خیال کرتے ہیں کہ یہ اولیا خدا کے خاص بندے تھے اور پیغمبرؐ کے بعد ان کی حیثیت مسلم تھی۔ بعض اسکالرز یہ بھی کہتے ہیں کہ یہ لوگ اپنی ہی پہچان کی بھول بھلیوں میں بھٹک گئے تھے۔

۱۰ ویں صدی کے شروع تک صوفی ازم کے مکتب نے اپنے آپ کو باقاعدہ منوالیا تھا اور ان کے اصول اور ضابطے مرتب ہو گئے، لیکن جہاں تک صوفیا کی جماعت کا تعلق ہے، اس کے خدوخال ابھی واضح نہیں تھے تاہم ۱۵ ویں صدی کے اختتام تک یہ مضبوطی سے اپنے قدم جما چکے تھے۔

عباسی حکومت ۹ ویں صدی میں اپنے عروج کی حدوں کو چھو رہی تھی اور ثقافتی سرگرمیاں بھی زوروں پر

تھیں، جب کہ عراق کی شہری زندگی بھی آسائشوں کے حوالے سے اوجِ ثریا پر تھی تاہم ڈاکہ زنی اور راہ زنی کی وارداتیں عام تھیں اور ظالمانہ کارروائیاں بھی کسی طرح کم نہ تھیں۔ پہلے پہل یہی خیال عام تھا کہ شاید صوفیا کی تحریک دولت کے ارتکاز اور امرا کے اللوں تللوں کے ردعمل کے طور پر سامنے آئی لیکن اب مختلف شواہد سے ظاہر ہوتا ہے کہ یہ نظریہ اس دور کے مراعات یافتہ طبقے اور شہروں کے بسنے والے نسبتاً امیر لوگوں کے اختراع پر مبنی ہوسکتا ہے، جنھوں نے رہبانیت کو محض اس لیے ہوا دی تا کہ اپنی دنیاوی آسائشوں کا تحفظ کر سکیں اور اس وقت نسخے ہاتھوں سے لکھے جاتے تھے، اس لیے کتابیں خاصی مہنگی ہوتی تھیں۔ ۱۰ ویں صدی کے وسط میں جو پچاس سال کا صوفیا کی تحریک کے حوالے سے قحط الرجال آیا اس کے پیچھے عراق کا معاشی بحران تھا جس نے لٹریچر کو بھی متاثر کیا۔ یہی وجہ ہے کہ منصور حلاج اور ترمذی کے درمیانی وقفے میں مکمل خاموشی طاری رہی۔ دسویں صدی کے اس اقتصادی بحران نے سیاسی اور مذہبی تبدیلیوں کو بھی اپنی لپیٹ میں لیا۔ عباسی خلافت کا زوال ہوا، ۹۴۵ء میں مذہبی اداروں کا کردار برقرار رہا، جب کہ عراق اور مغربی ایران نئی ایرانی حکومت 'بائیڈ' کے ہاتھوں میں آگئی جو کہ اعتدال پسند شیعہ تھے۔ تمام دسویں صدی میں شیعہ نظریات کا پھیلاؤ ہوا جیسا کہ مصر میں انتہا پسند اسماعیلی بھی خلافت کے مخالف تھے، جب کہ مشرقی اسلامی دنیا بھی شیعہ نظریات کے پروپیگنڈے کے زیر اثر آچکی تھی جس کی وجہ سے حکمرانوں کے خلاف باغیانہ سرگرمیاں سر اٹھا رہی تھیں اور بعض جگہ انھیں کامیابی بھی نصیب ہوئی۔

ان انقلابی اور مخلوط اسلامی اجزا نے ایک نئے معاشرے کی خاموشی سے ترکیب جاری رکھی جس کا مرکز جنوبی عراق تھا اور یہ لوگ اپنے آپ کو 'اخوان الصفا' یعنی پارسا برادران کہلواتے تھے۔ انھوں نے یونانی اور ایرانی فلسفے کے ساتھ ساتھ ہندوستانی نظریات بھی اپنائے۔ اس کے علاوہ قدیم فیثاغورث کے علم الاعداد کو بھی روشناس کرایا۔ انھوں نے آزاد خیالی کے ساتھ ساتھ علم افلاک کو فروغ دیا۔ ان نظریات نے بھی اسلام پر گہرے اثرات مرتب کیے۔

۱۰ ویں صدی کے وسط میں شیعہ نظریات کے سیاسی اثرات نے صوفیا کے علمی تشخص پر گہرا اثر ڈالا، خصوصاً منصور حلاج کی پھانسی نے تو رُخ ہی بدل دیا اور صوفیا یہ سوچنے پر مجبور ہو گئے کہ وہ احتیاط اور خاموشی کا دامن ہاتھ سے نہ چھوڑیں اور شرعی حدود کا احترام کریں۔

یہ بھی محسوس ہوتا ہے کہ ۸۹۶ء میں تستوری کی رحلت کے بعد اس کے لاتعداد شاگرد بصرہ چھوڑ کر بغداد آباد ہو گئے۔ انھوں نے اپنی شناخت ترک کر دی اور کچھ جنید بغدادی کے پیروکار بن گئے۔ جنید کے شاگرد کسی خاص اہمیت کے حامل نہیں تھے سوائے اس کے کہ وہ لوگ ماضی کے صوفیا کے حالات زندگی کے متعلق معلومات فراہم کرتے، ان کے دلچسپ واقعات رقم کرتے۔ لیکن تستوری کے وہ پیروکار جو کہ بصرہ میں سکونت پذیر تھے، انھوں نے منفرد مکتبہ فکر ترتیب دیا جو کہ محمد ابن سلیم (تاریخ وفات ۹۰۹ء) کے نام پر سلیمیہ

مشہور رہوا۔ اس سلسلے کی خاصی مخالفت ہوئی، مذہبی اور دوسرے روحانی حلقوں نے اس پر خوب نکتہ چینی کی۔ اس فرقے کا ایک نظریہ یہ بھی تھا کہ دوسری دنیا میں خدا بذات خود ایک انسانی شکل میں نظر آئے گا۔ وہ یہ بھی کہتے تھے کہ اگر تمام رازوں سے پردہ اٹھالیا جائے تو تمام دنیا کا نظام درہم برہم ہو جائے گا؛ نہ خدا کی خدائی باقی رہے گی اور نہ ہی پیغمبروں کا مشن سلامت رہے گا۔

شیراز ایران کے رہنے والے ایک صوفی ابن خفیف نے سلیمیہ سلسلے کو آڑے ہاتھوں لیا، ان کا انتقال ۹۸۲ء میں ہوا۔ وہ کہتے ہیں کہ خدا تک پہنچنے کا راستہ خدمت خلق میں مضمر ہے اور اس دنیا میں اسے کوئی نہیں دیکھ سکتا اور اپنے نفس پر قابو پا کر ہی خدا کا بندہ بنا جا سکتا ہے اور ایسے لوگوں کو فنا نہیں ہوتی۔ وہ خدا سے ملنے کے بعد موت سے آزاد ہو جاتے ہیں۔ ایسے لوگ پانی پر بھی چل سکتے ہیں، نظروں سے غائب ہونے کی استطاعت رکھتے ہیں۔ وہ نو آموز صوفیا کو محفل سما، موسیقی اور شاعری کی ممانعت کرتے ہیں اور کہتے ہیں کہ بہتری اسی میں ہے کہ فنون لطیفہ سے احتراز ہی برتا جائے۔

نفیر (عراق) کے رہنے والے ایک مختلف ڈھب کے صوفی نفیری بہت مشہور ہوئے، وہ ۹۷۷ء کے لگ بھگ فوت ہوئے۔ نفیری پر بہت کم توجہ دی گئی ہے لیکن درحقیقت ان کا مسلمان صوفیا میں بلند مقام ہے۔ ان کا تدریسی کام 'کتاب المواقف' میں محفوظ ہے۔

۱۰ویں صدی کے اواخر میں صوفیا کے قدیم دستور عمل اور کتابچے سامنے آئے، یقیناً یہ ان ثقافتی اثرات کے زیر اثر تھے جو صدی کے وسط میں انقلابی تبدیلیوں سے دوچار ہونے کے بعد خاص مشکل میں ڈھل چکے تھے اور ان ثقافتی سرگرمیوں کا دوبارہ احیا یقیناً 'بائیڈ' کی حکومت کا نتیجہ ہی تھا جو شیعہ نظریات تو عوام پر نہیں ٹھونستے بلکہ وہ آزادی رائے کے اظہار میں بھی کبھی رکاوٹ کا موجب نہیں بنے۔

اسی دور میں شمالی ایران کے مشہور صوفی سراج (تاریخ وفات ۹۸۸ء) کی 'کتاب العلومیہ' سامنے آئی جس میں انھوں نے وقوف اور مختلف روحانی جہتوں کا تذکرہ کیا پھر ابو طالب جو مکہ کے رہنے والے تھے اور ۹۹۶ء میں فوت ہوئے کی مشہور کتاب 'قوت القلوب' چھپی جو علمِ تصوف میں معتبر درجہ رکھتی ہے۔ اس میں سیر و سلوک، یقین کے درجے، صبر و استقامت، ہمدردی، رویے، امید و بیم، خوف دنیا سے بیزاری، خدا پر بھروسہ اور محبت پر سیر حاصل بحث کی گئی ہے۔ اس کے علاوہ 'علم القلوب' میں خدا کے راہ کے مسافروں کی منزلیں بیان کی گئی ہیں۔ اس کے علاوہ دالانی اور سلانی کی کتب میں بھی عشق حب پر خاصا مواد ملتا ہے۔ دالانی شمالی ایران کے رہنے والے تھے، وہ ابن خفیف کے شاگرد رشید تھے اور ان کے حالات زندگی بھی لکھے۔ انھوں نے اپنی محبت کے حوالے سے کتاب میں یونانی فلسفی اور روایات کا تذکرہ بھی کیا ہے، جب کہ سلانی جو کہ دالانی کے ہم عصر بھی تھے اور شمالی مشرقی ایران کے باشندہ تھے اور ۱۰۲۱ء میں ان کا انتقال ہوا۔ وہ ایک امیر آدمی تھے۔ 'ملامتیہ' سلسلے کے زیر اثر ان کی تربیت ہوئی، ان کے نظریات ان کی کتاب کی وجہ سے ہی منظر

عام پر آئے، انھوں نے اسلام سے پہلے کی ایرانی روایات پر بھی بحث کی ہے۔

۱۰ ویں صدی میں چونکہ اقتدار شیعہ فرقے کے پاس تھا اور مسلم دنیا مختلف حصوں میں بٹی ہوئی تھی، چنانچہ ایرانی نظریات ہی صائب سمجھے گئے۔ مگر ۱۱ ویں صدی میں مختلف مشاہدے سامنے آئے، سُنی مسلمانوں کی اکثریت نے دوبارہ سیاسی غلبہ پایا۔ خصوصاً ترکوں کی شکل میں مسلمانوں کے بڑے علاقے پر براجمان ہو گئے۔ ترک وسطی ایشیا سے آئے تھے اور ہندوستان کا وسیع علاقہ فتح کیا اور اسلام کے جھنڈے گاڑے۔ انھوں نے شام تک کا علاقہ مفتوح بنایا اور موجودہ ترکی کے گرد گھیرا تنگ کرنا شروع کیا۔ ایک طرف تو انھوں نے سُنی اسلام کی نشر واشاعت کی تاکہ دشمنوں سے نمٹنے میں آسانی ہو، دوسری جانب انھوں نے اپنی قبائلی، خانہ بدوشی اور علاقائی ثقافتوں میں پنپ کر ابھرنے والے اپنے وسطی ایشیائی صوفیانہ خیالات کا پرچار کیا۔ ترکوں نے علاقے میں پہلے سے موجود صوفی تنظیموں کو بھی استعمال کیا۔ اس سلسلے میں جنوبی ایران کے شہر خازاران کے صوفی خازارانی کا نام لیا جاسکتا ہے۔ وہ ایک استاد تھے اور پرانے ایرانی مزدکیت سے متاثر تھے اور شیعیت سے بھی علاقہ رکھتے تھے۔ وہ خدا کی لافانی محبت کے قائل تھے جو اس کی مخلوق کے لیے مخصوص ہے۔ انھوں نے صوفیا کے مکتبہ فکر 'ربیات' کی داغ بیل ڈالی جو کہ فارسی لفظ خانقاہ کے مترادف ہے اور اسلامی حلقوں میں 'دیار' کے نام سے معنون ہے۔ کازارانی مسافروں اور غربا کو مفت کھانا کھلاتا اور رہائش مہیا کرتا تھا۔ خانقاہ کے ساتھ مسجد بھی بنائی گئی۔ کازارانی کے شاگردوں نے ایسی ہی ۶۵ سرائیں بنوائیں جس کے لیے وہ خود رقم اکٹھے کرتے اور ان مسافر سراؤں میں بانٹ دیتے جہاں غربا، مساکین اور غربا کی گوشت اور پھلوں سے مفت میں خدمت کی جاتی اور ان کا بنیادی مقصد خدمتِ خلق ہی تھا۔ کازارانی نے ۱۰۳۵ء میں وفات پائی۔ ان کے نائب خلیفہ اور خطیب کہلاتے تھے اور ان کے شاگردوں کو اصحاب کہا جاتا تھا۔ یہ لوگ پو پھوٹتے ہی بیدار ہوتے اور قرآن حکیم کی تلاوت کرتے اور عبادت و ریاضت میں جت جاتے، دن کے وقت غربا کی خدمت کرتے، حضرت محمدؐ کی تعلیمات سنتے اور خدا کے ناموں کا وظیفہ کرتے۔ ۱۴ ویں صدی تک ان کا جال ترکی اور چین تک پھیل گیا اور اسے ایک مخصوص طریقت یا بھائی چارے کا نام دیا گیا۔

اسی دور کا ایک مشہور نام ابوسعید ابوالخیر کا ہے جو کہ وسطی ایشیا سے تعلق رکھتے تھے اور تقریباً ۱۰۴۹ء میں فوت ہوئے۔ ان کے حالات زندگی علی ہجویری (وفات ۱۰۷۵ء) نے رقم کیے ہیں۔ ابوسعید نے غربت کی نسبت امارت کو ترجیح دی، جب کہ صوفیانہ ذوق میں غربت محض ایک خیالی استعارہ ہے، وہ خدا کی طرح امیر رہنے کے قائل تھے۔ انھوں نے شاہانہ زندگی بسر کی، وہ مصری سُوتی کپڑے پہنتے۔ وہ کہا کرتے تھے کہ اصلی عرفان اور صوفیا اب ماضی کا حصہ بن چکے ہیں، مقامات اور منازل ختم ہو چکے ہیں۔ ہجویری فرماتے ہیں کہ ابوسعید نے کتابوں کی تعلیم سے دور رہ کر محض دنیاوی آسائشوں کو ترک کرنے اور خود کو خدا سے جڑے رہنے کا سبق دیا۔

دو مسلمان مفکرین کا تذکرہ بھی محلِ نظر نہ ہوگا۔ ان میں سب سے پہلے ابن سینا ہیں جو بخارا سے آئے

تھے اور ۱۰۳۷ء میں فوت ہوئے۔ انھوں نے منطق اور عارف پر خاصی بحث کی ہے۔ طریقت کو محض ایسا راستہ قرار دیتے ہیں جس میں خدا کی تجلی نصیب ہوتی ہے جو کہ وصل کی گھڑی ہوتی ہے۔ وہ تزکیہ نفس پر زور دیتے ہیں۔ ان کا فلسفہ خاصا مقبول ہے اور ان کے علم کا تذکرہ صوفیا کے ہاں مشہور ہے۔ انھوں نے علم عرفان پر گہرے اثرات مرتب کیے ہیں اور ان کی کتب سیر وسلوک میں اہم مقام رکھتی ہیں۔

دوسرے مشہور مفکر البیرونی ہیں، ان کا سن وفات ۱۰۵۰ء ہے۔ انھیں مختلف علوم اور زبانوں پر دسترس حاصل تھی۔ انھوں نے تاریخ لکھنے کے ساتھ ساتھ مختلف فلسفوں پر بحث کی ہے۔ انھوں نے یونانی، عیسائی، مسلم اور ہندو خیالات کے حوالے سے صوفیا میں کئی ہم آہنگیاں تلاش کی ہیں۔ ابن سینا اور البیرونی ۱۰ ویں صدی کے آخری حصے کی ثقافتی ورثے کے احیا کے وقت سامنے آئے۔ ۱۰۳۰ء میں ترکوں کی سلجوق شاخ کے حکمران شمال مشرقی ایران کو عبور کرتے ہوئے ۱۰۵۵ء میں بغداد میں داخل ہو گئے، انھوں نے سنی خلافت کو بحال کیا اور عوام الناس میں آزادی اظہار کا احیا ہوا۔ انھوں نے مکتب کا اجرا کیا تا کہ بیرونی حملہ آوروں سے مقابلے کی ہمت بیدار رہے اور مقامی طور پر بھی سماجی طاقت قائم رہے۔ اسی زمانے میں قشائری (تاریخ وفات ۱۰۷۴ء) سامنے آئے، انھوں نے اپنے کتابچے میں صوفیا کے مختلف درجے اور طریقت پر بحث کی۔ وہ رہنما کے طور پر شیخ کی اہمیت کے قائل ہیں تا کہ تعلیمات درست انداز میں شاگردوں تک پہنچیں اور خدا کو یاد کرنے کے مختلف فارمولے آسانی سے حاصل ہوں۔

قشائری کے ہم عصر علی بن عثمان ہجویری بھی ایک مشہور بزرگ گزرے ہیں۔ وہ غزنی افغانستان میں پیدا ہوئے اور ۱۰۷۵ء میں لاہور (پاکستان) میں دفن ہوئے۔ 'وہ کشف المحجوب' کے مصنف ہیں۔ انھوں نے بھی بقا، فنا اور طریقت پر اپنا نظریہ پیش کیا ہے اور صوفیا کے ۱۲ قسموں پر بحث کی ہے۔

مذکورہ بالا دو صاحبان کتب کے ساتھ ایک تیسرا نام بھی لیا جاتا ہے یہ خواجہ عبداللہ انصاری ہیں جو ہرات (افغانستان) میں متولد ہوئے اور اسی سرزمین پر ۱۰۸۹ء میں رحلت فرمائی، انھیں پیر ہرات بھی کہا جاتا ہے۔ وہ سنی مکتبہ فکر کی حنبلی شاخ سے تعلق رکھتے تھے۔ وہ فلسفے اور ملائیت کے مخالف تھے۔ انھوں نے فنا اور بقا پر خاصا کام کیا۔ انھوں نے بہت سی کتب لکھیں جن میں سب سے مشہور 'منازل السائرین' ہے جو سیر و سلوک پر نہایت اہم سمجھی جاتی ہے۔ ان کی کہاوتیں بھی مشہور ہیں مثلاً 'در طفلی پستی، در جوانی مستی، در پیری سستی، پس کے خدا پرستی'۔ ان کا ایک ملفوظہ بھی مشہور ہے 'بدی را بدی کردن سگساری است، نیکی را نیکی کردن خرخاری است، نیکی را نیکی کردن کار خواجہ عبداللہ انصاری است۔'

مغرب میں شہرت پانے والے ایک اور فلسفی اور صوفی ابو حامد محمد غزالی ہیں۔ وہ طوس (ایران) میں پیدا ہوئے اور وہیں ۱۱۱۱ء میں وفات پائی۔ مشہور کتاب 'احیا العلوم الدین' انھی کی تصنیف ہے جس میں تصوف کے مختلف تجربات پر قلم اٹھایا گیا ہے۔ محمد غزالی کے بھائی بھی اپنے عہد کے منفرد صوفی تھے۔ وہ ۱۱۲۶ء میں فوت

ہوئے۔انھوں نے فارسی میں محبت کے موضوع پر لکھا، بعدازاں ایران میں اس موضوع پر خاصی پیش رفت ہوئی۔انھوں نے محبت اور روح کے تعلق کو بھی اجاگر کیا۔ان کے ایک ہونہار شاگرد کو محض اس لیے موت کی سزا دی گئی کہ ملا نے انھیں ایمان سے کھسکا ہوا قرار دیا۔قرۃ العین (تاریخ وفات ۱۱۳۱ء) نے اپنی کتب میں لکھا کہ قرآن میں قیامت کے روز مردوں کا جسمانی طور پر جی اٹھنا، جنت اور دوزخ کا وجود محض تصوراتی ہے، چنانچہ ان ملحدانہ خیالات کی سزا ان کے لیے جان لیوا ثابت ہوئی۔

ابتدائی صوفیا نے اسلام میں عربی شاعری کو رواج دیا، پھر اسے فارسی شعرا نے اپنی بلندیوں تک پہنچا دیا۔اس طرح یہ ترکی اور ہندوستان کی ثقافت میں بھی در آیا۔فارسی رباعیات دراصل ایرانی تناظر میں لکھی گئیں۔اس کے علاوہ بارہویں صدی کے شروع میں نظموں اور اشعار کی صورت میں بھی صوفی نظریات کا فروغ ہوا۔اس سلسلے کی سب سے پہلی مثال افغانستان میں غزنی کے مقام کے درباری شاعر سینائی کی ملتی ہے۔ اس کی نظم 'سیر العباذ' کافی مشہور ہے اور اس کا عموماً DANTE کی نظم Divine Comedy سے موازنہ کیا جاتا ہے۔

نیشاپور (ایران) کے مشہور فارسی شاعر شیخ فریدالدین عطار کا شمار صوفی اکابرین میں ہوتا ہے۔انھوں نے نظم اور نثر میں کمال پیدا کیا وہ ۱۲۲۱ء میں چنگیز خان کے بعد آنے والے منگولوں کے ہاتھوں ملک عدم سدھارے۔ان کی کتاب 'منطق الطیر' تصوف کی ہردلعزیز کتاب ہے۔ان کے علاوہ 'تذکرہ اولیا' بھی لکھی۔مولانا رومی انھیں خراج عقیدت پیش کرتے ہوئے کہتے ہیں:

ہفت شہر عشق را عطار گشت
ماہنوز اندر خم یک کوچہ ایم

(عطار نے عشق کے ساتھ سات شہروں کی سیر کی ہے اور ادھر ہم ہیں کہ ابھی گلی کے موڑ پر ہی ہیں۔عطار امجد الدین بغدادی کے شاگردوں میں سے تھے۔'الٰہی نامہ' اور 'مصیبت نامہ' بھی ان کی مشہور کتب ہیں۔)

قاہرہ (مصر) سے تعلق رکھنے والے عرب صوفی شاعر ابن الفرید (تاریخ وفات ۱۲۳۵ء) بھی عطار (نام کا مطلب ہے حکیم) کی طرح کے نظریات کے حامل تھے، وہ وزیرزادہ تھے مگر وہ عام لوگوں کی طرح بسر کرتے تھے۔اپنی مشہور نظم 'السلوق' میں آفاقی محبت کو فطرت کے حسین مناظر میں دیکھتے ہیں۔

صوفی ازم میں مکمل نظام روشناس کرانے والی عظیم ہستی محی الدین ابن عربی کے نام سے جانی جاتی ہے۔وہ ۱۱۶۵ء میں ایک عرب خاندان میں پیدا ہوئے اور ان کی پرورش اسپین میں ہوئی۔انھوں نے کچھ عرصہ تنہائی میں بھی بسر کیا اور مختلف صوفیا سے بھی کسب فیض کیا اور ان کے بقول انھیں شمالی افریقہ کے دوروں کے دوران ایک محیر العقول واقعات پیش آئے۔اس کے علاوہ مکہ کے سفر میں بھی کئی واقعات ان سے منسوب

ہیں جن کا ذکر انھوں نے اپنی کتاب 'الفتوحات المکیہ' میں کیا ہے۔ انھوں نے مصر اور ترکی تک سفر کیا اور بالآخر دمشق (شام) میں قیام پذیر ہو گئے جہاں ۱۲۴۰ء میں انتقال فرما گئے۔ ابن عربی کا صوفی نظام قدیم صوفی نظریات کے علاوہ نئے افلاطونی اور اسلامی فکر کا مجموعہ ہے۔ وہ وحدت الوجود کے قائل تھے اور ایک حقیقی خدا کا وجود 'حق' کی صورت میں دیکھتے تھے جو کہ تمام مخلوقات کا 'خالق' ہے۔ وہ اس نظریے کے خلاف تھے کہ 'سب کچھ خدا ہے اور خدا ہی سب کچھ ہے۔' وہ کہتے ہیں کہ خدا کے مختلف ناموں سے آفاقی سکون حاصل ہوتا ہے اور صوفی کسی صورت میں بھی اس 'احدیہ' تک نہیں پہنچ سکتا ہے، البتہ 'واحدیہ' تک اس کی رسائی ممکن ہے جو کہ اس کے خوبصورت ناموں کے مرہون منت ہے۔ ابن عربی نے تصوف کے علمی اور فلسفی مکتب کی بنیاد رکھی۔ ان کی تصانیف دو سو سے زائد ہیں۔ اپنے رتبے کی وجہ سے وہ 'شیخ اکبر' کے نام سے پہچانے جاتے ہیں۔

صوفی شعرا میں سب سے زیادہ شہرت شخصیت جلال الدین رومی کی ہے جو بلخ (افغانستان) میں پیدا ہوئے اور قونیہ (ترکی) میں ۱۲۷۳ء میں وفات پائی۔ ان کی مثنوی کو کافی شہرت نصیب ہوئی۔ انھوں نے نفس اور شیطان پر بھی بحث کی ہے، اس کے علاوہ علم اور وجوہات پر بھی قلم اٹھایا ہے۔ ان کے ہم عصر صوفی شمس الدین تبریزی (تاریخ وفات ۱۲۴۷ء) سے بھی علمی رشتہ قائم رہا۔ انھوں نے ایک صوفی سلسلے کی بنیاد رکھی جو رقص درویش کا اہتمام بھی کرتے ہیں جس میں جنت کا نظارہ محسوس کیا جاتا ہے۔

جب ہم ۱۴ویں صدی کے آخر کو دیکھیں تو ایک اور قدآور شخصیت پر نظر پڑتی ہے۔ یہ حافظ شیرازی ہیں جو فارسی کے سب سے خوبصورت شاعر تھے ان کا ۱۳۹۰ء کے لگ بھگ انتقال ہوا۔ وہ ایک صوفی استاد سے علم بھی حاصل کرتے رہے ہیں اور ایک ہندوستانی صوفی اویسی بھی ان سے طارق الدین صوفیا کے متعلق ہدایات لیتے رہے تھے۔ سہروردی سلسلے کے لوگ بھی ان کے لیے نرم گوشہ رکھتے تھے۔ ان کی شاعری میں وفادارانہ دوستی، گہری محبت اور سکون کے جذبات پائے جاتے ہیں۔ وہ مذہبی عوامل کی مدد سے آفاقی سچائی کو تلاش کرتے ہیں۔ وہ بندے اور خدا کے درمیان ساقی کے کردار کو بھی متعارف کراتے ہیں۔

ایک اور مشہور صوفی شاعر جامی بھی اپنی مثال آپ ہیں۔ وہ ۱۴۱۴ء میں شمال مشرقی ایران کے شہر جام میں پیدا ہوئے اور ۱۴۹۲ء میں ہرات افغانستان میں وفات پائی۔ جامی نقشبندی سلسلے سے تعلق رکھتے تھے جس کی بنیاد بہاؤ الدین نقشبندی (تاریخ وفات ۱۳۸۹ء) جو کہ بخارا کے رہنے والے تھے، نے رکھی تھی۔ یہ لوگ خدا کو دل میں یاد کرتے تھے، اس سے پہلے اونچے سروں میں وظائف پڑھے جاتے تھے۔ جامی کی لمبی لمبی نظمیں صوفیا کی تعلیمات کا عطر ہیں۔

عباسی خلفا کے دور میں مسلمانوں کے طریقت کے کئی سلسلے عمل میں آنا شروع ہوئے، خصوصاً خلیفہ ناصر جو کہ ۱۱۸۰ء سے ۱۲۲۵ء تک بغداد میں حکمران تھا، اس کا زمانہ تبدیلیوں کی نوید لایا۔ اس کے دور میں سلجوقی ترکوں کی عظیم حکومت کا خاتمہ ہوا اور بعد ازاں منگولوں نے چڑھائی کی۔ اس نے صلاح

الدین (۱۱۶۸۔۹۳ء) کی یروشلم میں صلیبی جنگ بھی دیکھی تھی۔ انھوں نے پہلے مصر میں شیعوں سے حکومت چھینی تھی۔ ناصر کے دور میں ہی مسلمانوں کی انڈین برصغیر میں حکومتیں عمل میں آنا شروع ہوئی تھیں اور اسے اسلامی ممالک میں روحانی خلیفہ کا درجہ حاصل رہا۔ بعض صوفیا کے سلسلے خلفا سے جا کر ملتے ہیں یا تابعین تک چلے جاتے جو کہ احادیث کے متعلق مستند روایت کے امین سمجھے جاتے تھے، اسی طرح بعض سلسلے خلفائے راشدین اور خصوصاً حضرت علیؓ سے جا کر ملتے ہیں اور صوفیا اپنے آپ کو ان کی نسل میں سے سمجھتے ہیں۔

۲۰ویں صدی میں مسلم دنیا کی تاریخ دو وجوہات سے انحطاط پذیر ہوئی، جس میں پہلی وجہ تو یورپی ممالک کا سامراجی نظام حکومت تھا جو ان پر مسلط رہا اور دوسرے نمبر پر وہ سیاسی نظام حکومت ہے جو ان ممالک میں آزادی کے نام پر ٹھونسا گیا۔ پھر صدی کے شروع میں یعنی ۰۵۔۱۹۰۴ء میں روس کی جاپان کے ہاتھوں شکست نے یہ ثابت کیا کہ مشرق، مغرب کی نسبت کم اہمیت کا حامل نہیں ہے اور اسلامی ممالک میں بتدریج دو نظریات کی تخم ریزی بھی کر دی گئی یعنی سوشلزم اور قومیت پرستی کے جذبات کو ابھارا گیا۔ یورپ نے رفتہ رفتہ اپنی طاقت کے نشے میں مختلف علاقوں پر اقتدار قائم کیا۔ فرانس نے ۱۹۱۲ء میں مراکش میں حکومت بنائی اور ۱۹۱۱ء میں لیبیا بھی اٹلی کے زیر اثر آ گیا۔ پہلی جنگ عظیم کے دوران خلافت عثمانیہ کے خاتمے نے عرب قومیت کا اتحاد پارہ پارہ کر دیا بلکہ برطانیہ اور فرانس کی حکومتیں مشرق وسطیٰ پر اپنی علمداری قائم کرنے میں کامیاب ہوئیں۔ ترکی اور ایران کی حکومتیں بھی مغربی سامراج کے ماتحت آ گئیں، جب کہ وسطی ایشیا روس کے قبضے میں چلا گیا۔

دوسری جنگ عظیم کے بعد بڑے پیمانے پر مغربی ممالک نے پسپائی اختیار کی اور کچھ ممالک امریکہ کے قریب آ گئے، خصوصاً عسکری حوالوں سے اس اتحاد نے مسلم حکومتوں کی سالمیت کے متعلق مختلف شکوک و شبہات کو جنم دیا۔ تیل کے بڑے بڑے ذخائر بھی اس کی ترقی کا موجب نہ بن سکے۔ اسلام محض سیاسی نظام اور حسین تخیلات کا نعرہ بن کر رہ گیا ہے اور مغرب ان پر اپنے مفادات کی خاطر بنیاد پرستی کی الزام تراشی کرتا ہے۔ صوفیانہ نظریات کے خلاف بے حد پروپیگنڈہ کیا گیا ہے جیسے سعودی عرب کے ایک خاص مکتبۂ فکر کی مدد بھی حاصل رہی ہے اور بعض یورپی ممالک کی حمایت بھی؛ جب کہ صوفی ازم کے اسلام پر ایک مضبوط کردار سے انکار ممکن نہیں، کیوں کہ اسلام محض مذہب یا دین ہی نہیں بلکہ ایک تہذیب کا نام ہے جس نے معاشرے کو اسلامی اداروں کی مدد سے عدل و انصاف فراہم کیا۔ یقیناً صوفی ازم نے مسلم دنیا کو سیاسی اور سماجی تقسیم کے باوجود صدیوں سے آپس میں جوڑے رکھا۔ اس نے صوفیانہ موسیقی، سماء اور دوسرے فنون لطیفہ کو فروغ دے کر معاشرے میں امن قائم کیا، یقیناً اولیا اور صوفیا ایک ایسا آئینہ ہیں جس میں ہمیں اپنی خامیوں کا عکس دکھائی دیتا ہے۔

[بشکریہ 'تجزیات آن لائن']

احیائے اسلام اور بھاگتے بھوت کی لنگوٹ

فرنود عالم

احیائے مذہب کی ہمہ وقت دو تحریکیں سر بسر چل رہی ہوتی ہیں۔ ایک تحریک وہ ہوتی ہے جو ذاتی چلن کو مذہب کے متن کے ساتھ جوڑے رکھنا چاہتی ہے۔ اس تحریک کے وابستگان زمانے میں آنے والی کسی قسم کی تبدیلی کا لحاظ نہیں رکھتے۔ وقت کی آواز پر کان بھی نہیں دھرتے۔ حالات کے تقاضے ان کا دردِ سر نہیں ہوتے۔ وہ ایک بات جانتے ہیں کہ روز اول خدا نے کیا حکم دیا تھا۔ روز آخر دنیا کتنی ہی بدل گئی ہو، یہ ان کا مسئلہ نہیں ہوتا۔ ان کا ایمان ہوتا ہے کہ حکم خداوندی اٹل ہے، باقی سب مایہ ہے۔ حکم خداوندی کو زمانے کے مزاج میں نہیں ڈھالا جاسکتا۔ زمانے کو حکم خداوندی کے آگے ہتھیار ڈالنے ہوں گے۔ زمانے کا چلن صحیفے کے متن سے ہم آہنگ نہیں ہو رہا تو اس میں متن کا کوئی قصور نہیں۔ قصور چلن کا ہے کہ اس کو خط مستقیم سجھائی نہیں دے رہا۔ ہزار آواز دینے پر بھی سجھائی نہیں دے رہا تو وقت کے قلب پر تالے پڑ گئے ہیں۔ آج نہیں تو کل، کل نہیں تو پرسوں اور پرسوں نہیں تو روز حشر وقت کو اپنی کج روی کا حساب دینا ہوگا۔

دوسری تحریک وہ ہوتی ہے جسے اس بات کا ادراک ہوتا ہے کہ وقت ریت کی طرح مٹھی سی پھسلتا چلا جا رہا ہے۔ اس تحریک کے وابستگان کو اعتراف ہوتا ہے کہ بھوت تو اب کسی صورت ہاتھ نہیں آنے والا۔ کچھ ایسی تدبیر ہو کہ بھاگتے بھوت کی لنگوٹ ہی ہاتھ آجائے۔ اس تحریک کے وابستگان صحیفے کے متن کو زمانے کے چلن سے ہم آہنگ کرنے کی کوشش کرتے ہیں۔ انھیں ادراک ہوتا ہے کہ زمانہ ایک نازک سی پسلی ہے، اسے موڑنے کی کوشش کی گئی تو چٹخ جائے گی۔ صحیفوں کا متن تو موم کی ناک ہے، جس سمت سے تقاضا آئے اسی سمت میں موڑ دیجیے۔ نئے زمانے میں خدا کی تازہ منشا کیا ہوسکتی ہے، انھی وابستگان کو اس کے ادراک کا دعویٰ ہوتا ہے۔ وقت کا جو مادی تقاضا ہوتا ہے، لوح محفوظ کے ہر خاکے میں وہی رنگ بھر دیتے ہیں۔ علامہ اقبال کی زبان میں یہی گروہ ہے جو خود تو بدلتا نہیں ہے صحائف کو بدل دیتا ہے۔

گزشتہ پندرہ سوسالوں سے یہی ہوتا چلا آرہا ہے کہ زمانے کے ساتھ اپنے قدم ملانے والے علمائے مذہب کووقت کے خوش عقیدہ پیروکاروں نے نشانے پر رکھا مگر وقت کو گزرے ہوئے جب کم وبیش ایک صدی ہوجاتی ہے تو مذہبی سماج اسی معتوب طبقے کی فکر کو اپنا لیتا ہے۔امام ابوحنیفہ نے فقہ میں قیاس کا تصور دیا تو زمانہ جان کے درپے ہوگیا۔یہاں تک کہ امام باقر نے عمرے کے دوران امام ابوحنیفہ کو احتجاجاً سلام کا جواب تک نہیں دیا۔پوچھنے پر بتایا کہ یہ شخص میرے نانا کا دین بدل رہا ہے۔امام ابوحنیفہ کو جیل ہوئی تو منبر ومحراب نے اس پر گہرے اطمینان کا اظہار کیا۔آج کی تاریخ میں ہم تم ہیں کہ میر ہیں، سب امام ابوحنیفہ کی فقاہت کے اسیر ہیں۔آج کی جو اکثریت امام ابوحنیفہ پر ایمان رکھتی ہے، معتصم باللہ کے زمانے میں ہوتی تو امام ابوحنیفہ پر تازیانے برسا کے اپنی عاقبت سنوارتی۔

عہد حاضر کے مسلم سماج میں دونوں گروہوں میں پہلا گروہ اقامت دین کے حوالے سے جانا جاتا ہے۔دوسرا گروہ دین کی تشکیل جدید کے عنوان سے اپنی شناخت رکھتا ہے۔اقامت دین اور تشکیل جدید میں فرق سیاسی اسلام اور غیر سیاسی اسلام کا ہے۔اقامت دین کا تصور بتاتا ہے کہ سیاسی جدوجہد میں شمولیت کا مقصد ایک ایسی ریاست کی تشکیل ہے جہاں خدا اور اس کے رسول کی تعلیمات کو بلاکم وکاست نافذ کیا جاسکے۔تشکیل جدید کا تصور اس کے برعکس ہے۔اس تصور کے مطابق خدا نے اپنے بندوں کو غلبہ پانے کی کوئی ذمہ داری نہیں سونپی بلکہ مذہب کا مقصد تزکیہ نفس اور تطہیر اخلاق ہے۔تشکیل جدید کا تصور رکھنے والوں کے لیے تو راہ نکالنے میں ویسے بھی کبھی کسی مشکل کا سامنا نہیں رہا، مگر عملی طور پر اب اقامت دین کا تصور رکھنے والا طبقہ بھی اپنا قبلہ بدل رہا ہے۔مشکل مگر یہ ہے کہ وہ زبان سے اس کا اقرار کرنے کے لیے تیار نہیں ہیں۔عملی طور پر قبلہ بدلنے کی وجہ اجتماعی شعور کا دباؤ ہے۔زبان سے اقرار نہ کرنے کی وجہ یہ ہے کہ اس فکر کے نمائندے اپنے کہے میں پھنس چکے ہیں۔جو کر رہے ہیں وہی اگر کہنے بھی لگ جائیں تو راسخ العقیدہ پیروکار انہیں بھاڑ میں جھونک دیں گے۔

خاموشی سے اپنا قبلہ بدلنے والوں میں ایک بڑی مثال ترکی کی موجودہ حکمراں جماعت جسٹس اینڈ ڈیوولپمنٹ پارٹی کی ہے۔یہ پارٹی ترکی کی جماعت اسلامی یعنی رفاہ پارٹی کی کوکھ سے نکلی ہے۔اقامت دین کے تصور کے واسطے انھوں نے قربانیاں دی ہیں۔ترکی کے موجودہ وزیر اعظم رفاہ پارٹی کے دور حکومت میں ہی استنبول کے میئر منتخب ہوئے تھے۔فوجی بغاوت کے بعد جن حکومتی ارکان کو جیل جانا پڑا ان میں طیب اردگان سرفہرست تھے۔اسارت کے اسی عرصے میں ان پر یہ سچائی ظاہر ہوئی کہ عقیدہ اپنی جگہ مگر سیاست چیزے دیگر است۔طیب اردگان نے اپنی جماعت کی بنیاد رکھی جس کا بیانیہ پاکستان کے عمران خان اور ہندوستان کے نریندر مودی کی طرح کچھ اس طور پر کشش رکھا کہ نوجوان اس کی طرف کشاں کشاں کھینچے چلے آئیں۔یہ وہی کشش ہے جو تجارت کی ہنڈیا میں مذہب کا بھگار لگانے سے آتی ہے۔طیب اردگان کی یہ برسر اقتدار جماعت

291
اسلام اور احیائے اسلام

اب ایک جبڑے سے اسرائیل کو تڑیاں لگاتی ہے اور دوسرے جبڑے سے اسرائیلی سرمایہ کاروں کو نسبتاً زیادہ سہولیات دینے کی یقین دہانی کراتی ہے۔ عملی طور پر یہ جماعت ایک سیکولر ترکی کی حفاظت پر مامور ہے اور منھ زبانی کہتی ہے کہ ہم خلافت عثمانیہ کی طرف سفر کر رہے ہیں۔ اسی راستے پر تیونس کی حکمران جماعت النہضہ پارٹی جارہی ہے۔ النہضہ پارٹی تیونس میں اخوانی فکر یعنی اقامت دین والے تصور کی نمائندہ جماعت رہی ہے۔ تازہ صورت حال یہ ہے کہ اس جماعت کے سربراہ راشد الغنوشی نے مسجد کو پارلیمنٹ سے الگ رکھنے کا باقاعدہ اعلان کر دیا ہے۔ مصر کی اخوان المسلمون اسی فکری شکست وریخت سے گزر رہی ہے۔ جدید سیاسی رجحانات رکھنے والی آوازوں میں درون خانہ اضافہ ہورہا ہے۔ یہ دباؤ اس حد تک بڑھ چکا ہے کہ یا تو خود اخوان المسلمون کو نئے سمت کا تعین کرنا ہوگا یا پھر ترکی کی طرح ایک نئ جماعت پرانی جماعت سے اپنے برتن الگ کر لے گی۔ حالیہ برسوں میں ٹھیک یہی معاملہ اسی فکر کے ساتھ یہاں پاکستان میں پیش آچکا ہے۔ یہاں جماعت اسلامی نے اپنے دستور اور رویے کو سیاسی بنانے کا ہر موقع گنوا دیا۔ اسی زعم میں رہے کہ ہم خدا کے منتخب بندے ہیں جو آزمائش میں ڈالے گئے ہیں۔ ووٹ نہ ملنے کی جو وجہ جماعت اسلامی کو اب تک سمجھ آسکی ہے وہ یہ ہے کہ عوام اللہ کے باغی ہو چکے ہیں۔ اس بات کا ادراک کرنے سے وہ عاجز ہیں کہ اجتماعی شعور کا دم بسم اللہ کے گنبد بے در میں بہت گھٹتا ہے۔ جماعت اسلامی نے اب تک اپنی ناکامیوں سے متعلق جتنے فریب خوردہ تجزیے کیے، اس کا فائدہ پاکستان کی موجودہ حکمران جماعت تحریک انصاف کو ہوا۔ تحریک انصاف کا اکثریتی ووٹر شعوری یا غیر شعوری طور پر سید مودودی کی فکر سے متاثر ہے۔ یہ ووٹر غلبۂ اسلام ہی نہیں چاہتا بلکہ غلبۂ اسلام کے ہر فرسودہ تصور کو بھی برحق مانتا ہے، مگر اسی تصور کے ساتھ زندگی گزارنے کا اس کو حوصلہ نہیں ہے۔ وہ ایک ایسے گروہ کے ساتھ رہنا چاہتا ہے کہ جو چال چلن میں تو اسلامی تعلیمات سے بارہ پتھر دور ہو مگر اس کے نعروں اور ارادوں میں اقبال، غزالی، رازی، ایوبی وغزنوی اور ریاست مدینہ کے حوالے ضرور ملتے ہوں۔

اس وقت سوال یہ ہے کہ وہ کیا دباؤ ہے جس نے اقامت دین اور احیائے مذہب کے سکہ بند علمبرداروں کو عملی طور پر پسپا کر دیا ہے۔ کیا وجہ ہے کہ اقامت دین کی نمائندہ جماعتوں سے بغاوت کرنے والے گروہوں نے سیاست میں اپنی جگہ بنالی اور رہ جانے والے گروہوں کی کسی فسانے میں داستان تک نہیں رہی۔ وجہ بہت سادہ ہے کہ اقامت دین کا تصور اپنی ذات میں غیر سیاسی اور غیر جمہوری ہے۔ یعنی انسان کی اجتماعی زندگی کو درپیش مسائل کو وہ سیاسی بنیادوں پر حل کرنے کی بجائے مذہبی بنیادوں پر حل کرنا چاہتا ہے۔ یہ ماننے میں اسے دقت درپیش ہے کہ مذہبی عقیدہ اور سیاسی موقف دریا کے دو کنارے ہیں۔ مذہبی عقیدے کا تعلق فرد کی ذاتی زندگی سے ہے اور سیاسی موقف کا تعلق اجتماعی زندگی کے ساتھ ہے۔ یوں کہہ لیجیے کہ عقیدہ خدا اور بندے کے بیچ معاملات کا نام ہے، جب کہ سیاست بندے اور بندے کے بیچ معاملات کا۔ چونکہ اقامت

دین کا تصور مذہبی عقیدے کو سیاسی معاملات کے لیے رہنما باور کرواتا ہے، اس لیے وہ ریاست سے تقاضا کرتا ہے کہ وہ شہری کے محض اجتماعی معاملات کو نہ دیکھے بلکہ اس کی ذاتی زندگی میں بھی دلچسپی رکھے۔ اسے دیکھنا چاہیے کہ شہری نے کیا پہنا ہے کیسے پہنا ہے اور کتنا پہنا ہے۔ یہ بھی دیکھے کہ کیا کھا رہا ہے اور کیا پی رہا ہے۔ ایسے علوم وفنون اور اخلاق پر بھی کڑی نظر رکھنی ہوگی جن پر عقیدے کا کوئی اجارہ نہیں ہوگا۔ شہری کے دل میں جھانک کر دیکھنا ہوگا کہ جو عقیدہ اس نے اختیار کر رکھا ہے، وہ ریاست کے بالا دست عقیدے سے کتنی مطابقت رکھتا ہے۔ اقامت دین کا تصور جرم اور گناہ کے بیچ کسی فرق کا لحاظ رکھنے پر آمادہ نہیں ہے۔ جرائم سے کہیں زیادہ دلچسپی اسے گناہوں کی روک تھام کے حوالے سے قانون سازی میں ہے۔ یعنی اقامت دین کا تصور زنا بالرضا پر سنگساری سے کم پر راضی نہیں ہے مگر جماع بالجبر کو ہر کتاب کی رو سے وہ مرد کا زدواجی حق تسلیم کرتا ہے۔ اقامت دین کا تصور کسی بھی کردار کو ٹھیک اور غلط کے پیمانوں پر پرکھنے کی بجائے حلال اور حرام کی میزان میں تولتا ہے۔ یہی وجہ ہے کہ یہ تصور کلمہ گو شہریوں کو غیر مسلموں پر اور مردوں کو عورتوں پر فضیلت دے کر روحانی تسکین پاتا ہے۔

جمہوریت کی دستاویز بقائے باہمی کے ایک ایسے سیاسی بندوبست کی نمائندگی کرتی ہے جو حضرت انسان کی عقل وشعور کا نچوڑ ہے۔ جمہوریت کی روح یہ ہے کہ فرد کے بنیادی حق پر کسی عقیدے، نظریے اور جنس کو فوقیت حاصل نہیں ہے، یہاں تک کہ عددی اکثریت کو بھی انسانی حق پر کوئی برتری حاصل نہیں ہے۔ جمہوریت اکثریت کو قانون سازی کا حق دیتی ہے، مگر اکثریت سے یہ یقین دہانی بھی لیتی ہے کہ وہ قانون سازی انسانی حقوق کی فراہمی میں مزید ہمواری پیدا کر رہی ہے۔ اکثریت کو قانون سازی کا حق حاصل ہے مگر اکثریت کو یہ حق قطعاً نہیں ہے کہ وہ کسی ایک بھی فرد کے بنیادی حق کو معطل کر دے۔ اکثریت کے اس استبداد کو جمہوریت مسترد کرتی ہے۔ اقامت دین کا تصور اس کے برعکس ہے۔ اقامت دین کا تصور انسانی حقوق کے ایسے کسی تصور کو نہیں مانتا جو الوہی تعلیمات سے متصادم ہو۔ چونکہ انسان کا خالق خدا کی ذات ہے، چنانچہ انسان کے حقوق کا تعین بھی وہی ذات کرے گی۔ لہٰذا اکثریت کو نہ صرف یہ کہ اقتدار کا حق حاصل ہے بلکہ اکثریت متفق ہوجائے تو ایسی قانون سازی بھی کی جاسکتی ہے جو سماج کے کسی ایک گروہ سے اس کے مذہبی عقیدے کی وجہ سے کچھ حقوق چھین لے۔ اقامات دین کا تصور باقاعدہ خبردار کرتا ہے کہ اقتدار ملنے کے باوجود اگر اس طرح کی امتیازی اور مبنی براستبداد قانون سازی نہ کی گئی تو روز حشر مسلمانوں کو اس کا جواب دینا ہوگا۔ حقیقت یہ ہے کہ اقامت دین کے تصور نے آج جمہوریت میں عارضی پناہ لے رکھی ہے اور بس پناہ ہی لے رکھی ہے۔ عزائم یہ ہیں کہ ایک دن جمہوریت کے کندھے پر پاؤں ٹھیک سے پڑ گیا تو ہم ایک جست میں خلافت کی دیوار پھلانگ جائیں گے۔

جمہوریت ہی کے باب میں جو دوسری مشکل اقامت دین کے تصور کو درپیش ہے، وہ تقابل کے غیر

متوازن پیمانے ہیں۔ آپ نے کتب خانوں میں 'اسلام اور سائنس' کے عنوان سے مذہبی لٹریچر ضرور دیکھا ہوگا۔ عصر حاضر کے وہ علما جو خوش پوش اور خوش قول ہونے کی وجہ سے بہت سلجھے ہوئے لگتے ہیں، وہ علمی دھاک بھی اسی عنوان پر گفتگو کر کے بٹھاتے ہیں۔ جانے کیوں وہ اس بات کا ادراک نہیں کر پاتے کہ سائنس کوئی مذہب نہیں ہے۔ جب مذہب نہیں ہے تو اس کا تقابل اسلام سے ممکن بھی نہیں ہے۔ اسلام کا تقابل یہودیت سے کیجیے، مسیحیت سے کیجیے یا ہندومت سے کیجیے۔ سائنس کے ساتھ اس کے مصرعے بٹھانا چہ معنی دارد؟ بات یہیں تک رہتی تو کوئی بات تھی، مگر حد ہو جاتی ہے جب جمہوریت یا سیکولرازم جیسے کسی سیاسی بندوبست کا تقابل بھی وہ اسلام ہی سے کرنے لگتے ہیں۔ چنانچہ جس بھی کتب خانے پر آپ نظر ڈالیں گے، مذہبی لٹریچر میں اسلام اور جمہوریت کے عنوان جلی حروف میں نظر آ جائیں گے۔

اب یہاں ایک دلچسپ مرحلہ آ جاتا ہے۔ دنیا بھر کی وہ جماعتیں، جواب عملی طور پر تشکیل جدید کا تصور اپنا چکی ہیں، اب بھی ان کا دعویٰ یہ ہے کہ ہم اقامت دین والے تصور کی نمائندگی کرتے ہیں۔ یہ دعویٰ غور طلب تو ہے ہی، تجزیہ طلب بھی بہت ہے۔ حقیقت یہ ہے کہ یہ اب اقامت دین کے تصور کی نمائندگی نہیں کرتے۔ بادلِ نخواستہ ہی سہی، مگر عملی طور پر نہ صرف یہ کہ قانون سازی کے جمہوری تصور کو وہ تسلیم کر چکے ہیں بلکہ عملی طور پر اس حقیقت کو بھی تسلیم کر چکے ہیں کہ کسی بھی سیاسی بندوبست کے مقابلے میں مذہب کو لا کھڑا کرنے کے نتیجے میں بندوبست کا تو کچھ نہ گیا، مذہب کے اعصاب شل ہو گئے۔ اس بات کا ادراک بھی یہ کر چکے ہیں کہ اگر ہم نے فرد کی ذاتی زندگی میں مداخلت کی تو طاقت کے کھیل سے ہم باون گز باہر کر دیے جائیں گے۔ یہ حقیقت اب اس قدر خود کو منوا رہی ہے کہ کعبے کے پاسبانوں نے بھی تیز ترین اصلاحات کرتے ہوئے جبر کی وہ تلوار کچھ اٹھالی ہے جو انھوں نے خواتین پر سونتی ہوئی تھی۔ وہ جان گئے کہ شہری کو اپنی زندگی جینے نہیں دیا گیا تو سینوں میں پلنے والا آتش فشاں ایک دن ارض خدا کے ہر کعبے کو بہا لے جائے گا۔ اقامت دین کے تصور کی نمائندگی ہندوستان، پاکستان اور بنگلہ دیش کی جماعت اسلامی، ترکی کی رفحا پارٹی، مصر کی اخوان المسلمون کر رہی ہے۔ اسی تصور کی نمائندگی 'من لا یحضر الفقیہ' کے تحت ایران بھی کر رہا ہے۔ واقعہ یہ ہے کہ ماضی میں ایک طاقتور سیاسی اثر رکھنے والی یہ جماعتیں اپنے اپنے ممالک میں عوامی مقبولیت کھو چکی ہیں۔

یہاں سے آگے اب ایک بہت بنیادی بات کی طرف اشارہ ہو جائے؟ سائنسی انکشافات نے صحائف کے متن کو براہ راست چیلنج کر دیا ہے۔ یہ چیلنج اس قدر طاقتور ہے کہ اس نے گزشتہ ایک عرصے کے دوران اس گروہ کو بھی جارحانہ رویہ اختیار کرنے پر مجبور کر دیا ہے جو صدیوں سے تشکیل جدید والے تصور کا نمائندہ چلا آ رہا ہے۔ اس گروہ کا یہ اعزاز رہا ہے کہ اپنی بات کہنے سے زیادہ دوسروں کی بات سننے کا اس نے حوصلہ کیا ہے۔ اس حوصلہ مند گروہ کے اعصاب جس تیزی سے چیخ رہے ہیں، اس سے صاف ظاہر ہے کہ اب بھاگتے بھوت کی لنگوٹ بھی ہاتھ سے نکل رہی ہے۔ اسی صورت حال نے اقامت دین کا سکہ بند تصور رکھنے والے

گروہوں کو جہاں لا کھڑا کیا ہے، وہاں ان کے پاس تشدد کے سوا کوئی راستہ نہیں بچا۔ پیچھے وہ گروہ رہ جاتا ہے جو اقامت دین کے تصور کے ساتھ سیاست میں آیا تھا مگر عملی طور پر اب تشکیل جدید کے تصور کو پیارا ہو گیا ہے۔ نئی دنیا کے نئے رجحانات کے آگے ہتھیار ڈالتے ہوئے اس گروہ نے قانون سازی کے میدان میں شکست کا اعتراف تو کر لیا ہے، مگر حکومتی مشینری کا ناجائز استعمال کرتے ہوئے وہ اہل فکر و نظر پر عرصہ حیات آج بھی تنگ کر رہا ہے۔ مگر کب تک؟ سچ تو یہ ہے کہ تشدد کا یہ حربہ اپنی ذات میں شکست کا نسبتاً بڑا اعتراف ہے۔ اس پوری تصویر کو دیکھنے کے بعد جو بات عقل و شعور کے احاطے میں آتی ہے وہ یہ ہے کہ بھاگتے بھوت کی وہ لنگوٹ، جس کی بقا و احیا کی تدبیریں ہوا کرتی تھیں، اس کے بھی دو چار تار ہی رہ گئے ہیں مگر وہ تار بھی کیا۔ یہ دو چار تار بھی ٹوٹ گئے تو دنیا میں محض اہل مذہب ہی رہ جائیں گے۔ یہ دعویٰ کرنا تو بہت بڑی جسارت ہوگی کہ مذہب کا سورج عدم کے پہلو میں غروب ہو جائے گا یہ بات البتہ اعتماد کے ساتھ کہی جا سکتی ہے کہ مذہب فرد کی ذاتی زندگی میں مداخلت سے تائب ہو کر تصوف کے ٹھنڈے مورچوں میں پناہ لے لے گا۔ اس پناہ کو اگر کسی نے احیائے مذہب کی کسی کوشش سے تعبیر کرنا ہو تو کر لے، مگر یہ کوشش کسی بھاگتے بھوت کی لنگوٹ کھینچنے کی بجائے اپنا لنگوٹ کس کے پکڑنے کی ہوگی۔ ایسے ہاتھوں کو دیکھ کر سماج کی طبعیت میں اضطراب پیدا نہیں ہوتا جو اپنے لنگوٹ تک محدود ہوں!

اشعر نجمی کی کچھ اور کتابیں

مزاحمتی نظمیں (انتخاب)

مزاحمتی فکشن (انتخاب)

فکری مزاحمت کے پہلو

ادبی مزاحمت کا نیا پیش لفظ

نسائی مزاحمت

صحافتی مزاحمت

ثقافتی مزاحمت اور معاشرہ

راشٹرواد کی آڑ میں

مصنوعی ذہانت اور ہم